Internationale Standardlehrbücher der Wirtschafts- und Sozialwissenschaften

Herausgegeben von Prof. Dr. Dr. h.c. Lutz Kruschwitz

Lieferbare Titel:

Dornbusch, Fischer, Startz: Makroökonomik, 8. A.
Hillier, Lieberman: Einführung in Operations Research, 5. A.
Hull: Einführung in Futures- und Optionsmärkte, 3. A.
Keegan, Schlegelmilch, Stöttinger: Globales Marketing-Management, Eine europäische Perspektive
Kneis: Mathematik für Wirtschaftswissenschaftler, 2. A.
Kruschwitz: Finanzmathematik, 5. A.
Kruschwitz: Investitionsrechnung, 12. A.
Kruschwitz, Decker, Röhrs: Übungsbuch zur Betrieblichen Finanzwirtschaft, 7. A.
Kruschwitz, Husmann: Finanzierung und Investition, 6. A.
Mehler-Bicher: Mathematik für Wirtschaftswissenschaftler, 2. A.
Pierenkemper: Wirtschaftsgeschichte
Rübel: Grundlagen der Monetären Außenwirtschaft, 3. A.
Rübel: Grundlagen der Realen Außenwirtschaft, 2. A.
Stiglitz: Mikroökonomie, 4. A.
Varian: Grundzüge der Mikroökonomik, 8. A.
Zäpfel: Grundzüge des Produktions- und Logistikmanagement, 2.A.
Zäpfel: Taktisches Produktions-Management, 2.A.

Trainingsbuch zu Varian

Grundzüge der Mikroökonomie

von

Prof. Dr. Theodore C. Bergstrom

Prof. Hal R. Varian

aus dem Amerikanischen übersetzt von

Prof. Dr. Reiner Buchegger

8., überarbeitete und verbesserte Auflage

Oldenbourg Verlag München

Bibliografische Information der Deutschen Nationalbibliothek

Die Deutsche Nationalbibliothek verzeichnet diese Publikation in der Deutschen Nationalbibliografie; detaillierte bibliografische Daten sind im Internet über http://dnb.d-nb.de abrufbar.

Rosenheimer Straße 145, D-81671 München
Telefon: (089) 45051-0
www.oldenbourg-verlag.de

Lektorat: Thomas Ammon
Herstellung: Constanze Müller
Titelbild: iStockphoto
Layoutkonzeption (innen): Cornelia Horn
Einbandgestaltung: hauser lacour
Gesamtherstellung: Druckhaus „Thomas Müntzer“ GmbH, Bad Langensalza

Dieses Papier ist alterungsbeständig nach DIN/ISO 9706.

ISBN 978-3-486-70434-1

Vorwort

Personen oder Dinge, die man wenig schätzt, erhalten bisweilen andere Namen in der Hoffnung, dass sie dadurch weniger unbeliebt werden. Totengräber werden zu Leichenbestattern und schließlich zu Begräbnisdirektoren. Lehrer werden als Instruktoren und dann als Bildungsberater bezeichnet. Übungsbücher werden zu Arbeitsbüchern und schließlich zu Studienbegleitern. Wenn sich aber die alten Tatsachen nicht ändern, wird der neue Name nach einiger Zeit ebenso unangenehm sein wie der alte – und es muss ein neuer beschönigender Ausdruck gefunden werden. Dieses „Trainingsbuch“ ist eigentlich ein Übungsbuch. Aber jeder, der ein Dutzend oder mehr Schuljahre ertragen hat, wurde durch zahlreiche hoffnungslos langweilige „Übungsbücher“ geplagt, sodass er die sinnvolle Bedeutung von „Übung“ in diesem Wort gar nicht mehr bemerkt. In diesem Buch versuchen wir, mentale „Trainingsaufgaben“ zu entwerfen, welche für jene Studenten der Ökonomie anregend sein sollen, die Geschicklichkeit und Beweglichkeit im Umgang mit ökonomischem Denken entwickeln wollen. Um ein guter Ökonom zu werden, scheint es – ähnlich wie beim körperlichen Training – keinen anderen Weg zu geben als viel Zeit und harte Arbeit. Hartes Training – geistig oder körperlich – muss jedoch nicht langweilig sein. Wir hoffen, dieses Arbeitsbuch ist es nicht. Im schlechtesten Fall kann immer noch jemand anderer versuchen, ein neues Übungsbuch mit dem Titel ‚Volkswirtschaftliche Aerobic‘ zu schreiben.

Leser mit einem Hang zur Bequemlichkeit in körperlicher Hinsicht finden vielleicht auch Training in metaphorischer Hinsicht ermüdend. Für sie schlagen wir eine alternative Interpretation des Titels vor. Es könnte ein „Bearbeitungsbuch“ sein im Sinne von „Bearbeite die ungeraden Probleme im 11. Kapitel“.

In den kommenden Aufgaben reisen wir gelegentlich in Gedanken zu anderen Planeten, auf denen fantastische ökonomische Gewohnheiten herrschen, die sich von den uns auf der Erde vertrauten deutlich unterscheiden. Wir sehen es nicht als unser Ziel an, Sie für die Raumfahrt vorzubereiten; uns sind keine Pläne bekannt, Volkswirte ins All zu schicken. Es stellt sich jedoch heraus, dass in der Ökonomie – wie in allen Wissenschaften – spielerische Vorstellungskraft ein ausgezeichnetes Werkzeug zum Verständnis darstellt. Seien Sie jedoch unbesorgt: Wir haben uns bemüht, auch einige langweilige Beispiele für jene aufzunehmen, die Universitätsverwalter werden wollen.

Als Anfang

Studenten erzählen uns oft: „Ich habe zwar das Lehrbuch gelesen und geglaubt, es zu verstehen; wenn ich aber versuche, die Aufgaben zu lösen, weiß ich nicht, wo ich anfangen soll.“ Es ist tatsächlich viel einfacher, ein Konzept passiv zu „erlernen“, als seine Anwendung zu versuchen. Der Hauptgrund, die Instrumente ökonomischer Analyse zu erlernen, besteht jedoch darin, sie anwenden zu können; und der beste uns bekannte Weg zur Entwicklung der Fähigkeit, die Konzepte anwenden zu können, ist die Bearbeitung zahlreicher Aufgaben.

Seien Sie nicht entmutigt, wenn Sie nicht jedes Problem auf Anhieb lösen können. In den meisten Kapiteln finden sich einige leicht lösbare Aufgaben und einige, die selbst für fortgeschrittene Studenten eine ziemliche Herausforderung darstellen. Um den Anfang zu erleichtern, wird am Beginn jedes Kapitels zumindest ein Beispiel, manchmal auch mehrere, ausgearbeitet. Sie werden auch sehen, dass viele Probleme so geschrieben sind, dass Sie Schritt für Schritt zur Lösung geführt werden. Und die Antworten zu den geradzahligen Beispielen finden sich am Ende des Buchs. Wir schlagen vor, einige der geradzahligen Aufgaben auszuarbeiten, die eigenen Antworten mit denen am Ende des Buchs zu vergleichen und dann einige der ungeraden Beispiele anzupacken.

Vor Beginn sollte man sich unbedingt einige farbige Bleistifte oder Kugelschreiber zurechtlegen. In den meisten Kapiteln finden sich einige Aufgaben, die das Zeichnen von Grafiken verlangen. Wir raten dringend, viele davon auszuarbeiten. Selbst wenn Sie wissen, wie eine bestimmte Grafik aussehen soll, weil Sie sie im Lehrbuch gesehen haben, sollten Sie einen Bleistift zur Hand nehmen und die Grafik zeichnen. Wenn Volkswirte an einem ökonomischen Problem zu arbeiten beginnen, so zeichnen sie meistens als erstes ein paar Diagramme. Das eigenhändige Zeichnen eines Diagramms trägt nicht nur zum Verständnis ökonomischer Überlegungen bei, sondern hilft auch außerordentlich bei seiner Fixierung in Ihrem Gehirn. Bei den grafischen Aufgaben ersuchen wir Sie, bestimmte Farben beim Zeichnen der einzelnen Linien zu verwenden. Wir verlangen die Farben blau, schwarz und rot. Wenn wir das verlangen, so sicherlich nicht aus übertriebener Umständlichkeit. Sie werden selbst entdecken, dass ihre Grafiken um einiges klarer und informativer werden, wenn Sie für verschiedene Linien verschiedene Farben verwenden. Außerdem verlangen wir die unterschiedlichen Farben, damit jemand bei der Beurteilung Ihrer Arbeiten auf den ersten Blick feststellen kann, ob die gezeichnete Abbildung richtig ist.

Der Schwierigkeitsgrad jeder Aufgabe wird durch die folgenden Symbole angezeigt:

□ leicht
▣ mittel
■ schwer

Jene Aufgaben, welche zu ihrer Lösung die Differentialrechnung erfordern, sind zusätzlich durch einen Stern (*) gekennzeichnet. Im Allgemeinen ist die bei den Aufgaben benötigte Mathematik eher elementar, meistens genügt einfache Algebra. Die Verwendung der Differentialrechnung beschränkt sich auf einfachere Formen. Trotz des elementaren Charakters der Mathematik erfordern die Aufgaben einige Anstrengung – wie eben jedes gute Training.

Am Ende des Buches finden sich Multiple-Choice Testaufgaben, die zusätzliche Übungsmöglichkeiten bieten. Diese Aufgaben sind so konzipiert, dass sie denjenigen, welche die entsprechenden Fragen im Hauptteil der Trainingsaufgaben bewältigt haben, ganz leicht fallen sollten. Wir empfehlen, nach Beendigung der Trainingsaufgaben eines jeden Kapitels den entsprechenden Test zu versuchen. Ein Hinweis für ganz Schlaue: Die Lehrenden haben Zugang zu einer Test-Datei, die Multiple-Choice Fragen enthält, die den Tests in diesem Übungsbuch mit Ausnahme der Zahlen ziemlich ähnlich sind.

Was in der achten Auflage neu ist

Wir haben neue Aufgaben über Kohlendioxidsteuern, Modelle beidseitiger Suche, ökonomische Mechanismen für öffentliche Güter und zweiseitige Märkte hinzugefügt.

Danksagungen

Beim Schreiben dieses Trainingsbuchs haben wir uns schamlos Probleme von vielen unserer Kollegen, Studenten und Freunde ausgeborgt. Das erscheint uns nur fair, denn im Laufe der Jahre haben wir auch ihnen eine ganze Reihe von Problemen zu lösen aufgegeben. Auch haben uns die Hinweise auf Druckfehler und Irrtümer unserer aufmerksamen Benutzer sehr geholfen. Unter anderen bestehen unsere Wohltäter aus folgenden Personen: Greg Acs, Marc Bagnoli, Angela Bills, Larry Blume, Severin Borenstein, Charlie Brown, John Cross, John Fountain, Aaron Fried, Rod Garratt, Jan Gerson, Roger Gordon, Otis Gilley, Debra Holt, Gordon Karels, Takuya Kawanishi, Darius Martin, Peter McCabe, John Miller, Peter Morgan, Sharon Parrott, Richard Porter, Chris Proulx, John Ries, Arthur Robson, Ephraim Sadka, Steve Salant, Hyun Shinn, Oz Shy, Carl Simon, Alasdair Smith, Frank Stafford, Harvey Steele, Effluvia Stench, Joe Swierzbinski und Paul Walker.

Einige Leser werden vielleicht glauben, Ähnlichkeiten zwischen den Charakteren in unseren Aufgaben und den Kollegen oder anderen lebenden Personen zu bemerken, weil sie möglicherweise ähnliche Namen oder Eigenschaften haben. Wir möchten ausdrücklich versichern, dass solche Ähnlichkeiten völlig unpassend sind. Die handelnden Personen unserer Beispiele sind allesamt einfache Geschöpfe mit sehr engstirnigen Interessen.

Danksagung des Übersetzers

Mein Dank gilt den Mitarbeitern des Oldenbourg Verlags, Frau Cornelia Horn und den Herren Thomas Ammon und Rainer Berger, für ihre umfassende Betreuung und Unterstützung bei der Neuauflage dieses Trainingsbuchs.

Inhalt

Zeichenerklärung

Folgende Zeichen werden im Buch wiederkehrend verwendet:

!	Einleitung
✱	Beispiel
?	Aufgaben
X	Quiz (Multiple Choice)

Die Aufgaben sind jeweils mit einem Schwierigkeitsgrad gekennzeichnet:

□	leicht
▣	mittel
■	schwer
*	Kenntnis der Differentialrechnung erforderlich

1 Der Markt

Einleitung

Die Probleme dieses Kapitels beschäftigen sich mit einigen Variationen des im Lehrbuch beschriebenen Wohnungsmarktes. In den meisten Beispielen verwenden wir nicht die „geglätteten" Nachfragekurven des Lehrbuchs, sondern die tatsächlichen Nachfragekurven, die aus den Vorbehaltspreisen der Konsumentinnen konstruiert werden.

Erinnern wir uns, dass der Vorbehaltspreis einer Konsumentin jener Preis ist, bei welchem sie zwischen dem Mieten oder dem Nicht-Mieten einer Wohnung gerade indifferent ist. Zu jedem niedrigeren Preis wird die Konsumentin eine Wohnung nachfragen, zu jedem Preis, der höher ist als der Vorbehaltspreis, wird die Konsumentin keine Wohnung nachfragen, und genau beim Vorbehaltspreis wird die Konsumentin zwischen Null oder einer Wohnung indifferent sein.

Sie sollten auch erkennen, dass es bei der hier verwendeten „Stufenform" der Nachfragekurve typischerweise einen Bereich von Preisen gibt, in dem das Angebot gleich der Nachfrage ist. Wir werden daher nach dem höchsten und dem niedrigsten Preis über diesen Bereich fragen.

Aufgaben

1.1 ☐ Angenommen es gibt 8 Leute, die eine Wohnung mieten wollen. Ihre Vorbehaltspreise (in Euro) sind unten angegeben. (Um die Zahlen klein zu halten, können wir uns die Angaben als tägliche Mietzahlungen vorstellen.)

Person	A	B	C	D	E	F	G	H
Preis	40	25	30	35	10	18	15	5

a) Zeichnen Sie in die folgende Grafik die Marktnachfragekurve ein. (Hinweis: Wenn der Marktpreis gleich dem Vorbehaltspreis eines Konsumenten i ist, wird es zwei verschiedene Mengen an nachgefragten Wohnungen geben, da Konsument i indifferent sein wird zwischen der Miete und der Nicht-Miete einer Wohnung.)

b) Angenommen das Wohnungsangebot ist mit 5 Einheiten fix gegeben. In diesem Fall wird es eine ganze Reihe von Preisen geben, die Gleichgewichtspreise sind. Wie groß ist der höchste Preis, bei dem die Nachfrage nach Wohnungen 5 Einheiten ist? _______.

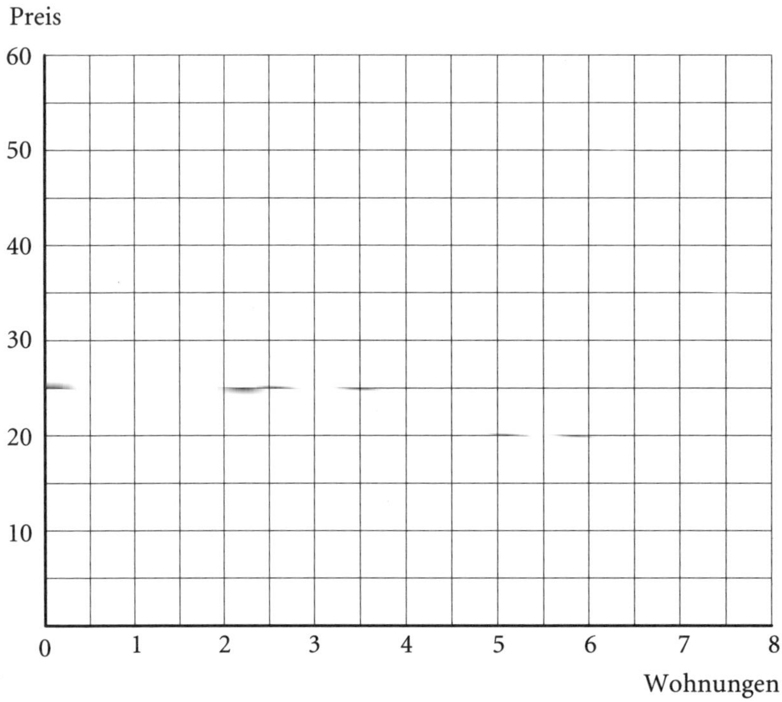

c) Wie groß ist der niedrigste Preis, bei dem die Nachfrage nach Wohnungen 5 Einheiten ist? ______________________.

d) Welche der Personen A – H kriegen Wohnungen bei einem Angebot von 4 Einheiten?

______________________.

e) In welchem Bereich liegen die Gleichgewichtspreise, wenn sich das Wohnungsangebot auf 6 Einheiten erhöht? ______________________.

1.2 □ Nehmen Sie an, dass es auf dem Markt ursprünglich 5 Wohnungseinheiten gibt, und dass eine davon in eine Eigentumswohnung umgewandelt wird.

a) Angenommen Person *A* entscheidet sich für den Kauf der Eigentumswohnung. Wie groß wird der höchste Preis sein, bei dem die Nachfrage nach Wohnungen gleich dem Angebot an Wohnungen sein wird? Wie groß wird der niedrigste Preis sein? Tragen Sie Ihre Antwort in Spalte A der Tabelle ein. Berechnen Sie dann die Gleichgewichtspreise, wenn sich *B*, *C*, ... zum Kauf der Eigentumswohnung entschließen.

Person	**A**	**B**	**C**	**D**	**E**	**F**	**G**	**H**
Höchstpreis								
Niedrigstpreis								

b) Nehmen wir an, dass es bei jedem Vorbehaltspreis zwei Personen gibt und ebenso ein Angebot von 10 Wohnungen. Wie groß ist der höchste Preis, bei dem das Angebot gleich der Nachfrage ist? ______________________. Angenommen eine Wohnung wird in eine Eigentumswohnung umgewandelt. Ist dieser Preis noch immer ein Gleichgewichtspreis? ______________________________________.

1.3 ☐ Nehmen wir nun an, dass eine Monopolistin alle Wohnungen besitzt und dass sie feststellen möchte, welcher Preis und welche Menge ihren Erlös maximieren.

a) Tragen Sie in die jeweilige Spalte den maximalen Preis und den Erlös ein, den die Monopolistin erzielen kann, wenn sie 1, 2, ..., 8 Wohnungen vermietet. (Nehmen Sie an, dass sie für alle Wohnungen nur jeweils einen einheitlichen Preis verlangen kann.)

Anzahl	**1**	**2**	**3**	**4**	**5**	**6**	**7**	**8**
Preis								
Erlös								

b) Welche der Personen A – F würden Wohnungen erhalten? ____________________.

c) Welchen Preis würde die Monopolistin zur Maximierung ihres Umsatzes verlangen, wenn sie gesetzlich verpflichtet wäre, genau 5 Wohnungen zu vermieten? __________.

d) Wer würde nun die Wohnungen kriegen? ______________________________.

e) Welchen maximalen Erlös könnte diese Hausbesitzerin aus der Vermietung aller 5 Wohnungen erzielen, wenn sie jeder Person einen unterschiedlichen Preis verrechnen könnte und sie außerdem die Vorbehaltspreise jedes einzelnen Individuums kennen würde?

____.

f) Welche Personen würden bei einer Vermietung von 5 Einheiten Wohnungen erhalten?

____.

1.4 ☐ Angenommen es gibt 5 Wohnungen zu vermieten und das städtische Wohnungsamt setzt eine Höchstmiete von € 9 fest. Weiters sei angenommen, dass es den Personen A, B, C, D und E gelingt, eine Wohnung zu erhalten, während F, G und H davon ausgeschlossen bleiben.

a) Wer wird im Gleichgewicht an wen vermieten, wenn Untervermietung legal ist – oder einfach die gängige Praxis? (Wir nehmen an, dass die Personen, die untervermieten, nicht den Beschränkungen der städtischen Mietenkontrolle unterliegen.)

____.

b) Wie hoch wird der Maximalbetrag sein, der als Untermiete verlangt werden kann? ____.

c) Welche der oben beschriebenen Konsumenten werden letztendlich in den 5 Wohnungen sein, wenn es Mietenkontrolle mit unbeschränkter Möglichkeit der Untervermietung gibt? ______________________________.

d) Was zeigt ein Vergleich von c) mit dem Marktergebnis? ______________________.

1.5 ☐ Im Lehrbuch zeigten wir, dass eine Besteuerung der Hausbesitzerinnen nicht auf die Mieterinnen überwälzt würde. Was würde geschehen, wenn wir hingegen die Mieter besteuerten?

a) Um diese Frage zu beantworten, sehen wir uns die Personen der Aufgabe 1.1 an. Wie viel wären sie maximal bereit, der Hausbesitzerin zu zahlen, wenn jede von ihnen eine Wohnungssteuer von € 5 an die Stadt bezahlen müsste? Tragen Sie diese Vorbehaltspreise in die folgende Tabelle ein.

Person	**A**	**B**	**C**	**D**	**E**	**F**	**G**	**H**
Vorbehaltspreis								

b) Bestimmen Sie unter Verwendung dieser Information den maximalen Gleichgewichtspreis, wenn es 5 Wohnungen gibt. Er ist ______________________.

c) Natürlich besteht der Gesamtpreis, den eine Mieterin zahlt, aus ihrer Miete zuzüglich der Steuer. Dieser Gesamtpreis ist ______________________.

d) Wie sieht das im Vergleich dazu aus, wenn die Steuer von den Hausbesitzerinnen eingehoben würde? ______________________.

2 Die Budgetbeschränkung

Einleitung

Diese Trainingsaufgaben dienen dazu, Ihre Fähigkeiten zur Beschreibung ökonomischer Situationen mittels Grafiken und Algebra zu entwickeln. Budgetbeschränkungen eignen sich als Anfang besonders gut, da sowohl die Algebra und die grafische Darstellung sehr einfach sind. Wenn es nur zwei Güter gibt, dann sagt man von einem Konsumenten, der x_1 Einheiten von Gut 1 und x_2 Einheiten von Gut 2 konsumiert, dass er das *Güterbündel* (x_1, x_2) konsumiert. Jedes beliebige Güterbündel kann durch einen Punkt in einem zweidimensionalen Diagramm mit den Mengen des Gutes 1 auf der horizontalen und den Mengen des Gutes 2 auf der vertikalen Achse dargestellt werden. Wenn wir den Preis des Gutes 1 mit p_1 und jenen des Gutes 2 mit p_2 bezeichnen, und wenn der Konsument über ein Einkommen von m verfügt, so kann er sich jedes Güterbündel (x_1, x_2) leisten, für das $p_1x_1 + p_2x_2 \leq m$ ist. Grafisch betrachtet ist die *Budgetgerade* einfach jene Linie, für die $p_1x_1 + p_2x_2 = m$ gilt, wobei sowohl x_1 als auch x_2 nicht-negativ sind. Die Budgetgerade ist also die Grenze der *Budgetmenge*. Alle Punkte, die sich der Konsument leisten kann, liegen auf der einen Seite, diejenigen, die er sich nicht leisten kann, auf der anderen Seite der Geraden.

Wenn man die Preise und das Einkommen kennt, kann man die Budgetgerade eines Konsumenten so konstruieren, dass man zwei Bündel sucht, die er sich „gerade leisten" kann, und dann eine Gerade durch diese beiden Punkte legt.

Beispiel

Myrtle kann € 50 ausgeben. Sie konsumiert nur Äpfel und Bananen. Äpfel kosten € 2 je Kilogramm, Bananen € 1. Sie sollen die Budgetgerade grafisch darstellen, wobei Äpfel auf der horizontalen und Bananen auf der vertikalen Achse gemessen werden. Wenn sie ihr gesamtes Einkommen für Äpfel ausgibt, kann sie sich 25 Kilogramm Äpfel und keine Bananen leisten. Die Budgetgerade geht daher durch den Punkt (25, 0) auf der horizontalen Achse. Wenn sie ihr gesamtes Einkommen für Bananen ausgibt, kann sie sich 50 Kilogramm Bananen und keine Äpfel leisten. Daher verläuft die Budgetgerade durch den Punkt (0, 50) auf der vertikalen Achse. Markieren Sie diese beiden Punkte in ihrer Grafik und verbinden Sie sie dann durch eine Gerade. Das ist Myrtles Budgetgerade.

Angenommen man sagt Ihnen weder Preise noch Einkommen, Sie kennen jedoch zwei Güterbündel, welche sich die Konsumentin gerade noch leisten kann. Wenn es nur zwei Güter gibt, dann wissen Sie, dass man nur eine Gerade durch diese Punkte legen kann, Sie haben also genug Information, um die Budgetgerade einzuzeichnen.

Beispiel

Laura konsumiert nur Bier und Brot. Wenn sie ihr gesamtes Einkommen ausgibt, kann sie sich gerade 20 Flaschen Bier und 5 Laib Brot leisten. Ein anderes Güterbündel, das sie sich gerade noch leisten kann, besteht aus 10 Flaschen Bier und 10 Laib Brot. Wie viel Geld kann sie ausgeben, wenn der Bierpreis € 1 pro Flasche beträgt?

Man könnte diese Aufgabe grafisch lösen. Auf der horizontalen Achse messen wir Bier, auf der vertikalen Brot. Trage die beiden Punkte (20, 5) und (10, 10) ein, von denen wir wissen, dass sie auf der Budgetgeraden liegen müssen. Dann zeichne die Gerade zwischen diesen Punkten und verlängere sie bis zur horizontalen Achse. Dieser Punkt gibt jene Biermenge an, die sich Laura leisten kann, wenn sie ihr gesamtes Geld für Bier ausgibt. Da Bier € 1 je Flasche kostet, ist ihr Einkommen in Euro gleich der größten Anzahl an Flaschen Bier, die sie sich leisten kann. Andererseits kann man auch wie folgt argumentieren: Da die Bündel (20, 5) und (10, 10) dasselbe kosten, muss der Verzicht auf 10 Flaschen Bier ihr den Kauf von zusätzlichen 5 Laib Brot ermöglichen. Brot kostet daher doppelt soviel wie Bier. Da der Bierpreis € 1 beträgt, muss der Brotpreis € 2 sein. Das Bündel (20, 5) kostet soviel wie ihr gesamtes Einkommen. Ihr Einkommen muss daher $20 \cdot 1 + 5 \cdot 2 =$ € 30 sein.

Wenn Sie mit den Trainingsaufgaben dieses Kapitels fertig sind, hoffen wir, dass Sie Folgendes beherrschen:

- Sie können die Gleichung der Budgetgeraden anschreiben und die Budgetgerade in eine Grafik einzeichnen, wenn entweder die Preise und das Einkommen oder zwei Punkte der Budgetgeraden gegeben sind.
- Sie können die Wirkungen von Preis- und Einkommensänderungen auf die Budgetgerade darstellen.
- Sie verstehen das Konzept des *Numéraire* und wissen, was mit der Budgetbeschränkung geschieht, wenn das Einkommen und alle Preise mit derselben positiven Zahl multipliziert werden.
- Sie wissen, wie die Budgetbeschränkung aussieht, wenn ein oder mehrere Preise negativ sind.
- Ihnen ist klar, dass das Konzept einer „Budgetbeschränkung" in Situationen von eingeschränkten Wahlmöglichkeiten angewendet werden kann, wenn es andere Beschränkungen zusätzlich zu den monetären gibt.

Aufgaben

2.1 ☐ Sie können ein Einkommen von € 40 für zwei Güter ausgeben. Gut 1 kostet € 10 pro Einheit, Gut 2 kostet € 5 je Einheit.

a) Schreiben Sie Ihre Budgetgleichung an: ________________________________.

b) Wie viel könnten Sie von Gut 1 kaufen, wenn Sie Ihr ganzes Geld dafür ausgäben?

____.

c) Wie viel könnten Sie von Gut 2 kaufen, wenn Sie Ihr ganzes Geld dafür ausgäben?

____________. Zeichnen Sie Ihre Budgetgerade mit blauer Farbe in die untenstehende Grafik ein!

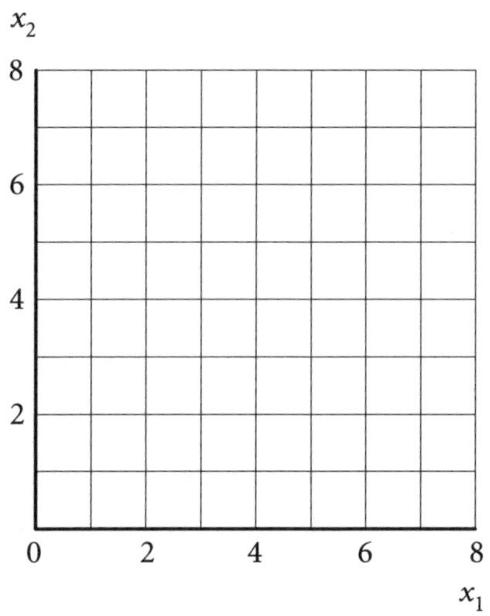

d) Angenommen der Preis des Gutes 1 fällt auf € 5, alles andere bleibt unverändert. Schreiben Sie Ihre neue Budgetgleichung an: ________________________________.
Zeichnen Sie die neue Budgetgerade rot in obige Grafik ein!

e) Nehmen Sie an, dass die auszugebende Geldmenge auf € 30 fällt, die Preise beider Güter bleiben € 5. Schreiben Sie die Budgetgleichung an: ________________________.
Zeichnen Sie diese Budgetgerade schwarz ein.

f) Schattieren Sie jene Fläche mit blauer Farbe, die Güterbündel darstellt, welche Sie sich mit dem Budget aus Teil e) leisten können, die Sie sich jedoch mit dem Budget aus Teil a) nicht leisten konnten. Schattieren Sie jene Fläche schwarz, welche Güterbündel darstellt, die Sie sich mit dem Budget aus Teil a) leisten konnten, nicht jedoch mit dem Budget aus Teil e).

2.2 ☐ Zeichnen Sie in die untenstehende Grafik die Budgetgerade für jeden der folgenden Fälle ein.

a) $p_1 = 1, p_2 = 1, m = 15$. (Blau.)

b) $p_1 = 1, p_2 = 2, m = 20$. (Rot.)

c) $p_1 = 0, p_2 = 1, m = 10$. (Schwarz.)

d) $p_1 = p_2$, $m = 15p_1$. (Bleistift oder schwarz. Hinweis: Wie viel von Gut 1 könnten Sie sich leisten, wenn Sie Ihr gesamtes Budget für Gut 1 ausgäben?)

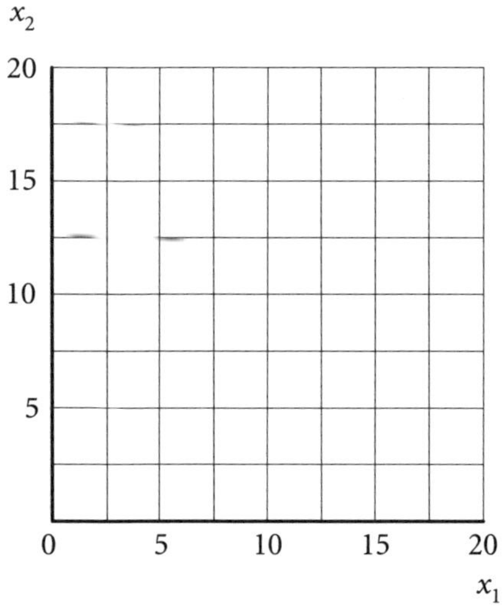

2.3 ☐ Wenn Sie Ihr gesamtes Einkommen ausgäben, könnten Sie sich entweder 4 Einheiten des Gutes x und 6 Einheiten des Gutes y oder 12 Einheiten von x und 2 Einheiten von y leisten.

a) Tragen Sie diese zwei Güterbündel ein und zeichnen Sie die Budgetgerade in untenstehende Grafik.

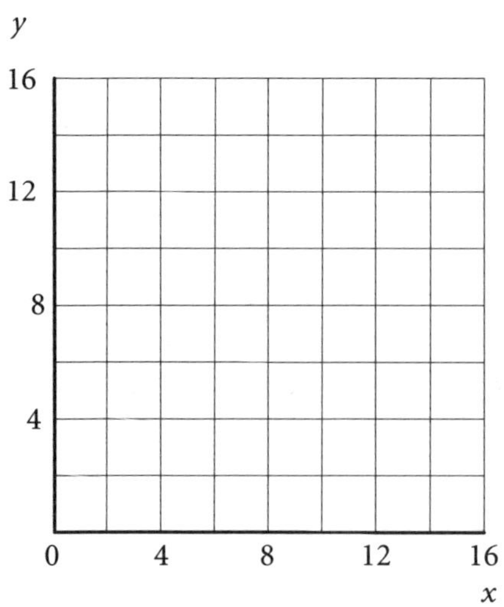

b) Wie groß ist das Verhältnis des Preises von x zum Preis von y? ________________.

c) Wie viel x könnten Sie kaufen, wenn Sie Ihr ganzes Einkommen für x ausgäben?

____.

d) Wie viel y könnten Sie kaufen, wenn Sie Ihr ganzes Einkommen für y ausgäben?

____.

e) Schreiben Sie eine Budgetgleichung an, welche bei einem Preis von 1 für x diese Budgetgerade ergibt: ________________________________.

f) Schreiben Sie eine andere Budgetgleichung an, welche bei einem Preis für von 3 für x dieselbe Budgetgerade ergibt: ________________________.

2.4 ▣ Murphy konsumiert 100 Einheiten von x und 50 Einheiten von y. Der Preis von x steigt nun von 2 auf 3. Der Preis von y bleibt auf 4.

a) Um wie viel müsste Murphys Einkommen steigen, sodass er sich weiterhin genau 100 Einheiten von x und 50 Einheiten von y leisten kann? ________________.

2.5 ▣ Wenn Bea ihr ganzes Taschengeld ausgibt, dann kann sie sich jede Woche 8 Schokoriegel und 8 Comics-Hefte leisten. Sie könnte sich ebenso gerade 10 Schokoriegel und 4 Comics-Hefte pro Woche leisten. Ein Schokoriegel kostet 50 Cent. Zeichnen Sie Beas Budgetgerade in der Grafik ein! Wie viel Taschengeld erhält sie pro Woche? ____________.

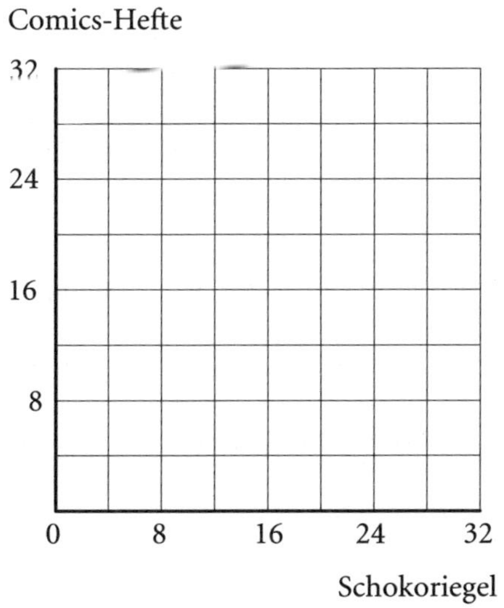

2.6 ☐ In einem kleinen Land in der Nähe des Baltischen Meeres gibt es nur drei Güter: Kartoffel, Fleischklößchen und Marmelade. Die Preise waren während der letzten 50 Jahre bemerkenswert stabil. Kartoffel kosten 2 Kronen pro Sack, Fleischklößchen 4 Kronen je Topf und Marmelade kostet pro Glas 6 Kronen.

a) Schreiben Sie die Budgetgleichung für einen Bewohner namens Gunnar an, der ein jährliches Einkommen von 360 Kronen hat. K sei die Anzahl der Säcke von Kartoffeln, F die Zahl der Töpfe von Fleischklößchen und M die Zahl Marmeladegläser, die Gunnar innerhalb eines Jahres konsumiert: ____________________.

b) Die Bewohner dieses Landes sind im Allgemeinen sehr schlau, aber sie können nur sehr schlecht mit 2 multiplizieren. Dadurch wurde der Kartoffeleinkauf für viele Bürger äußerst beschwerlich. Es wurde daher beschlossen, eine neue Währung einzuführen, so dass Kartoffeln der *Numéraire* wären. Ein Sack Kartoffel kostet eine Einheit, die relativen Preise bleiben gegenüber früher unverändert. Was kosten Fleischklößchen in der neuen Währungseinheit? ____________________.

c) Was kostet Marmelade in der neuen Währungseinheit? ____________________.

d) Wie hoch müsste Gunnars Einkommen in neuen Währungseinheiten sein, damit er sich genau dasselbe Güterbündel wie vor der Änderung leisten könnte? ____________.

e) Schreibe Gunnars neue Budgetgleichung an: ____________________.

Unterscheidet sich Gunnars Budgetmenge von jener vor der Änderung? __________.

2.7 ☐ Edmund Gestank konsumiert zwei Güter, nämlich Müll und Punkrock-Videokassetten. Ersteren isst er nicht wirklich, sondern deponiert ihn in seinem Garten, wo er von Ziegen und diversem Ungeziefer vertilgt wird. Er nimmt Müll deswegen entgegen, weil ihm die Leute dafür € 2 pro Sack zahlen. Edmund kann zu diesem Preis soviel Müll annehmen, wie es ihm passt. Er hat keine andere Einkommensquelle. Videokassetten kosten € 6 das Stück.

a) Wie viele Videokassetten kann Edmund kaufen, wenn er Null Säcke Müll annimmt?

____.

b) Wie viele Videokassetten kann er kaufen, wenn er 15 Säcke Müll annimmt? _________.

c) Schreibe die Gleichung seiner Budgetgeraden an: ____________________.

d) Zeichne Edmunds Budgetgerade und schraffiere seine Budgetmenge!

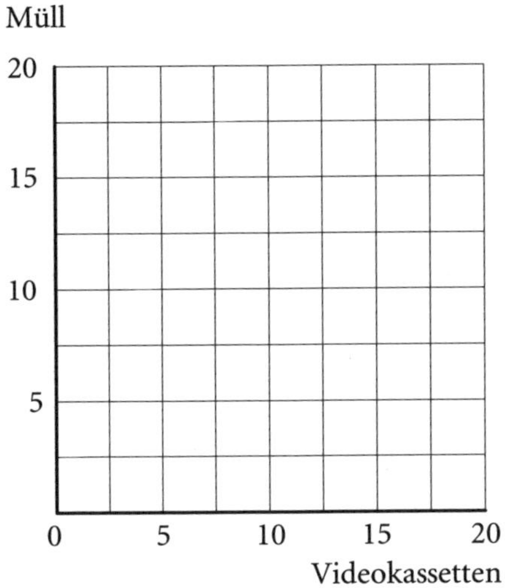

2.8 ☐ Wenn Sie meinen, Edmund sei etwas eigenartig, schauen Sie sich erst seinen Bruder Emmett an. Emmett konsumiert Reden von Politikern und Universitätsverwaltern. Man zahlt ihm € 1 pro Stunde für das Zuhören bei Politikern und € 2 je Stunde bei Universitätsverwaltern. (Es besteht große Nachfrage nach Emmett, um die leeren Stühle bei öffentlichen Veranstaltungen zu füllen, auch wegen seiner vornehmen Erscheinung und wegen seiner Fähigkeit, sich vorlauter Äußerungen zu enthalten.) Emmett konsumiert nur ein Gut, für das er zahlen muss. Wir haben ihm versprochen, nicht zu verraten, welches Gut das ist, wir können Ihnen aber sagen, dass es € 15 je Einheit kostet, und wir wollen es Gut X nennen. Zusätzlich zu seinem Einkommen aus dem Konsum von Reden erhält Emmett eine Pension von € 50 pro Woche.

a) Schreiben Sie eine Budgetgerade an, die jene Kombinationen der drei Güter, nämlich Gut X, Stunden an Politikerreden (P) und Stunden an Reden von Universitätsverwaltern (U) angibt, die Emmett pro Woche konsumieren kann: ______________________

____.

b) Zeichnen Sie in der untenstehenden Grafik ein zweidimensionales Diagramm, das den für Emmett möglichen Konsum der zwei Arten von Reden angibt, wenn er 10 Einheiten des Gutes X pro Woche konsumiert.

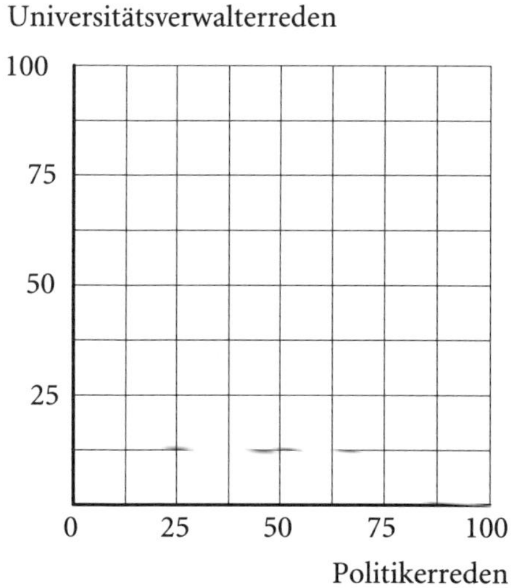

2.9 ☐ Jonathan Livingstone Yuppie ist ein wohlhabender Rechtsanwalt. Nach eigener Aussage ist er „diesen einschränkenden Zwei-Güter-Beschränkungen entwachsen". Jonathan konsumiert drei Güter, unverschnittenen schottischen Whisky, Designer-Tennisschuhe und Mahlzeiten in französischen Gourmetrestaurants. Der Preis von Jonathans Whiskymarke beträgt € 20 pro Flasche, der Preis der Designer-Tennisschuhe € 80 je Paar und der Preis einer Mahlzeit im Gourmetrestaurant € 50. Nach Abzug von Steuern und Unterhaltszahlungen verbleiben ihm pro Woche € 400.

a) Schreibe die Budgetgleichung für Jonathan an, wobei W für die Anzahl der Whiskyflaschen, T für die Paare an Tennisschuhen und M für die Zahl der Mahlzeiten im Gourmetrestaurant steht, die er konsumiert: ________________________.

b) Zeichne ein dreidimensionales Diagramm zur Darstellung seiner Budgetmenge. Bezeichne die Schnittpunkte der Budgetebene mit jeder Achse.

c) Angenommen er möchte jede Woche ein Paar Designer-Tennisschuhe kaufen. Welche Gleichung muss durch die Kombinationen von Mahlzeiten im Restaurant und Flaschen Whisky, die er sich leisten kann, erfüllt werden? ____________________.

2.10 ☐ Martha bereitet sich auf die Prüfungen in Volkswirtschaftslehre und Soziologie vor. Sie hat gerade soviel Zeit zur Verfügung, um 40 Seiten Volkswirtschaftslehre und 30 Seiten Soziologie zu lesen. In derselben Zeit könnte sie auch 30 Seiten Volkswirtschaftslehre und 60 Seiten Soziologie lesen.

a) Nehmen wir an, dass die Zahl der Seiten je Stunde, die Martha von jedem Gegenstand lesen kann, nicht von der Aufteilung ihrer Zeit abhängt; wie viele Seiten Soziologie könnte sie lesen, wenn sie sich entschiede, die gesamte Zeit nur für Soziologie zu verwenden und nichts für Volkswirtschaftslehre? ____________________.
(Hinweis: Sie haben zwei Punkte auf ihrer Budgetgeraden, daher sollten Sie die gesamte Gerade bestimmen können.)

b) Wie viele Seiten Volkswirtschaftslehre könnte sie lesen, wenn sie sich entschiede, ihre ganze Zeit nur für die Lektüre von Volkswirtschaftslehre zu verwenden? __________.

2.11 ▣ Harry Hyper kann € 5.000 für Werbung für eine neue Art von dehydriertem Sushi ausgeben. Marktforschung hat ergeben, dass dieses neue Produkt am ehesten von kürzlich graduierten MBAs sowie von Rechtsanwältinnen, die Whirlpools besitzen, gekauft werden wird. Harry erwägt, in zwei Zeitschriften zu annoncieren, in einem langweiligen Wirtschaftsmagazin und in einer beliebten Konsumentenzeitschrift für Leute, die am liebsten in Kalifornien leben würden.

Tatsache 1: Jede Anzeige im langweiligen Wirtschaftsmagazin kostet € 500, in der Konsumentenzeitschrift € 250.

Tatsache 2: Jede Anzeige im Wirtschaftsmagazin wird von 1.000 MBAs und von 300 Rechtsanwältinnen mit Whirlpools gelesen.

Tatsache 3: Jede Anzeige in der Konsumentenzeitschrift wird von 300 MBAs und von 250 Rechtsanwältinnen mit Whirlpools gelesen.

Tatsache 4: Niemand liest mehr als eine Anzeige und mehr als eine Zeitschrift.

a) Wenn Harry sein gesamtes Werbebudget für das Wirtschaftsmagazin ausgibt, dann wird seine Anzeige von __________ MBAs und von __________ Rechtsanwältinnen mit Whirlpools gelesen werden.

b) Wenn er sein gesamtes Werbebudget für die Konsumentenzeitschrift ausgibt, dann wird seine Anzeige von__________ MBAs und von __________ Rechtsanwältinnen mit Whirlpools gelesen werden.

c) Angenommen er verwendet je die Hälfte seines Werbebudgets für jede Zeitschrift. Seine Anzeige wird dann von__________ MBAs und von __________ Rechtsanwältinnen mit Whirlpools gelesen werden.

d) Zeichne eine „Budgetgerade", welche die Kombinationen der Anzahl an MBAs und Rechtsanwältinnen mit Whirlpools zeigt, die die Anzeigen gelesen haben, welche Harry mit seinem gesamten Werbebudget erreichen kann. Setzt sich diese Budgetlinie als eine Gerade bis zu den Achsen fort? __________. Skizziere, schraffiere und bezeichne jene Budgetmenge, die alle Kombinationen von MBAs und Rechtsanwältinnen enthält, die er erreichen kann, wenn er *nicht mehr als* sein Budget ausgibt.

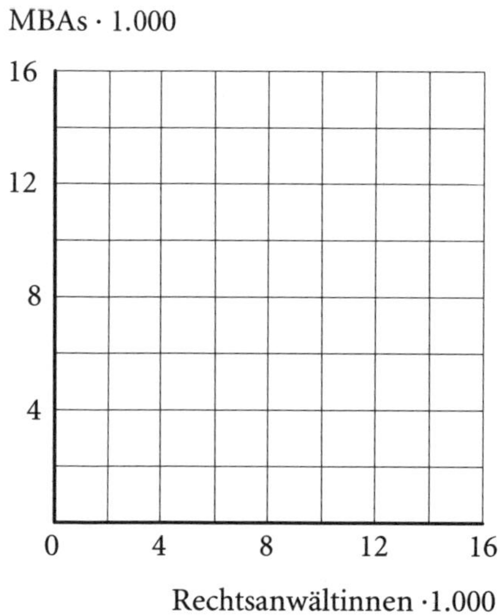

e) M sei die Anzahl der Fälle, in denen eine Anzeige von einem MBA, R die Zahl der Fälle, in denen sie von einer Rechtsanwältin gelesen wird. Diese Budgetgerade ist ein Abschnitt, der auf der Geraden mit der Gleichung __________ liegt. Auf wie viel Lesen durch MBAs muss verzichtet werden, um – bei gegebenem Werbebudget – ein zusätzliches Lesen einer Anzeige durch eine Rechtsanwältin mit einem Whirlpool zu erhalten? __________.

2.12 ☐ Auf dem Planeten Mungo gibt es zwei Arten von Geld, blaues und rotes. Jedes Gut hat zwei Preise – einen Preis in rotem und einen in blauem Geld. Jedes Mungo hat zwei Einkommen, ein rotes und ein blaues.

Ein Mungo muss, um einen Gegenstand zu kaufen, den roten Preis dieses Gegenstandes in rotem Geld und den blauen Preis in blauem Geld zahlen. (Die Geschäfte haben einfach zwei Registrierkassen und man muss beim Kauf eines Gegenstandes an beiden Kassen zahlen.) Es ist untersagt, die eine Art des Geldes gegen die andere zu tauschen, und die Einhaltung dieses Verbots wird durch die grau- und wirksame Mungo'sche Geldpolizei streng überwacht.

- Es gibt auf Mungo nur zwei Konsumgüter, Ambrosia und Kaugummi. Alle Mungos haben lieber mehr von jedem Gut als weniger.
- Die blauen Preise sind 1 bwe (bwe bedeutet blaue Währungseinheit) je Einheit von Ambrosia und 1 bwe je Einheit Kaugummi.
- Die roten Preise betragen 2 rwes (rote Währungseinheiten) je Einheit Ambrosia und 6 rwes je Kaugummieinheit.

a) Zeichne in die folgende Grafik die rote Budgetgerade in rot und die blaue Budgetgerade in blau für ein Mungo mit Namen Harald, dessen blaues Einkommen 10 und dessen rotes Einkommen 30 ist. Schraffiere die „Budgetmenge", die alle Güterbündel enthält, die sich Harald bei den gegebenen zwei Budgetbeschränkungen leisten kann. Beachte, dass Harald ausreichend blaues *und* rotes Einkommen haben muss, um die Kosten eines Güterbündels sowohl in blauem als auch in rotem Geld zahlen zu können.

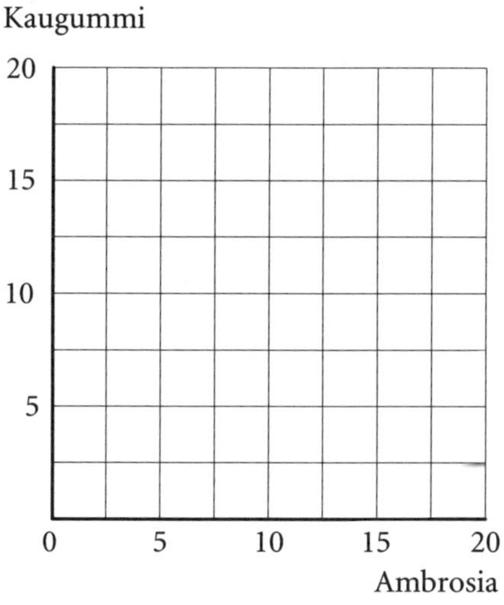

b) Ein anderes Mungo, Gladys, sieht sich denselben Preisen gegenüber wie Harald; es hat auch dasselbe rote Einkommen wie Harald, Gladys hat jedoch ein blaues Einkommen von 20. Erkläre, wieso Gladys nicht das gesamte blaue Einkommen ausgeben wird, und zwar unabhängig von seinen Präferenzen. (Hinweis: Zeichne Gladys' Budgetgeraden.)

____

____

____

____.

c) Eine Gruppe radikaler ökonomischer Reformer auf Mungo ist der Ansicht, dass die Währungsregelung unfair sei. „Warum sollte jeder für alles zwei Preise zahlen müssen?“ fragen sie. Sie schlagen folgenden Plan vor: Mungo wird weiterhin zwei Währungen haben, jedes Gut wird einen blauen und einen roten Preis haben und jedes Mungo wird auch ein blaues und ein rotes Einkommen haben. Aber niemand muss beide Preise zahlen. Stattdessen muss jedes Mungo, bevor es überhaupt etwas kauft, erklären, ob es ein Blaugeld-Käufer (ein „Blaues“) oder ein Rotgeld-Käufer (ein „Rotes“) ist. Blaue müssen alle ihre Einkäufe mit blauem Geld und zu blauen Preisen tätigen, sie geben also nur ihr blaues Einkommen aus. Rote müssen alle ihre Käufe mit rotem Geld durchführen, sie geben also nur ihr rotes Einkommen aus.

Angenommen Harald habe nach dieser Reform dasselbe Einkommen wie vorher, und die Preise bleiben unverändert. Bevor sich Harald deklariert, welche Art von Käufer es sein wird, überlegt es sich die Güterbündel, die es sich bei der einen oder der anderen Deklarierung leisten könnte. Wir wollen ein Güterbündel als „erreichbar“ bezeichnen, wenn Harald es sich nach Deklarierung zum „Blauen“ mit seinem blauen Geld kaufen kann, oder wenn es sich das Güterbündel nach Deklarierung zum „Roten“ mit seinem roten Geld leisten kann. Schraffiere in untenstehendem Diagramm alle erreichbaren Güterbündel.

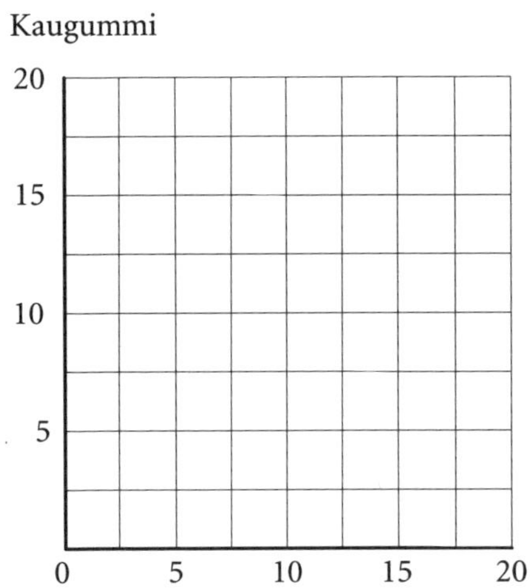

2.13 ☐ Sind die Budgets der Mungos wirklich reine Phantasiegebilde? Können Sie sich auf der Erde Situationen vorstellen, in denen die Leute mehr als eine Budgetbeschränkung erfüllen müssen? Ist Geld die einzige knappe Ressource, welche Menschen beim Konsum verbrauchen? ____

____

____.

3 Präferenzen

Einleitung

Im vorigen Abschnitt lernten Sie die Verwendung von Grafiken, um jene Güterbündel zu zeigen, welche sich eine Konsumentin leisten kann. In diesem Abschnitt werden Sie erlernen, wie man die Information über die Präferenzen der Konsumentin in dieselbe Grafik einzeichnet. In den meisten Problemen werden Sie aufgefordert, Indifferenzkurven zu zeichnen.

Manchmal geben wir Ihnen eine Formel für die Indifferenzkurve. Dann brauchen Sie lediglich die Kurve entsprechend der Formel einzuzeichnen. In einigen Aufgaben geben wir Ihnen hingegen nur „qualitative" Informationen über die Präferenzen der Konsumentin und ersuchen Sie, Indifferenzkurven zu skizzieren, die mit diesen Informationen übereinstimmen. Das erfordert zusätzliches Nachdenken. Seien Sie nicht überrascht oder enttäuscht, wenn Sie die Antwort nicht auf Anhieb finden, und erwarten Sie nicht, dass die Lösungen irgendwo in Ihrem Lehrbuch versteckt sind. Der beste Weg, die Antwort zu finden, ist durch „Nachdenken und spielerisches Zeichnen". Zeichnen Sie ein Koordinatenkreuz auf ein Blatt Schmierpapier und bezeichnen Sie die Achsen; markieren Sie dann irgendeinen Punkt auf der Grafik und fragen Sie sich selbst: „Welche anderen Punkte würde die Konsumentin im Vergleich zu diesem Punkt indifferent finden?" Verbinden Sie – wenn möglich – diese Punkte durch eine Kurve, wobei Sie sich sicherstellen sollten, dass der Verlauf der gezeichneten Linie den von der Aufgabenstellung verlangten Anforderungen entspricht. Das ergibt eine Indifferenzkurve. Wählen Sie nun einen anderen Punkt, der gegenüber dem Ersten bevorzugt wird, und zeichnen Sie eine Indifferenzkurve durch diesen Punkt.

Beispiel

Jokaste liebt Tanz und verabscheut Hausarbeit. Sie hat streng konvexe Präferenzen. Sie bevorzugt Tanzen gegenüber jeder anderen Tätigkeit und sie kann nie genug davon kriegen; je mehr Zeit sie jedoch mit Hausarbeit verbringt, desto unglücklicher ist sie. Versuchen wir eine Indifferenzkurve zu zeichnen, die ihren Präferenzen entspricht. Wir haben keine ausreichenden Informationen, die uns sagen würden, wo ihre Indifferenzkurve genau verläuft, aber es ist genügend Information vorhanden, um etwas über ihre Form aussagen zu können. Nimm ein Blatt Schmierpapier und zeichne ein Achsenkreuz. Beschrifte die horizontale Achse mit „Hausarbeitsstunden pro Tag" und die vertikale Achse mit „Tanzstunden pro Tag". Markiere einen Punkt auf der vertikalen Achse und bezeichne ihn mit 4. In diesem Punkt tanzt Jokaste 4 Stunden pro Tag, ohne irgendwelche Hausarbeit zu verrichten. Andere Punkte, die gegenüber diesem Punkt indifferent wären, müssten Punkte sein, wo sie mehr tanzt *und* mehr Hausarbeit leistet. Das Leid der zusätzlichen Hausarbeit sollte sie für das zusätzliche Vergnügen gerade entschädigen. Daher muss eine Indifferenzkurve für Jokaste ansteigend verlaufen. Da Jokaste Tanzen liebt und Hausarbeit verabscheut, wird sie alle Punkte oberhalb dieser Indifferenzkurve gegenüber jenen auf oder unter der Indifferenzkurve bevorzugen. Wenn ihre Präferenzen streng konvex sind, dann müssen alle Punkte einer Linie (mit Ausnahme ihrer Endpunkte!), welche zwei beliebige Punkte der Indifferenzkurve miteinander verbindet, gegenüber den Endpunkten dieser Linie bevorzugt werden. Damit das der Fall ist, muss die Indifferenzkurve immer stärker ansteigen, wenn man sich auf ihr von links nach rechts bewegt. Man sollte sich davon durch einige Zeichnungen auf dem Schmierpapier selbst überzeugen. Zeichne eine steigende Kurve durch den Punkt (0, 4), die nach rechts oben immer steiler wird.

Wenn Sie diese Trainingsaufgaben beendet haben, hoffen wir, dass Sie Folgendes können:

- Für eine gegebene Formel einer Indifferenzkurve können Sie diese Kurve zeichnen und die Steigung in jedem Punkt finden.
- Sie können feststellen, ob für bestimmte Indifferenzkurven der Konsument ein Bündel gegenüber einem anderen bevorzugt oder zwischen beiden indifferent ist.
- Sie können die Indifferenzkurven für die Sonderfälle perfekter Substitute und perfekter Komplementärgüter zeichnen.
- Sie können Indifferenzkurven zeichnen, wenn jemand ein Gut oder beide Güter verabscheut.
- Sie können Indifferenzkurven für jemand zeichnen, der ein Gut bis zu einem bestimmten Punkt mag, der jedoch von einem oder mehreren Gütern „zu viel" kriegen kann.
- Sie können schwach bevorzugte Mengen identifizieren und bestimmen, ob es sich um konvexe Mengen handelt, und ob die Präferenzen konvex sind.
- Sie verstehen, was die Grenzrate der Substitution ist, und sie können feststellen, ob eine Indifferenzkurve eine „abnehmende Grenzrate der Substitution" aufweist.
- Sie können feststellen, ob eine Präferenzbeziehung – oder irgendeine andere Beziehung zwischen zwei Dingen – transitiv ist, ob sie reflexiv und ob sie vollständig ist.

? Aufgaben

3.1 ☐ Karli mag sowohl Äpfel als auch Bananen. Er konsumiert sonst nichts. Wir wollen das Konsumbündel, bei dem Karli x_A Zentner Äpfel pro Jahr und x_B Zentner Bananen pro Jahr konsumiert, als (x_A, x_B) anschreiben. Voriges Jahr konsumierte Karli 20 Zentner Äpfel und 5 Zentner Bananen. Es stellt sich heraus, dass jene Konsumbündel (x_A, x_B), bei denen Karli zwischen diesen (x_A, x_B) und (20, 5) gerade indifferent ist, Konsumbündel sind, für die $x_B = 100/x_A$ gilt. Und solche Konsumbündel (x_A, x_B), bei denen Karli zwischen diesem (x_A, x_B) und (10, 15) gerade indifferent ist, sind Konsumbündel, für die $x_B = 150/x_A$ gilt.

a) Markiere auf der untenstehenden Grafik einige Punkte, welche auf der Indifferenzkurve liegen, die durch den Punkt (20, 5) verläuft, und zeichne diese Kurve blau ein. Mache dasselbe für die Indifferenzkurve durch den Punkt (10, 15) mit roter Farbe.

b) Schraffiere mit einem Bleistift jene Menge an Güterbündeln, welche Karli gegenüber dem Bündel (10, 15) schwach bevorzugt. Verwende blau, um jene Menge an Güterbündeln zu schraffieren, der gegenüber Karli das Güterbündel (20, 5) schwach bevorzugt.

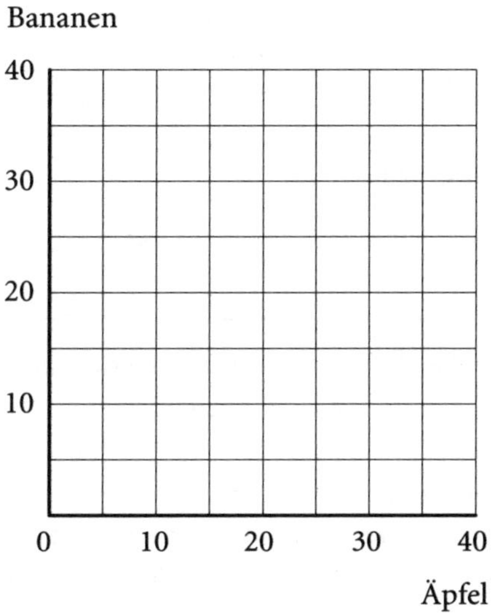

Schreibe zu jeder der folgenden Aussagen über Karlis Präferenzen „richtig“ oder „falsch“:

c) $(30, 5) \sim (10, 15)$ ______________________.

d) $(10, 15) \succ (20, 5)$ ______________________.

e) $(20, 5) \succeq (10, 10)$ ______________________.

f) $(24, 4) \succeq (11, 9{,}1)$ ______________________.

g) $(11, 14) \succ (2, 49)$ ______________________.

h) Eine Menge ist konvex, wenn für zwei beliebige Punkte dieser Menge die sie verbindende Linie auch in der Menge enthalten ist. Ist die Bündelmenge, die Karli gegenüber (20,5) schwach bevorzugt eine konvexe Menge? ______________.

i) Ist die Bündelmenge, die Karli weniger als (20, 5) mag, eine konvexe Menge? _______.

j) Die Steigung von Karlis Indifferenzkurve im Punkt (x_A, x_B) wird als seine

__________________________________ in diesem Punkt bezeichnet.

k) Karlis Indifferenzkurve durch den Punkt (10, 10) hat bekanntlich die Gleichung $x_B = 100/x_A$. Kenner der Differentialrechnung erinnern sich, dass die Steigung einer Kurve einfach ihre Ableitung ist, welche in diesem Fall $-100/x_A^2$ ist. Wie lautet Karlis Grenzrate der Substitution im Punkt (10, 10)? ________________________.

l) Wie groß ist seine Grenzrate der Substitution im Punkt (5, 20)? ______________.

m) Wie groß ist seine Grenzrate der Substitution im Punkt (20, 5)? ______________.

n) Weisen die für Karli gezeichneten Indifferenzkurven eine abnehmende Grenzrate der Substitution auf? ____________________________________.

3.2 ☐ Ambrosius konsumiert nur Nüsse und Beeren. Glücklicherweise mag er beide Güter. Das Konsumbündel, bei dem Ambrosius x_1 Einheiten Nüsse und x_2 Einheiten Beeren pro Woche konsumiert, wird als (x_1, x_2) geschrieben. Die Menge an Konsumgütern (x_1, x_2), für die Ambrosius zwischen (x_1, x_2) und (1, 16) indifferent ist, ist jene Bündelmenge, für welche $x_1 \geq 0$, $x_2 \geq 0$ und $x_2 = 20 - 4\sqrt{x_1}$ gilt. Jene Menge an Konsumgütern (x_1, x_2), für die Ambrosius zwischen (x_1, x_2) und (36, 0) indifferent ist, ist jene Bündelmenge, für welche $x_1 \geq 0$, $x_2 \geq 0$ und $x_2 = 24 - 4\sqrt{x_1}$ gilt.

a) Zeichne in untenstehende Grafik einige Punkte ein, welche auf der durch den Punkt (1, 16) gehenden Indifferenzkurve liegen, und skizziere diese Kurve in blau. Mache dasselbe für die Indifferenzkurve durch den Punkt (36, 0) mit roter Farbe.

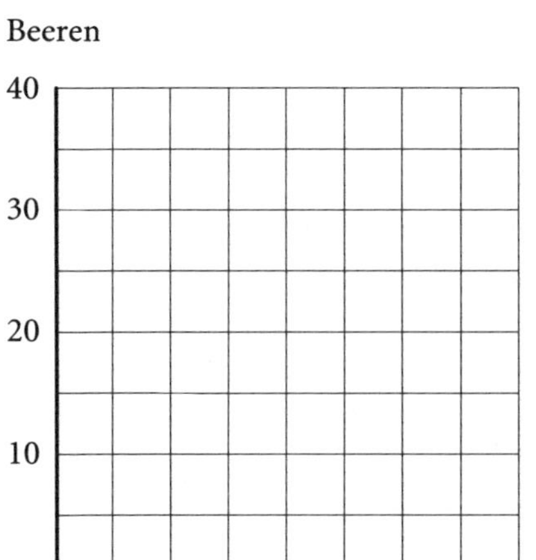

b) Schraffiere mit einem Bleistift jene Bündelmenge, welche Ambrosius gegenüber dem Bündel (1, 16) schwach bevorzugt. Schraffiere mit roter Farbe die Menge aller Güterbündel (x_1, x_2), denen gegenüber Ambrosius das Güterbündel (36, 0) schwach bevorzugt. Ist die Bündelmenge, die Ambrosius gegenüber (1, 16) bevorzugt, eine konvexe Menge?

______________________________.

c) Wie groß ist die Steigung von Ambrosius' Indifferenzkurve im Punkt (9, 8)? (Hinweis: Errechne die Steigung einer Kurve mittels der Differentialrechnung; wer diese nicht kennt, muss das Diagramm sorgfältig zeichnen und die Steigung schätzen.)

______________________________.

d) Wie groß ist die Steigung seiner Indifferenzkurve im Punkt (4, 12)? ____________.

e) Wie groß ist die Steigung seiner Indifferenzkurve im Punkt (9, 12)? ____________. Und im Punkt (4, 16)? ____________.

f) Weisen die für Ambrosius gezeichneten Indifferenzkurven eine abnehmende Grenzrate der Substitution auf? ______________________.

g) Hat Ambrosius konvexe Präferenzen? ______________________.

3.3 ☐ Shirley Sixpack hat die Angewohnheit, jeden Abend während der Fernsehsendung „Das Beste aus der Bowlinghalle" Bier zu trinken. Sie hat kräftige Finger und einen großen Kühlschrank, sodass ihr die Größe der Bierdosen gleichgültig ist, für sie ist nur die Biermenge von Bedeutung.

a) Zeichne in untenstehende Grafik einige von Shirleys Indifferenzkurven zwischen Bier in 0,5 Liter-Dosen und in 0,25 Liter-Dosen blau ein.

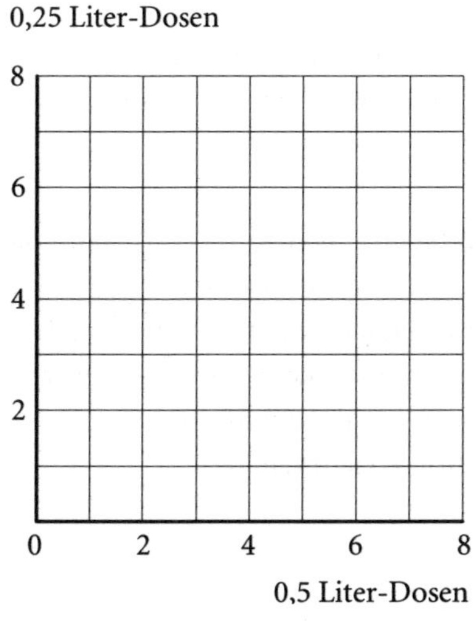

b) Lorraine Quiche trinkt gerne Bier, während sie „Meisterwerke des Theaters" im Fernsehen verfolgt. Sie trinkt immer nur ein 0,25 Literglas Bier (nach dem anderen). Da ihre Katze kein Bier trinkt und Lorraine schales Bier verabscheut, leert sie den Überschuss – wenn mehr als 0,25 Liter in der Dose sind – in den Abfluss. (Sie hat keine Bedenken hinsichtlich der Verschwendung von Bier.) Zeichne in obige Grafik einige Indifferenzkurven für Lorraine rot ein.

3.4 ☐ Elmar steht an einem heißen und staubigen Sonntag vor einem Colaautomaten. Der Automat verlangt genaues Wechselgeld – zwei Quarters und einen Dime*. Nur mit dieser Kombination ist die Maschine bereit, etwas auszuspucken. Kein Geschäft hat geöffnet, kein Mensch ist weit und breit zu sehen. Elmar ist so durstig, dass das einzig für ihn Wichtige ist, wie viele Cokes er mit dem Kleingeld in seiner Tasche kaufen kann, je mehr desto besser. Während Elmar seine Taschen durchsucht, ist es Ihre Aufgabe, einige Indifferenzkurven zu zeichnen, die seine Präferenzen, für das was er findet, beschreiben.

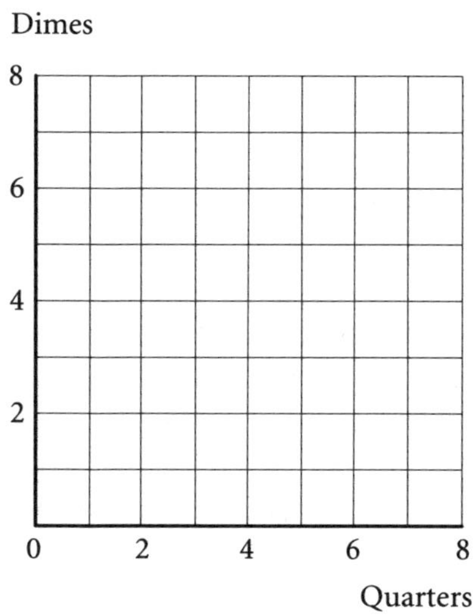

a) Wenn Elmar 2 Quarters und einen Dime in seinen Taschen hat, kann er eine Cola kaufen. Wie viele kann er kaufen, wenn er 4 Quarters und 2 Dimes hat? ____________.

b) Schraffiere mit roter Farbe jene Fläche in der Grafik, die aus allen Kombinationen von Quarters und Dimes besteht, für die Elmar gegenüber 2 Quarters und 1 Dime indifferent ist. (Wir könnten uns vorstellen, dass Elmar Bruchteile von Quarters und Dimes hat, dass diese im Automat natürlich nutzlos wären.) Schraffiere nun mit blauer Farbe jene Fläche aller Kombinationen, für die Elmar gegenüber 4 Quarters und 2 Dimes indifferent ist. Beachte, dass Elmar „Indifferenzbänder" und keine Indifferenzkurven hat.

* Ein Quarter sind 25 US-Cents, ein Dime 10 US-Cents.

c) Hat Elmar konvexe Präferenzen zwischen Dimes und Quarters? ________________.

d) Bevorzugt Elmar immer mehr von beiden Münzarten gegenüber weniger? __________.

e) Hat Elmar einen Sättigungspunkt (= Blisspunkt)? ____________________________.

f) Wäre Elmar am Samstag zum Colaautomat gekommen, hätte die Drogerie gegenüber offen gehabt. Dieses Geschäft verkauft jede beliebige Menge an Cola in Gläsern, und zwar zum Preis von 4 Cent je 0,1 Liter. Der (Die) Verkäufer(in) akzeptiert jede beliebige Kombination von Dimes und Quarters. Angenommen Elmar will das ganze Geld in seiner Tasche am Samstag in der Drogerie für Cola ausgeben. Zeichne in obiger Grafik mit Bleistift oder schwarzer Farbe ein oder zwei von Elmars Indifferenzkurven zwischen Quarters und Dimes. (Der Einfachheit halber zeichne die Grafik so, als ob Bruchteile von Elmars Quarters oder Dimes zum entsprechenden Bruchteil ihres Wertes angenommen werden.) Beschreibe diese neuen Indifferenzkurven mit Worten: ____________________

____

____.

3.5 □ Randy Rattenpack verabscheut sowohl das Studium der Ökonomie als auch der Geschichte. Je mehr Zeit er mit dem Studium eines dieser Fächer verbringt, desto unglücklicher ist er. Aber Randy hat streng konvexe Präferenzen.

a) Skizzieren Sie eine Indifferenzkurve für Randy, wobei die beiden Güter Stunden des Ökonomiestudiums und Stunden des Geschichtsstudiums pro Woche sind. Wird die Steigung der Indifferenzkurve positiv oder negativ sein? ____________________.

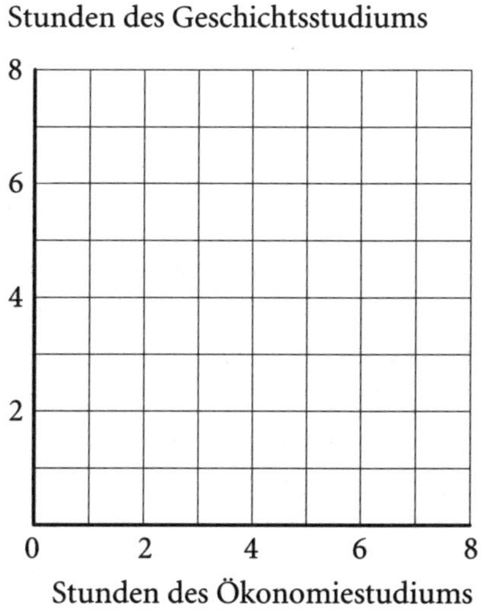

b) Werden Randys Indifferenzkurven steiler oder flacher, wenn man sich auf einer Kurve von links nach rechts bewegt? ____________________.

3.6 ☐ Steffi Steilzahn verwendet gerne einen Teil ihrer Zeit zum Studium und einen Teil, um mit Freunden auszugehen. Ihre Indifferenzkurven zwischen Stunden des Studierens und mit Freunden verbrachte Stunden pro Woche sind konzentrische Kreise um ihre Lieblingskombination, nämlich 20 Stunden Studieren und 15 mit Freunden verbrachte Stunden. Je näher sie bei ihrer Lieblingskombination ist, desto glücklicher ist sie.

a) Angenommen Steffi studiert derzeit pro Woche 25 Stunden und verbringt 3 Stunden pro Woche mit Freunden. Würde sie 30 Wochenstunden Studieren und 8 Stunden mit Freunden zu verbringen bevorzugen? ____________________.
(Hinweis: Wer erinnert sich an die Formel für die Entfernung zwischen zwei Punkten auf einer Ebene?)

b) Zeichne auf den folgenden Achsen ein paar von Steffis Indifferenzkurven und verwende das Diagramm, um zu illustrieren, welche der oben besprochenen Zeitallokationen Steffi bevorzugen würde.

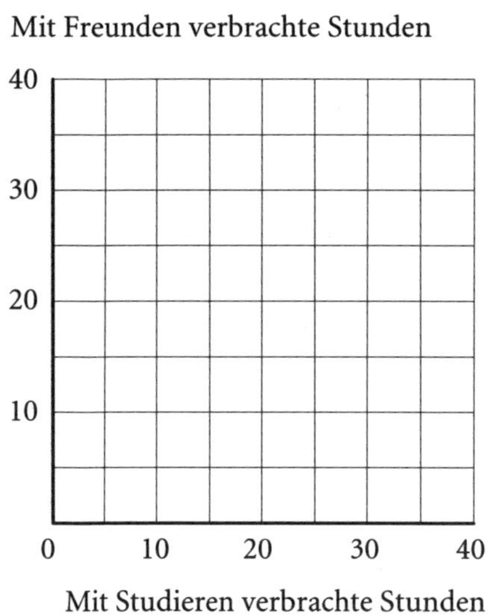

3.7 ☐ Johanna isst gerne Schokoladekuchen und Eiscreme, aber nach 10 Stück Kuchen reicht es ihr und jedes zusätzliche Stück macht sie unglücklicher. Sie bevorzugt jedoch stets mehr Eiscreme gegenüber weniger. Johannas Eltern verlangen, dass sie alles aufisst, was sie auf ihren Teller bekommt. Zeichnen Sie in untenstehendes Achsenkreuz in blau einige Indifferenzkurven, die Johannas Präferenzen zwischen Tellern mit verschiedenen Mengen von Kuchen und Eiscreme darstellen. Vergessen Sie nicht, die Achsen zu bezeichnen!

a) Nehmen wir an, Johannas Präferenzen bleiben unverändert, ihre Eltern erlauben ihr jedoch, alles übrig zu lassen, was ihr nicht mehr schmeckt. Zeichnen Sie nun mittels rot in die folgende Grafik einige ihrer Indifferenzkurven zwischen Tellern mit verschiedenen Mengen von Kuchen und Eiscreme.

3.8 ☐ Professor Gutherz gibt immer zwei Teilprüfungen in seiner Lehrveranstaltung über Kommunikation. Er verwendet dann nur das bessere Ergebnis beider Prüfungen zur Ermittlung der Gesamtnote.

a) Leni Lerner möchte die Note in der Lehrveranstaltung maximieren. Wir wollen ihre Punktezahl aus der ersten Teilprüfung mit x_1 bezeichnen, jene aus der zweiten mit x_2. Welche Punktekombination würde Leni bevorzugen, $x_1 = 20$ und $x_2 = 70$ oder $x_1 = 60$ und $x_2 = 60$? ______________________________.

b) Zeichne in untenstehende Grafik eine Indifferenzkurve mit roter Farbe ein, die alle jene Punktekombinationen zeigt, die Leni genau so gerne mag wie $x_1 = 20$ und $x_2 = 70$. Zeichne wieder mit roter Farbe eine Indifferenzkurve, die jene Kombinationen zeigt, welche Leni genau so gerne hat wie $x_1 = 60$ und $x_2 = 60$.

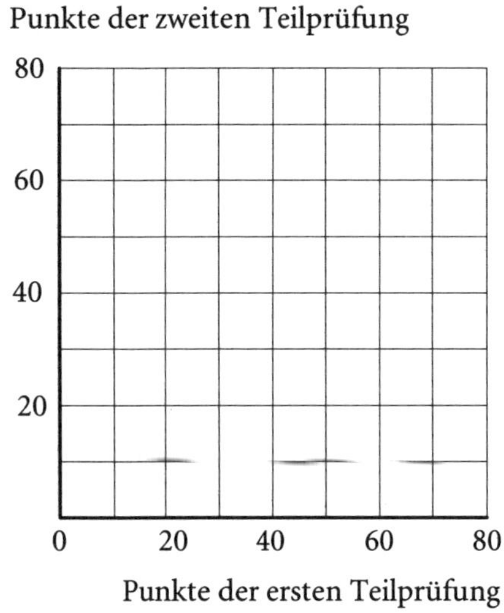

c) Hat Leni hinsichtlich dieser Kombinationen konvexe Präferenzen? _______.

d) Leni hat auch eine Ökonomielehrveranstaltung bei Professor Streng belegt. Professor Streng gibt ebenfalls zwei Teilprüfungen. Anstatt jedoch die niedrigere Punktezahl wegzulassen, streicht Professor Streng die höhere Punktezahl. Wiederum sei x_1 die Punktezahl aus der ersten Teilprüfung und x_2 jene aus der zweiten. Welche Punktekombination würde Leni bevorzugen, $x_1 = 20$ und $x_2 = 70$ oder $x_1 = 60$ und $x_2 = 50$? ___________.

e) Zeichne in obige Grafik mit blauer Farbe eine Indifferenzkurve ein, die alle jene Kombinationen an VW-Prüfungsergebnissen zeigt, welche Leni genau so gerne mag wie $x_1 = 20$ und $x_2 = 70$. Zeichne ebenfalls mit blauer Farbe eine Indifferenzkurve ein, die Leni ebenso gern hat wie $x_1 = 60$ und $x_2 = 50$. Hat Leni hinsichtlich dieser Kombinationen konvexe Präferenzen? ______________________________________.

3.9 □ Gerti Granola konsumiert gerne zwei Güter, nämlich Grapefruits und Avocados.

a) Auf der folgenden Grafik ist die Steigung der Indifferenzkurve durch jeden Punkt, in dem sie mehr Grapefruits als Avocados hat, –2. Das heißt, wenn sie mehr Grapefruits als Avocados hat, ist sie bereit, _____ Grapefruit(s) aufzugeben, um eine Avocado zu bekommen.

b) Auf derselben Grafik ist die Steigung der Indifferenzkurve durch jeden Punkt, in dem sie weniger Grapefruits als Avocados hat, –1/2. Das heißt, wenn sie weniger Grapefruits als Avocados hat, ist sie bereit, _____ Grapefruit(s) aufzugeben, um eine Avocado zu kriegen.

c) Zeichne in dieser Grafik eine Indifferenzkurve für Gerti durch das Güterbündel ($10A$, $10G$). Zeichne eine weitere Indifferenzkurve durch ($20A$, $20G$).

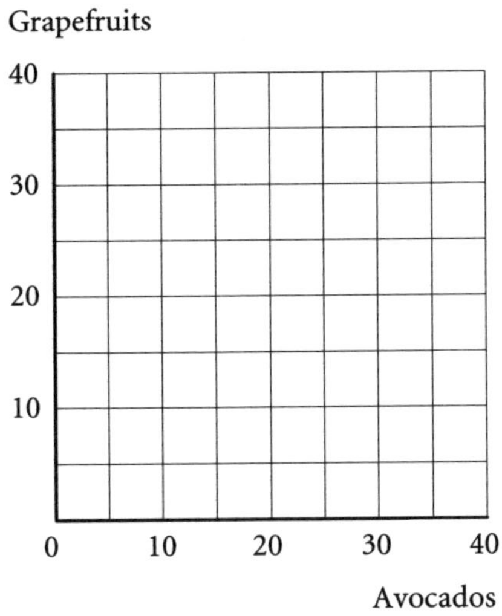

d) Hat Gerti konvexe Präferenzen? ______________________________.

3.10 ■ Stefan Stur konsumiert sein Mittagessen gerne um 12 Uhr. Aber er möchte auch durch den Besuch der von seinem Lokal offerierten Spezialangebote für „Frühesser" und „Spätesser" Geld für den Kauf anderer Konsumgüter sparen. Stefan hat insgesamt € 15 für Mittagessen und andere Konsumgüter zur Verfügung. Mittagessen um 12 Uhr kostet € 5. Wenn er sein Mittagessen um t Stunden nach 12 Uhr oder um t Stunden vor 12 Uhr einnimmt, kriegt er sein Essen jeweils um $(5 - t)$ Euro. (Das gilt sowohl für Bruchteile von Stunden als auch für ganze Zahlen.)

a) Wie viel Geld verbleibt Stefan pro Tag zum Verbrauch für andere Güter, wenn er genau zur Mittagsstunde isst? ______________________________.

b) Wie viel Geld würde ihm für den Verbrauch anderer Güter verbleiben, wenn er um 14 Uhr äße? ______________________________.

c) Zeichne in untenstehender Grafik mit blauer Farbe die geknickte Linie, welche die Kombinationen von Essenszeit und Geld für andere Güter zeigt, die sich Stefan gerade leisten könnte. Zeichne in dieselbe Grafik einige Indifferenzkurven ein, die mit der Entscheidung Stefans konsistent wären, um 11 Uhr vormittags zu essen.

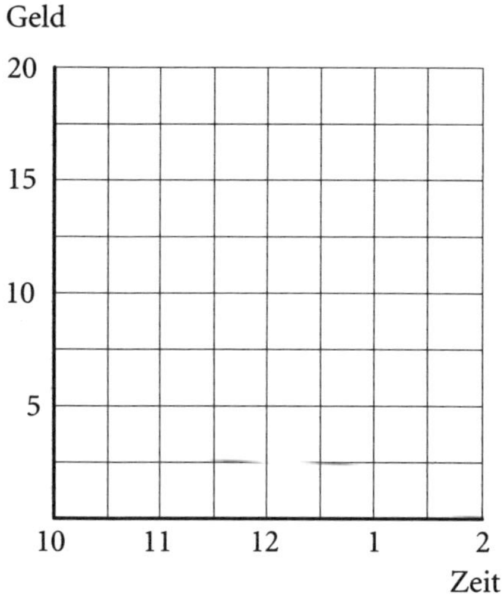

3.11 ☐ Heinrich Hannover konsumiert derzeit 20 Cheeseburger und 20 Kirschlimonaden pro Woche. Eine für Heinrich typische Indifferenzkurve sieht folgendermaßen aus:

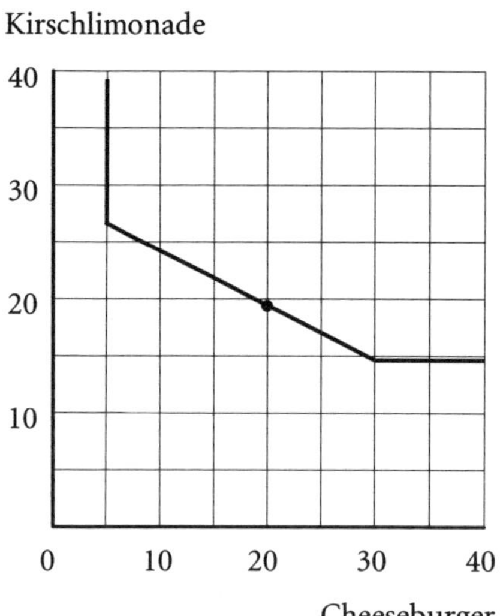

a) Würde Heinrich bereit sein zu tauschen, wenn ihm jemand einen zusätzlichen Cheeseburger für jede Limonade anbietet, auf die er verzichtet? ____________________.

b) Wie wär's im umgekehrten Fall: Für jeden Cheeseburger, auf den Heinrich verzichtet, kriegt er eine zusätzliche Limonade. Würde er dieses Angebot akzeptieren? ________.

c) Bei welchem Tauschverhältnis wäre Heinrich bereit, auf seinem derzeitigen Konsumniveau zu bleiben? ____.

3.12 ▣ Tom Twit ist am glücklichsten, wenn er pro Tag 8 Kekse und 4 Glas Milch erhält. Sobald er mehr als seine Lieblingsmenge von einem der beiden Nahrungsmittel bekommt, ist er schlechter dran, wenn man ihm noch mehr gibt. Wenn er jedoch weniger als seine Lieblingsmenge von einem der beiden Lebensmittel hat, ist er besser dran, wenn man ihm mehr gibt. Seine Mutter zwingt Tom, pro Tag 7 Glas Milch zu trinken, sie gibt ihm aber nur 2 Kekse. Als seine Mutter eines Tages weg war, zwang ihn seine sadistische Schwester, 13 Kekse zu essen, sie gab ihm aber nur 1 Glas Milch, obwohl sich Tom über die letzten 5 Kekse, die er essen musste, bitterlich beklagte und inständig um mehr Milch bat. Obwohl sich Tom nachher bei seiner Mutter beklagte, musste er zugeben, dass er die ihm von seiner Schwester aufgezwungene Ernährung gegenüber dem bevorzugte, was seine Mutter von ihm verlangte.

a) Zeichne einige von Toms Indifferenzkurven in schwarzer Farbe, die mit dieser Geschichte übereinstimmen.

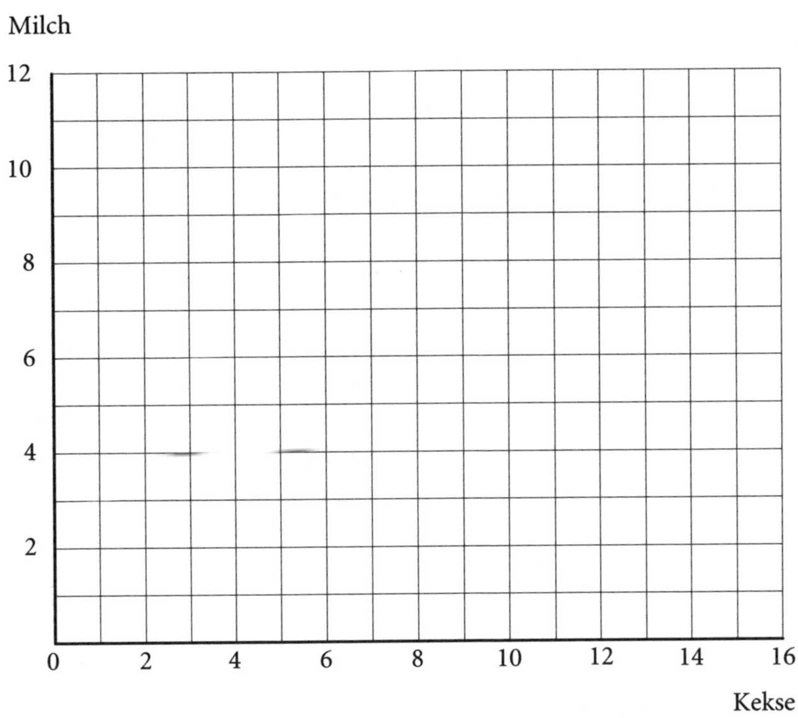

b) Toms Mutter glaubt, dass seine optimale Menge der Konsum von 7 Glas Milch und 2 Keksen ist. Sie misst Abweichungen davon in absoluten Werten. Wenn Tom irgendein anderes Bündel, z. B. (m, k) konsumiert, dann misst sie die Abweichung vom optimalen Bündel durch $D = |7 - m| + |2 - k|$. Sie meint, dass Tom umso schlechter dran sei, je größer D ist. Skizziere in der folgenden Grafik mit blauer Farbe ein paar Indifferenzkurven von Mutter Twit für Toms Konsum. (Hinweis: Vor dem Versuch, Mutter Twits Indifferenzkurven zu zeichnen, ist es empfehlenswert auf einem Stück Schmierpapier eine Grafik des Ortes aller Punkte (x_1, x_2) zu zeichnen, sodass $|x_1| + |x_2| = 1$.)

3.13 ☐ Trainer Anabol wünscht sich seine Spieler groß, schnell und gehorsam. Wenn der Spieler *A* in zwei dieser drei Merkmale besser ist als der Spieler *B*, dann bevorzugt Trainer Anabol den Spieler *A* gegenüber dem Spieler *B*; wenn jedoch *B* in zwei dieser drei Charakteristiken besser ist als *A*, dann bevorzugt Anabol *B* gegenüber *A*. Ansonsten ist Anabol zwischen beiden indifferent. Willibald Westinghouse wiegt 150 Kilogramm, läuft sehr langsam und ist einigermaßen gehorsam. Harald Heißsporn wiegt 110 Kilogramm, läuft sehr schnell und ist sehr ungehorsam. Jerry Jacuzzi wiegt 70 Kilogramm, ist ein durchschnittlicher Läufer und ist äußerst gehorsam.

a) Bevorzugt Anabol Westinghouse gegenüber Heißsporn oder umgekehrt? ______

______________________________.

b) Bevorzugt Anabol Heißsporn gegenüber Jacuzzi oder umgekehrt? ______

______________________________.

c) Bevorzugt Anabol Westinghouse gegenüber Jacuzzi oder umgekehrt? ______

______________________________.

d) Hat Anabol transitive Präferenzen? ______________________________.

e) Nach einigen verlustreichen Saisonen entscheidet sich Anabol, seine Art der Beurteilung der Spieler zu ändern. Nach seinen neuen Präferenzen zieht er den Spieler *A* dem Spieler *B* vor, wenn *A* in allen drei Kategorien besser ist; er bevorzugt daher auch *B* gegenüber *A*, wenn *B* in allen drei Eigenschaften besser ist. Er ist zwischen *A* und *B* indifferent, wenn beide gleich schwer sind, sie gleich schnell und gleich gehorsam sind. In allen anderen Fällen sagt Trainer Anabol einfach: „*A* und *B* sind nicht vergleichbar".

f) Sind Anabols neue Präferenzen vollständig? ______________________________.

g) Sind Anabols neue Präferenzen transitiv? ______________________________.

h) Sind Anabols neue Präferenzen reflexiv? ______________________________.

3.14 ☐ Familie Bär versucht zu entscheiden, was sie zu Abend essen soll. Baby Bär gibt seine Reihung an mit: Honig, Raupen, Goldköpfchen. Die Reihung für die Bärenmutter ist: Raupen, Goldköpfchen, Honig; Bärenvaters Reihung ist: Goldköpfchen, Honig, Raupen. Sie kommen überein, jedes Alternativenpaar zu nehmen und die Familienreihung mittels Mehrheitsabstimmung zu ermitteln.

a) Der Vater schlägt vor, zuerst Honig gegen Raupen abzustimmen und dann den Gewinner gegen Goldköpfchen. Welche Alternative wird letztlich gewählt? ________________.

b) Die Mutter schlägt vor, zuerst Honig gegen Goldköpfchen abzustimmen und dann den Gewinner gegen Raupen. Welche Alternative wird jetzt gewählt? ________________.

c) Welche Reihenfolge der Abstimmung sollte Baby Bär vorschlagen, damit er sein Lieblingsessen bekommt? ________________.

d) Sind die durch Abstimmung festgelegten „kollektiven Präferenzen" der Familie Bär transitiv? ________________.

3.15 ☐ Herr Olson liebt starken Kaffee, je stärker desto besser. Er kann jedoch kleine Unterschiede nicht feststellen. Im Lauf der Jahre hat Frau Olson herausgefunden, dass Herr Olson den Unterschied nur bemerkt, wenn sie die Kaffeemenge um mehr als einen Teelöffel für ihre Kanne mit 6 Tassen Inhalt ändert. Unterschiede von weniger als einem Teelöffel je Kanne bemerkt er nicht. A und B seien zwei verschiedene Tassen Kaffee; wenn Herr Olson Tasse A gegenüber der Tasse B bevorzugt, so schreiben wir das als $A \succ B$. Wenn Herr Olson entweder A gegenüber B bevorzugt oder keinen Unterschied feststellt, so schreiben wir $A \succcurlyeq B$. Wenn Herr Olson zwischen den Tassen A und B keinen Unterschied feststellen kann, schreiben wir $A \sim B$. Angenommen Herrn Olson werden Tassen A, B und C angeboten, die alle in der Kaffeekanne der Olsons zubereitet wurden. Tasse A wurde mit 14 Teelöffel Kaffee, Tasse B mit 14,75 und Tasse C mit 15,5 Teelöffel Kaffee pro Kanne gebraut. Stelle für alle folgenden Aussagen fest, ob sie richtig oder falsch sind:

a) $A \sim B$ ________________.

b) $B \sim A$ ________________.

c) $B \sim C$ ________________.

d) $A \sim C$ ________________.

e) $C \sim A$ ________________.

f) $A \succcurlyeq B$ ________________.

g) $B \succcurlyeq A$ ________________.

h) $B \succcurlyeq C$ ________________.

i) $A \succcurlyeq C$ ____________________.

j) $C \succcurlyeq A$ ____________________.

k) $A \succ B$ ____________________.

l) $B \succ A$ ____________________.

m) $B \succ C$ ____________________.

n) $A \succ C$ ____________________.

o) $C \succ A$ ____________________.

p) Ist Herrn Olsons „mindestens-so-gut-wie“ Beziehung, $\succcurlyeq$, transitiv? __________.

q) Ist Herrn Olsons Beziehung „kann keinen Unterschied feststellen“, $\sim$, transitiv? _____.

r) Ist Herrn Olsons „besser-als“ Beziehung, $\succ$, transitiv? _______________.

4 Nutzen

Einleitung

Im letzten Kapitel erfuhren Sie Einiges über Präferenzen und Indifferenzkurven. Jetzt lernen wir eine andere Art kennen, Präferenzen zu beschreiben, nämlich die *Nutzenfunktion*. Eine Nutzenfunktion, welche die Präferenzen einer Person darstellt, ist eine Funktion, die jedem Güterbündel eine Nutzenzahl zuweist. Dabei werden die Zahlen so zugeordnet, dass das Bündel (x, y) dann eine höhere Nutzenzahl als das Bündel (x', y') hat, wenn und nur wenn die Konsumentin (x, y) gegenüber (x', y') bevorzugt. Wenn eine Konsumentin die Nutzenfunktion $U(x_1, x_2)$ hat, dann wird sie zwischen zwei Bündeln indifferent sein, wenn diesen derselbe Nutzen zugeordnet wird.

Wenn man die Nutzenfunktion eines Konsumenten kennt, dann kann man für jedes Güterbündel die zugehörige Indifferenzkurve finden. Wenn wir auf der horizontalen Achse Gut 1 und auf der vertikalen Gut 2 auftragen, so wissen wir vom letzten Kapitel, dass die Steigung der Indifferenzkurve im Punkt (x_1, x_2) als *Grenzrate der Substitution* bezeichnet wird. Eine wichtige und praktische Tatsache ist, dass *die Steigung einer Indifferenzkurve gleich ist dem negativen Wert des Verhältnisses des Grenznutzens des Gutes 1 zum Grenznutzen des Gutes 2.* Für diejenigen, welche die Infinitesimalrechnung auch nur ein klein wenig kennen, ist die Berechnung der Grenznutzen einfach. Um den Grenznutzen eines Gutes zu ermitteln, berechnet man einfach die (erste) Ableitung der Nutzenfunktion in Bezug auf dieses Gut, wobei die Menge des anderen Gutes konstant gehalten wird. (Wenn man die Differentialrechnung überhaupt nicht kennt, kann man einen Näherungswert des Grenznutzens mittels der im Lehrbuch beschriebenen Methode berechnen. Wir geben auch am Anfang dieses Abschnitts des Trainingsbuchs eine Liste der Grenznutzenfunktionen für gängige Nutzenfunktionen. Selbst wenn man sie nicht selber berechnen kann, so kann man in dieser Liste nachsehen, wenn in späteren Aufgaben die Verwendung der Grenznutzen verlangt wird.)

Beispiel

Arthurs Nutzenfunktion lautet $U(x_1, x_2) = x_1x_2$. Versuchen wir einmal, jene Indifferenzkurve Arthurs zu finden, die durch den Punkt (3, 4) verläuft. Dazu berechnen wir als erstes Arthurs Nutzen für $U(3, 4) = 3 \cdot 4 = 12$. Die Indifferenzkurve durch diesen Punkt besteht somit aus allen (x_1, x_2), sodass $x_1x_2 = 12$. Die letzte Gleichung entspricht $x_2 = 12/x_1$. Um Arthurs Indifferenzkurve durch (3, 4) darzustellen, zeichne einfach die Kurve für die Gleichung $x_2 = 12/x_1$. Im Punkt (x_1, x_2) ist der Grenznutzen des Gutes 1 gleich x_2, der Grenznutzen des

Gutes 2 ist gleich x_1. Arthurs Grenzrate der Substitution im Punkt (3, 4) ist daher $-x_2/x_1 = -4/3$.

Beispiel

Arthurs Onkel Basilius hat die Nutzenfunktion $U^*(x_1, x_2) = 3x_1x_2 - 10$. Beachte, dass $U^*(x_1, x_2) = 3U(x_1, x_2) - 10$, wobei $U(x_1, x_2)$ Arthurs Nutzenfunktion ist. Da U^* ein positives Vielfaches von U minus einer Konstanten ist, muss gelten, dass jede Konsumänderung, welche U erhöht auch U^* steigert (und vice versa). Wir sagen daher, dass Basilius' Nutzenfunktion eine *monoton steigende Transformation* von Arthurs Nutzenfunktion ist.

Wir wollen nun Basilius' Indifferenzkurve durch den Punkt (3, 4) finden. Zuerst stellen wir fest, dass $U^*(3, 4) = 3 \cdot 3 \cdot 4 - 10 = 26$ ist. Die Indifferenzkurve durch diesen Punkt besteht also aus allen (x_1, x_2), sodass $3x_1x_2 - 10 = 26$ gilt. Nach Vereinfachung durch Addition von 10 auf beiden Seiten der Gleichung und Division durch 3 erhält man $x_1x_2 = 12$ oder $x_2 = 12/x_1$. Das ist genau dieselbe Kurve wie Arthurs Indifferenzkurve durch (3, 4)! Wir hätten schon vorher wissen sollen, dass sich das ergibt: Wenn zwei Nutzenfunktionen monoton steigende Transformationen voneinander sind, dann müssen diese beiden Konsumenten dieselbe Präferenzrelation zwischen jedem beliebigen Paar von Güterbündeln haben.

Nach Beendigung dieser Trainingsaufgaben hoffen wir, dass Sie Folgendes beherrschen:

- Sie können eine Indifferenzkurve durch ein gegebenes Güterbündel zeichnen, wenn Sie die Nutzenfunktion kennen.
- Sie können die Grenznutzen und die Grenzraten der Substitution berechnen, wenn Sie die Nutzenfunktion kennen.
- Sie können bestimmen, ob eine Nutzenfunktion einfach eine „monotone Transformation" einer anderen ist, und wissen, was das hinsichtlich der Präferenzen impliziert.
- Sie können Nutzenfunktionen für Güter auffinden, die perfekte Substitute oder perfekte Komplemente sind.
- Sie erkennen Nutzenfunktionen für häufig untersuchte Präferenzen, wie zum Beispiel perfekte Substitute, perfekte Komplemente und andere geknickte Indifferenzkurven, für quasilinearen Nutzen und Cobb-Douglas-Nutzen.

Aufgaben

4.0 **Aufwärmübung**. Das ist die erste von einigen „Aufwärmübungen" in diesem *Trainingsbuch*. Sie dienen als Hilfe, um zu zeigen, wie man die in später benötigten Aufgaben notwendigen Berechnungen ausführt. Die Antworten zu *allen* Aufwärmübungen finden sich am Ende des Buchs. Wenn einem die Aufwärmübungen zu leicht und zu langweilig erscheinen, sollte man sie einfach überspringen und zu den Hauptaufgaben übergehen. Wenn man später irgendwo stecken bleibt, kann man noch immer auf sie zurückkommen.

In dieser Übung wird die Berechnung von Grenznutzen und Grenzraten der Substitution für einige gängige Nutzenfunktionen verlangt. Diese Nutzenfunktionen werden in verschiedenen Kapiteln immer wieder auftauchen, es ist daher sinnvoll, sie jetzt kennen zu lernen. Wenn man die Differentialrechnung kennt, werden einem diese Aufgaben kinderleicht erscheinen. Selbst wenn die Kenntnisse der Differentialrechnung gering oder nicht vorhanden sind, kann man die ersten drei Nutzenfunktionen einfach mit den Definitionen aus dem Lehrbuch behandeln. Diese drei sind leicht, weil die Nutzenfunktionen linear sind. Wenn Sie die Differentialrechnung nicht kennen, tragen Sie den Rest der Antworten vom Ende des Arbeitsbuchs ein und verwenden Sie eine Kopie dieser Übung zum Nachschlagen, wenn Ihnen diese Nutzenfunktionen in späteren Aufgaben begegnen.

$u(x_1, x_2)$	$MU_1(x_1, x_2)$	$MU_2(x_1, x_2)$	$MRS(x_1, x_2)$
$2x_1 + 3x_2$			
$4x_1 + 6x_2$			
$ax_1 + bx_2$			
$2\sqrt{x_1} + x_2$			
$\ln x_1 + x_2$			
$v(x_1) + x_2$			
x_1x_2			
$x_1^a x_2^b$			
$(x_1 + 2)(x_2 + 1)$			
$(x_1 + a)(x_2 + b)$			
$x_1^a + x_2^a$			

4.1 ☐ Erinnerst Du Dich noch an Karli aus dem 3. Kapitel? Karli verzehrt Äpfel und Bananen. Wir betrachteten zwei seiner Indifferenzkurven. In dieser Aufgabe gibt es jetzt genug Information, um zu versuchen, die *Gesamtheit* von Karlis Indifferenzkurven zu finden. Dazu sagen wir Dir Karlis Nutzenfunktion, welche $U(x_A, x_B) = x_A x_B$ lautet.

a) Karli besitzt 40 Äpfel und 5 Bananen. Sein Nutzen für das Bündel (40, 5) = __________. Die Indifferenzkurve (40, 5) beinhaltet alle Güterbündel (x_A, x_B), sodass $x_A x_B$ = ________________. Daher hat die Indifferenzkurve durch (40, 5) die Gleichung

x_B = ________________________________. Zeichne auf der untenstehenden Grafik die Indifferenzkurve für alle jene Bündel, welche Karli genau so gerne mag wie sein eigenes Bündel.

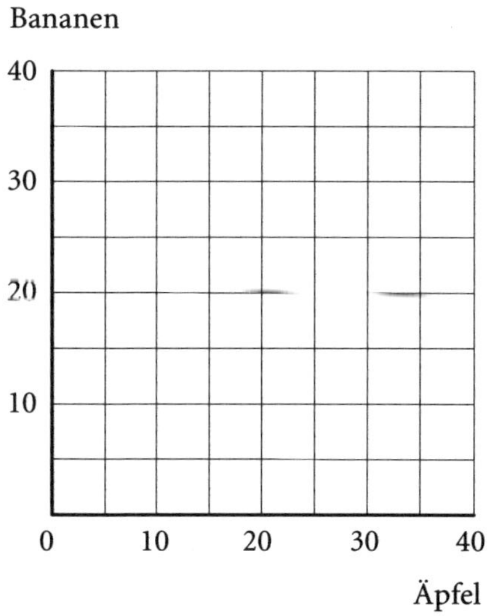

b) Donna bietet Karli 15 Bananen an, wenn er ihr 25 Äpfel gibt. Würde Karli nach diesem Geschäft ein Bündel haben, das er gegenüber (40, 5) bevorzugt? ______________. Wie groß ist die maximale Zahl an Äpfeln, welche Donna von Karli als Tausch für 15 Bananen verlangen kann, damit er bereit ist zu tauschen oder zumindest hinsichtlich des Tausches indifferent ist? ____________. (Hinweis: Wenn Donna Karli 15 Bananen gibt, wird Karli insgesamt 20 Bananen haben; wie viele Äpfel braucht er dann, um genau so gut gestellt zu sein wie ohne den Tausch?)

4.2 ☐ Ambrosius, den wir im vorigen Kapitel kennen lernten, lässt es sich weiterhin bei Nüssen und Beeren gut gehen. Wir sahen bereits zwei seiner Indifferenzkurven. Eine Indifferenzkurve hatte die Gleichung $x_2 = 20 - 4\sqrt{x_1}$ und die andere Indifferenzkurve die Gleichung $x_2 = 24 - 4\sqrt{x_1}$, wobei x_1 sein Konsum an Nüssen und x_2 sein Konsum an Beeren ist. Man kann sagen, dass Ambrosius' Nutzen quasilinear ist, und seine Präferenzen durch die Nutzenfunktion $U(x_1, x_2) = 4\sqrt{x_1} + x_2$ dargestellt werden können.

a) Ursprünglich konsumierte Ambrosius 9 Einheiten Nüsse und 10 Einheiten Beeren. Sein Nusskonsum wird um 4 Einheiten verringert, er erhält jedoch genügend Beeren, sodass er nachher genau so gut dran ist wie vorher. Wie viele Beereneinheiten konsumiert Ambrosius nach der Änderung? ____.

b) Trage in untenstehende Grafik Ambrosius' ursprünglichen Konsum ein und skizziere eine Indifferenzkurve durch diesen Punkt. Wie leicht überprüft werden kann, ist Ambrosius zwischen den Bündeln (9, 10) und (25, 2) indifferent. Verdoppelung der Mengen beider Güter in jedem Bündel ergäbe die Bündel (18, 20) und (50, 4). Liegen diese beiden Bündel auch auf einer gemeinsamen Indifferenzkurve? ____________________.
(Hinweis: Wie überprüft man bei Kenntnis der Nutzenfunktion, ob man zwischen zwei Bündeln indifferent ist?)

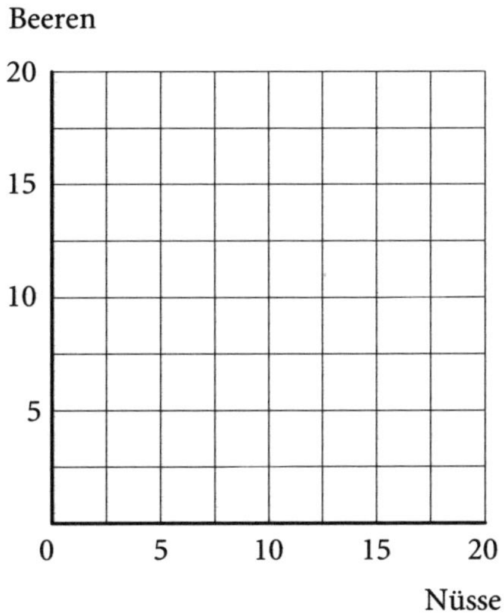

c) Wie lautet Ambrosius' Grenzrate der Substitution, $MRS(x_1, x_2)$, wenn er das Bündel (9, 10) konsumiert? (Gib eine Zahl als Antwort!) ____________________. Wie groß ist die Grenzrate der Substitution beim Konsum des Bündels (9, 20)? ________________.

d) Wir können einen allgemeinen Ausdruck für Ambrosius' Grenzrate der Substitution anschreiben, wenn er ein Bündel (x_1, x_2) konsumiert. Es ist dies $MRS(x_1, x_2) =$ ____________________________________. Obwohl wir die Grenzrate der Substitution $MRS(x_1, x_2)$ immer als eine Funktion der beiden Variablen x_1 und x_2 anschreiben, sehen wir, dass Ambrosius' Nutzenfunktion die besondere Eigenschaft hat, dass sich seine Grenzrate der Substitution nicht verändert, wenn sich die Variable ____________________ ändert.

4.3 □ Bernhards Nutzenfunktion lautet $U(x_1, x_2) = (x_1 + 2)(x_2 + 6)$, wobei x_1 für die Zahl der gegessenen Kekse und x_2 die Zahl der getrunkenen Gläser Milch steht.

a) Wie groß ist die Steigung von Bernhards Indifferenzkurve in jenem Punkt, in dem er das Bündel (4, 6) konsumiert? ________________. Verwende einen Bleistift oder schwarze Farbe, um eine Gerade mit dieser Steigung durch den Punkt (4, 6) zu zeichnen. (Versuche die Zeichnung möglichst sauber und genau auszuführen, da es auf die Einzelheiten ankommen wird.) Die soeben gezeichnete Gerade ist die *Tangente* an die Indifferenzkurve des Konsumenten im Punkt (4, 6).

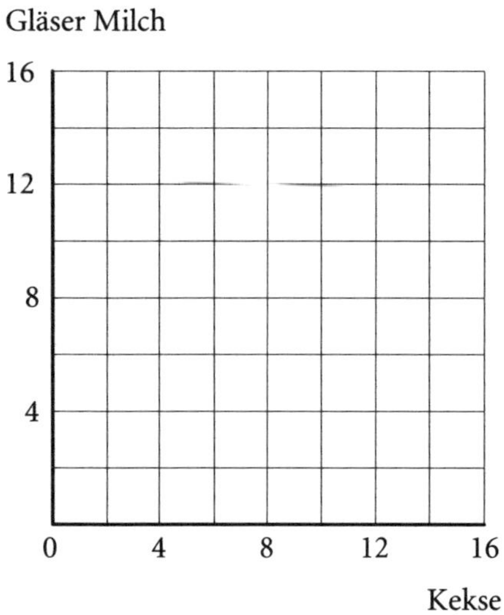

b) Die Indifferenzkurve durch den Punkt (4, 6) geht auch durch die Punkte (________, 0), (7, ________) und (2, ________). Skizziere diese Indifferenzkurve in blauer Farbe. Übrigens, die Gleichung für Bernhards Indifferenzkurve durch den Punkt (4, 6) lautet $x_2 =$ ________________________________.

c) Bernhard besitzt derzeit das Bündel (4, 6). Ernst bietet Bernhard 9 Glas Milch an, wenn Bernhard ihm dafür drei Kekse gibt. Wenn Bernhard diesen Tausch machte, dann hätte er das Bündel ________________. Bernhard weigert sich zu tauschen. War das eine kluge Entscheidung? ________________. Markiere das Bündel (1, 15) in der Grafik!

d) Ernst sagt zu Bernhard: „Bernhard, Deine Grenzrate der Substitution ist –2. Das bedeutet, dass ein zusätzliches Keks für Dich nur zweimal soviel wert ist wie ein zusätzliches Glas Milch. Ich habe Dir 3 Glas Milch für jedes Keks angeboten, das Du mir gibst. Wenn ich Dir mehr als Deine Grenzrate der Substitution anbiete, solltest Du eigentlich mit mir tauschen wollen." Bernhard antwortet: „Du hast recht, Ernst, dass meine Grenzrate der Substitution –2 ist. Das bedeutet, dass ich bereit bin, *kleine* Mengen zu tauschen, wenn ich mehr als 2 Glas Milch für jedes Keks erhalte, das ich Dir gebe; 9 Glas Milch gegen 3 Kekse ist jedoch ein zu großer Tausch. Meine Indifferenzkurven sind nämlich keine Geraden!“ Wäre Bernhard bereit, 1 Keks für 3 Glas Milch aufzugeben? ____________.

Würde er sich weigern, auf 2 Kekse für 6 Glas Milch zu verzichten? ____________

____.

e) Zeichne in Deiner Grafik eine rote Gerade mit der Steigung –3 durch den Punkt (4, 6). Diese Gerade zeigt alle Bündel, die Bernhard erreichen kann, wenn er Kekse gegen Milch (oder Milch gegen Kekse) im Verhältnis 1 Keks gegen 3 Glas Milch tauscht. Nur ein Abschnitt auf dieser Linie stellt Tauschhandel dar, bei denen Bernhard mit Tausch besser dran ist als ohne Tausch. Bezeichne dieses Segment in der Grafik mit *AB*.

4.4 ☐ Richard Rupps Nutzenfunktion lautet $U(x, y) = \max\{x, 2y\}$.

a) Zeichne in untenstehende Grafik mit blauer Farbe die der Gleichung $x = 10$ entsprechende Gerade ein und beschrifte sie. Zeichne und beschrifte ebenfalls mit blau die Gerade mit der Gleichung $2y = 10$.

b) Wenn $x = 10$ und $2y < 10$, dann ist der Nutzen $U(x, y) =$ ____________.

Wenn $x < 10$ und $2y = 10$, dann ist der Nutzen $U(x, y) =$ ____________.

c) Skizziere nun mit roter Farbe die Indifferenzkurve, entlang der $U(x, y) = 10$. Hat Richard konvexe Präferenzen? ____________.

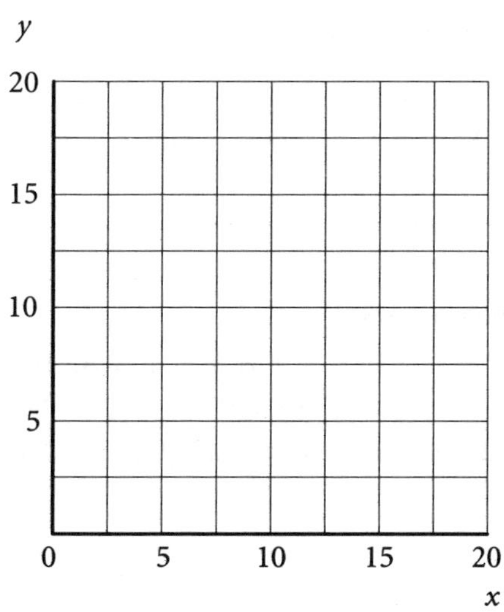

4.5 ☐ Leni Lerner ist noch immer in Professor Strengs Ökonomielehrveranstaltung. Sie wird zwei Prüfungen ablegen, die Benotung der Lehrveranstaltung wird durch das Minimum der Punkte bestimmt, das sie bei beiden Prüfungen erzielt. Leni möchte in der Lehrveranstaltung die beste Note erreichen.

a) Schreibe eine Nutzenfunktion an, die Lenis Präferenzen für verschiedene Kombinationen alternativer Testergebnisse x_1 und x_2 für die beiden Tests 1 und 2 angibt.

$U(x_1, x_2) =$ ________________________________.

4.6 ☐ Erinnern Sie sich an Shirley Sixpack und Lorraine Quiche aus dem vorigen Kapitel? Für Shirley sind zwei 0,25 Liter-Dosen Bier genau so gut wie eine 0,5 Liter-Dose. Lorraine hingegen trinkt immer nur 0,25 Liter auf einmal, und da sie schales Bier verabscheut, ist sie der Auffassung, dass eine 0,5 Liter-Dose weder besser noch schlechter ist als eine 0,25 Liter Dose.

a) Schreibe eine Nutzenfunktion an, die Shirleys Präferenzen zwischen Güterbündeln darstellt, die aus Kombinationen von 0,25 Liter- und 0,5 Liter-Dosen Bier bestehen. Dabei sei X die Menge an 0,25-Liter-Dosen und Y die Menge an 0,5-Liter-Dosen:

____.

b) Nun schreibe eine Nutzenfunktion an, die Lorraines Präferenzen darstellt:

____.

c) Würde die Funktion $U(X, Y) = 100X + 200Y$ Shirleys Präferenzen darstellen?

________________. Würde die Nutzenfunktion $U(X, Y) = (5X + 10Y)^2$ ihre Präferenzen abbilden? ____________. Und die Nutzenfunktion $U(X, Y) = X + 3Y$? ____________.

d) Gib ein Beispiel für zwei Güterbündel, sodass Shirley das erste gegenüber dem zweiten bevorzugt, Lorraine hingegen das zweite Bündel gegenüber dem ersten:

____.

4.7 ☐ Manfred Mazzola hat die Nutzenfunktion $u(x_1, x_2) = \min\{x_1 + 2x_2, 2x_1 + x_2\}$, wobei x_1 sein Konsum an Cornflakes, x_2 sein Verbrauch an Pommes frites ist.

a) Zeichne in untenstehende Grafik mit Bleistift den geometrischen Ort aller Punkte ein, für die $x_1 + 2x_2 = 2x_1 + x_2$ gilt. Zeichne mit blauer Farbe den geometrischen Ort aller Punkte, für die $x_1 + 2x_2 = 12$ ist, und ebenfalls mit blauer Farbe die Gerade für die Gleichung $2x_1 + x_2 = 12$.

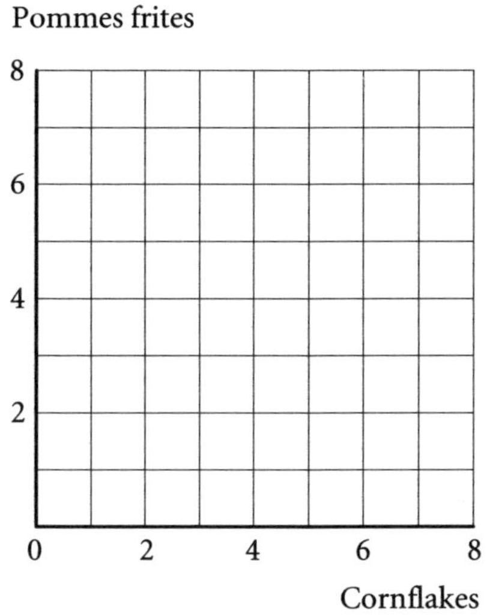

b) Schraffiere in dieser Zeichnung jenen Bereich, in dem beide Ungleichungen, $x_1 + 2x_2 \geq 12$ und $2x_1 + x_2 \geq 12$ erfüllt sind. Beim Bündel $(x_1, x_2) = (8, 2)$ finden wir daher

für $2x_1 + x_2 =$ ________ und für $x_1 + 2x_2 =$ ________. Daher ist $u(8, 2)$ ________.

c) Skizziere mit schwarzer Farbe Manfreds Indifferenzkurve, entlang der er einen Nutzen von 12 erzielt; und mit rot zeichne seine Indifferenzkurve für einen Nutzen von 6. (Hinweis: Erinnert irgendetwas von Manfred Mazzola an Gerti Granola?)

d) Wie viele Einheiten Cornflakes würde Manfred gegen eine Einheit Pommes frites tauschen, wenn er derzeit 5 Einheiten Cornflakes und 2 Einheiten Pommes frites konsumiert? ________________________.

4.8 ▣ Berta Boogie gibt gerne große Parties. Sie hat auch eine starke Präferenz dafür, dass auf ihren Parties genau so viele Frauen wie Männer sind. Ihre Präferenz zwischen Parties kann durch die Nutzenfunktion $U(x, y) = \min\{2x - y, 2y - x\}$ dargestellt werden, wobei x die Zahl der weiblichen und y die Zahl der männlichen Partybesucher ist. Versuchen wir, in untenstehende Grafik eine Indifferenzkurve einzuzeichnen, entlang der Bertas Nutzen gleich 10 ist.

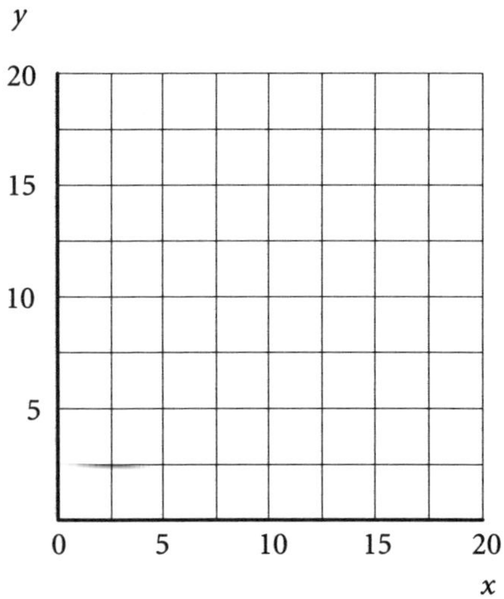

a) Zeichne mit Bleistift die Linie für $x = y$. Welcher Punkt auf dieser Linie gibt Berta einen Nutzen von 10? ______________. Zeichne mit blauer Farbe die Linie, entlang welcher $2y - x = 10$. Wenn $\min\{2x - y, 2y - x\} = 2y - x$, dann gibt es (mehr Männer als Frauen, mehr Frauen als Männer)? ______________________________________. Zeichne eine gewellte rote Linie über jenen Teil der blauen Geraden, für die $U(x, y) = \min\{2x - y, 2y - x\} = 2y - x$ gilt. Das zeigt alle jene Kombinationen, die für Berta genau so gut sind wie (10, 10), wo es jedoch (mehr Männer als Frauen, mehr Frauen als Männer) ______________________________________ gibt. Jetzt zeichne eine blaue Gerade für $2x - y = 10$. Über jenen Teil dieser neuen blauen Geraden, für den $U(x, y) = \min\{2x - y, 2y - x\} = 2x - y$ gilt, zeichne wieder eine gewellte rote Linie. Verwende einen Bleistift, um jene Fläche auf der Grafik zu schraffieren, die alle jene Kombinationen darstellt, die Berta mindestens so gerne mag wie (10, 10).

b) Angenommen auf einer von Bertas Parties sind 10 Frauen und 9 Männer. Würde sie das Erscheinen von 5 weiteren Männern als eine Verbesserung oder eine Verschlechterung der Party ansehen? ______________________________________.

c) Wie viele Männer sind auf einer von Bertas Parties, wenn auf dieser Party 16 Frauen aber gleichzeitig mehr Männer als Frauen sind, und wenn ihr diese Party gleich gut gefällt wie eine mit 10 Männern und 10 Frauen? _______. Wie viele Männer sind auf einer anderen Party Bertas, auf der ebenfalls 16 Frauen, jedoch mehr Frauen als Männer sind, und die Berta genau so gut gefällt wie eine Party mit 10 Männern und 10 Frauen?

______________________________________.

d) Welchem Buchstaben des Alphabets sehen Bertas Indifferenzkurven ähnlich? ________.

4.9 ☐ Angenommen die Nutzenfunktionen $u(x, y)$ und $v(x, y)$ stehen zueinander in der Beziehung $v(x, y) = f(u(x, y))$. Schreiben Sie in jedem der unten angeführten Fälle „ja", wenn die Funktion f eine positive monotone Transformation ist, und „nein", wenn nicht. (Hinweis für ‚Differentialrechner': Eine differenzierbare Funktion $f(u)$ ist eine steigende Funktion von u, wenn die erste Ableitung positiv ist.)

a) $f(u) = 3{,}141592u$ ____.

b) $f(u) = 5.000 - 23u$ ____.

c) $f(u) = u - 100.000$ ____.

d) $f(u) = \log_{10} u$ ____.

e) $f(u) = -e^{-u}$ ____.

f) $f(u) = 1/u$ ____.

g) $f(u) = -1/u$ ____.

4.10 ☐ Barbara Bescheidens Präferenzen werden durch die Nutzenfunktion $U(k, b) = kb/100$ beschrieben, wobei k die Dekagramm Kekse und b die Dekagramm Bohnen sind, die sie konsumiert.

a) Skizziere in der folgenden Grafik den geometrischen Ort aller Punkte, die für Barbara in Bezug auf 8 Dekagramm Kekse und 2 Dekagramm Bohnen indifferent sind. Zeichne auch den geometrischen Ort aller jener Punkte, die sie im Vergleich zu 6 Dekagramm Keksen und 4 Dekagramm Bohnen indifferent findet.

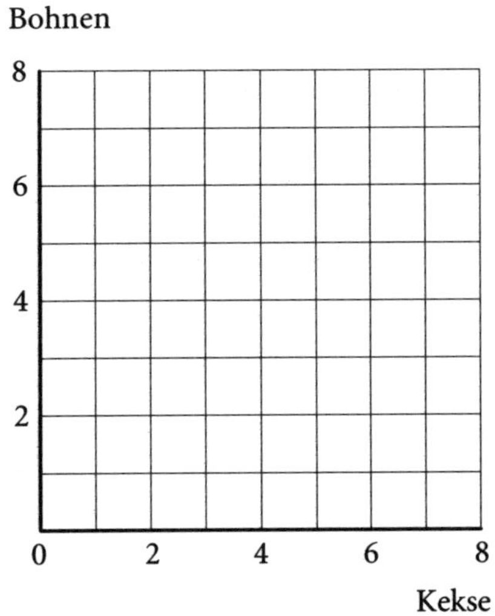

b) Mechthild Messings Präferenzen sind durch die Nutzenfunktion $V(k, b) = 1.000k^2b^2$ darstellbar, wobei k wiederum die Dekagramm Kekse und b die Dekagramm Bohnen sind, die sie konsumiert. Skizziere in der folgenden Grafik den geometrischen Ort all jener Punkte, die für Mechthild in Bezug auf 8 Dekagramm Kekse und 2 Dekagramm Bohnen indifferent sind. Zeichne auch den geometrischen Ort all jener Punkte, die sie in Bezug auf 6 Dekagramm Kekse und 4 Dekagramm Bohnen indifferent findet.

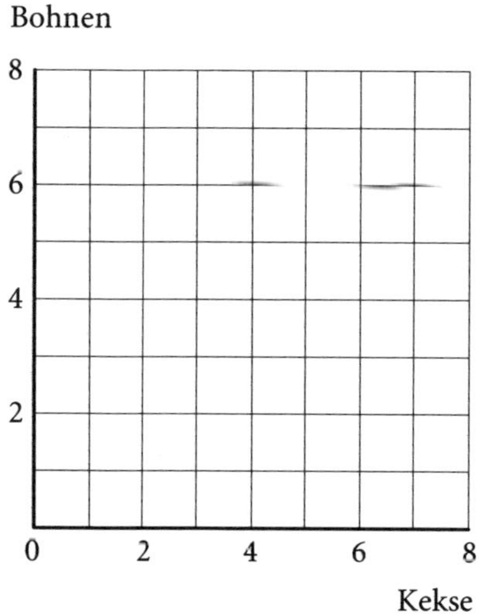

c) Sind Barbaras Präferenzen konvex? ____________. Und Mechthilds? ____________.

d) Was kann man über den Unterschied zwischen Barbaras und Mechthilds Indifferenzkurven aussagen? ____

____.

e) Wie hätte man das auch schon vorhersagen können, ohne die Kurven zu zeichnen? ____

____

____.

4.11 ☐ Willi Wheelers Präferenzen für Güterbündel, welche nicht-negative Mengen von x_1 und x_2 enthalten, werden durch die Nutzenfunktion $U(x_1, x_2) = x_1^2 + x_2^2$ beschrieben.

a) Zeichne ein paar von Willis Indifferenzkurven. Welche geometrische Figur stellen sie dar? ______________________________. Hat Willi konvexe Präferenzen? __________.

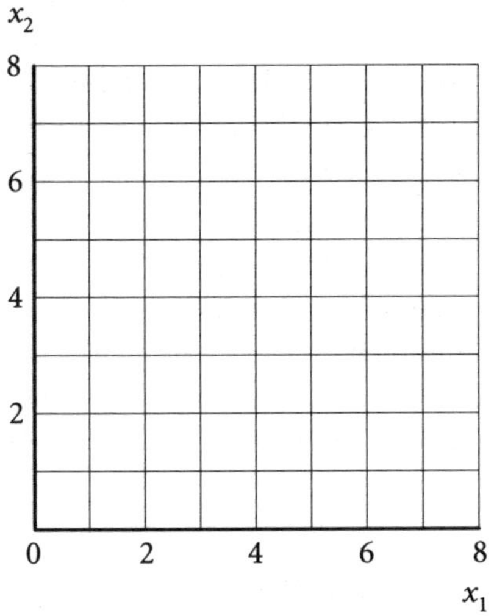

* **4.12** ☐ Joe Bobs Nutzenfunktion ist durch $u(x_1, x_2) = x_1^2 + 2x_1x_2 + x_2^2$ gegeben.

a) Berechne Joe Bobs Grenzrate der Substitution: $MRS(x_1, x_2) =$ ____________________.

b) Joe Bobs Cousin Al hat die Nutzenfunktion $v(x_1, x_2) = x_1 + x_2$. Berechne Als Grenzrate der Substitution: $MRS(x_1, x_2) =$ ____.

c) Stellen $u(x_1, x_2)$ und $v(x_1, x_2)$ dieselben Präferenzen dar? ____________________. Kann man zeigen, dass Joe Bobs Nutzenfunktion eine monotone Transformation von Als Nutzenfunktion ist? (Hinweis: Manche behaupten, Bob habe mehr „Potenz" als Al.)

____.

4.13 ☐ Die Idee, einer Menge von Objekten Zahlen zur Bestimmung einer Präferenzordnung zuzuweisen beschränkt sich nicht auf die Anwendung bei Güterbündeln. Im *Bill James Baseball Abstract* wird argumentiert, dass die Durchschnittsleistung eines Schlägers (‚batting average‘) kein geeignetes Maß der offensiven Produktivität eines Baseballspielers ist. Für ‚batting averages‘ zählt ein Schlag, der den Spieler nur eine Basis weiter bringt (‚single‘), genau so viel wie ein Schlag (‚hit‘), der den Spieler mehrere Basen voranbringt. Außerdem werden durch die ‚batting averages‘ die ‚walks‘ – also das Weiterkommen eines Schlägers um eine Basis ohne einen erfolgreichen Schlag – nicht erfasst, obwohl das fast so gut ist wie ein ‚single‘. James argumentiert, dass ein Doppel (,double', ein Fortschritt von zwei Basen) bei zweimaligem Antreten als Schläger besser ist als ein ,single' aber nicht so gut wie zwei ,singles'. Um diesen Überlegungen Rechnung zu tragen, schlägt James folgenden Index vor, den er „geschafftes Weiterkommen" („runs created") nennt: Es sei A die Zahl der ,hits' plus die Zahl der ,walks' eines Spielers in einer Saison. B sei die Gesamtzahl an Basen des Spielers in dieser Saison. (Wenn also ein Schläger S ,singles', W ,walks', D ,doubles', T ,triples' und H ,home runs' erzielt hat, dann erhalten wir $A = S + W + D + T + H$ und $B = S + W + 2D + 3T + 4H$.) Schließlich soll N angeben, wie oft ein Schläger angetreten ist. Das geschaffte Weiterkommen dieser Saison ist dann durch $RC = AB/N$ gegeben.

a) Im Jahr 1987 ist George Bell 649-mal am Schlag angetreten. Er hatte 39 ,walks', 105 ,singles', 32 ,doubles', 4 ,triples' und 47 ,home runs'. Im selben Jahr trat Wade Boggs 656-mal an. Er hatte 105 ,walks', 130 ,singles', 40 ,doubles', 6 ,triples' und 24 ,home runs'. Ebenfalls 1987 trat Alan Trammell 657-mal an. Er hatte 60 ,walks', 140 ,singles', 34 ,doubles', 3 ,triples' und 28 ,home runs'. Tony Gwynn wiederum trat 671-mal am Schlag an. Er hatte 82 ,walks', 162 ,singles', 36 ,doubles', 13 ,triples' und 7 ,home runs'. Für jeden Spieler können wir nun A, B und RC berechnen. Für Bell erhalten wir $A = 227$, $B = 408$ und $RC = 143$. Für Boggs: $A =$ _____, $B =$ _____ und $RC =$ _____. Für Trammel: $A =$ _____, $B =$ _____ und $RC =$ _____. Für Gwynn: $A =$ _____, $B =$ _____ und $RC =$ _____.

b) Welche(r) Spieler würde(n) gegenüber Trammel bevorzugt, wenn man eine Präferenzordnung aufgrund des RC-Indexes hätte? ________________________.

c) Die Unterschiede in der Häufigkeit des Antretens sind für die Spieler nur gering, wir werden sie zur Vereinfachung der Berechnungen vernachlässigen. Trage auf der folgenden Grafik die von jedem Spieler erreichte Kombination von A und B ein. Zeichne vier „Indifferenzkurven", jeweils eine durch jeden der vier eingetragenen Punkte. Diese Indifferenzkurven sollten jeweils jene Kombinationen von A und B darstellen, die dieselbe Zahl von RC ergeben.

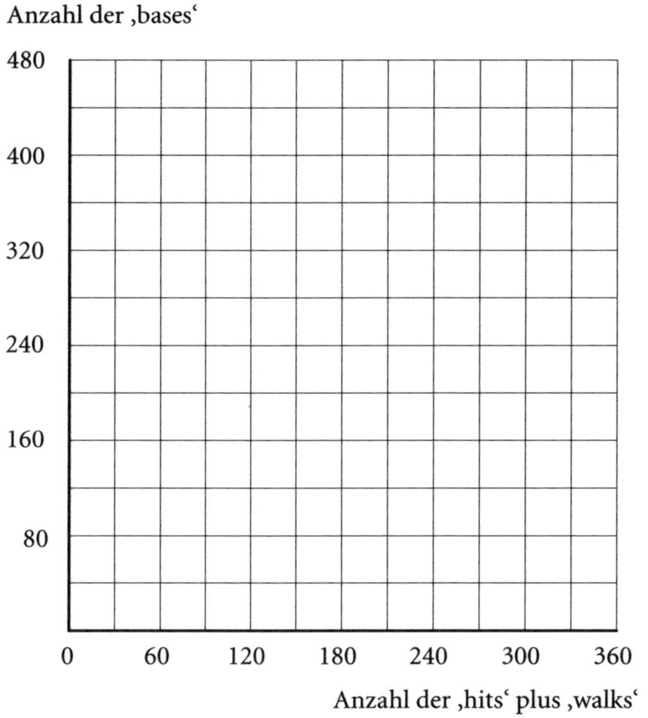

4.14 ☐ Diese Aufgabe bezieht sich auf den in der vorangehenden Aufgabe behandelten Index. Sehen wir uns einen Spieler an, der 100-mal antritt und jeweils entweder nicht weiterkommt (‚out'), oder ein ‚single' erreicht, oder einen ‚home run' erzielt.

a) Es sei x die Zahl der ‚singles' und y die Zahl der ‚home runs' bei 100 Antritten als Schläger. Angenommen die Nutzenfunktion $U(x, y)$ zur Bewertung der ‚singles' und ‚home runs' sei der Index *RC*. Die Formel für die Nutzenfunktion ist

   $U(x, y) =$ ____________________________________.

b) Versuchen wir, den Verlauf der Indifferenzkurve zwischen ‚singles' und ‚home runs' zu konstruieren. 10 ‚home runs' und kein ‚single' würden denselben RC-Index ergeben wie

   ______________ ‚singles' und kein ‚home run'. Zeichne die Punkte (0, 10) und (x, 0) ein, für die $U(x, 0) = U(0, 10)$ ist.

c) Trage in die Grafik den Punkt (x/2, 5) ein, wobei x die in b) gefundene Lösung ist. Ist $U(x/2, 5)$ größer als, kleiner als oder gleich groß wie $U(0, 10)$?

   ____________________________. Ist das konsistent damit, dass ein Schläger

   konvexe Präferenzen zwischen ‚singles' und ‚home runs' hat? ________________.

5 Die Entscheidung

Einleitung

Bis jetzt haben Sie Budgets studiert und Präferenzen analysiert. Nun ist es an der Zeit, diese beiden Konzepte zu verbinden und mit ihnen etwas anzufangen. In diesem Kapitel untersuchen Sie, wie die Güterbündel durch eine Nutzen maximierende Konsumentin bei gegebenem Budget ausgewählt werden.

Sie wissen, wie man für gegebene Preise und gegebenes Einkommen das Budget einer Konsumentin grafisch darstellt. Wenn Sie weiters die Präferenzen der Konsumentin kennen, können Sie einige ihrer Indifferenzkurven zeichnen. Die Konsumentin wird die „beste" Indifferenzkurve wählen, die sie für ihr vorgegebenes Budget erreichen kann. Wenn man das versucht, taucht die Frage auf: „Wie finde ich die wünschenswerteste Indifferenzkurve, welche die Konsumentin erreichen kann?" Die Antwort zu dieser Frage ist: „Schau an den wahrscheinlichsten Orten nach!" Wo aber sind diese wahrscheinlichsten Orte? Wie dem Lehrbuch zu entnehmen ist, gibt es drei Möglichkeiten wahrscheinlicher Orte. In Frage kommen: (i) ein Berührungspunkt zwischen einer Indifferenzkurve und der Budgetgeraden; (ii) ein Knick in einer Indifferenzkurve; (iii) eine „Ecke", in der sich die Konsumentin auf den Verbrauch nur eines Gutes spezialisiert. Und so findet man einen Berührungspunkt, wenn man uns die Nutzenfunktion der Konsumentin, ihr Einkommen und die Preise beider Güter bekannt gibt: Die Budgetgerade und eine Indifferenzkurve berühren einander im Punkt (x_1, x_2), wenn sie in diesem Punkt dieselbe Steigung haben. Die Steigung einer Indifferenzkurve im Punkt (x_1, x_2) wiederum ist das Verhältnis $-MU_1(x_1, x_2)/MU_2(x_1, x_2)$. (Diese Steigung ist auch als Grenzrate der Substitution bekannt.) Die Steigung der Budgetgeraden ist $-p_1/p_2$. Eine Indifferenzkurve berührt somit eine Budgetgerade im Punkt (x_1, x_2), wenn $MU_1(x_1, x_2)/MU_2(x_1, x_2) = p_1/p_2$. Das ergibt eine Gleichung in den zwei Unbekannten x_1 und x_2. Wenn wir nach den beiden x lösen wollen, brauchen wir noch eine Gleichung. Diese weitere Gleichung ist die Budgetgerade $p_1x_1 + p_2x_2 = m$. Diese beiden Gleichungen kann man nach (x_1, x_2) lösen.*

---

* Manchen Leuten fällt es schwer sich zu erinnern, ob die Grenzrate der Substitution $-MU_1/MU_2$ oder $-MU_2/MU_1$ ist. Das ist nicht entscheidend, so lange man sich merkt dass ein Berührungspunkt dort liegt, wo das Verhältnis der Grenznutzen zweier Güter gleich dem Verhältnis ihrer Preise ist.

Beispiel

Ein Konsument hat die Nutzenfunktion $U(x_1, x_2) = x_1^2 x_2$. Der Preis des Gutes 1 ist $p_1 = 1$, der Preis des Gutes 2 ist $p_2 = 3$, sein Einkommen ist 180. Seine Grenznutzen sind daher $MU_1(x_1, x_2) = 2x_1x_2$ und $MU_2(x_1, x_2) = x_1^2$. Seine Grenzrate der Substitution ist somit $-MU_1(x_1, x_2)/MU_2(x_1, x_2) = -2x_1x_2/x_1^2 = -2x_2/x_1$. Seine Indifferenzkurve wird daher eine Tangente an seine Budgetgerade sein, wenn $-2x_2/x_1 = -p_1/p_2 = -1/3$. Nach Vereinfachung dieses Ausdrucks erhalten wir $6x_2 = x_1$. Das ist eine der beiden Gleichungen, die wir brauchen, um nach den beiden Unbekannten x_1 und x_2 zu lösen. Die andere Gleichung ist die Budgetgerade, welche in diesem Fall gleich $x_1 + 3x_2 = 180$ ist. Lösung dieser beiden Gleichungen in zwei Unbekannten ergibt für $x_1 = 120$ und für $x_2 = 20$. Folglich wissen wir, dass der Konsument das Bündel $(x_1, x_2) = (120, 20)$ wählt.

Für ein Gleichgewicht bei einem Knick oder bei Ecken brauchen wir keine Gleichheit der Steigung der Indifferenzkurve und der Steigung der Budgetgeraden. Wir können daher nicht mit der Tangentialbedingung arbeiten. Wir haben jedoch noch immer die Budgetgerade. Die zweite Gleichung, die man nützen kann, ist eine Gleichung, welche uns sagt, dass man sich an einem Knick oder in einer Ecke befindet. Wie das genau funktioniert, wird nach der Bearbeitung einiger Aufgaben klar werden.

Beispiel

Eine Konsumentin hat die Nutzenfunktion $U(x_1, x_2) = \min\{x_1, 3x_2\}$. Der Preis von x_1 ist 2, der Preis von x_2 ist 1 und ihr Einkommen ist 140. Ihre Indifferenzkurven sind L-förmig. Alle Ecken der Ls liegen auf der Geraden $x_1 = 3x_2$. Sie wird eine Kombination an einer der Ecken wählen, somit ist das eine der beiden Gleichungen, die wir brauchen, um die Unbekannten x_1 und x_2 zu finden. Die zweite Gleichung ist ihre Budgetgleichung, die $2x_1 + x_2 = 140$ ist. Lösung dieser zwei Gleichungen ergibt $x_1 = 60$ und $x_2 = 20$. Daher wissen wir, dass die Konsumentin das Bündel $(x_1, x_2) = (60, 20)$ wählt.

Nach Beendigung dieser Aufgaben sollten Sie Folgendes können:

- Berechnung des besten Bündels, das sich ein Konsument zu gegebenen Preisen und gegebenem Einkommen leisten kann, und zwar für den Fall einfacher Nutzenfunktionen, bei denen das bestmögliche Bündel bei einem Berührungspunkt liegt.
- Auffinden des bestmöglichen Bündels, wieder bei gegebenen Preisen und Einkommen, für einen Konsumenten mit geknickten Indifferenzkurven.
- Erkennen von Standardbeispielen, bei denen das beste Güterbündel, das sich ein Konsument leisten kann, an einer Ecke der Budgetmenge liegt.
- Das Zeichnen von Diagrammen, welche jedes der obigen Arten des Gleichgewichts darstellen.
- Anwendung der erlernten Methoden auf Entscheidungssituationen mit nichtlinearen Budgets, die in der Realität vorkommen können.

? Aufgaben

5.1 ☐ Wir fangen wieder einmal mit Karli und seinen Äpfeln und Bananen an. Wie erinnerlich lautet Karlis Nutzenfunktion $U(x_A, x_B) = x_A x_B$. Angenommen der Preis von Äpfeln ist 1, der Preis von Bananen 2 und Karlis Einkommen ist 40.

a) Zeichne auf untenstehender Grafik Karlis Budgetgerade mit blauer Farbe ein. (Verwende ein Lineal und versuche diese Gerade genau zu zeichnen.) Zeichne ein paar Punkte auf jener Indifferenzkurve, die Karli einen Nutzen von 150 gibt, und skizziere diese Kurve mit roter Farbe. Als nächstes zeichne ein paar Punkte auf der Indifferenzkurve, die Karli einen Nutzen von 300 gibt, und zeichne diese Kurve mit schwarzer Farbe oder Bleistift.

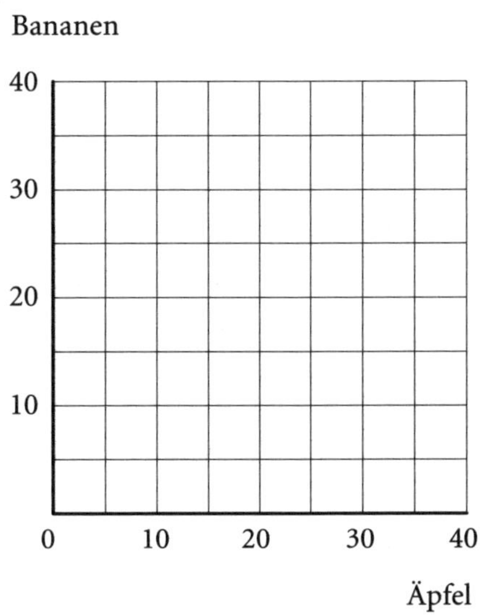

b) Kann sich Karli Güterbündel leisten, die ihm einen Nutzen von 150 geben? ________.

c) Kann sich Karli Güterbündel leisten, die ihm einen Nutzen von 300 geben? ________.

d) Markiere auf der Grafik einen Punkt, den sich Karli leisten kann und der ihm einen Nutzen von mehr als 150 gibt. Bezeichne diesen Punkt mit *A*.

e) Keine der beiden bisher gezeichneten Indifferenzkurven ist eine Tangente an Karlis Budgetgerade; versuchen wir eine solche zu finden. In jedem beliebigen Punkt (x_A, x_B) ist Karlis Grenzrate der Substitution eine Funktion von x_A und x_B. Wenn man für Karlis Nutzenfunktion das Verhältnis der Grenznutzen berechnet, findet man als seine Grenzrate der Substitution $MRS(x_A, x_B) = -x_B/x_A$. Es ist dies einfach die Steigung seiner Indifferenzkurve im Punkt (x_A, x_B). Die Steigung von Karlis Budgetgeraden ist, in Zahlen ausgedrückt ____.

f) Schreibe eine Gleichung an, die impliziert, dass die Budgetgerade eine Tangente an die Indifferenzkurve im Punkt (x_A, x_B) ist: ____________________.
Diese Gleichung hat viele Lösungen. Jede Lösung entspricht einem Punkt auf einer Indifferenzkurve. Zeichne mit Bleistift eine Linie ein, welche durch alle diese Punkte geht.

g) Das beste Bündel, das sich Karli leisten kann, muss sich irgendwo auf der soeben eingezeichneten Linie befinden. Es muss aber auch auf seiner Budgetgeraden liegen. Wenn der Punkt außerhalb seiner Budgetgeraden liegt, dann kann er sich dieses Bündel nicht leisten. Wenn der Punkt innerhalb seiner Budgetgeraden liegt, kann er sich selbst besser stellen, indem er mehr von beiden Gütern kauft. Bezeichne das beste Bündel, das er sich leisten kann mit E. Dieses Bündel ist durch x_A = __________ und x_B = __________ gegeben. Überprüfe die Antwort durch Lösung der beiden simultanen Gleichungen, nämlich seiner Budgetgleichung und der Tangentialbedingung.

h) Wie groß ist Karlis Nutzen, wenn er das Bündel (20, 10) konsumiert? __________.

i) Zeichne in obiger Grafik seine Indifferenzkurve durch (20, 10) mit roter Farbe. Schneidet diese Indifferenzkurve Karlis Budgetgerade, berührt sie diese oder berührt sie seine Budgetgerade nie? ____________________.

5.2 ☐ Klaras Nutzenfunktion ist $U(X, Y) = (X + 2)(Y + 1)$, wobei X ihr Konsum des Gutes X und Y ihr Konsum des Gutes Y ist.

a) Schreibe eine Gleichung für Klaras Indifferenzkurve, welche durch den Punkt $(X, Y) = (2, 8)$ geht: Y = ____________________. Skizziere auf den untenstehenden Achsen Klaras Indifferenzkurve für $U = 36$.

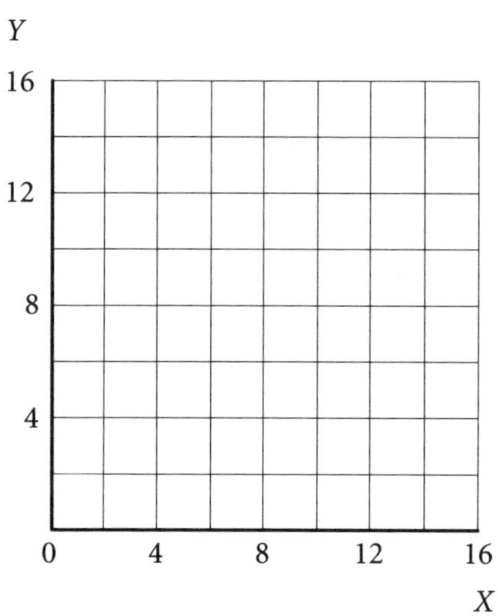

b) Angenommen der Preis jedes Gutes sei 1 und Klara hat ein Einkommen von 11. Zeichne ihre Budgetgerade. Kann Klara bei diesem Budget einen Nutzen von 36 erzielen?

____.

c) Beim Güterbündel (X, Y) ist Klaras Grenzrate der Substitution __________________.

d) Gleichsetzung des Absolutwertes der Grenzrate der Substitution mit dem Preisverhältnis ergibt die Gleichung __________________________________.

e) Die Budgetgleichung lautet ______________________________. Auflösung dieser beiden Gleichungen nach den zwei Unbekannten X und Y ergibt für $X =$ ____________________ und für $Y =$ ____________________.

5.3 ☐ Ambrosius, der Nuss- und Beerenkonsument, hat eine Nutzenfunktion $U(x_1, x_2) = 4\sqrt{x_1} + x_2$, wobei x_1 sein Nusskonsum und x_2 sein Beerenkonsum ist.

a) Das Güterbündel (25, 0) gibt Ambrosius einen Nutzen von 20. Andere Punkte mit demselben Nutzen sind (16, 4), (9, ______), (4, ______), (1, _____) und (0, ______). Markiere diese Punkte auf den untenstehenden Achsen und zeichne eine rote Indifferenzkurve durch sie.

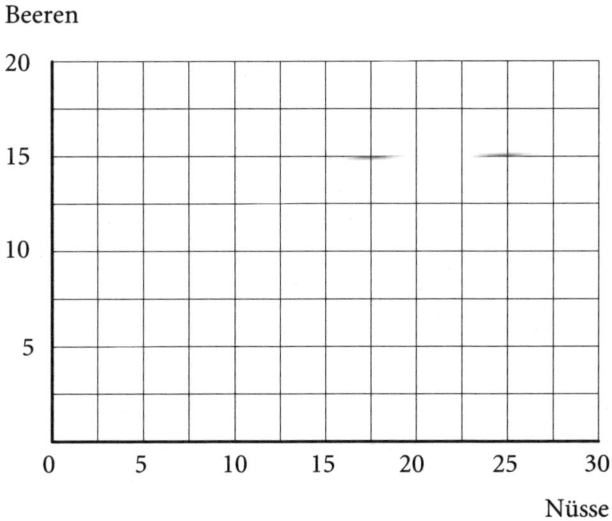

b) Angenommen, der Preis einer Nusseinheit sei 1, der Preis einer Beereneinheit sei 2 und Ambrosius' Einkommen ist 24. Zeichne Ambrosius' Budgetgerade mit blauer Farbe. Wie viele Nusseinheiten wird er kaufen? __________________________________.

c) Und wie viele Beereneinheiten? ______________________________.

d) Suche einige Punkte auf jener Indifferenzkurve, die ihm einen Nutzen von 30 gibt und skizziere diese Indifferenzkurve in rot.

e) Angenommen die Preise bleiben unverändert, jedoch beträgt Ambrosius' Einkommen jetzt 34. Zeichne mit Bleistift seine neue Budgetgerade. Wie viele Nusseinheiten wird er nun wählen? ______________. Und wie viele Beereneinheiten? ______________.

f) Wenden wir uns nun einem Fall mit einer „Randlösung" zu. Angenommen der Preis von Nüssen ist unverändert 1 und der Preis von Beeren weiterhin 2, Ambrosius' Einkommen ist jedoch nur 9. Zeichne seine Budgetgerade in blau und skizziere die Indifferenzkurve, welche durch den Punkt (9, 0) verläuft. Wie groß ist die Steigung seiner Indifferenzkurve im Punkt (9, 0)? ______________________________.

g) Wie groß ist die Steigung der Budgetgeraden in diesem Punkt? ______________.

h) Welche Kurve ist in diesem Punkt steiler, die Budgetgerade oder die Indifferenzkurve?

____.

i) Kann sich Ambrosius Güterbündel leisten, die er gegenüber dem Punkt (9, 0) bevorzugt?

____.

5.4 ▣ Leni Lerner versucht zu entscheiden, wie sie ihre Zeit für das Studium ihrer Lehrveranstaltung aus Ökonomie einteilen soll. In dieser Lehrveranstaltung gibt es zwei Prüfungen. Ihre Gesamtnote in der Lehrveranstaltung wird das *Minimum* der Punkte auf die zwei Prüfungen sein. Sie hat beschlossen, insgesamt 1.200 Minuten für die Vorbereitung auf diese beiden Prüfungen zu verwenden, und sie möchte eine möglichst gute Note erzielen. Wenn sie für die erste Prüfung überhaupt nicht lernt, wird sie Null Punkte erzielen. Für je 10 Minuten Lernen für die erste Prüfung wird sie ihre Ergebnis um jeweils einen Punkt erhöhen. Auch auf die zweite Prüfung wird sie Null Punkte erreichen, wenn sie überhaupt nicht lernt. Für je 20 Minuten Vorbereitung auf die zweite Prüfung wird sie ihr Ergebnis um 1 Punkt erhöhen.

a) Zeichne in der untenstehenden Grafik eine „Budgetgerade", welche die verschiedenen Punktekombinationen auf die beiden Prüfungen zeigt, die sie bei einer gesamten Lernzeit von 1.200 Minuten erreichen kann. In dieselbe Grafik zeichne zwei oder drei „Indifferenzkurven" für Leni ein. Zeichne dann auf der Grafik eine Gerade, die durch die Knicke von Lenis Indifferenzkurven verläuft. Bezeichne den Punkt, wo diese Gerade auf Lenis Budgetgerade stößt, mit *A*. Zeichne Lenis Indifferenzkurve durch diesen Punkt.

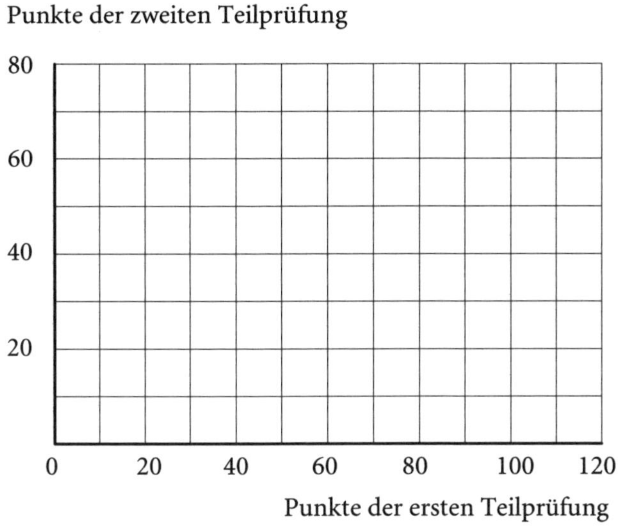

b) Schreibe eine Gleichung für die Gerade an, die durch die Knicke in Lenis Indifferenzkurven verläuft: ______________________________.

c) Schreibe die Gleichung für Lenis Budgetgerade an: ______________________.

d) Löse diese beiden Gleichungen in zwei Unbekannten und finde den Schnittpunkt der beiden Geraden. Dieser liegt beim Punkt (x_1, x_2) = ______________________.

e) Wenn Leni insgesamt 1.200 Minuten lernt, wird sie ihr Gesamtergebnis maximieren, wenn sie ________ Minuten für die erste Prüfung und ________ Minuten für die zweite Prüfung lernt.

5.5 ▣ In ihrer Kommunikationslehrveranstaltung legt Leni ebenfalls zwei Prüfungen ab. Dort wird die Gesamtnote jedoch durch das *Maximum* der Punktezahlen der beiden Prüfungen sein. Leni entschließt sich, insgesamt 400 Minuten Vorbereitungszeit für beide Prüfungen zu verwenden. Wenn sie m_1 Minuten auf das Studium für die erste Prüfung verwendet, wird ihre Punktezahl $x_1 = m_1/5$ sein. Für m_2 Minuten Vorbereitungszeit für die zweite Prüfung wird ihre Punktezahl $x_2 = m_2/10$ sein.

a) Zeichne in der folgenden Grafik eine „Budgetgerade", welche die verschiedenen Kombinationen von Punktezahlen auf die beiden Prüfungen zeigt, die Leni mit einer Vorbereitungszeit von insgesamt 400 Minuten erzielen kann. In dieselbe Grafik zeichne zwei oder drei „Indifferenzkurven" Lenis ein. Bestimme den Punkt auf ihrer Budgetgeraden, der für sie die beste Gesamtnote in der Lehrveranstaltung ergibt.

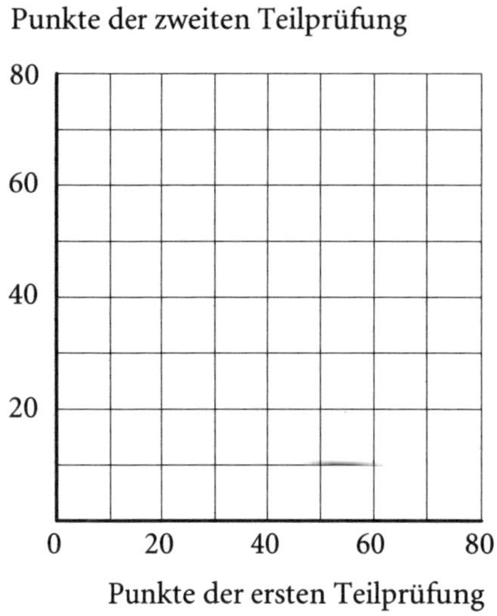

b) Bei der gegebenen Vorbereitungszeit von 400 Minuten wird Leni ihr Gesamtergebnis durch eine Punktezahl von ____________________ auf die erste und eine Punktezahl von ____________________ auf die zweite Prüfung maximieren.

c) Ihr Gesamtergebnis für die Lehrveranstaltung wird dann ____________________ sein.

5.6 ☐ Elmars Nutzenfunktion lautet $U(x, y) = \min\{x, y^2\}$.

a) Wenn Elmar 4 Einheiten von x und 3 Einheiten von y konsumiert, dann ist sein Nutzen

____.

b) Wenn Elmar 4 Einheiten von x und 2 Einheiten von y konsumiert, dann ist sein Nutzen

____.

c) Wenn Elmar 5 Einheiten von x und 2 Einheiten von y konsumiert, dann ist sein Nutzen

____.

d) Zeichne auf der folgenden Grafik mit blauer Farbe Elmars Indifferenzkurve für jene Güterbündel, die er genau so gerne mag wie das Bündel (4, 2).

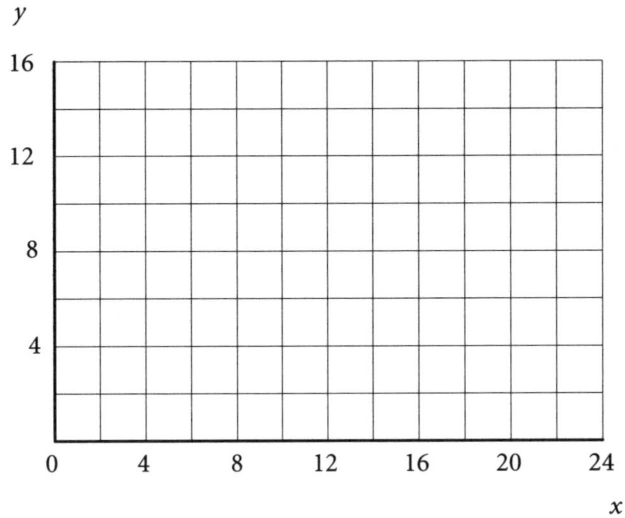

e) Zeichne auf derselben Grafik, ebenfalls mit blauer Farbe, Elmars Indifferenzkurve, welche Güterbündel enthält, die er genau so gerne mag wie das Bündel (1, 1), und die Indifferenzkurve, die durch den Punkt (16, 5) verläuft.

f) Verwende schwarze Farbe, um den geometrischen Ort von Punkten darzustellen, bei denen Elmars Indifferenzkurven Knicke aufweisen. Wie lautet die Gleichung für diese Kurve? ______________________.

g) Zeichne in dieselbe Grafik mit schwarzer Farbe Elmars Budgetgerade ein, wenn der Preis von x gleich 1, der Preis von y gleich 2 und sein Einkommen gleich 8 ist. Welches Bündel wählt Elmar in dieser Situation? ______________________.

h) Angenommen der Preis von x ist 10 und der Preis von y ist 15 und Elmar kauft 100 Einheiten von x. Wie hoch ist Elmars Einkommen? ______________________.
(Hinweis: Auf den ersten Blick meint man zu wenig Information zur Beantwortung dieser Frage zu haben. Überlegen Sie jedoch, wie viel y Elmar nachfragt, wenn er 100 Einheiten von x kauft.)

5.7 ☐ Linus hat die Nutzenfunktion $U(x, y) = x + 3y$.

a) Zeichne in die untenstehende Grafik mit blauer Farbe die Indifferenzkurve durch den Punkt $(x, y) = (3, 3)$. Verwende schwarze Farbe, um jene Indifferenzkurve zu skizzieren, welche alle Punkte verbindet, die Linus einen Nutzen von 6 geben.

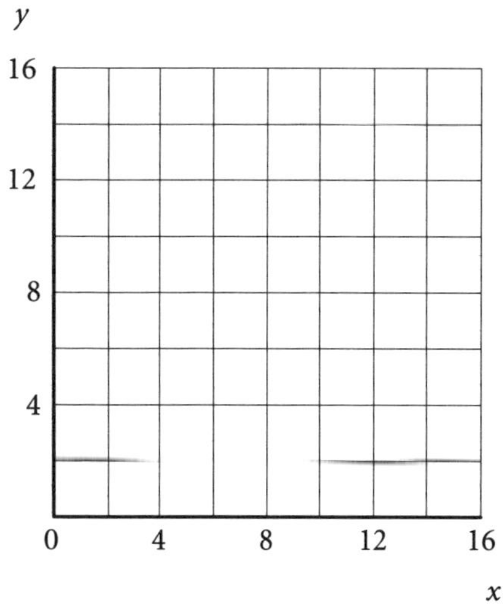

b) Zeichne in dieselbe Grafik mit roter Farbe Linus' Budgetgerade, wenn der Preis von x gleich 1, der Preis von y gleich 2 und sein Einkommen gleich 8 ist. Welches Bündel wählt Linus in dieser Situation? __________________________.

c) Welches Bündel würde Linus wählen, wenn der Preis von x gleich 1, der Preis von y gleich 4 und sein Einkommen unverändert 8 wäre? __________________.

5.8 ■ Erinnern Sie sich an unseren alten Freund Stefan Stur aus dem dritten Kapitel? Sein Lieblingsrestaurant, „Zum Denker", hat zur Verringerung des Andrangs zur Mittagszeit folgende Geschäftspolitik eingeführt: Wenn man t Stunden vor oder nach 12 Uhr mittags kommt, werden t Euro von der Rechnung abgezogen. (Das gilt auch für Bruchteile von Stunden.)

a) Zeichne Stefans Budgetmenge mit blauer Farbe. In dieser Grafik misst die horizontale Achse die Tageszeit, zu der er sein Mittagessen einnimmt, und die vertikale Achse den Geldbetrag, den er für andere Dinge (außer Mittagessen) ausgeben kann. Angenommen er hat insgesamt € 20 und das Mittagessen kostet um 12 Uhr € 10. (Hinweis: Wie viel Geld würde ihm bleiben, wenn er um 12 Uhr äße? Um 13 Uhr? Um 11 Uhr?)

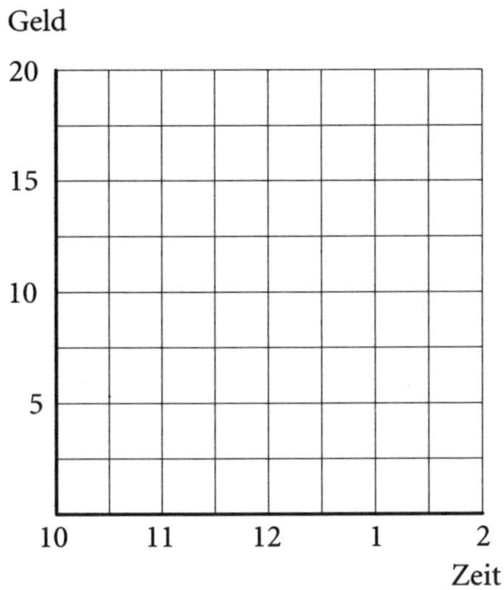

b) Wie erinnerlich ist Stefans bevorzugte Essenszeit 12 Uhr mittags, aber er ist bereit, zu anderen Zeiten zu essen, wenn es nur ausreichend billiger ist. Zeichne einige rote Indifferenzkurven für Stefan, die mit seiner Entscheidung, um 11 Uhr zu essen, konsistent wären.

5.9 □ Stanislaus Student ist gerade an die berühmte Universität gekommen. Er hat ein Stipendium, das die Studiengebühren und die Wohnungsmiete abdeckt. Um zu überleben, ist er Studienassistent für eine Lehrveranstaltung aus Preistheorie geworden, womit er $ 100 pro Monat verdient. Von diesen $ 100 muss er seine Essensausgaben bestreiten sowie die Nebenkosten der Wohnung. Seine Wohnnebenkosten bestehen aus den Heizkosten (im Winter) und den Kosten der Klimaanlage (im Sommer). Die Erhöhung der Zimmertemperatur um 1 Grad kostet pro Monat $ 2 (bzw. $ 20 pro Monat für eine Erhöhung um 10 Grad). Die Verwendung der Klimaanlage zur Senkung der Temperatur um 1 Grad kostet $ 3 pro Monat. Was Stefan nach Zahlung der Wohnnebenkosten verbleibt, verwendet er zum Kauf von Nahrungsmitteln um $ 1 je Einheit.

a) Bei seiner Ankunft im September ist die Temperatur in seiner Wohnung 60 Grad F (= Fahrenheit). Wenn er nichts für Heizung oder Kühlung ausgibt, wird seine Zimmertemperatur 60 Grad F sein und er kann $ 100 für Nahrungsmittel ausgeben. Wenn er die Temperatur auf 70 Grad F erhöhte, verblieben ihm $ ___________ für Nahrungsmittel. Wenn er die Wohnung auf 50 Grad F abkühlte, hätte er nur mehr $ ___________ für Nahrungsmittel. Zeigen Sie auf der folgenden Grafik Stanislaus' Budgetgerade für September mit schwarzer Farbe. (Hinweis: Sie haben soeben drei Punkte gefunden, die sich Stanislaus leisten kann; offensichtlich ist seine Budgetmenge nicht durch eine einzige Gerade begrenzt.)

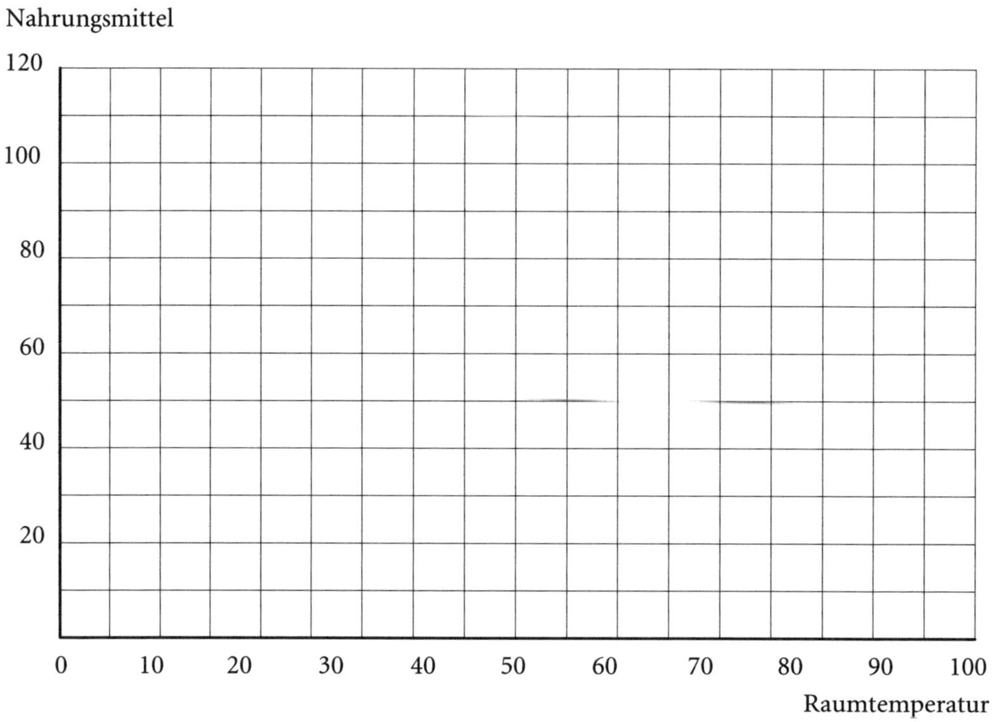

b) Im Dezember ist die Außentemperatur 30 Grad F und im August versucht der arme Stanislaus die Makroökonomie zu verstehen, während es draußen 85 Grad F hat. Zeichne in dieselbe Grafik seine Budgetbeschränkungen für Dezember (blau) und für August (rot).

c) Zeichne ein paar glatte (= nicht geknickte) Indifferenzkurven für Stanislaus, so dass die folgenden Aussagen richtig sind: (*i*) Seine Lieblingstemperatur in der Wohnung wäre 65 Grad F, wenn es ihn nichts kostete zu heizen oder zu kühlen. (*ii*) Stanislaus verwendet die Heizung im Dezember, die Klimaanlage im August und keines von beiden im September.
(*iii*) Stanislaus ist im Dezember besser dran als im August.

d) In welchen Monaten ist die Steigung von Stanislaus' Budgetbeschränkung gleich der Steigung seiner Indifferenzkurve? ______________________________.

e) Im Dezember ist Stanislaus' Grenzrate der Substitution zwischen Nahrungsmitteln und Grad Fahrenheit __________. Im August ist seine Grenzrate der Substitution __________.

f) Da Stanislaus im September seine Wohnung weder heizt noch kühlt, können wir seine Grenzrate der Substitution nicht exakt bestimmen, wir wissen aber, dass sie nicht kleiner als ______________________ und nicht größer als ____________________ sein kann.

(Hinweis: Schauen Sie sich die Grafik genau an!)

5.10 ☐ Die Super-Mittel-Schule (SMS) hat ein Budget von € 60.000, das sie für Computer und andere Lehrmittel ausgeben kann; ihre Budgetgleichung lautet daher $C + X = 60.000$, wobei C die Ausgaben für Computer und X die Ausgaben für andere Lehrmittel sind. SMS plant derzeit, € 20.000 für Computer auszugeben.

Die Schulbehörde möchte in ihren Mittelschulen die Vertrautheit mit Computern erhöhen. Dazu werden die folgenden Pläne vorgeschlagen:

Plan A: Nach diesem Plan erhielte jede Mittelschule eine Subvention von € 10.000, die sie nach Gutdünken ausgeben könnte.

Plan B: Nach diesem Plan würde jede Mittelschule eine Subvention von € 10.000 erhalten, wenn sie mindestens € 10.000 *mehr* für Computer ausgeben würde, als sie jetzt bereits ausgibt. Jede Schule, die sich entscheidet, nicht an diesem Plan teilzunehmen, würde einerseits die Subvention nicht erhalten, andererseits aber auch ihre Ausgaben für Computer nicht erhöhen müssen.

Plan C: Plan C ist eine Subvention in folgender Form: Für jeden Euro, den die Schule für Computer verwendet, gibt der Staat der Schule 50 Cent zusätzlich („matching grant").

Plan D: Dieser Plan entspricht dem Plan C mit dem einzigen Unterschied, dass die maximale Subvention, die jede Schule vom Staat bekommen könnte, mit € 10.000 begrenzt ist.

a) Schreibe eine Gleichung für das Budget der Super-Mittel-Schule an, wenn Plan A eingeführt wird: ____.

Zeichne die Budgetgerade der SMS in diesem Fall (schwarz).

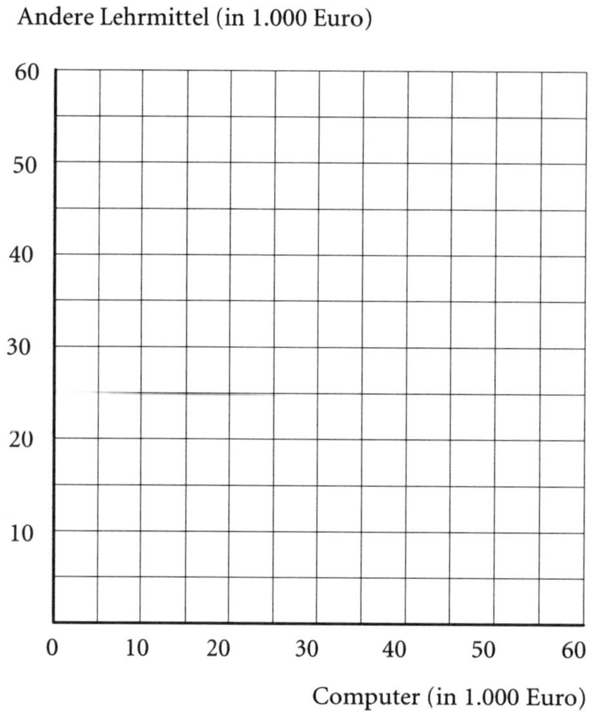

b) Wenn Plan B eingeführt wird, besteht die Grenze der Budgetmenge der SMS aus zwei verschiedenen fallenden Abschnitten. Eines dieser Segmente beschreibt die Situation, in welcher die SMS mindestens € 30.000 für Computer ausgibt. Dieser Abschnitt der Geraden läuft vom Punkt $(C, X) = (70.000, 0)$ zum Punkt $(C, X) =$ ____________________.

c) Ein anderer Abschnitt der Geraden entspricht dem Fall, in dem die SMS für Computer weniger als € 30.000 ausgibt. Dieser Geradenabschnitt verläuft vom Punkt $(C, X) =$ ______________________________ bis zum Punkt $(C, X) = (0, 60.000)$. Zeichne die beiden Geradenabschnitte mit roter Farbe.

d) Wenn Plan C zur Anwendung kommt und die Super-Mittel-Schule C Euro für Computer ausgibt, dann verbleiben ihr $X = 60.000 - 0{,}5C$ Euro für andere Dinge. Die Gleichung ihrer Budgetgeraden lautet daher ____.
Zeichne diese Budgetgerade blau ein.

e) Wenn Plan D eingeführt wird, besteht das Budget aus zwei Geradenabschnitten, die sich in jenem Punkt schneiden, wo die Ausgaben für Computer € ____________________ und die Ausgaben für andere Unterrichtsmaterialien € ____________________ sind.

f) Die Steigung des flacheren Geradenabschnitts ist ____________ und die Steigung des steileren Abschnitts ist ______________. Zeichne diese Budgetgerade mit Bleistift ein.

5.11 □ Angenommen die Präferenzen der Super-Mittel-Schule können durch die Nutzenfunktion $U(C, X) = CX^2$ dargestellt werden. Versuchen wir zu bestimmen, wie die in der vorigen Aufgabe beschriebenen Pläne sich auf den Betrag auswirken, den die SMS für Computer ausgibt.

a) Wie hoch sind die Ausgaben für Computer, die den Nutzen der SMS unter Berücksichtigung ihrer Budgetbeschränkung maximieren, wenn der Staat keinen der neuen Pläne verwirklicht? ______________________________.

b) Ermittle die Nutzen maximierenden Ausgaben für Computer unter Berücksichtigung der Budgetbeschränkung, wenn Plan A eingeführt wird: ______________________.

c) Skizziere in der Grafik jene Indifferenzkurve, welche durch den Punkt (30.000, 40.000) geht, wenn Plan B eingeführt wird. Ist in diesem Punkt die Indifferenzkurve oder die Budgetgerade steiler? ______________________________.

d) Finde für Plan B die Nutzen maximierenden Computerausgaben unter Berücksichtigung der Budgetbeschränkung: (Hinweis: Schau in der Grafik nach.) ________________.

e) Ermittle die Nutzen maximierenden Computerausgaben unter Berücksichtigung der Budgetbeschränkung nach Einführung des Planes C: ______________________.

f) Ermittle die Nutzen maximierenden Computerausgaben unter Berücksichtigung der Budgetbeschränkung nach Einführung des Planes D: ______________________.

5.12 □ Die Telefongesellschaft bietet die Möglichkeit, sich zwischen zwei verschiedenen Preissystemen zu entscheiden. Für eine Gebühr von € 12 kann man so viele Ortsgespräche – ohne zusätzliche Gebühr je Gespräch – führen, wie man will. Oder man zahlt pro Monat nur € 8, wobei jedoch dann für jedes Ortsgespräch 5 Cent berechnet werden. Angenommen man hat insgesamt € 20 pro Monat zur Verfügung.

a) Zeichne in der folgenden Grafik eine Budgetgerade für jemand, der sich für das erste System entscheidet, in schwarz ein, und für jemand, der sich für das zweite System entscheidet in rot. Wo schneiden sich die beiden Budgetgeraden? ________________.

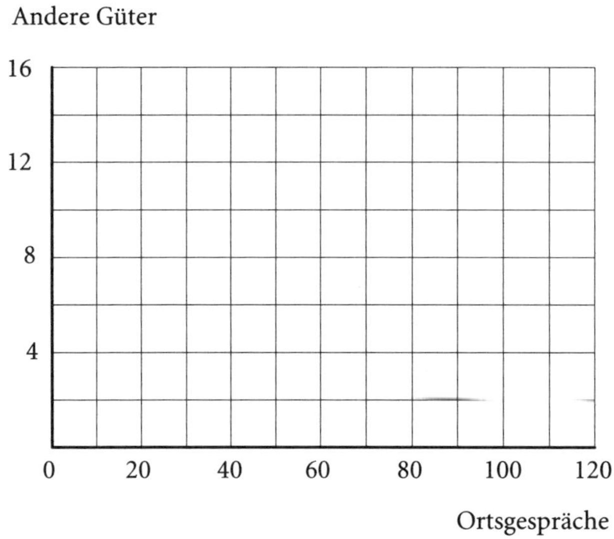

b) Zeichne mit Bleistift Indifferenzkurven für jemand, der das zweite System gegenüber dem ersten bevorzugt. Und mit blauer Farbe zeichne eine Indifferenzkurve für jemand, der das erste System gegenüber dem zweiten bevorzugt.

5.13 ▣ Hier ein Rätsel – nur zum Spaß. Lewis Carroll (1832 – 1898), Autor von *Alice im Wunderland* und *Alice im Land der Spiegel*, war Mathematiker, Logiker und Politikwissenschaftler. Carroll liebte die exakte Argumentation in Bezug auf rätselhafte Dinge. Im Folgenden präsentiert Carrolls Alice ein hübsches Beispiel ökonomischer Analyse. Auf den ersten Blick mag es den Anschein haben, dass Alice Unsinn redet, tatsächlich ist ihre Argumentation jedoch fehlerlos.

„Ich würde gerne ein Ei kaufen," sagte sie schüchtern. „Was kosten sie denn?"

„Fünf Pennies und einen Heller für ein Stück – und zwei Pennies für zwei," antwortete das Schaf.

„Dann sind ja zwei billiger als eines!" sagte Alice und nahm ihre Geldbörse zur Hand.

„Ja, ja, aber wenn Du zwei kaufst, musst Du auch beide essen," sagte das Schaf.

„Dann nehme ich eines", sagte Alice und legte das Geld auf das Pult. Denn sie dachte sich: „Vielleicht schmecken sie doch nicht so gut."

a) Wir wollen versuchen, eine Budgetmenge und Indifferenzkurven darzustellen, die dieser Geschichte entsprechen. Angenommen Alice hat insgesamt 8 Pennies und sie kann vom Schaf entweder 0, 1 oder 2 Eier kaufen, aber keine Bruchteile von Eiern. Ihre Budgetmenge besteht dann lediglich aus drei Punkten. Der Punkt, bei dem sie keine Eier kauft, ist (0, 8). Markiere diesen Punkt und bezeichne ihn mit A. Der Punkt, bei dem sie 1 Ei kauft ist in der Grafik (1, 2¾). (Ein Heller ist ¼ eines Pennies.) Trage diesen Punkt als B ein.

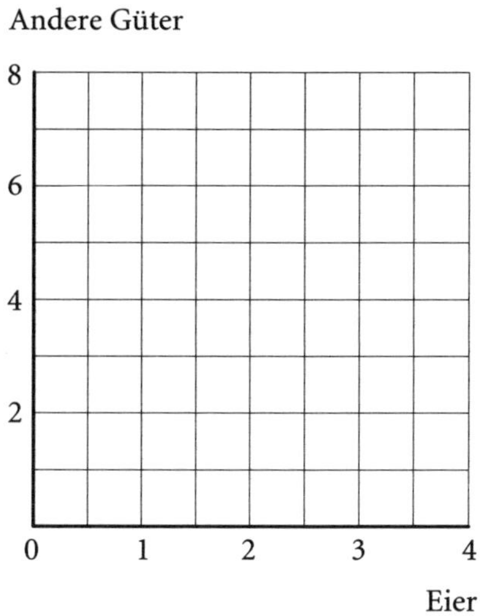

b) Der Punkt, bei dem sie 2 Eier kauft, ist ________________. Kennzeichne diesen Punkt mit *C*. Wenn Alice 1 Ei kauft, dann muss sie das Bündel *B* gegenüber den Bündeln *A* und *C* bevorzugen. Skizziere Indifferenzkurven, die mit diesem Verhalten von Alice konsistent sind.

5.14 ▣ Sie erinnern sich noch an Manfred Mazzola, der nur Cornflakes und Pommes frites konsumiert? Seine Nutzenfunktion lautet $u(x_1, x_2) = \min\{x_1 + 2x_2, 2x_1 + x_2\}$, wobei x_1 sein Konsum an Cornflakes, x_2 sein Verbrauch an Pommes frites ist.

a) Zeichnen Sie in die folgende Grafik in schwarz Manfreds Indifferenzkurve für einen Nutzen von 6, mit roter Farbe seine Budgetgerade, wenn der Preis von Cornflakes, $p_1 = 3$, der Preis von Pommes frites, $p_2 = 2$, und Manfreds Einkommen, $m = 10$, sind. Wie viele Einheiten von Cornflakes und Pommes frites sollte Manfred konsumieren, um seinen Nutzen zu maximieren? ____.

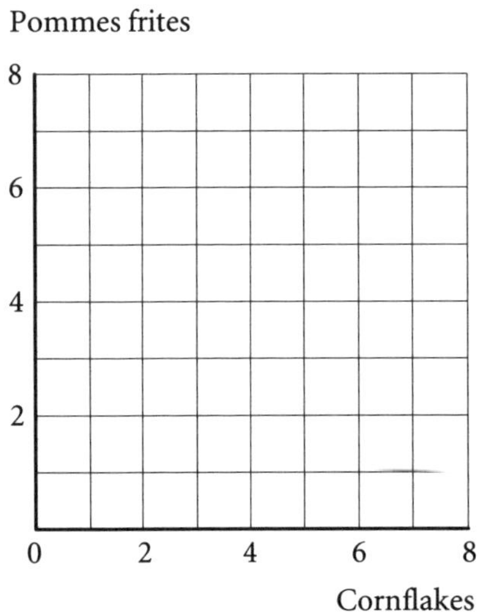

b) Zeichnen Sie in dieselbe Grafik in blau Manfreds Budgetgerade, wenn der Preis von Cornflakes gleich 1, der Preis von Pommes frites gleich 3 und sein Einkommen gleich 6 sind. Wie viele Einheiten von Cornflakes und Pommes frites wird Manfred konsumieren? ______________________________.

c) Bei welchen Preisen wird Manfred nur Cornflakes und keine Pommes frites konsumieren? ______________________. Bei welchen Preisen wird Manfred nur Pommes frites und keine Cornflakes konsumieren? ______________________.

d) Bei welchen Kombinationen von Einkommen und Preisen wird sich Manfred für den Konsum gleicher Mengen an Cornflakes und Pommes frites entscheiden? __________ ____.

6 Nachfrage

Einleitung

Im letzten Kapitel ermittelten Sie jenes Güterbündel, das ein Konsument mit gegebener Nutzenfunktion in einer bestimmten Preis-Einkommenssituation wählen würde. In diesem Kapitel gehen wir einen Schritt weiter. Wir ermitteln Nachfrage*funktionen*, die uns für *jede beliebige* Kombination von Preisen und Einkommen angeben, wie viel ein Konsument von jedem Gut haben möchte. Im Allgemeinen wird die nachgefragte Menge eines jeden Gutes nicht nur von seinem eigenen Preis, sondern auch von den Preisen anderer Güter und dem Einkommen abhängen. Wenn es nur zwei Güter gibt, dann schreiben wir die Nachfragefunktionen für die Güter 1 und 2 als $x_1(p_1, p_2, m)$ und $x_2(p_1, p_2, m)$.[*]

Wenn der Konsument positive Mengen aller Güter nachfragt und die Indifferenzkurven nicht geknickt sind, wird der Konsument einen Berührungspunkt zwischen seiner Budgetgeraden und der höchsten Indifferenzkurve wählen, welche man mit dieser Budgetgeraden erreichen kann.

Beispiel

Nehmen wir eine Konsumentin mit der Nutzenfunktion $U(x_1, x_2) = (x_1 + 2)(x_2 + 10)$. Um $x_1(p_1, p_2, m)$ und $x_2\ (p_1, p_2, m)$ zu ermitteln, müssen wir ein Güterbündel auf ihrer Budgetgeraden finden, bei dem ihre Indifferenzkurve die Budgetgerade berührt. Die Budgetgerade wird bei jenem (x_1, x_2) eine Tangente an die Indifferenzkurve sein, bei dem das Preisverhältnis gleich der Grenzrate der Substitution ist. Für die gegebene Nutzenfunktion ist $MU_1(x_1, x_2) = x_2 + 10$ und $MU_2(x_1, x_2) = x_1 + 2$. Die „Tangentialgleichung" lautet daher $p_1/p_2 = (x_2 + 10)/(x_1 + 2)$. Kreuzmultiplikation dieser Gleichung ergibt $p_1x_1 + 2p_1 = p_2x_2 + 10p_2$.

Das gewählte Bündel muss auch die Budgetgleichung $p_1x_1 + p_2x_2 = m$ erfüllen. Damit haben wir zwei lineare Gleichungen mit zwei Unbekannten, x_1 und x_2. Mit einfacher Mittelschulalgebra sind diese Gleichungen leicht lösbar. Es zeigt sich, dass die Lösung für die beiden „Nachfragefunktionen"

---

[*] Für manche Nutzenfunktionen wird die Nachfrage nach einem Gut nicht von allen Variablen beeinflusst. So hängt zum Beispiel bei einer Cobb-Douglas Nutzenfunktion die Nachfrage nach einem Gut von dessen Preis und dem Einkommen ab, nicht jedoch vom Preis des anderen Gutes. Es schadet allerdings nicht, die Nachfrage nach Gut 1 dennoch als eine Funktion von p_1, p_2 und m anzuschreiben: Die Ableitung von $x_1(p_1, p_2, m)$ nach p_2 ist dann einfach Null.

$$x_1 = (m - 2p_1 + 10p_2)/2p_1$$

$$x_2 = (m + 2p_1 - 10p_2)/2p_2$$

lautet. Eines muss bei diesen beiden „Nachfragefunktionen“ noch beachtet werden: Sie werden nur positiv sein, wenn sowohl $m - 2p_1 + 10p_2 > 0$ als auch $m + 2p_1 - 10p_2 > 0$ sind. Wenn einer dieser beiden Ausdrücke negativ ist, dann ergeben sie keinerlei Sinn als Nachfragefunktionen. Die Konsumentin wählt in dieser Situation eine „Randlösung“, bei der sie nur ein Gut konsumiert. In diesem Punkt wird ihre Indifferenzkurve keine Tangente an ihre Budgetgerade sein.

Wenn eine Konsumentin geknickte Indifferenzkurven hat, kann es vorkommen, dass sie ein Bündel an einer Knickstelle wählt. In den Aufgaben mit Knicken kann man die Nachfragefunktionen eher leicht finden, wenn man sich die Diagramme anschaut und ein wenig Algebra verwendet. Typischerweise wird man anstelle einer Tangentialgleichung eine Gleichung finden, die einem sagt, „wo die Knicke sind“. Mit Hilfe dieser Gleichung und der Budgetgleichung kann man die Nachfragefunktion ermitteln.

Sie wundern sich vielleicht, warum wir uns so ausführlich mit geknickten Indifferenzkurven, linearen Indifferenzkurven und anderen „komischen Fällen“ beschäftigen. Ein Grund dafür ist folgender: In den komischen Fällen sind die Berechnungen meist eher einfach. Häufig muss man jedoch eine Grafik zeichnen und darüber nachdenken, was man eigentlich macht. Und das ist genau, was wir wollen. Denken Sie nach und spielen Sie mit den Grafiken herum, anstatt Formeln auswendig zu lernen. Formeln vergisst man, aber die Angewohnheit zu denken bleibt.

Nach Abschluss dieser Trainingsaufgaben hoffen wir, dass Sie Folgendes beherrschen:

- Sie können Nachfragefunktionen für Konsumenten mit Cobb-Douglas und anderen ähnlichen Nutzenfunktionen ermitteln.
- Sie können Nachfragefunktionen für Konsumenten mit quasi-linearen Nutzenfunktionen berechnen.
- Sie können Nachfragefunktionen für Konsumenten mit geknickten Indifferenzkurven und mit linearen Indifferenzkurven ermitteln.
- Sie erkennen Komplementär- und Substitutionsgüter mit einem Blick auf die Nachfragefunktion.
- Sie erkennen normale und inferiore Güter, Luxusgüter und notwendige Güter aus der Information über die Nachfrage.
- Sie können aus einer gegebenen einfachen Nachfragefunktion die Gleichung der inversen Nachfrage berechnen.

Aufgaben

6.1 ☐ Karli ist wieder da – und er konsumiert noch immer Äpfel und Bananen. Seine Nutzenfunktion lautet $U(x_A, x_B) = x_A x_B$. Wir möchten seine Nachfragefunktion nach Äpfeln, $x_A(p_A, p_B, m)$, und nach Bananen, $x_B(p_A, p_B, m)$, ermitteln.

a) Zu Preisen von p_A und p_B und bei Karlis Einkommen von m ist die Gleichung für Karlis Budgetgerade $p_A x_A + p_B x_B = m$. Die Steigung von Karlis Indifferenzkurve beim Bündel, (x_A, x_B) ist $-MU_1(x_A, x_B)/MU_2(x_A, x_B) =$ ____________________.

Die Steigung der Budgetgeraden ist gleich ____________________.

Karlis Indifferenzkurve wird eine Tangente an diese Budgetgerade in jenem Punkt (x_A, x_B) sein, in welchem die folgende Gleichung erfüllt ist:

____.

b) Sie haben nun zwei Gleichungen, die Budget- und die Tangentialgleichung, die durch das nachgefragte Bündel erfüllt sein müssen. Lösen Sie die beiden Gleichungen nach x_A und x_B. Karlis Nachfragefunktion nach Äpfeln lautet $x_A(p_A, p_B, m) =$ ____________ und nach Bananen, $x_B(p_A, p_B, m) =$ ____________________.

c) Im Allgemeinen wird die Nachfrage nach beiden Gütern von den Preisen der beiden Güter und dem Einkommen abhängen. Für Karlis Nutzenfunktion hängt die Nachfrage nach Äpfeln jedoch nur vom Einkommen und vom Apfelpreis ab. Ebenso hängt die Nachfrage nach Bananen nur vom Einkommen und dem Bananenpreis ab. Karli gibt immer denselben Teil seines Einkommens für Bananen aus. Wie hoch ist dieser Anteil?

____.

6.2 ☐ Konrad Kornfelds Präferenzen können durch die Nutzenfunktion $u(x_1, x_2) = x_1^2 x_2^3$ dargestellt werden. Die Preise von x_1 und x_2 sind p_1 und p_2.

a) Die Steigung von Kornfelds Indifferenzkurve im Punkt (x_1, x_2) ist ____________.

b) Wenn Kornfelds Budgetgerade seine Indifferenzkurve im Punkt (x_1, x_2) berührt, dann ist $p_1 x_1 / p_2 x_2 =$ ________________. (Hinweis: Betrachte die Gleichung, welche die Steigung seiner Indifferenzkurve mit der Steigung der Budgetgeraden gleichsetzt.) Welchen Teil seines Einkommens gibt Konrad für x_1 aus, wenn er das für sein Einkommen bestmögliche Bündel konsumiert? ____________________.

c) Die anderen Mitglieder seiner Familie haben ganz ähnliche Nutzenfunktionen, nur sind ihre Exponenten verschieden, oder ihre Nutzenfunktionen sind mit einer positiven Konstanten multipliziert. Welchen Teil seines Einkommens wird ein bestimmtes Familienmitglied für den Konsum des Gutes 1 ausgeben, wenn es die Nutzenfunktion $U(x_1, x_2) = cx_1^a x_2^b$ hat, wobei a, b und c positive Zahlen sind? ____________________.

6.3 ☐ Unsere Gedanken kehren zu Ambrosius samt seinen Nüssen und Beeren zurück. Ambrosius' Nutzenfunktion lautet $U(x_1, x_2) = 4\sqrt{x_1} + x_2$, wobei x_1 sein Nusskonsum und x_2 sein Beerenkonsum ist.

a) Wir wollen seine Nachfragefunktion nach Nüssen ermitteln. Die Steigung von Ambrosius' Indifferenzkurve im Punkt (x_1, x_2) ist ____________________. Wenn wir diese Steigung mit dem Anstieg der Budgetgeraden gleichsetzen, können wir nach x_1 ohne Verwendung der Budgetgleichung lösen. Die Lösung ist $x_1 =$ ____________________.

b) Versuchen wir seine Nachfragefunktion nach Beeren zu finden. Nun brauchen wir die Budgetgleichung. Im Teil a) fanden Sie die nachgefragte Menge von x_1. Die Budgetgleichung lautet $p_1x_1 + p_2x_2 = M$. Wir setzen das Ergebnis für x_1 ein und lösen nach x_2 als eine Funktion des Einkommens und der Preise. Die Antwort lautet $x_2 =$ ____.

c) Als wir Ambrosius im 5. Kapitel besuchten, analysierten wir die „Randlösung", bei der er nur Nüsse und keine Beeren konsumierte. In diesem Beispiel waren $p_1 = 1$, $p_2 = 2$ und $M = 9$. Nach Einsetzen dieser Zahlen in die in den Teilen a) und b) gefundenen Formeln erhalten wir $x_1 =$ ________________ und $x_2 =$ ________________. Da wir für x_2 eine negative Lösung erhalten, kann die Budgetgerade $x_1 + 2x_2 = 9$ für $x_2 > 0$ keine Tangente an eine Indifferenzkurve sein. Am besten gibt also Ambrosius sein gesamtes Einkommen für Nüsse aus. Wenn wir die Formeln näher betrachten, erkennen wir, dass bei Preisen von $p_1 = 1$ und $p_2 = 2$ Ambrosius erst dann positive Mengen von beiden Gütern nachfragen wird, wenn und nur wenn $M >$ ____________________ ist.

6.4 ☐ Donald Dribbel sammelt Briefmarken. Außer Briefmarken konsumiert er nur Kekse. Dribbels Präferenzen lassen sich durch die Nutzenfunktion $u(b, k) = b + \ln k$ darstellen, wobei b die Anzahl der Briefmarken ist, die er sammelt, und k die Anzahl der konsumierten Kekse. Der Preis der Marken ist p_b, der Kekspreis ist p_k und Donalds Einkommen ist m.

a) Schreibe einen Ausdruck an, der aussagt, dass das Verhältnis von Dribbels Grenznutzen für Kekse zu seinem Grenznutzen für Briefmarken gleich dem Verhältnis der Preise von Keksen zu den Preisen von Briefmarken ist: ____________________.
(Hinweis: Die erste – partielle – Ableitung von $\ln k$ nach k ist $1/k$ und die erste – partielle – Ableitung von b nach b ist gleich 1.)

b) Man kann mit Hilfe der soeben gefundenen Gleichung zeigen, dass die Nachfragefunktion nach Keksen nur vom Preisverhältnis, nicht jedoch von Donalds Einkommen abhängt, wenn er beide Güter kauft. Donalds Nachfragefunktion nach Keksen lautet

____.

c) Wenn Dribbel beide Güter kauft, so ist im Falle dieser speziellen Nutzenfunktion zu beachten, dass jener Geldbetrag, den er für Kekse ausgibt, eigenartigerweise nur von einer der drei Variablen m, p_b und p_k abhängt, und zwar von der Variablen ____________. (Hinweis: Der Geldbetrag, den er für Kekse ausgibt ist $p_k k(p_b, p_k, m)$.)

d) Da es nur zwei Güter gibt, müssen Geldbeträge, die nicht für Kekse ausgegeben werden, für Briefmarken verwendet werden. Benutze die Budgetgleichung und Donalds Nachfragefunktion nach Keksen, um herauszufinden, wie viele Marken er kaufen wird, wenn der Preis der Briefmarken p_b, der Kekspreis p_k und Donalds Einkommen m ist:

____.

e) Der obige Ausdruck ist negativ, wenn $m < p_b$ gilt. Zweifellos ist eine negative Nachfrage nach Briefmarken unsinnig. Wie hoch wäre Dribbels Nachfrage nach Briefmarken, wenn $m < p_b$ wäre? ____________________. Wie groß wäre seine Nachfrage nach Keksen?

________________. (Hinweis: Erinnere Dich an die Diskussion des Randoptimums.)

f) Donalds Frau beschwert sich, dass er jeden zusätzlichen Euro, den er erhält, zur Gänze für Briefmarken ausgibt. Hat sie Recht? (Wir nehmen an, dass $m > p_b$.) ____________.

g) Angenommen der Kekspreis ist € 2, der Preis der Briefmarken € 1. Zeichne auf der unten stehenden Grafik Dribbels Engel-Kurve für Kekse mit roter Farbe und seine Engel-Kurve für Briefmarken in blau. (Hinweis: Zeichne zuerst Engel-Kurven für Einkommen größer als € 1 und dann Engel-Kurven für Einkommen unter € 1.)

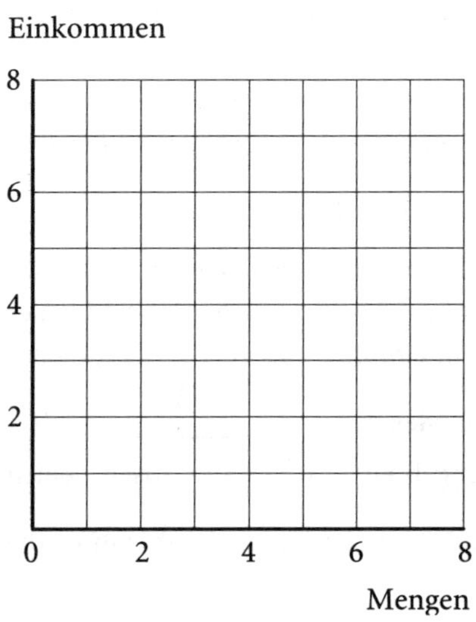

6.5 ☐ Wir erinnern uns an Shirley Sixpack, die der Auffassung ist, dass zwei 0,25 Liter-Dosen Bier genau so gut sind wie eine 0,5 Liter-Dose. Angenommen Bier wird nur in diesen beiden Größen verkauft und sie kann € 30 für Bier ausgeben. Weiters sei angenommen, dass eine 0,25 Liter-Dose Bier € 0,75 und eine 0,5 Liter-Dose € 1 kostet. Zeichne in der folgenden Grafik Shirleys Budgetgerade blau (!) und ein paar Indifferenzkurven rot ein.

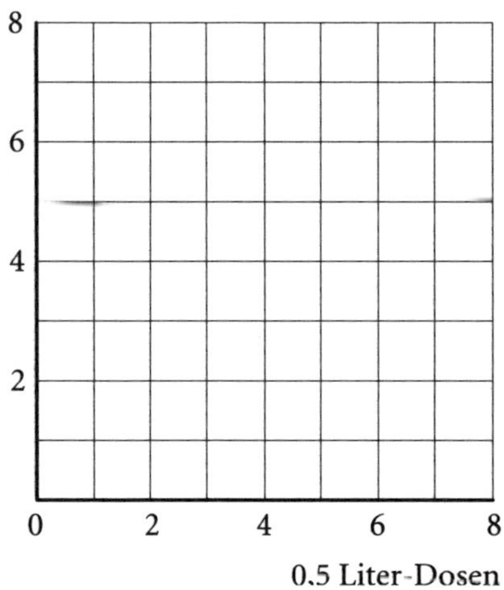

a) Welche Größe wird sie zu diesen Preisen kaufen oder wird sie einige Dosen von beiden Größen kaufen? ______________________.

b) Angenommen der Preis der 0,5 Liter-Dosen bleibt unverändert € 1 und der Preis der 0,25 Liter-Dosen fällt auf € 0,55. Wird sie mehr Bier in 0,25 Liter-Dosen kaufen?

______________________.

c) Und wenn nun der Preis der 0,25 Liter-Dosen auf € 0,40 fällt? Wie viele 0,25 Liter-Dosen Bier wird sie dann kaufen? ______________________.

d) Wie hoch muss der Preis der 0,25 Liter-Dosen sein, wenn der Preis für die 0,5 Liter Dosen € 1 beträgt und Shirley sowohl 0,25 als auch 0,5 Liter-Dosen kauft? __________.

e) Versuchen wir nunmehr Shirleys Nachfragefunktion nach Bier in 0,5 Liter-Dosen als eine Funktion der Preise und des Einkommens allgemein darzustellen. Die Preise der 0,25 Liter- und 0,5 Liter-Dosen seien p_{25} und p_{50}, ihr Einkommen sei m. Wenn $p_{50} < 2p_{25}$, dann wird die Zahl der nachgefragten 0,5 Liter-Dosen gleich ______________ sein. Wenn $p_{50} > 2p_{25}$, dann wird die Zahl der nachgefragten 0,5 Liter-Dosen gleich ____________ sein. Wenn p_{50} = ______ p_{25}, dann wird sie zwischen jeder Kombination, die sie sich leisten kann, indifferent sein.

6.6 ☐ Bei Miss Muffet muss alles immer „gerade richtig“ sein. So wird sie zum Beispiel ihren Topfen und ihre Molke immer nur im Verhältnis 2 Einheiten Molke je Einheit Topfen konsumieren. Sie hat ein Einkommen von € 20. Molke kostet € 0,75 je Mengeneinheit, Topfen € 1 pro Mengeneinheit. Zeichne in der folgenden Grafik Miss Muffets Budgetgerade und einige ihrer Indifferenzkurven. (Hinweis: Erscheint uns Miss Muffet nicht etwas geknickt?)

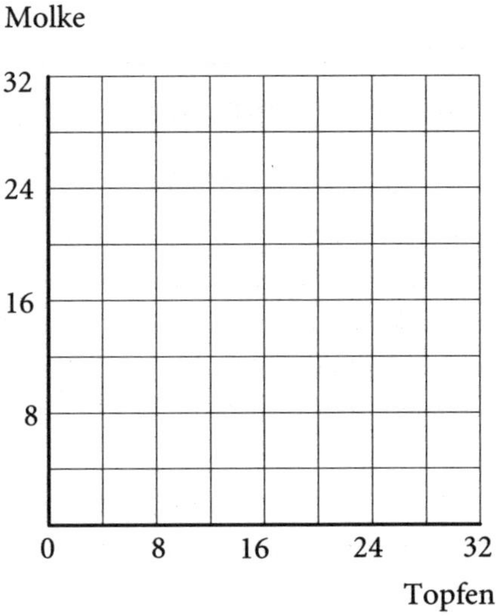

a) Wie viel Topfen wird Miss Muffet unter diesen Umständen nachfragen? ____________________. Und wie viel Molke? ____________________.

b) Schreibe Miss Muffets Nachfragefunktion nach Molke als eine Funktion der Preise für Topfen und Molke und ihres Einkommens an, wobei p_t der Topfenpreis, p_m der Molkepreis und m ihr Einkommen sind. $D(p_t, p_m, m) =$ ____________________.
(Hinweis: Man kann ihre Nachfragefunktion durch Lösung von zwei Gleichungen in zwei Unbekannten finden. Eine Gleichung besagt, dass sie doppelt soviel Molke wie Topfen konsumiert. Die zweite Gleichung ist ihre Budgetgleichung.)

6.7 ▣ Marias Nutzenfunktion lautet $U(g, v) = g + 100v - v^2$, wobei g die Zahl der Glockenblumen und v die Zahl der Vergissmeinnicht in ihrem Blumenkästchen ist. Sie hat in ihrem Blumenkästchen 500 Quadratzentimeter für Glockenblumen und Vergissmeinnicht zur Verfügung. Glockenblumen brauchen 1 Quadratzentimeter, Vergissmeinnicht 4 Quadratzentimeter je Stück. Die Samen für beide erhält sie gratis.

a) Um bei der gegebenen Größe des Blumenkästchen ihren Nutzen zu maximieren, sollte Maria ________________ Glockenblumen und ________________ Vergissmeinnicht pflanzen. (Hinweis: Schreibe die „Budgetbeschränkung“ für die Fläche an. Löse die Aufgabe, als ob es sich um ein gewöhnliches Nachfrageproblem handelte.)

b) Wie viele zusätzliche Glockenblumen sollte sie pflanzen, wenn sie plötzlich ein weiteres Blumenkästchen mit 100 Quadratzentimetern kaufte? ______________________.

Und wie viele zusätzliche Vergissmeinnicht ? ______________________.

c) Wie viel Vergissmeinnicht würde Maria pflanzen, wenn sie nur ein Blumenkästchen im Ausmaß von 144 Quadratzentimetern zur Verfügung hätte? ______________.

d) Wenn Maria sowohl Glockenblumen als auch Vergissmeinnicht pflanzt, dann wissen wir, dass ihr Blumenkästchen größer als ______________________ sein muss.

6.8 ☐ Kaspar konsumiert Kakao und Käse. Sein Einkommen beträgt € 16. Kakao wird auf ganz ungewöhnliche Weise verkauft. Es gibt nur einen Anbieter, und je mehr Kakao man von ihm kauft, umso höher ist der Preis je Einheit, und zwar wird Kaspar für x Einheiten Kakao insgesamt x^2 Euro zahlen müssen. Käse wird wie üblich um € 2 pro Einheit verkauft. Kaspars „Budgetgerade" lautet daher $x^2 + 2y = 16$, wobei x sein Kakaokonsum und y sein Käsekonsum ist. Kaspars Nutzenfunktion lautet $U(x, y) = 3x + y$.

a) Zeichne in die untenstehende Grafik die Begrenzung von Kaspars Budgetmenge mit blauer Farbe ein. Verwende rote Farbe, um zwei oder drei seiner „Indifferenzkurven" zu skizzieren.

b) Schreibe eine Gleichung an, die besagt, dass beim Punkt (x, y) die Steigung von Kaspars Budget-„geraden" gleich der Steigung seiner Indifferenz-„kurve" ist: ______________________________. Kaspar fragt __________ Einheiten Kakao und __________ Einheiten Käse nach.

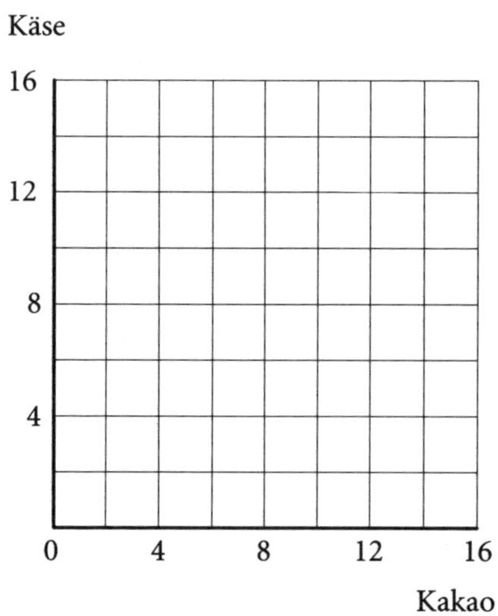

6.9 □ Vielleicht sollten wird uns nach all den Problemen mit imaginären Personen und Orten einer Aufgabe zuwenden, die auf Tatsachen beruht. Das U. S. Bureau of Labor Statistics untersucht regelmäßig Haushaltsbudgets, die es zur Erstellung des Verbraucherpreisindex verwendet. Diese Analysen der Haushaltsbudgets und eine Vielfalt weiterer interessanter ökonomischer Daten findet man im jährlich veröffentlichten *Handbook of Labor Statistics*. Die untenstehenden Tabellen enthalten die gesamten laufenden Ausgaben und die Ausgaben für bestimmte Güterkategorien für 5 verschiedene Einkommensgruppen in den Vereinigten Staaten im Jahre 1961. Haushalte innerhalb jeder Gruppe hatten ähnliche Einkommen. Gruppe *A* hat das niedrigste, Gruppe *E* das höchste Einkommen.

Tabelle 6.1: Ausgaben nach Güterkategorien für verschiedene Einkommensgruppen im Jahre 1961

Einkommensgruppe	A	B	C	D	E
Ernährung im Haushalt	465	783	1.078	1.382	1.848
Ernährung außer Haus	68	171	213	384	872
Wohnen	626	1.090	1.508	2.043	4.205
Bekleidung	119	328	508	830	1.745
Verkehr	139	519	826	1.222	2.048
Sonstiges	364	745	1.039	1.554	3.490
Gesamtausgaben	1.781	3.636	5.172	7.415	14.208

a) Vervollständige Tabelle 6.2.

Tabelle 6.2: Prozentuelle Aufteilung der Haushaltsbudgets

Einkommensgruppe	A	B	C	D	E
Ernährung im Haushalt	26	22	21	19	13
Ernährung außer Haus	3,8				
Wohnen	35				
Bekleidung	6,7				
Verkehr	7,8				

b) Welche Güter sind normale Güter? ______________________.

c) Welche Güter entsprechen dem Begriff der *Luxusgüter* nach der Definition des Lehrbuchs bei den meisten Einkommenshöhen? ______________________.

d) Welche Güter entsprechen dem Begriff der *notwendigen Güter* nach der Definition des Lehrbuchs bei den meisten Einkommenshöhen? ______________________.

e) Zeichne in die folgende Grafik „Engel-Kurven" unter Verwendung der Information aus Tabelle 6.1. (Nimm dazu die Gesamtausgaben als Einkommen an.) Mit roter Farbe zeichne die Engel-Kurve für Ernährung im Haushalt, mit blauer für Ernährung außer Haus und mit einem Bleistift die Engel-Kurve für Bekleidung. Wie unterscheidet sich die Form der Engel-Kurve für ein Luxusgut von jener für ein notwendiges Gut?

____

____.

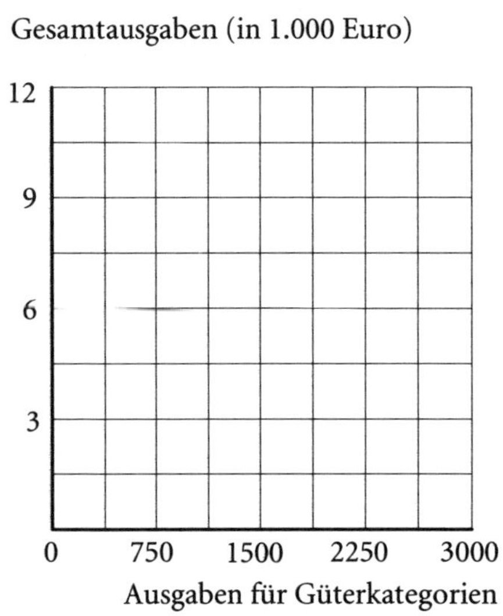

6.10 ☐ Parsifal konsumiert Torten und Bier. Seine Nachfragefunktion nach Torten lautet $q_t = m - 30p_t + 20p_b$, wobei m sein Einkommen, p_b der Preis von Bier und p_t der Preis der Torten ist. Parsifals Einkommen sei € 100, der Bierpreis € 1 je Flasche.

a) Ist Bier ein Substitut oder ein Komplement für Torten? Erkläre: ______________________

____.

b) Schreibe die Gleichung für Parsifals Nachfrage nach Torten an, wobei das Einkommen und der Bierpreis auf € 100 bzw. € 1 konstant gehalten werden:

____.

c) Schreibe die Gleichung für Parsifals inverser Nachfrage nach Torten an, wobei das Einkommen und der Bierpreis auf € 100 bzw. € 1 konstant gehalten werden:

______________________________. Zu welchem Preis würde Parsifal 30 Torten kaufen?

____________. Zeichne Parsifals inverse Nachfragekurve nach Torten mit blauer Farbe.

d) Angenommen der Bierpreis steigt auf € 2,50 je Flasche und bleibt auf dieser Höhe. Schreibe die Gleichung für Parsifals inverse Nachfrage nach Torten an:

____. Zeichne seine neue inverse Nachfragekurve nach Torten rot ein.

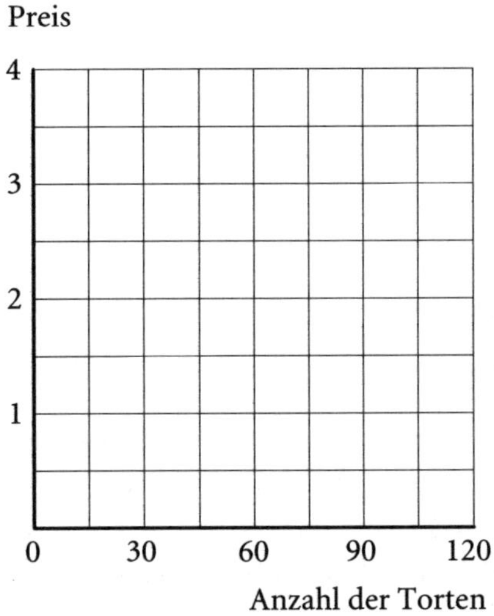

6.11 ☐ Für Richard und Rosa Rüstig sind schwere Zeiten angebrochen, sie bleiben trotzdem rational handelnde Konsumenten. Sie verdienen € 80 die Woche, wovon sie € 40 für Lebensmittel und € 40 für alle anderen Güter ausgeben. Lebensmittel kosten € 1 je Einheit. Zeichne auf der folgenden Grafik die Budgetgerade in schwarz. Beschrifte ihr Konsumbündel mit dem Buchstaben A.

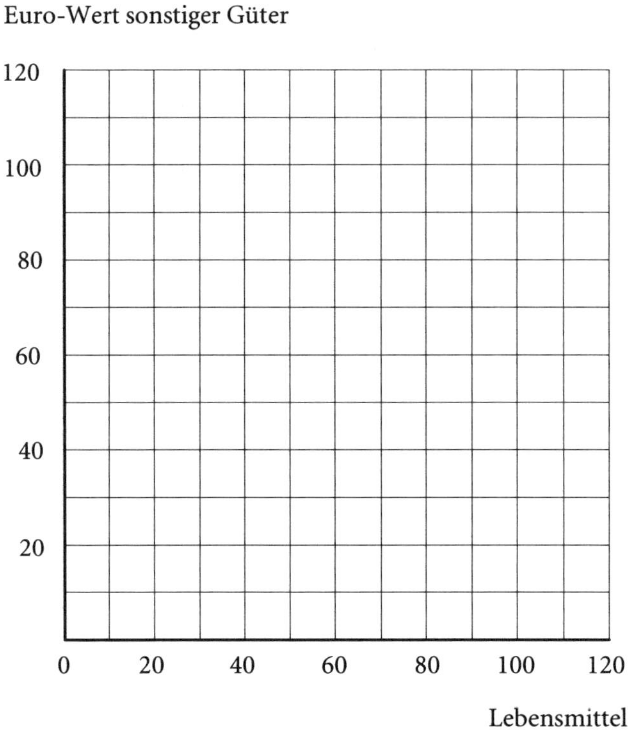

a) Überraschend qualifizieren sich die Rüstigs für Lebensmittelmarken. Das heißt, sie können zum entsprechenden Amt gehen und Gutscheine kaufen, die sie für Lebensmittel im Wert von je € 2 beim Einkauf verwenden können. Jeder Gutschein kostet den Rüstigs € 1. Allerdings können sie pro Woche maximal 10 Gutscheine kaufen. Zeichne in die Grafik ihre neue Budgetlinie in rot ein.

b) Wie viel zusätzliche Lebensmittel werden die Rüstigs bei Teilnahme am Lebensmittelmarken-Programm kaufen, wenn sie homothetische Präferenzen haben? ____________.

* **6.12** ■ Du erinnerst Dich vielleicht, dass Leni Lerner eine Lehrveranstaltung aus Ökonomie besucht, bei der ihre Gesamtnote durch das *Minimum* der Anzahl der richtigen Antworten bestimmt wird, die sie auf zwei Prüfungen erhält. Bei der ersten Prüfung muss sie je richtiger Antwort 10 Minuten studieren. Bei der zweiten Prüfung sind es 20 Minuten für jede richtige Antwort. Im vorigen Kapitel haben wir die beste Möglichkeit gefunden, ihre 1.200 Minuten auf die beiden Prüfungen zu verteilen. Einige Kollegen in Lenis Klasse lernen schneller, einige lernen langsamer als Leni. Ein paar werden sich entscheiden, mehr als Leni zu studieren, ein paar weniger als sie. In dieser Aufgabe werden wir die allgemeine Lösung für die Entscheidung einer Person für bestimmte Lernzeiten und Noten in Abhängigkeit von den Zeitkosten für die Verbesserung des Prüfungsergebnisses erarbeiten.

a) Wir nehmen an, dass ein/e Student/in, der/die sich für eine Prüfung überhaupt nicht vorbereitet, keine richtige Antwort findet. Jede korrekte Antwort bei der ersten Prüfung kostet P_1 Minuten, jede richtige Antwort bei der zweiten Prüfung P_2 Minuten Vorbereitungszeit. Angenommen ein bestimmter Student studiert insgesamt M Minuten für beide Prüfungen und verteilt die Zeit auf beide Prüfungen in der effizientesten Weise. Wird der Student auf beide Prüfungen dieselbe Zahl richtiger Antworten haben? ____________. Schreibe eine allgemeine Formel für das Gesamtergebnis dieses Studenten in der Lehrveranstaltung als eine Funktion der drei Variablen P_1, P_2 und M, also $N =$ ______________________________. Wenn dieser Student ein Gesamtergebnis von N mit der minimalen gesamten Lernzeit erreichen will, muss er ____________ Minuten für die erste und ____________ Minuten für die zweite Prüfung lernen.

b) Angenommen, der Student hat die Nutzenfunktion

$$U(N, M) = N - (A/2)M^2,$$

wobei N für seine Gesamtnote in der Lehrveranstaltung, M für die Dauer der Lernzeit in Minuten steht und A eine Variable ist, welche die Abneigung des Studenten gegen Lernen reflektiert. Im Teil a) dieser Aufgabe zeigte sich, dass ein Student, der M Minuten lernt und seine Zeit klug auf die beiden Prüfungen verteilt, eine Gesamtnote von $N = M/(P_1 + P_2)$ erreichen wird. Setze $M/(P_1 + P_2)$ für N in die Nutzenfunktion ein und differenziere nach M, um jene Lernzeit, M, zu finden, die den Nutzen des Studenten maximiert. $M =$ ______________________________. Die Antwort wird eine Funktion von P_1, P_2 und A sein. Wenn sich der/die Student/in für die Nutzen maximierende Lernzeit entscheidet und diese klug auf die beiden Prüfungen verteilt, wird er/sie ein Gesamtergebnis von $N =$ ______________________________ erzielen.

c) Leni Lerner hat so eine Nutzenfunktion wie in Teil b). Sie wählt die ihren Nutzen maximierende Lernzeit. Für Leni sind $P_1 = 10$ und $P_2 = 20$; sie lernt für beide Prüfungen insgesamt $M = 1.200$ Minuten. Damit haben wir ausreichende Angaben, um den Wert von A in ihrer Nutzenfunktion zu berechnen. Lenis $A =$ ____________________.

d) Peter Pilz ist ein Student in Lenis Lehrveranstaltung. Peter hat dieselbe Nutzenfunktion wie Leni, mit genau demselben Wert für A. Peter lernt jedoch langsamer als Leni. Er braucht genau doppelt so lange wie sie, das heißt für ihn sind $P_1 = 20$ und $P_2 = 40$. Peter entscheidet sich auch für eine Lernzeit, die seinen Nutzen maximiert. Ermittle das Verhältnis von Peters Studierzeit zu Lenis Studierzeit: ____________________. Wird sein Gesamtergebnis in der Lehrveranstaltung größer, gleich oder kleiner als die Hälfte von Lenis Ergebnis sein? ______________________________.

6.13 ▣ Und hier wieder ein Rätsel. Auf den ersten Blick mag es erscheinen, als gäbe es nicht genügend Information, um diese Frage zu beantworten. Wenn man jedoch die Indifferenzkurve zeichnet und ein wenig darüber nachdenkt, erkennt man, dass es eine klare und leicht berechenbare Lösung gibt.

Kinko gibt sein ganzes Geld für Peitschen und Lederjacken aus. Kinkos Nutzenfunktion lautet $U(x, y) = \min\{4x, 2x + y\}$, wobei x sein Peitschenkonsum und y sein Konsum an Lederjacken ist. Kinko konsumiert 15 Peitschen und 10 Lederjacken. Der Peitschenpreis beträgt € 10. Kinkos Einkommen ist zu ermitteln.

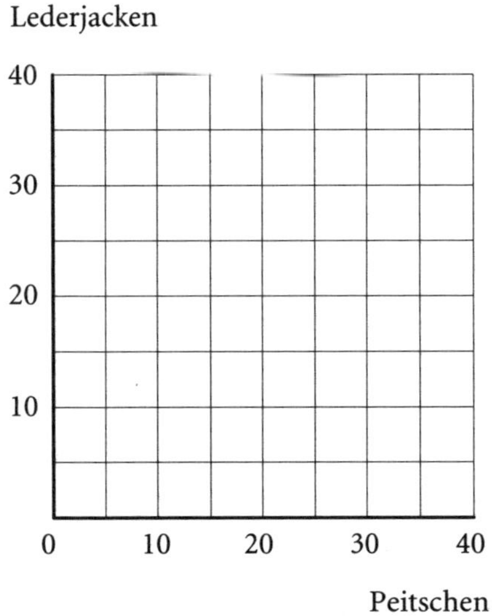

a) Zeichne Kinkos Indifferenzkurve, die durch den Punkt (15, 10) geht. Wie groß ist die Steigung dieser Indifferenzkurve bei (15, 10)? ____________________. Wie hoch muss der Preis der Lederjacken sein, wenn Kinko diesen Punkt wählt? ____________.Wie hoch ist somit Kinkos Einkommen? ______________.

7 Bekundete Präferenzen

Einleitung

Im vorigen Kapitel waren die Präferenzen einer Konsumentin gegeben und wir suchten ihr Nachfrageverhalten. In diesem Kapitel drehen wir diesen Vorgang um: Wir geben Hinweise über das Nachfrageverhalten und Sie müssen daraus etwas über die Präferenzen der Konsumentin ableiten. Das Hauptinstrument der Analyse ist das *schwache Axiom der bekundeten Präferenzen*. Dieses Axiom besagt Folgendes: Wenn sich eine Konsumentin für ein Güterbündel A entscheidet, wenn sie sich Bündel B ebenfalls hätte leisten können, dann wird sie bei jedem beliebigen Budget, bei dem sie sich auch das Bündel A leisten kann, nie das Bündel B wählen. Diesem Axiom liegt die Überlegung zugrunde, dass es durch die Entscheidung für A, obwohl man B auch hätte haben können, offenkundig wird, dass man A gegenüber B bevorzugt. Wenn sich jemand für A entscheidet, obwohl er auch B haben könnte, so sagen wir, dass für ihn A gegenüber B als *direkt bevorzugt bekundet* wird. Das schwache Axiom besagt, dass bei direkt bekundeter Bevorzugung von A gegenüber B, B nicht direkt gegenüber A als bevorzugt bekundet wird.

Beispiel

Schauen wir uns anhand eines Beispiels an, wie man überprüft, ob ein Bündel gegenüber einem anderen als direkt bevorzugt bekundet wird. Angenommen eine Konsumentin kauft das Bündel $(x_1^A, x_2^A) = (2, 3)$ zu Preisen von $(p_1^A, p_2^A) = (1, 4)$. Die Kosten des Bündels (x_1^A, x_2^A) zu diesen Preisen ist $2 \cdot 1 + 3 \cdot 4 = 14$. Das Bündel (2, 3) ist gegenüber allen anderen Bündeln, die sie sich zu den Preisen (1, 4) und einem Einkommen von 14 leisten kann, als direkt bevorzugt bekundet. So kostet zum Beispiel das Bündel (5, 2) zu Preisen von (1, 4) nur 13, sodass wir sagen können, dass für diese Konsumentin (2, 3) gegenüber (5, 2) als direkt bevorzugt bekundet ist.

Es wird auch einige Aufgaben über Preis- und Mengenindizes geben. Ein Preisindex ist ein Vergleich von durchschnittlichen Preisniveaus zwischen zwei verschiedenen Zeitpunkten oder zwei verschiedenen Orten. Wenn es mehr als ein Gut gibt, dann werden sich nicht notwendigerweise alle Preise im selben Verhältnis ändern. Angenommen wir wollen das Preisniveau des „laufenden Jahres“ mit dem Preisniveau irgendeines „Basisjahres“ vergleichen. Eine Möglichkeit ist, die Kosten eines „repräsentativen“ Güterbündels in den beiden Jahren zu vergleichen. Zwei sinnvolle repräsentative Bündel fallen einem ein. Einerseits könnte man das Konsumbündel des laufenden Jahres als Bezugsbündel heranziehen. Andererseits könnte man das im Basisjahr konsumierte Bündel verwenden. Im Allgemeinen werden diese beiden Bündel unterschiedlich sein. Wenn das Konsumbündel des Basisjahrs das Bezugsbündel ist, erhält man den so genannten *Laspeyres Preisindex*; bei Verwendung des Konsumbündels des laufenden Jahres als Bezugsbündel, erhält man den *Paasche Preisindex*.

Beispiel

Angenommen es gibt nur zwei Güter. Im Jahre 2000 waren die Preise (1, 3) und ein Konsument verbrauchte das Bündel (4, 2). Im Jahre 2010 waren die Preise (2, 4) und der Konsument verbrauchte das Bündel (3, 3). Die Kosten des Bündels des Jahres 2000 zu Preisen des Jahres 2000 sind $1 \cdot 4 + 3 \cdot 2 = 10$. Die Kosten desselben Bündels zu Preisen des Jahre 2010 sind $2 \cdot 4 + 4 \cdot 2 = 16$. Wenn 2000 das Basisjahr darstellt und 2010 das laufende Jahr, dann ist das Laspeyres Preisverhältnis 16/10. Zur Berechnung des Paasche Preisverhältnisses ermittelt man das Verhältnis der Kosten des Bündels des Jahres 2010 zu Preisen von 2010 zu den Kosten desselben Bündels zu Preisen von 2000. Das 2010er Bündel kostet $2 \cdot 3 + 4 \cdot 3 = 18$ zu Preisen von 2010. Dasselbe Bündel kostet zu Preisen von 2000 $1 \cdot 3 + 3 \cdot 3 = 12$. Das Paasche Preisverhältnis ist daher 18/12. Beachte, dass beide Preisindizes anzeigen, dass die Preise gestiegen sind, da jedoch die Preisänderungen unterschiedlich gewichtet werden, führen die beiden Ansätze zu unterschiedlichen Preisverhältnissen.

Die Erstellung eines Indexes von in den zwei Perioden konsumierten „Mengen" führt zu einem ähnlichen Problem. Wie sollte man die Änderung der Menge des Gutes 1 in Bezug auf die Änderungen der Menge des Gutes 2 gewichten? Wir könnten jetzt die Kosten der Bündel beider Perioden, bewertet zu irgendwelchen Referenzpreisen, vergleichen. Wiederum gibt es zumindest zwei sinnvolle Möglichkeiten, nämlich den *Laspeyres Mengenindex* und den *Paasche Mengenindex*. Beim Laspeyres Mengenindex verwendet man die Preise des Basisjahrs als Bezugspreise, beim Paasche Mengenindex werden die laufenden Preise als Bezugspreise herangezogen.

Beispiel

Für die Zahlen des vorigen Beispiel ist der Laspeyres Mengenindex das Verhältnis der Kosten des 2010er Bündels zu Preisen von 2000 zu den Kosten des 2000er Bündels zu Preisen von 2000. Die Kosten des 2010er Bündels zu Preisen von 2000 sind 12, und die Kosten des 2000er Bündels zu Preisen von 2000 sind 10, der Laspeyres Mengenindex ist daher 12/10. Die Kosten des 2010er Bündels zu Preisen von 2010 sind 18 und die Kosten des 2000er Bündels zu Preisen von 2010 sind 16. Daher ist der Paasche Mengenindex 18/16.

Nach Beendigung dieses Kapitels sollten Sie hoffentlich Folgendes beherrschen:

- Sie können aus gegebenen Preis- und Konsumdaten entscheiden, ob ein Güterbündel gegenüber einem anderen bevorzugt wird.
- Aus Daten über Preise und Konsum können Sie Paasche und Laspeyres Preis- und Mengenindizes berechnen.

- Sie können das Schwache Axiom der bekundeten Präferenzen verwenden, um logische Implikationen über das Verhalten herzuleiten.
- Sie können das Konzept der bekundeten Präferenzen zu Wohlfahrtsvergleichen über die Zeit und zwischen Ländern verwenden.

Aufgaben

7.1 ☐ Zu Preisen von (4, 6) wählt Gundi das Bündel (6, 6), zu Preisen von (6, 3) entscheidet sie sich für das Bündel (10, 0).

a) Zeichne in der folgenden Grafik Gundis erste Budgetgerade rot und ihre zweite Budgetgerade blau ein. Bezeichne ihre Wahl aus dem ersten Budget mit *A*, jene aus dem zweiten Budget mit *B*.

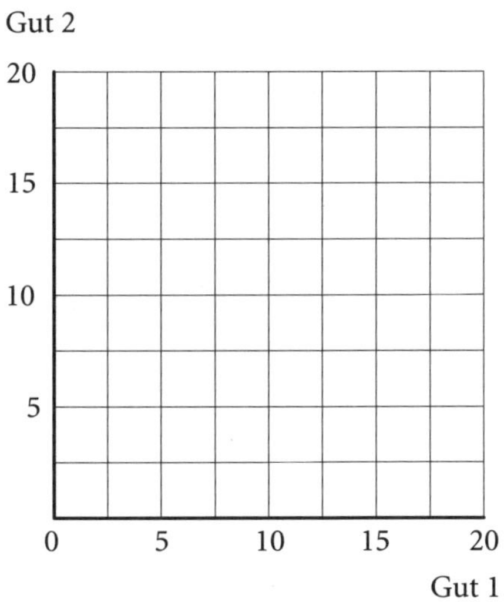

b) Ist Gundis Verhalten mit dem Schwachen Axiom der bekundeten Präferenzen vereinbar?

____.

7.2 ☐ Freddy Fröhlich konsumiert nur Spargel und Tomaten, die in jenem Teil der Welt, in dem Freddy wohnt, ausgesprochene Saisonprodukte sind. Um seinen Lebensunterhalt zu verdienen, verkauft Freddy Regenschirme, was in Abhängigkeit vom Wetter zu stark schwankendem Einkommen führt. Das macht Freddy jedoch nichts aus; er denkt niemals an morgen und gibt daher jede Woche sein ganzes Einkommen aus. Während einer bestimmten Woche konsumiert Freddy je 15 Pfund Spargel und Tomaten, wobei beide jeweils € 1 pro Pfund kosten. Zeichne seine Budgetgerade in die untenstehende Grafik. Beschrifte Freddys Konsumbündel mit dem Buchstaben *A*.

a) Wie hoch ist Freddys Einkommen? ____________________________.

b) In der folgenden Woche steigt der Tomatenpreis auf € 2, der Spargelpreis bleibt unverändert € 1 je Pfund. Zufällig hat sich Freddys Einkommen so verändert, dass er sich gerade sein altes Konsumbündel von (15, 15) zu den neuen Preisen leisten kann. Zeichne seine neue Budgetgerade in die folgende Grafik rot ein. Geht die neue Budgetgerade durch den Punkt A? _________. Wie groß ist die Steigung dieser Geraden? _________.

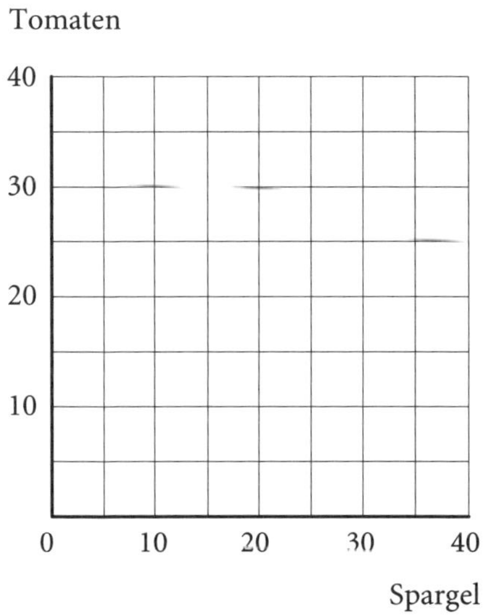

c) Wie viel Spargel kann er sich nun kaufen, wenn er sein gesamtes Einkommen dafür ausgibt? ______________________________.

d) Wie hoch ist Freddys Einkommen jetzt? ______________________________.

e) Schraffiere mit einem Bleistift jene Güterbündel auf Freddys neuer roten Budgetgeraden, die er mit diesem Budget sicherlich *nicht* kaufen wird. Ist es möglich, dass er seinen Tomatenkonsum erhöht, wenn sich sein Budget von der blauen zur roten Geraden ändert?

______________________________.

7.3 ☐ Pierre konsumiert Brot und Wein. Der Brotpreis beträgt für Pierre 4 Francs je Baguette, der Weinpreis 4 Francs je Glas. Pierres tägliches Einkommen beträgt 40 Francs. Er konsumiert pro Tag 6 Glas Wein und 4 Baguettes.

Hans konsumiert ebenfalls Brot und Wein. Für Hans kostet das Brot 1/2 Euro je Laib und für Wein zahlt er € 2 pro Glas. Hans verdient pro Tag € 15.

a) Kann man sagen, wer von den beiden besser gestellt ist, wenn beide dieselben Präferenzen haben? Erläutere: ____________________

____________________.

b) Angenommen die Preise und die Einkommen sind für Pierre und Hans unverändert und Pierres Nachfrage ist ebenfalls unverändert wie oben. Weiters sei angenommen, dass Hans sein gesamtes Einkommen ausgibt. Gib für Hans ein Beispiel eines Konsumbündels von Wein und Brot, sodass wir wüssten (würde Hans dieses Bündel kaufen), dass die Präferenzen von Hans nicht dieselben sind wie jene von Pierre:____________________

____________________.

7.4 □ Wir haben hier eine Tabelle von Preisen und Nachfragemengen für einen Konsumenten namens Ronald, dessen Verhalten in 5 unterschiedlichen Preis-Einkommens-Situationen beobachtet wurde.

a) Skizziere jede seiner Budgetgeraden und bezeichne auf jeder den gewählten Punkt mit den Buchstaben A, B, C, D und E.

Situation	p_1	p_2	x_1	x_2
A	1	1	5	35
B	1	2	35	10
C	1	1	10	15
D	3	1	5	15
E	1	2	10	10

b) Entspricht Ronalds Verhalten dem Schwachen Axiom der bekundeten Präferenzen? ____

____________________.

c) Schraffiere ganz leicht in rot alle jene Punkte, die für Ronald ganz sicher schlechter sind als das Bündel C.

d) Angenommen wir wissen, dass Ronald konvexe und monotone Präferenzen hat und dass er sich entsprechend dem Starken Axiom der bekundeten Präferenzen verhält. Schraffiere leicht mit blauer Farbe alle jene Punkte, die für ihn ganz sicher *mindestens so gut sind wie* das Bündel C.

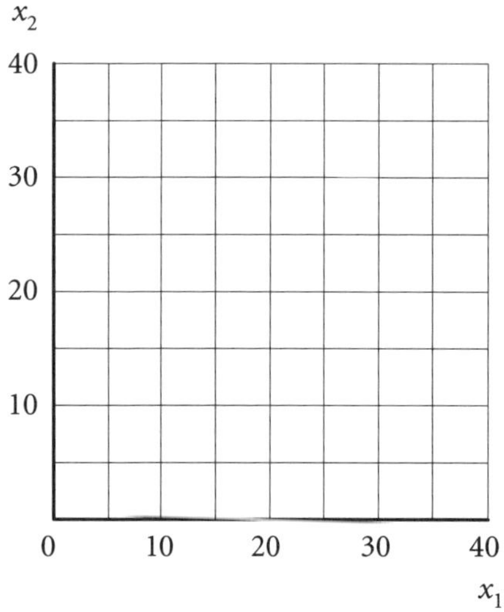

7.5 ☐ Horst und Nigel leben in verschiedenen Ländern. Möglicherweise haben sie unterschiedliche Präferenzen, sicherlich sehen sie sich verschiedenen Preisen gegenüber. Beide konsumieren nur zwei Güter, x und y. Horst muss 14 Euro je Einheit von x und 5 Euro je Einheit von y zahlen. Horst gibt sein ganzes Einkommen von 167 Euro für 8 Einheiten von x und 11 Einheiten von y aus. Gut x kostet Nigel 9 Pfund Sterling pro Einheit und Gut y kostet ihn 7 Pfund Sterling pro Einheit. Nigel kauft 10 Einheiten von x und 9 Einheiten von y.

a) Welche Preise und welches Einkommen würde Horst bevorzugen, Nigels Einkommen und Preise oder seine eigenen, oder reicht die Information zur Beantwortung der Frage nicht aus? Erkläre Deine Antwort: ______________________________

____.

b) Würde Nigel lieber Horsts Einkommen und Preise haben oder seine eigenen, oder reicht die Information zur Beantwortung der Frage nicht aus? ______________________

____.

7.6 ☐ Und nun haben wir eine Tabelle, die einige beobachtete Preise und gewählte Gütermengen für drei verschiedene Güter zu drei verschiedenen Preisen in drei unterschiedlichen Situationen enthält.

Situation	p_1	p_2	p_3	x_1	x_2	x_3
A	1	2	8	2	1	3
B	4	1	8	3	4	2
C	3	1	2	2	6	2

a) Wir füllen die untenstehende Tabelle wie folgt aus: Die Indizes i und j stehen für die Buchstaben A, B und C in Zeile i und Spalte j der Matrix; trage jeweils die Kosten des Bündels in der Situation j zu den Preisen der Situation i in die entsprechende Zelle der Matrix ein. Wir geben zum Beispiel in Zeile A und Spalte A die Kosten des Bündels in der Situation A zu Preisen der Situation A. Aus obiger Tabelle ersehen wir, dass in Situation A der Konsument das Bündel (2, 1, 3) zu Preisen (1, 2, 8) gekauft hat. Die Gesamtkosten dieses Bündels A zu Preisen von A sind daher $(1 \cdot 2) + (2 \cdot 1) + (8 \cdot 3) = 28$; wir setzen daher 28 in Zeile A, Spalte A ein. In der Situation B kaufte der Konsument das Bündel (3, 4, 2). Die Kosten des B-Bündels bewertet zu Preisen der Situation A betragen $(1 \cdot 3) + (2 \cdot 4) + (8 \cdot 2) = 27$; in Zeile A, Spalte B kommt daher 27. Wir haben noch ein paar Zellen ausgefüllt, den Rest überlassen wir Ihnen.

Preise/Mengen	A	B	C
A	28	27	
B			30
C	13		

b) Jetzt ist in der nächsten Tabelle in Zeile i und Spalte j jeweils ein D einzutragen, wenn das Bündel der Situation i gegenüber dem Bündel der Situation j direkt bevorzugt bekundet wird. Wir sehen zum Beispiel, dass die Ausgaben des Konsumenten in Situation A € 28 sind. Zu Preisen dieser Situation A könnte er sich auch das Bündel der Situation B leisten, das € 27 kostete. Daher ist das Situation-A-Bündel gegenüber dem Situation-B-Bündel als direkt bevorzugt bekundet; wir schreiben daher ein D in Zeile A, Spalte B. Betrachten wir nun Zeile B, Spalte A. Die Kosten des B-Bündels zu Preisen der Situation B sind 32. Die Kosten des A-Bündels zu Preisen der Situation B sind 33. In Situation B kann sich daher der Konsument das Situation-A-Bündel nicht leisten. Die Situation B ist somit gegenüber der Situation A *nicht* als direkt bevorzugt bekundet. Daher machen wir in Zeile B, Spalte A keine Eintragung. Im Allgemeinen wird es in Reihe i, Spalte j dann ein D geben, wenn die Eintragung in Zelle ij der Tabelle des Abschnitts a) kleiner als oder gleich ist wie die Eintragung in Zelle ii. Eine Verletzung des Schwachen Axioms (= WARP) liegt dann vor, wenn für beliebige i und j sowohl in Zelle ij ein D steht und gleichzeitig Zelle ji ein D enthält. Verletzen die vorliegenden Beobachtungen das Schwache Axiom der bekundeten Präferenzen? ________________________.

Situation	A	B	C
A	---		
B		---	D
C			---

c) Schreibe nun ein *I* in jede Zeile *i*, Spalte *j*, wenn eine Beobachtung *i* gegenüber *j* als *indirekt* bevorzugt bekundet wird. Verletzen unsere Beobachtung das Starke Axiom der bekundeten Präferenzen? ______________________________.

7.7 ☐ Es ist Jänner und Stanislaus Student, den wir bereits aus dem 5. Kapitel kennen, sitzt frierend in seinem Zimmer, als das Telefon läutet. Es ist Mandy Manana, eine Studentin, deren Hausaufgaben aus Preistheorie er im letzten Semester korrigierte. Mandy lädt Stanislaus ein, den Monat Februar in ihrer Wohnung zu verbringen. Sie selbst ist von Volkswirtschaftslehre auf Politikwissenschaft umgestiegen und wird im Februar in Aspen, Colorado, Urlaub machen; ihre Wohnung wird daher in diesem Monat – leider! – leer stehen. Stanislaus müsste nur die allgemeinen Betriebskosten von \$ 40 und die Heizkosten zahlen. Da die Wärmedämmung ihrer Wohnung viel besser ist als jene von Stanislaus, kostet es nur \$ 1 pro Monat, die Temperatur um 1 Grad zu erhöhen. Stanislaus dankt ihr und meint, er werde ihr morgen Bescheid geben. Dann setzt er seine Ohrenschützer wieder auf und überlegt. Wenn er Mandys Angebot annimmt, muss er weiterhin die Miete für seine derzeitige Wohnung zahlen, aber er muss sie nicht heizen. Wenn er für einen Monat übersiedelt, wären die Heizkosten zwar niedriger, aber er hätte Betriebskosten von \$ 40 zu zahlen. Die durchschnittliche Außentemperatur beträgt im Februar 20 Grad Fahrenheit, und es kostet ihn \$ 2 pro Monat, seine Wohnung um 1 Grad zu erwärmen. Stanislaus korrigiert noch immer Hausarbeiten und kann – nach Zahlung seiner Miete – \$ 100 für Nahrungsmittel und Betriebs- bzw. Heizkosten ausgeben. Nahrungsmittel kosten weiterhin \$ 1 je Einheit.

a) Zeichne in die nachfolgende Grafik je eine Budgetgerade Stanislaus' für den Monat Februar, wenn er in Mandys Wohnung übersiedelt oder wenn er in seiner Wohnung bleibt.

b) Nachdem er selbst diese Geraden gezeichnet hat, stellt Stanislaus fest, dass er besser dran ist, nicht zu übersiedeln. Unter Benutzung des Konzepts der bekundeten Präferenzen, können wir daraus feststellen, dass Stanislaus beabsichtigt, die Temperatur seiner Wohnung niedriger als ____________________ zu halten.

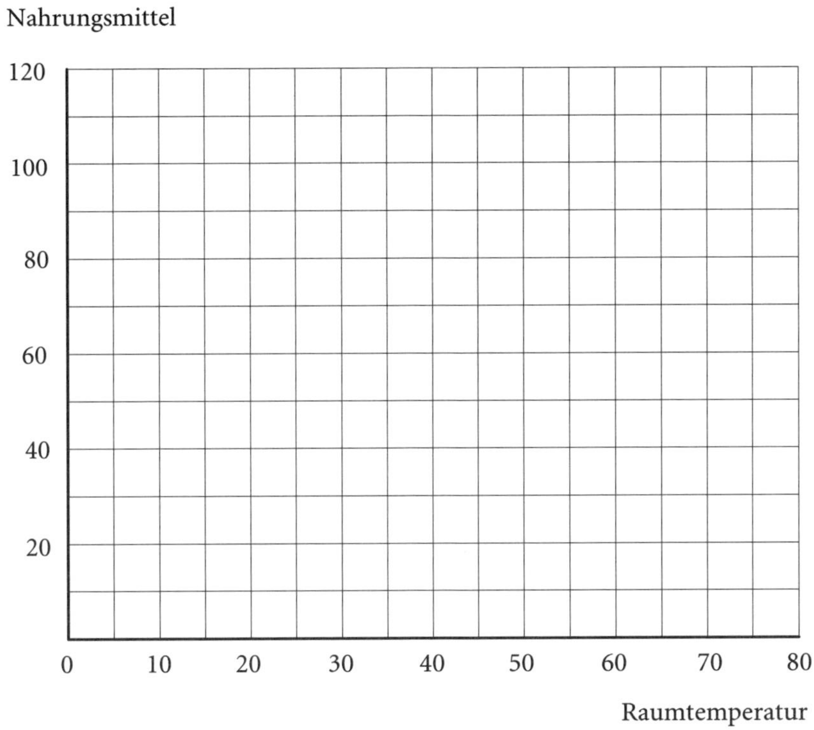

c) Stanislaus ruft Mandy an und informiert sie über seine Entscheidung. Mandy bietet ihm an, die Hälfte der Betriebskosten ihrer Wohnung zu zahlen. Zeichne Stanislaus' Budgetgerade für den Fall, dass er Mandys neues Angebot annimmt. Tatsächlich akzeptiert Stanislaus nunmehr Mandys Angebot. Daraus können wir herleiten, dass er beabsichtigt, die

Temperatur in Mandys Wohnung höher als ____________________ zu halten.

7.8 ☐ Lord Peter Pommy ist ein hervorragender Kriminologe, der auch mit den neuesten Techniken kriminalistisch bekundeter Präferenzen vertraut ist. Lord Peter untersucht das Verschwinden von Sir Zedrik Zwicker, der seine alternde Mutter an einer Straßenecke in Liverpool stehen ließ und seither nicht mehr gesehen ward. Lord Peter hat erfahren, dass Sir Zedrik England verlassen hat und unter einem falschen Namen irgendwo im ehemaligen Königreich lebt. Es gibt drei Verdächtige: R. Preston McAfee in Brass Monkey, Ontario, Canada, Richard Manning in North Shag, Neuseeland, und Richard Stevenson in Gooey Shoes auf den Falkland Inseln. Lord Peter gelangte in den Besitz von Sir Zedriks Tagebuch, in welchem dessen Konsumgewohnheiten in allen Details aufgezeichnet sind. Durch sorgfältige Beobachtung hat er auch die Konsumgewohnheiten von McAfee, Manning und Stevenson in Erfahrung gebracht. Alle drei geben, ähnlich wie Sir Zedrik, ihre jeweiligen Einkommen zur Gänze für Bier und Würstel aus. Lord Peters Aufzeichnungen zeigen Folgendes:

- **Sir Zedrik Zwicker** – Im Jahr vor seiner Abreise konsumierte Sir Zedrik pro Woche 10 Kilogramm Würstel und 20 Liter Bier. Zu dieser Zeit kostete Bier 1 britisches Pfund je Liter, Würstel kosteten 1 britisches Pfund je Kilogramm.

- **R. Preston McAfee** – McAfee konsumiert üblicherweise 5 Liter Bier und 20 Kilogramm Würstel. In Brass Monkey, Ontario, kostet Bier je Liter 1 kanadischen Dollar und Würstel kosten 2 kanadische Dollar das Kilogramm.
- **Richard Manning** – Manning konsumiert 5 Kilogramm Würstel und 10 Liter Bier pro Woche. In North Shag kostet der Liter Bier 2 neuseeländische Dollar, Würstel kosten pro Kilogramm 2 neuseeländische Dollar.
- **Richard Stevenson** – Stevenson konsumiert 5 Kilogramm Würstel und 30 Liter Bier pro Woche. In Gooey Shoes kostet ein Liter Bier 10 falkländische Pfund und Würstel kosten je Kilogramm 20 falkländische Pfund.

a) Zeichne für jeden der drei Flüchtigen eine Budgetgerade, jeweils mit anderer Farbe. Bezeichne für jeden sein gewähltes Konsumbündel. Weiters zeichne in die Grafik Sir Zedriks Budgetgerade und sein gewähltes Bündel ein.

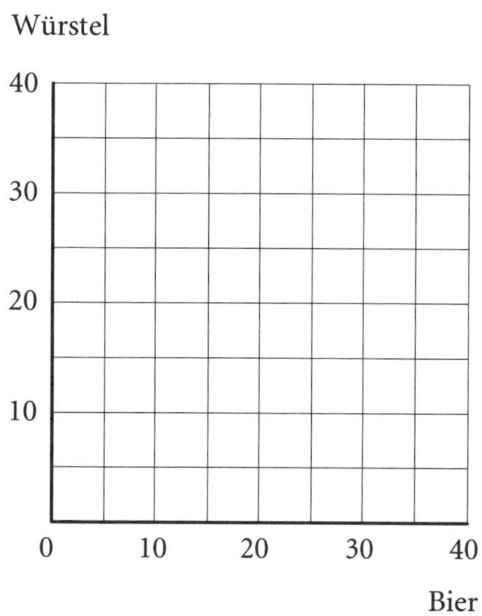

b) Nach kurzem Studium der Aufzeichnungen verkündet Lord Peter: „Wenn Sir Zedrik seine Konsumgewohnheiten nicht geändert hat, dann kann ich einen der Verdächtigen ausscheiden. Bekundete Präferenzen lassen mich erkennen, dass einer der Verdächtigen unschuldig ist.“ Welcher? ____________________.

c) Nach etwas längerem Nachdenken eröffnet uns Lord Peter: „Wenn Sir Zedrik England freiwillig verlassen hat, dann sollte er jetzt besser gestellt sein als früher. Wenn er also freiwillig weggegangen ist und seine Präferenzen nicht verändert hat, dann muss er in ____________________ wohnen.“

7.9 ⊡ Die Familie McCawber kommt mit ihrem Einkommen nur so recht und schlecht aus. Sie geben pro Woche € 100 für Nahrungsmittel und € 50 für sonstige Güter aus. Nun wird ein neues Wohlfahrtsprogramm eingeführt, das ihnen folgende Wahlmöglichkeit bietet: Sie können entweder eine wöchentliche Pauschalunterstützung von € 50 erhalten, die sie dann nach eigenem Gutdünken ausgeben können, oder sie können eine beliebige Anzahl von Nahrungsmittelmarken im Wert von je € 2 um € 1 je Coupon kaufen. (Diese Marken dürfen sie natürlich nicht wiederverkaufen!) Nahrungsmittel sind für die McCawbers normale Güter. Als Freund der Familie werden Sie gefragt, ihnen bei der Entscheidung behilflich zu sein. Unter Heranziehung Ihrer wachsenden Kenntnisse der Ökonomie gehen Sie folgendermaßen vor:

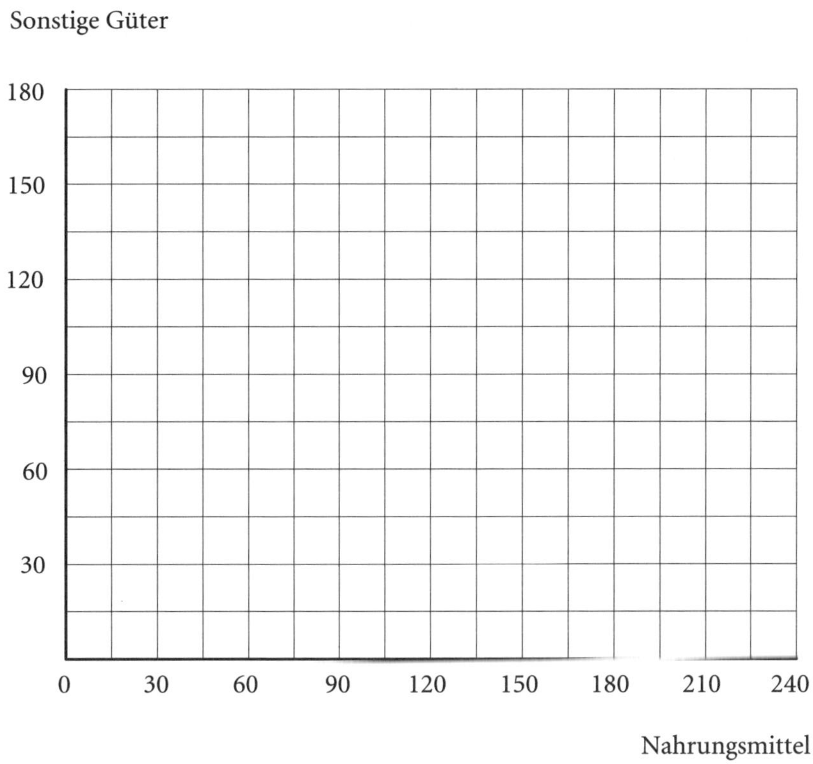

a) Sie zeichnen in die oben stehende Grafik die alte Budgetgerade rot ein und kennzeichnen das derzeit gewählte Bündel mit C. Sie verwenden nun schwarze Farbe, um jene Budgetgerade einzuzeichnen, die sie mit der wöchentlichen Pauschalunterstützung hätten. Wie viel Nahrungsmittel könnten die McCawbers kaufen, wenn sie ihr gesamtes Geld für Nahrungsmittelmarken ausgäben? _______________. Wie viel könnten sie für sonstige Güter ausgeben, wenn sie keine Nahrungsmittel kauften? ________________. Zeichne die Markenvariante mit blauer Farbe ein.

b) Sie wissen, was die McCawbers bisher kauften, und auch, dass Nahrungsmittel für die McCawbers ein normales Gut sind; verstärken Sie jenen Teil der schwarzen Budgetgeraden, auf dem ein Konsumbündel möglicherweise liegen könnte, wenn sich die Familie

McCawber für die Option der Pauschalunterstützung entschiede. Bezeichnen Sie die beiden Enden dieses Geradenabschnitts mit A und B.

c) Nach eingehender Analyse der Grafik berichten Sie den McCawbers: „Ich habe ausreichende Information, um Euch zu raten, wie ihr Euch entscheiden sollt. Ihr solltet die Variante ______________________________ wählen, weil ______________________________."

d) Herr McCawber dankt Ihnen für ihre Hilfe und fragt dann noch: „Hätten Sie mir auch dann sagen können, was wir machen sollten, wenn Sie nicht gewusst hätten, dass Nahrungsmittel für uns ein normales Gut sind?" Zeichnen Sie in eine zweite Grafik dieselben Budgetgeraden wie in die erste; nun skizzieren Sie jedoch Indifferenzkurven für den Fall, dass Nahrungsmittel kein normales Gut sind, und zwar so, dass die McCawbers mit dem Programm, das Sie ihnen *nicht* empfohlen haben, besser gestellt wären.

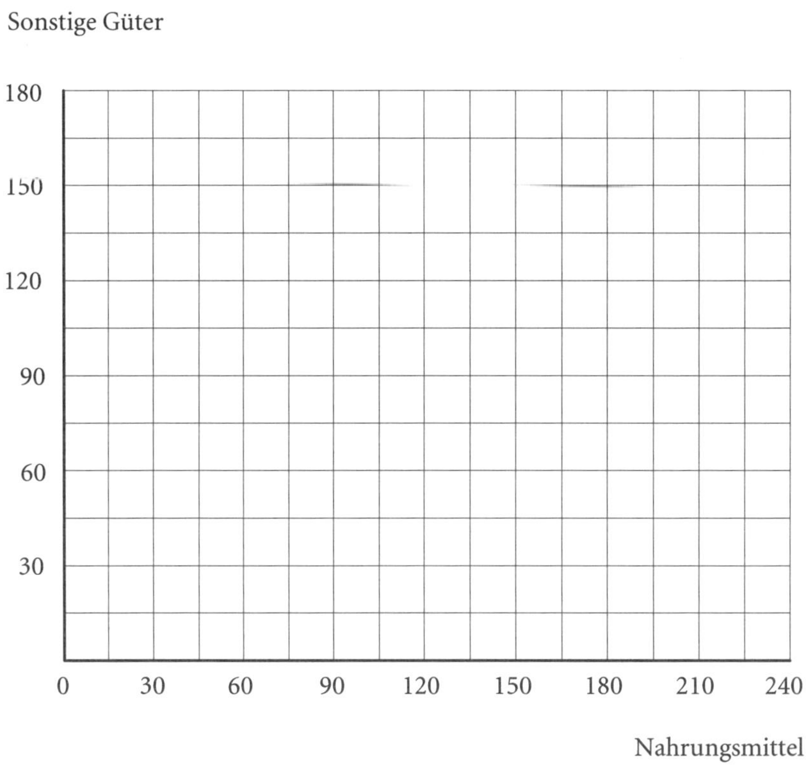

7.10 ☐ Im Jahre 1933 erstellte eine Gruppe um den schwedischen Ökonomen Gunnar Myrdal (der später Nobelpreisträger für Ökonomie wurde) fantastisch detaillierte historische Reihen für Preise und Preisindizes in Schweden für den Zeitraum 1830 bis 1930. Sie wurden in einem Buch mit dem Titel *Die Lebenshaltungskosten in Schweden* veröffentlicht. In diesem Buch findet man über den Zeitraum von 100 Jahren die Preise für solche Güter wie zum Beispiel

Hafergrütze, Roggenbrot, gesalzene Heringe, Rindfleisch, Elchfleisch, Birkenholz, Talgkerzen, Eier, Zucker und Kaffee. Dazu gibt es Schätzungen über die von einer durchschnittlichen Arbeiterfamilie in den Jahren 1850 und 1890 verbrauchten Mengen der einzelnen Güter.

Die folgende Tabelle enthält die Preise von 1830, 1850, 1890 und 1913 für Mehl, Fleisch, Milch und Kartoffel. Während dieses Zeitraums machten diese vier Grundnahrungsmittel etwa 2/3 des schwedischen Nahrungsmittelbudgets aus.

Preise von Grundnahrungsmitteln in Schweden
Preise in Schwedenkronen pro Kilogramm bzw. pro Liter (für Milch)

	1830	1850	1890	1913
Mehl	0,14	0,14	0,16	0,19
Fleisch	0,28	0,34	0,66	0,85
Milch	0,07	0,08	0,10	0,13
Kartoffel	0,032	0,044	0,051	0,064

Ebenfalls aus den in Myrdals Buch enthaltenen Tabellen sehen typische Konsumbündel für eine schwedische Arbeiterfamilie in den Jahren 1850 und 1890 folgendermaßen aus. (Wir möchten den Leser warnen, dass wir zur Erstellung dieser einfachen Tabellen aus den wesentlich detaillierteren Angaben der ursprünglichen Studie gerundet und vereinfacht haben.)

Von einer typischen schwedischen Familie verbrauchte Mengen
Mengen in Kilogramm pro Jahr, außer Milch (Liter pro Jahr)

	1850	1890
Mehl	165	220
Fleisch	22	42
Milch	120	180
Kartoffel	200	200

a) Vervollständige die untenstehende Tabelle, welche die jährlichen Kosten der Grundnahrungsmittel der Jahre 1850 und 1890 zu Preisen verschiedener Jahre enthält.

Kosten der Konsumbündel der Jahre 1850 und 1890 zu Preisen verschiedener Jahre

Kosten	1850er Konsumbündel	1890er Konsumbündel
Kosten zu Preisen von 1830	44,1	61,6
Kosten zu Preisen von 1850		
Kosten zu Preisen von 1890		
Kosten zu Preisen von 1913	78,5	113,7

b) Ist das 1890er Bündel gegenüber dem 1850er Bündel als bevorzugt bekundet? ______.

c) Der Laspeyres Mengenindex für das Jahr 1890 bezogen auf das Basisjahr 1850 ist das Verhältnis der Kosten des 1890er Bündels zu Preisen von 1850 zu den Kosten des 1850er Bündels zu Preisen von 1850. Berechne den Laspeyres Mengenindex für Grundnahrungsmittel für das Jahr 1890 zur Basis 1850: ______.

d) Der Paasche Mengenindex für das Jahr 1890 zur Basis 1850 ist das Verhältnis der Kosten des 1890er Bündels zu Preisen von 1890 zu den Kosten des 1850er Bündels zu Preisen des Jahres 1890. Berechne den Paasche Mengenindex für 1890 zur Basis von 1850: ______.

e) Der Laspeyres Preisindex für das Jahr 1890 zum Basisjahr 1850 wird mit dcn Mengen des Jahres 1850 als Gewichten berechnet. Berechnen Sie für diese Grundnahrungsmittel den Laspeyres Preisindex für das Jahr 1890 mit 1850 als Basisjahr: ______.

f) Wenn ein Schwede im Jahre 1850 reich genug gewesen wäre, sich in diesem Jahr das Bündel an Grundnahrungsmitteln des Jahres 1890 zu kaufen, hätte er im Vergleich zum typischen schwedischen Arbeiter des Jahres 1850 das ______ -fache für diese Nahrungsmittel ausgeben müssen.

g) Wenn sich ein Schwede im Jahre 1890 entscheidet, das selbe Bündel an Grundnahrungsmitteln zu kaufen, das ein typischer Arbeiter im Jahre 1850 konsumierte, dann würde er einen Anteil von ______ jenes Betrages ausgeben müssen, den der typische schwedische Arbeiter im Jahre 1890 für diese Güter ausgibt.

7.11 □ Diese Aufgabe bezieht sich auf die Tabellen der vorigen Frage. Versuchen wir einmal herauszufinden, wie hoch die Kosten des Bündels, das eine durchschnittliche schwedische Familie im Jahre 1890 konsumierte, für eine amerikanische Familie zu heutigen Preisen wären. In den USA kosten heute (ungefähr): Mehl \$ 0,40 je Kilogramm, Fleisch je Kilogramm \$ 3,75, Milch \$ 0,50 pro Liter, Kartoffel \$ 1 je Kilogramm. Wir können daher über Zeit und Länder einen Laspeyres Preisindex berechnen und ihn dann dazu verwenden, um den Wert eines derzeitigen U.S.-Dollars relativ zum Wert einer Schwedenkrone des Jahres 1850 zu schätzen.

a) Wie viel würde einen Amerikaner das Bündel an Grundnahrungsmitteln, das eine typische schwedische Arbeiterfamilie im Jahre 1850 kaufte, zu heutigen Preisen kosten? ______.

b) Myrdal schätzte, dass im Jahre 1850 ungefähr 2/3 des Budgets der Durchschnittsfamilie für Nahrungsmittel ausgegeben wurden. Die im vorigen Punkt behandelten vier Grundnahrungsmittel stellen andererseits ungefähr 2/3 des gesamten Nahrungsmittelbudgets einer durchschnittlichen Familie dar. Wie viel würde es eine amerikanische Familie zu laufenden Preisen kosten, dasselbe gesamte Konsumbündel einer schwedischen Arbeiterfamilie zu konsumieren, wenn in den USA die Preise anderer Güter zu den Preisen der Grundnahrungsmittel in einem ähnlichen Verhältnis stehen wie im Schweden des Jahres 1850?

____.

c) Berechne einen Laspeyres Preisindex mit Hilfe des schwedischen Bündels an Grundnahrungsmitteln des Jahres 1850 als Gewichte, um die Preise in laufenden US-Dollars mit den Preisen von Schwedenkronen des Jahres 1850 zu vergleichen: ____________.
Wenn wir dieses Ergebnis zur Schätzung des Wertes eines US-Dollars relativ zur Schwedenkrone des Jahres 1850 verwenden, würden wir sagen, dass ein US-Dollar heute rund ____________ schwedische Kronen des Jahres 1850 wert ist.

7.12 □ Angenommen zwischen 1985 und 2010 verdoppelten sich alle Preise, das Einkommen jedes Konsumenten verdreifachte sich.

a) Würde ein Laspeyres Preisindex für das Jahr 2010 zur Basis von 1985 kleiner als 2, größer als 2 oder genau gleich 2 sein? ______________________. Und der entsprechende Paasche Index? ______________________.

b) Würde der Bananenverbrauch steigen, wenn Bananen ein normales Gut sind? ______.
Wenn alle Konsumenten homothetische Präferenzen hätten, kann man dann den Prozentsatz bestimmen, um den der Bananenverbrauch steigen müsste? Erkläre:

____

____

____.

7.13 ▣ Norm und Sheila konsumieren nur Fleischpasteten und Bier. Fleischpasteten kosteten üblicherweise € 2 je Stück, Bier € 1 die Dose. Sie hatten ein Bruttoeinkommen von € 60 je Woche, auf das sie Einkommensteuer in Höhe von € 10 zahlen mussten. Zeichne ihre ursprüngliche Budgetgerade für Fleischpasteten und Bier rot ein.

a) Sie kauften in der Regel 30 Dosen Bier pro Woche, den Rest ihres Einkommens gaben sie für Fleischpasteten aus. Wie viele Fleischpasteten kauften sie? ____________.

b) Die Regierung entschied, die Einkommensteuer abzuschaffen und dafür eine Umsatzsteuer von € 1 je Dose Bier einzuheben, wodurch sich der Preis für eine Dose auf € 2 erhöhte. Angenommen Norm und Sheilas Einkommen vor der Besteuerung und der Pastetenpreis bleiben unverändert; zeichne ihre neue Budgetgerade blau ein.

c) Die Umsatzsteuer auf Bier veranlasste Norm und Sheila, ihren Bierkonsum auf 20 Dosen pro Woche zu reduzieren. Wie entwickelt sich ihr Verbrauch an Fleischpasteten?

______________________________. Wie hoch ist nun das Steueraufkommen

von Norm und Sheila? ____.

d) Dieser Teil der Fragestellung verlangt sorgfältige Überlegung. Nehmen wir an, die Regierung entscheidet, anstatt nur Bier nunmehr *sowohl* Bier *als auch* Fleischpasteten mit *demselben* Prozentsatz zu besteuern. Weiters sei angenommen, dass der Bier- und der Pastetenpreis um jeweils den vollen Betrag der Steuer steigen. Der neue Steuersatz wird gerade so hoch festgesetzt, dass dieselben Steuereinnahmen erzielt werden wie bei der

Besteuerung von Bier allein. Bei dieser neuen Steuer werden € __________ für jede

verkaufte Dose Bier und € __________ für jede verkaufte Fleischpastete eingehoben. (Hinweis: Wenn beide Güter mit demselben Prozentsatz besteuert werden, hat das dieselbe Wirkung wie eine Einkommensteuer.) Wie hoch müsste die Einkommensteuer sein, um dieselben Steuereinnahmen zu erzielen wie bei einer Umsatzsteuer von € 1 pro Dose

Bier? _______________. Nun kann man auch herausfinden, wie hoch eine Steuer auf beide Güter sein müsste, die der soeben gefundenen Einkommensteuer entsprechen

würde: ____.

e) Zeichne in schwarz die Budgetgerade für Norm und Sheila, die der Steuer des unmittelbar vorangehenden Abschnitts entspricht. Sind Norm und Sheila besser gestellt, wenn nur Bier besteuert wird oder wenn sowohl Bier als auch Fleischpasteten besteuert werden, vorausgesetzt beide Steuern führen zum selben Steueraufkommen? __________

______________________________. (Hinweis: Versuche, das Prinzip der bekundeten Präferenzen zu verwenden.)

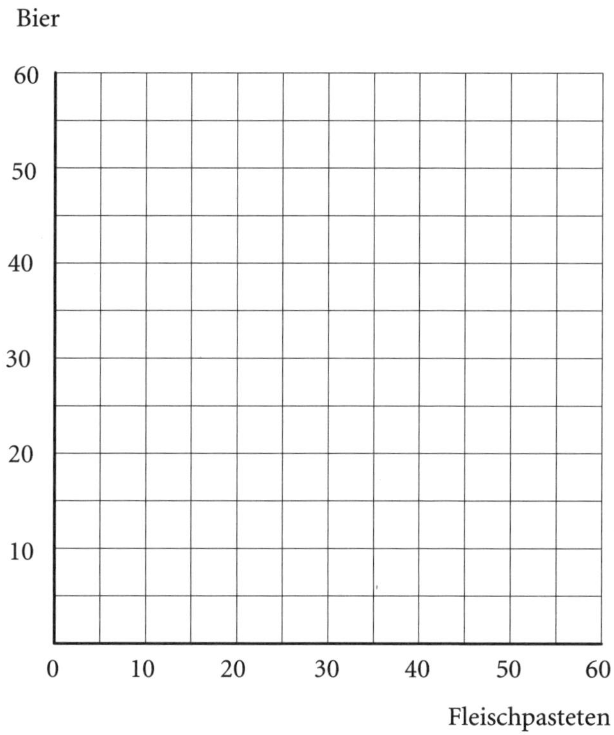
Bier
60
50
40
30
20
10
0
10
20
30
40
50
60
Fleischpasteten

8 Die Slutsky Gleichung

Einleitung

Man stellt sich die Wirkung einer Preisänderung am besten in zwei Teileffekten vor, nämlich einen Substitutionseffekt und einen Einkommenseffekt. Der **Substitutionseffekt** einer Preisänderung ist jene Änderung, die sich ergeben hätte, *wenn* sich gleichzeitig das Einkommen in dem Ausmaß geändert hätte, sodass sich die Konsumentin genau ihr altes Konsumbündel leisten könnte. Die restliche Nachfrageänderung einer Konsumentin wird **Einkommenseffekt** genannt. Warum zerbrechen wir uns eigentlich den Kopf über die Zerlegung einer realen Änderung in zwei hypothetische Komponenten? Ganz einfach: Nach der Zerlegung wissen wir mehr über die Teile und den gesamten Effekt, was wir ohne die Aufspaltung nicht wissen würden. Insbesondere wissen wir, dass bei einer Preissteigerung der Substitutionseffekt immer die Nachfrage nach diesem Gut reduzieren *muss*. Weiters wissen wir, dass der Einkommenseffekt der Preissteigerung eines Gutes der Wirkung eines *Einkommensverlustes* entspricht. Wenn daher der Preis eines normalen Gutes steigt, dann wirken sowohl der Einkommens- als auch der Substitutionseffekt in Richtung eines Nachfragerückgangs. Wenn es sich jedoch um ein inferiores Gut handelt, dann wirken Einkommens- und Substitutionseffekt in entgegen gesetzte Richtungen.

Beispiel

Ein Konsument hat die Nutzenfunktion $U(x_1, x_2) = x_1 x_2$ und ein Einkommen von € 24. Ursprünglich ist der Preis des Gutes 1 € 1, das Gut 2 kostet € 2. Nun steigt der Preis des Gutes 2 auf € 3, der Preis des Gutes 1 bleibt unverändert € 1. Mittels der Methoden der Kapitel 5 und 6 findet man die Nachfragefunktion dieses Konsumenten nach Gut 1 $D_1(p_1, p_2, m) = m/2p_1$ und seine Nachfragefunktion nach Gut 2 als $D_2(p_1, p_2, m) = m/2p_2$. Er wird daher ursprünglich 12 Einheiten von Gut 1 und 6 Einheiten von Gut 2 nachfragen. Wenn sich nach der Preiserhöhung beim Gut 2 sein Einkommen gerade in jenem Ausmaß änderte, damit er sich sein ursprüngliches Güterbündel kaufen könnte, müsste dieses neue Einkommen $(1 \cdot 12) + (3 \cdot 6) =$ € 30 sein. Bei einem Einkommen von € 30 und zu den neuen Preisen, würde er $D_2(1, 3, 30) = 5$ Einheiten von Gut 2 nachfragen. Vor der Preiserhöhung kaufte er 6 Einheiten des Gutes 2, der Substitutionseffekt der Preiserhöhung für seine Nachfrage nach Gut 2 beträgt $5 - 6 = -1$ Einheit. Das Einkommen unseres Konsumenten änderte sich jedoch in *Wirklichkeit* nicht, es blieb unverändert € 24. Seine tatsächliche Nachfrage nach Gut 2 nach der Preisänderung war $D_2(1, 3, 24) = 4$ Einheiten. Die Differenz zwischen der Menge, die er nach der Preisänderung tatsächlich nachfragte, und jener Menge, die er gekauft hätte, wenn sich sein Einkommen so verändert hätte, dass er sich das alte Bündel gerade hätte leisten können, ist der Einkommenseffekt. In unserem Fall beträgt der Einkommenseffekt 4 – 5 = –1 Einheit des Gutes 2. Beachte, dass in diesem Beispiel sowohl der Einkommens- als auch der Substitutionseffekt eine Verringerung der Nachfrage nach Gut 2 bewirkten.

Nach Vollendung dieser Trainingsaufgaben sollten Sie Folgendes können:

- Sie können Slutsky Einkommens- und Substitutionseffekt einer Preisänderung ermitteln, wenn sie die Nachfragefunktion eines Gutes kennen.
- Sie können Slutsky Einkommens- und Substitutionseffekte einer Preisänderung auf einem Indifferenzkurvendiagramm darstellen.
- Sie können Hicks Einkommens- und Substitutionseffekte einer Preisänderung auf einem Indifferenzkurvendiagramm darstellen.
- Sie können Slutsky Einkommens- und Substitutionseffekte für besondere Nutzenfunktionen, wie vollkommene Substitute oder Komplemente oder Cobb-Douglas Nutzenfunktionen, ermitteln.
- Sie können auf einem Indifferenzkurvendiagramm zeigen, wie der Giffen-Fall entstehen könnte.
- Sie können zeigen, dass der Substitutionseffekt einer Preiserhöhung die Nachfrage nach diesem Gut eindeutig senkt.
- Sie können mit Hilfe von Einkommens- und Substitutionseffekten Schlüsse über das Verhalten ziehen.

? Aufgaben

8.1 ☐ Der sanfte Karli, ein ausgesprochener Vegetarier, konsumiert weiterhin Äpfel und Bananen. Seine Nutzenfunktion lautet $U(x_A, x_B) = x_A x_B$. Äpfel kosten € 1, Bananen € 2, Karlis Einkommen beträgt € 40 pro Tag. Der Bananenpreis fällt plötzlich auf € 1.

a) Vor der Preisänderung konsumierte Karli ________________ Äpfel und ________________ Bananen pro Tag. Zeichne in die folgende Grafik Karlis ursprüngliche Budgetgerade schwarz ein und kennzeichne sein gewähltes Konsumbündel mit *A*.

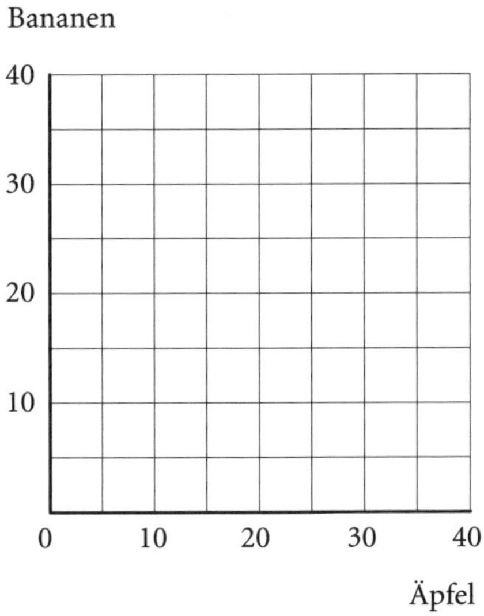

b) Wenn sich nach der Preisänderung Karlis Einkommen so geändert hätte, dass er sich genau sein altes Konsumbündel leisten könnte, dann wäre sein neues Einkommen ______________. Mit diesem neuen Einkommen und den neuen Preisen würde Karli ____________________ Äpfel und ____________________ Bananen konsumieren. Zeichne die Budgetgerade, die diesen Preisen und Einkommen entspricht, in der Grafik rot ein. Bezeichne das Bündel, für das sich Karli mit diesem Einkommen und den neuen Preisen entscheiden würde, mit dem Buchstaben *B*.

c) Kauft Karli aufgrund des Substitutionseffekts der Senkung des Bananenpreises mehr oder weniger Bananen? ____________________________________. Wie viele mehr oder weniger? ____.

d) Nach der Preisänderung kauft Karli tatsächlich ____________________ Äpfel und ____________________ Bananen. Zeichne seine wirkliche Budgetgerade nach der Preisänderung blau ein. Beschrifte das Bündel, das er tatsächlich nach der Preisänderung kauft, mit *C*. Zeichne auf der Grafik drei horizontale Geraden (gestrichelt) ein, eine von *A*, eine von *B* und eine von *C*, jeweils bis zur vertikalen Achse. Bezeichne auf der vertikalen Achse den Einkommenseffekt, den Substitutionseffekt und den Gesamteffekt auf die Bananennachfrage. Ist die blaue Gerade parallel zur roten oder zur schwarzen Geraden, die Du vorher gezeichnet hast? ____________________________________.

e) Der Einkommenseffekt einer Senkung des Bananenpreises auf Karlis Bananennachfrage hat dieselbe Wirkung wie eine (Erhöhung, Senkung) ______________ des Einkommens um ______________ pro Tag. Konsumiert er aufgrund des Einkommenseffekts mehr oder weniger Bananen? ______________. Wie viel mehr oder weniger? ______________.

f) Konsumiert Karli aufgrund des Substitutionseffekts durch das Sinken des Bananenpreises mehr oder weniger *Äpfel*? ______________. Wie groß ist der Gesamteffekt der Änderung des Bananenpreises auf die Apfelnachfrage? ______________.

8.2 □ Nevilles Leidenschaft sind exquisite Weine. Wenn die Preise aller anderen Güter auf den derzeitigen Niveaus konstant gehalten werden, dann lautet seine Nachfragefunktion nach erstklassigem Burgunderwein $q = 0{,}02m - 2p$, wobei m sein Einkommen, p der Preis des Burgunders (in Pfund Sterling) und q die Flaschen Burgunderwein sind, die er nachfragt. Nevilles Einkommen beträgt 7.500 Pfund, der Preis einer Flasche des exquisiten Burgunders ist 30 Pfund.

a) Wie viele Flaschen Burgunder wird Neville kaufen? ______________.

b) Der Preis des Burgunders steigt auf 40 Pfund; wie viel Einkommen würde Neville benötigen, um sich genau dieselbe Menge an Burgunder und an anderen Gütern wie vor der Preisänderung kaufen zu können? ______________ Wie viele Flaschen würde Neville bei diesem Einkommen und einem Burgunderpreis von 40 Pfund kaufen? ______________.

c) Wie viel Burgunder würde er bei seinem ursprünglichen Einkommen von 7.500 und einem Preis von 40 nachfragen? ______________.

d) Durch das Ansteigen des Burgunderpreises von 30 auf 40 sank die Zahl der von Neville nachgefragten Flaschen um ______________. Der Substitutionseffekt (erhöhte, verringerte) ______________ seine Nachfrage um ______ Flaschen, der Einkommenseffekt (erhöhte, verringerte) ______________ seine Nachfrage um ______.

8.3 □ *Beachte: Diese Aufgabe sollte nur nach Lektüre des Abschnitts 8.8 „Ein anderer Substitutionseffekt" bearbeitet werden, in dem der „Hicks-Substitutionseffekt" beschrieben wird.*

Die folgende Grafik enthält die Budgetbeschränkung und zwei Indifferenzkurven für König Zack. Zack befindet sich im Gleichgewicht, sein Einkommen beträgt € 300, er sieht sich den Preisen p_X = € 4 und p_Y = € 10 gegenüber.

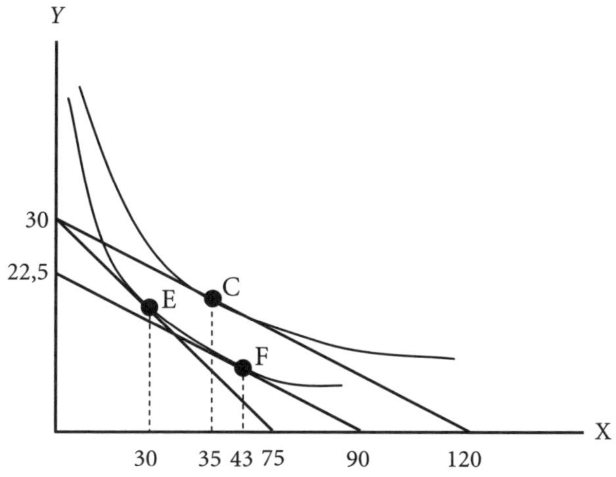

a) Wie viel X konsumiert Zack? ____________________.

b) Wie viel X wird Zack konsumieren, wenn der Preis von X auf € 2,50 fällt, das Einkommen und der Preis von Y hingegen unverändert bleiben? ____________________.

c) Wie viel Einkommen müsste man Zack wegnehmen, um die Hicks'schen Einkommens- und Substitutionseffekte herauszufiltern (das heißt, dass er bei den neuen Preisen gerade seine ursprüngliche Indifferenzkurve erreichen kann)? ____________________.

d) Durch den Gesamteffekt der Preissenkung ändert sich der Konsum vom Punkt _______ zum Punkt _______.

e) Der Einkommenseffekt entspricht der Bewegung vom Punkt _______ zum Punkt ______, der Substitutionseffekt entspricht der Bewegung vom Punkt _________ zum Punkt _______.

f) Ist X ein normales oder ein inferiores Gut? ____________________.

g) Skizziere auf den folgenden Koordinatensystemen eine Engel-Kurve bzw. eine Nachfragekurve für Gut X, welche der Information der obigen Grafik entsprechen. Die Bezeichnung der Achsen auf beiden Grafiken nicht vergessen!

8.4 ☐ Magdalena gibt ihr *gesamtes* Einkommen für Rittersporn und Stockrosen aus. Für sie sind Rittersporn und Stockrosen perfekte Substitute: ein Rittersporn ist genau so gut wie eine Stockrose. Rittersporn kostet € 4 je Einheit, Stockrosen € 5.

a) Wird Magdalena mehr Rittersporn kaufen, wenn dessen Preis auf € 3 je Einheit sinkt? ______. Welcher Teil der Konsumänderung ist auf den Einkommenseffekt, welcher Teil auf den Substitutionseffekt zurückzuführen? ________________________________.

b) Zeichne Magdalenas Budgetgerade in die folgende Grafik blau ein, wenn der Preis für Rittersporn p_r = € 4 und der Preis für Stockrosen p_s = € 5 sind und ihr Einkommen € 120 beträgt. Zeichne die höchste Indifferenzkurve, die sie erreichen kann, mit roter Farbe ein und bezeichne den Punkt, den sie wählt, mit A.

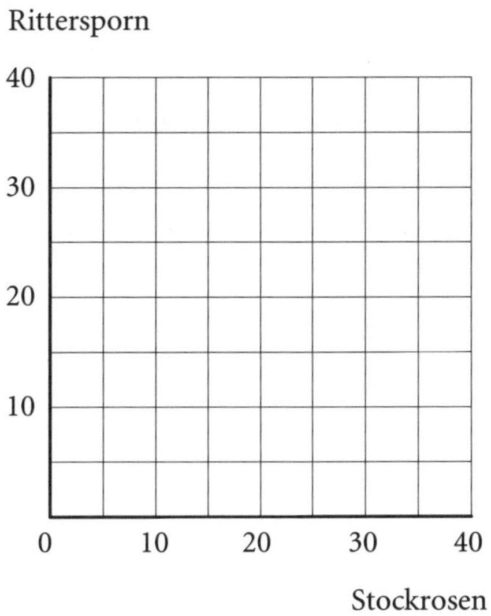

c) Lassen wir nun den Preis der Stockrosen auf € 3 je Einheit fallen – bei unverändertem Preis des Rittersporns. Zeichne ihre neue Budgetgerade schwarz ein. Zeichne die höchste Indifferenzkurve, die sie jetzt erreichen kann, mit roter Farbe ein; bezeichne den Punkt, den sie nun wählt, mit *B*.

d) Wie hoch müsste Magdalenas Einkommen nach der Preissenkung für Stockrosen sein, damit sie sich gerade ihr ursprüngliches Güterbündel *A* leisten könnte? ____________.

e) Der Stockrosenpreis fiel also auf € 3; welcher Teil von Magdalenas Nachfrageänderung ist auf den Substitutionseffekt und welcher Teil auf den Einkommenseffekt zurückzuführen?

____.

8.5 ▣ Angenommen zwei Güter sind perfekte Komplemente. Welcher Teil einer Nachfrageänderung ist dem Substitutionseffekt und welcher Teil dem Einkommenseffekt zuzuschreiben, wenn sich der Preis eines Gutes ändert? ______________________________.

8.6 □ Konrad Kornfelds Nachfragefunktion nach Gut x lautet $x(p_x, p_y, m) = 2m/5p_x$. Sein Einkommen beträgt € 1.000, der Preis von x ist € 5, der Preis von y ist € 20. Wenn der Preis von x auf € 4 fällt, dann wird sich seine Nachfrage nach x von ________ auf ________ ändern.

a) Wie hoch wäre sein neues Einkommen, wenn es sich dermaßen änderte, dass er sich zu den Preisen $p_x = 4$ und $p_y = 20$ genau das alte Güterbündel leisten könnte? ____________. Wie groß wäre seine Nachfrage nach x bei diesem neuen Einkommensniveau und den Preisen $p_x = 4$ und $p_y = 20$? ______________________________.

b) Der Substitutionseffekt ist die Nachfrageänderung von _______ auf _______. Der Einkommenseffekt der Preisänderung ist die Nachfrageänderung von _______ auf _____.

c) Zeichne auf der folgenden Grafik Douglas Kornfelds Budgetgerade vor der Preisänderung mit blauer Farbe. Suche das bei diesen Preisen gewählte Bündel und bezeichne diesen Punkt mit *A*. Zeichne seine Budgetgerade nach der Preisänderung in schwarz. Beschrifte sein Konsumbündel nach der Änderung mit *B*.

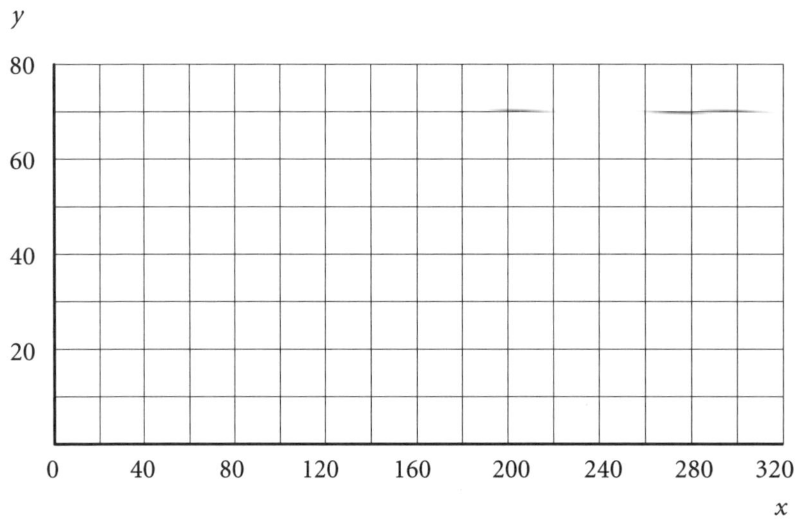

d) Zeichne in obige Grafik in rot so eine Budgetgerade bei den neuen Preisen und einem Einkommen, bei dem sich Konrad gerade sein altes Bündel *A* kaufen kann. Suche das Bündel, das er auf dieser Budgetgeraden wählen würde, und bezeichne es mit *C*.

8.7 ▣ Herr Konsument gestattet sich, pro Monat € 100 für Zigaretten und Eis auszugeben. Herrn Ks Präferenzen für Zigaretten und Eis hängen nicht von der Jahreszeit ab.

a) Im Jänner kostete eine Schachtel Zigaretten € 1, Eis kostete € 2 je Packung. Bei diesen Preisen kaufte Herr K 30 Packungen Eis und 40 Schachteln Zigaretten. Zeichne Herrn Ks Budgetgerade für den Monat Jänner blau ein und beschrifte sein Konsumbündel mit dem Buchstaben *J*.

b) Im Februar will Herr K wiederum € 100 ausgeben und Eis kostete noch immer € 2 pro Packung, der Zigarettenpreis war hingegen auf € 1,25 je Packung gestiegen. Herr K konsumierte 30 Packungen Eis und 32 Schachteln Zigaretten. Zeichne Herrn Ks Budgetgerade für den Monat Februar in rot ein und beschrifte sein Februarbündel mit dem Buchstaben *F*. Aufgrund des Substitutionseffekts dieser Preisänderung würde er (mehr, weniger, dieselbe Menge an) ______________________________ Zigaretten und (mehr, weniger, dieselbe Menge an) ______________________________ Eis kaufen.

Weil das korrekt ist und da seine gesamte Nachfrageänderung nach Eis Null war, muss er aufgrund des Einkommenseffekts dieser Preisänderung auf seine Nachfrage nach Eis (mehr, weniger, dieselbe Menge an) ______________________________ Eis kaufen. Der Einkommenseffekt dieser Preisänderung wirkt wie eine (Erhöhung, Senkung) ____________________ seines Einkommens. Die Information, die wir haben, weist darauf hin, dass Eis ein (normales, inferiores, neutrales) _____________________ Gut ist.

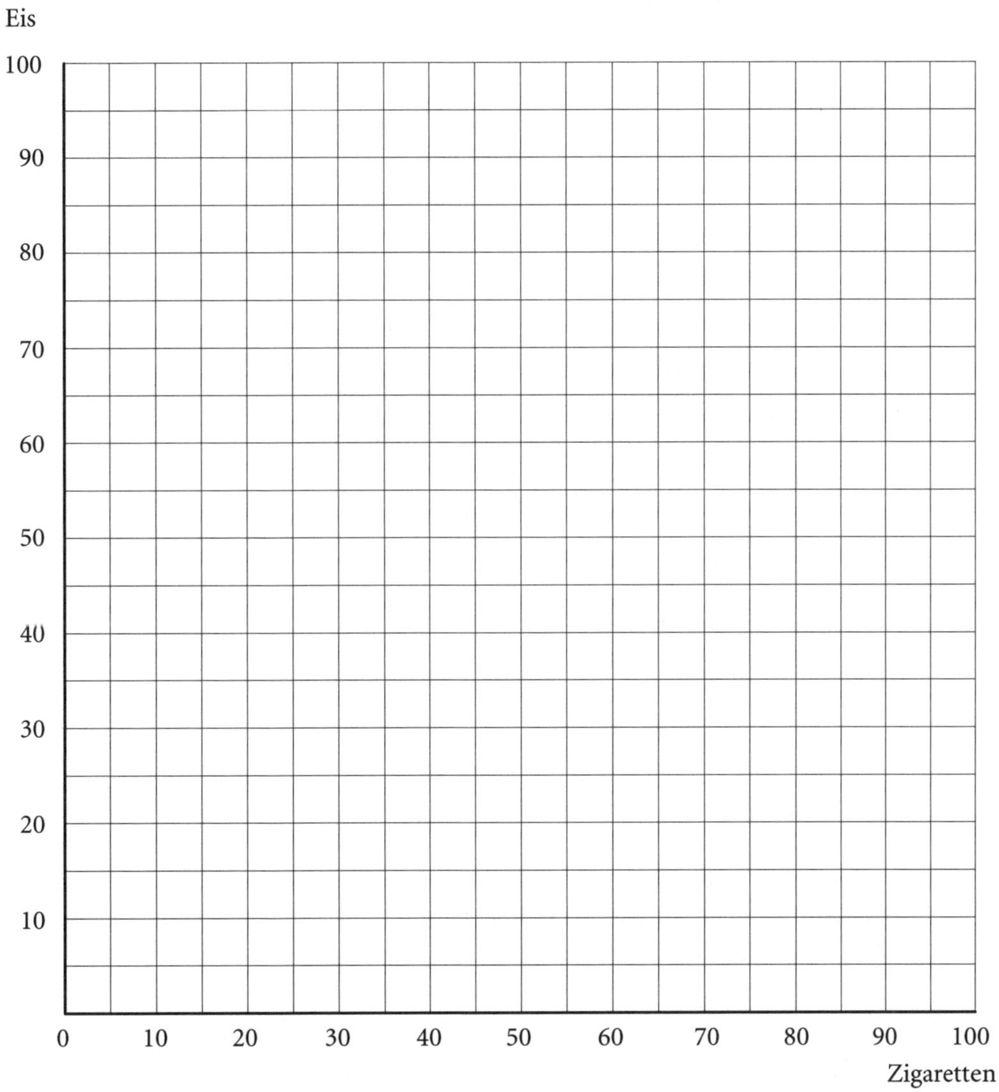

c) Im März kann Herr K wieder € 100 ausgeben. Eis kostete im Sonderangebot € 1 je Packung. Die Zigarettenpreise waren in der Zwischenzeit auf € 1,50 pro Schachtel gestiegen. Zeichne seine März-Budgetgerade schwarz ein. Ist er nun besser oder schlechter gestellt als im Jänner, oder kann man keinen solchen Vergleich anstellen? ____. Wie würde sich die Antwort zu dieser letzten Frage ändern, wenn der Zigarettenpreis auf € 2 je Schachtel gestiegen wäre? ____.

8.8 ▣ Diese Aufgabe setzt die Abenteuer des Herrn Konsument aus dem vorigen Beispiel fort.

a) Im April stieg der Zigarettenpreis auf € 2 pro Schachtel, Eis war noch immer um € 1 je Packung im Sonderangebot zu kriegen. Herr Konsument kaufte 34 Schachteln Zigaretten und 32 Packungen Eis. Zeichne seine April-Budgetgerade mit Bleistift ein und beschrifte sein Aprilbündel mit dem Buchstaben *A*. Ist er im April besser oder schlechter dran als im Jänner? ________________. Ist er im April besser oder schlechter gestellt als im Februar oder kann man darüber keine Aussage treffen? __________________________.

b) Im Mai blieb der Zigarettenpreis unverändert bei € 2, das Sonderangebot an Eis war zu Ende, der Eispreis kehrte wieder zu € 2 zurück. Am Weg ins Geschäft fand Herr K jedoch auf der Straße € 30. Er konnte daher € 130 für Zigaretten und Eis ausgeben. Zeichne seine Mai-Budgetgerade als gestrichelte Linie. Ohne seinen Einkauf zu kennen, kann man bestimmen, dass er besser gestellt ist als in zumindest einem früheren Monat. Welcher Monat / welche Monate war(en) das? ________________________________.

c) Tatsächlich kauft Herr K im Mai 40 Schachteln Zigaretten und 25 Packungen Eis. Erfüllt sein Verhalten das Schwache Axiom der bekundeten Präferenzen? ________________.

8.9 ■ Im letzten Kapitel analysierten wir ein Problem über Nahrungsmittelpreise und -verbrauch in Schweden in den Jahren 1850 und 1890.

a) Der Kartoffelverbrauch war in beiden Jahren gleich. Zwischen 1850 und 1890 muss jedoch das Realeinkommen gestiegen sein, da die gekauften Mengen an Grundnahrungsmitteln, gemessen sowohl am Laspeyres als auch am Paasche Mengenindex, gestiegen sind. Der Kartoffelpreis ist weniger rasch gestiegen als der Preis sowohl von Fleisch als auch Milch, er stieg etwa mit derselben Rate wie der Mehlpreis. Somit stieg also das Realeinkommen und der Kartoffelpreis sank relativ zu den Preisen anderer Güter. Bestimme mit Hilfe dieser Information, ob Kartoffel eher ein normales oder ein inferiores Gut sind.

Erläutere Deine Antwort: ____

____

____

____.

b) Kann man aus diesen Angaben auch schließen, dass Kartoffel möglicherweise ein Giffen-Gut waren? ____

____

____.

8.10 ▣ Agatha muss mit dem Orient-Express von Istanbul nach Paris reisen. Die Entfernung beträgt 1.500 Meilen. Eine Reisende kann auswählen, welchen Teil der Reise sie in einem Waggon erster Klasse fährt; den Rest der Reise fährt sie dann in einem Waggon zweiter Klasse. Eine Meile in einem Waggon der zweiten Klasse kostet 10 Cents, in der ersten Klasse 20 Cents. Agatha reist viel lieber in der ersten Klasse, aufgrund eines Missgeschicks in einem Basar in Istanbul verblieben ihr nur € 200 für den Kauf der Fahrkarten. Glücklicherweise hat sie noch ihre Zahnbürste und ein Köfferchen voll mit Gurkensandwichs als Reiseproviant. Agatha beabsichtigt die gesamten € 200 für die Fahrkarten ausgeben. Sie möchte möglichst viel in der ersten Klasse reisen, aber sie muss auch bis nach Paris kommen und mit den € 200 kann sie nicht die ganze Strecke erster Klasse fahren.

a) Zeige auf untenstehender Grafik mit roter Farbe den geometrischen Ort aller Kombinationen von Fahrkarten erster und zweiter Klasse, welche sich Agatha mit ihren € 200 gerade leisten kann. Zeichne mit blauer Farbe jene Kombinationen von Fahrkarten erster und zweiter Klasse ein, die für die gesamte Strecke von Istanbul nach Paris ausreichen. Finde in der Grafik jene Kombination von Meilen erster und zweiter Klasse, die Agatha wählen wird, und beschrifte sie mit A.

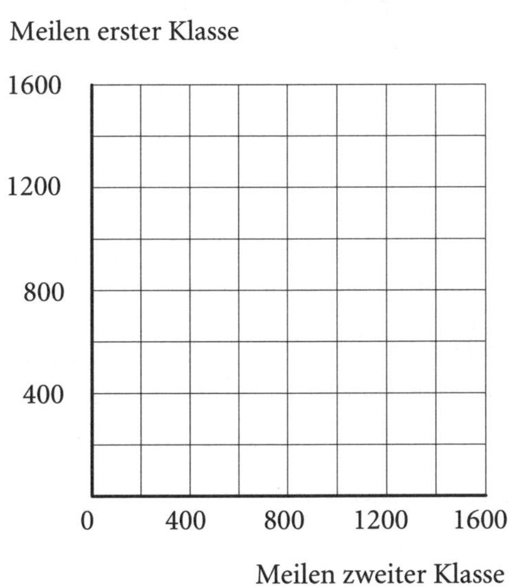

b) Bezeichnen wir die Anzahl der Meilen, die sie erster Klasse reist, mit m_1 und die in der zweiten Klasse zurückgelegten Meilen mit m_2. Schreibe zwei Gleichungen an, nach deren Lösung man die Zahl der Meilen erster und zweiter Klasse findet, für die sich Agatha entscheidet: ______________________________

______________________________.

c) Die Anzahl der im Waggon zweiter Klasse zurückgelegten Meilen beträgt ________.

d) Unmittelbar vor Agathas Fahrkartenkauf fällt der Preis der Fahrkarten zweiter Klasse auf € 0,05, der Preis der Fahrkarten erster Klasse bleibt unverändert bei € 0,20. Zeige in obiger Grafik mit Bleistift die Kombinationen von Erst- und Zweitklass-Fahrkarten, die sie sich zu diesen Preisen leisten kann. Finde auch jene Kombination von Fahrkarten erster und zweiter Klasse, die sie jetzt kaufen würde. (Zur Erinnerung: Agatha wird soviel erster Klasse fahren, wie sie sich leisten kann und dennoch mit ihren € 200 die gesamte Reise von 1.500 Meilen schafft.) Bezeichne diesen Punkt mit *B*. Wie viele Meilen reist sie nun in der zweiten Klasse? ______ (Hinweis: Um eine genaue Lösung zu erhalten, muss man zwei lineare Gleichungen mit zwei Unbekannten lösen.) Ist Reisen zweiter Klasse für Agatha ein normales Gut? ________ Ist es für sie ein Giffen-Gut? ______.

8.11 ☐ Wir setzen Agathas Abenteuer aus der vorangehenden Aufgabe fort. Knapp nach der Preisänderung der Fahrkarten zweiter Klasse von € 0,10 auf € 0,05 pro Meile und unmittelbar vor dem Fahrkartenkauf, verlegt Agatha ihre Handtasche. Obwohl sie das meiste Geld in ihrem Strumpf aufbewahrte, verlor sie gerade soviel Geld, dass sie sich zu den neuen Preisen genau jene Kombination von Fahrkarten erster und zweiter Klasse leisten könnte, die sie zu den alten Preisen gekauft hätte. Wie viel Geld hat sie verloren? ______________. Zeichne auf der Grafik der vorigen Aufgabe mit schwarzer Farbe den geometrischen Ort aller Kombinationen von Fahrkarten erster und zweiter Klasse, die sie sich nach der Entdeckung ihres Verlustes leisten kann. Bezeichne den Punkt, den sie auswählt, mit *C*. Wie viele Meilen wird sie nun zweiter Klasse reisen? ______________________________.

a) Schließlich findet die arme Agatha ihre Handtasche wieder. Wie viele Meilen wird sie nun in der zweiten Klasse reisen (unter der Annahme, dass sie die Fahrkarten nicht bereits vor dem Wiederauffinden ihrer verlorenen Handtasche gekauft hat)? ________. Wie viel von Agathas Änderung der Nachfrage nach Fahrkarten zweiter Klasse – aufgrund der Preissenkung von € 0,10 auf € 0,05 – entfiel auf den Substitutionseffekt? ____________. Wie viel ist dem Einkommenseffekt zuzuschreiben? __________.

9 Kaufen und Verkaufen

! Einleitung

In früheren Kapiteln analysierten wir das Verhalten von Konsumentinnen, die zu Beginn keine Güter besitzen, sondern lediglich über Geld verfügen, mit dem sie sich Güter kaufen können. In diesem Kapitel hat die Konsumentin eine *Anfangsausstattung*, das heißt ein Güterbündel, das die Konsumentin besitzt, bevor sie tauscht. Eine Konsumentin kann, ausgehend von ihrer Anfangsausstattung, ein Gut verkaufen und ein anderes kaufen.

Die bereits erlernten Techniken werden uns hier gute Dienste leisten. Um herauszufinden, wie viel eine Konsumentin bei gegebenen Preisen nachfragen wird, ermittelt man ihre Budgetgerade und sucht dann den Berührungspunkt zwischen ihrer Budgetgeraden und einer Indifferenzkurve. Bei der Ermittlung der Budgetgeraden einer Konsumentin, die bei ihren Transaktionen von einer Anfangsausstattung ausgeht und die keine andere Einkommensquelle hat, sind zwei Dinge zu beachten. Erstens *muss die Anfangsausstattung auf der Budgetgeraden der Konsumentin liegen*. Das muss deswegen so sein, weil sich die Konsumentin unabhängig von den jeweiligen Preisen immer ihre Anfangsausstattung leisten kann. Zweitens, *wenn die Preise p_1 und p_2 sind, muss die Steigung der Budgetgeraden $-p_1/p_2$* sein. Das muss gelten, weil die Konsumentin für jede Einheit des Gutes 1, auf die sie verzichtet, genau p_1/p_2 Einheiten des Gutes 2 erhalten kann. Wenn man somit die Preise und die Anfangsausstattung der Konsumentin kennt, kann man immer die Gleichung der Budgetgeraden der Konsumentin anschreiben. Es ist offensichtlich, dass man bei Kenntnis eines Punkts einer Geraden und ihrer Steigung immer entweder die Gerade zeichnen oder ihre Gleichung anschreiben kann. Sobald man die Budgetgleichung gefunden hat, kann man das von der Konsumentin gewählte Bündel unter Verwendung der Methoden aus dem 5. Kapitel ermitteln.

* Beispiel

Ein Bauer konsumiert nur Reis und Fisch. Er pflanzt Reis an und züchtet Fische, jedoch nicht notwendigerweise in dem Verhältnis, in welchem er sie konsumieren möchte. Nehmen wir an, dass er ohne Tausch über 20 Einheiten Reis und 5 Einheiten Fisch verfügen wird. Der Reispreis ist 1 Yuan je Einheit, der Fischpreis 2 Yuan. Der Wert der Ausstattung des Bauern ist somit $(1 \cdot 20) + (2 \cdot 5) = 30$. Er kann daher jedes beliebige Bündel (R, F) konsumieren, solange $(1 \cdot R) + (2 \cdot F) = 30$ gilt.

Die vielleicht interessanteste Anwendung des Tauschs aufgrund einer Anfangsausstattung ist die Theorie des Arbeitsangebots. Um das Arbeitsangebot zu untersuchen, sehen wir uns das

Verhalten einer Konsumentin an, die sich zwischen Freizeit und anderen Gütern entscheidet. Das einzig Neue oder „Trickreiche“ ist die Suche nach der entsprechenden Budgetgeraden für das zu lösende Problem. Bei der Analyse des Arbeitsangebots stellen wir uns einfach vor, die Konsumentin hat eine Anfangsausstattung an Freizeit, wovon sie einen Teil gegen Güter tauscht.

In den meisten Anwendungen setzen wir den Preis der „anderen Güter“ gleich 1. Der Lohnsatz ist dann der Preis der Freizeit. Die Rolle des Einkommens in einem gewöhnlichen Modell mit Konsumgütern wird nun vom „vollen Einkommen“ übernommen. Das volle Einkommen einer Arbeiterin ist jenes Einkommen, das sie dann hätte, wenn sie auf Freizeit zur Gänze verzichtet.

Beispiel

Erwin teilt die 18 Stunden seines Tages zwischen Arbeit und Freizeit auf. Für einen Lohnsatz von € 5 pro Stunde kann er täglich arbeiten soviel er will. Außerdem erhält er eine Pension von € 10 pro Tag unabhängig davon, ob er arbeitet oder nicht. Der Preis der sonstigen Güter beträgt € 1 je Einheit. Wenn Erwin überhaupt nicht tauscht, dann hat er 18 Stunden Freizeit und 10 Einheiten sonstiger Güter. Seine Anfangsausstattung besteht daher aus 18 Stunden Freizeit pro Tag und € 10 für sonstige Güter. Wir wollen mit R die Freizeitmenge je Tag und mit C die Anzahl der Euro messen, die er pro Tag für andere Güter ausgeben kann. Wenn sein Lohn € 5 je Stunde beträgt, dann kann er sich ein Konsumbündel (R, C) leisten, solange es pro Tag nicht mehr als den Wert seiner Anfangsausstattung kostet. Der Wert seiner Anfangsausstattung (= sein volles Einkommen) ist $10 + (5 \cdot 18) =$ € 100 je Tag. Erwins Budgetgerade lautet daher $5R + C = 100$.

Aufgaben

9.1 ☐ Adele Apfel besitzt 20 Quitten und 5 Kumquats. Sie hat keine sonstigen Einkommensquellen, aber sie kann entweder Quitten oder Kumquats zu ihren Marktpreisen kaufen oder verkaufen. Der Kumquatpreis ist viermal so hoch wie der Quittenpreis. Alle anderen Güter sind uninteressant.

a) Wie viele Quitten könnte sie haben, wenn sie zur Gänze auf Kumquats verzichten würde? ______________. Wie viele Kumquats könnte sie haben, wenn sie zur Gänze ohne Quitten auskommen würde? ______________________________.

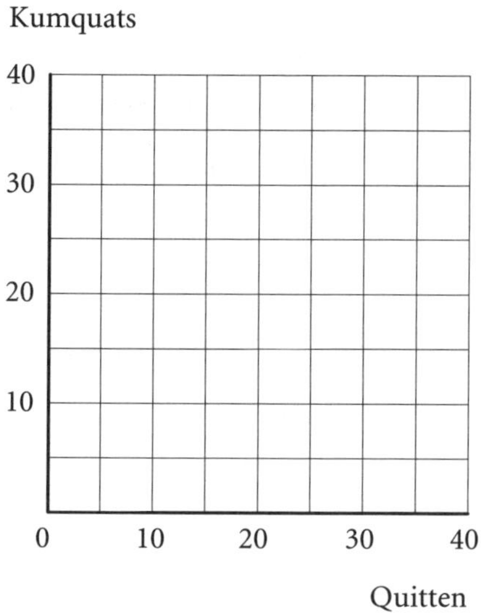

b) Zeichne Adeles Budgetmenge blau ein und kennzeichne das Ausstattungsbündel durch den Buchstaben *E*. Schreibe für einen Quittenpreis von 1 und einem Kumquatpreis von 4 Adeles Budgetgerade an: ______________________________. Schreibe die Budgetgerade für einen Quittenpreis von 2 und einem Kumquatpreis von 8 an: ______________________________. Welchen Effekt hat die Verdoppelung beider Preise auf die Menge an Güterbündeln, die sich Adele leisten kann? ______________________________.

c) Angenommen Adele entscheidet sich zum Verkauf von 10 Quitten. Kennzeichne ihr endgültiges Konsumbündel in der Grafik mit dem Buchstaben *C*.

d) Nehmen wir an, dass nun nach dem Verkauf der 10 Quitten der Kumquatpreis auf das Niveau der Quittenpreise fällt. Zeichne in obiges Diagramm Adeles neue Budgetgerade rot ein.

e) Wenn Adeles Verhalten dem Schwachen Axiom der bekundeten Präferenzen entspricht, dann können wir sicher sein, dass Adele einige Punkte auf ihrer roten Budgetgeraden nicht wählen wird. Zeichne in obiger Grafik eine Wellenlinie über jenen Teil von Adeles roter Budgetgerade, den wir mit Sicherheit aus ihrer Entscheidung ausschließen können.

9.2 ☐ Mario hat einen kleinen Garten, in dem er Auberginen und Tomaten züchtet. Einen Teil dieses Gemüses konsumiert er selbst, einen anderen verkauft er am Markt. Auberginen und Tomaten sind für Mario perfekte Komplementärgüter, da er sie in den einzigen ihm bekannten Rezepten immer im Verhältnis 1:1 verwendet. In einer bestimmten Woche ist der Ertrag aus seinem Garten 30 Kilogramm Auberginen und 10 Kilogramm Tomaten. In dieser Woche kosteten beide Gemüse je € 5 pro Kilogramm.

a) Wie hoch ist der Geldwert von Marios Gemüseausstattung? ____________________.

b) Zeichne in die untenstehende Grafik Marios Budgetgerade blau ein. Mario konsumiert schließlich ________ Kilogramm Tomaten und __________ Kilogramm Auberginen. Zeichne die Indifferenzkurve durch das Konsumbündel, für das sich Mario entscheidet, und bezeichne dieses Bündel mit *A*.

c) Angenommen der Tomatenpreis steigt – bevor Mario tauscht – auf € 15 je Kilogramm während der Preis der Auberginen unverändert bei € 5 je Kilogramm bleibt. Wie hoch ist der Wert von Marios Ausstattung jetzt? _______. Zeichne seine neue Budgetgerade rot ein. Jetzt wird er ein Konsumbündel wählen, das aus __________ Kilogramm Tomaten und __________ Kilogramm Auberginen besteht.

d) Angenommen Mario verkaufte seine gesamte Ernte am Markt um einen Gesamtbetrag von € 200, und zwar mit der Absicht, einige Tomaten und Auberginen für seinen eigenen Verbrauch zurückzukaufen. Bevor er jedoch auch nur irgendetwas zurückkaufen konnte, stieg der Tomatenpreis auf € 15, während der Preis der Auberginen auf € 5 verblieb. Zeichne seine Budgetgerade schwarz ein. Nunmehr wird Mario __________ Kilogramm Tomaten und _______ Kilogramm Auberginen konsumieren.

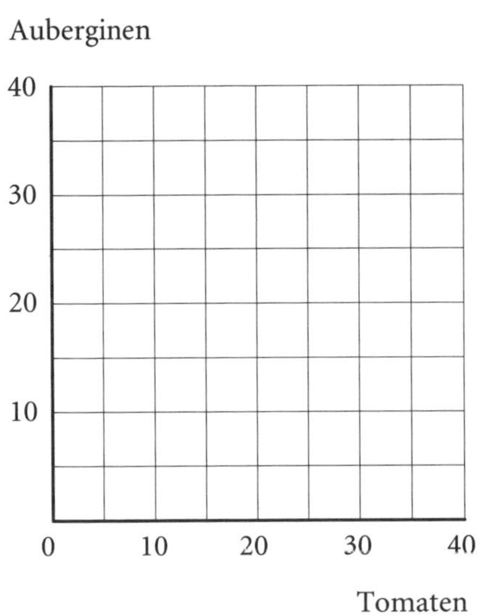

e) Angenommen der Tomatenpreis wäre von € 5 auf € 15 gestiegen, bevor Mario irgendwelche Transaktionen durchführte; die Nachfrageänderung aufgrund des Substitutionseffekts wäre ________. Die Änderung der Nachfrage nach Tomaten aufgrund des gewöhnlichen Einkommenseffekts wäre ______________. Die Änderung der Tomatennachfrage aufgrund des Ausstattungs-Einkommenseffekts wäre ________________.

Die Gesamtänderung der Tomatennachfrage wäre ____________________________.

9.3 ☐ Lucetta konsumiert nur zwei Güter, *A* und *B*. Ihre einzige Einkommensquelle sind die Geschenke in Form dieser Güter, die sie von ihren zahlreichen Bewunderern erhält. Sie erhält allerdings die beiden Güter nicht immer in dem Verhältnis, in dem sie sie konsumieren möchte, sie kann jedoch immer *A* zum Preis von $p_A = 1$ und *B* zum Preis von $p_B = 2$ kaufen oder verkaufen. Lucettas Nutzenfunktion lautet $U(a, b) = ab$, wobei *a* ihre von Gut *A* konsumierte Menge und *b* ihre von Gut *B* konsumierte Menge darstellen.

a) Angenommen Lucettas Bewunderer geben ihr 100 Einheiten von *A* und 200 Einheiten von *B*. Zeichne in untenstehende Grafik ihre Budgetgerade rot ein. Kennzeichne ihre Anfangsausstattung mit *E*.

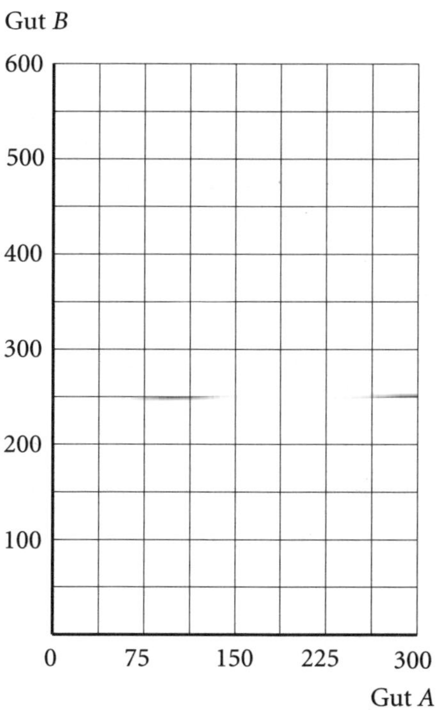

b) Wie hoch ist Lucettas Bruttonachfrage nach *A*? __________ Und nach *B*? ________.

c) Wie hoch sind Lucettas Nettonachfragen? ______________________________.

d) Angenommen, der Preis des Gutes B fällt auf 1 – bevor Lucetta noch irgendetwas getauscht hat – und der Preis von Gut A bleibt unverändert 1. Zeichne Lucettas Budgetgerade für diese Preise blau ein.

e) Wird Lucettas Konsum des Gutes B steigen oder fallen? ____________. Um wie viel? __________. Was passiert mit Lucettas Konsum von Gut A? __________.

f) Angenommen, Lucetta hätte vor dem Preisrückgang von B alle ihre Geschenke in Geld umgetauscht, mit der Absicht, ihr Konsumbündel später zu kaufen. Wie viel vom Gut B würde sie nun konsumieren? __________. Wie viel vom Gut A? __________.

g) Erkläre, warum ihr Konsum unterschiedlich ist, je nachdem ob sie Geld oder Güter zur Zeit des Preisrückgangs besitzt: ______________________________

____

____.

9.4 ☐ Priscilla findet es optimal, bei den herrschenden Preisen nicht zu tauschen, sondern einfach ihre Ausstattung zu konsumieren. Ihre Indifferenzkurven weisen keine Knicke auf, ihre Ausstattung besteht aus positiven Gütermengen. Zeichne mit Bleistift eine Budgetgerade und eine Indifferenzkurve, die diesen Aussagen entsprechen würden. Angenommen der Preis des Gutes 2 bleibt unverändert, der Preis des Gutes 1 fällt jedoch unter das Niveau, bei dem Priscilla nicht tauschte. Zeichne die neue Budgetgerade mit blauer Farbe ein. Priscilla erfüllt das Schwache Axiom der bekundeten Präferenzen. Könnte es geschehen, dass sie von Gut 1 weniger als vorher konsumiert? Erkläre: ______________________________

____

____.

9.5 □ Pat besitzt eine kleine Kartoffelfarm. Für ihn sind Kartoffel ein Giffen-Gut. Der Kartoffelpreis fiel, aber Pat erhöhte seinen Kartoffelkonsum. Auf den ersten Blick erstaunte das den Dorfökonomen, der geglaubt hatte, dass das Sinken des Preises eines Giffen-Gutes dessen Nachfrage reduzieren sollte. Dann fiel ihm jedoch wieder ein, dass Pat ein Nettoanbieter von Kartoffeln war. Mit Hilfe einer Grafik konnte er Pats Verhalten erklären. Zeige auf dem folgenden Koordinatensystem, wie dieses Ergebnis zustande gekommen sein könnte. Trage „Kartoffeln" auf der horizontalen, „Alle anderen Güter" auf der vertikalen Achse auf. Kennzeichne das alte Gleichgewicht mit *A*, das neue mit *B*. Zeichne einen Punkt *C* ein, sodass die Bewegung von *A* nach *C* den Slutsky-Substitutionseffekt, die Bewegung von *C* nach *B* den Slutsky-Einkommenseffekt darstellt. Auf derselben Grafik sollten Sie auch zeigen, dass Kartoffel ein Giffen-Gut sind. Dazu zeichnet man eine Budgetgerade ein, welche die Wirkung eines Rückgangs des Kartoffelpreises für eine Situation zeigt, in der Pat keine Kartoffel besitzt sondern lediglich Geldeinkommen. Bezeichne den neuen Konsumpunkt in dieser Situation mit *D*. (Achtung: Vermutlich werden Sie ein paar Übungsskizzen auf Schmierpapier machen müssen, um die gesamte Aufgabe hinzukriegen.)

9.6 □ Erinnerst Du Dich noch an Agathas Reisen im vorigen Kapitel? Sie wollte 1.500 Meilen von Istanbul nach Paris fahren, sie hatte aber nur € 200 bei sich, mit denen sie Fahrkarten 1. und 2. Klasse für den Orientexpress kaufen konnte; Fahrkarten 1. Klasse kosteten pro Meile € 0,20, Fahrkarten 2. Klasse € 0,10. Sie kaufte in einem Ausmaß Karten, das ihr erlaubte, die gesamte Strecke nach Paris zu fahren, möglichst viel davon in der 1. Klasse. Nachdem sie den Zug bestiegen hatte, entdeckte sie zu ihrer Überraschung, dass der Preis für Fahrkarten 2. Klasse auf € 0,05 gefallen ist, bei unverändertem Preis der Erstklass-Fahrkarten von € 0,20 je Meile. Sie bemerkte auch, dass es möglich war, im Zug Fahrkarten 1. Klasse zu einem Preis von € 0,20 zu kaufen oder zu verkaufen und Fahrkarten 2. Klasse um € 0,05 zu kaufen oder zu verkaufen. Agatha hatte kein Geld mehr übrig, um irgendwelche Karten zu kaufen, sie besaß lediglich die bereits gekauften Fahrkarten.

a) Zeichne in die folgende Grafik jene Kombinationen an Fahrkarten mit Bleistift ein, die sie sich zu den alten Preisen leisten kann. Zeige mit blauer Farbe jene Kombinationen an Fahrkarten, mit denen sie genau 1.500 Meilen fahren kann. Bezeichne den gewählten Punkt mit dem Buchstaben *A*.

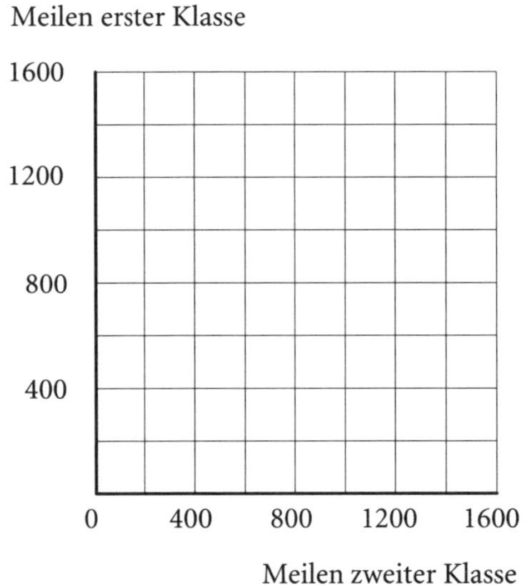

b) Zeichne mit roter Farbe eine Gerade all jener Kombinationen von Fahrkarten 1. und 2. Klasse, die sich Agatha durch Tausch ihrer Fahrkartenausstattung zu den neuen Preisen leisten kann, wenn sie bereits im Zug ist.

c) Zeige auf Deiner Grafik den Punkt, den sie wählt, nachdem sie von der Preisänderung erfahren hat. Entscheidet sie sich für mehr, weniger oder die gleiche Menge an Fahrkarten 2. Klasse? ______________________________.

9.7 ☐ Herr Zahnrad arbeitet in einer Maschinenfabrik. Er kann zum gängigen Lohnsatz von *w* so viele Stunden arbeiten, wie er will. Bezeichnen wir mit *C* die Menge an Euro, die er für Konsumgüter ausgeben kann, und mit *R* die Zahl der Freizeitstunden, für die er sich entscheidet.

a) Angenommen Herr Zahnrad verdient € 8 pro Stunde und er verfügt über 18 Stunden pro Tag, die er für Arbeit oder Freizeit verwenden kann; weiters sei angenommen, dass er pro Tag € 16 Nicht-Arbeitseinkommen hat. Schreibe eine Gleichung für sein Budget aus Konsum und Freizeit: ______________________________.

Zeichne mit blauer Farbe seine Budgetgerade in untenstehende Grafik ein. Seine Anfangsausstattung ist jener Punkt, bei dem er nicht arbeitet, sondern täglich seine 18 Stunden Freizeit genießt. Kennzeichne diesen Punkt auf der Grafik mit dem Buchstaben *A*. (Beachte, dass Herr Zahnrad sich zwar für Arbeit entscheiden und daher einen Teil seiner Ausstattung mit Freizeit „verkaufen“ kann, dass er aber keine „Freizeit kaufen“ kann, indem er jemand Anderen bezahlt, für ihn zu faulenzen.) Wie viele Stunden Freizeit pro Tag wird Herr Zahnrad wählen, wenn seine Nutzenfunktion $U(R, C) = CR$ lautet? ____________. Wie viele Stunden pro Tag wird er arbeiten? ____________.

b) Angenommen Herrn Zahnrads Stundenlohn steigt auf € 12. Zeichne seine neue Budgetgerade mit roter Farbe ein. (Er bezieht weiterhin ein tägliches Nicht-Arbeitseinkommen von € 16.) Wie viel zusätzliches Geld würde Herr Zahnrad täglich für Konsumgüter zur Verfügung haben, wenn er weiterhin genau so viele Stunden arbeitete wie vor der Lohnerhöhung? ______. Mit seiner neuen Budgetgeraden wird er jedoch ______ Stunden arbeiten, sein Konsum erhöht sich daher tatsächlich um ____________.

c) Angenommen Herr Zahnrad erhält noch immer nur € 8 pro Stunde, sein tägliches Nicht-Arbeitseinkommen erhöht sich jedoch auf € 48. Zeichne seine neue Budgetgerade schwarz ein. Wie viele Stunden wird er arbeiten? ____________.

d) Angenommen Herr Zahnrad hat einen Stundenlohn von w Euro und ein Nicht-Arbeitseinkommen von m Euro. Wie bisher verfügt er über 18 Stunden, die er zwischen Arbeit und Freizeit aufteilen kann. Zahnrads Budgetgerade hat die Form $C + wR = m + 18w$. Ermittle unter Verwendung der Methoden aus dem Kapitel über Nachfragefunktionen Herrn Zahnrads Nachfrage nach Freizeit als eine Funktion des Lohnsatzes und des Nicht-Arbeitseinkommens. (Hinweis: Beachte, dass das genau so funktioniert, als würde man die Nachfrage nach R suchen, wenn der Preis von R gleich w ist, der Preis von C gleich 1 und das Einkommen gleich $m + 18w$ ist.) Herrn Zahnrads Freizeitnachfrage ist $R(w, m) =$ ____________. Seine Arbeitsangebotsfunktion ist daher $18 - R(w, m) =$ ____________.

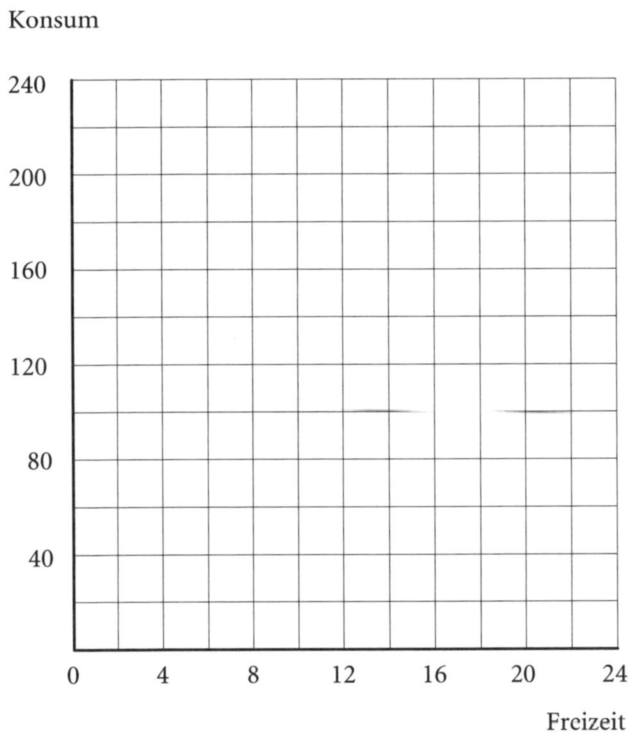

9.8 ☐ Fritz kam soeben an die Universität und versucht herauszufinden, wie er die mageren Überweisungen, die er von zu Hause erhält, etwas auffetten kann. „Wie kann jemand mit € 50 an Taschengeld pro Woche nur auskommen?" fragt er sich. Sein Fragen bleibt unerhört. „Wenn Du mehr Geld willst, such' Dir Arbeit," sagen seine Eltern. Leicht sauer sieht sich Fritz daher die Arbeitsmöglichkeiten an. Die Freizeit, die ihm nach den üblichen Tätigkeiten, wie Schlafen, Zähneputzen und Ökonomiestudium, noch verbleibt, beträgt pro Woche 50 Stunden. Er kann so viele Stunden, wie er will, beim nahe gelegenen MacDonalds arbeiten. Seine Nutzenfunktion für Geld zum Konsum und für Freizeit lautet $U(C, L) = CL$.

a) Fritz hat eine Ausstattung, die aus € 50 für seinen Konsum und ________ Freizeitstunden besteht, wovon er vielleicht einen Teil gegen Geld „verkauft". Der Wert seiner Ausstattung in Geld ausgedrückt beträgt daher – unter Berücksichtigung sowohl seines Taschengeldes als auch des Marktwertes seiner Freizeit – ________________________. Fritz' „Budgetgerade" für Freizeit und Konsum entspricht der Budgetgeraden einer Person, die diese Güter um € 1 je Konsumeinheit und einen Preis von ____________ je Freizeiteinheit kaufen kann. Der einzige Unterschied besteht darin, dass diese Budgetgerade nicht bis zur horizontalen Achse verläuft.

b) Zeichne in untenstehende Grafik Fritz' Budgetgerade schwarz ein. (Hinweis: Suche jene Kombination von Freizeit und Konsumausgaben, die er haben könnte, wenn er überhaupt nicht arbeitete. Dann suche jene Kombination, die er haben würde, wenn er sich dafür entschiede, überhaupt keine Freizeit zu haben. Welche weiteren Punkte liegen auf der Grafik?) Skizziere auf derselben Grafik mit blauer Farbe die Indifferenzkurven, die Fritz ein Nutzenniveau von 3.000, 4.500 und 7.500 geben.

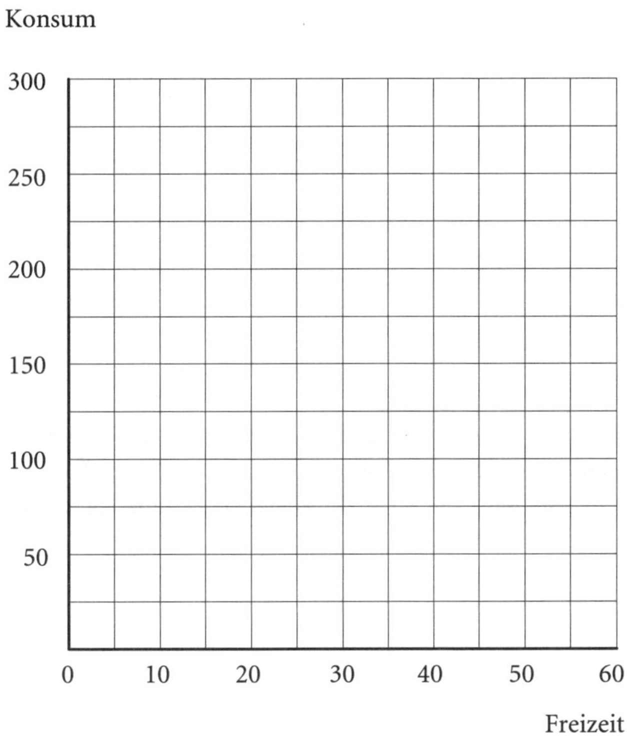

c) Welchen Konsum ergibt die Maximierung von Fritz' Nutzen unter Berücksichtigung der gegebenen Budgetbeschränkung? ______________________. (Zur Erinnerung: Wie war die Lösung der Nachfragefunktion für jemand, der eine Cobb-Douglas Nutzenfunktion hatte?)

d) Fritz wird sich für einen Freizeitkonsum von ______________ Stunden entscheiden.

Das bedeutet, dass sein optimales Arbeitsangebot ______________ Stunden sein wird.

9.9 ☐ Georg John verdient als Trüffelschnüffler pro Stunde € 5. Nach all der Zeit, die er für die Erhaltung seines Körpers braucht, verbleiben ihm pro Woche 80 Stunden zur Allokation zwischen Freizeit und Arbeit. Skizziere Georgs Budgetbeschränkungen, die sich aus den folgenden Regierungsprogrammen ergeben.

a) Es gibt keine Subventionierung oder Besteuerung von Arbeitseinkommen. (Verwende blaue Farbe in der folgenden Grafik.)

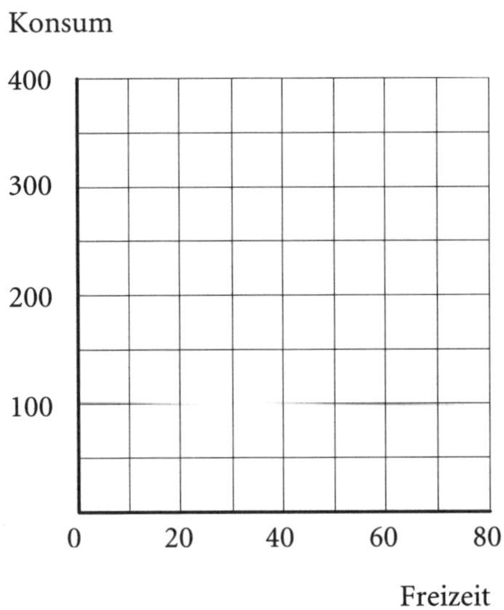

b) Alle Individuen erhalten von der Regierung eine Pauschalzahlung von € 100 pro Woche. Die ersten € 100 des wöchentlichen Arbeitseinkommens werden nicht besteuert. Das Arbeitseinkommen über € 100 pro Woche wird mit 50 % besteuert. (Verwende rote Farbe in obiger Grafik.)

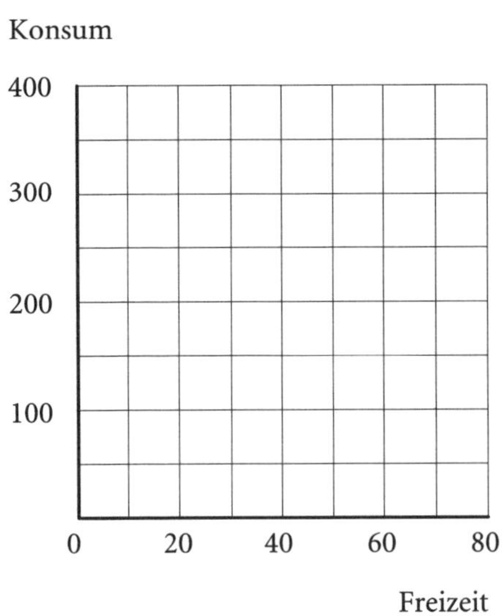

c) Wenn eine Person nicht arbeitet, erhält sie wöchentlich eine Zahlung von € 100. Wenn sie arbeitet, erhält sie die € 100 nicht, das gesamte Lohneinkommen wird mit 50 % besteuert. (Verwende blau in der obigen Grafik.)

d) Es gelten dieselben Bedingungen wie in Teil c) mit der Ausnahme, dass die ersten 20 Arbeitsstunden von der Besteuerung ausgenommen sind. (Verwende rot in der obigen Grafik.)

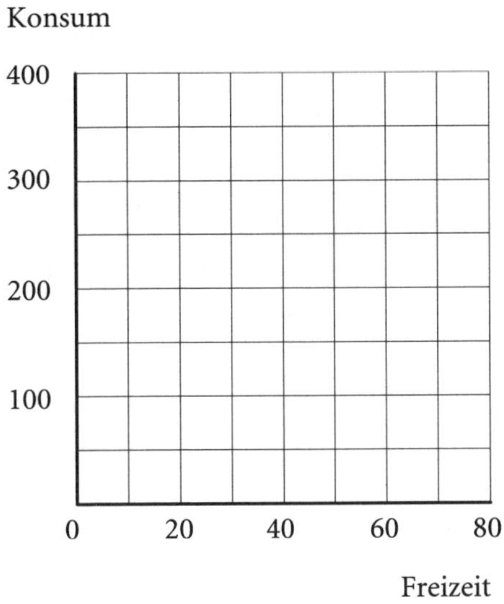

e) Das gesamte Lohneinkommen wird mit 50 % besteuert, als Arbeitsanreiz gibt die Regierung jedoch jedem, der mehr als 20 Wochenstunden arbeitet, € 100. (Verwende blaue Farbe in der obigen Grafik.)

9.10 ☐ In den Vereinigten Staaten von Amerika sind die Reallöhne im Produktionssektor von 1890 bis zur Gegenwart ständig gestiegen. Im Zeitraum von 1890 bis 1930 wurde die Länge der Arbeitswoche drastisch verkürzt; nach 1930 blieb – trotz weiterhin anhaltendem Wachstum der Reallöhne – die Länge der Arbeitswoche bei etwa 40 Stunden bemerkenswert konstant.

Stundenlöhne und Länge der Arbeitswoche im Produktionssektor der USA, 1890–1983

Jahr	Stundenlohn	Arbeitsstunden
1890	1,89	59,0
1909	2,63	51,0
1920	3,11	47,4
1930	3,69	42,1
1940	5,27	38,1
1950	6,86	40,5
1960	8,56	39,7
1970	9,66	39,8
1983	10,74	40,1

Quellen: *Handbook of Labor Statistics, 1983* und *U.S. Economic History* von Albert Niemi (S. 274). Löhne sind in Dollars von 1983 ausgedrückt.

a) Zeichne aufgrund der obigen Daten auf untenstehender Grafik eine „Arbeitsangebotskurve".

b) Wird die Arbeitswoche länger oder kürzer, wenn bei Lohnsätzen unter $ 4 die Löhne steigen? ______________________________.

c) Die Zahlen in obiger Tabelle könnten den Entscheidungen von Arbeitern entsprechen, bei einem gegebenen Lohnsatz jeweils eine bestimmte Anzahl von Wochenstunden zu arbeiten. Eine Lohnerhöhung hat sowohl einen Austattungs-Einkommenseffekt als auch einen Substitutionseffekt. Aufgrund des Substitutionseffekts allein würde die Arbeitswoche (länger, kürzer) ______________ werden. Wenn Freizeit ein normales Gut ist, werden sich die Leute aufgrund des Ausstattungs-Einkommenseffekts für (mehr, weniger) ______________ Freizeit und eine (längere, kürzere) ______________ Wochenarbeitszeit entscheiden. Bei Stundenlöhnen unter $ 4 scheint der (Substitutions-, Ausstattungs-Einkommens-) ______________ ______________ -effekt zu dominieren. Wie würde man erklären, was bei Stundenlöhnen über $ 4 geschieht? ______________ ______________.

Stundenlohn in Dollar von 1983

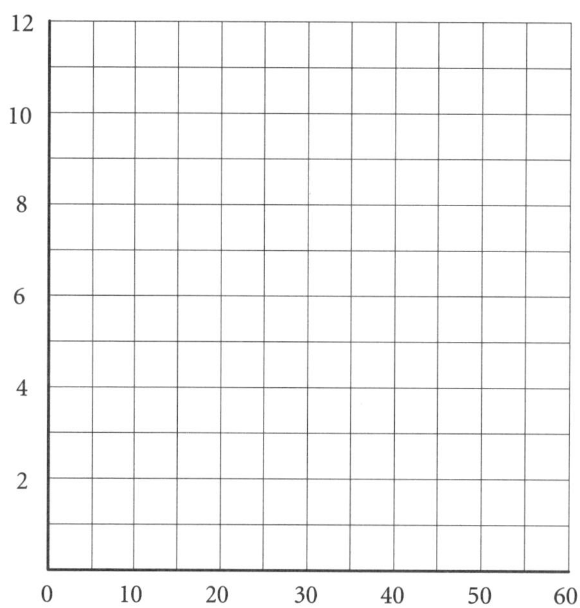

Arbeitsstunden pro Woche

d) Zwischen 1890 und 1909 stiegen die Löhne um ______________________ Prozent, das wöchentliche Einkommen stieg hingegen nur um ______________________ Prozent. In dieser Periode (übertreibt, untertreibt) ______________________ der Einkommensgewinn den Wohlfahrtsgewinn der Arbeiter, da sie sich im Jahr 1909 für (mehr, weniger) ______________________ Freizeit entschieden als im Jahre 1890.

9.11 □ Professor Mohamed El Hodiri von der Universität Kansas stellte in einem klassischen ironischen Aufsatz „The Economics of Sleeping," *Manifold*, vol. 17, 1975, folgendes Modell vor: „Nehmen wir an, ein Tag habe 24 Stunden. Der tägliche Konsum sei mit x bezeichnet, die täglichen Stunden Schlaf mit s, die Konsumentin maximiert eine Nutzenfunktion in der Form $u = x^2 s$, wobei $x = w(24 - s)$ ist und w für den Lohnsatz steht."

a) Wird in El Hodiris Modell bei steigendem Lohnsatz die optimale Schlafmenge steigen, fallen oder gleich bleiben? ______________________.

b) Wie hoch ist in El Hodiris Modell die optimale Anzahl an Schlafstunden? ______________________.

9.12 □ Wendy und Mac arbeiten in Schnellimbissrestaurants. Wendy erhält pro Stunde € 4 für die ersten 40 Stunden und € 6 für jede Stunde über 40 Stunden pro Woche. Mac erhält pro Stunde € 5, unabhängig von der Gesamtzahl an Arbeitsstunden. Jeder der beiden hat 80 Stunden pro Woche, die sie (er) zwischen Arbeit und Freizeit aufteilen kann, keiner der beiden verfügt über irgendwelche anderen Einkommensquellen. Jeder hat eine Nutzenfunktion $U = cr$, wobei c der Konsum und r die Freizeit ist. Sie können beide ihre Arbeitsstunden frei wählen.

a) Wie viele Stunden wird Mac arbeiten? ______________________.

b) Wendys Budget„linie" hat einen Knick im Punkt $r =$ __________ und $c =$ __________. Zeichne jenen Teil der Budgetgeraden, auf dem sie sich befindet, wenn sie keine Überstunden macht, mit blauer Farbe ein. Mit rot zeichne den Teil der Budgetgeraden im Fall von Überstunden ein.

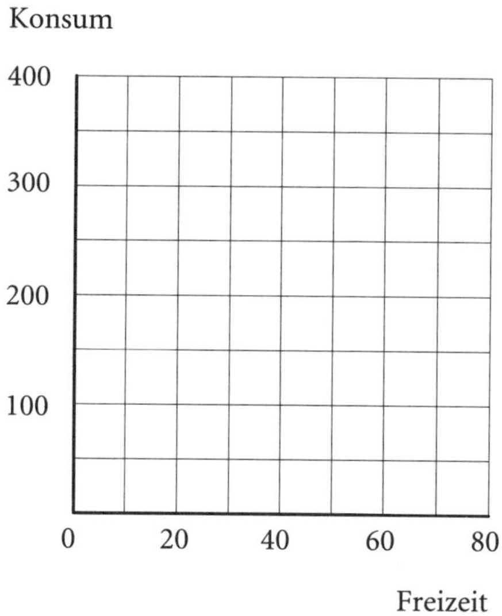

c) Der soeben gezeichnete blaue Abschnitt der Budgetlinie liegt auf einer Geraden mit der Gleichung ________________________. Der ebenfalls eingezeichnete rote Abschnitt der Budgetlinie hat die Gleichung ____________________.
(Hinweis: Auf der roten Linie sind ein Punkt und die Steigung bekannt.)

d) Bei einer Bezahlung von € 4 pro Stunde – unabhängig von der Zahl der geleisteten Arbeitsstunden – würde Wendy _______________ Stunden arbeiten und insgesamt __________________ Euro pro Woche verdienen. Zeichne in der Grafik ihre Indifferenzkurve durch diesen Punkt schwarz ein.

e) Wird Wendy Überstunden machen? _________________. Was ist Wendys beste Entscheidung auf der roten Budgetgeraden? $(c, r) =$ ________________.
Wie viele Stunden wird sie arbeiten? ___________________________.

f) Angenommen beide Jobs können in allen anderen Aspekten als völlig gleich angenehm angesehen werden. Da Wendy und Mac dieselben Präferenzen haben, können sie sich sicherlich darüber einigen, wer den besseren Job hat. Den besseren Job hat ________________. (Hinweis: Berechne Wendys Nutzen für ihre optimale Entscheidung. Berechne dann den Nutzen, der für sie entstünde, wenn sie Macs Job hätte und die für sie optimale Arbeitszeit wählte.)

9.13 ▣ Robert Röhre ist Installateur. Er verlangt für seine Arbeit € 10 pro Stunde und er kann so viele Stunden arbeiten, wie er will. Robert hat außer seiner Arbeit keine Einkommensquelle. Pro Woche kann er 168 Stunden auf Arbeit und Freizeit aufteilen. Zeichne in untenstehende Grafik Roberts Budgetmenge ein, welche die verschiedenen Kombinationen zwischen Freizeit und Einkommen in jeder Woche darstellt.

a) Schreibe Roberts Budgetgleichung an: ________________________________.

b) Solange Robert selbstständig war, arbeitete er wöchentlich 40 Stunden. Die Bauunternehmung Glanz & Gips hatte einen dringenden Auftrag zu erledigen. Sie bot Robert einen Stundenlohn von € 20, wobei er so viele Stunden arbeiten könnte, wie er wollte. Er arbeitete weiterhin nur 40 Stunden pro Woche. Zeichne in die folgende Grafik seine neue Budgetgerade ein.

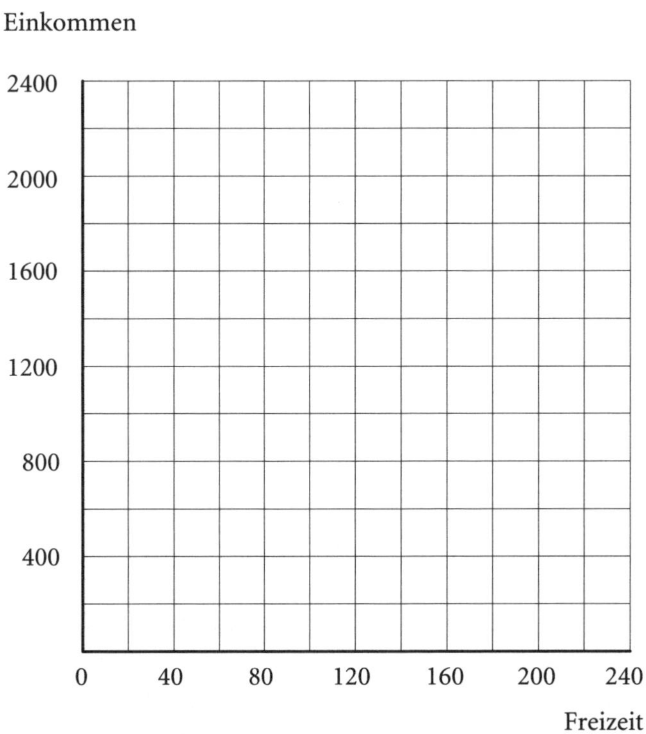

c) Robert hat konvexe Präferenzen und keine Knicke in seinen Indifferenzkurven. Zeichne in die Grafik Indifferenzkurven ein, die seiner Entscheidung entsprechen, sowohl als Selbstständiger als auch als Angestellter der Firma Glanz & Gips jeweils nur 40 Wochenstunden zu arbeiten.

d) Glanz & Gips muss ihr Projekt dringend fertig stellen und will, dass Robert mehr als 40 Stunden arbeitet. Sie entschließt sich, anstatt € 20 pro Stunde nur € 10 für die ersten 40 Stunden pro Woche und € 20 je Stunde für jede „Überstunde“ über die ersten

40 Stunden hinaus zu bezahlen. Skizziere in obiger Grafik Roberts Budgetgerade für dieses Lohnschema mit roter Farbe. Zeichne eine Indifferenzkurve durch jenen Punkt, den Robert nunmehr wählen wird. Wird Robert bei diesem Lohnschema mehr oder weniger als 40 Stunden pro Woche arbeiten? ______________________________.

9.14 ▣ Felizitas liebt ihre Arbeit. Sie erhält € 10 pro Stunde und kann pro Tag so viele Stunden arbeiten, wie sie will. Sie arbeitet täglich nur 5 Stunden. Gleichzeitig sagt sie, dass ihre Arbeit so interessant sei, dass sie mit ihrer Arbeit glücklicher ist, als sie mit demselben Einkommen ohne Arbeit wäre. Ein Skeptiker fragt sie: „Wenn Dir Deine Arbeit lieber ist als Nichtstun, warum arbeitest Du dann nicht mehr – und hast dann auch ein höheres Einkommen?“ Felizitas, die völlig rational handelt, erklärt geduldig, dass Arbeit im Durchschnitt zwar wünschenswert sein kann, nicht jedoch an der Grenze. Der Skeptiker insistiert dennoch, dass sie ihm ihre Indifferenzkurven und ihre Budgetgerade zeigt.

a) Zeichne in oben stehendes Koordinatensystem eine Budgetgerade und Indifferenzkurven, die mit Felizitas' Verhalten und Erläuterungen übereinstimmen. Trage Freizeit auf der horizontalen, Einkommen auf der vertikalen Achse auf. (Hinweis: Wo trifft die Indifferenzkurve für ihre tatsächliche Entscheidung auf die vertikale Gerade $l = 24$?)

9.15 ■ Dudleys Nutzenfunktion lautet $U(C, R) = C - (12 - R)^2$, wobei R die täglichen Freizeitstunden darstellt. Er kann 16 Stunden pro Tag auf Arbeit und Freizeit aufteilen. Sein Nicht-Arbeitseinkommen beträgt € 20 je Tag. Der Preis der Konsumgüter sei € 1 je Einheit.

a) Für wie viele Stunden Freizeit wird sich Dudley entscheiden, wenn er zwar so viele Stunden arbeiten kann, wie er will, sein Stundenlohn jedoch Null ist? ____________.

b) Für wie viele Stunden Freizeit wird sich Dudley entscheiden, wenn er so viele Stunden arbeiten kann, wie er will, und sein Stundenlohn € 10 beträgt? ________________.

c) Wie viele Stunden würde er arbeiten, wenn sein Stundenlohn weiterhin € 10 wäre, sein Nicht-Arbeitseinkommen jedoch auf € 5 pro Tag sinken würde? ____________________.

d) Angenommen Dudleys gesamtes Einkommen wird mit 20 Prozent besteuert, sein Stundenlohn vor Besteuerung beträgt weiterhin € 10 und sein Nicht-Arbeitseinkommen – auch vor Besteuerung – verbleibt auf € 20 pro Tag. Wie viele Stunden wird Dudley nun arbeiten? ____.

10 Intertemporäre Entscheidung

! Einleitung

In der Theorie des Sparens der Konsumenten werden Methoden verwendet, die Sie bereits kennen gelernt haben. Um uns ganz auf den Konsum im Zeitverlauf konzentrieren zu können, werden wir uns im Allgemeinen mit Beispielen beschäftigen, bei denen es nur ein Konsumgut gibt, das in zwei verschiedenen Perioden verbraucht werden kann. Wir werden zwei „Tricks“ anwenden. Einer besteht darin, den *Konsum in Periode 1* und den *Konsum in Periode 2* als zwei verschiedene Güter zu behandeln. Wenn man den Konsum der Periode 1 als **Numéraire** betrachtet, dann ist der „Preis“ des Konsums der Periode 2 gleich der Menge des Konsums der Periode 1, auf die man verzichten muss, um eine zusätzliche Einheit des Konsums der Periode 2 zu erhalten. Es stellt sich heraus, dass dieser Preis $1/(1 + r)$ ist, wobei r für den Zinssatz steht.

Der zweite Trick bezieht sich auf die Behandlung des Einkommens in zwei verschiedenen Perioden. Angenommen ein Konsument hat ein Einkommen von m_1 in Periode 1 und ein Einkommen von m_2 in Periode 2; weiters sei angenommen, dass es keine Inflation gibt. Der maximale Konsum in Periode 1, den dieser Konsument verbrauchen könnte, wenn er sich so viel Geld ausborgte, wie er in Periode 2 zurückzahlen könnte, wäre $m_1 + (m_2/(1 + r))$. Bei der Ausarbeitung der Aufgaben und nach Studium des Lehrbuchs sollte es klar werden, dass die Budgetbeschränkung des Konsumenten immer

$$c_1 + (c_2/(1 + r)) = m_1 + (m_2/(1 + r))$$

lautet. Diese Budgetbeschränkung sieht ähnlich wie die üblichen Budgetbeschränkungen der vorigen Kapitel aus, wobei der Preis des „Gutes 1“ gleich 1 ist, der Preis des „Gutes 2“ gleich $1/(1 + r)$ und das „Einkommen“ $m_1 + (m_2/(1 + r))$ ist. Wenn man daher die Nutzenfunktion eines Konsumenten, den Zinssatz und das Einkommen des Konsumenten in jeder Periode kennt, kann man immer seine Nachfrage in Periode 1 und Periode 2 mit Hilfe der bereits bekannten Methoden finden. Wenn man den Konsum in jeder Periode gefunden hat, kann man auch das Sparen errechnen, da das Sparen des Konsumenten einfach die Differenz zwischen dem Einkommen und dem Konsum der Periode 1 ist.

✱ Beispiel

Ein Konsument hat die Nutzenfunktion $U(c_1, c_2) = c_1c_2$. Es gibt keine Inflation, der Zinssatz beträgt 10 % und der Konsument hat ein Einkommen von 100 in Periode 1 und 121 in Periode 2. Die Budgetbeschränkung des Konsumenten ist dann $c_1 + c_2/1{,}1 = 100 + 121/1{,}1 = 210$. Das Verhältnis des Preises von Gut 1 zum Preis von Gut 2 lautet $1 + r = 1{,}1$. Der Konsument wird ein Konsumbündel wählen, sodass $MU_1/MU_2 = 1{,}1$. Da aber $MU_1 = c_2$ und $MU_2 = c_1$, muss der Konsument ein Bündel wählen, sodass $c_2/c_1 = 1{,}1$. Mit Hilfe dieser Gleichung und der Budgetgleichung kann man c_1 und c_2 finden. Die Lösung lautet $c_1 = 105$ und $c_2 = 115{,}50$. Da das Einkommen des Konsumenten in der Periode 1 nur 100 beträgt, muss er 5 borgen, um 105 in der ersten Periode konsumieren zu können. Um diesen Betrag samt Zinsen zurückzuzahlen, muss er 5,50 aus dem Einkommen der Periode 2 (= 121) zahlen. Daher verbleiben ihm in dieser Periode noch 115,50 für den Konsum.

Sie werden auch ersucht, die Wirkungen der Inflation auf das Konsumentenverhalten zu bestimmen. Zum Verständnis der Inflationseffekte gilt es einfach zu erkennen, was mit der Budgetgeraden passiert.

Beispiel

Angenommen in der vorigen Aufgabe gibt es eine Inflationsrate von 6 %, der Preis des Gutes der Periode 1 sei 1. Wenn man € 1 in Periode 1 zu Zinsen von 10 % spart, so erhält man in der Periode 2 € 1,10 zurück. Wegen der Inflation kosten aber die Güter der Periode 2 nunmehr € 1,06 pro Einheit. Man muss daher in Periode 1 1,06/1,10 = 0,964 Konsumeinheiten der Periode 2 aufgeben, um eine Konsumeinheit der Periode 2 zu erhalten. Wenn das Geldeinkommen des Konsumenten in jeder Periode unverändert bleibt, dann lautet seine Budgetgleichung $c_1 + 0{,}964c_2 = 210$. Das wäre dieselbe Budgetbeschränkung, wenn es keine Inflation gäbe und der Zinssatz r wäre, wobei r mittels der Gleichung $0{,}964 = 1/(1 + r)$ gefunden werden kann. Die Lösung für r wird als **Realzinssatz** bezeichnet. In diesem Fall ist der Realzinssatz etwa 0,038. Wenn sowohl Zinssatz als auch Inflationsrate klein sind, dann kann der Realzinssatz gut durch die Differenz zwischen **Nominalzinssatz** (in diesem Fall 10 %) und Inflationsrate (mit 6 % angenommen) angenähert werden, d. h. $0{,}038 \sim 0{,}10 - 0{,}06$. Wir werden sehen, dass diese Näherung bei hohen Inflationsraten und Zinssätzen nicht so gut ist.

Aufgaben

10.1 ☐ Peregrinus Patsche konsumiert in den Perioden 1 und 2 (c_1, c_2) und verdient in diesen Perioden (m_1, m_2). Angenommen der Zinssatz ist r.

a) Schreibe Peregrinus' intertemporäre Budgetbeschränkung zu Gegenwartswerten an: ______________________________.

b) Wie hoch ist der maximale Konsum in Periode 2, wenn Peregrinus in Periode 1 überhaupt nichts konsumiert? ____________________. Das ist der (Zukunftswert, Gegenwartswert) seiner Ausstattung ____________________.

c) Wie viel kann Peregrinus maximal in der Periode 1 konsumieren, wenn er überhaupt nichts in Periode 2 konsumiert? ______________________. Das ist der (Zukunftswert, Gegenwartswert) ________________________________ seiner Ausstattung. Wie groß ist die Steigung von Peregrinus' Budgetlinie? ______________________________.

10.2 ☐ Molly hat eine Cobb-Douglas Nutzenfunktion $U(c_1, c_2) = c_1^a c_2^{1-a}$, wobei $0 < a < 1$ und c_1 und c_2 ihr Konsum in den Perioden 1 und 2 ist. Wir wissen von früher, dass bei einer Nutzenfunktion in der Form $u(x_1, x_2) = x_1^a x_2^{1-a}$ und einer „Standardform" der Budgetbeschränkung $p_1x_1 + p_2x_1 = m$ die Nachfragefunktionen nach den beiden Gütern $x_1 = am/p_1$ und $x_2 = (1 - a)m/p_2$ lauten.

a) Angenommen Mollys Einkommen in Periode 1 ist m_1 und ihr Einkommen in Periode 2 ist m_2. Schreibe ihre Budgetbeschränkung in der Form von Gegenwartswerten an: ____.

b) Wir wollen diese Budgetbeschränkung mit einer Budgetbeschränkung in der üblichen Form vergleichen. Was ist p_1 im Sinne von Mollys Budgetbeschränkung? _______________. Und was ist p_2? _______________. Und m? _______________.

c) Finde die Lösungen für Mollys Nachfragefunktionen nach dem Konsum in jeder Periode in Abhängigkeit von p_1, p_2 und m, wenn $a = 0{,}2$ ist. Ihre Nachfragefunktion nach Konsum in Periode 1 ist $c_1 =$ ________________________________. Ihre Nachfragefunktion nach Konsum in Periode 2 ist $c_2 =$ ________________________________.

d) Eine Erhöhung des Zinssatzes wird ihren Konsum in Periode 1 _______________. Ihr Konsum der Periode 2 wird durch die Zinssatzerhöhung ____________________, ihr Sparen in Periode 1 wird ____.

10.3 ☐ Nickleby hat heuer ein Einkommen von € 2.000, er erwartet für nächstes Jahr ein Einkommen von € 1.100. Er kann Geld zu einem Zinssatz von 10 % borgen oder verleihen. Konsumgüter kosten heuer € 1 pro Einheit, es gibt keine Inflation.

a) Wie hoch ist der Gegenwartswert von Nicklebys Ausstattung? ____________________. Wie hoch ist der Zukunftswert seiner Ausstattung? _______________. Zeige mit blauer Farbe alle jene Kombinationen zwischen Konsum heuer und Konsum nächstes Jahr, die er sich leisten kann. Kennzeichne Nicklebys Ausstattung mit dem Buchstaben E.

b) Angenommen Nickleby hat die Nutzenfunktion $U(C_1, C_2) = C_1C_2$. Schreibe den Ausdruck für Nicklebys Grenzrate der Substitution zwischen Konsum heuer und Konsum im nächsten Jahr an: (Deine Antwort wird eine Funktion der Variablen C_1 und C_2 sein.)

______________________________.

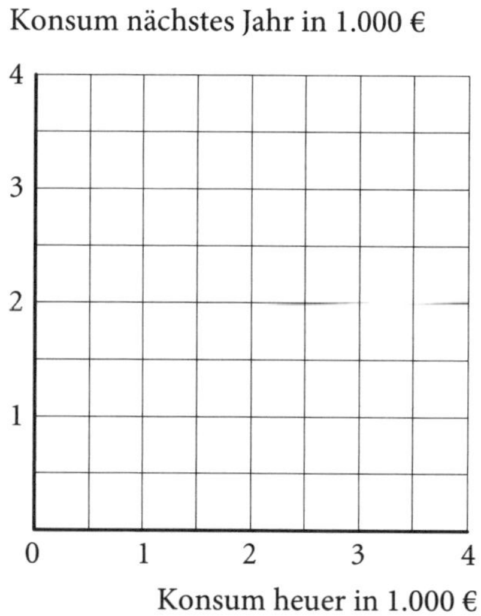

c) Wie groß ist die Steigung von Nicklebys Budgetgerade? ______________.
Schreibe eine Gleichung an, aus der hervorgeht, dass die Steigung von Nicklebys Indifferenzkurve gleich der Steigung der Budgetgeraden ist, wenn der Zinssatz 10 % beträgt:

______________________. Schreibe auch Nicklebys Budgetgerade

an: ______________________________.

d) Löse diese beiden Gleichungen. Nickleby wird in Periode 1 ______________

Einheiten konsumieren, in Periode 2 ______________ Einheiten. Bezeichne diesen Punkt im Diagramm mit *A*.

e) Wird er in der ersten Periode borgen oder sparen? ______________.

Wie viel? ______________________________.

f) Zeige in der Grafik in rot wie Nicklebys Budgetgerade verliefe, wenn der Zinssatz auf 20 % stiege. Aufgrund der Kenntnis, dass Nickleby bei einem Zinssatz von 10 % Punkt *A* gewählt hat, kann man auch ohne Kenntnis seiner Nutzenfunktion bestimmen, dass seine neue Entscheidung auf bestimmten Teilen seiner neuen Budgetgeraden nicht liegen kann. Zeichne eine Wellenlinie über jenen Teil seiner neuen Budgetgeraden, auf den seine Wahl *nicht* fallen kann. (Hinweis: Denke an das Schwache Axiom der bekundeten Präferenzen.)

g) Finde Nicklebys optimale Entscheidung bei einem Zinssatz von 20 %. Nickleby wird

_________ Einheiten in Periode 1 und _________ Einheiten in Periode 2 konsumieren.

h) Wird er in der ersten Periode borgen oder sparen? ____________________________.

Wie viel? ____.

10.4 ☐ Entscheide, ob die folgenden Feststellungen richtig oder falsch sind, und erkläre die Antwort unter Zuhilfenahme der Slutsky-Zerlegung in Einkommens- und Substitutionseffekte:

a) „Wenn sowohl der gegenwärtige und der zukünftige Konsum normale Güter sind, dann wird eine Erhöhung des Zinssatzes notwendigerweise einen Sparer dazu veranlassen, mehr zu sparen." ____

____

____.

b) „Wenn sowohl der gegenwärtige und der zukünftige Konsum normale Güter sind, dann wird eine Erhöhung des Zinssatzes notwendigerweise einen Sparer dazu veranlassen, in der zweiten Periode mehr zu konsumieren." ____________________________

____

____.

10.5 ▣ Laertes erhält in jeder Periode eine Ausstattung von € 20. Er kann Geld zu einem Zinssatz von 200 % borgen und zu einem Zinssatz von 0 % verleihen. (Beachte: Wenn der Zinssatz 0 % beträgt, so erhält man für jeden gesparten Euro in der nächsten Periode € 1 zurück. Wenn der Zinssatz 200 % beträgt, so muss man für jeden geborgten Euro in der nächsten Periode € 3 zurückzahlen.)

a) Zeichne seine Budgetmenge in untenstehende Grafik blau ein. (Hinweis: Die Grenze der Budgetmenge ist keine einfache Gerade.)

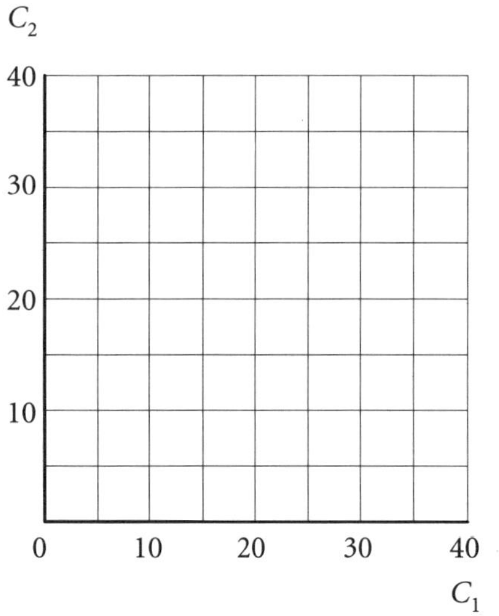

b) Laertes könnte in ein Projekt investieren, sodass ihm $m_1 = 30$ und $m_2 = 15$ übrig blieben. Er könnte jedoch auch nach wie vor zu 200 % borgen und zu 0 % verleihen. Zeichne die neue Budgetmenge mit roter Farbe in obige Grafik ein. Wäre Laertes im Vergleich zu seinen Möglichkeiten, Geld zu borgen oder zu verleihen, mit den Investitionsmöglichkeiten in das Projekt besser oder schlechter gestellt? Oder kann man das ohne Kenntnis seiner Präferenzen nicht sagen? Erläutere: ____________________

____

______________________________________.

c) Betrachte ein alternatives Projekt, das Laertes Ausstattungen von $m_1 = 15$ und $m_2 = 30$ ermöglichte. Er kann wieder wie bisher borgen und verleihen. Wenn er sich jedoch für dieses zweite Projekt entscheidet, dann kann er das erste nicht ausführen. Zeichne mit Bleistift jene Budgetmenge ein, die Laertes bei diesem Projekt zur Verfügung hätte. Ist Laertes besser oder schlechter gestellt, wenn er dieses Projekt wählte oder wenn er keines der beiden Projekte wählte? Oder kann man das ohne Kenntnis seiner Präferenzen nicht sagen? Erläutere: ____________________________

____

______________________________________.

10.6 ☐ Die folgende Tabelle enthält die jährlichen Inflationsraten sowie die Zinssätze für Staatsschuldverschreibungen einiger Länder für die Jahre 1984 und 1985.

Inflationsraten und Zinssätze ausgewählter Länder

Land	Inflationsrate in %, 1984	Inflationsrate in %, 1985	Zinssatz in %,1984	Zinssatz in %,1985
USA	3,6	1,9	9,6	7,5
Israel	304,6	48,1	217,3	210,1
Schweiz	3,1	0,8	3,6	4,1
Westdeutschland	2,2	–0,2	5,3	4,2
Italien	9,2	5,8	15,3	13,9
Argentinien	90,0	672,2	unbekannt	unbekannt
Japan	0,6	2,0	unbekannt	unbekannt

a) Verwende die Formel für den genauen Realzinssatz aus dem Lehrbuch zur Berechnung der exakten Realzinssätze; trage sie in die folgende Tabelle ein.

Realzinssätze in den Jahren 1984 und 1985

Land	1984	1985
USA		
Israel		
Schweiz		
Westdeutschland		
Italien		

b) Wie hoch müsste der Nominalzinssatz eines Wertpapiers in Argentinien sein, um im Jahre 1985 eine reale Verzinsung von 5 % zu erzielen? ____________________.
Wie hoch müsste der Nominalzinssatz eines Wertpapiers in Japan sein, um im Jahre 1985 eine reale Verzinsung von 5 % zu erzielen? ____________________.

c) Subtraktion der Inflationsrate vom Nominalzinssatz ergibt in Ländern mit niedriger Inflationsrate einen brauchbaren Näherungswert für den Realzinssatz. Für die USA ergibt die Näherung im Jahre 1984 ____________, während die genauere Methode des Lehrbuchs ________________ ergibt. Für Länder mit sehr hoher Inflation ist dies jedoch ein schlechter Näherungswert. Für Israel zum Beispiel ergibt die Näherung im Jahre 1984 ________________ während die exakte Formel ________________ ergibt. Für Argentinien würde die näherungsweise Berechnung ergeben, dass ein Wertpapier mit einer Nominalverzinsung von ____________ eine Realverzinsung von 5 % ergäbe. Die oben gefundene Antwort beträgt im Vergleich dazu ________________.

10.7 ☐ Kehren wir zum Planet Mungo zurück. Auf Mungo sind Makroökonomen und Bankiers lustige und schlaue Wesen; es gibt zwei Arten von Geld, nämlich rotes Geld und blaues Geld. Wie erinnerlich muss man bei jedem Kauf auf Mungo zweimal zahlen, einmal mit blauem Geld und einmal mit rotem Geld. Alles hat einen Preis in rotem und in blauem Geld, niemand darf die eine Art Geld gegen die andere Art tauschen. Es gibt eine Blaugeld-Bank, bei der man blaues Geld zu einem jährlichen Zinssatz von 50 % borgen und verleihen kann. Auch eine Rotgeld-Bank gibt es, bei der man rotes Geld zu einem jährlichen Zinssatz von 25 % borgen und verleihen kann:

Ein Mungo namens Johann(a) konsumiert nur ein einziges Gut, Ambrosia, es muss aber entscheiden, wie es seinen Konsum zwischen heuer und dem nächsten Jahr aufteilt. Heuer beträgt Johann(a)s Einkommen 100 blaue Geldeinheiten und Null rote Geldeinheiten. Nächstes Jahr wird sein Einkommen 100 rote Geldeinheiten und Null blaue Geldeinheiten betragen. Der blaue Preis von Ambrosia beträgt heuer eine blaue Geldeinheit je Krug, nächstes Jahr werden es zwei b. G. pro Krug sein. Der rote Preis ist heuer eine r. G. und wird nächstes Jahr unverändert bleiben.

a) Wenn Johann(a) das ganze blaue Einkommen in der ersten Periode ausgäbe, könnte es den blauen Preis für insgesamt ____________ Krüge Ambrosia bezahlen. Wenn es das ganze Einkommen dieses Jahres bei der Blaugeld-Bank sparte, würde es im nächsten Jahr ____________ b. G. haben. Damit könnte es im nächsten Jahr den blauen Preis für ____________ Krüge Ambrosia bezahlen. Zeichne in die folgende Grafik Johann(a)s blaue Budgetgerade, die alle jene Kombinationen von Konsum in dieser Periode und in der nächsten Periode darstellt, für die es genügend blaues Einkommen hat.

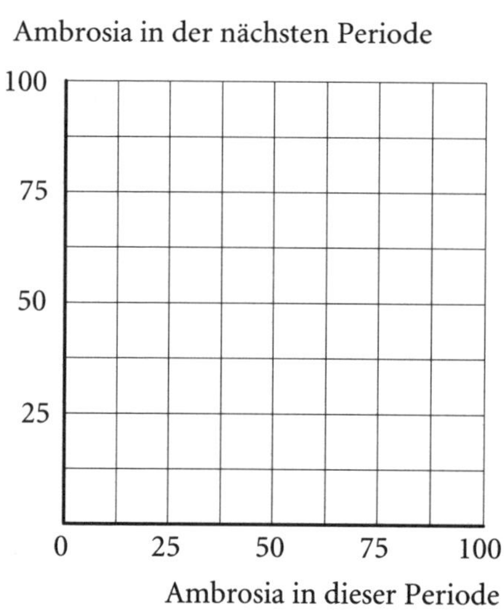

b) Wie viel rotes Geld könnte Johann(a) in der ersten Periode borgen, wenn es beabsichtigte, in der nächsten Periode kein rotes Geld auszugeben, und dafür soviel rotes Geld in dieser ersten Periode zu borgen, so viel es in der zweiten Periode einschließlich der Zinsen zurückzahlen könnte? ______________________.

c) Der (genaue) Realzinssatz für blaues Geld ist ______________________.

Der Realzinssatz für rotes Geld ist ______________________.

d) Zeichne auf den untenstehenden Achsen Johann(a)s blaue und rote Budgetgeraden. Schraffiere alle jene Kombinationen von gegenwärtigem und zukünftigem Ambrosiakonsum, den sich Johann(a) leisten kann, wenn es mit beiden Währungen zahlen muss.

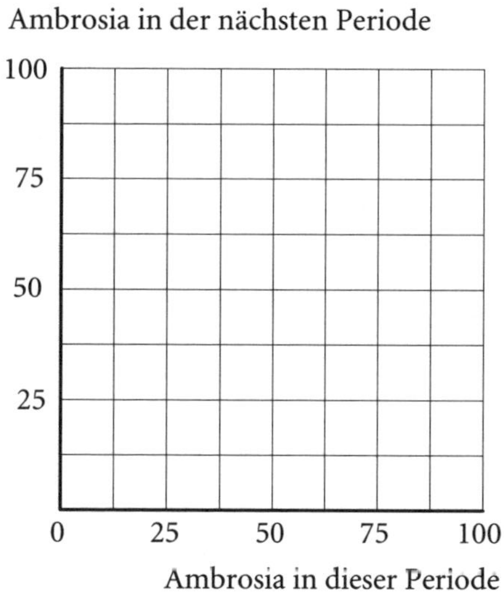

e) Es stellt sich heraus, dass es für Johann(a) optimal ist, auf der blauen Budgetgeraden und *unterhalb* der roten Budgetgeraden zu agieren. Suche einen derartigen Punkt in der Grafik und bezeichne ihn mit *C*.

f) Zeige in der folgenden Grafik, wie sich Johann(a)s ursprüngliche Budgetmenge verändert, wenn der blaue Zinssatz steigt, während der rote Zinssatz unverändert bleibt. Schraffiere in der Grafik jenen Teil der neuen Budgetgeraden, in dem Johann(a)s Nachfrage möglicherweise liegen könnte. (Hinweis: Wende das Prinzip der bekundeten Präferenzen an. Überlege, welche Bündel verfügbar waren, aber zurückgewiesen wurden, als sich Johann(a) vor der Änderung der blauen Zinsen für den Konsum von *C* entschied.)

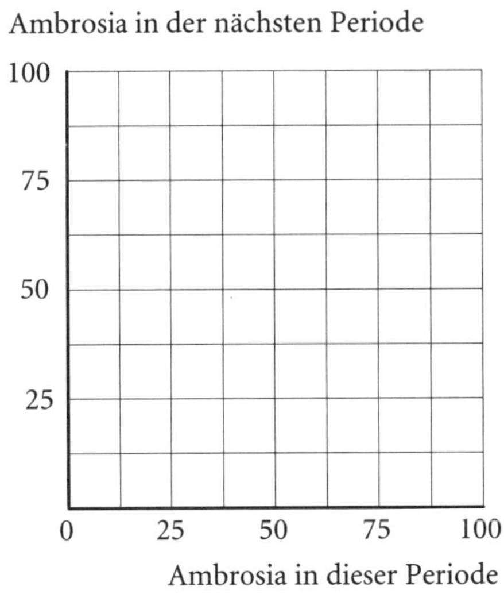

10.8 ☐ Herr A. B. Cäsar lebt nur zwei Perioden lang. In der ersten Periode verdient er € 50.000. In der zweiten Periode tritt er in den Ruhestand und lebt von seinen Ersparnissen. Seine Nutzenfunktion lautet $U(c_1, c_2) = c_1c_2$, wobei c_1 der Konsum der Periode 1 und c_2 der Konsum der Periode 2 ist. Er kann Geld zu einem Zinssatz $r = 0{,}10$ borgen und verleihen.

a) Wird sein Konsum in der Periode 1 steigen, fallen oder gleich bleiben, wenn der Zinssatz steigt? ______________________________.

b) Würde er durch ein Steigen des Zinssatzes in der zweiten Periode mehr oder weniger konsumieren? ______________________________.

c) Würde Herr Cäsar in Periode 1 mehr, weniger oder dasselbe konsumieren, wenn sein Einkommen in Periode 1 Null wäre, in Periode 2 jedoch € 55.000? ______________.

10.9 ▣ Gernot Gewohnheits Nutzenfunktion lautet $U(c_1, c_2) = \min\{c_1, c_2\}$, wobei c_1 sein Brotkonsum in der Periode 1 und c_2 sein Brotkonsum in der Periode 2 ist. Ein Laib Brot kostet in Periode 1 € 1. Der Zinssatz beträgt 21 %. Gernot verdient in der ersten Periode € 2.000, in der zweiten Periode € 1.100.

a) Schreibe Gernots Budgetbeschränkung in Zukunftswerten bei Ausschluss von Inflation an: ______________________________.

b) Wie viel Brot konsumiert Gernot in der ersten Periode und wie viel spart er? (Die Antwort ist nicht notwendigerweise ganzzahlig.) ______________________________.

c) Angenommen Gernots Geldeinkommen ist in beiden Perioden unverändert, der Zinssatz bleibt ebenfalls bei 21 %, es gibt jedoch eine Inflationsrate von 10 %. Ein Laib Brot wird daher in Periode 2 ________________ Euro kosten. Schreibe Gernots Budgetgleichung für Brot in der Periode 1 und Brot in der Periode 2 in der neuen Situation an.

____.

10.10 ■ In einem abgelegenen Bergdorf wird nur Mais geerntet. Gute und schlechte Ernten wechseln einander ab. Heuer wird die Ernte 1.000 Zentner, nächstes Jahr nur 150 Zentner betragen. Es gibt keinen Handel mit der Außenwelt. Mais kann zwar von einem Jahr zum anderen gelagert werden, Ratten fressen jedoch 25 % von dem, was in einem Jahr gelagert wurde, auf. Die Dorfbewohner haben Cobb-Douglas Nutzenfunktionen $U(c_1, c_2) = c_1c_2$, wobei c_1 der Konsum heuer und c_2 der Konsum des nächsten Jahres ist.

a) Zeichne eine rote „Budgetgerade", welche die Konsummöglichkeiten des Dorfes darstellt, wobei der diesjährige Konsum auf der horizontalen, der Konsum des nächsten Jahres auf der vertikalen Achse aufzutragen ist. Gib auf den Achsen Zahlen an, um die Schnittpunkte der Budgetgeraden mit den Achsen zu zeigen.

b) Wie viel werden die Dorfbewohner heuer konsumieren? ________________.

Wie viel werden die Ratten fressen? ________________. Wie viel Mais werden die Dorfbewohner im nächsten Jahr konsumieren? ________________.

c) Nehmen wir an, dass eine Straße zum Dorf gebaut wird, sodass mit dem Rest der Welt gehandelt werden kann. Die Dorfbewohner können nun Mais zum Weltmarktpreis von € 1 je Zentner kaufen und verkaufen. Sie können ebenfalls Geld zum Zinssatz von 10 % borgen und verleihen. Zeichne in die Grafik die neue Budgetgerade der Dorfbewohner blau ein. Finde die Mengen, die sie nun in der ersten Periode ________________ und in der zweiten Periode ________________ konsumieren würden.

d) Angenommen alles ist unverändert wie unter c), mit Ausnahme von Transportkosten von € 0,10 für jeden Zentner Mais, der vom oder zum Dorf transportiert wird. Zeichne die Budgetgerade der Dorfbewohner in diesem Fall schwarz ein.

10.11 ☐ Die folgende Tabelle weist Zinssätze und Inflationsraten für die USA aus. Vervollständige die Tabelle. (VPI = Verbraucherpreisindex)

Inflation und Verzinsung in den USA, 1965–1985

Jahr	1965	1970	1975	1978	1980	1985
VPI, Jahresbeginn	38,3	47,1	66,3	79,2	100,0	130,0
VPI, Jahresende	39,4	49,2	69,1	88,1	110,4	133,0
Inflationsrate, in %	2,9	4,3				
Nominalzinssatz	4,0	6,4	5,8	7,2	11,6	7,5
Realzinssatz	1,1	2,1				

(a) Die Leute beschwerten sich in den späten Siebzigerjahren häufig über die hohen Zinsen. Tatsächlich waren die Zinsen in jüngerer Zeit kaum jemals so hoch. Erkläre, warum solche Beschwerden irreführend sind: ______________________________

____

____.

(b) Wenn man zu Beginn des Jahres 1985 auf eine Konsumeinheit verzichtet und das Geld zum gängigen Zinssatz gespart hätte, könnte man am Anfang des Jahres 1986 um den Ertrag der Ersparnisse ______________ Konsumeinheiten kaufen. Wenn man zu Beginn des Jahres 1978 auf eine Konsumeinheit verzichtet und das Geld zum gängigen Zinssatz gespart hätte, könnte man am Anfang des Jahres 1979 um den Ertrag der Ersparnisse ______________ Konsumeinheiten kaufen.

10.12 ▣ Für Mimi Mild ist es unerheblich, ob sie in Periode 1 oder in Periode 2 konsumiert. Ihre Nutzenfunktion ist einfach $U(c_1, c_2) = c_1 + c_2$. Ihre Ausstattungen in Periode 1 und 2 betragen € 20 bzw. € 40. In einem Antiquitätengeschäft entdeckt sie in Periode 1 eine Keksdose zum Preis von € 12; sie ist sicher, dass sie diese Dose in Periode 2 zum Preis von € 20 verkaufen kann. Die Keksdose als solche bringt ihr keinerlei Konsumvorteil, es kostet sie aber auch nichts, die Dose eine Periode lang zu lagern.

a) Bezeichne in der folgenden Grafik ihre ursprüngliche Ausstattung mit E und zeichne eine blaue Budgetgerade, welche die Kombinationen von Konsum in Periode 1 und in

Periode 2 angibt, die sie sich ohne den Kauf der Keksdose leisten kann. Bezeichne in der selben Grafik jenes Konsumbündel mit A, das sie sich ohne Borgen und Verleihen, jedoch nach Kauf der Keksdose in Periode 1 und deren Verkauf in Periode 2 leisten könnte; dabei wird unterstellt, dass sie den Erlös aus dem Verkauf der Keksdose ebenfalls für Konsum in der Periode 2 verwenden würde. Sollte Mimi in den Kauf der Keksdose investieren, wenn sie weder borgen noch verleihen kann? ______________________.

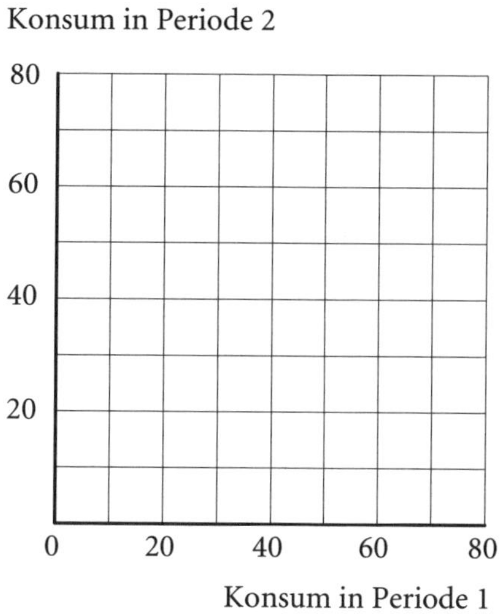

b) Angenommen Mimi kann zu einem Zinssatz von 50 % borgen und verleihen. Zeichne in dieselbe Grafik, in welcher die Anfangsausstattung eingezeichnet ist, die Budgetgerade, die alle Konsumbündel zeigt, die sie sich leisten kann, wenn sie in die Keksdose investiert und zum Zinssatz von 50 % borgt oder verleiht. Zeichne in dieselbe Grafik ein oder zwei von Mimis Indifferenzkurven rot ein.

c) Nehmen wir an, dass die Konsumnachfragen in den beiden Perioden nicht – wie bisher – perfekte Substitute, sondern perfekte Komplemente sind; Mimis Nutzenfunktion lautet dann $U(c_1, c_2) = \min\{c_1, c_2\}$. Sollte sie die Keksdose kaufen, wenn sie weder borgen noch verleihen kann? __________. Sollte sie die Keksdose kaufen, wenn sie zu einem Zinssatz von 50 % borgen und verleihen kann? ____________. Sollte sie die Keksdose kaufen, wenn sie zu einem Zinssatz von 100 % borgen und verleihen kann? ________.

11 Märkte für Vermögenswerte

Einleitung

Die grundlegende Gleichgewichtsbedingung auf Märkten für Vermögenswerte ist, dass im Gleichgewicht die Ertragsrate für alle Aktiva dieselbe sein muss. Wenn man daher den Zinssatz und den Geldstrom kennt, den ein Vermögenswert generiert, dann kann man seinen Marktpreis voraussagen. Diese Bedingung hat eine Reihe von interessanten Implikationen für die Preise von dauerhaften Aktiva. Wir werden einige davon näher untersuchen.

Beispiel

Ein pharmazeutisches Unternehmen besitzt ein Patent für ein neues Arzneimittel. Das Patent wird am l. Jänner 2014 auslaufen, ab dann kann jeder das Arzneimittel herstellen. Der Besitzer des Patents wird bis zu dessen Auslaufen einen jährlichen Gewinn von € 1.000.000 erzielen. Vereinfachend nehmen wir an, dass die Gewinne immer am 31. Dezember anfallen. Der Zinssatz ist 5 %. Berechnen wir, wie hoch der Verkaufspreis des Patents am 1. Jänner 2011 sein wird. Am 1. Jänner 2011 wird potenziellen Käufern klar werden, dass sie aus dem Besitz des Patents jährlich € 1.000.000 erhalten werden, beginnend nach einem Jahr und für die Dauer von 3 Jahren. Der Gegenwartswert dieses Geldstroms beträgt

$$(1.000.000/1,05) + (1.000.000/1,05^2) + (1.000.000/1,05^3) \sim € 2.723.248$$

Niemand würde mehr als diesen Betrag für das Patent zahlen, da man bei einer Geldanlage des Betrags von € 2.723.248 zu einem Zinssatz von 5 % durch drei Jahre hindurch jährlich von der Bank genau € 1.000.000 beziehen könnte, und zwar beginnend in einem Jahr. Das Patent würde aber auch nicht um weniger als € 2.723.248 verkauft werden, da man dann in diesem Fall durch die Investition in das Patent einen höheren Ertrag erzielen könnte als von jeder anderen Investition. Wie hoch wird der Preis des Patents am 1. Jänner 2012 sein? In diesem Zeitpunkt ist das Patent genau soviel wert wie ein Geldstrom von € 1.000.000 in 1 Jahr und weiteren € 1.000.000 in 2 Jahren. Der Gegenwartswert dieses Stroms, vom 1. Jänner 2012 aus gesehen, beträgt

$$(1.000.000/1,05) + (1.000.000/1,05^2) \sim € 1.859.310$$

Ein etwas schwierigeres Problem liegt dann vor, wenn der Geldstrom eines Aktivums vor dessen Verwendung abhängt. Wenn man den Preis eines solchen Aktivums sucht, muss man fragen, was der Gegenwartswert des Geldstroms ist, den ein Aktivum abwirft, wenn es in einer Weise eingesetzt wird, die seinen Gegenwartswert maximiert.

Beispiel

Manche Menschen sind bereit, für den Genuss einer bestimmten Flasche Wein im laufenden Jahr € 15 auszugeben. Im nächsten Jahr wären sie bereit, für die gleiche Flasche Wein € 25 zu zahlen, ein weiteres Jahr danach € 26. Danach beginnt der Wein schlechter zu werden, der Preis, den die Leute dafür zahlen würden, beginnt zu fallen. Der Zinssatz ist 5 %. Wir können nicht nur bestimmen, um wie viel der Wein verkauft wird, sondern auch wann er getrunken wird. Wenn der Wein im ersten Jahr getrunken würde, würde er um € 15 verkauft werden müssen. Kein rationaler Investor wird jedoch den Wein um € 15 im ersten Jahr verkaufen, wenn er ihn 1 Jahr später um € 25 verkaufen kann. Das ist eine Ertragsrate von 66,66 %, was wesentlich über dem Zinssatz liegt. Bei einem Zinssatz von 5 % sind die Investoren bereit, mindestens $25/1{,}05 =$ € 23,81 für den Wein zu zahlen. Investoren werden daher die Weintrinker überbieten, und dieser Wein wird heuer nicht getrunken werden. Werden die Investoren bereit sein, den Wein 2 Jahre lang zu lagern? In 2 Jahren wird der Wein € 26 wert sein, der Gegenwartswert für den Kauf des Weins und seine Einlagerung durch 2 Jahre hindurch ist $26/1{,}05^2 =$ € 23,58. Das liegt unter dem Gegenwartswert einer einjährigen Einlagerung und anschließendem Verkauf um € 25. Daraus schließen wir, dass der Wein nach 1 Jahr getrunken wird. Sein derzeitiger Verkaufspreis wird € 23,81 sein, in einem Jahr kann er um € 25 verkauft werden.

11.0 **Aufwärmübung**. Vorerst ein paar Aufgaben zum Gegenwartswert. Für alle folgenden Beispiele wird angenommen, dass man zu einem jährlichen Zinssatz von r sowohl borgen als auch verleihen kann; der Zinssatz bleibt ewig gleich.

a) Man ist indifferent zwischen € 1 jetzt und ________________ Euro in einem Jahr, denn wenn man den Euro auf die Bank bringt, dann wird man nach einem Jahr ______________ Euro von der Bank zurückerhalten.

b) Man ist indifferent zwischen ________________________ Euro in einem Jahr und dem Erhalt von $1/(1 + r)$ Euro heute, da in die Bank heute eingezahlte ________________________ Euro einem ermöglichen würde, in einem Jahr Kapital und Zinsen in Höhe von insgesamt € 1 zu beheben.

c) Für jedes beliebige $X > 0$ wären Sie indifferent zwischen dem Erhalt von ________________________ Euro jetzt und X Euro in einem Jahr. Der Gegenwartswert von X Euro in einem Jahr ist ________________________________ Euro.

d) Der Gegenwartswert einer Verpflichtung, in einem Jahr X Euro zu zahlen, ist heute

________________________ Euro.

e) Der Gegenwartswert eines Aktivums, das X Euro abwirft, die aber erst in 2 Jahren ausbezahlt werden, ist ________________________ Euro.

f) Der Gegenwartswert eines Aktivums, das X_t Euro abwirft, die aber erst in t Jahren ausbezahlt werden, ist ________________________ Euro.

g) Der Gegenwartswert eines Aktivums, das X_1 Euro in 1 Jahr abwirft, X_2 Euro in 2 Jahren und X_{10} Euro in 10 Jahren, ist ________________________ Euro.

h) Der Gegenwartswert eines Aktivums, das einen ewigen konstanten jährlichen Ertrag von X Euro abwirft, kann auf zwei Arten errechnet werden. Zum einen kann man jenen Geldbetrag berechnen, den man bei einer Bank einzahlen müsste, damit diese jährlich den Betrag von X Euro ohne Reduktion des Kapitals auszahlt. Die jährlichen Zinsen, die man auf ein Bankguthaben in Höhe von ________________ erhält, sind X Euro.

Es ist daher genau so gut, wenn man jetzt ________________ Euro besitzt oder jährlich für ewige Zeiten X Euro erhält.

i) Eine andere Möglichkeit der Berechnung des Gegenwartswertes von jährlichen X Euro auf Dauer ist die Bewertung der unendlichen Reihe, ________________.

Diese Reihe heißt ________________________ Reihe. Für $r > 0$ ist diese Summe genau definiert, sie lautet ________________________.

j) Bei einem Zinssatz von 10 % ist der Gegenwartswert von € 1.000, die man in einem Jahr erhält, gleich ________________________ (gerundet auf ganze Euro). Der Gegenwartswert von € 1.000, die man für ewige Zeiten erhält, wird

________________________ Euro sein (wiederum gerundet).

k) Wie hoch ist bei einem Zinssatz von 10 % der Gegenwartswert eines Aktivums, für das man in einem Jahr 550 Euro zahlen muss, um dann in zwei Jahren 1.210 Euro zurückzuerhalten? ________________________ Euro.

? Aufgaben

11.1 ☐ Eine bestimmte Fläche wurde mit Weihnachtsbäumen bepflanzt. Am 1. Dezember in 10 Jahren werden die Bäume geerntet werden können. Der Preis der Weihnachtsbäume wird zu dieser Zeit € 1.000 je Hektar betragen. Nach Abholzen der Bäume wird das Grundstück € 200 pro Hektar wert sein. Es gibt keine Steuern, keine Betriebsausgaben, aber bis zum Fällen der Bäume auch keinen Ertrag von diesem Grundstück. Der Zinssatz beträgt 10 %.

a) Wie hoch wird derzeit der Marktpreis des Grundstücks sein? ______________.

b) Angenommen die Weihnachtsbäume müssen nicht unbedingt erst in 10 Jahren, sondern könnten in jedem beliebigen Jahr verkauft werden. Wenn sie vor 10 Jahren abgeholzt werden, ist ihr Wert gleich Null. Nach 10 Jahren ist, wie bereits bekannt, ihr Wert € 1.000 pro Hektar und dieser Wert wird während der nächsten 20 Jahre um jährlich € 100 steigen. Nach dem Abholzen der Bäume kann das Grundstück um jeweils € 200 je Hektar verkauft werden. Wann sollten die Weihnachtsbäume geerntet werden, damit man den Gegenwartswert aus dem Erlös der Bäume und dem Grundstück maximiert?

______________. Wie hoch wird der derzeitige Marktpreis für einen Hektar des Grundstücks sein? ______________.

11.2 ☐ Die Werbeagentur des FC Foul meldet die Anheuerung eines neuen phänomenalen Stürmers, Toni Tor. Es wird behauptet, dass sein Vertrag € 1.000.000 wert ist, die in 20 Jahresraten von je € 50.000, beginnend in einem Jahr, ausgezahlt werden. Der Vertrag enthält die Klausel, dass die Raten auch dann ausgezahlt werden, wenn er verletzt werden sollte, selbst wenn er nicht ein einziges Match spielte. Sportjournalisten erklären Toni zum „augenblicklichen Millionär“.

a) Tonis Bruder, Fender, der Ökonomie studierte, erklärt Toni, dass er kein Millionär sei. In Wirklichkeit ist sein Vertrag weniger als ein halbe Million Euro wert. Erkläre mit Worten, warum das so ist: ______________

____

____

______________.

Tonis Kurs über „Sportmanagement“ befasste sich nicht mit Gegenwartswerten. Sein Bruder versucht daher, ihm die Berechnung klarzumachen, und zwar folgendermaßen:

b) Angenommen der Zinssatz ist 10 % und bleibt auch für immer auf dieser Höhe. Wie viel würde es den Verein kosten, für Toni eine dauernde Rente von € 1 zu kaufen, die in einem Jahr auf *ewig* zu laufen beginnt? ______________.

c) Wie viel würde es kosten, eine dauernde Rente von € 50.000 zu kaufen, die in einem Jahr zu laufen beginnt? ________________________________.

Im letzten Teil errechneten wir den Gegenwartswert von Tonis Vertrag, wenn er € 50.000 auf ewige Zeiten bekäme. Toni kriegt jedoch die jährlichen € 50.000 nicht für immer, die Zahlungen enden nach 20 Jahren. Der Gegenwartswert von Tonis tatsächlichem Vertrag ist derselbe wie der Gegenwartswert eines Vertrags, der ihm € 50.000 jährlich auf ewige Zeiten zahlt, wobei er aber ab dem 21. Jahr gleichzeitig € 50.000 jährlich zurückzahlen muss. Man kann daher den Gegenwartswert von Tonis Vertrag so berechnen, dass man vom Gegenwartswert von jährlichen € 50.000 auf ewige Zeiten den Gegenwartswert von € 50.000, die jährlich ab dem 21. Jahr auf ewige Zeiten ausbezahlt werden, subtrahiert.

d) Wenn der Zinssatz derzeit und für immer 10 % beträgt, wird ein ewiger jährlicher Geldstrom, der in 21 Jahren beginnt, genau denselben Gegenwartswert haben, wie eine einmalige Geldzahlung von ____________________ Euro, die man in 20 Jahren erhält.

e) Wie hoch wird der Gegenwartswert von ewigen jährlichen € 50.000 sein, die man ab dem 21. Jahr erhält, wenn der Zinssatz derzeit und für immer 10 % beträgt? ____________________. (Hinweis: Der Gegenwartswert eines Euro, der erst in 20 Jahren ausgezahlt wird, ist gleich $1/(1 + r)^{20} = 0{,}15$.)

f) Berechne jetzt den Gegenwartswert von Tonis Vertrag: ____.

11.3 ☐ Professor These plagt sich mit der Formel für den Gegenwartswert eines Zahlungsstroms von € 1, der in einem Jahr beginnt und ewig dauert. Er weiß, dass der Wert dieses Stroms durch die unendliche Reihe

$$S = (1/(1 + r)) + (1/(1 + r)^2) + (1/(1 + r)^3) + \ldots$$

ausgedrückt wird, aber er kann sich nicht an die vereinfachte Formel dieser Summe erinnern. Er weiß lediglich, dass bei einem sofortigen Beginn der Zahlungen – anstatt erst in einem Jahr – der Gegenwartswert der Summe um 1 Euro größer wäre. Er weiß daher, dass

$$S + 1 = 1 + (1/(1 + r)) + (1/(1 + r)^2) + (1/(1 + r)^3) + \ldots$$

ist.

Professor Antithese leidet unter ähnlichem Gedächtnisschwund; er kann sich ebenfalls nicht an die Formel für S erinnern. Aber er weiß, dass der Gegenwartswert von jährlich € 1 auf ewige Zeiten, dessen Auszahlung sofort beginnt, $(1 + r)$mal so groß sein muss wie der Gegenwartswert eines Zahlungsstroms von jährlich € 1, dessen Auszahlung erst in einem Jahr beginnt. (Das stimmt deswegen, weil man durch das Vorziehen eines beliebigen Einkommensstroms um ein Jahr seinen Gegenwartswert mit $(1 + r)$ multipliziert.) Das heißt, es gilt

$$1 + (1/(1 + r)) + (1/(1 + r)^2) + (1/(1 + r)^3) + ... = (1 + r)S.$$

a) Wenn Professor These und Professor Antithese ihr Wissen zusammenfügen, dann können sie eine einfache Gleichung anschreiben, die nur die Variable S enthält. Diese Gleichung lautet $S + 1 =$ ______________________________. Lösung dieser Gleichung nach S ergibt $S =$ ______________________________.

b) Die beiden Professoren haben auch die Formel des Gegenwartswerts eines Zahlungsstroms von € 1, beginnend mit nächstem Jahr für eine Dauer von K Jahren, vergessen. Sie einigen sich darauf, diese Zahl mit $S(K)$ zu bezeichnen, und sie erkennen, dass

$$S(K) = (1/(1 + r)) + (1/(1 + r)^2) + ... + (1/(1 + r)^K).$$

Professor These stellt fest, dass bei Einlangen jeder Zahlung um 1 Jahr früher, der Gegenwartswert dieses Geldstroms

$$1 + (1/(1 + r)) + (1/(1 + r)^2) + ... + (1/(1 + r)^{K-1}) = S(K) + 1 - (1/(1 + r)^K)$$

wäre. Professor Antithese hebt hervor, dass die Beschleunigung eines Geldstroms um 1 Jahr einer Multiplikation seines Gegenwartswerts um $(1 + r)$ gleichzusetzen ist. Durch Zusammenfügen ihrer beiden Erkenntnisse finden die beiden Professoren eine Gleichung, die nach $S(K)$ gelöst werden kann. Diese Gleichung lautet $S(K) + 1 - 1/(1 + r)^K =$ ______________________________. Auflösung dieser Gleichung nach $S(K)$ ergibt die Formel $S(K) =$ ______________________________.

*** 11.4** ☐ Sie sind der Manager der Firma Grünwald AG und versuchen zu entscheiden, zu welchem Zeitpunkt die Bäume des von Ihnen geleiteten Unternehmens gefällt werden sollen. Der Marktwert des Holzes, den man für die Bäume nach einem Alter von t Jahren erhält, ist durch die Funktion $W(t) = e^{0,20t - 0,001t^2}$ gegeben. Herr Grünwald, der Besitzer, erhält für sein Geld auf der Bank 5 % Zinsen.

Die Wachstumsrate des Marktwerts der Bäume wird bis zu einem Alter von ________ Jahren größer als 5 % sein. (Hinweis: Aus der elementaren Differentialrechnung wissen wir, dass für $F(t) = e^{g(t)}$ gilt: $F'(t)/F(t) = g'(t)$.)

a) Wie alt sollten Sie die Bäume werden lassen, wenn Herr Grünwald an den Bäumen nur als Investition interessiert ist? ______________________________.

b) In welchem Alter haben die Bäume den höchsten Marktwert? ____________________.

11.5 ☐ Man erwartet, dass der Preis eines bestimmten Gemäldes jährlich um 8 % steigt – und das für immer. Der Marktzinssatz für Borgen und Leihen beträgt 10%. Nehmen wir an, bei Kauf und Verkauf fallen keine Maklergebühren an.

a) Angenommen man erwirbt das Gemälde heute um x Euro und verkauft es in einem Jahr. Wie viel kostet es, das Gemälde ein Jahr lang zu behalten, anstatt die x Euro zum Marktzins verliehen zu haben? ______________________________.

b) Sie wären bereit, pro Jahr € 100 dafür zu zahlen, dass das Gemälde an Ihrer Wand hängt. Schreiben Sie eine Gleichung an, die man nach dem Preis x lösen kann, zu dem Sie gerade bereit wären, das Gemälde zu kaufen: ______________________________.

c) Wie viel würden Sie für den Kauf des Gemäldes gerade noch zahlen? ______________.

11.6 ■ Arthur erwägt den Kauf einer Waggonladung Wein als Finanzinvestition. Zu einem Zinssatz von 10 % kann er soviel Geld ausborgen oder verleihen, wie er will. Er zieht drei Weine in Betracht. Zur Vereinfachung der Berechnungen nehmen wir an, dass Manipulations- und Lagerkosten vernachlässigbar sind.

- Weinkenner würden genau € 175 pro Kiste des Weins A zum heutigen Verbrauch zahlen. Wenn man diesen Wein lagert, würde er an Qualität gewinnen; Weinkenner würden in einem Jahr für diesen Wein € 220 je Kiste zahlen. Danach sinkt die Qualität des Weins, er wird jedes Jahr weniger wert.
- Ab heute bis zu einem Jahr unterscheidet sich Wein B von Wein A nicht. Aber anstatt nach einem Jahr Qualität zu verlieren, wird Wein B immer besser. Tatsächlich wären Weinkenner bereit, für Wein B zum Verbrauch in einem Jahr € 220 pro Kiste zu zahlen, dieser Preis wird während der nächsten 30 Jahre jährlich um € 10 je Kiste steigen.
- Für Wein C würden Weinkenner zum derzeitigen Verbrauch € 100 pro Kiste zahlen. In einem Jahr würden sie jedoch € 250 zahlen; dieser Preis steigt dann für die nächsten 20 Jahre um jährlich € 50 je Kiste.

a) Wie viel würde Arthur höchstens für Wein A zahlen? ______________________.

b) Wie viel würde Arthur höchstens für Wein B zahlen? ______________________.
(Hinweis: Wann wird Wein B getrunken werden?)

c) Wie alt wird Wein C sein, damit es sich für Investoren zum ersten Mal lohnt, ihn zum Verbrauch an die Konsumenten zu verkaufen? ______________________.
(Hinweis: Wann erreicht die Ertragsrate dieses Weins 10 %?)

d) Wie hoch wird der Preis des Weins C sein, wenn er zum ersten Mal getrunken wird?
____.

e) Wie viel würde Arthur derzeit höchstens für eine Kiste von Wein *C* zahlen? (Hinweis: Wie hoch ist der Gegenwartswert seiner Investition, wenn er den Wein an einen Weinkenner zum optimalen Zeitpunkt verkauft?) Drücke Deine Antwort in exponentieller Schreibweise aus, ohne sie auszurechnen: ______________________.

11.7 ☐ Fischer Braun wird auf sein Einkommen aus gewöhnlichen Wertpapieren mit einem Satz von 40 % besteuert. Gewöhnliche Schuldverschreibungen haben eine Verzinsung von 10 %. Zinserträge aus Kommunalschuldverschreibungen werden überhaupt nicht besteuert.

a) Sollte er bei einem Zinssatz von 7 % auf Kommunalschuldverschreibungen gewöhnliche Obligationen oder Kommunalobligationen kaufen? ______________________.

b) Jäger Schwarz verdient weniger als Fischer Braun und zahlt vom Einkommen aus gewöhnlichen Obligationen nur 25 % Einkommensteuer. Welche Art von Obligationen sollte er kaufen? ______________________.

c) Angenommen Fischer hat € 1.000.000 in Schuldverschreibungen angelegt, Jäger hingegen € 10.000. Wie viel Steuer zahlt Fischer auf den Zinsertrag aus seinen Obligationen? ______________________. Wie viel zahlt Jäger? ______________________.

d) Die Regierung erwägt ein neues Steuersystem, wonach Zinsen überhaupt steuerfrei sind. Wenn sich die Zinssätze der zwei Arten von Wertpapieren nicht ändern und wenn Fischer und Jäger ihre Portfolios anpassen können, um wie viel wird Fischers Einkommen nach Besteuerung steigen? ______________________. Um wie viel steigt Jägers Einkommen nach Besteuerung? ______________________.

e) Wie würde sich die Änderung der Steuergesetze auf die Nachfrage nach Kommunalschuldverschreibungen auswirken, wenn sich die Zinssätze nicht änderten? ______________________.

f) Wie hoch werden neu ausgegebene Kommunalschuldverschreibungen verzinst werden müssen, damit sie Käufer finden? ______________________.

g) Wie wird sich Ihrer Meinung nach der Marktpreis der alten Kommunalschuldverschreibungen ändern, die weiterhin zu 7 % verzinst werden? ______________________.

11.8 ☐ Im Lehrbuch diskutierten wir den Erdölmarkt unter der Annahme von Null Produktionskosten; nehmen wir nun an, bei der Extraktion von Erdöl entstehen Kosten im Ausmaß von € 5 je Fass. Wir wollen den Preis im Zeitraum t mit p_t und den Zinssatz mit r bezeichnen.

a) Wie viel Gewinn erzielt eine Unternehmung im Zeitraum t, wenn sie in dieser Periode ein Fass Öl aus dem Boden extrahiert? ____________________.

b) Wie viel Gewinn erzielt eine Unternehmung im Zeitraum $t + 1$, wenn sie in dieser Periode, $t + 1$, ein Fass Öl aus dem Boden extrahiert? ____________________.

c) Wie hoch ist der Gegenwartswert des Gewinns aus der Produktion eines Fasses Erdöl im Zeitraum $t + 1$? ____________________. Wie hoch ist der Gegenwartswert des Gewinns aus der Produktion eines Fasses Erdöl im Zeitraum t? ____________________.

d) Welche Aussage bezüglich des Gegenwartswerts der Gewinne aus dem Verkauf von Erdöl in den beiden Perioden muss korrekt sein, wenn die Unternehmung bereit ist, in jeder der beiden Perioden Erdöl anzubieten? ____________________. Drücke diese Beziehung als Gleichung aus: ____________________.

e) Löse die soeben erhaltene Gleichung nach p_{t+1} als eine Funktion von p_t und r: ____________________.

f) Ist die prozentuelle Preissteigerung zwischen den beiden Perioden größer oder kleiner als der Zinssatz? ____________________.

11.9 ☐ Dr. No besitzt einen Bond (= Obligation) mit der Seriennummer 007, ausgegeben von der James AG. Die Obligation (= Der Bond) wirft einen jährlichen Ertrag von € 200 während der nächsten drei Jahre ab und wird dann zu ihrem Nominale von € 2.000 zurückgezahlt.

a) Wie viel ist der James-Bond 007 für Dr. No bei einem Zinssatz von 10 % wert? ____________________.

b) Welchen Wert hat der James-Bond 007 bei einem Zinssatz von 5 %? ____________________.

c) Ms. Yes bietet Dr. No für den James-Bond 007 € 2.200. Sollte Dr. No zu Ms. Yes ja oder nein sagen, wenn der Zinssatz 10 % beträgt? ____________________. Und wenn der Zinssatz 5 % wäre? ____________________.

d) Um die Welt zu zerstören, stellt Dr. No Professor Know ein, der einen schrecklichen Todesstrahl entwickeln soll. Um Professor Know von seiner Universität wegzulocken, muss ihm Dr. No jährlich € 200 zahlen. Die Entwicklung des schrecklichen Todesstrahls dauert drei Jahre, dann kann er um € 2.000 produziert werden. Wie viel Geld braucht Dr. No bei einem Zinssatz von 5 % heute, um dieses heimtückische Projekt zu finanzieren? ______________. Wäre die Welt durch Dr. No in größerer oder geringerer Gefahr, wenn der Zinssatz 10 % wäre? ______________________________.

11.10 ☐ Kaltenberger besitzt ein großes Haus mit schlechter Wärmedämmung. Seine jährlichen Heizkosten betragen durchschnittlich € 300. Ein Dämmungsunternehmen macht ihm die folgenden Vorschläge:

Plan A. Dämme nur den Dachboden. Als Folge davon werden die Heizkosten permanent um 15 % verringert. Die Gesamtkosten der Wärmedämmung des Dachbodens sind € 300.

Plan B. Dämme den Dachboden und die Wände. Als Folge davon werden die Heizkosten permanent um 20 % verringert. Die Gesamtkosten der Wärmedämmung von Dachboden und Wänden sind € 500.

Plan C. Dämme den Dachboden und die Wände, installiere zusätzlich eine Solarheizanlage. Als Folge davon werden die Heizkosten permanent auf Null reduziert. Die Gesamtkosten dieser Variante sind € 7.000 für die Solarheizung und € 500 für die Wärmedämmung von Dachboden und Wänden.

a) Zur Vereinfachung der Berechnungen nehmen wir an, dass das Haus samt Wärmedämmung ewig bestehen bleibt. Berechne den Gegenwartswert der nach jeder Variante ersparten Heizkosten bei einem Zinssatz von 10 %. Die Gegenwartswerte sind:

   Plan A: ______________, Plan B: ______________, Plan C: ______________.

b) Jeder Plan erfordert zu seiner Realisierung eine Geldausgabe. Die Differenzen zwischen dem Gegenwartswert und den gegenwärtigen Kosten jedes Plans sind:

   Plan A: ______________, Plan B: ______________, Plan C: ______________.

c) Welche Variante sollte er wählen, wenn er zu einem jährlichen Zinssatz von 10 % borgen oder leihen kann und wenn er erwartet, dass der Preis des Heizmaterials gleich bleibt?

   ____.

d) Welche Variante sollte er wählen, wenn er zu einem jährlichen Zinssatz von 5 % borgen und leihen könnte? ______________________________.

e) Angenommen der Staat ist zur Übernahme der halben Kosten der Wärmedämmung und/oder der Solarheizung bereit. Welche Variante würde er jetzt bei einem Zinssatz von 10 % wählen? ______________. Bei 5 %? ______________.

f) Angenommen es gibt keine staatliche Subvention, aber man erwartet, dass die Heizmaterialpreise jährlich um 5 % steigen werden. Wie hoch sind nun bei einem Zinssatz von 10 % die Gegenwartswerte der drei Varianten? (Hinweis: Wenn ein Einkommensstrom mit x % wächst und zu y % diskontiert wird, so sollte sein Gegenwartswert gleich dem

Gegenwartswert eines konstanten Einkommensstroms sein, der zu $(x - y)$ % abgezinst wird). Plan A: ____________, Plan B: ______________, Plan C: ____________. Für welchen Vorschlag sollte sich Kaltenberger bei einem Zinssatz von 10 % entscheiden? ______________________. Und bei 5 %? ________________________________.

11.11 ▣ Haben Sie sich je überlegt, ob sich ein Hochschulstudium finanziell lohnt? Das Census Bureau der USA erhebt Daten über Einkommen und Ausbildung, die diese Frage ein wenig beleuchten. Eine Veröffentlichung dieser Institution (Current Population Reports, Series P-70, Nr. 11) stellt das durchschnittliche Jahreseinkommen aus unselbstständiger Tätigkeit im Jahre 1984 für Personen zwischen 35 und 44 Jahren nach dem erreichten Schulabschluss dar. Dieses durchschnittliche Einkommen betrug für Mittelschulabsolventen („Highschool") $ 13.000. Für Personen mit einem ersten Universitätsabschluss („Bachelor") waren es jährlich $ 24.000. Das Durchschnittseinkommen einer Person mit mittlerem Universitätsabschlusses („Master") war $ 28.000. Das Durchschnittseinkommen von Personen mit Doktorat („PhD") schließlich betrug $ 40.000 pro Jahr. Diese Einkommensunterschiede übertreiben wahrscheinlich den „Ertrag" einer Hochschulausbildung als solcher, da es wahrscheinlich ist, dass Personen, die mehr Ausbildung erhalten, im Allgemeinen fähiger sind als solche, die weniger erhalten. Ein Teil der Einkommensdifferenz ist daher eher der Ertrag von Fähigkeit als von Schulbildung. Um jedoch eine grobe Vorstellung über die „Erträge" von Hochschulausbildung zu kriegen, sehen wir uns an, wie hoch diese wären, wenn wir alle Einkommensunterschiede der Bildung zurechnen.

a) Angenommen Sie haben soeben im Alter von 18 Jahren die Mittelschule absolviert. Sie wollen den Gegenwartswert ihres Lebenseinkommens abschätzen, wenn Sie nicht an die Universität gehen, sondern sofort eine Arbeit annehmen. Dazu müssen wir einige Annahmen treffen. Angenommen Sie arbeiten 47 Jahre lang und gehen dann mit 65 Jahren in Pension. Weiters sei angenommen, dass man während des gesamten Lebens jährlich $ 13.000 verdient. (Wenn man diese Berechnungen sorgfältiger anstellte, würden wir einbeziehen, dass sich die Einkommen mit dem Alter verändern; wir wollen aber die Aufgabe möglichst einfach gestalten.) Angenommen der Zinssatz ist 5 %. Ermitteln Sie den Gegenwartswert Ihres Lebenseinkommens: (Hinweis: Ermittle zuerst den Gegenwartswert einer ewigen jährlichen Zahlung von $ 13.000. Subtrahiere davon den Gegenwartswert einer ewigen jährlichen Zahlung von $ 13.000, die erst in 47 Jahren beginnt.)

____.

b) Wiederum haben Sie soeben im Alter von 18 Jahren die Mittelschule abgeschlossen und Sie wollen den Gegenwartswert ihres Lebenseinkommens abschätzen, wenn Sie für vier Jahre an die Universität gehen und bis dahin kein Einkommen erzielen. Nach Abschluss der Universität werden Sie 43 Jahre lang arbeiten und jährlich $ 24.000 verdienen.

Wie hoch wäre der Gegenwartswert Ihres Lebenseinkommens? ____________.

c) Berechnen Sie nun den Gegenwartswert Ihres Lebenseinkommens, wenn Sie den akademischen Grad eines „Masters“ erreichen. In diesem Fall haben Sie während 6 Jahren kein Einkommen und verdienen während der folgenden 41 Jahre $ 28.000 pro Jahr. Wie hoch wäre der Gegenwartswert Ihres Lebenseinkommens? ______________________.

d) Berechnen Sie schließlich den Gegenwartswert Ihres Lebenseinkommens, wenn Sie mit einem Doktorat abschließen. In diesem Fall haben Sie während 8 Jahren kein Einkommen und verdienen während der folgenden 39 Jahre $ 40.000 pro Jahr. Wie hoch wäre der Gegenwartswert Ihres Lebenseinkommens? ____________________________.

e) Versetzen Sie sich in die Lage einer Frau, die sofort nach dem Mittelschulabschluss heiratet und ihre Ausbildung an diesem Punkt beendet. Angenommen sie ist jetzt 45 Jahre alt, ihre Kinder sind fast erwachsen und sie überlegt sich, entweder arbeiten zu gehen oder eine Universität zu besuchen. Nehmen wir an, dass sie jeweils ein Durchschnittseinkommen entsprechend ihrem Ausbildungsniveau erzielen und ebenfalls mit 65 Jahren in Pension gehen würde; wie hoch wäre der Gegenwartswert ihres Lebenseinkommens, wenn sie nicht an die Universität ginge? ______________________________.

f) Wie hoch wäre der Gegenwartswert ihres Lebenseinkommens, wenn sie 4 Jahre lang an die Universität ginge und dann bis zum Alter von 65 Jahren arbeitete? ___________.

g) Lohnt es sich für sie finanziell, die Universität zu besuchen, wenn die jährlichen Studiengebühren $ 5.000 wären? Erläutere: ______________________________

____.

11.12 ☐ Wie Sie bereits bemerkt haben werden, ist Volkswirtschaftslehre ein eher schwieriges Fach. Lohnt sich all die Anstrengung überhaupt? Die soeben angesprochene Veröffentlichung des U. S. Census Bureaus enthält Hinweise darauf, dass es sich lohnt. Sie enthält Tabellen über das Arbeitseinkommen nach dem Fachbereich des Abschlusses. Für „Bachelors“ sind die lukrativsten Spezialisierungen (= „Majors“) Technik und Ökonomie. Die Durchschnittseinkommen für Ökonomen betragen rund $ 28.000 pro Jahr, für Ingenieure sind es rund $ 27.000. Studenten mit dem „Major“ Psychologie verdienen hingegen durchschnittlich etwa $ 15.000, Englischabsolventen zirka $ 14.000 pro Jahr.

a) Können Sie sich irgendwelche Erklärungen für diese Unterschiede vorstellen?

____

____

____

____

____

____.

b) Dieselben Tabellen zeigen, dass eine durchschnittliche Person mit einem höheren Abschluss in Betriebswirtschaft \$ 38.000 pro Jahr verdient, jemand mit einem Medizinabschluss \$ 45.000. Angenommen man braucht für einen höheren Betriebswirtschaftsabschluss 2 Jahre nach dem „Bachelor“, für einen Medizinabschluss hingegen 4 Jahre. Angenommen Sie sind 22 Jahre alt, frisch aus dem College. Ermitteln Sie den Gegenwartswert des Lebenseinkommens eines Collegeabsolventen, der einen höheren Betriebswirtschaftsabschluss erreichen wird und dann das entsprechende Durchschnittseinkommen bis zu seiner Pensionierung im Alter von 65 Jahren erzielen wird (Zinssatz: 5 %): ____________________. Stellen Sie dieselbe Berechnung für das Medizinstudium an: ____________________.

11.13 ☐ Der größte Geschäftszweig auf dem Planeten Stinko ist die Rübenzucht. Seit Jahrhunderten wurden die Rübenfelder mit Guano gedüngt, das von der bereits ausgestorbenen riesigen Vogelart der Scherenschnäbler-Kikis abgelagert worden war. Der Abbau und die Lieferung zu den Feldern kostet € 5 für jede Tonne an Kiki-Guano. Leider geht der Vorrat an Kiki-Guano in naher Zukunft zu Ende. Glücklicherweise haben die Wissenschafter auf Stinko eine Möglichkeit gefunden, Kiki-Guano synthetisch aus Lehrbüchern der Politikwissenschaft und Sumpfwasser herzustellen. Durch diese Produktionsmethode ist es möglich, ein Produkt herzustellen, das man von Kiki-Guano nicht unterscheiden kann, und das um insgesamt € 30 je Tonne auf die Felder geliefert werden kann. Der Zinssatz auf Stinko beträgt 10 %. Alle Güter werden auf Märkten mit vollständigem Wettbewerb gehandelt.

a) Beim derzeitigen Preis und der herrschenden Nachfragefunktion nach Kiki-Guano werden die letzten Vorräte in genau einem Jahr aufgebraucht sein. Damit die Industrie für synthetischen Kiki-Guano gerade ausgeglichen bilanziert, muss der Preis ihres Produkts im nächsten Jahr – frei Lieferung auf die Felder – € 30 sein. Die Besitzer der Guano-Lagerstätten wissen, dass sie nächstes Jahr einen Nettoerlös von € 25 je Tonne Guano, die sie noch zu verkaufen haben, erzielen werden. Wie hoch muss im Gleichgewicht der derzeitige Guano-Preis, frei Lieferung auf die Rübenfelder, sein? ____________________. (Hinweis: Im Gleichgewicht müssen die Verkäufer zwischen einem sofortigen Verkauf oder einem Verkauf ihres Guanos zu einem späteren Zeitpunkt bis zur Erschöpfung der Vorräte indifferent sein. Aber wir wissen, dass sie Guano bis zum letzten Tag verkaufen werden, also in einem Jahr, wenn die Vorräte erschöpft sein werden und der Preis gleich € 30 sein wird, die Kosten des synthetischen Guano.)

b) Angenommen alles ist wie bisher, mit der einzigen Ausnahme, dass die Kiki-Guano-Lagerstätten erst in 10 Jahren erschöpft sein werden. Wie hoch muss der derzeitige Preis von Kiki-Guano sein? (Hinweis: $1{,}1^{10} = 2{,}59$.) _______________________________.

12 Unsicherheit

Einleitung

Im 11. Kapitel lernten Sie einige Tricks, mit deren Hilfe man unter Verwendung bereits bekannter Techniken intertemporale Entscheidungen analysieren kann. Hier zeigen wir Ihnen ein paar ähnliche Tricks, sodass Sie dieselben Methoden zur Analyse von Risiko, Versicherung und Glücksspiel verwenden können.

Einer dieser neuen Tricks ist dem bei der Behandlung von Gütern zu verschiedenen Zeitpunkten als unterschiedliche Güter ähnlich. Diesmal erfinden wir neue Güter, die wir *bedingte Güter* nennen. Wenn entweder Ereignis *A* oder Ereignis *B* eintreten kann, dann definieren wir ein bedingtes Gut als den *Konsum bei Ereignis A* und ein anderes bedingtes Gut als den *Konsum bei Ereignis B*. Der zweite Trick ist die Suche nach einer Budgetbeschränkung, welche die Menge der bedingten Konsumbündel, die sich eine Konsumentin leisten kann, korrekt spezifiziert.

In diesem Kapitel wird ein weiteres neues Konzept vorgestellt, nämlich der Begriff des von Neumann-Morgenstern Nutzens. Die Bereitschaft eines Konsumenten, verschiedene Risiken einzugehen und seine Bereitschaft, eine Versicherung abzuschließen, wird wohl dadurch bestimmt werden, wie er die verschiedenen Kombinationen der bedingten Güter einschätzt. Es ist häufig sinnvoll anzunehmen, dass diese Präferenzen in einer speziellen Form der Nutzenfunktion ausgedrückt werden können, die als von *Neumann-Morgenstern-Nutzen* bekannt ist. Die Annahme, dass der Nutzen diese Form hat, wird als die *Hypothese des erwarteten Nutzens* bezeichnet. Wenn es zwei Ereignisse, 1 und 2, gibt, welche die Wahrscheinlichkeiten π_1 und π_2 haben, und wenn der bedingte Konsum c_1 bzw. c_2 ist, dann hat die von Neumann-Morgenstern Nutzenfunktion die besondere funktionale Form, $U(c_1, c_2) = \pi_1 u(c_1) + \pi_2 u(c_2)$. Der Konsument maximiert wiederum seinen Nutzen unter Beachtung seiner Budgetbeschränkung.

Beispiel

Sie überlegen sich zu wetten, ob Bayern München im Endspiel irgendeines europäischen Fußballcups stehen wird oder nicht. Jemand ist bereit mit einer Quote von 10 zu 1 gegen Bayern München zu wetten. Sie sind der Meinung, dass Bayern München es mit einer Wahrscheinlichkeit von $\pi = 0{,}2$ schaffen wird, in einem der europäischen Cup-Endspiele zu stehen. Wenn Sie nicht wetten, dann können Sie ganz sicher € 1.000 für Ihren Konsum ausgeben. Ihr

Verhalten entspricht der Hypothese des erwarteten Nutzens und Ihre von Neumann-Morgenstern Nutzenfunktion lautet $\pi_1\sqrt{c_1} + \pi_2\sqrt{c_2}$.

Die bedingten Güter sind die *Euros, wenn Bayern München ein Endspiel erreicht*, und die *Euros, wenn Bayern München kein Endspiel erreicht*. Ihr Konsum sei c_W wenn es den Bayern gelingt, ein Endspiel zu erreichen, und c_{NW}, wenn sie es nicht schaffen. Eine Wette von 10 zu 1 auf Bayern München bedeutet, dass man bei einer Wette von x Euro im Fall, dass Bayern München es schafft, einen Nettogewinn von $10x$ Euro erzielt, verliert Bayern München allerdings, dann hat man einen Nettoverlust von x Euro. Da man vor der Wette € 1.000 besitzt, dann hat man, im Fall dass Bayern München tatsächlich ein Cupendspiel erreicht, $c_W = 1.000 + 10x$ für Konsumzwecke zur Verfügung. Wenn man x Euro auf die Bayern wettet, diese Mannschaft aber den Einzug in irgendein europäisches Fußballendspiel nicht schafft, dann würden Sie x Euro verlieren und demnach $c_{NW} = 1.000 - x$ für Ihren Konsum zur Verfügung haben. Durch Erhöhung des Betrags von x Euro, den Sie wetten, können Sie c_W größer und c_{NW} kleiner machen. (Sie könnten zu denselben Wahrscheinlichkeiten auch gegen Bayern München wetten. Wenn Sie x Euro gegen die Bayern wetten und Bayern München erreicht kein europäisches Endspiel, dann gewinnen Sie $0{,}1x$ Euro, wenn die Bayern es allerdings schaffen, in ein Endspiel zu kommen, dann verlieren Sie x Euro. Wenn man den Rest dieser Diskussion für den Fall durcharbeitet, dass Sie gegen Bayern München wetten, dann werden Sie finden, dass wieder dieselben Gleichungen gelten, mit dem einzigen Unterschied, dass x jetzt eine negative Zahl sein wird.) Wir können die beiden Gleichungen zur Lösung nach einer Budgetgleichung verwenden. Aus der zweiten Gleichung wissen wir, dass $x = 1.000 - c_{NW}$. Setze diesen Ausdruck für x in die erste Gleichung ein; nach Umordnung finden wird $c_W + 10c_{NW} = 11.000$, oder gleichwertig $0{,}1c_W + c_{NW} = 1.100$. (Dieselbe Budgetgleichung kann auf viele gleichwertige Arten einfach durch Multiplikation beider Seiten mit einer positiven Konstanten angeschrieben werden.)

Sie werden sich dann für Ihr bedingtes Konsumbündel (c_W, c_{NW}) so entscheiden, dass Sie den Nutzen von $U(c_W, c_{NW}) = 0{,}2\sqrt{c_W} + 0{,}8\sqrt{c_{NW}}$ unter der Nebenbedingung der Budgetgeraden, $0{,}1c_W + c_{NW} = 1.100$, maximieren. Mit Hilfe hinreichend bekannter Ansätze kann man dieses Konsumproblem lösen. Aus der Budgetgeraden entnehmen wir, dass der Konsum bei Teilnahme der Bayern an einem Cup-Endspiel nur 1/10 von dem kostet, wenn sie die Teilnahme nicht schaffen. Wenn man die Grenzrate der Substitution zwischen c_W und c_{NW} dem Preisverhältnis gleichsetzt und den entstehenden Ausdruck vereinfacht, erhält man $c_{NW} = 0{,}16c_W$. Diese Gleichung impliziert, zusammen mit der Budgetgeraden, dass c_W = € 4.230,77 und c_{NW} = € 676,92. Man erreicht dieses Bündel durch eine Wette von € 323,08 auf Bayern München. Wenn die Bayern in einem Endspiel landen, hat man 1.000 + € 10 · 323,08 = 4.230,80, wenn nicht, dann verbleiben € 676,92 (alle Zahlen auf Cent gerundet).

? Aufgaben

12.1 ☐ In den nächsten Wochen wird der Kongress entscheiden, ob eine neues Waffensystem entwickelt werden soll oder nicht. Wenn das System genehmigt wird, dann wird es sich das für den Anbieter, *General Statics*, als sehr Gewinn bringend herausstellen. Der Wert seiner Aktien wird dann von \$ 10 auf \$ 15 je Anteil steigen; wird das System hingegen nicht genehmigt, werden seine Aktien auf \$ 5 fallen. Durch seine Tätigkeit als Bote für den Kongressabgeordneten Bertram Bestechlich entdeckte Viktor Vogel, dass eine Bewilligung des Waffensystems viel wahrscheinlicher ist, als allgemein angenommen wird. Aufgrund seines Wissens meint Viktor Vogel, dass die Wahrscheinlichkeit einer Bewilligung des Systems 3/4, die Wahrscheinlichkeit, dass es nicht entwickelt wird, gleich 1/4 ist. Vogels Konsum bei Bewilligung sei c_B, sein Konsum bei Nichtbewilligung sei c_{NB}. Seine von Neumann-Morgenstern Nutzenfunktion ist $U(c_B, c_{NB}) = 0{,}75 \ln c_B + 0{,}25 \ln c_{NB}$. Vogel hat ein Vermögen von \$ 50.000, das zur Gänze in absolut sicheren Wertpapieren angelegt ist. Er überlegt sich, *General Statics*-Aktien zu kaufen.

a) Wenn Vogel x Aktien kauft und wenn das Waffensystem genehmigt wird, dann wird er einen Gewinn von \$ 5 je Aktie erzielen. Der Betrag, den er unter der Voraussetzung der Genehmigung des Waffensystems daher konsumieren kann, ist $c_B = \$\ 50.000 + 5x$. Wenn Vogel x Aktien kauft und wenn das Waffensystem nicht genehmigt wird, dann wird er einen Verlust von \$ ________ je Aktie erleiden. Daher kann er, unter der Bedingung, dass das System nicht genehmigt wird, c_{NB} = ________________________________ konsumieren.

b) Man kann Vogels Budgetbeschränkung für die bedingten Konsumbündel (c_B, c_{NB}) durch Elimination von x aus diesen beiden Gleichungen finden. Seine Budgetbeschränkung kann als ________________ c_B + ________________ c_{NB} = 50.000 angeschrieben werden.

c) Viktor Vogel hat keinerlei moralische Bedenken, aufgrund seiner Insider-Informationen zu handeln, er fürchtet auch nicht, erwischt und bestraft zu werden. Um zu entscheiden, wie viel Aktien er kaufen soll, maximiert er einfach seine von Neumann-Morgenstern Nutzenfunktion unter Beachtung seiner Budgetbeschränkung. Wenn er seine Grenzrate der Substitution zwischen den beiden bedingten Gütern dem Verhältnis der Preise gleichsetzt dann erhält er, c_B/c_{NB} = ____________________________. (Zur Erinnerung: Wenn a eine beliebige Konstante ist, dann ist die erste Ableitung von $a \ln x$ nach x gleich a/x.)

d) Vogel ermittelt sein optimales Bündel der bedingten Güter als (c_B, c_{NB}) = ___________. Um dieses bedingte Güterbündel kaufen zu können, muss er __________________ Aktien von *General Statics* kaufen.

12.2 ☐ Willy besitzt eine kleine Schokoladefabrik an einem Fluss, der manchmal im Frühjahr mit katastrophalen Folgen aus den Ufern tritt. Im nächsten Sommer möchte Willy seine Fabrik verkaufen und sich zur Ruhe setzen. Sein einziges Einkommen wird der Erlös aus dem Verkauf seiner Fabrik sein. Wenn es keine Überschwemmung gibt, wird die Fabrik € 500.000 wert sein. Gibt es aber eine Überschwemmung, so wird die Fabrik nur € 50.000

wert sein. Willy kann sich gegen die Folgen der Überschwemmung um € 0,10 je € 1 Deckungssumme versichern. Nach seiner Meinung ist die Wahrscheinlichkeit einer Überschwemmung im kommenden Frühjahr 1/10. Wir wollen das bedingte Gut *Euro bei Überschwemmung* mit $c_{Ü}$ bezeichnen und mit $c_{KÜ}$ das bedingte Gut *Euro ohne Überschwemmung*. Die von Neumann-Morgenstern Nutzenfunktion lautet $U(c_{Ü}, c_{KÜ}) = 0{,}1\sqrt{c_{Ü}} + 0{,}9\sqrt{c_{KÜ}}$.

a) Wenn Willy keine Versicherung abschließt, dann wird sein Konsum in jedem Fall dem Wert seiner Fabrik entsprechen; sein bedingtes Konsumbündel wird daher

$(c_{Ü}, c_{KÜ})$ = ______________________________ sein.

b) Um eine Versicherung abzuschließen, die ihm im Falle des Schadensereignisses x Euro zahlt, muss Willy eine Versicherungsprämie von $0{,}1x$ zahlen. (Die Versicherungsprämie muss auf jeden Fall bezahlt werden, unabhängig davon ob es eine Überschwemmung gibt oder nicht.) Wenn sich Willy für x Euro versichert und es zur Überschwemmung kommt, dann erhält er von der Versicherung eine Zahlung in Höhe von x Euro. Angenommen Willy hat eine Versicherung abgeschlossen, die ihm im Falle einer Überschwemmung einen Betrag von x Euro auszahlt. Nach Zahlung seiner Versicherungsprämie wird er dann

$c_{Ü}$ = ______________________ konsumieren können. Wenn er dasselbe Ausmaß an Versicherungsschutz hat, es jedoch zu keiner Überschwemmung kommt, dann wird er

$c_{KÜ}$ = ______________________ konsumieren können.

c) Man kann x aus den beiden soeben gefundenen Gleichungen für $c_{Ü}$ und $c_{KÜ}$ eliminieren. Das ergibt dann eine Budgetgleichung für Willy. Natürlich gibt es viele gleichwertige Arten, dieselbe Budgetgleichung zu schreiben, da eine Multiplikation beider Seiten einer Budgetgleichung mit einer positiven Konstanten eine gleichwertige Budgetgleichung ergibt. Die Form der Budgetgleichung, bei welcher der „Preis" von $c_{KÜ}$ gleich 1 ist, kann als

$0{,}9c_{KÜ}$ + ________ $c_{Ü}$ = ______________________ angeschrieben werden.

d) Willys Grenzrate der Substitution zwischen den zwei bedingten Gütern, *Euro bei Überschwemmung* und *Euro ohne Überschwemmung*, ist $MRS(c_{Ü}, c_{KÜ}) = -0{,}1\sqrt{c_{KÜ}}/0{,}9\sqrt{c_{Ü}}$. Um sein optimales Bündel bedingter Güter zu finden, muss man diese Grenzrate der Substitution gleichsetzen mit ______________. Die Lösung dieser Gleichung zeigt, dass Willy die zwei bedingten Güter im Verhältnis ______________ konsumieren wird.

e) Da wir nun das Verhältnis kennen, in dem Willy $c_{Ü}$ und $c_{KÜ}$ konsumieren wird, und da wir auch seine Budgetgleichung kennen, können wir die Lösung für sein optimales Konsumbündel finden, und zwar $(c_{Ü}, c_{KÜ})$ = ______________. Er wird eine Versicherung abschließen, die ihm im Falle der Überschwemmung ________________ auszahlt.

Dafür wird er eine Prämie in Höhe von ____________________ zu zahlen haben.

12.3 ☐ Bertram Bunsen maximiert seinen erwarteten Nutzen. Seine Präferenzen zwischen bedingten Konsumbündeln können durch die Funktion des erwarteten Nutzens

$$u(c_1, c_2, \pi_1, \pi_2) = \pi_1\sqrt{c_1} + \pi_2\sqrt{c_2}$$

dargestellt werden. Bertrams Freund, Ingomar Ingqvist, hat ihm eine Wette von € 1.000 für das Ergebnis des Wurfs einer Münze angeboten. Wenn nach dem Wurf Kopf oben ist, muss Bertram an Ingomar € 1.000 zahlen, wenn Adler erscheint, dann muss Ingomar an Bertram € 1.000 zahlen. Die Münze ist sehr gleichförmig, die Wahrscheinlichkeit von Kopf oder Adler ist daher jeweils genau 1/2. Wenn Bertram die Wette nicht eingeht, wird er mit Sicherheit € 10.000 haben. In der Abgeschiedenheit seines Autohandelsunternehmens, Bunsen Autos, trifft Bertram seine Entscheidung. (Er verwendet dazu den Taschenrechner, den ihm sein Sohn Elmar letztes Jahr zu Weihnachten geschenkt hat. Auch Du wirst es als Erleichterung empfinden, einen Taschenrechner zu verwenden.) Ereignis 1 sei ‚Kopf', Ereignis 2 sei ‚Adler'.

a) Wenn Bertram die Wette eingeht, dann wird er bei Ereignis 1 ______________ Euro

haben, im Falle des Ereignisses 2 ______________ Euro.

b) Da die Wahrscheinlichkeit jedes Ereignisses 1/2 ist, kann man Bertrams erwarteten Nutzen für ein Glücksspiel, bei dem er c_1 im Falle von Ereignis 1 und c_2 im Falle von Ereignis

2 erhält, durch die Formel ____________________________ ausdrücken.

Bertrams erwarteter Nutzen der Wette mit Ingomar wird daher ________________

sein. (Verwende Deinen Taschenrechner.)

c) Wenn Bertram sich gegen die Wette entscheidet, dann wird er bei Ereignis 1

__________ Euro haben, im Falle des Ereignisses 2 __________ Euro. Wenn er nicht

wettet, wird er also einen erwarteten Nutzen von ____________________ haben.

d) Nach Berechnung seines erwarteten Nutzens für Wetten und für Nicht-Wetten, entscheidet sich Bertram aufgrund der Höhe des erwarteten Nutzens. Wird er wetten?

____.

12.4 ☐ Der Bunsen-Autohandel hat heute wenig zu tun. Da sein Taschenrechner bereits eingeschaltet ist, betrachtet Bertram Bunsen (dessen Risiko-Präferenzen in der vorigen Aufgabe beschrieben wurden) seine Funktion des erwarteten Nutzens näher.

a) Bertram sieht sich als erstes wirklich *große* Glücksspiele an. Wie wäre es, wenn er seine gesamten € 10.000 auf den Wurf einer Münze wettete, und zwar sodass er bei Kopf verliert und bei Adler gewinnt? Wenn Kopf oben ist, hätte er Null Euro, bei Adler hätte er hingegen € 20.000. Wenn er so eine Wette annähme, wäre sein erwarteter Nutzen

________________, während bei Ablehnung dieser Wette sein erwarteter Nutzen gleich

_______________ wäre. Daraus schließt er, dass er eine derartige Wette nicht annähme.

b) Bertram überlegt dann weiter: „Natürlich würde ich bei einer ganz normalen Wette das Risiko nicht eingehen, mein ganzes Geld zu verlieren. Was wäre jedoch, wenn mir jemand eine besonders günstige Wette anbieten würde, wie z. B., dass ich bei Kopf meine € 10.000 verliere, jedoch bei Adler € 50.000 gewinnen könnte. Würde ich so eine Wette

eingehen? Wenn ich das täte, dann wäre mein erwarteter Nutzen ________________.

Wenn ich diese Wette nicht einginge, wäre mein erwarteter Nutzen ________________.

Daher sollte ich diese Wette ________________ eingehen."

c) Später fragt sich Bertram (er hat noch immer nichts zu tun): „Wie groß müsste der kleinste Betrag sein, damit ich eine Wette eingehe, bei der ich beim Erscheinen von ‚Kopf' meine gesamten € 10.000 verliere, aber bei ‚Adler' diesen (zu ermittelnden) Betrag gewinne?" Nach einigem Probieren findet er die Antwort. Auch Sie könnten wahrscheinlich mit einigem Herumprobieren die Antwort ermitteln, einfacher ist sie jedoch durch Lösen einer Gleichung zu finden. Auf der linken Seite der Gleichung könnte man Bertrams Nutzen anschreiben für den Fall, dass er nicht wettet. Schreibe auf die rechte Seite der Gleichung einen Ausdruck für Bertram Nutzen bei einer Wette, sodass ihm bei Ereignis 1 (Verlust) ein Konsum von Null verbleibt, im Falle von Ereignis 2 (Gewinn) ein Konsum von x. Löse diese Gleichung nach x. Die Gleichung, die Sie anschreiben sollten,

lautet ________________________________. Sie hat die Lösung $x =$ __________.

d) Die Antwort zum vorangehenden Teil der Aufgabe ergibt zwei Punkte auf Bertrams Indifferenzkurve zwischen den bedingten Gütern, Geld bei Ereignis 1 und Geld bei Ereignis 2. (Der arme Bertram hat noch nie etwas von Indifferenzkurven gehört, daher wirst Du diesen Teil für ihn ausarbeiten müssen, während er ins nächstgelegene Café geht.) In dem einen Punkt hat er bei beiden Ereignissen € 10.000. Bezeichne diesen Punkt in der folgenden Grafik mit A. Beim zweiten Punkt hat er für den Eintritt des Ereignisses 1 Null, bei Ereignis 2 ____________________. Bezeichne diesen Punkt mit B.

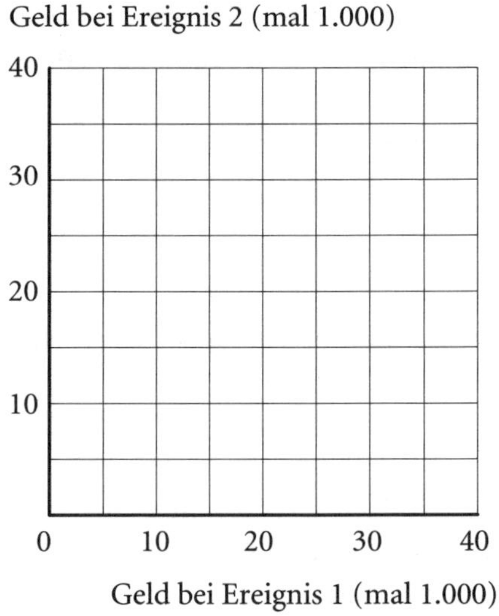

e) Ein dritter Punkt auf dieser Indifferenzkurve ist rasch gefunden. Die Münze ist völlig gleichförmig und für Bertram ist nur entscheidend, ob Kopf oder Adler oben erscheint, denn das bestimmt seinen Gewinn oder Verlust. Er wird daher zwischen zwei Glückspielen indifferent sein, die identisch sind mit dem einen Unterschied, dass die Zuteilung der Ereignisse umgekehrt ist. In diesem Fall wird Bertram indifferent sein zwischen Punkt *B* auf der Grafik und einem Punkt, bei dem er Null im Falle des Eintritts von Ereignis 2 erhält und ______________________________ beim Eintritt des Ereignisses 1. Suche diesen Punkt auf obiger Grafik und bezeichne ihn mit *C*.

f) Ein anderes Spiel, bei dem Bertram sich auf derselben Indifferenzkurve des Nicht-Spielens befindet, wäre jenes, bei dem er bei Kopf € 5.000 verliert, bei Adler hingegen ______________________ Euro gewinnt. (Hinweis: Schreibe zur Lösung dieser Frage den erwarteten Nutzen des Nicht-Wettens auf die linke Seite einer Gleichung, auf die rechte Seite schreibe den erwarteten Nutzen aus € 10.000 – € 5.000 bei Ereignis 1 und € 10.000 + x € bei Ereignis 2. Löse diese Gleichung dann nach x.) Zeichne diesen Punkt in die Grafik ein und benenne ihn mit *D*. Skizziere jetzt die gesamte Indifferenzkurve durch die markierten Punkte.

12.5 □ Ingomar Ingqvists Schwiegersohn Egon hat sich nicht erwartungsgemäß entwickelt. Es stellte sich heraus, dass er ein Spieler ist. Seine Präferenzen für bedingte Güterbündel lassen sich durch die folgende Funktion des erwarteten Nutzens darstellen:

$$u(c_1, c_2, \pi_1, \pi_2) = \pi_1 c_1^2 + \pi_2 c_2^2.$$

a) Unlängst saßen einige Jungs in Skoogs Beisel zusammen, Egon kam auch dazu. Sie redeten darüber, wie schlecht eine Wette gerade noch sein könnte, sodass Egon sie noch annehmen würde. Zu diesem Zeitpunkt besaß Egon gerade € 100. Otto Olson mischt ein Spiel Karten und bietet Egon eine Wette von € 20 an, dass Egon aus dem Kartenspiel kein

Pik ziehen wird. Unter der Annahme, dass Otto nicht schwindelt, ist die Wahrscheinlichkeit dass Egon gewinnt 1/4, dass er verliert 3/4. Wenn Egon die Wette gewinnt, hätte er

_________ Euro, wenn er sie verliert hätte er ___________ Euro. Egons erwarteter Nutzen der Wette wäre ___________, sein erwarteter Nutzen bei Ablehnung der Wette wäre

____________. Er lehnt die Wette daher ab.

b) Bevor sich's Egon anders überlegen kann, bietet ihm Otto dieselbe Wette an, diesmal aber um € 100 statt um € 20. Wie hoch ist Egons erwarteter Nutzen, wenn er jetzt wettet?

________________. Wäre Egon jetzt bereit, die Wette einzugehen? _____________.

c) Ereignis 1 sei das Ziehen eines Piks aus einem fairen Spiel Karten. Ereignis 2 liegt dann vor, wenn kein Pik gezogen wird. Egons Präferenzen zwischen dem bedingten Einkommen bei Ereignis 1, c_1, und dem bedingten Einkommen bei Ereignis 2, c_2, können durch

die Gleichung ______________________________________ dargestellt werden. Zeichne Egons Indifferenzkurve durch den Punkt (100, 100) blau in die folgende Grafik ein.

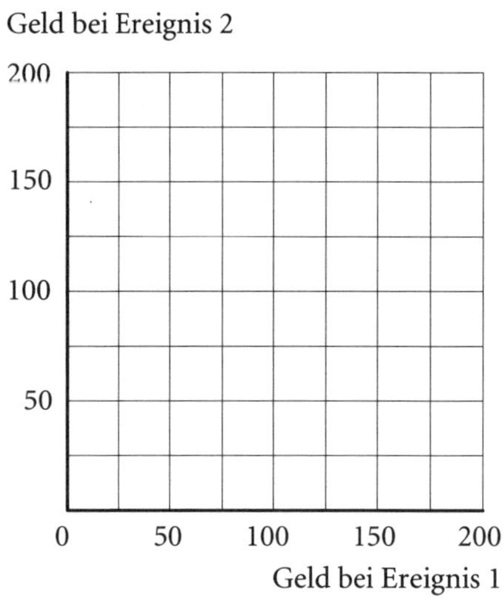

d) Wir wollen in dieselbe Grafik Egons Indifferenzkurven für bedingte Güter einzeichnen, deren Wahrscheinlichkeiten anders sind. Angenommen wir ziehen eine Karte aus einem fairen Kartendeck. Wenn die Karte schwarz ist, so sei dies das Ereignis 1, rot sei das Ereignis 2. Angenommen die Wahrscheinlichkeit jedes Ereignisses sei 1/2. Dann können Egons Präferenzen zwischen dem bedingten Einkommen bei Ereignis 1 und dem bedingten Einkommen bei Ereignis 2 durch die Formel ________________________________ dargestellt werden. Zeichne Egons Indifferenzkurve durch den Punkt (100, 100) rot in die obige Grafik ein.

12.6 ▣ Sidewalk Sam verdient seinen Lebensunterhalt durch den Verkauf von Sonnenbrillen auf dem berühmten Boardwalk von Atlantic City, New Jersey. Wenn die Sonne scheint, verdient er $ 30, wenn es regnet hingegen nur $ 10. Der Einfachheit halber nehmen wir an, dass es nur zwei Möglichkeiten gibt, sonnige Tage und regnerische Tage.

a) Eines der Casinos in Atlantic City hat ein neues Spiel: Es nimmt Wetten entgegen, ob am nächsten Tag die Sonne scheint oder ob es regnet. Das Casino verkauft mit Datum versehene „Regengutscheine" um $ 1 das Stück. Wenn es am nächsten Tag regnet, gibt Ihnen das Casino für jeden am Vortag gekauften Regengutschein $ 2. Wenn es nicht regnet, ist der Gutschein wertlos. Zeichne in die untenstehende Grafik Sams „Ausstattung" mit bedingtem Konsum, wenn er mit dem Kasino keine Wette eingeht, und bezeichne sie mit *E*.

b) Bezeichne in derselben Grafik die Kombination von bedingtem Konsum bei Sonnenschein und bedingtem Konsum bei Regen, die er mit einem Kauf von 10 Regengutscheinen erreichen kann, mit *A*.

c) Zeichne in dieselbe Grafik die Budgetgerade blau ein, die alle anderen Konsummuster darstellt, die Sam durch den Kauf von Regengutscheinen erreichen kann. (Es sei angenommen, dass er Bruchteile von Gutscheinen erwerben kann, jedoch keine negativen Mengen.) Wie groß ist die Steigung von Sams Budgetgeraden für Punkte oberhalb und links von seiner ursprünglichen Ausstattung? ______________________.

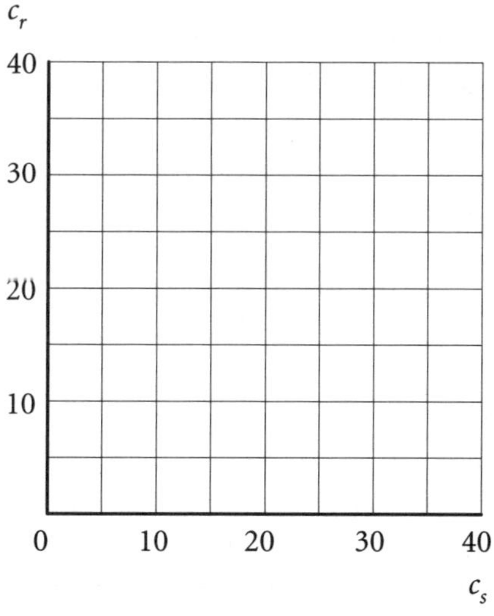

d) Angenommen das Casino verkauft auch Sonnengutscheine, ebenfalls für $ 1 das Stück. Bei diesen Gutscheinen zahlt das Casino $ 2, wenn es nicht regnet, und es zahlt nichts, wenn es regnet. Zeichne in die obige Grafik rot die Budgetgerade bedingter Konsumbündel, die Sam mit dem Kauf von Sonnengutscheinen erreichen kann.

e) Wie hoch ist der Preis des Konsums im Wert eines Dollars bei Sonnenschein, wenn der Preis des Konsums im Wert eines Dollars bei Regen gleich 1 gesetzt wird? ________.

12.7 ☐ Sidewalk Sam aus der vorigen Aufgabe hat für den Konsum in den zwei Zuständen folgende Nutzenfunktion:

$$u(c_s, c_r, \pi) = c_s^{1-\pi} c_r^{\pi},$$

wobei c_s der Dollarwert seines Konsums bei Sonnenschein, c_r der Dollarwert seines Konsums bei Regen und π die Wahrscheinlichkeit ist, dass es regnet. Diese Wahrscheinlichkeit wollen wir mit $\pi = 0{,}5$ annehmen.

a) Wie viele Konsumeinheiten sind für Sam unter der Bedingung, dass es regnet, optimal?

______________________________.

b) Wie viele Regengutscheine kauft Sam im Optimum? ________________.

12.8 ☐ Sidewalk Sams Bruder, Morgen von Neumannstern, maximiert seinen erwarteten Nutzen. Seine von Neumann-Morgenstern Nutzenfunktion für Vermögen ist $u(c) = \ln c$. Sams Bruder verkauft ebenfalls Sonnenbrillen, allerdings auf einem anderen Strand in Atlantic City und er erzielt genau dasselbe Einkommen wie Sam. Er kann auch genau dasselbe Geschäft wie Sam mit dem Casino abschließen.

a) Wie hoch würde Morgens erwarteter Nutzen aus dem Konsum von (c_s, c_r) sein, wenn er überzeugt ist, dass an jedem Tag die Wahrscheinlichkeit von Regen oder Sonne jeweils 50 % ist? ________________________.

b) Kann man Morgens Nutzenfunktion mit der von Sam vergleichen? Ist die eine monotone Transformation der anderen? ____________________.

c) Wie sieht Morgens optimales Konsummuster aus? Antwort: Morgen wird an Sonnentagen ________ konsumieren und an Regentagen ________. Wie ist sein Konsum mit dem Konsum Sams vergleichbar? ____________________.

12.9 ☐ Billy John Pigskin aus Mule Shoe, Texas, hat eine von Neumann-Morgenstern Nutzenfunktion $u(c) = \sqrt{c}$. Billy John wiegt etwa 140 Kilogramm und ist so flink wie ein Wiesel. Derzeit beginnt er sein letztes Jahr im College. Wenn er sich nicht ernsthaft verletzt, wird er einen Vertrag im American Football in Höhe von \$ 1.000.000 erhalten. Wenn aber eine Verletzung seine Football-Karriere beendet, erhält er eine Anstellung bei der Müllabfuhr seiner Heimatstadt mit einem Einkommen von \$ 10.000. Die Wahrscheinlichkeit, dass Billy John ernsthaft verletzt wird, sodass seine Karriere zu Ende ist, beträgt 10%.

a) Wie hoch ist Billy Johns erwarteter Nutzen? ____________________.

b) Wenn Billy John eine Versicherung um p \$ abschließen würde, die ihm im Falle einer ernsthaften Verletzung während seines letzten Collegejahres \$ 1.000.000 auszahlen würde, dann hätte er mit Sicherheit ein Einkommen von \$ 1.000.000 – p, unabhängig davon, ob er verletzt würde oder nicht. Schreibe eine Gleichung an, mit deren Hilfe man die höchste Prämie ermitteln könnte, die Billy John für eine derartige Versicherung zu zahlen bereit wäre: ____.

c) Löse diese Gleichung nach p: ____________________________________.

12.10 ▣ Du besitzt € 200 und überlegst eine Wette anlässlich des großen Spiels am nächsten Samstag. Dein Team, die Geliebten Gendarmen, spielen gegen ihre Erzrivalen, die Räudigen Räuber. Die derzeit gängige Wettquote ist 2 zu 1 gegen die Gendarmen. Das heißt, wenn man bereit ist, € 10 auf die Gendarmen zu setzen, dann findet man jemand, der bereit ist, € 20 darauf zu setzen, dass er Dir € 20 zahlt, wenn die Gendarmen gewinnen, wenn Du Dich verpflichtest, ihm € 10 zu zahlen, wenn die Räuber gewinnen. Wenn Du € 10 auf die Räuber setzt, dann wird sich jemand finden, Dir € 10 zu zahlen, wenn die Räuber gewinnen, wenn Du ihm versprichst, im Falle des Verlierens der Räuber € 20 an ihn zu zahlen. Angenommen die Wette kann beliebig hoch sein, entweder auf die Gendarmen oder auf die Räuber, solange Deine möglichen Spielverluste € 200 nicht überschreiten. (Zur Vermeidung von Komplikationen wollen wir die Möglichkeit eines Unentschiedens vernachlässigen.)

a) Wenn Du nicht wettest, dann hast Du auf jeden Fall € 200 unabhängig davon, ob die Gendarmen gewinnen oder nicht. Wenn Du € 50 auf die Gendarmen setzt, dann wirst Du – nach Abrechnung aller Wettverpflichtungen – im Falle eines Sieges der Gendarmen insgesamt ________ Euro besitzen, und insgesamt ________ Euro, wenn die Gendarmen verlieren. Zeichne in die folgende Grafik in blau eine Gerade, die alle möglichen Kombinationen von „Geld bei Sieg der Gendarmen“ und „Geld bei Sieg der Räuber“ darstellt, die man erzielen könnte, wenn man, ausgehend von den ursprünglichen € 200, zur gängigen Quote wettet.

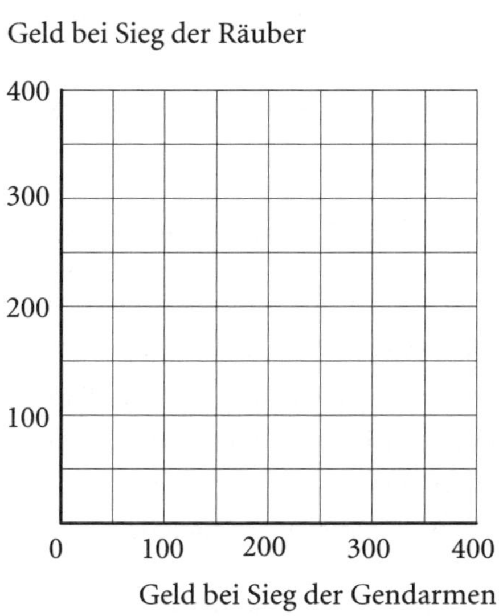

b) Bezeichne jenen Punkt, auf dem Du ohne Wette wärst, mit E.

c) Nach sorgfältiger Überlegung entscheidest Du, € 50 auf die Gendarmen zu wetten. Bezeichne diesen Punkt auf der Grafik mit *C*. Nachdem Du diese Wette abgeschlossen hast, kommt die Mitteilung, dass sich der Star-Torhüter der Räuber während einer harten Ökonomieprüfung den Daumen verstaucht hat und daher das Spiel versäumen wird. Daraufhin ändert sich die Wettquote von 2 zu 1 gegen die Gendarmen zu einem ausgewogenen 1 zu 1. Das bedeutet, man kann nun auf jedes Team wetten, und der Betrag, den man gewinnt, wenn man auf die Siegermannschaft wettet, ist genau so groß wie der Betrag, den man verliert, wenn man auf die Verlierermannschaft setzt. Du kannst die alte Wette nicht stornieren, aber man kann zur neuen Quote neu abschließen. Du hältst also die erste Wette aufrecht und entschließt Dich, zusätzlich € 50 zur neuen Quote auf die Räuber zu setzen. Wie viel Geld wird Dir übrig bleiben, wenn die Gendarmen siegen, und Du die Gewinne aus der einen, sowie die Verluste aus der anderen Wette kassierst?

__________________________. Wie viel Geld verbleibt Dir nach Inkasso der Gewinne und Auszahlung der Verluste, wenn die Räuber siegen? __________________________.

d) Zeichne mit roter Farbe eine Linie in obiges Diagramm, das alle Kombinationen von „Geld bei Sieg der Gendarmen" und „Geld bei Sieg der Räuber" darstellt, die Du durch sukzessives Hinzufügen möglicher Wetten (zur neuen Quote) zur alten Wette vor dem Unfall des Tormannes erreichen könntest. Bezeichne den Punkt, den Du durch die beiden oben besprochenen Wetten erreichtest, mit *D*.

12.11 ■ Das *Gewissheitsäquivalent* einer Lotterie ist jener Geldbetrag, den man mit Sicherheit erhalten müsste, damit man genau so gut gestellt ist, wie bei der Lotterie. Angenommen Deine von Neumann-Morgenstern Nutzenfunktion für Lotterien, die im Falle des Ereignisses 1 einen Betrag x auszahlen, und eine Betrag y, wenn das Ereignis 1 nicht eintritt, lautet $U(x, y, \pi) = \pi\sqrt{x} + (1 - \pi)\sqrt{y}$, wobei π die Eintrittswahrscheinlichkeit von Ereignis 1 ist und $(1 - \pi)$ die Wahrscheinlichkeit, dass Ereignis 1 nicht eintritt.

a) Berechne für $\pi = 0{,}5$ den Nutzen einer Lotterie, die bei Eintritt des Ereignisses 1 € 10.000 und bei Nicht-Eintritt des Ereignisses 1 nur € 100 auszahlt. ________________.

b) Wie hoch wäre Dein Nutzen, wenn Du mit Sicherheit € 4.900 erhalten würdest? __________________________. (Hinweis: Wenn Du € 4.900 mit Sicherheit erhältst, dann bedeutet das, dass Du bei Eintritt jedes der beiden Ereignisse € 4.900 bekommst.)

c) Schreibe bei der gegebenen Nutzenfunktion und einem $\pi = 0{,}5$ eine allgemeine Formel für das Sicherheitsäquivalent einer Lotterie, nach der Du x Euro bei Eintritt des Ereignisses 1 und y Euro bei Nicht-Eintritt des Ereignisses 1 erhältst.

d) Berechne das Sicherheitsäquivalent, wenn man € 10.000 bei Eintritt des Ereignisses 1 und € 100 bei Nicht-Eintritt des Ereignisses erhält. __________________________.

12.12 ☐ Reinhard Rebhuhn ist risikoscheu und er versucht, den Erwartungswert von $\sqrt{c}$ zu maximieren, wobei c sein Vermögen ist. Reinhard hat € 50.000 in sicheren Aktiva angelegt, er besitzt auch ein Haus in einer Gegend, in der es viele Waldbrände gibt. Wenn sein Haus niederbrennt, dann wären die Reste und das Grundstück, auf dem es erbaut ist, nur € 40.000 wert; er hätte somit ein Gesamtvermögen von € 90.000. Wenn sein Haus nicht brennt, dann ist es allerdings € 200.000 wert und er hätte ein Gesamtvermögen von € 250.000. Die Wahrscheinlichkeit, dass sein Haus zur Gänze abbrennt, ist 0,01.

a) Berechne seinen erwarteten Nutzen, wenn er keine Feuerversicherung abschließt.

____________________________________.

b) Berechne das Sicherheitsäquivalent für die „Lotterie", der er sich gegenübersieht, wenn er keine Feuerversicherung abschließt. ________________________.

c) Angenommen er kann eine Versicherung zu einer Prämie von € 1 je € 100 Versicherungssumme abschließen. Wenn er z. B. eine Versicherung über eine Summe von € 100.000 abschließt, muss er auf jeden Fall € 1.000 an die Versicherung zahlen, erhält allerdings im Falle des Brandes seines Hauses von der Versicherungsgesellschaft € 100.000 ausbezahlt. Wenn Reinhard eine Versicherung über € 160.000 abschließt, dann wird er voll versichert sein, da in jedem Fall sein Vermögen ________________ sein wird.

d) Daher ist bei Vollversicherung das Sicherheitsäquivalent seines Vermögens ________________ und sein erwarteter Nutzen ist ________________.

12.13 ☐ Porzia wartet bereits seit längerer Zeit auf die Ankunft ihres Schiffs und sie hat ist überzeugt, dass die Wahrscheinlichkeit einer Ankunft noch am heutigen Tag 25 % beträgt. Wenn es heute ankommt, erhält sie € 1.600. Wenn es heute nicht mehr ankommt, dann wird es überhaupt nicht mehr kommen und ihr Vermögen wird Null sein. Porzia hat eine von Neumann-Morgenstern Nutzenfunktion und sie möchte den Erwartungswert von $\sqrt{c}$ maximieren, wobei c ihr gesamtes Einkommen darstellt. Wie hoch ist der niedrigste Preis, zu dem sie ihre Rechte auf das Schiff verkaufen würde? ________________________

13 Riskante Vermögenswerte

Einleitung

Und nun wenden wir uns dem Lösen von Aufgaben zu, in denen die Konsumentin ihr Vermögen optimal auf riskante und sichere Aktiva aufteilen möchte. Die erwartete Ertragsrate eines Portfolios ist einfach ein gewogener Durchschnitt der Ertragsrate des sicheren Aktivums und der erwarteten Ertragsrate des riskanten Aktivums, wobei die Gewichte die Anteile jedes Aktivums am Gesamtvermögen sind. Die Standardabweichung des Ertrags des Portfolios ist einfach die Standardabweichung des Ertrags des riskanten Vermögenswertes mal dem Anteil dieses Aktivums am Gesamtvermögen der Konsumentin. Manchmal werden Sie das Problem einer Konsumentin untersuchen, die für den erwarteten Ertrag und das Risiko ihres Portfolios bestimmte Präferenzen aufweist und sich einer Budgetbeschränkung gegenübersieht. Da die Konsumentin immer ihr gesamtes Vermögen in den sicheren Vermögenswert anlegen kann, wird ein Punkt auf dieser Budgetbeschränkung die Kombination der sicheren Ertragsrate mit keinem Risiko (eine Standardabweichung von Null) sein. Wenn nun die Konsumentin x Prozent ihres Vermögens in dem riskanten Aktivum anlegt, gewinnt sie für diesen Betrag den Unterschied zwischen der erwarteten Ertragsrate des riskanten Aktivums und der Ertragsrate des sicheren Vermögenswertes. Aber sie riskiert auch einiges. Die Steigung der Budgetgeraden wird daher die Differenz zwischen den beiden Ertragsraten sein dividiert durch die Standardabweichung des Portfolios, bei dem x Prozent des Vermögens im riskanten Aktivum angelegt sind. Man kann dann die übliche Indifferenzkurven-Budgetgerade-Analyse anwenden, um für die gegebenen Präferenzen der Konsumentin ihre optimale Entscheidung hinsichtlich Risiko und erwartetem Ertrag zu ermitteln. (Zur Erinnerung: Wenn die Standardabweichung auf der horizontalen Achse aufgetragen wird und wenn weniger Risiko gegenüber einem höheren Risiko bevorzugt wird, dann werden die besseren Bündel nordwestlich liegen.) Weiters wird von Ihnen verlangt werden, die Ergebnisse des Modells zur Bewertung von Kapitalvermögen anzuwenden, das besagt, dass die erwartete Ertragsrate jedes Aktivums gleich der Summe der Ertragsrate des risikofreien Aktivums zuzüglich einer Risikoprämie ist. Es sei schließlich daran erinnert, dass die Ertragsrate eines Aktivums gleich seiner erwarteten Preisänderung dividiert durch den derzeitigen Preis ist.

Aufgaben

13.1 ■ Frau Lynch kann zwischen zwei Vermögenswerten wählen: Der erste ist ein risikofreies Aktivum mit einer Ertragsrate von r_f, der zweite ein riskantes Aktivum (ein Porzellanladen, der Geschäftsbeziehungen zu großen Säugetieren unterhält), das eine erwartete Ertragsrate von r_m und eine Standardabweichung von σ_m aufweist.

a) Wie lautet die Gleichung für den erwarteten Ertrag dieses Portfolios, wenn Frau Lynch x Prozent ihres Vermögens in das riskante Aktivum investiert? ________________________. Wie lautet die Gleichung für die Standardabweichung dieses Portfolios? ________________________.

b) Leite durch Lösen der zweiten Gleichung in a) nach x und Einsetzen dieses Ergebnisses in die erste Gleichung einen Ausdruck für die Ertragsrate des Portfolios in Abhängigkeit vom Risiko des Portfolios her: ________________________.

c) Angenommen Frau Lynch kann sich Geld zum Zinssatz von r_f ausborgen und in den riskanten Vermögenswert anlegen. Wie groß wird ihr erwarteter Ertrag sein, wenn sie sich einen Betrag in Höhe von 100 % ihres ursprünglichen Vermögens ausborgt und ihn zur Gänze in das riskante Aktivum investiert ($r_m = 20$, $r_f = 10$ und $\sigma_m = 10$)? (Hinweis: Das ist so ähnlich, als ob sie 200 % ihres ursprünglichen Vermögens im riskanten Aktivum anlegte.) ________________________.

d) Angenommen Frau Lynch kann risikofrei borgen und leihen. Wie lautet die Formel für die „Budgetgerade", der sich Frau Lynch gegenübersieht, wenn $r_m = 20$, $r_f = 10$ und $\sigma_m = 10$ sind? ________________________.
Zeichne diese Budgetgerade in die untenstehende Grafik.

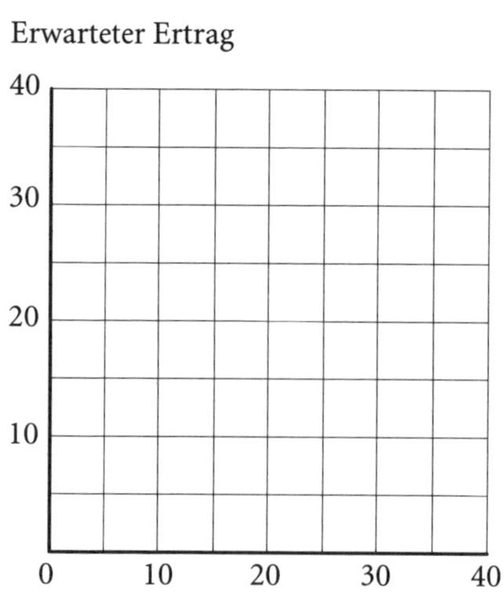

e) Welche der folgenden riskanten Aktiva würde Frau Lynch gegenüber ihrem derzeitigen riskanten Aktivum bevorzugen, wenn wir annehmen, dass sie jeweils nur in ein Aktivum investieren kann, dass sie jedoch einen beliebigen Anteil ihres Vermögens in irgendein riskantes Aktivum ihrer Wahl investieren kann? Schreibe die Wörter „besser“, „schlechter“ oder „gleich“ nach jedem Aktivum.

Aktivum A mit $r_a = 17$ % und $\sigma_a = 5$ %. ________________.

Aktivum B mit $r_b = 30$ % und $\sigma_b = 25$ %. ________________.

Aktivum C mit $r_c = 11$ % und $\sigma_c = 1$ %. ________________.

Aktivum D mit $r_d = 25$ % und $\sigma_d = 14$ %. ________________.

f) Angenommen Frau Lynch' Nutzenfunktion hat die Form $u(r_x, \sigma_x) = r_x - 2\sigma_x$. Welchen Teil ihres Portfolios wird sie in das ursprüngliche riskante Aktivum investieren? (Vielleicht sollten Sie vor der Beantwortung einige Indifferenzkurven zeichnen, z. B. jene Kombinationen von r_x und σ_x, für die $u(r_x, \sigma_x) = 0, 1, 2,$ ..... usw. ist.) ________.

13.2 ■ Herr Schmid überlegt die Aufteilung seines Portfolios auf zwei Vermögenswerte, ein riskantes Aktivum mit einem erwarteten Ertrag von 30 % und einer Standardabweichung von 10 % und einem sicheren Aktivum mit einem erwarteten Ertrag von 10 % und einer Standardabweichung von 0 %.

a) Wie hoch wird Herrn Schmids erwartete Ertragsrate sein, wenn er x Prozent seines Vermögens in das riskante Aktivum investiert? ________________.

b) Wie hoch wird Herrn Schmids Standardabweichung sein, wenn er x Prozent seines Vermögens in das riskante Aktivum investiert? ________________.

c) Löse die beiden Gleichungen nach der erwarteten Ertragsrate auf Herrn Schmids Vermögen als eine Funktion der von ihm akzeptierten Standardabweichung: ________

________________________________.

d) Zeichne in untenstehende Grafik seine „Budgetgerade“ ein.

e) Wenn Herrn Schmids Nutzenfunktion $u(r_x, \sigma_x) = \min\{r_x, 30 - 2\sigma_x\}$ lautet, dann ist sein optimaler Wert für $r_x =$ ________ und sein optimaler Wert für $\sigma_x =$ ________.
(Hinweis: Löse zwei Gleichungen mit zwei Unbekannten, wovon eine die Budgetbeschränkung ist.)

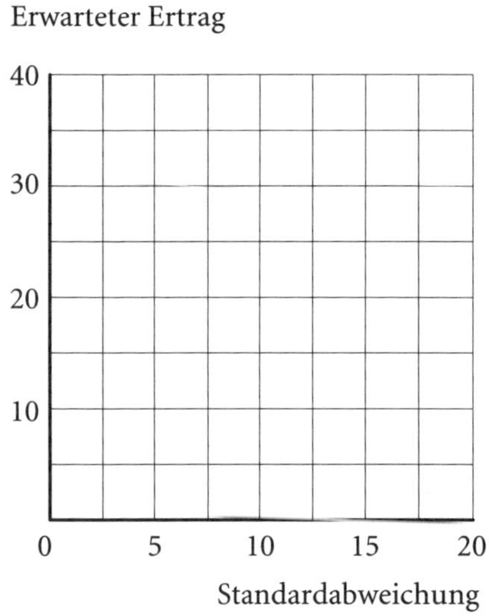

f) Zeichne Herrn Schmids optimale Entscheidung, einschließlich einer Indifferenzkurve durch diesen Punkt, in die obige Grafik ein.

g) Welchen Teil seines Vermögens sollte Herr Schmid in das riskante Aktivum anlegen?

____.

13.3 ■ Vervollständige die folgende Tabelle unter der Annahme, dass das Modell zur Bewertung von Kapitalvermögen gelte. In der Tabelle wird mit p_0 der derzeitige Preis des Aktivums *i* bezeichnet, Ep_1 ist der erwartete Preis des Aktivums *i* in der nächsten Periode.

r_f	r_m	r_i	β_i	p_0	Ep_1
10	20	10		100	
10	20		1,5		125
10		20	2	200	
0	30		2/3	40	48
10	22		0	80	

13.4 ■ Der Bauer Alf Alpha hat eine Weide auf einem sandigen Hügel. Der Ertrag dieser Weide ist eine Zufallsgröße, die davon abhängt, wie viel es regnet. In regnerischen Jahren ist der Ertrag gut, in trockenen Jahren schlecht. Der Marktwert des Weidelands beträgt € 5.000. Der erwartete Ertrag ist € 500 mit einer Standardabweichung von € 100. Jeder zusätzliche Zentimeter Niederschlag über den Durchschnitt hinaus bedeutet einen zusätzlichen Gewinn von € 100, jeder Zentimeter unter dem Durchschnitt um € 100 weniger Gewinn als der

Durchschnitt. Unser Bauer Alf besitzt weitere € 5.000, die er in eine zweite Weide investieren möchte. Es stehen zwei mögliche Weiden zum Verkauf.

a) Die eine Weide liegt in einer Ebene, in der es nie Überschwemmungen gibt. Diese Weide liefert unabhängig vom Wetter einen erwarteten jährlichen Ertrag von € 500. Wie hoch ist Alf Alphas erwartete Ertragsrate auf seine *Gesamtinvestition*, wenn er diese Weide zusätzlich zu seiner ersten kauft ________________. Wie hoch ist die Standardabweichung seiner Ertragsrate in diesem Fall? ________________________.

b) Die andere Weide, die er kaufen könnte, liegt am Ufer des Flusses. Der Ertrag ist in trockenen Jahren sehr gut, in feuchten Jahren hingegen gibt es Überschwemmungen. Auch diese Weide kostet € 5.000. Ihr erwarteter Ertrag ist € 500 mit einer Standardabweichung von € 100. Jeder Zentimeter Niederschlag *unter* dem Durchschnitt bedeutet einen zusätzlichen Gewinn von € 100, jeder Zentimeter Niederschlag über dem Durchschnitt bedeutet einen um € 100 geringeren Gewinn gegenüber dem Durchschnitt. Wenn Alf sich diese Weide zusätzlich zu seiner am sandigen Hügel gelegenen kauft, wird die erwartete Ertragsrate auf seine Gesamtinvestition ______________________ sein. Wie groß ist die Standardabweichung der Ertragsrate seiner Gesamtinvestition in diesem Fall? ____.

c) Welche der beiden Weiden sollte Alf kaufen, wenn er risikoscheu ist? Warum? ____

____

____.

14 Konsumentenrente

Einleitung

In diesem Kapitel werden wir Möglichkeiten untersuchen, die Bewertung eines Gutes durch einen Konsumenten aufgrund seiner Nachfragekurve nach diesem Gut zu messen. Die grundlegende Logik lautet wie folgt: Die Höhe der Nachfragekurve misst, wie viel der Konsument bereit ist, für die letzte Einheit des gekauften Gutes zu zahlen – die Zahlungsbereitschaft für die marginale Einheit. Die Summe der „Zahlungsbereitschaften" für jede einzelne gekaufte Einheit ergibt somit die gesamte Zahlungsbereitschaft für den Konsum des Gutes.

Geometrisch betrachtet ist die Gesamtbereitschaft, für eine bestimme Menge eines Gutes zu zahlen, gleich der Fläche unter der Nachfragekurve bis zu dieser Menge. Diese Fläche wird **Bruttorente des Konsumenten** oder **Bruttonutzen** aus dem Konsum des Gutes genannt. Wenn der Konsument für den Kauf des Gutes einen bestimmten Betrag zahlen muss, so müssen wir diese Ausgabe von der Bruttorente abziehen, um so die **(Netto-) Konsumentenrente** zu erhalten.

Wenn die Nutzenfunktion die quasilineare Form, $u(x) + m$, aufweist, dann misst die Fläche unter der Nachfragekurve $u(x)$, und die Fläche unter der Nachfragekurve minus den Ausgaben für das andere Gut misst $u(x) + m$. In diesem Fall dient daher die Konsumentenrente als ein exaktes Maß des Nutzens und die Änderung der Konsumentenrente ist ein monetäres Maß für die Nutzenänderung.

Wenn die Nutzenfunktion eine andere Form hat, wird die Konsumentenrente kein exaktes Nutzenmaß sein, häufig aber zumindest ein guter Näherungswert. Wenn wir hingegen genauere Maßzahlen wollen, können wir die Konzepte der **kompensatorischen Variation** und der **äquivalenten Variation** heranziehen.

Wie erinnerlich ist die kompensatorische Variation jenes zusätzliche Einkommen, das der Konsument benötigen würde, damit er bei den *neuen* Preisen genau so gut gestellt ist wie zu den alten Preisen; die äquivalente Variation ist jener Geldbetrag, den man dem Konsumenten bei den alten Preisen wegnehmen müsste, sodass er genau so gut gestellt wäre, wie er es zu den neuen Preisen tatsächlich ist. Obwohl im Allgemeinen Unterschiede bestehen, so sind die Änderung der Konsumentenrente, die kompensatorische Variation und die äquivalente Variation bei quasilinearen Präferenzen gleich.

In diesem Kapitel werden Sie Folgendes üben:

- Berechnung der Konsumentenrente und ihrer Änderung.
- Berechnung der kompensatorischen und äquivalenten Variationen.

Beispiel

Angenommen die inverse Nachfragekurve ist durch $P(q) = 100 - 10q$ gegeben und der Konsument verbraucht derzeit 5 Einheiten des Gutes. Wie viel muss man ihm zahlen, um ihn für die Reduktion seines Konsums dieses Gutes auf Null zu entschädigen?

Antwort: Die inverse Nachfragekurve weist eine Höhe von 100 auf, wenn $q = 0$ ist, und eine Höhe von 50, wenn $q = 5$ ist. Die Fläche unter der Nachfragekurve ist ein Trapez mit der Basis 5 und den Höhen 100 und 50. Wir finden die Fläche dieses Trapezes durch Anwendung der Formel

$$\text{Fläche eines Trapezes} = \text{Basis} \cdot (1/2)(\text{Höhe}_1 + \text{Höhe}_2)$$

In unserem Fall ergibt das $A = 5 \cdot (1/2)(100 + 50) =$ € 375.

Beispiel

Angenommen der Konsument kauft nun 5 Einheiten zum Preis von je € 50. Wie viel Geld wäre zur Kompensation erforderlich, wenn man von ihm verlangt, Null Einheiten zu konsumieren?

Wir sahen oben, dass in diesem Fall sein Bruttonutzen um € 375 zurückgeht. Andererseits muss er aber auch $5 \cdot 50 =$ € 250 weniger ausgeben. Der Rückgang seiner *Netto*rente beträgt daher € 125.

Beispiel

Angenommen eine Konsumentin hat die Nutzenfunktion $u(x_1, x_2) = x_1 + x_2$. Anfänglich sieht sie sich den Preisen (1, 2) gegenüber, ihr Einkommen beträgt 10. Berechne die kompensatorischen und äquivalenten Variationen, wenn sich die Preise auf (4, 2) ändern.

Antwort: Da die beiden Güter perfekte Substitute sind, wird die Konsumentin anfänglich das Bündel (10, 0) konsumieren und daraus einen Nutzen von 10 ziehen. Nach der Preisänderung wird sie das Bündel (0, 5) konsumieren, mit einem Nutzen von 5. Nach der Preisänderung würde sie € 20 benötigen, um einen Nutzen von 10 zu erzielen; daher ist die kompensatorische Variation $20 - 10 = 10$. Vor der Preisänderung würde sie ein Einkommen von 5 benötigen, um einen Nutzen von 5 zu erzielen; die äquivalente Variation ist daher $10 - 5 = 5$.

Aufgaben

14.1 ☐ Herr Plus konsumiert Met, seine Nachfrage nach Krügen von Met ist durch $D(p) = 100 - p$ gegeben, wobei p der Metpreis in Shilling ist.

a) Wie viele Krüge wird Herr Plus konsumieren, wenn der Metpreis 50 Shilling pro Krug beträgt? ________________________________.

b) Wie hoch ist seine Brutto-Konsumentenrente aus diesem Konsum? ________________.

c) Wie viel Geld gibt er für Met aus? ____.

d) Wie groß ist seine Netto-Konsumentenrente aus dem Metkonsum? ________________.

14.2 ☐ Hier haben wir noch einmal die Tabelle der Vorbehaltspreise für Wohnungen aus dem 1. Kapitel:

Person	A	B	C	D	E	F	G	H
Preis	40	25	30	35	10	18	15	5

a) Welche Konsumenten werden Wohnungen erhalten, wenn im Gleichgewicht die Miete € 20 beträgt? ____.

b) Wie hoch ist bei einer Gleichgewichtsmiete von € 20 die (Netto-)Konsumentenrente auf diesem Markt für Person A? ________________. Und für Person B? ________________.

c) Wie hoch ist bei einer Miete von € 20 im Gleichgewicht die gesamte Netto-Konsumentenrente auf diesem Markt? ________________________________.

d) Wie hoch ist bei dieser Gleichgewichtsmiete von € 20 die gesamte Bruttorente der Konsumenten auf diesem Markt? ____.

e) Um wie viel steigt die Brutto-Konsumentenrente, wenn die Miete auf € 19 sinkt? ____.

f) Um wie viel steigt die Netto-Konsumentenrente, wenn die Miete auf € 19 sinkt? ____.

* 14.3 ☐ Quasimodo konsumiert Ohrstöpsel und andere Dinge. Seine Nutzenfunktion für Ohrstöpsel, x, und Geld, das er für den Konsum anderer Dinge ausgibt, y, lautet

$$u(x, y) = 100 - (x^2/2) + y.$$

a) Was für eine Art von Nutzenfunktion hat Quasimodo? ________________________.

b) Wie lautet seine inverse Nachfragefunktion nach Ohrstöpsel? ________________.

c) Wie viele Ohrstöpsel wird er bei einem Preis von 50 konsumieren? ________________.

d) Wie viele Ohrstöpsel wird er bei einem Preis von 80 konsumieren? ________________.

e) Angenommen Quasimodo kann pro Monat ffrs 4.000 ausgeben. Wie groß ist sein Gesamtnutzen für Ohrstöpsel und Geld für andere Dinge, wenn der Preis von Ohrstöpseln gleich ffrs 50 ist? ________________.

f) Wie hoch ist sein Gesamtnutzen für Ohrstöpsel und Geld für andere Dinge, wenn der Preis von Ohrstöpseln gleich ffrs 80 ist? ________________.

g) Wenn der Preis von 50 auf 80 steigt, fällt sein Nutzen um ________________.

h) Wie groß ist die Veränderung der (Netto-)Konsumentenrente, wenn sich der Preis von 50 auf 80 erhöht? ________________ französische Francs.

14.4 ■ In der folgenden Grafik findest Du eine Darstellung von Sarah Schirms Indifferenzkurven zwischen Gurken und anderen Gütern. Nehmen wir an, dass sowohl der Referenzpreis für Gurken als auch der Referenzpreis für „andere Güter“ jeweils 1 sind.

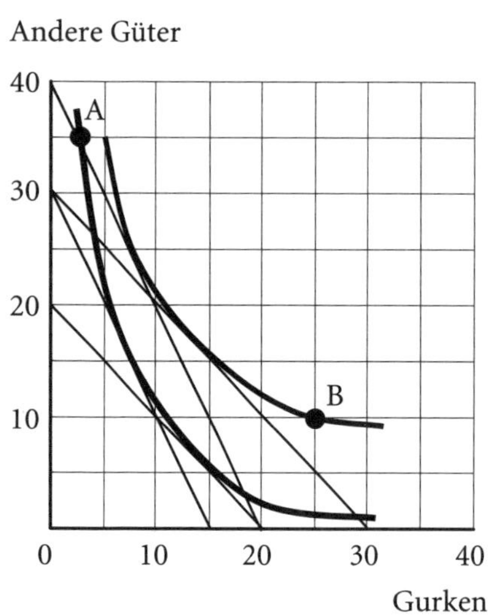

a) Wie groß ist der kleinste Geldbetrag, den Sarah brauchen würde, um ein Bündel zu kaufen, das für sie gegenüber *A* indifferent ist? ________________.

b) Wie groß ist der kleinste Geldbetrag, den Sarah brauchen würde, um ein Bündel zu kaufen, das für sie gegenüber *B* indifferent ist? ________________.

c) Angenommen der Referenzpreis für Gurken ist 2 und der Referenzpreis für andere Güter ist 1. Wie viel Geld braucht sie, um ein Bündel zu kaufen, das für sie gegenüber *A* indifferent ist? ______________________.

d) Wie groß ist der kleinste Geldbetrag, den Sarah zu den neuen Preisen brauchen würde, um ein Bündel zu kaufen, das für sie gegenüber *B* indifferent ist? ______________.

e) Unabhängig von den Preisen, denen sich Sarah gegenübersieht, muss der Geldbetrag, den Sarah braucht, um ein zu *A* indifferentes Bündel zu kaufen, (größer, kleiner) ______________ sein als der Betrag, den sie braucht, um ein zu *B* indifferentes Bündel zu kaufen.

14.5 ■ Berenices Präferenzen können durch $u(x, y) = \min\{x, y\}$ dargestellt werden, wobei x Paare von Ohrringen und y Geld für andere Dinge darstellen. Sie sieht sich den Preisen $(p_x, p_y) = (2, 1)$ gegenüber, ihr Einkommen ist 12.

a) Zeichne in die untenstehende Grafik ein paar von Berenices Indifferenzkurven und ihre Budgetbeschränkung mit Bleistift ein. Ihr optimales Bündel enthält __________ Paare von Ohrringen und __________ Euro, die sie für andere Dinge ausgibt.

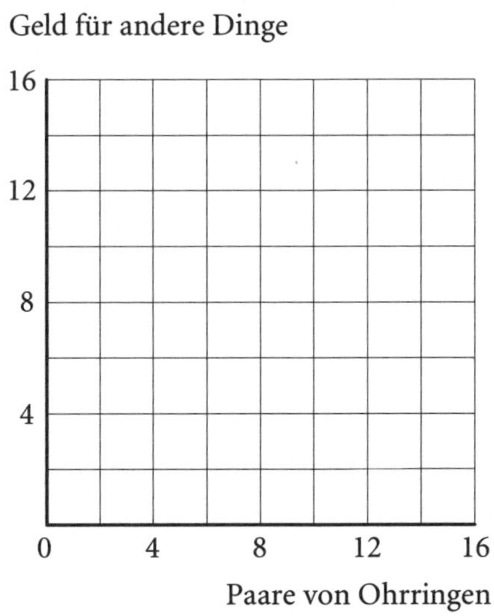

b) Der Preis für Ohrringe steigt auf € 3 je Paar, Berenices Einkommen bleibt unverändert. Zeichne ihre neue Budgetgerade blau in obige Grafik ein. Ihr neues optimales Bündel besteht aus ______________ Paaren von Ohrringen und ______________ Euro für andere Dinge.

c) Welches Bündel würde Berenice wählen, wenn sie sich den ursprünglichen Preisen gegenübersähe und wenn sie gerade genug Geld hätte, um die neue Indifferenzkurve zu erreichen? ____________________. Zeichne die Budgetgerade, die durch dieses Bündel zu den ursprünglichen Preisen verläuft, rot ein. Wie viel Einkommen würde sie zu den ursprünglichen Preisen benötigen, um diese (rote) Budgetgerade zu haben?

____.

d) Der Höchstbetrag, den Berenice zur Vermeidung der Preiserhöhung zu zahlen bereit wäre, ist ____________________. Es ist dies die (kompensatorische, äquivalente) ____________________________ Einkommensvariation.

e) Welches Bündel würde Berenice wählen, wenn sie sich den neuen Preisen gegenübersähe und gerade genug Einkommen hätte, um ihre ursprüngliche Indifferenzkurve zu erreichen? ________________________. Zeichne die Budgetgerade, die durch dieses Bündel zu den neuen Preisen verläuft, in schwarz ein. Wie viel Einkommen hätte Berenice mit diesem Budget? ___________________________________.

f) Um gegenüber ihrem ursprünglichen Bündel gleich gut gestellt zu sein, würde Berenices ursprüngliches Einkommen um ____________________ steigen müssen. Das ist die (kompensatorische, äquivalente) ____________________ Einkommensvariation.

* **14.6** ☐ Ulrich mag Videospiele und Würstel. Seine Präferenzen können durch $u(x, y) = \ln(x + 1) + y$ dargestellt werden, wobei x für die Zahl der gespielten Videospiele steht und y die Euros sind, die er für Würstel ausgibt. Der Preis eines Videospiels sei p_x, sein Einkommen ist m.

a) Schreibe eine Formel an, die besagt, dass Ulrichs Grenzrate der Substitution gleich dem Preisverhältnis ist: (Hinweis: Erinnerst Du Dich an Donald Dribbel aus dem 6. Kapitel?)

____.

b) Da Ulrich ______________________________ Präferenzen hat, kann man allein aus der Lösung dieser einzelnen Gleichung seine Nachfragefunktion nach Videospielen finden; sie lautet: ___________________________________.

Seine Nachfragefunktion nach Euros, die er für Würstel ausgibt, ist dann ________

____.

c) Videospiele kosten € 0,25, Ulrichs Einkommen ist € 10. In diesem Fall fragt Ulrich

____________ Videospiele und Würstel für ____________ Euro nach. Der Nutzen

dieses Bündels ist für ihn ________________. (Runde auf zwei Dezimalstellen!)

d) Wenn wir Ulrich alle Videospiele wegnähmen, wie viel Geld würden wir ihm dann für Würstel geben müssen, damit er genau so gut gestellt ist wie vorher?

____.

e) Ab sofort werden Videospiele mit einer Vergnügungssteuer von € 0,25 belegt, die voll auf die Konsumenten überwälzt wird. Nach Einführung dieser Steuer fragt Ulrich

____________ Videospiele und Würstel für ________________ Euro nach.

Der Nutzen dieses Bündels ist für ihn ____________. (Runde auf zwei Dezimalstellen!)

f) Wenn wir jetzt Ulrich alle Videospiele wegnähmen, wie viel Geld würden wir ihm dann für Würstel geben müssen, damit er genau so gut dran ist wie mit dem Bündel, das er

nach Einführung der Vergnügungssteuer kaufte? ________________________.

g) Wie groß ist die Veränderung in Ulrichs Konsumentenrente aufgrund der Vergnügungs-

steuer? ____________________. Wie viel Geld hat der Ulrichs Staat von ihm (!)

aufgrund der Besteuerung eingehoben? ____________________________.

* **14.7** ▣ Lolita, eine intelligente und charmante Holsteiner Kuh, konsumiert nur zwei Güter, Kraftfutter (bestehend aus gemahlenem Mais und Hafer) und Heu. Ihre Präferenzen lassen sich durch die Nutzenfunktion $U(x, y) = x - x^2/2 + y$ darstellen, wobei x ihr Konsum an Kraftfutter und y ihr Konsum an Heu sind. Lolita wurde in die Geheimnisse von Budgets und Optimierung eingeführt, sie maximiert seither stets ihren Nutzen unter Berücksichtigung ihrer Budgetbeschränkung. Lolita erzielt ein Einkommen von m Euro, das sie entsprechend ihren Wünschen für Kraftfutter und Heu ausgeben kann. Der Heupreis beträgt immer € 1, den Preis des Kraftfutters bezeichnen wir mit p, wobei gilt, dass $0 < p \leq 1$.

a) Schreibe Lolitas inverse Nachfragefunktion für Kraftfutter an: (Hinweis: Lolitas Nutzenfunktion ist quasilinear. Wenn y der Numéraire ist und der Preis von x gleich p ist, dann findet man die inverse Nachfragefunktion für jemand mit einer quasilinearen Nutzen-

funktion $f(x) + y$ einfach aus der Relation $p = f'(x)$.) ________________________.

b) Für wie viel Heu entscheidet sich Lolita, wenn der Preis des Kraftfutters p und ihr Einkommen m ist? (Hinweis: Das Geld, das sie nicht für Kraftfutter ausgibt, wird zum Kauf

von Heu verwendet.) ____.

c) Setze diese Zahlen in Lolitas Nutzenfunktion ein, um das Nutzenniveau herauszufinden, dessen sie sich bei diesen Preisen und diesem Einkommen erfreut: ______________.

d) Angenommen Lolitas tägliches Einkommen beträgt € 3, der Preis des Kraftfutters sei € 0,50. Welches Bündel kauft sie? ______________. Welches Bündel würde sie kaufen, wenn der Preis des Kraftfutters auf € 1 anstiege? ______________.

e) Wie viel Geld wäre Lolita bereit zu zahlen, wenn sie dadurch den Preisanstieg des Kraftfutters auf € 1 vermeiden könnte? ______________. Dieser Betrag wird ______________ Variation genannt.

f) Angenommen der Preis des Kraftfutters steigt auf € 1. Wie viel zusätzliches Geld müsste man Lolita geben, damit sie genau so gut gestellt wäre wie zu den alten Preisen? ______________. Dieser Betrag wird ______________ Variation genannt. Was ist größer, die kompensatorische oder die äquivalente Kompensation oder sind beide gleich groß? ______________.

g) Wie hoch ist Lolitas (Netto-)Konsumentenrente bei einem Preis von € 0,50 und einem Einkommen von € 3? ______________.

14.8 ■ F. Feuerstein hat quasilineare Präferenzen, seine inverse Nachfragefunktion nach Brontosaurier Burgern ist $P(b) = 30 - 2b$. Herr Feuerstein konsumiert derzeit 10 B. Burger zum Preis von je € 10.

a) Wie viel wäre F. F. bereit dafür zu zahlen, um eher diese Menge an B. Burgern zu haben als überhaupt keinen? ______________. Wie hoch ist seine (Netto-)Konsumentenrente? ______________.

b) Felsenstadt, der einzige Hersteller von Brontosaurier Burgern, beschließt, die Preise für einen Burger von € 10 auf € 14 zu erhöhen. Um wie viel ändert sich Herrn Feuersteins Konsumentenrente? ______________.

14.9 ▣ Karl Kapitalist ist bereit, $p/2 - 20$ Stühle zu jedem Preis $p > 40$ zu erzeugen. Zu Preisen unter 40 erzeugt er nichts. Wenn der Preis 100 ist, wird Karl ______________ Stühle herstellen. Wie hoch ist seine Produzentenrente bei diesem Preis? ______________.

14.10 ■ Frau Q. Modo liebt es, Kirchenglocken täglich bis zu 10 Stunden zu läuten. Ihr Nutzen ist: $u(m, x) = m + 3x$ für $x \leq 10$. (Dabei sind m die Ausgaben für andere Güter, x die Stunden des Glockenläutens.) Wenn $x > 10$, leidet sie fürchterlich an den entstehenden Schwielen und ist schlechter dran, als wenn sie die Glocken überhaupt nicht läuten würde. Ihr Einkommen beträgt 100 ffrs und der Kirchendiener gestattet ihr, die Glocken 10 Stunden lang zu läuten.

a) Aufgrund von Beschwerden der Dorfbewohner entscheidet der Kirchendiener, Frau Modos Glockenläuten auf 5 Stunden pro Tag zu beschränken. Das sind schlechte Nachrichten für Frau Modo. In der Tat ist das genau so bedauerlich für sie, als ob sie ________________ ffrs an Einkommen verlieren würde.

b) Der Kirchendiener lässt sich erweichen und gestattet Frau Modo, die Glocken zu läuten, so lange sie will, sofern sie für dieses Recht 2 ffrs pro Stunde bezahlt. Wie viele Stunden läutet sie nun? ____________________. Diese Steuer auf ihre Tätigkeit ist genau so schlimm wie ein Einkommensverlust von ____________________________ ffrs.

c) Die Dorfbewohner beschweren sich weiterhin. Der Kirchendiener erhöht den Preis des Glockenläutens auf 4 ffrs je Stunde. Wie viele Stunden läutet sie nun? __________. Diese Steuer ist im Vergleich zur Situation, in der sie die Glocken gratis läuten durfte, genau so schlimm wie ein Einkommensverlust von ____________________ ffrs.

15 Marktnachfrage

Einleitung

Bei einigen der Aufgaben in diesem Kapitel sollen Sie die Marktnachfragekurve ausgehend von den individuellen Nachfragekurven konstruieren. Die Marktnachfrage bei jedem beliebigen Preis ist einfach die Summe der individuellen Nachfragen zu diesem Preis. Der wesentliche Punkt dabei ist, im Auge zu behalten, dass man *Mengen addiert*. Grafisch addiert man die individuellen Nachfragekurven horizontal, um die Marktnachfrage zu erhalten. Die Marktnachfragekurve wird immer dann einen Knick aufweisen, wenn der Marktpreis so hoch wird, dass die Nachfrage irgendeines Individuums Null wird.

Manchmal wird es erforderlich sein, den Vorbehaltspreis eines Konsumenten für ein bestimmtes Gut zu ermitteln. Der Vorbehaltspreis ist jener Preis, bei dem der Konsument zwischen dem Konsum und dem Nicht-Konsum des Gutes gerade indifferent ist. Mathematisch erfüllt der Vorbehaltspreis, p^*, die Bedingung $u(0, m) = u(1, m - p^*)$, wobei m für das Einkommen steht und die Menge des anderen Gutes in Euros gemessen wird.

Schließlich wird in einigen Aufgaben verlangt, Preis- und/oder Einkommenselastizitäten zu berechnen. Diese Aufgaben sind besonders leicht, wenn man die Differentialrechnung ein wenig kennt. Wenn die Nachfragefunktion $D(p)$ ist und man die Preiselastizität der Nachfrage beim Preis p berechnen will, dann braucht man nur $dD(p)/dp$ zu berechnen und mit p/q zu multiplizieren.

15.0 **Aufwärmübung.** (**Berechnung von Elastizitäten.**) Und nun ein paar Übungen über Preiselastizitäten. Suche für jede Nachfragefunktion einen Ausdruck für die Preiselastizität der Nachfrage. Normalerweise wird die Antwort eine Funktion des Preises, p, sein. Nehmen wir zum Beispiel die lineare Nachfragekurve $D(p) = 30 - 6p$. Dann ist $dD(p)/dp = -6$ und $p/q = p/(30 - 6p)$, die Preiselastizität der Nachfrage ist daher $-6p/(30 - 6p) = -p/(5 - p)$.

a) $D(p) = 60 - p$: ________________________________.

b) $D(p) = a - bp$: ________________________________.

c) $D(p) = 40p^{-2}$: ________________________________.

d) $D(p) = Ap^{-b}$: ________________________________.

e) $D(p) = (p + 3)^{-2}$: ______________________________.

f) $D(p) = (p + a)^{-b}$: ______________________________.

Aufgaben

15.1 ☐ In Tankstop, Süd Dakota, gibt es zwei Typen von Konsumenten, Buick-Besitzer und Dodge-Besitzer. Jeder Buick-Besitzer hat die Nachfragefunktion nach Benzin $D_B(p) = 20 - 5p$ für $p \leqq 4$ und $D_B(p) = 0$ für $p > 4$. Jeder Dodge-Besitzer hat die Nachfragefunktion nach Benzin $D_D(p) = 15 - 3p$ für $p \leqq 5$ und $D_D(p) = 0$ für $p > 5$. (Die Mengen werden in Gallonen je Woche gemessen, die Preise sind in Dollar angegeben.) Angenommen sei, dass es in Tankstop insgesamt 150 Konsumenten, davon 100 Buick-Besitzer und 50 Dodge-Besitzer gibt.

a) Wie groß wäre die Benzinnachfrage jedes einzelnen Buick-Besitzers bei einem Preis von $ 3? ______________. Und jedes einzelnen Dodge-Besitzers? ______________.

b) Wie viel wird von allen Buick-Besitzern Tankstops zu einem Preis von $ 3 insgesamt nachgefragt? ________. Und wie viel von allen Dodge-Besitzern insgesamt? ________.

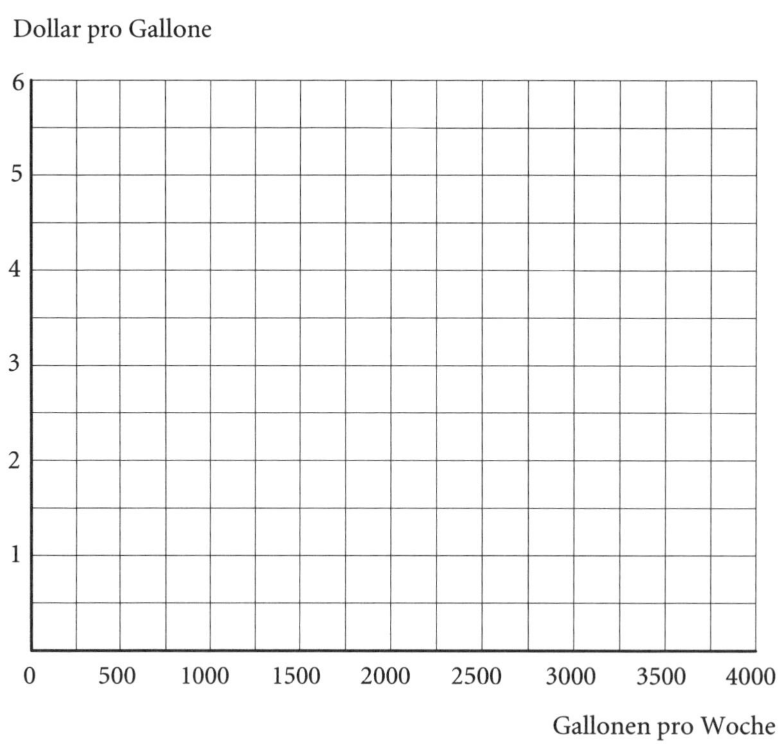

c) Wie viel wird von allen Konsumenten Tankstops insgesamt bei einem Preis von $ 3 nachgefragt? ____________________.

d) Zeichne in die obenstehende Grafik mit blauer Farbe die Nachfragekurve aller Buick-Besitzer insgesamt ein. Und die Nachfragekurve aller Dodge-Besitzer insgesamt zeichne in schwarz ein. Zeichne die Marktnachfragekurve für den gesamten Ort rot ein.

e) Bei welchen Preisen ist die Marktnachfragekurve geknickt? ____________________.

f) Um wie viel fällt die wöchentliche Nachfrage, wenn der Benzinpreis $ 1 je Gallone ist und um 10 Cent steigt? ____________________.

g) Um wie viel fällt die wöchentliche Nachfrage, wenn der Benzinpreis $ 4,50 je Gallone ist und um 10 Cents steigt? ____________________.

h) Um wie viel fällt die wöchentliche Nachfrage, wenn der Benzinpreis $ 10 je Gallone ist und um 10 Cents steigt? ____________________.

15.2 ☐ Schreibe für jede der folgenden Nachfragekurven die inverse Nachfragekurve an.

a) $D(p) = \max\{10 - 2p, 0\}$: ____________________.

b) $D(p) = 100/\sqrt{p}$: ____________________.

c) $\ln D(p) = 10 - 4p$: ____________________.

d) $\ln D(p) = \ln 20 - 2\ln p$: ____________________.

15.3 ☐ Die Nachfragefunktion von Hundezüchtern nach elektrischen Hundebürsten lautet $q_z(p) = \max\{200 - p, 0\}$, die Nachfragefunktion von Hundebesitzern nach elektrischen Hundebürsten ist durch $q_b(p) = \max\{90 - 4p, 0\}$ gegeben.

a) Wie groß ist beim Preis p die Preiselastizität der Züchternachfrage nach elektrischen Hundebürsten? ____________________. Wie groß ist die Preiselastizität der Besitzernachfrage nach elektrischen Hundebürsten? ____________________.

b) Bei welchem Preis ist die Hundezüchter-Nachfrageelastizität gleich –1? ____________.

Bei welchem Preis ist die Besitzer-Nachfrageelastizität gleich –1? ____________.

c) Zeichne in untenstehende Grafik die Nachfragekurve der Hundezüchter blau, jene der Hundebesitzer rot und die Marktnachfrage mit Bleistift ein.

d) Ermittle einen von Null verschiedenen Preis, bei welchem die Gesamtnachfrage nach Hundebürsten positiv ist und bei dem die Nachfragekurve einen Knick aufweist. Wie lautet die Marktnachfragefunktion unterhalb des Knicks? ____________________.

Wie lautet sie oberhalb des Knicks? ______________________________.

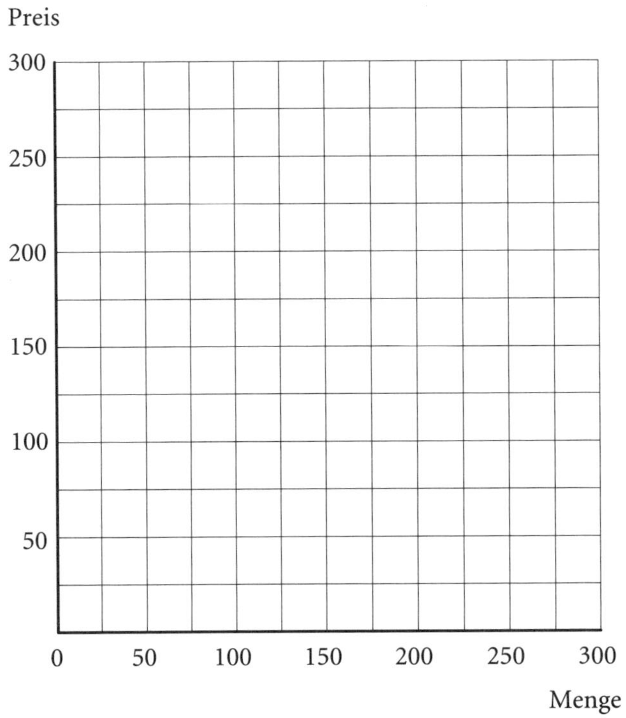

e) Bei welchem Punkt der Marktnachfragekurve ist die Preiselastizität gleich −1? __________. Zu welchem Preis wird der Umsatz aus dem Verkauf von Hundebürsten maximiert? __________. Werden elektrische Hundebürsten nur an Züchter, nur an Hundebesitzer oder an beide verkauft, wenn das Ziel der Verkäufer die Maximierung des Umsatzes ist? ______________________________.

* 15.4 ☐ Die Nachfrage nach Katzenstreu in Kilogramm ist $\ln D(p) = 1.000 - 2p + \ln m$, wobei p der Preis der Katzenstreu und m das Einkommen sind.

a) Wie hoch ist die Preiselastizität der Nachfrage nach Katzenstreu, wenn $p = 2$ und $m = 500$ sind? ______________. Wenn $p = 3$ und $m = 500$ sind? ______________.

Wenn $p = 4$ und $m = 1.500$ sind? ______________________________.

b) Wie hoch ist die Einkommenselastizität der Nachfrage nach Katzenstreu, wenn $p = 2$ und $m = 500$ sind? ____________________. Wenn $p = 2$ und $m = 1.000$ sind? ____________________. Wenn $p = 3$ und $m = 1.500$ sind? ____________________.

c) Wie hoch ist die Preiselastizität der Nachfrage, wenn der Preis p und das Einkommen m sind? ____________. Und die Einkommenselastizität der Nachfrage? ____________.

* 15.5 ☐ Die Nachfragefunktion nach Zeugs ist $q(p) = (p + 1)^{-2}$.

a) Wie groß ist die Preiselastizität der Nachfrage beim Preis p? ____________________.

b) Bei welchem Preis ist die Preiselastizität der Nachfrage nach Zeugs gleich -1? _______.

c) Schreibe einen Ausdruck für den Gesamterlös aus dem Verkauf von Zeugs als eine Funktion seines Preises: ____________________________. Verwende die Differentialrechnung, um den Erlös maximierenden Preis zu bestimmen. Vergiss nicht, die Bedingungen zweiter Ordnung zu überprüfen: ____________________________________.

d) Angenommen die Nachfragefunktion nach Zeugs nimmt die allgemeine Form $q(p) = (p + a)^{-b}$ an, wobei $a > 0$ und $b > 1$ sind. Finde einen Ausdruck für die Preiselastizität der Nachfrage beim Preis p: ________________________________ Bei welchem Preis ist die Preiselastizität der Nachfrage gleich -1? ____________________.

15.6 ☐ Kens Nutzenfunktion lautet $u_K(x_1, x_2) = x_1 + x_2$, Barbies Nutzenfunktion ist durch $u_B(x_1, x_2) = (x_1 + 1)(x_2 + 1)$ gegeben. Man kann 1 Einheit des Gutes 1 oder 0 Einheiten des Gutes 1 kaufen. Es ist für jedermann unmöglich, Teile von Einheiten oder mehr als eine Einheit zu kaufen. Jede Person kann jedoch von Gut 2 jede beliebige Menge kaufen, die sie sich zum Preis von € 1 leisten kann.

a) Lassen wir m für Barbies Einkommen und p_1 für den Preis des Gutes 1 stehen; schreibe eine Gleichung an, die zur Ermittlung von Barbies Vorbehaltspreis für Gut 1 verwendet werden kann: ____________________________________. Wie hoch ist Barbies Vorbehaltspreis für Gut 1? _______. Wie hoch ist Kens Vorbehaltspreis für Gut 1? _______.

b) Zeichne die Marktnachfrage für Gut 1 für den Fall, dass sowohl Ken als auch Barbie ein Einkommen von jeweils € 3 besitzen.

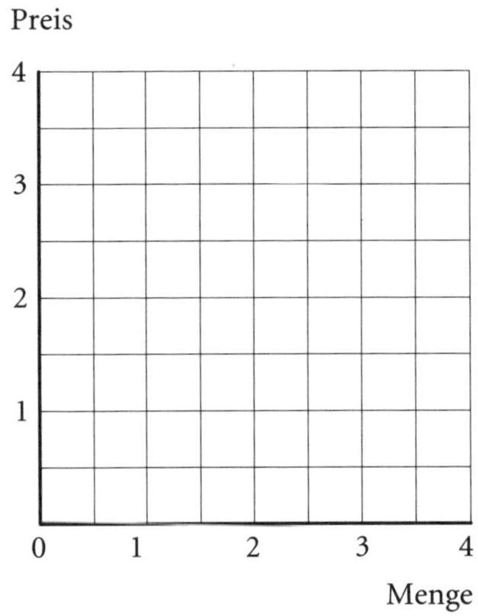

15.7 □ Die Nachfragefunktion nach Jo-Jos sei $D(p, M) = 4 - 2p + (1/100)M$, wobei p der Preis der Jo-Jos und M das Einkommen ist. Wenn M gleich 100 und p gleich 1 sind,

a) wie groß ist die Einkommenselastizität der Nachfrage nach Jo-Jos? ________________.

b) wie groß ist die Preiselastizität der Nachfrage nach Jo-Jos? ________________.

15.8 □ Die Nachfragefunktion nach Irgendwas sei $P = 10 - Q$.

a) Bei welchem Preis wird der Gesamterlös ein Maximum sein? ________________.

b) Wie viele Irgendwas werden zu diesem Preis verkauft werden? ________________.

15.9 □ Die Nachfragefunktion nach Eintrittskarten für ein typisches Football-Spiel an einer großen Universität im Mittelwesten der USA ist $D(p) = 200.000 - 10.000p$. Die Universität hat einen schlauen und geizigen Sportdirektor, der die Kartenpreise so festsetzt, dass der Erlös maximiert wird. Das Stadion der Universität hat ein Fassungsvermögen für 100.000 Zuschauer.

a) Schreibe die inverse Nachfragefunktion an: ________________________.

b) Schreibe die Formeln für den Gesamterlös ________________________

und den Grenzerlös ________________________ als eine Funktion der verkauften Karten an.

c) Zeichne auf der untenstehenden Grafik die inverse Nachfragekurve blau, die Grenzerlöskurve rot ein. Zeichne auch eine vertikale blaue Linie, die das Fassungsvermögen des Stadions abbildet.

d) Bei welchem Preis wird der Erlös ein Maximum sein? ______________________.

Welche Menge wird zu diesem Preis verkauft werden? ______________________.

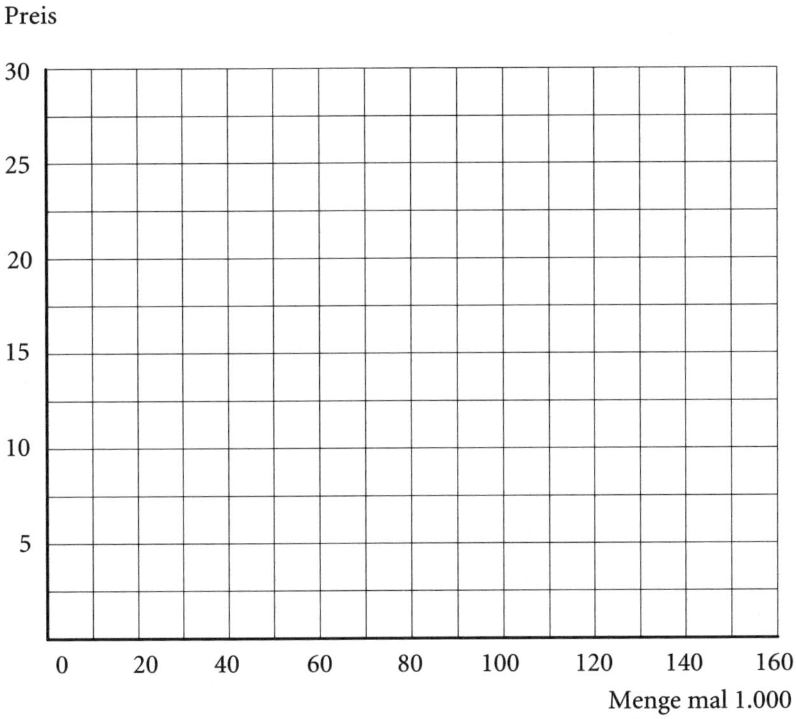

e) Wie groß ist bei dieser Menge der Grenzerlös? ______________________. Und wic hoch ist die Preiselastizität der Nachfrage? ______________________. Wird das Stadion voll besetzt sein? ______________________.

f) Eine Gewinnserie führt dazu, dass sich die Nachfragefunktion für Eintrittskarten nach oben verschiebt. Die neue Nachfragefunktion ist $D(p) = 300.000 - 10.000p$. Wie lautet die neue inverse Nachfragefunktion? ______________________.

g) Schreibe den Grenzerlös als eine Funktion der Menge an: $MR(q)$ = ______________________. Zeichne die neue Nachfragefunktion rot, die neue Grenzerlösfunktion schwarz in die Grafik ein.

h) Wie hoch wäre der Preis, der den Gesamterlös maximierte, wenn wir die Kapazität des Stadions ignorieren? ________________. Wie viele Karten würden zu diesem Preis verkauft? ____.

i) Es stellte sich heraus, dass die Menge, welche den Gesamterlös bei der neuen Nachfragekurve maximierte, größer ist als das Fassungsvermögen des Stadions. Wie schlau der Sportdirektor auch sein mag, er kann keine Sitze verkaufen, die er nicht hat. Er merkt jedoch, dass sein Grenzerlös für jede Zahl von Sitzen, die er bis zur Kapazität des Stadions verkauft, positiv ist. Um seinen Umsatz zu maximieren, sollte er daher ________________ Karten zum Preis von ____________________ verkaufen.

j) Wenn er das macht, dann ist sein Grenzerlös aus dem Verkauf eines zusätzlichen Sitzes ______________________. Die Preiselastizität der Nachfrage nach Karten ist bei dieser Preis-Mengen-Kombination ______________________________.

15.10 ☐ Der Sportdirektor der vorigen Aufgabe überlegt, wie viel zusätzlichen Erlös er aus drei Vorschlägen zur Erweiterung des Stadions erzielen könnte. Wir erinnern uns, dass er sich nun der Nachfragefunktion $q(p) = 300.000 - 10.000p$ gegenübersieht.

a) Um wie viel könnte der Sportdirektor den Gesamterlös je Spiel aus dem Verkauf von Karten erhöhen, wenn er der Kapazität des Stadions 1.000 zusätzliche Sitzplätze hinzufügte und den Kartenpreis entsprechend veränderte, um seinen Erlös zu maximieren? ____.

b) Um wie viel könnte er den Erlös je Spiel aus den Kartenverkäufen erhöhen, wenn er 50.000 neue Sitzplätze hinzufügte? ____________________. 60.000 neue Sitzplätze? ______________. (Hinweis: Der Sportdirektor will noch immer den Erlös maximieren.)

c) Ein fanatischer Absolvent bietet den Bau eines Stadions in jeder Größe an, die sich der Sportdirektor wünscht, und das er der Universität schenken würde. Es gibt nur eine Bedingung: Der Sportdirektor muss die Preise der Eintrittskarten immer so festsetzen, dass das Stadion ausverkauft ist. Wie groß würde sich der Sportdirektor das Stadion wünschen, wenn er weiterhin seinen Erlös aus dem Kartenverkauf maximieren möchte? ____.

16 Gleichgewicht

Einleitung

Angebot und Nachfrage stellen das tägliche Brot der Ökonomen dar. In den folgenden Problemen werden Sie in der Regel Gleichgewichtspreise und -mengen aus einer Gleichung errechnen, in der Angebot gleich der Nachfrage gesetzt wird. Wenn der Preis, den die Anbieter erhalten, derselbe ist, den die Nachfrager zahlen, dann schreibt man Angebot und Nachfrage als Funktionen derselben Preisvariablen, p, und löst dann nach dem Preis, bei dem Angebot und Nachfrage gleich sind. Wenn sich jedoch – wie im Fall von Steuern und Subventionen – Anbieter und Nachfrager verschiedenen Preisen gegenübersehen, dann erscheint es sinnvoll, diese zwei Preise mit zwei verschiedenen Variablen, p_s und p_d, zu bezeichnen. Man findet dann das Gleichgewicht durch Lösen eines Systems von zwei Gleichungen nach den zwei Unbekannten p_s und p_d. Die beiden Gleichungen sind die Gleichung, die das Angebot gleich der Nachfrage setzt, und die Gleichung, welche die Beziehung zwischen dem von den Nachfragern bezahlten Preis und dem Nettopreis, den die Anbieter erhalten, herstellt.

Beispiel

Die Nachfragefunktion für Gut x ist $q = 1.000 - 10p_d$, wobei p_d der von den Konsumenten bezahlte Preis ist. Die Angebotsfunktion für Gut x ist $q = 100 + 20p_s$, wobei p_s der Preis ist, den die Anbieter erhalten. Für jede verkaufte Einheit hebt der Staat eine Steuer im Ausmaß der Hälfte des von den Konsumenten bezahlten Preises ein. Wir wollen die Gleichgewichtspreise und -mengen finden. Im Gleichgewicht muss Angebot gleich Nachfrage gelten, sodass $1.000 - 10p_d = 100 + 20p_s$. Da der Staat eine Steuer im Umfang des halben Konsumentenpreises einhebt, erhalten die Verkäufer nur die Hälfte des Preises, den die Konsumenten zahlen, das heißt $p_s = p_d/2$. Damit haben wir zwei Gleichungen in den zwei Unbekannten p_s und p_d. Setzt man Ausdruck $p_d/2$ für p_s in die erste Gleichung ein, so erhält man $1.000 - 10p_d = 100 + 10p_d$. Lösung dieser Gleichung ergibt für $p_d = 45$, dann für $p_s = 22{,}5$ und $q = 550$.

Aufgaben

16.1 □ Die Nachfrage nach Yak-Butter ist durch $120 - 4p_d$ gegeben, die Angebotsfunktion ist $2p_s - 30$, wobei p_d der von den Nachfragern bezahlte Preis und p_s der Preis ist, den die Anbieter erhalten, gemessen in Euro je 100 Kilogramm. Nachgefragte und angebotene Mengen werden in 100-Kilogramm-Einheiten gemessen.

a) Zeichne in das untenstehende Koordinatensystem die Nachfragekurve in blau und die Angebotskurve in rot ein.

b) Schreibe die Gleichung zur Lösung nach dem Gleichgewichtspreis an:

____.

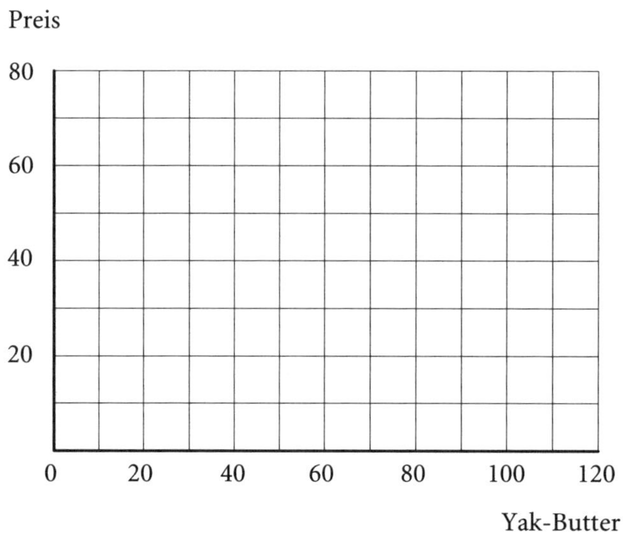

c) Wie hoch ist der Gleichgewichtspreis von Yak-Butter? ____________________. Wie groß ist die Gleichgewichtsmenge? __________________. Suche Gleichgewichtspreis und -menge in der Grafik und bezeichne sie mit p_1 und q_1.

d) Die Berglandschaft in der zentralen Schweiz, die traditionelle Heimat der Yaks, wird von einer fürchterlichen Trockenheit heimgesucht. Die Angebotskurve verschiebt sich auf $2p_s - 60$. Die Nachfragekurve bleibt unverändert. Zeichne die neue Angebotskurve. Schreibe die Gleichung an, mit deren Hilfe man den neuen Gleichgewichtspreis für Yak-Butter finden kann: ____________________________________.

e) Der neue Gleichgewichtspreis ist ____________ und die neue Gleichgewichtsmenge ist ____________. Suche den neuen Gleichgewichtspreis und die neue Gleichgewichtsmenge in der Grafik und bezeichne sie mit p_2 und q_2.

f) Die Regierung beschließt, den betroffenen Konsumentinnen und Produzentinnen von Yak-Butter zu helfen, indem sie eine Subvention von € 5 je 100 Kilogramm Yak-Butter an die Produzentinnen zahlt. Wie hoch ist der Betrag, den die Produzentinnen für jede erzeugte Einheit erhalten, wenn p_d der von den Nachfragern bezahlte Preis je 100 Kilogramm Yak-Butter ist? ____________________. Wie viel Yak-Butter wird erzeugt, wenn der von den Nachfragern gezahlte Preis p_d ist? ____________________________.

g) Schreibe eine Gleichung an, mit deren Hilfe man beim gegebenen Subventionsprogramm den Gleichgewichtspreis finden kann, der von den Konsumentinnen zu zahlen ist: ____. Wie hoch ist jetzt der von den Konsumentinnen bezahlte Gleichgewichtspreis und wie groß ist die Gleichgewichtsmenge an Yak-Butter? ____________________________.

h) Angenommen die Regierung hätte die Subvention an die Konsumentinnen gezahlt und nicht an die Produzentinnen. Wie hoch wäre der von den Konsumentinnen bezahlte Nettopreis im Gleichgewicht? ___________. Die Gleichgewichtsmenge wäre ___________.

16.2 ☐ Gegeben seien die Angebots- und Nachfragegleichungen für Drosselstühle, wobei p der Preis in Euro ist:

$$D(p) = 40 - p$$

$$S(p) = 10 + p$$

Zeichne im unten angegebenen Diagramm die Nachfrage- und Angebotskurven für Drosselstühle mit blauer Farbe ein.

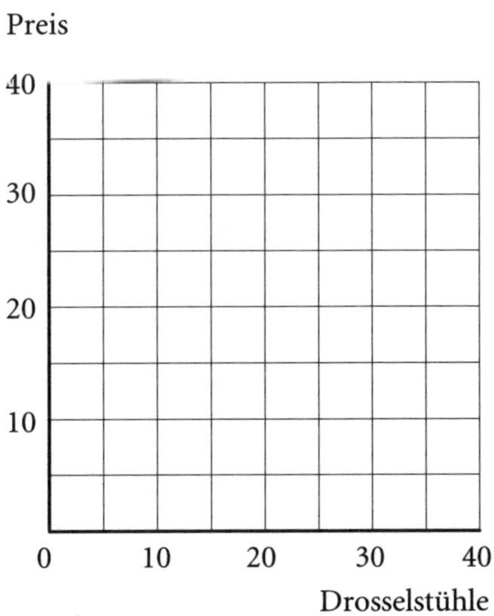

a) Der Gleichgewichtspreis der Drosselstühle ist ______________________,

die Gleichgewichtsmenge beträgt ______________________.

b) Angenommen der Staat entscheidet, den Verkauf von Drosselstühlen auf 20 Stück zu beschränken. Zu welchem Preis würden 20 Drosselstühle nachgefragt? __________. Wie viele Drosselstühle würden zu diesem Preis von den Anbietern angeboten? __________. Zu welchem Preis würden die Anbieter lediglich 20 Drosselstühle anbieten? ______________________.

c) Der Staat will sicherstellen, dass nicht mehr als 20 Drosselstühle gekauft werden, aber er möchte auch, dass die Unternehmen in der Branche nicht mehr als den Minimumpreis erhalten, zu dem sie bereit wären, 20 Drosselstühle anzubieten. Eine Möglichkeit besteht in der Ausgabe von 20 Bezugsscheinen. Um einen Drosselstuhl kaufen zu können, müsste ein Konsument demnach zusammen mit dem zum Kauf notwendigen Geld auch einen Bezugsschein vorweisen. Wie hoch wäre der Gleichgewichtspreis dieser Bezugsscheine, wenn sie auf dem Markt frei gehandelt würden? ______________________.

d) Schraffiere in obiger Grafik jene Fläche, welche den Wohlfahrtsverlust aufgrund der Beschränkung des Angebots auf 20 Drosselstühle angibt. Wie viel ist das in Euro ausgedrückt? __________. (Hinweis: Wie lautet die Formel für die Fläche eines Dreiecks?)

16.3 ☐ Die Nachfragekurve nach Schiunterricht ist durch $D(p_D) = 100 - 2p_D$ und die Angebotskurve durch $S(p_S) = 3p_S$ gegeben.

a) Wie hoch ist der Gleichgewichtspreis? ______________________. Wie hoch ist die Gleichgewichtsmenge? ______________________.

b) Nun wird eine Steuer von € 10 pro Unterrichtsstunde von den Schischülerinnen eingehoben. Schreibe eine Gleichung an, die den von den Schischülerinnen bezahlten Preis mit dem von den Anbieterinnen erhaltenen Preis in Beziehung setzt: ______________________. Schreibe auch eine Gleichung an, die das Angebot gleich der Nachfrage setzt: ______________________.

c) Löse diese zwei Gleichungen nach den beiden Unbekannten p_S und p_D. Einschließlich der Steuer von € 10 wäre der von den Konsumentinnen bezahlte Gleichgewichtspreis __________ je Stunde Schiunterricht. Insgesamt würden ________ Stunden an Schiunterricht erteilt.

d) Ein Politiker aus einem gebirgigen Bundesland meint, dass zwar die Schischülerinnen reich seien und man sie daher besteuern soll, die Schilehrerinnen hingegen arm sind und demnach eine Subvention benötigen. Er schlägt eine Subvention von € 6 für das Angebot vor, unter Aufrechterhaltung der Steuer von € 10 auf die Schistunden. Würde diese Politik unterschiedliche Wirkungen für Anbieter und Nachfrager haben im Vergleich zu einer Steuer von € 4 je Unterrichtsstunde? ______________________.

16.4 ☐ Die Nachfragekurve nach gesalzenem Dorsch ist durch $D(P) = 200 - 5P$ gegeben, die Angebotskurve durch $S(P) = 5P$.

a) Zeichne in die folgende Grafik die Nachfrage- und die Angebotskurven blau ein. Der Gleichgewichtspreis ist ____________ und die Gleichgewichtsmenge ist __________.

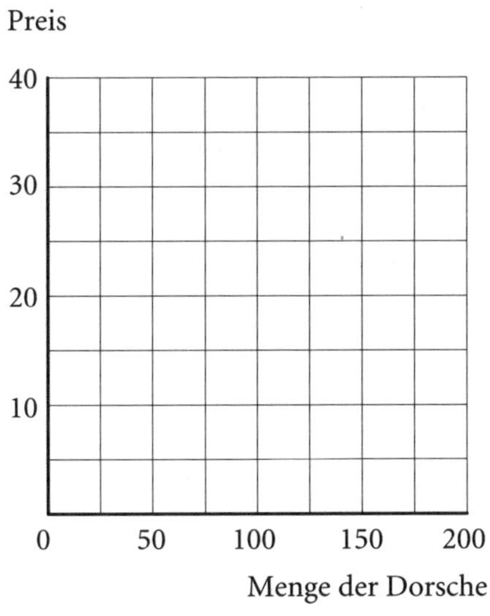

b) Eine Mengensteuer von € 2 je verkaufter Mengeneinheit wird nun auf gesalzenen Dorsch eingehoben. Zeichne die neue Angebotskurve rot ein, wobei der Preis auf der vertikalen Achse jener Preis bleibt, den die Konsumenten zahlen. Der neue von den Konsumenten bezahlte Gleichgewichtspreis wird ________________ sein, der von den Anbietern erhaltene neue Preis wird ________________ sein. Die verkaufte Gleichgewichtsmenge wird ________________ betragen.

c) Der Wohlfahrtsverlust aufgrund dieser Steuer wird ______________________ sein. Schraffiere die Fläche, die diesen Wohlfahrtsverlust darstellt in der Grafik.

16.5 ☐ Die Nachfrage nach Merinoschafen ist durch $D(P) = 100/P$ gegeben, die Angebotskurve durch $S(P) = P$.

a) Wie hoch ist der Gleichgewichtspreis? ______________________.

b) Wie groß ist die Gleichgewichtsmenge? ______________________.

c) Eine Wertsteuer von 300 % wird jetzt auf Merinoschafe eingehoben, sodass der von den Nachfragern bezahlte Preis viermal so hoch ist wie der von den Anbietern erhaltene Preis. Wie hoch ist der von den Nachfragern nach Merinoschafen bezahlte Gleichgewichtspreis jetzt? __________. Wie hoch ist der Preis für Merinoschafe, den die Anbieter erhalten? __________. Wie groß ist die Gleichgewichtsmenge? __________.

16.6 ☐ Horrible und LaMerde sind zwei zu Recht obskure impressionistische Maler des 19. Jahrhunderts. Der weltweite Gesamtbestand aller Gemälde von Horrible ist 100, jener von LaMerde-Gemälden ist 150. Kenner schätzen die beiden Maler in ihrem Stil als sehr ähnlich ein. Die Nachfrage nach den Gemälden jedes der beiden Maler hängt daher sowohl vom eigenen Preis als auch vom Preis für die Arbeiten des jeweils anderen Malers ab. Die Nachfrage nach Horribles ist $D_H(P) = 200 - 4P_H - 2P_L$ und die Nachfrage nach LaMerdes ist $D_L(P) = 200 - 3P_L - P_H$, wobei P_H und P_L die Preise für ein Horrible- bzw. ein LaMerde-Gemälde in Euro sind.

a) Schreibe zwei simultane Gleichungen an, welche für die Arbeiten jedes Malers die Gleichgewichtsbedingung, Angebot ist gleich Nachfrage, angeben:

____

____.

b) Die Lösung dieser beiden Gleichungen ergibt den Gleichgewichtspreis von Horribles gleich __________ und den Gleichgewichtspreis von LaMerdes gleich __________.

c) Zeichne in die untenstehende Grafik eine Linie, welche alle jene Kombinationen der Preise für Horribles und LaMerdes angibt, sodass das Angebot von Horribles gleich der Nachfrage nach Horribles ist. Zeichne eine zweite Linie ein, welche jene Preiskombinationen darstellt, bei denen die Nachfrage nach LaMerdes gleich dem Angebot von LaMerdes ist. Kennzeichne die einzige Preiskombination, bei welcher beide Märkte geräumt werden, mit dem Buchstaben E.

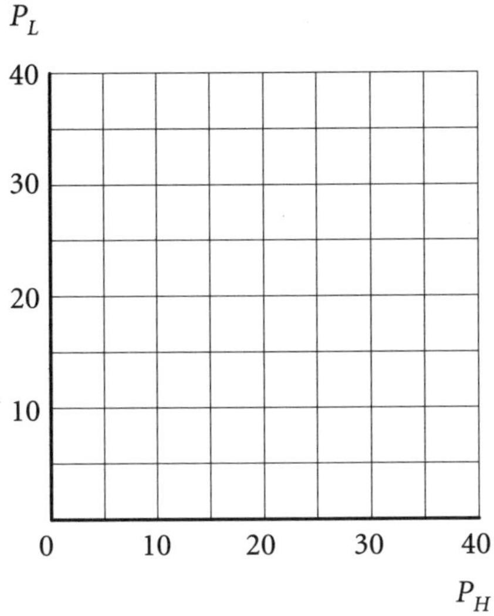

d) Ein Brand in einer Bowlinghalle in Hamtramck, Michigan, zerstört eine der weltgrößten Sammlungen von Horrible-Gemälden. Insgesamt werden 10 Horribles zerstört. Nach dem Brand ist der Gleichgewichtspreis von Horribles ______________________________, der Gleichgewichtspreis von LaMerdes ist ______________________________.

e) Zeichne in die obige Grafik in Rot jene Gerade, die den geometrischen Ort aller jener Preiskombinationen angibt, sodass nach dem Brand die Nachfrage nach Horribles gleich dem Angebot an Horribles ist. Bezeichne die neue Gleichgewichtskombination der Preise mit E'.

16.7 ☐ Die Preiselastizität der Nachfrage nach Hafermehl ist konstant und gleich –1. Bei einem Hafermehlpreis von € 10 je Einheit werden insgesamt 6.000 Einheiten nachgefragt.

a) Schreibe eine Gleichung für die Nachfragefunktion an: ______________________________.
Stelle diese Nachfragefunktion grafisch dar (blau). (Hinweis: Wenn die Nachfragekurve eine konstante Preiselastizität von ε aufweist, dann ist $D(p) = ap^{\varepsilon}$ für eine beliebige Konstante a. Mit Hilfe der Angaben dieser Aufgabe kann man die für diesen Fall spezifischen Werte für die Konstanten a und ε finden.)

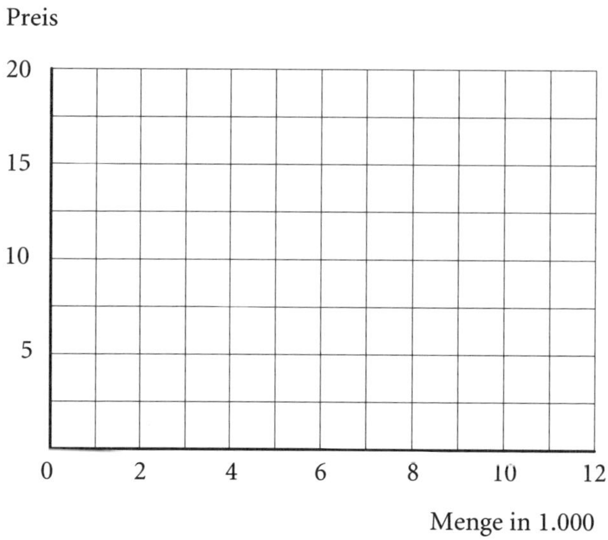

b) Wie hoch ist der Gleichgewichtspreis, wenn das Angebot völlig unelastisch mit 5.000 Einheiten gegeben ist? ________________. Zeige die Angebotskurve auf der Grafik und bezeichne das Gleichgewicht mit *E*.

c) Angenommen die Nachfragekurve verschiebt sich um 10 % nach außen. Schreibe die Gleichung für die neue Nachfragefunktion an: ______________________________.
Angenommen die Angebotskurve bleibt vertikal, sie verschiebt sich jedoch um 5 % nach rechts. Löse nach dem neuen Gleichgewichtspreis ________________________ und der neuen Gleichgewichtsmenge ____.

d) Um wie viel Prozent ist der Gleichgewichtspreis ungefähr gestiegen? ________________.
Zeichne die neuen Nachfrage- und Angebotskurven rot in die Grafik ein.

e) Nehmen wir nun an, dass sich bei dieser Aufgabe die Nachfragekurve um x % nach außen, die Angebotskurve um y % nach rechts verschiebt. Um wie viel Prozent wird – ungefähr – der Gleichgewichtspreis steigen? _____________________________________.

16.8 ☐ Ein Wirtschaftshistoriker* berichtet, dass ökonometrische Studien ergaben, dass in der Periode vor dem amerikanischen Bürgerkrieg, 1820 – 1860, die Preiselastizität der Nachfrage nach Baumwolle aus dem amerikanischen Süden ungefähr –1 war. Aufgrund der raschen Expansion der britischen Textilindustrie schätzt man, dass sich die Nachfragekurve

* Gavin Wright, *The Political Economy of the Cotton South*, W. W. Norton, 1978.

nach amerikanischer Baumwolle während dieser gesamten Periode jährlich um etwa 5 % nach außen verschoben hatte.

a) Wie groß müsste (ungefähr) die jährliche Änderung des Baumwollpreises während dieser Periode gewesen sein, wenn die Baumwollproduktion in den Vereinigten Staaten pro Jahr um 3 % gestiegen ist? ______________________________.

b) Zeichne unter der Annahme einer konstanten Preiselastizität von –1 und unter der Voraussetzung, dass bei einem Preis von $ 20 die nachgefragte Menge ebenfalls 20 ist, die Nachfragekurve nach Baumwolle. Wie hoch ist der Gesamtumsatz bei einem Preis von $ 20? __________. Wie hoch ist der Gesamterlös bei einem Preis von $ 10? __________.

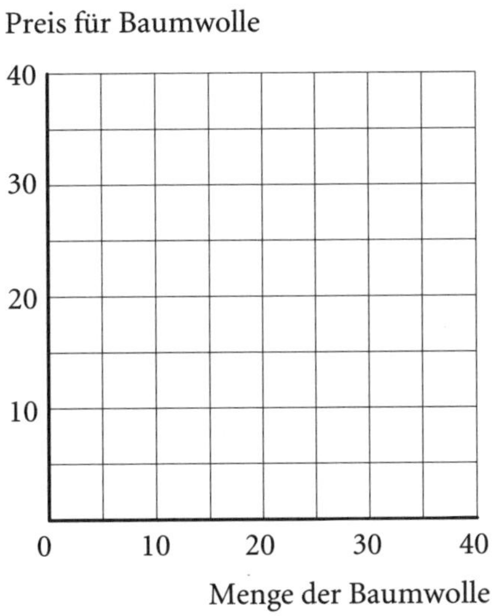

c) Wie groß müsste die Elastizität des Angebots sein, damit die Änderung der Baumwollmenge, die von den Vereinigten Staaten angeboten wurde, als eine Bewegung entlang einer steigenden langfristigen Angebotskurve interpretiert werden könnte? (Hinweis: Von 1820 bis 1860 stieg die Menge jährlich um ungefähr 3% und der Preis stieg um ____________ % pro Jahr. [Vergleiche die Antwort von vorher!] Wenn die Mengenänderung eine Bewegung auf der langfristigen Angebotskurve darstellt, wie groß muss dann die Preiselastizität sein?) ______________________________.

d) Der im Jahre 1861 ausbrechende amerikanische Bürgerkrieg hatte verheerende Folgen für die Baumwollerzeugung im Süden. Die Produktion fiel um rund 50 % und blieb auf diesem Niveau während des ganzen Kriegs. Was würde man hinsichtlich der Auswirkung auf den Baumwollpreis vorhersagen? ______________________________

____.

e) Was wäre die Wirkung auf den Gesamterlös der Baumwollproduzenten im Süden?

____

____.

f) Die Expansion der britischen Textilindustrie endete in den 1860er Jahren und für den Rest des 19. Jahrhunderts blieb die Nachfragekurve nach amerikanischer Baumwolle ungefähr unverändert. Um 1900 herum erreichte der amerikanische Süden etwa wiederum das Produktionsniveau der Zeit vor dem Bürgerkrieg. Was geschah dann wohl mit den Baumwollpreisen? ______________________________

____.

16.9 ☐ Die nachgefragte Anzahl an Flaschen von Chardonnay ist 1.000.000 – 60.000P pro Jahr, wobei P der Preis je Flasche in Euro ist. Angeboten werden 40.000P Flaschen.

a) Wie hoch ist der Gleichgewichtspreis? ______________________.

Wie hoch ist die Gleichgewichtsmenge? ______________________.

b) Angenommen die Regierung führt eine neue Abgabe in der Form ein, dass die Weinerzeugerin eine Steuer von € 5 je erzeugter Flasche zahlen muss. Wie hoch ist der von den Konsumentinnen zu zahlende Gleichgewichtspreis? __________. Welchen Preis erhält die Erzeugerin? __________. Wie groß ist die neue Gleichgewichtsmenge? __________.

16.10 ☐ Die inverse Nachfragefunktion nach Bananen lautet $P_d = 18 - 3Q_d$ und die inverse Angebotsfunktion ist durch $P_s = 6 + Q_s$ gegeben, wobei die Preise in Cent gemessen werden.

a) Wie groß ist die Gleichgewichtsmenge, wenn es keine Steuern oder Subventionen gibt? __________. Wie hoch ist der Gleichgewichtspreis auf diesem Markt? __________.

b) Wenn den Bananenproduzenten eine Subvention von 2 Cent pro Kilogramm gezahlt wird, dann muss im Gleichgewicht noch immer gelten, dass die nachgefragte Menge gleich der angebotenen Menge ist; der Preis, den die Produzenten jetzt erhalten, ist aber um 2 Cent höher als der Preis, den die Konsumenten zahlen. Wie groß ist die neue Gleichgewichtsmenge? ______________. Wie hoch ist der neue Gleichgewichtspreis, den die Produzenten erhalten? ____________________. Wie hoch ist der von den Nachfragern bezahlte neue Gleichgewichtspreis? ________________________.

c) Drücke die Preisänderung in Prozent des ursprünglichen Preises aus: ____________. Was wird – bei konstantem Apfelpreis – die Konsequenz dieser Subvention der Bananenproduktion für die Nachfrage nach Äpfeln sein, wenn die Kreuzpreiselastizität zwischen Bananen und Äpfeln +0,5 beträgt? (Gib die Antwort als prozentuale Veränderung.)

____.

16.11 ◘ König Kanuta regiert eine kleine tropische Insel, das Nichts-Atoll, deren Haupternte Kokosnüsse sind. Wenn der Preis der Kokosnüsse P ist, dann werden König Kanutas Untertanen $D(P) = 1.200 - 100P$ Kokosnüsse wöchentlich für den Eigenbedarf nachfragen. Von den Kokosnusserzeugern der Insel werden pro Woche $S(P) = 100P$ Kokosnüsse angeboten.

a) Der Gleichgewichtspreis der Kokosnüsse wird ______________ sein, die Gleichgewichtsmenge wird ______________________ sein.

b) Eines Tages entscheidet König Kanuta, seine Untertanen zu besteuern, um Kokosnüsse für die königliche Speisekammer anzuhäufen. Der König verlangt, dass jeder Untertan, der eine Kokosnuss konsumiert, ihm eine Kokosnuss als Steuer abliefern muss. Das heißt, wenn ein Untertan 5 Kokosnüsse selber konsumieren will, dann muss er 10 Kokosnüsse kaufen und davon 5 dem König überlassen. Wie viel kostet einen Untertan des Königs eine zusätzliche Kokosnuss für ihn selbst, wenn der Preis, den die Verkäufer erhalten, P_S ist? ____.

c) Wie viele Kokosnüsse werden die Untertanen für ihren eigenen Verbrauch nachfragen, wenn der an die Anbieter bezahlte Preis P_S ist? (Hinweis: Drücke P_D mit Hilfe von P_S aus und setze in die Nachfragefunktion ein.) ____________________________.

d) Da der König für jede Kokosnuss, die seine Untertanen verbrauchen, auch eine Kokosnuss konsumiert, ist die gesamte vom König und seinen Untertanen nachgefragte Menge gleich zweimal der von den Untertanen nachgefragten Menge. Wenn der von den Anbietern erhaltene Preis P_S ist, dann ist die Gesamtzahl der von Kanuta und seinen Untertanen nachgefragten Kokosnüsse ______________________________ pro Woche.

e) Finde den Gleichgewichtspreis P_S ________________, die im Gleichgewicht erzeugte Gesamtmenge an Kokosnüssen ________________ und die im Gleichgewicht von Kanutas Untertanen konsumierte Zahl an Kokosnüssen ________________.

f) König Kanutas Untertanen ärgern sich über die zusätzliche Kokosnuss, die sie dem König abzuliefern haben, und Gerüchte über eine Revolution verbreiten sich im Palast. Aus Sorge über die feindselige Stimmung ändert der König die Kokosnusssteuer. Ab nun sind die Verkäufer der Kokosnüsse für die Steuerzahlung verantwortlich. Der Verkäufer muss für jede Kokosnuss, die er an einen Konsumenten verkauft, eine Kokosnuss an den König abliefern. Das Ergebnis dieses Plans ist der Verkauf von ________________ Kokosnüssen an die Konsumenten. Die Verkäufer erhalten nach Bezahlung der Steuer an den König ________________ pro Kokosnuss, die Konsumenten zahlen einen Preis von ________________ pro Kokosnuss.

16.12 ▣ Am 29. August 2005 beschädigte der Hurrikan Katharina die Raffinerien im Golf von Mexico schwerstens. Obwohl die Schäden nach einiger Zeit behoben werden konnten, verursachte diese Katastrophe eine wesentliche Verringerung des kurzfristigen Treibstoffangebots in den USA. In vielen Teilen des Landes stiegen die Einzelhandelspreise von Benzin sehr rasch um rund 30 % auf einen Durchschnitt von \$ 3,06 je Gallone.

Der Gouverneur von Georgia, Sonny Perdue, setzte die Benzinsteuer seines Bundesstaates in Höhe von 7,5 Cents je Gallone sowie die Umsatzsteuer auf Benzin von 4 % bis 1. Oktober 2005 aus. Er erklärte: „Ich erachte es für einen Staat als absolut falsch, sich in Zeiten der Not und Tragödie an einem zufälligen Steuergewinn zu bereichern." Politiker in einigen anderen Bundesstaaten überlegten ähnliche Maßnahmen.

Wenden wir die Analyse von Angebot und Nachfrage auf diese Fragestellung an. Vor dem Hurrikan wurden in den USA täglich rund180 Millionen Gallonen Treibstoff pro Tag verbraucht, etwa 30 Millionen Gallonen davon stammten aus dem Golf von Mexico. Kurzfristig ist das Benzinangebot äußerst unelastisch, beschränkt durch die Kapazitäten der Raffinerien und der Transportmittel. Nehmen wir an, dass das tägliche kurzfristige Benzinangebot vor der Sturmkatastrophe vollkommen unelastisch bei 180 Millionen Gallonen lag, nach dem Hurrikan bei 150 Millionen Gallonen. Angenommen die Nachfragefunktion, gemessen in Millionen Gallonen pro Tag, ist durch $Q = 240 - 30P$ gegeben, wobei P der Preis in Dollar ist, den Konsumenten für Benzin zahlen, einschließlich aller Steuern.

a) Wie hoch war der Gleichgewichtspreis auf diesem Markt vor dem Hurrikan? ________.

Und nach dem Hurrikan? ________________________________.

b) Nehmen wir an, dass sowohl vor als auch nach dem Hurrikan eine Steuer von 10 Cent für jede in den USA verkaufte Gallone Benzin eingehoben wurde. Wie viel würden die *Anbieter pro Gallone* Benzin vor dem Hurrikan erhalten? ____________________.

Und nach dem Hurrikan? ____.

c) Angenommen die Bundesregierung hebt nach dem Hurrikan die Benzinsteuer auf. Wie hoch wäre dann der von den Konsumenten gezahlte Gleichgewichtspreis? __________.

Wie viel würden die Anbieter je Gallone Benzin erhalten? __________. Wie viel würde der Staat durch die Aufhebung der Benzinsteuer verlieren? ____________. Wie hoch ist der Nettoeffekt der Aufhebung der Benzinsteuer auf die Benzinpreise? ____________.

Wer sind die Gewinner, wer die Verlierer der Aufhebung der Steuer? ______________

____.

d) Nehmen wir an, dass nach dem Hurrikan die Steuer in Höhe von 10 Cent in einigen Staaten aufgehoben wird, in einigen anderen nicht. Jene Staaten, in denen die Steuer aufgehoben wird, machen etwa die Hälfte der USA aus. In jeder Hälfte des Landes ist die Nachfragefunktion daher $Q = 120 - 15P$, wobei P der Preis ist, der im jeweiligen Landesteil gezahlt wird. Es sei P^* der Gleichgewichtspreis für Konsumenten in jenem Teil des Landes, wo die Steuer aufgehoben wurde. Im Gleichgewicht müssen die Anbieter denselben Preis je Gallone in jedem Landesteil erhalten. Es muss daher der Gleichgewichtspreis für Konsumenten in Staaten, in denen die Steuer aufrecht blieb, $\$ P^* + \$ 0{,}10$ sein. Auch muss im Gleichgewicht die gesamte Benzinnachfrage in beiden Landesteilen gleich dem Gesamtangebot sein. Schreibe ein Gleichung für die Gesamtnachfrage als eine Funktion von P^* an: ________________________________.
Setze die Nachfrage gleich dem Angebot und löse nach dem Preis, den Konsumenten in Staaten mit aufgehobener Steuer zahlen ________________________________, sowie nach dem Benzinpreis in Staaten, in denen die Steuer nicht aufgehoben wurde: ______________________________. Wie viel erhalten die Anbieter je verkaufter Gallone in jedem Staat? ______________________________. Wie wirkt sich die Aufhebung der Steuer auf den täglichen Benzinverbrauch in jeder Staatengruppe aus?

____

____

____.

e) Wenn die Hälfte der Staaten die Benzinsteuer aufhebt – wie oben ausgeführt –, werden einige Gruppen besser, andere wiederum schlechter gestellt sein als sie wären, wenn die Steuer unverändert beibehalten würde. Beschreibe Gewinne und Verluste für folgende Gruppen:

Konsumenten in Staaten mit aufgehobener Steuer: ____________________

____.

Konsumenten in den anderen Staaten: __________________________.

Benzinanbieter: __________________________________.

Regierungen in Staaten, welche die Steuer aufgehoben haben: ______________

____.

Regierungen in Staaten, welche die Steuer nicht aufgehoben haben: ____________

____.

16.13 ■ Die Bürger von Zephyronien konsumieren nur zwei Güter und sie treiben keinen Außenhandel. In Zephyronien gibt es ein konstantes Arbeitsangebot, das zur Erzeugung beider Güter verwendet werden kann. Gut 1 wird mit konstanten Skalenerträgen hergestellt, für jede Outputeinheit wird eine Arbeitseinheit benötigt. Gut 1 verursacht keine externen Effekte. Gut 2 wird ebenfalls mit konstanten Skalenerträgen produziert, mit einer Arbeitseinheit je Outputeinheit, allerdings verursacht jede produzierte Outputeinheit auch eine Einheit Verschmutzung. In beiden Branchen herrscht vollständige Konkurrenz. Zephyronien hat 1.000 Einwohner, jeder Bürger bietet 10 Arbeitseinheiten an und jeder hat eine quasi-lineare Nutzenfunktion

$$U(x_1, x_2, s) = x_1 + 4x_2 - ½x_2^2 - (1/1.000)s,$$

wobei x_1 und x_2 für den Konsum der Güter 1 und 2 stehen und s die gesamte durch die Produktion von Gut 2 verursachte Verschmutzung ist. Die Währung in Zephyronien heißt Puff. Wir werden Arbeit als den *Numéraire* behandeln, somit hat jeder Konsument ein Einkommen von 10 Puffs.

a) Wenn es keine Verschmutzungskontrollen gibt, muss im Wettbewerbsgleichgewicht der Preis jedes Gutes gleich den Grenzkosten seiner Produktion sein. Die Grenzkosten von

Gut 1 sind ______________ und die Grenzkosten von Gut 2 sind ______________.
Angenommen die Individuen sind der Meinung, dass die Wirkung ihrer eigenen Käufe auf die Verschmutzung vernachlässigbar ist. Jeder Bürger wird daher x_1 und x_2 so wählen, dass er seinen Nutzen unter Beachtung seiner Budgetbeschränkung maximiert. Jeder Konsument wird ____________ Einheiten von x_2 konsumieren. Die Produktion des Gutes 2 wird in Zephyronien insgesamt __________ Einheiten sein, die Gesamtverschmutzung somit ____________ Einheiten. Der Gesamtnutzen jedes Einwohners von Zephyronien wird ____________ sein.

b) Angenommen der Staat besteuert jede von einer Unternehmung verursachte Verschmutzungseinheit mit 1 Puff und verteilt den Erlös der Steuer gleichmäßig unter allen Bürgern. Die Grenzkosten der Erzeugung einer Einheit von Gut 2 werden dann auf ______ steigen, und da die Branche unter vollständiger Konkurrenz produziert, wird der Preis des Gutes 2 ____________ sein. Nehmen wir an, dass die Konsumenten den winzigen Effekt ihres eigenen Konsums auf das Ausmaß der Verschmutzung und auf die eigene Vergütung aus der Steuer vernachlässigen. Dann wird jeder Bürger _________ Einheiten des Gutes 2 konsumieren und die Gesamtverschmutzung wird ____________ sein. Die gesamten Einnahmen des Staates aus der Steuer werden __________ sein. Jeder Bürger wird daher eine Vergütung von __________ erhalten und somit ein Gesamteinkommen aus Lohn und Vergütung von ____________ haben. Daher wird jeder Konsument ____________ Einheiten von Gut 1, ____________ Einheiten von Gut 2 konsumieren und ______________ Einheiten von Verschmutzung ertragen müssen. Der Nutzen jedes Konsumenten wird jetzt ______________ sein.

c) Wenn Sie den vorangehenden Abschnitt korrekt gelöst haben, werden Sie herausgefunden haben, dass eine Steuer von 1 Puff pro Verschmutzungseinheit zu einer Gesamtverschmutzung von 2.000 geführt hat. Angenommen der Staat verlangt anstelle der Steuer von jedem Unternehmen ein Verschmutzungszertifikat für jede verursachte Verschmutzungseinheit und er begibt exakt 2.000 Verschmutzungszertifikate. Nehmen wir an, dass diese Zertifikate von den Produzenten des Gutes 2 gekauft und verwendet werden. Wie viele Einheiten von Gut 2 werden produziert? ____________________. Zu welchem

Preis wird die Gesamtnachfrage nach Gut 2 gleich 2.000 sein? _______________.
(Hinweis: die Nachfrage jedes Individuums nach Gut 2 ist durch die Gleichung $x_2 = 4 - p_2$ gegeben. Die Marktnachfrage ist die Gesamtnachfrage von 1.000 Individuen, somit ist die Marktnachfrage $D(p_2) = 4.000 - 1.000p_2$. Im Gleichgewicht muss die Gesamtnachfrage nach Gut 2 gleich dem Angebot sein.)

d) (Zusatzpunkte) Zeige, dass ein Steuer im Ausmaß von $t = 1$ Puff je Verschmutzungseinheit jene Besteuerung ist, welche für die Konsumenten den höchsten Nutzen ergibt:

____

____

____

____.

16.14 ■ Angenommen alles bleibt in Zephyronien gegenüber der vorigen Aufgabe unverändert mit der Ausnahme, dass es nun andere Produktionsprozesse für Gut 2 gibt, von denen einige weniger Verschmutzung verursachen als andere. Eine Produktionsmethode, die z Verschmutzungseinheiten verursacht, benötigt $c(z)$ Arbeitseinheiten je Outputeinheit mit

$$c(z) = 2 + z^2 - 2z.$$

a) Wenn es keine Besteuerung der Verschmutzung gibt, werden die Unternehmen eine Technologie verwenden, welche die Arbeitskosten pro Outputeinheit minimiert. Daher

entscheiden sie sich für $z =$ ____________________, woraus sich Grenzkosten für eine

Einheit des Gutes 2 von _______________ ergeben. Im Wettbewerbsgleichgewicht wird

der Preis des Gutes 1 gleich 1 Puff sein, der Preis des Gutes 2 wird _____________ sein.

Die Gesamtnachfrage nach Gut 2 wird in Zephyronien gleich _______________ sein,

die verursachte Verschmutzung wird _______________ betragen.

b) Angenommen die Produzenten müssen eine Steuer von 1 Puff je verursachter Verschmutzungseinheit bezahlen. Wiederum werden sie eine Technologie wählen, welche ihre Stückkosten minimiert. Unter Berücksichtigung der Steuer werden ihre Produktionskosten je Einheit

$$c(z) - tz = 2 + z^2 - 2z + z = 2 + z^2 - z$$

sein, mit z gleich der je Outputeinheit verursachten Verschmutzung. Welches Niveau an Verschmutzung werden sie wählen? ____________. Wie hoch sind bei dieser Entscheidung die Stückkosten der Produzenten von Gut 2 einschließlich der Steuer? ____________. Wie hoch ist der Gleichgewichtspreis von Gut 2? ____________.

Wie viel wird bei diesem Preis von Gut 2 produziert werden? ____________.

Wie viel Verschmutzung wird insgesamt verursacht? ____________.

c) Nehmen wir alternativ an, dass der Staat Verschmutzungszertifikate verlangt und 1.125 solcher Zertifikate ausgibt. Wie viele Einheiten von Gut 2 werden bei 1.125 Zertifikaten produziert werden? ____________. Suchen Sie den Preis, bei dem die Nachfrage gleich dem Angebot ist, wenn so viele Einheiten von Gut 2 hergestellt werden: ____________.

17 Auktionen

! Einleitung

Eine Auktion ist durch ihre Regeln definiert. Diese Regeln spezifizieren die Anbotsprozeduren für die Bieter und die Art, nach der die abgegebenen Anbote bestimmen, wer den zum Verkauf anstehenden Gegenstand erhält und wie viel jeder Bieter dafür zahlt. Diejenigen, die versuchen einen bestimmten Gegenstand über eine Auktion zu verkaufen, kennen typischerweise die Zahlungsbereitschaft potenzieller Käufer nicht, sie haben aber Erwartungen mit bestimmten Wahrscheinlichkeiten. Verkäufer sind an Regeln interessiert, die ihren erwarteten Gewinn aus dem Verkauf des Gegenstands maximieren.

Das Interesse der Sozialplaner ist meist nicht nur auf den durch die Auktionsmethode generierten Ertrag beschränkt, sondern bezieht auch deren *Effizienz* ein. Wenn man von Externalitäten absieht, ist die Auktion eines einzelnen Gegenstands nur dann effizient, wenn dieser Gegenstand an jenen Käufer veräußert wird, der ihn am meisten schätzt.

? Aufgaben

17.1 ▣ In Toivos Auktionshaus in Yntilillää, Finnland, wird ein wunderschön präpariertes Rentier versteigert. Fünf Bieter sind anwesend: Aino, Erkki, Hannu, Juha und Matti. Für Aino ist das Rentier € 100 wert, für Erkki € 20, für allen anderen € 5. Zwischen den Bietern gibt es keine Absprache, keiner kennt die Bewertungen der anderen Bieter.

a) Wer würde bei einer Englischen Auktion das Rentier erhalten und wie viel würde der Käufer ungefähr zahlen? ______________________.

b) Wie viel sollte Aino in einer Auktion mit versiegelten Geboten zum Preis des zweithöchsten Gebots bieten, um seinen erwarteten Gewinn zu maximieren, wenn keiner die Bewertungen des Rentiers durch die anderen kennt? __________. Wie viel sollte Erkki bieten? ________. Wie viel sollten die Anderen jeweils bieten? ________. Wer würde das Rentier erhalten und wie viel würde er zahlen? ______________.

17.2 ■ Karli Plopp verkauft gebrauchte Baumaschinen in einer ruhigen Kleinstadt im Schwarzwald. Er ist derzeit knapp bei Kasse und muss durch den Verkauf eines alten Baggers schnell zu Geld kommen. Wenn er den Bagger nicht noch heute an einen Kunden verkaufen kann, muss er ihn um € 1.000 an einen Großhändler abgeben.

Es gibt nur zwei Arten von Personen, die am Kauf von Baggern interessiert sind: Die einen nutzen Bulldozer professionell, die anderen nur zum Spaß am Wochenende. Karli weiß, dass ein professioneller Baggerfahrer höchstens € 6.000 für seinen Bagger zahlen will, während ein Hobby-Baggerfahrer maximal € 4.500 zu zahlen bereit ist. Karli hängt ein Schild in seine Auslage „Heute Bagger-Ausverkauf".

Karli ist enttäuscht, weil nur zwei potenzielle Käufer zu seiner Auktion kommen, die einander offensichtlich nicht kennen. Karli meint, dass die Wahrscheinlichkeit, dass einer von den beiden ein professioneller Baggerfahrer ist, unabhängig vom Typus des anderen ist, und dass jeder der beiden mit einer Wahrscheinlich von ½ ein professioneller Baggerfahrer und mit einer Wahrscheinlichkeit von ½ ein Hobby-Baggerfahrer ist.

Karli überlegt folgende drei Möglichkeiten zum Verkauf des Baggers:

- Methode 1: Verlange einen Preis von € 6.000; wenn ihn keiner kauft, dann verkaufe ihn an den Großhändler.
- Methode 2: Verlange einen Preis entsprechend der Bewertung eines Hobby-Baggerfahrers und verkaufe ihn an jeden, der diesen Betrag bietet.
- Methode 3: Führe eine Auktion mit versiegelten Geboten durch und verkaufe den Bagger an den Meistbieter zum Preis des zweithöchsten Gebots (im Falle eines Unentschiedens wähle einen Bieter zufällig aus und verkaufe den Bagger an diesen Bieter zum Preis, den beide geboten haben).

a) Wie groß ist die Wahrscheinlichkeit, dass beide potenziellen Käufer professionelle Baggerfahrer sind? ____________. Wie groß ist die Wahrscheinlichkeit, dass beide Hobby-Baggerfahrer sind? ________________. Wie groß ist die Wahrscheinlichkeit, dass einer ein professioneller, der andere ein Hobby-Baggerfahrer ist? ______________________.

b) Wie groß ist die Wahrscheinlichkeit, dass Karli den Bagger an einen der beiden Käufer nach Methode 1 verkaufen kann? ___________________. Wie groß ist die Wahrscheinlichkeit, dass er ihn an den Großhändler verkaufen muss? ______________________. Wie hoch werden seine erwarteten Einnahmen sein? ___________________________.

c) Wie viel wird Karli beim Verkauf des Baggers nach Methode 2 einnehmen? _________.

d) Angenommen Karli verkauft nach Methode 3 und beide potenziellen Käufer bieten rational. Wie viel wird jeder bieten, wenn beide professionelle Baggerfahrer sind? _____________. Wie viel wird Karli für seinen Bagger erhalten? ________________.

Welche Gebote wird Karli erhalten, wenn einer ein professioneller, der andere ein Hobby-Baggerfahrer ist? ____________________. Wer wird den Bagger erhalten? ____________________. Wie viel wird Karli für seinen Bagger erlösen? ____________________. Wie viel wird jeder bieten, wenn beide Hobby-Baggerfahrer sind? ____________________. Wie viel wird Karli für seinen Bagger erzielen? ____________________. Wie hoch wird Karlis erwarteter Erlös aus dem Verkauf des Baggers nach Methode 3 sein? ____________________.

e) Welche Methode wird Karli den höchsten erwarteten Ertrag liefern? ________________.

17.3 ■ Wir besuchen unseren finanziell angeschlagen Freund Karli Plopp noch einmal. Diesmal sehen wir uns eine leicht verallgemeinerte Form desselben Problems an. Alles bleibt wie im vorigen Beispiel, lediglich die Zahlungsbereitschaft der Hobby-Baggerfahrer ist ein Betrag $C <$ € 6.000, der Karli bekannt ist. Im vorangehenden Beispiel hatten wir den Sonderfall mit $C =$ € 4.500. Jetzt wollen wir untersuchen, wie die Verkaufsmethode, welche Karli den höchsten erwarteten Erlös gibt, von der Größe von C abhängt.

a) Wie hoch wird Karlis erwarteter Erlös sein, wenn er den Betrag in Höhe des Vorbehaltspreises des professionellen Baggerfahrers festlegt? ____________________.

b) Wie hoch wird Karlis erwarteter Erlös sein, wenn er den Betrag in Höhe des Vorbehaltspreises des Hobby-Baggerfahrers festlegt? ____________________.

c) Wie hoch wird Karlis erwarteter Erlos sein, wenn er den Bagger nach Methode 3 verkauft, der Auktion mit versiegelten Geboten zum Preis des zweithöchsten Gebots? (Die Antwort wird eine Funktion von C sein.) ____________________.

d) Zeige, dass Karli beim Verkauf mit Methode 3 einen höheren erwarteten Erlös erzielen wird als mit Methode 2, wenn $C <$ € 6.000: ____________________

____

____

____

____.

e) Bei welchen Werten von C ist es für Karli besser, mit Methode 2 zu verkaufen als mit Methode 1? ________________________.

f) Bei welchen Werten von C ist es für Karli besser, mit Methode 1 zu verkaufen als mit Methode 3? ________________________.

17.4 ■ Wir treiben uns wieder einmal in Karli Plopps Heimatstadt herum. Alles ist wie in Aufgabe 17.3: Professionelle Baggerfahrer sind bereit, für einen Bagger € 6.000 zu zahlen, Hobby-Baggerfahrer wiederum € C. Karli will seinen Bagger gerade verkaufen, als ein dritter potenzieller Käufer auftaucht. Karli ist der Meinung, dass dieser Käufer so wie die beiden anderen mit gleicher Wahrscheinlichkeit entweder ein professioneller oder ein Hobby-Baggerfahrer ist, und dass diese Wahrscheinlichkeit vom Typus der beiden anderen unabhängig ist.

a) Wie hoch wird bei drei Käufern Karlis erwarteter Erlös bei Methode 1 __________, Methode 2 __________ und Methode 3 __________ sein.

b) Für welche Werte von C würde Karli mit Methode 1 einen höheren Erlös erzielen als mit den beiden anderen Methoden? ________________________.

c) Für welche Werte von C (wenn es welche gibt) würde Karli mit Methode 2 einen höheren Erlös erzielen als mit den beiden anderen? ________________________.

d) Für welche Werte von C würde Karli mit Methode 3 einen höheren Erlös erzielen als mit den beiden anderen? ________________________.

17.5 ■ Die Tretroller AG hat sich entschlossen, ihre alte Montageanlage durch eine neue zu ersetzen, bei der in großem Umfang Roboter genützt werden sollen. Es gibt zwei Bauunternehmungen, die in der Lage sind, die neue Montageanlage zu bauen. Die Tretroller AG weiß nicht genau, wie viel jede Bauunternehmung für diese Arbeit verlangen würde. Die Industriespione der Tretroller AG haben jedoch bereits entdeckt, dass diese Kosten für jede Unternehmung einen von drei möglichen Werten H, M oder N annehmen werden, mit $H > M > N$. Die Spione der Tretroller AG konnten als bestmögliche Information lediglich herausfinden, dass für jede Bauunternehmung die Wahrscheinlichkeit eines jeden Wertes H, M oder N jeweils 1/3 ist und dass diese Wahrscheinlichkeitsverteilung der Kosten zwischen den beiden Bauunternehmungen unabhängig ist. Jede Bauunternehmung kennt ihre eigenen Kosten, glaubt aber gleichzeitig, dass die Kosten der anderen Bauunternehmung mit gleicher Wahrscheinlichkeit entweder H, M oder N sind. Die Tretroller AG ist davon überzeugt, dass sich die beiden Bauunternehmungen untereinander nicht absprechen.

Die Beraterinnen der Tretroller AG schlagen vor, dass diese versiegelte Anbote der beiden Bauunternehmungen zur Herstellung der Montageanlage einholen soll bei gleichzeitiger

Ankündigung, dass der Niedrigstbieter den Zuschlag erhalten wird, allerdings zum Gebot des anderen Bieters. (Bei einem Unentschieden wird ein Bieter durch Losentscheid ausgewählt.) In diesem Fall ist es im besten Interesse jedes Bieters, seine wahre Bewertung zu bieten, wie es in Ihrem Lehrbuch für die Vickrey Auktion gezeigt wird.

a) Angenommen die Tretroller AG verwendet den von den Beraterinnen vorgeschlagenen Auktionsmechanismus. Wie hoch ist die Wahrscheinlichkeit, dass sie N für die Montage zahlen muss? ________________. (Hinweis: Der einzige Fall, in dem sie N zahlt, ist dann gegeben, wenn beide Bauunternehmungen Kosten von N haben.) Wie hoch ist die Wahrscheinlichkeit, dass sie H für die Montage zahlen muss? ____________. (Hinweis: Beachte, dass sie H zahlen muss, wenn zumindest einer der Bieter Kosten von H hat.) Wie hoch ist die Wahrscheinlichkeit, dass sie M für die Montage zahlen muss? ________________. Schreibe einen Ausdruck für die erwarteten Projektkosten für die Tretroller AG mittels der Variablen H, M und N: ________________________________.

b) Als der distinguierte grauhaarige Generaldirektor von dem vorgeschlagenen Ausschreibungssystem erfährt, gerät er außer sich. „Was für ein blödes System! Jeder Dummkopf kann erkennen, dass es für uns günstiger ist, den Betrag des niedrigeren Anbots zu zahlen. Warum würde je irgendjemand den Betrag des höheren anstelle des niedrigeren Gebots zahlen wollen?", brüllt er.

   Eine schüchtern wirkende Beraterin nimmt ihren ganzen Mut zusammen und beantwortet die Frage des Generaldirektors. Was würden Sie ihr als Antwort vorschlagen?

   ____

   ____

   ____.

c) Der Generaldirektor ignoriert die Beraterin und schlägt folgenden Plan vor. „Wir schreiben den Kontrakt mittels einer Auktion mit versiegelten Anboten in einer schlauen Form aus. Da wir wissen, dass die Kosten der Bauunternehmungen entweder H, M oder N sind, werden wir nur Anbote von H, M oder N akzeptieren und den Zuschlag dem Niedrigstbieter zu seinem eigenen Anbotspreis erteilen. (Bei einem Unentschieden werden wir den Zuschlag durch Losentscheid erteilen.)"

   Lohnt es sich für ein Bauunternehmen mit Kosten von N jemals ein Anbot von N abzugeben, wenn das Schema des Generaldirektors angewendet wird? (Hinweis: Wie hoch ist der Gewinn einer Bauunternehmung mit Kosten von N, wenn sie zu N anbietet? Hat sie eine Chance auf einen positiven Gewinn, wenn sie zu M anbietet?)

____

____

____.

d) Unterstellen wir, dass das Ausschreibungssystem des Generaldirektors angenommen wird und dass beide Bauunternehmungen die folgende Anbotsstrategie anwenden: Eine Bauunternehmung wird *M* bieten, wenn ihre Kosten *N* sind, und sie wird *H* bieten, wenn ihre Kosten *H* oder *M* sind. Wie hoch sind die erwarteten Kosten bei dieser Strategie der Bauunternehmungen für die Tretroller AG? ____________________. Welches der beiden Systeme, das der Beraterinnen oder jenes des Generaldirektors, wird für die Tretroller AG zu niedrigeren erwarteten Kosten führen?* ______________________________.

e) Wir haben bis jetzt noch nicht gezeigt, dass die soeben beschriebenen Anbotsstrategien auch wirklich Gleichgewichtsstrategien für beide Anbieterinnen sind. Wir wollen nun zeigen, dass das für einige (aber nicht für alle) Werte von *H*, *M* und *N* tatsächlich der Fall ist. Angenommen Sie sind einer der beiden Bauunternehmer. Sie sind der Meinung, dass die andere Bauunternehmung mit jeweils gleicher Wahrscheinlichkeit Kosten von *H*, *M* oder *N* hat und dass sie zum Betrag *H* anbieten wird, wenn ihre Kosten *M* oder *H* sind, bzw. dass sie zu *M* anbieten wird, wenn ihre Kosten *N* sind. Wenn Ihre eigenen Kosten *H* sind, dann müssen Sie offensichtlich zu *H* anbieten. Wenn Ihre Kosten *M* sind, dann wird der erwartete Gewinn positiv sein, wenn Sie zu *H* anbieten, und negativ bzw. Null, wenn Sie zu *N* bzw. zu *M* anbieten. Und wenn Ihre eigenen Kosten *N* sind? Für welche Werte von *H*, *M* oder *N* wird die bestmögliche Strategie sein, zu *H* anzubieten?

____.

17.6 ■ Gegen Ende einer Teppichversteigerung sind nur mehr zwei Bieter übrig geblieben, Anton und Berta. Der letzte Teppich wird hereingebracht und beide sehen ihn sich an. Die Verkäuferin sagt, dass sie versiegelte Anbote von beiden Bietern akzeptieren wird und den Teppich an den Höchstbieter zu dem von ihm gebotenen Preis verkaufen wird.

Jeder Bieter glaubt, dass der andere mit gleicher Wahrscheinlichkeit den Teppich mit irgendeinem Betrag zwischen € 0 und € 1.000 bewertet. Anders ausgedrückt: Jeder Bieter glaubt, dass für jede Zahl *X* zwischen 0 und 1.000 die Wahrscheinlichkeit, dass der andere Bieter den

---

* Das Schema des Generaldirektors hätte für die Tretroller AG gar nicht so schlecht funktioniert, wenn er nicht darauf bestanden hätte, dass die einzigen akzeptablen Anbote *H*, *M* und *N* sind. Wenn man den Bietern erlaubt hätte, jede beliebige Zahl zwischen *H* und *N* zu bieten, dann wären die einzigen Anbotsstrategien im Gleichgewicht gemischte Strategien. Wenn die Bauunternehmen diese Strategien verwendeten, wären die erwarteten Projektkosten für die Tretroller AG dieselben wie mit der von den Beraterinnen vorgeschlagenen Zweitbieter Auktion.

Teppich zu einem Betrag kleiner als X bewertet, gleich $X/1.000$ ist. Tatsächlich bewertet Anton den Teppich mit € 800. Wenn er den Teppich erhält, wird sein Gewinn die Differenz zwischen € 800 und dem Betrag sein, den er dafür zahlen muss. Kriegt er den Teppich nicht, so ist sein Gewinn Null. Er möchte sein Anbot so erstellen, dass er den erwarteten Gewinn maximiert.

a) Angenommen Anton denkt, dass Berta genau jenen Betrag bieten wird, den ihr der Teppich wert ist. Wie hoch ist die Wahrscheinlichkeit, dass er zu einem Gebot von € 700 den Zuschlag erhält? ________________. Wie hoch ist sein Gewinn, wenn er den Teppich um € 700 erhält? ________________. Wie hoch ist sein erwarteter Gewinn, wenn er € 700 bietet? ____________________________.

b) Angenommen Berta bietet genau jenen Betrag, den ihr der Teppich wert ist. Wie hoch ist die Wahrscheinlichkeit, dass Anton den Teppich erhält, wenn er € 600 bietet? ________________. Wie hoch ist sein Gewinn, wenn er den Teppich um € 600 erhält? ________________. Wie hoch ist sein erwarteter Gewinn, wenn er € 600 bietet? ____________________________.

c) Bleiben wir bei der Annahme, dass Berta genau jenen Betrag bieten wird, den ihr der Teppich wert ist. Wie hoch ist die Wahrscheinlichkeit, dass Anton den Teppich erhält, wenn er € x bietet (wobei x eine Zahl zwischen 0 und 1.000 ist)? ________________.
Wie hoch ist sein Gewinn, wenn er den Teppich erhält? ________________.
Schreibe eine Formel für seinen erwarteten Gewinn, wenn er € x bietet: ________________________. Suche jenes Gebot x, das seinen Gewinn maximiert: (Hinweis: Bilde die erste Ableitung.) ________________________.

d) Gehen wir noch einen Schritt weiter, um eine allgemeine Lösung zu finden. Angenommen der Teppich ist für Anton € V wert und er ist der Meinung, dass Berta stets jenen Betrag bieten wird, den ihr der Teppich wert ist. Schreibe eine Formel an, die seinen erwarteten Gewinn in Abhängigkeit von V und x darstellt, wenn er € x bietet: ____________________________. Berechne nun jenes Gebot, € x, das seinen erwarteten Gewinn maximiert: (Derselbe Hinweis: Bilde die erste Ableitung.) ____________________________.

17.7 ■ Wenn Sie die vorige Aufgabe korrekt gelöst haben, dann haben Sie herausgefunden, dass Anton stets genau die Hälfte von dem Betrag bieten wird, den ihm der Teppich wert ist, und zwar unter der Annahme, dass Berta immer genau jenen Betrag bieten wird, den ihr der Teppich wert ist. Wenn das der Fall ist, dann erscheint es nicht vernünftig, dass Anton annimmt, dass Berta zu ihrem vollen Wert bieten wird. Schauen wir uns einmal an, wie Anton am besten handeln sollte, wenn er nun annimmt, dass Berta stets nur den halben Betrag bieten wird, den ihr der Teppich wert ist.

a) Was ist der höchste Betrag den Berta jemals bieten würde, wenn sie immer die Hälfte dessen bietet, was ihr der Teppich wert ist? ________________. Warum würde es sich für Anton niemals lohnen, mehr als € 500,01 zu bieten? ________________

____.

b) Angenommen für Anton ist der Teppich € 800 wert und er bietet € 300. Anton wird den Teppich nur kriegen, wenn er für Berta weniger als __________ wert ist. Wie hoch ist die Wahrscheinlichkeit, dass er den Teppich kriegen wird, wenn er € 300 bietet? _______. Wie hoch ist sein erwarteter Gewinn bei einem Gebot von € 300? _________.

c) Angenommen der Teppich ist Anton € 800 wert. Wie hoch ist die Wahrscheinlichkeit, dass er den Teppich erhält, wenn er x € bietet, mit $x < 500$? ________________.
Schreibe eine Formel für seinen erwarteten Gewinn als eine Funktion von x an, wenn für ihn der Teppich € 800 wert ist: ________________________________.

Welches Gebot maximiert in diesem Fall seinen erwarteten Gewinn? _____________.

d) Angenommen Anton bewertet den Teppich mit € V und er glaubt immer, das Berta die Hälfte ihrer wahren Bewertung bieten wird. Zeige, dass es für Anton am besten ist, die Hälfte seiner eigenen Bewertung zu bieten: ________________________

____

____.

e) Angenommen Anton glaubt, dass Berta stets die Hälfte ihrer eigenen Bewertung bieten wird und Berta glaubt, dass Anton immer die Hälfte seiner Bewertung bietet. Zusätzlich nehmen wir an, dass sie beide unter diesen Voraussetzungen ihren erwarteten Gewinn maximieren wollen. Werden sich ihre Vorstellungen in dem Sinn erfüllen, dass jeder so handelt, wie es der Andere erwartet? _____________________________.

17.8 ■ Roberts Auktionshaus in Kolbenring, Niedersachsen, hält jeden Dienstag Versteigerungen von Gebrauchtwagen mittels versiegelten Anboten ab. Jedes Auto wird an den Meistbieter zum Preis des zweithöchsten Gebots verkauft. Im Durchschnitt sind die Hälfte der von Robert verkauften Autos schlechte, zur anderen Hälfte gute Gebrauchtfahrzeuge. Ein guter Gebrauchtwagen ist für jeden Käufer € 10.000 wert, ein schlechter hingegen nur € 1.000. Vor Beginn der Versteigerung dürfen die potenziellen Käufer die Autos während einiger Minuten besichtigen. Fast alle Käufer können gute und schlechte Autos nur durch Zufall unterscheiden. Die einzige Ausnahme ist Konstantin Kurbelgehäuse. Konstantin kann manchmal, jedoch nicht immer, ein schlechtes Auto am Geschmack des Motoröls am Messstab erkennen. Für Konstantin hat das Öl am Messstab eines guten Autos einen süßen, lang anhaltenden Geschmack. Andererseits hat das Öl an den Messstäben von 1/3 der schlechten Autos einen sauren Geschmack, während das Öl der restlichen 2/3 schlechter Autos den gleichen süßen Geschmack hat wie das Öl guter Autos. Konstantin nimmt an jeder Auktion teil, schleckt jeden Messstab ab und bietet seinen Erwartungswert für jedes Auto entsprechend seinen Testergebnissen.

a) Diese Art der Versteigerung ist ein Beispiel für eine („common-, „private-) ______________________ -value“ Auktion.

b) Angenommen Konstantin schleckt die Messstäbe von 900 Autos ab, von denen die eine Hälfte gute, die andere Hälfte schlechte Autos sind. Nehmen wir zusätzlich an, dass für Konstantin das Öl auf den Messstäben aller guten Autos und von 2/3 der schlechten Autos süß, das Öl von 1/3 der schlechten Autos sauer schmeckt. Wie viele gute Autos gibt es, dessen Öl für ihn süß schmeckt? __________. Wie viele schlechte Autos gibt es, dessen Öl für Konstantin süß schmeckt? __________. Wie viele der 900 Autos werden ein für Konstantin gut schmeckendes Öl haben? __________. Welcher Anteil der Autos, dessen Öl für Konstantin süß schmeckt, werden gute Autos sein? __________.

c) Wie groß ist die Wahrscheinlichkeit für ein Fahrzeug, dass es ein gutes Auto ist, wenn Konstantin findet, dass das Öl am Messstab süß schmeckt? __________.

d) Wie groß ist die Wahrscheinlichkeit für ein Fahrzeug, dass es ein gutes Auto ist, wenn Konstantin findet, dass das Öl am Messstab sauer schmeckt? __________.

e) Wir nehmen an, dass Konstantin stets seinen Erwartungswert für ein Auto bietet, auf Basis des Ergebnisses seines Geschmackstests. Wie viel wird er für ein Auto bieten, das süß schmeckt? __________. Wie viel wird er für ein Auto bieten, das sauer schmeckt? __________.

f) Angenommen ein naiver Bieter weiß nur, dass eine Hälfte der Autos gut, eine Hälfte schlechte Fahrzeuge sind, hat aber überhaupt keine Ahnung, welches die guten sind. Wie hoch wäre sein Gebot, wenn er seinen Erwartungswert für ein zufällig aus den verfügbaren Fahrzeugen ausgewähltes Auto bietet? ________________.

g) Wird ein naiver Bieter je ein Auto bekommen, dessen Öl für Konstantins süß geschmeckt hat, wenn wir annehmen, dass Konstantin seinen Erwartungswert für jedes Auto bietet und der naive Bieter seinen Erwartungswert für ein zufällig ausgewähltes Auto? ________________.

h) Wie hoch ist der Erwartungswert der Autos, welche die naiven Bieter erhalten, wenn sie stets ihren Erwartungswert für ein zufällig ausgewähltes Auto bieten? ________________. Werden naive Bieter Geld verdienen, verlieren oder ohne Gewinn und Verlust aussteigen, wenn sie dieser Politik folgen? ________________.

i) Angenommen die naiven Bieter erkennen, dass sie nur jene Autos kriegen, die für Konstantin sauer schmecken. Wie hoch wird das Gebot der naiven Bieter sein, wenn sie ihren Erwartungswert für so ein Auto bieten? ________________.

j) Angenommen alle Bieter außer Konstantin sind der Meinung, dass sie nur jene Autos erhalten, deren Öl für Konstantin sauer schmeckt und sie bieten nur ihren Erwartungswert für solche Autos. Wir nehmen an, dass Konstantin für jedes Auto seinen Erwartungswert aufgrund des Ergebnisses seines Geschmackstests bietet. Wer wird die guten Autos zu welchem Preis bekommen? (Zur Erinnerung: Die Autos werden an den Höchstbieter zum Preis des zweithöchsten Gebots verkauft.) ________________ ________________.

k) Wie hoch wird Konstantins erwarteter Gewinn bei einem Auto sein, das seinen Geschmackstest besteht? ________________.

17.9 ■ Felizitas und Johannes kaufen Gemälde alter Meister bei einer Kunstgalerie in Frankfurt. Achtzig Prozent der von der Galerie verkauften Gemälde sind Fälschungen, der Rest ist echt. Nach dem Kauf wird jedes Gemälde einer gründlichen Untersuchung unterzogen, nach der jedermann mit Sicherheit weiß, ob es sich um eine Fälschung handelt oder ob das Gemälde echt ist. Ein echtes Gemälde ist € 1.000 wert, eine Fälschung ist wertlos. Vor der Abgabe ihrer Anbote dürfen die Käufer die Gemälde kurz besichtigen und müssen dann ihre Anbote abgeben. Wegen der Kürze der Besichtigung versuchen Felizitas und Johannes die Fälschungen durch einen Geruchstest zu erkennen. Felizitas weiß mit Sicherheit, dass ein Gemälde eine Fälschung ist, wenn es ihren Test nicht besteht. Sie kann jedoch nicht alle Fälschungen entdecken: Die Wahrscheinlichkeit, dass eine Fälschung den Test besteht ist 1/2. Johannes stellt Fälschungen auf dieselbe Art wie Felizitas fest: Die eine Hälfte der Fälschungen besteht seinen Geruchstest nicht, die andere Hälfte schon. Echte Gemälde bestehen seinen Test mit Gewissheit. Die Wahrscheinlichkeit, dass Felizitas eine Fälschung erkennt, ist unabhängig davon, ob Johannes sie als Fälschung erkennt.

Die Galerie kündigt für jedes Gemälde einen Preis an. Potenzielle Käuferinnen können dann am Auktionstag ein schriftliches Anbot abgeben. Wenn mehr als eine Person für ein Gemälde bietet, wählt die Galerie eine Person zufällig aus und verkauft das Gemälde an sie zum angekündigten Preis.

a) Eines Tages kommt Felizitas zur Galerie, als diese gerade schließen will. Sie stellt fest, dass weder Johannes noch andere Bieterinnen anwesend sind. Sie riecht an einem Gemälde – und es besteht ihren Test. Wie groß ist demnach die Wahrscheinlichkeit, dass es ein echtes Gemälde ist? (Hinweis: Da Fälschungen dominieren, wird die Zahl der Fälschungen, die Felizitas' Test bestehen, größer sein als die Zahl echter Gemälde, die ihren Test bestehen.) ______________________. Felizitas erkennt, dass sie das Gemälde zum angekündigten Preis kaufen kann, wenn sie es will. Wie hoch darf der angekündigte Preis maximal sein, damit sie bereit ist, das Gemälde zu kaufen? ______________________.

b) An einem anderen Tag begegnen Felizitas und Johannes einander vor einer Auktion beim Riechen aller Gemälde. Es sind noch keine anderen Kundinnen in der Galerie. Um zu entscheiden, wie viel sie für ein Gemälde bieten soll, das ihren Geruchstest besteht, stellt Felizitas folgende Überlegungen an: Wenn ein zufällig ausgewähltes Gemälde von Felizitas und Johannes ‚berochen' wird, gibt es fünf mögliche Ergebnisse. Trage für jedes die entsprechende Wahrscheinlichkeit ein!

- Echt und besteht die Tests von beiden; Wahrscheinlichkeit: ______________________.
- Fälschung und besteht die Tests von beiden; Wahrscheinlichkeit: ________________.
- Fälschung und besteht Felizitas' Test, besteht jedoch Johannes' Test nicht; Wahrscheinlichkeit: ____.
- Fälschung und besteht Johannes' Test, besteht jedoch Felizitas' Test nicht; Wahrscheinlichkeit: ____.
- Fälschung und besteht die Tests von beiden nicht; Wahrscheinlichkeit: ______________.

c) An jenem Tag, an dem Felizitas und Johannes die einzigen Kunden sind, legt die Galerie einen Vorbehaltspreis von € 300 fest. Angenommen Felizitas glaubt, dass Johannes für jedes Gemälde bieten wird, das seinen Geruchstest bestanden hat. Zur Erinnerung: Wenn sowohl Felizitas als auch Johannes für ein Gemälde bieten, dann ist die Wahrscheinlichkeit, dass Felizitas das Gemälde erhalten wird, nur 1/2. Wie hoch ist die Wahrscheinlichkeit, dass ein zufällig ausgewähltes Gemälde echt ist und Felizitas es kaufen kann, wenn sie sich entscheidet, für jedes Gemälde zu bieten, das ihren Geruchstest besteht? ______________. Wie hoch ist die Wahrscheinlichkeit, dass ein zufällig ausgewähltes Gemälde eine Fälschung ist, Felizitas dafür bieten wird und auch den Zuschlag erhält? ______________. Wird Felizitas' erwarteter Gewinn positiv oder negativ sein, wenn sie für jedes Gemälde, das ihren Geruchstest besteht, € 300 bietet? ______________. Angenommen Felizitas weiß, dass Johannes bereit ist, für jedes Gemälde, das seinen Geruchstest besteht, den Vorbehaltspreis zu zahlen. Wie groß sollte dann Felizitas' höchster Vorbehaltspreis für ein Gemälde sein, das ihren Geruchstest besteht? ______________.

17.10 ■ Die Rückkauf AG hält täglich eine Auktion mit versiegelten Geboten und Zuschlag zum zweithöchsten Gebot ab, an der sie ein von einer Versicherung zurückgekauftes Auto verkauft. Es gibt nur drei Bieter für diese Autos, Arnold, Bertram und Clemens. Jeder von ihnen ist ein Gebrauchtwagenhändler, dessen Zahlungsbereitschaft für ein weiteres Auto von Tag zu Tag zufällig variiert, in Abhängigkeit von den Schwankungen der Nachfrage in ihrem Geschäft. An jedem beliebigen Tag ist der Wert so eines Gebrauchtwagens für den Händler eine Zufallszahl, die entweder einen hohen Wert von H Euro oder einen niedrigen Wert von N Euro, jeweils mit einer Wahrscheinlichkeit von 1/2, annimmt. Die Bewertung jedes Händlers ist von den Bewertungen der anderen Händler unabhängig.

Täglich geben die Gebrauchtwarenhändler Gebote für das zu versteigernde Auto ab. Die Rückkauf AG verkauft das Auto an den Meistbieter zum Preis des zweithöchsten Gebots. Wenn es beim Höchstgebot ein Unentschieden gibt, dann wird das Auto des Tages an einen zufällig ausgewählten Händler zum Preis der Meistbieter verkauft.

a) Wie viel sollte ein Händler für einen Gebrauchtwagen an einem Tag bieten, an dem er den Gebrauchtwagen mit H Euro bewertet? ______________. Wie viel sollte ein Händler für einen Gebrauchtwagen an einem Tag bieten, an dem er den Gebrauchtwagen mit N Euro bewertet? ______________.

b) Wie viel wird die Rückkauf AG für einen Gebrauchtwagen an jenen Tagen erlösen, an denen zwei oder drei Händler den Wagen mit H Euro bewerten? ______________. Wie viel wird die Rückkauf AG für einen Gebrauchtwagen an jenen Tagen erlösen, an denen weniger als zwei Händler den Wagen mit H Euro bewerten? ______________.

c) Wie hoch ist an einem beliebigen Tag die Wahrscheinlichkeit, dass die Rückkauf AG für den Gebrauchtwagen H Euro erhält? ______________. Wie hoch ist an einem beliebigen Tag die Wahrscheinlichkeit, dass die Rückkauf AG für den

Gebrauchtwagen N Euro erhält? ________________. Wie hoch ist

Rückkaufs erwarteter Erlös aus dem Verkauf? ________________.

d) Wie hoch ist an einem beliebigen Tag die Wahrscheinlichkeit, dass Arnold ein Auto zu einem niedrigeren Preis erhält, als er es bewertet? Absprachen zwischen den Händlern sind annahmegemäß ausgeschlossen, jeder Händler bietet immer seine wahre Bewertung. (Hinweis: Das wird nur dann der Fall sein, wenn das Auto für Arnold H Euro, für die anderen Händler N Euro wert ist.) ________. Angenommen wir messen den Gewinn eines Händlers als Differenz zwischen seiner Bewertung und dem Betrag, den er dafür bezahlt. Wie hoch ist an einem beliebigen Tag Arnolds erwarteter Gewinn? ________.

e) Der erwartete Gesamtgewinn aller Marktteilnehmer ist die Summe der erwarteten Gewinne der drei Autohändler und der erwartete Erlös der Rückkauf AG. Die Gebrauchtwagen werden über eine Auktion mit versiegelten Geboten und zu Preisen des zweithöchsten Gebots verkauft, die Händler sprechen sich untereinander nicht ab. Wie hoch ist die Summe der erwarteten Gewinne aller Marktteilnehmer? ________________

________________________________.

17.11 ■ Diese Aufgabe (und die beiden folgenden) betreffen Absprachen zwischen den Bietern bei Auktionen mit versiegelten Geboten. Viele Autoren fanden Hinweise dafür, dass es bei Auktionen zu Kollusion zwischen den Bietern kommt. Der gängige Name für eine Gruppe, die sich bei Anboten abspricht, ist „Bieterring".*

Arnold, Bertram und Clemens aus der vorigen Aufgabe begegnen einander zufällig bei einem Empfang und beginnen sich darüber zu unterhalten, welch hohe Preise sie für den Einkauf der Gebrauchtwagen zahlen müssen und wie niedrig daher ihre Gewinne sind. Clemens beschwert sich: „In etwa der Hälfte der Fälle werden die Autos um H Euro verkauft, und wenn das passiert, dann verdient keiner von uns daran." Arnold wird ganz nachdenklich und flüstert: „Warum kommen wir nicht überein, bei den Auktionen der Rückkauf AG jeweils nur N Euro zu bieten?" Bertram meint: „Ich bin mir nicht so sicher, ob das eine gute Idee ist. Wenn wir alle N Euro bieten, ersparen wir uns zwar einiges, die Wahrscheinlichkeit, dass einer von uns das Auto kriegt, ist jedoch gleich hoch, unabhängig davon ob derjenige an diesem Tag eine hohe oder niedrige Bewertung hat. Wenn jeder hingegen immer das bietet, was das Auto für ihn wert ist, dann erhält es immer derjenige, der es auch besonders hoch bewertet."

a) Arnold, Bertram und Clemens kommen also überein, immer N Euro zu bieten; wie hoch ist dann die Wahrscheinlichkeit, dass an einem bestimmten Tag, an dem das Auto für

* Unsere Darstellung beruht auf dem Aufsatz „Collusive Bidder Behavior at Single-Object, Second-Price, and English Auctions" von Daniel Graham und Robert Marshall im *Journal of Political Economy*, 1987.

Bertram H Euro wert ist, er es auch tatsächlich erhält? ______________________.

Wie hoch ist Bertrams erwarteter Gewinn je Tag? ______________________.

b) Erzielen die drei Händler mit Absprache einen höheren Gewinn als ohne Kollusion? Erkläre! ______________________

____

______________________.

c) Berechne den erwarteten Gesamtgewinn aller Marktteilnehmer (einschließlich der Rückkauf AG) für den Fall der Kollusion zwischen den Händlern: ______________________.

Ist der erwartete Gesamtgewinn größer oder kleiner im Vergleich zur Situation ohne Absprache? ______________________.

d) Wir sagen, dass die Allokation der Autos dann effizient ist, wenn ein Auto niemals bei einem Händler landet, der es niedriger bewertet als ein anderer. Ist die Allokation der Autos bei einer Auktion mit versiegelten Geboten und Zuschlag zum zweithöchsten Gebot ohne Absprache zwischen den Bietern effizient? ______________________.

Ist die Allokation effizient, wenn sich die Bieter – wie in dieser Aufgabe – untereinander absprechen? ______________________.

17.12 ■ Einige Wochen hindurch praktizieren Arnold, Bertram und Clemens ihre Strategie ‚Biete immer niedrig!' ganz zufriedenstellend, bis eines Tages Arnold eine neue Idee hat. Er schlägt den anderen Folgendes vor: „Wenn wir alle immer N Euro bieten, dann kommt es vor, dass derjenige, der das Auto des Tages erhält, es nur mit N Euro bewertet, obwohl es für einen anderen von uns H Euro wert ist. Ich habe einen Plan entworfen, der den Gewinn für uns alle erhöhen wird." Und hier ist Arnolds Plan: Vor der täglichen Autoversteigerung durch die Rückkauf AG halten Arnold, Bertram und Clemens eine ‚Vorauktion' mit versiegelten Geboten und Zuschlag zum zweithöchsten Gebot unter sich ab, bei der sie das Recht versteigern, an diesem Tag als Einziger ein hohes Gebot abzugeben. Der Gewinner kann bieten, was er will, die beiden anderen müssen N Euro bieten. Eine derartige Auktion vor einer Versteigerung wird als „K.O.-Auktion" bezeichnet. Der aus der K.O.-Auktion resultierende Gewinn wird gleichmäßig auf Arnold, Bertram und Clemens verteilt. Wir nehmen an, dass in der K.O.-Auktion jeder Bieter seinen wahren Wert für den Gewinn dieser K.O.-Auktion bietet.*

* Das muss nicht notwendigerweise die beste Strategie in einer K.O.-Auktion sein, da die eigenen Gebote sowohl den Erlös aus dieser Auktion als auch das Recht hoch zu bieten beeinflussen. Graham und Marshall stellen eine Variation dieses Mechanismus dar, der „ehrliches" Bieten in der K.O.-Auktion garantiert.

a) Wenn der Gewinner der K.O.-Auktion den Gebrauchtwagen des Tages mit H Euro bewertet, dann weiß er, dass er bei der Auktion mit versiegelten Geboten und Zuschlag zum zweithöchsten Gebot H Euro bieten kann und das Auto zu einem Preis von N Euro erhalten wird. Daher muss der Wert des Gewinns der K.O.-Auktion für diesen Händler ______________ sein. Der Wert des Gewinns der K.O.-Auktion für denjenigen, der den Gebrauchtwagen des Tages nur mit N Euro bewertet, ist ______________.

b) An einem Tag, an dem ein Händler den Gebrauchtwagen mit H Euro bewertet, das Auto für die anderen aber nur N Euro wert ist, wird der Händler mit einer Bewertung von H Euro in der K.O.-Auktion ______________ bieten, die beiden anderen Händler werden ______________ bieten. In diesem Fall zahlt der Händler für das Recht, als Einziger in der Auktion der Rückkauf AG das Höchstgebot abgeben zu dürfen, in der K.O.-Auktion ______________. Das gebrauchte Auto wird somit an den einzigen Händler mit einer Bewertung von H Euro gehen und er zahlt dafür an die Rückkauf AG ______________. Der Händler mit der hohen Bewertung wird an diesem Tag einen Gesamtgewinn von ______________ erzielen.

c) Wir nehmen weiterhin an, dass die Händler in der K.O.-Auktion ihre wahren Werte für den Gewinn dieser Auktion bieten. An Tagen, an denen zwei oder mehr Händler den Gebrauchtwagen mit H Euro bewerten, zahlt der Sieger der K.O.-Auktion ______________ für das Recht, der einzige Höchstbieter in der Versteigerung der Rückkauf AG zu sein.

d) Wie hoch ist der erwartete Gesamtgewinn für jeden der drei Gebrauchtwagenhändler, wenn Arnolds Plan verwirklicht wird? (Vergiss nicht, den Anteil jedes Händlers am Gewinn der K.O.-Auktion mit einzubeziehen!) ______________.

17.13 ■ Nach einigen Wochen merken die Leute bei der Rückkauf AG, dass etwas nicht ganz stimmen kann, da sie nie mehr als ein hohes Gebot für ein Auto erhalten. Einige Direktionsmitglieder schlagen vor, eine Schlägertruppe zur Bestrafung von Arnold, Bertram und Clemens anzuheuern. Eine Gruppe von besonnenen Direktoren setzt sich jedoch mit dem Vorschlag durch, eine Ökonomin einzustellen, welche *Grundzüge der Mikroökonomik* studiert hatte. Die Ökonomin unterbreitet folgenden Vorschlag: „Legt doch einen Vorbehaltspreis von V Euro fest, der geringfügig unter H Euro liegt (aber natürlich viel höher als N Euro ist)! Wenn Ihr dann ein Gebot von mindestens V Euro erhält, verkauft das Auto an einen dieser Händler um V Euro. Wenn kein Gebot in der Höhe von mindestens V Euro eingeht, dann entsorgt das Auto dieses Tages einfach im Fluss. (Leider sind die Umweltbehörden in dieser Stadt nicht besonders aufmerksam.) „Was für eine Verschwendung," antwortet eine der Direktorinnen. „Rechne einfach nach," entgegnet die Ökonomin.

a) Die Ökonomin fährt fort: „Wenn die Rückkauf AG auf ihrer Absicht beharrt und sich weigert, unter V Euro zu verkaufen, dann können Arnold, Bertram und Clemens selbst bei Kollusion nicht anders, als V Euro zu bieten, wenn ihnen das Auto H Euro wert ist, und nicht zu bieten, wenn sie das Auto mit N Euro bewerten." Wenn sie dieser Strategie folgen, dann wird die Wahrscheinlichkeit, dass die Rückkauf AG ein bestimmtes Auto um V Euro verkaufen kann ________________ sein, sodass der erwartete Gewinn der Rückkauf AG ________________ sein wird.

b) Die Festlegung eines Vorbehaltspreises knapp unter H Euro und die Entsorgung von Autos, für die nicht geboten wird, wird für die Rückkauf AG dann gewinnträchtiger sein, als keinen Vorbehaltspreis zu setzen, wenn das Verhältnis H/N größer als ________ ist und weniger gewinnbringend, wenn H/N kleiner als ________ ist.

17.14 ▣ Drei Burschen, Anatol, Bernhard und Christoph und drei Mädchen, Andrea, Berta und Clara planen sich für den Abschlussball zu verabreden. Ihre Präferenzen für die möglichen PartnerInnen sind in der folgenden Tabelle dargestellt:

Person	**Erste Wahl**	**Zweite Wahl**	**Dritte Wahl**
Anatol	Andrea	Berta	Clara
Bernhard	Berta	Andrea	Clara
Christoph	Andrea	Clara	Berta
Andrea	Bernhard	Anatol	Christoph
Berta	Anatol	Bernhard	Christoph
Clara	Anatol	Christoph	Bernhard

So mag zum Beispiel Anatol am liebsten Andrea, Berta am zweitliebsten und Clara am drittliebsten, während für Andrea Bernhard an erster Stelle steht, Anatol an zweiter und Christoph an dritter Stelle gereiht ist.

a) Angenommen die Partnerinnen werden nach dem Algorithmus der „Zuteilung erst nach dem Eingang aller Angebote" zugewiesen, wobei die Burschen die Mädchen fragen. In der ersten Runde wird Andrea von ____________ und von ____________ eingeladen werden. Berta wird von ____________ eingeladen werden. Clara wird von ____________ eingeladen werden. Wen weist Andrea in der ersten Runde ab? ______________________________. Was geschieht in der zweiten

Runde? ______________________________________. Wie sieht die

endgültige Partnerzuteilung aus? Andrea wird mit ____________________ zum

Ball gehen, Berta mit ________________ und Clara mit ________________.
Überprüfe, ob diese Zuteilung stabil ist.

b) Nehmen wir nun an, dass die Partner wieder nach dem Algorithmus der „Zuteilung erst nach dem Eingang aller Angebote" zugewiesen werden, dass aber nun die Mädchen die

Burschen fragen. Nun wird Andrea wird mit ________________ zum Ball gehen,

Berta mit ____________________ und Clara mit ____________________.
Überprüfe, ob diese Zuteilung stabil ist.

c) Welche Gruppe ist in diesem Beispiel besser gestellt, das auffordernde Geschlecht oder

das Geschlecht, das gefragt wird? ____________. (Es stellt sich heraus, dass dieses Ergebnis von allgemeiner Gültigkeit ist.*

d) Angenommen die Partnerinnen werden nach dem Algorithmus der „Zuteilung erst nach dem Eingang aller Angebote" zugewiesen, wobei die Burschen die Mädchen fragen. Andrea kennt alle Präferenzen und ist überzeugt, dass sich alle anderen entsprechend ihren wahren Präferenzen verhalten werden. Kann sie ein besseres Ergebnis erzielen, wenn sie ein wenig schwindelt? Nehmen wir an, dass Andrea Christoph gegenüber Anatol bevor-

zugt, was geschieht dann in der zweiten Runde? __________________________

Und was geschieht als nächstes? ______________________________________.

Wie sieht das Endergebnis aus? _______________________________________.
Wird Andrea ein besseres Ergebnis erzielt haben im Vergleich damit, wenn sie „ehrlich"

gespielt hätte und Anatol gegenüber Christoph bevorzugt hätte? ____________.

17.15 ▣ Vier Studenten, Arthur, Balduin, Conrad und Daniel, müssen Zweibettzimmer im Studentenheim zugeteilt werden. Der Heimleiter möchte mit der Zuweisung stabile Partnerschaften erzielen, so dass keine zwei Studenten einander gegenüber ihren zugeteilten Zimmerkollegen bevorzugen würden. Die Studenten haben folgende Präferenzen:

---

* Vergleiche dazu David Gale und Lloyd Shapley, „College Admissions and the Stability of Marriage", American Mathematical Monthly, vol 69, pp 9–14, 1962.)

Person	Erste Wahl	Zweite Wahl	Dritte Wahl
Arthur	Balduin	Conrad	Daniel
Balduin	Conrad	Arthur	Daniel
Conrad	Arthur	Balduin	Daniel
Daniel	Arthur	Balduin	Conrad

a) Gibt es eine stabile Zuteilung? Erläutere Deine Antwort: (Hinweis: Beachte, dass jeder Student erste Wahl eines anderen ist mit Ausnahme von Daniel.) ____________________

____

____

____.

b) Der Humorist James Thurber schrieb einmal ein Buch mit dem Titel *Ist das Geschlecht eine Notwendigkeit?* In welcher Hinsicht liefert diese Aufgabe eine Antwort auf Thurbers Frage? ____

____

____

____.

18 Technologie

Einleitung

In diesem Kapitel werden Sie mit Produktionsfunktionen arbeiten, die eine Beziehung zwischen dem Output eines Unternehmens und den eingesetzten Produktionsfaktoren herstellen. Diese Theorie wird Ihnen vertraut vorkommen, weil sie deutliche Parallelen zur Theorie der Nutzenfunktionen aufweist. In der Nutzentheorie ist eine *Indifferenzkurve* der geometrische Ort von Güterbündeln, die dem Konsumenten denselben Nutzen stiften. In der Produktionstheorie ist eine *Isoquante* der geometrische Ort aller Faktorkombinationen, die denselben Output ergeben. In der Theorie des Konsumenten fanden wir, dass die Steigung einer Indifferenzkurve bei einem Güterbündel (x_1, x_2) dem Verhältnis der Grenznutzen $MU_1(x_1, x_2)/MU_2(x_1, x_2)$ entspricht. In der Produktionstheorie ist die Steigung einer Isoquante bei einer Faktorkombination (x_1, x_2) gleich dem Verhältnis der Grenzprodukte $MP_1(x_1, x_2)/MP_2(x_1, x_2)$. Die meisten Funktionen, die wir als Beispiele für Nutzenfunktionen heranzogen, können auch als Beispiele für Produktionsfunktionen verwendet werden.

Es gibt jedoch einen wichtigen Unterschied zwischen Produktionsfunktionen und Nutzenfunktionen. Wie erinnerlich waren Nutzenfunktionen nur „bis auf eine monotone Transformation bestimmt". Im Gegensatz dazu beschreiben zwei verschiedene Produktionsfunktionen, die monotone Transformationen voneinander sind, unterschiedliche Technologien.

Beispiel

Wenn die Nutzenfunktion $U(x_1, x_2) = x_1 + x_2$ die Präferenzen einer Person darstellt, so würde die Nutzenfunktion $U^*(x_1, x_2) = (x_1 + x_2)^2$ dies ebenfalls. Eine Person mit der Nutzenfunktion $U^*(x_1, x_2)$ würde dieselben Indifferenzkurven haben, wie eine Person mit der Nutzenfunktion $U(x_1, x_2)$ und würde bei gleichen Budgets dieselben Entscheidungen treffen. Angenommen hingegen, ein Unternehmen hätte die Produktionsfunktion $f(x_1, x_2) = x_1 + x_2$ und ein anderes Unternehmen hätte die Produktionsfunktion $f^*(x_1, x_2) = (x_1 + x_2)^2$. Es ist richtig, dass beide Unternehmen dieselben Isoquanten hätten, aber sie haben sicherlich nicht dieselbe Technologie. Wenn beide Unternehmen die Faktorkombination $(x_1, x_2) = (1, 1)$ haben, dann wird die erste Unternehmung einen Output von 2 haben, die zweite einen Output von 4.

Wir wollen nun „Skalenerträge" untersuchen. Hier geht es um die Outputänderung, wenn die Menge eines jeden eingesetzten Faktors mit einer Zahl $t > 1$ multipliziert wird. Wenn die Vervielfachung der Faktoreinsätze um t den Output um mehr als t erhöht, dann sprechen wir von steigenden Skalenerträgen. Wenn der Output ebenfalls um genau t zunimmt, dann haben wir konstante Skalenerträge. Wenn der Output um weniger als t zunimmt, haben wir fallende Skalenerträge.

Beispiel

Nehmen wir die Produktionsfunktion $f(x_1, x_2) = x_1^{1/2}x_2^{3/4}$. Wenn wir die Menge eines jeden Inputs mit t multiplizieren, dann wird der Output $f(tx_1, tx_2) = (tx_1)^{1/2}(tx_2)^{3/4}$. Um $f(tx_1, tx_2)$ mit $f(x_1, x_2)$ zu vergleichen, heben wir jene Ausdrücke heraus, die t enthalten. Man erhält dann $f(tx_1, tx_2) = t^{5/4}f(x_1, x_2)$. Wenn man also die Mengen aller eingesetzten Faktoren mit t multipliziert, dann vervielfacht sich die Menge des Outputs um $t^{5/4}$. Das bedeutet *steigende* Skalenerträge.

Beispiel

Die Produktionsfunktion sei $f(x_1, x_2) = \min\{x_1, x_2\}$. Dann gilt

$$f(tx_1, tx_2) = \min\{tx_1, tx_2\} = \min t\{x_1, x_2\} = t\min\{x_1, x_2\} = tf(x_1, x_2).$$

Wenn also alle Inputs mit t multipliziert werden, vervielfacht sich der Output auch um t. Daraus folgt, dass diese Produktionsfunktion *konstante* Skalenerträge aufweist.

Sie sollen auch bestimmen, ob das Grenzprodukt eines bestimmten Produktionsfaktors steigt oder fällt, wenn man die Menge dieses Faktors – bei unveränderten anderen Faktoren – erhöht. Kenner der Differentialrechnung werden bemerken, dass das Grenzprodukt eines Faktors die erste Ableitung des Outputs nach der Menge dieses Faktors ist. Das Grenzprodukt eines Faktors wird daher bei einer Erhöhung der Faktormenge fallen, steigen oder konstant bleiben, je nachdem ob die *zweite* Ableitung der Produktionsfunktion nach der Faktormenge negativ, positiv oder Null ist.

Beispiel

Nehmen wir die Produktionsfunktion $f(x_1, x_2) = x_1^{1/2}x_2^{3/4}$. Das Grenzprodukt des Faktors 1 ist $1/2(x_1^{-1/2}x_2^{3/4})$. Das ist eine fallende Funktion von x_1, wie man durch die Ableitung des Grenzprodukts nach x_1 überprüfen kann. Ganz ähnlich kann man zeigen, dass das Grenzprodukt von x_2 fällt, wenn x_2 zunimmt.

18.0 **Aufwärmübung**. Im ersten Teil dieser Übung sollen die Grenzprodukte und technischen Substitutionsraten für häufig vorkommende Produktionsfunktionen berechnet werden. Nehmen wir zum Beispiel die Produktionsfunktion $f(x_1, x_2) = 2x_1 + \sqrt{x_2}$. Das Grenzprodukt von x_1 ist die Ableitung von $f(x_1, x_2)$ nach x_1, bei konstantem x_2. Das ist einfach 2. Das Grenzprodukt von x_2 ist die Ableitung von $f(x_1, x_2)$ nach x_2, bei konstantem x_1, was in unserem Fall gleich $1/(2\sqrt{x_2})$ ist. Die technische Substitutionsrate, *TRS*, ist $-MP_1/MP_2 = -4\sqrt{x_2}$. Wer die Differentialrechnung nicht beherrscht, soll die Tabelle aus den Antworten gegen Ende des

Buches vervollständigen. Die Tabelle wird bei späteren Aufgaben als Nachschlagemöglichkeit gute Dienste leisten.

Grenzprodukte und technische Substitutionsraten

$f(x_1,x_2)$	$MP_1(x_1,x_2)$	$MP_2(x_1,x_2)$	$TRS(x_1,x_2)$
$x_1 + 2x_2$			
$ax_1 + bx_2$			
$50x_1x_2$			
$x_1^{1/4}x_2^{3/4}$	$\frac{1}{4}x_1^{-3/4}x_2^{3/4}$		
$Cx_1^a x_2^b$	$Cx_1^{a-1}x_2^b$		
$(x_1 + 2)(x_2 + 1)$	$x_2 + 1$		
$(x_1 + a)(x_2 + b)$			
$ax_1 + b\sqrt{x_2}$			
$x_1^a + x_2^a$			
$(x_1^a + x_2^a)^b$	$bax_1^{a-1}(x_1^a + x_2^a)^{b-1}$	$bax_2^{a-1}(x_1^a + x_2^a)^{b-1}$	

Für jede Produktionsfunktion in der folgenden Tabelle, füge ein *S*, *K* oder *F* in die erste Spalte, wenn die Produktionsfunktion steigende, konstante oder fallende Skalenerträge aufweist. Schreibe ein *S*, *K* oder *F* in die zweite (dritte) Spalte, wenn das Grenzprodukt des Faktors 1 (Faktors 2) steigend, konstant oder fallend ist, wenn nur die Menge dieses Faktors verändert wird.

Skalenerträge und Veränderungen der Grenzprodukte

$f(x_1,x_2)$	Skalenerträge	$MP_1(x_1,x_2)$	$MP_2(x_1,x_2)$
$x_1 + 2x_2$			
$\sqrt{(x_1 + 2x_2)}$			
$0{,}2x_1x_2^2$			
$x_1^{1/4}x_2^{3/4}$			
$x_1 + \sqrt{x_2}$			
$(x_1 + 1)^{0{,}5}(x_2)^{0{,}5}$			
$(x_1^{1/3} + x_2^{1/3})^3$			

Aufgaben

18.1 □ Prunella hat einen Pfirsichgarten. Wenn wir mit L die Anzahl der verwendeten Arbeitseinheiten messen und mit T die Anzahl der eingesetzten Einheiten von Grund und Boden, dann ist ihr Output (gemessen in Körben) durch $f(L, T) = L^{1/2}T^{1/2}$ gegeben.

a) Zeichne in die folgende Grafik einige Inputkombinationen ein, die einen Output von 4 Körben ergeben. Skizziere eine Isoquante, die durch diese Punkte verläuft. Alle Punkte auf dieser Isoquante, die einen Output von 4 Körben ergibt, erfüllen die Gleichung

$T =$ ______________________________.

b) Diese Produktionsfunktion weist (konstante, steigende, fallende) ______________ Skalenerträge auf.

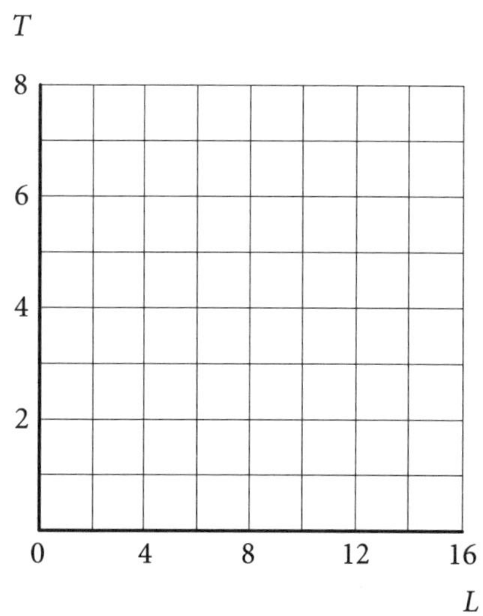

c) Kurzfristig kann Prunella die Menge des eingesetzten Grund und Bodens nicht verändern. Zeichne auf der untenstehenden Grafik in blau eine Kurve, die Prunellas Pfirsichproduktion als eine Funktion des Faktors Arbeit darstellt, wenn sie 1 Einheit Land besitzt. Finde jene Punkte auf der Grafik, für welche die eingesetzte Arbeitsmenge 0, 1, 4, 9 und 16 ist und bezeichne sie entsprechend. Die Steigung dieser Kurve heißt

______________________________. Wird diese Kurve mit steigendem

Arbeitseinsatz steiler oder flacher? ______________________________.

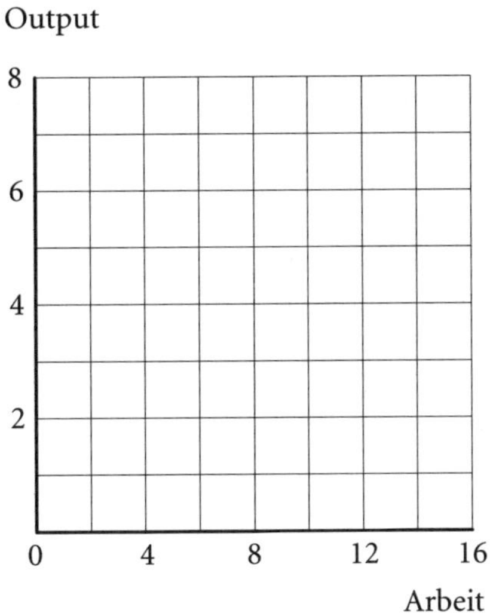

d) Wie viel zusätzlichen Output erhält Prunella von einer zusätzlichen Arbeitseinheit – ausgehend vom Einsatz 1 Arbeitseinheit –, wenn wir annehmen, dass sie 1 Einheit Land besitzt? ____________________. Wie viel, wenn sie ursprünglich 4 Arbeitseinheiten verwendete? ____________________. Wenn Sie die Differentialrechnung beherrschen, berechnen Sie das Grenzprodukt der Arbeit bei der Inputkombination (1, 1) und vergleichen Sie es mit dem Ergebnis der Erhöhung des Faktors Arbeit um 1 Einheit:

____

____.

e) Langfristig kann Prunella sowohl ihren Einsatz von Grund und Boden als auch den Arbeitseinsatz verändern. Angenommen sie erhöht die Größe ihres Obstgartens auf 4 Einheiten Land. Zeichne in obige Grafik mit Rotstift die neue Kurve, die den Output als eine Funktion des Faktors Arbeit abbildet. Ebenfalls in Rot zeichne eine Kurve, die das Grenzprodukt der Arbeit als eine Funktion des Arbeitseinsatzes darstellt, wenn die Menge des Grund und Bodens mit 4 Einheiten fixiert ist.

18.2 ☐ Angenommen die Faktoren x_1 und x_2 werden in konstantem Verhältnis eingesetzt und $f(x_1, x_2) = \min\{x_1, x_2\}$.

a) Angenommen $x_1 < x_2$. Das Grenzprodukt von x_1 ist dann ____________________ und (steigt, bleibt konstant, fällt) ____________________, wenn sich x_1 geringfügig erhöht. Das Grenzprodukt von x_2 ist ____________________ und (steigt, bleibt konstant, fällt) ______________________, wenn sich x_2 geringfügig erhöht. Die technische Rate der Substitution zwischen x_1 und x_2 ist ______________________. Diese Technologie hat (steigende, konstante, fallende) ______________________ Skalenerträge.

b) Nehmen wir an, dass $f(x_1, x_2) = \min\{x_1, x_2\}$ und $x_1 = x_2 = 20$. Wie groß ist das Grenzprodukt von x_1 bei einer kleinen Erhöhung von x_1? ______________________. Wie groß ist das Grenzprodukt von x_2 bei einer kleinen Erhöhung von x_2? ______________________. Das Grenzprodukt von x_1 wird (steigen, fallen, gleich bleiben) ______________________, wenn die Menge von x_2 geringfügig erhöht wird.

* 18.3 ☐ Nehmen wir eine Cobb-Douglas Produktionsfunktion in der Form $f(x_1, x_2) = x_1^{1/2} x_2^{3/2}$ an.

a) Schreibe den Ausdruck für das Grenzprodukt von x_1 im Punkt (x_1, x_2) an: ______________________.

b) Das Grenzprodukt von x_1 (steigt, fällt, bleibt gleich) ______________________ bei kleinen Zunahmen von x_1, wobei x_2 konstant gehalten wird.

c) Das Grenzprodukt des Faktors 2 ist ______________________ und (steigt, bleibt gleich, fällt) ______________________, wenn x_2 geringfügig steigt.

d) Eine Erhöhung der Menge von x_2 (erhöht, lässt ...... unverändert, verringert) ______________________ das Grenzprodukt von x_1.

e) Die technische Rate der Substitution zwischen x_2 und x_1 ist ______________________.

f) Hat diese Technologie eine abnehmende technische Rate der Substitution? __________.

g) Diese Technologie weist (steigende, konstante, fallende) ______________________ Skalenerträge auf.

18.4 ☐ Die Produktionsfunktion von Bruch lautet $f(L, K) = L/2 + \sqrt{K}$, wobei L und K die eingesetzten Mengen an Arbeit und Kapital sind.

a) Es gibt bei dieser Funktion (konstante, steigende, fallende) ______________________

Skalenerträge. Das Grenzprodukt der Arbeit ist ______________________

(konstant, steigend, fallend).

b) Kurzfristig ist das Kapital mit 4 Einheiten fix vorgegeben. Arbeit ist variabel. Zeichne in die untenstehende Grafik den kurzfristigen Output als eine Funktion des Arbeitseinsatzes mit blauer Farbe ein. Zeichne das kurzfristige Grenzprodukt der Arbeit als eine Funktion des Arbeitseinsatzes rot ein. Das Durchschnittsprodukt des Faktors Arbeit ist definiert als Gesamtoutput dividiert durch die Menge des Arbeitseinsatzes. Zeichne das kurzfristige Durchschnittsprodukt des Faktors Arbeit als eine Funktion des Arbeitseinsatzes schwarz ein.

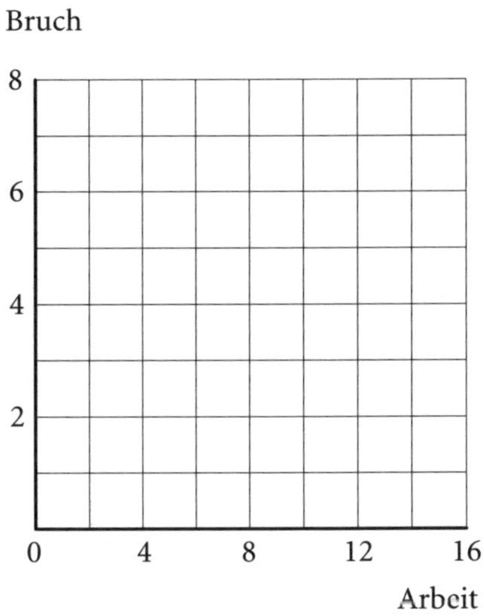

18.5 □ General Motors hat zwei Fabriken zur Erzeugung von Dampfwalzen, eine in Flint und eine in Inkster. Die Fabrik in Flint erzeugt gemäß $f_F(x_1, x_2) = \min\{x_1, 2x_2\}$, die Inkster-Fabrik gemäß $f_I(x_1, x_2) = \min\{2x_1, x_2\}$, wobei x_1 und x_2 die Inputs sind.

a) Zeichne in die folgende Grafik die Isoquante für die Erzeugung von 40 Dampfwalzen in Flint blau ein. Zeichne die Isoquante für die Erzeugung von 40 Dampfwalzen in Inkster rot ein.

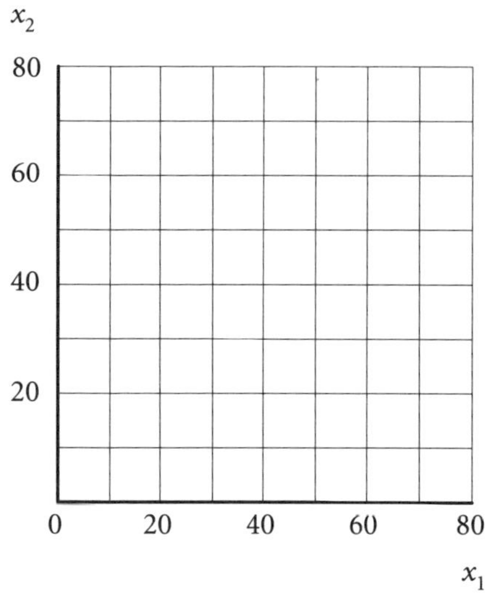

b) Angenommen das Unternehmen möchte in jeder Fabrik 20 Dampfwalzen herstellen. Wie viel von jedem Input wird das Unternehmen für die Produktion der 20 Dampfwalzen in der Fabrik in Flint brauchen? ____________. Wie viel von jedem Input wird das Unternehmen für die Produktion der 20 Dampfwalzen in der Fabrik in Inkster brauchen? ____________________. Bezeichne jenen Punkt in der Grafik mit *a*, der die Gesamtmenge beider Inputs darstellt, welche das Unternehmen braucht, um insgesamt 40 Dampfwalzen zu erzeugen, und zwar je 20 in Flint und in Inkster.

c) Bezeichne in der Grafik jenen Punkt mit *b*, der zeigt, wie viel von jedem Input man insgesamt braucht, wenn das Unternehmen 10 Dampfwalzen in der Fabrik in Flint und 30 Dampfwalzen in der Fabrik in Inkster herstellt. Und schließlich bezeichne mit *c* jenen Punkt, der die Gesamtmenge von jedem Input angibt, wenn 30 Dampfwalzen in Flint und 10 Dampfwalzen in Inkster hergestellt werden. Zeichne in schwarz die Isoquante der Unternehmung für die Herstellung von 40 Dampfwalzen, wenn sie ihre Produktion beliebig zwischen den beiden Fabriken aufteilen kann. Ist die Technologie dieser Unternehmung konvex? ____.

18.6 ☐ Sie leiten ein Team von 160 Arbeitern, das man für die Herstellung von zwei Produkten einsetzen kann. Produkt A benötigt zwei Arbeiter je Outputeinheit, Produkt B 4 Arbeiter je Outputeinheit.

a) Schreiben Sie eine Gleichung an, welche alle Kombinationen der Produkte A und B angibt, die man mit 160 Arbeitern erzeugen kann: ____________________. Schraffieren Sie in der folgenden Grafik jene Fläche blau, die alle Kombinationen von A und B darstellt, die mit 160 Arbeitern erzeugt werden könnten. (Nehmen Sie an, dass es für einige Arbeiter möglich ist, einfach nichts zu tun.)

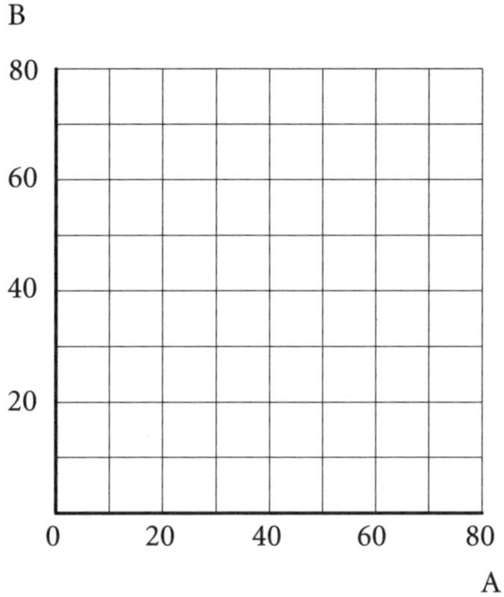

b) Nehmen wir nun an, dass für die Erzeugung jeder Einheit des Produkts A 4 Schaufeln und 2 Arbeiter und für die Erzeugung jeder Einheit des Produkts B 2 Schaufeln und 4 Arbeiter eingesetzt werden müssen. Schraffieren Sie in obiger Grafik alle jene Kombinationen von A und B rot, die mit 180 Schaufeln erzeugt werden könnten, wenn das Arbeitsangebot irrelevant wäre. Schreiben Sie eine Gleichung für all jene Kombinationen von A und B an, für die genau 180 Schaufeln benötigt werden:

____.

c) Schraffieren Sie nun in derselben Grafik jene Fläche schwarz, die möglichen Outputkombinationen unter Berücksichtigung sowohl des beschränkten Arbeitsangebots als auch des beschränkten Angebots an Schaufeln.

d) Finden Sie in der Grafik die mögliche Kombination der Faktoren, bei der alle Arbeiter und alle Schaufeln eingesetzt werden. Mit Hilfe welcher Gleichungen würden Sie diesen Punkt bestimmen, wenn Sie die Grafik nicht verfügbar hätten? ______________

____.

e) Welche Menge des Produkts A könnte man maximal erzeugen, wenn man 160 Arbeiter und 180 Schaufeln hätte______________. Wenn man diese Menge erzeugt, verwendet man nicht das gesamte Angebot eines Faktors. Welchen? ______________.

Wie viel wird davon nicht verwendet werden? ______________.

18.7 ☐ Ein Unternehmen hat die Produktionsfunktion $f(x, y) = \min\{2x, x + y\}$. Zeichne in die untenstehende Grafik zwei Isoquanten dieses Unternehmens in roter Farbe ein. Ein zweites Unternehmen hat die Produktionsfunktion $f(x, y) = x + \min\{x, y\}$. Hat eine oder haben beide Unternehmungen konstante Skalenerträge? ______________________.
Zeichne in derselben Grafik zwei Isoquanten des zweiten Unternehmens schwarz ein.

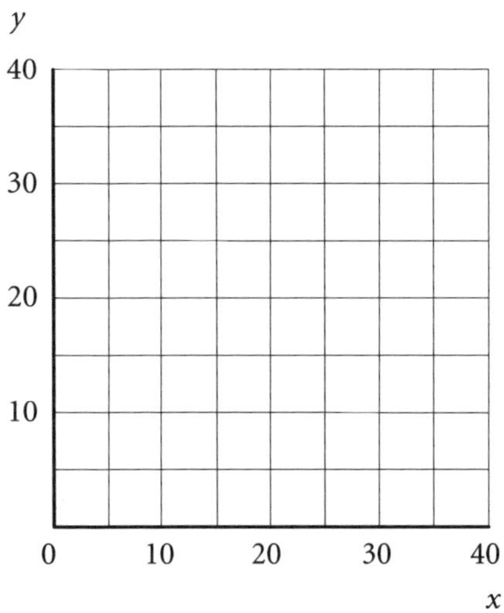

18.8 ☐ Angenommen die Produktionsfunktion hat die Form

$$f(x_1, x_2, x_3) = Ax_1^a x_2^b x_3^c,$$

wobei $a + b + c > 1$ sind. Beweise, dass diese Produktionsfunktion steigende Skalenerträge abbildet: ____

____.

18.9 ☐ Angenommen die Produktionsfunktion lautet $f(x_1, x_2) = Cx_1^a x_2^b$, wobei a, b und C positive Konstante sind.

a) Welche positiven Werte von a, b und C bedeuten abnehmende Skalenerträge? ______________________. Konstante Skalenerträge? ______________________?

Steigende Skalenerträge? ______________________________.

b) Für welche positiven Werte von a, b und C fällt das Grenzprodukt des Faktors 1? ____.

c) Für welche positiven Werte von a, b und C fällt die technische Rate der Substitution?

____.

18.10 ☐ Angenommen die Produktionsfunktion lautet $f(x_1, x_2) = (x_1^a + x_2^a)^b$, wobei a und b positive Konstante sind.

a) Welche positiven Werte von a und b bedeuten abnehmende Skalenerträge? ________.

Konstante Skalenerträge? ______________. Steigende Skalenerträge? ____________.

18.11 ☐ Angenommen ein Unternehmen hat die Produktionsfunktion $f(x_1, x_2) = \sqrt{x_1} + x_2^2$.

a) Das Grenzprodukt des Faktors 1 (fällt, steigt, bleibt konstant) ____________________, wenn die Menge des Faktors 1 steigt. Das Grenzprodukt des Faktors 2 (fällt, steigt, bleibt konstant) _____________________________________, wenn die Menge des Faktors 2 steigt.

b) Diese Produktionsfunktion erfüllt weder die Definition von steigenden noch konstanten oder fallenden Skalenerträgen. Wie kann es das geben? ____. Suchen Sie eine Inputkombination, sodass eine Verdoppelung beider Inputmengen den Output mehr als verdoppeln wird: ____. Suchen Sie eine Inputkombination, sodass eine Verdoppelung beider Inputmengen den Output weniger als verdoppeln wird: ____.

19 Gewinnmaximierung

Einleitung

Ein Unternehmen kann in einer Branche bei vollständiger Konkurrenz für seinen Output nicht mehr als den Marktpreis verlangen. Wenn auch auf den Faktormärkten Wettbewerb herrscht, dann muss es für seine Inputs ebenfalls Marktpreise zahlen. Nehmen wir an, ein Gewinn maximierendes Unternehmen bei Wettbewerb kann nur die Menge eines Faktors variieren, und das Grenzprodukt dieses Faktors fällt mit steigendem Faktoreinsatz. Das Unternehmen wird seine Gewinne dann maximieren, wenn es so viel von dem variablen Faktor beschäftigt, dass der Wert seines Grenzprodukts gleich dem Lohnsatz ist. Selbst wenn das Unternehmen mehrere Faktoren einsetzt, so sind kurzfristig meist nur einige von ihnen variabel.

Beispiel

Eine Unternehmung hat die Produktionsfunktion $f(x_1, x_2) = x_1^{1/2}x_2^{1/2}$. Angenommen sie verwendet 16 Einheiten des Faktors 2 und kann diese Menge kurzfristig nicht verändern. Das einzige, was dieser Unternehmung kurzfristig verbleibt, ist die Entscheidung über die Menge des Faktors 1. Der Preis des Outputs der Unternehmung sei p, der Preis, den sie für jede Einheit des Faktors 1 zahlt, sei w_1. Wir suchen die Menge von x_1, welche die Unternehmung verwenden wird, und die Menge des erzeugten Outputs. Da die kurzfristig eingesetzte Menge des Faktors 2 gleich 16 sein muss, ist der Output durch $f(x_1, 16) = 4x_1^{1/2}$ gegeben. Das Grenzprodukt von x_1 errechnet man durch die erste Ableitung dieser Funktion nach x_1; das Grenzprodukt ist somit gleich $2x_1^{-1/2}$. Gleichsetzung des Wertes des Grenzprodukts des Faktors 1 mit seinem Lohnsatz ergibt $p2x_1^{-1/2} = w_1$. Das können wir nach x_1 auflösen und finden $x_1 = (2p/w_1)^2$. Setzt man das in die Produktionsfunktion ein, so erkennt man, dass die Unternehmung $4x_1^{1/2} = 8p/w_1$ Outputeinheiten erzeugen wird.

Langfristig kann die Unternehmung alle Inputs variieren. Sehen wir uns den Fall eines Unternehmens bei Wettbewerb an, welches zwei Inputs verwendet. Wenn so ein Unternehmen seinen Gewinn maximiert, muss der jeweilige Wert des Grenzprodukts für jeden der beiden Faktoren gleich seinem Lohnsatz sein. Damit haben wir zwei Gleichungen in den zwei unbekannten Faktormengen. Wenn es abnehmende Skalenerträge gibt, dann genügen diese beiden Gleichungen zur Bestimmung der beiden Faktormengen. Wenn die Skalenerträge konstant sind, dann zeigt es sich, dass diese beiden Gleichungen nur ausreichen, um das *Verhältnis* des Faktoreinsatzes zu bestimmen.

In den Aufgaben über das Schwache Axiom der Gewinnmaximierung sollen sie feststellen, ob das beobachtete Verhalten der Unternehmen mit Gewinnmaximierungsverhalten vereinbar ist. Um dies zu erkennen, werden sie einige Isogewinnlinien des Unternehmens zeichnen müssen. Eine Isogewinnlinie stellt alle jene Input-Output-Kombinationen dar, welche für gegebene Input- und Outputpreise denselben Gewinn ergeben. Um die Gleichung einer Isogewinnlinie zu erhalten, schreibt man einfach eine Gleichung für die Gewinne des Unternehmens bei gegebenen Input- und Outputpreisen an. Diese Gleichung löst man dann nach dem erzeugten Output als eine Funktion der Menge des gewählten Inputs. Grafisch betrachtet weiß man, dass das Verhalten eines Unternehmens der Gewinnmaximierung entspricht, wenn seine Input-Output-Entscheidung in jeder Periode unterhalb der Isogewinnlinien anderer Perioden liegt.

? Aufgaben

19.1 ☐ Die kurzfristige Produktionsfunktion eines Unternehmens auf einem Markt mit vollkommenem Wettbewerb ist durch $f(L) = 6L^{2/3}$ gegeben, wobei L die verwendete Menge des Faktors Arbeit angibt. (Für diejenigen, die mit der Differentialrechnung nicht vertraut sind: Wenn der Gesamtoutput gleich aL^b ist, wobei a und b Konstante sind und L die Menge eines beliebigen Produktionsfaktors ist, dann ist das Grenzprodukt von L durch die Formel baL^{b-1} gegeben.) Der Preis je Arbeitseinheit beträgt $w = 6$ und der Preis pro Outputeinheit ist $p = 3$.

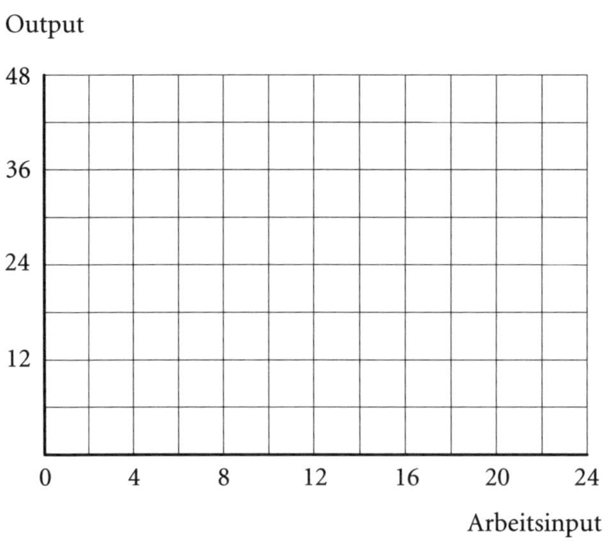

a) Zeichne in die Grafik einige Punkte der Produktionsfunktion dieses Unternehmens und skizziere die Grafik der Produktionsfunktion in blau. Zeichne in schwarz die Isogewinnlinie, die durch den Punkt (0, 12), die Isogewinnlinie, die durch den Punkt (0, 8) und die Isogewinnlinie, die durch den Punkt (0, 4) verläuft, ein. Wie lautet die Steigung jeder dieser Isogewinnlinien? ______________________. Wie viele Punkte auf der Isogewinnlinie durch (0, 12) bestehen aus Input-Output-Punkten, die tatsächlich möglich sind? ______________________. Zeichne eine Wellenlinie über jenen Teil der Isogewinnlinie durch (0, 4), die tatsächlich möglichem Output entspricht.

b) Wie viele Arbeitseinheiten wird das Unternehmen beschäftigen? ______________.

Wie viel Output wird es erzeugen? ______________. Wie hoch wird der Gesamtgewinn des Unternehmens sein, wenn es keine anderen Kosten hat? ___________.

c) Angenommen der Lohnsatz fällt auf 4, der Preis des Outputs bleibt bei p. Zeichne auf der Grafik rot die neue Isogewinnlinie des Unternehmens ein, die durch die ursprünglich gewählte Kombination von Input und Output verläuft. Wird das Unternehmen beim neuen Preis seinen Output erhöhen? ___________. Erkläre unter Zuhilfenahme Deines Diagramms warum: ____

____.

* 19.2 ☐ Eine Unternehmung in Barcelona verwendet einen einzigen Produktionsfaktor, um einen der Erholung dienenden Output gemäß der Produktionsfunktion $f(x) = 4\sqrt{x}$ zu erzeugen, wobei x die Anzahl der Inputeinheiten darstellt. Das Gut kann um € 100 je Einheit verkauft werden. Der Input kostet € 50 pro Einheit.

a) Schreibe eine Funktion an, die den Gewinn der Unternehmung als eine Funktion der Menge des Inputs angibt: ____.

b) Wie groß ist die Gewinn maximierende Inputmenge? ___________. Outputmenge? ___________. Wie viel Gewinn erzielt die Unternehmung im Gewinnmaximum? ____.

c) Angenommen der Output wird mit € 20 pro Einheit besteuert und der Preis des Inputs wird mit € 10 subventioniert. Wie hoch ist das neue Inputniveau? ______________.

Das neue Outputniveau? ______________________. Wie viel Gewinn macht die Unternehmung jetzt? ___________________________. (Hinweis: Ein gängiger Lösungsweg besteht in der Formulierung eines Ausdrucks für den Gewinn der Unternehmung als eine Funktion ihres Inputs und der Lösung dieses Ausdrucks nach der Gewinn maximierenden Einsatzmenge des Inputs.)

d) Angenommen, dass anstelle dieser Steuer und Subvention der Gewinn der Unternehmung mit 50 % besteuert wird. Schreibe ihre Gewinne nach Besteuerung als eine Funktion der Faktormenge an: ____.

Wie hoch ist die Gewinn maximierende Outputmenge? ______________________________.

Wie viel Gewinn erzielt sie nach Besteuerung? ____________________________________.

19.3 ☐ Bruder Prediger verwandelt Heiden in rechtschaffene Individuen. Für diesen Prozess benötigt er zwei Inputs: Heiden (die reichlich verfügbar sind) und Predigten. Die Produktionsfunktion hat folgende Form: $r_p = \min\{h, p\}$, wobei r_p die Anzahl der produzierten rechtschaffenen Personen ist, h die Zahl der Heiden, die Bruder Predigers Predigten besuchen und p die Zahl der Predigtstunden ist. Für jede bekehrte Person erhält Bruder Prediger vom dankbar Bekehrten eine Zahlung von s. Traurig aber wahr ist, dass sich der freiwillige Zustrom zu den Predigten in Grenzen hält. Bruder Prediger muss den Heiden eine Zahlung von w anbieten, um sie zu seinen Predigten zu locken. Nehmen wir an, dass die Menge an Predigten mit $\bar{p}$ fixiert ist und dass Bruder Prediger ein Gewinn maximierender Prophet ist.

a) Wie groß ist das Grenzprodukt an Heiden, wenn $h < \bar{p}$ ist? ________________________.

Wie hoch ist der Wert des Grenzprodukts eines zusätzlichen Heiden? ________________.

b) Wie groß ist das Grenzprodukt an Heiden, wenn $h > \bar{p}$ ist? ____. Wie hoch ist der Wert des Grenzprodukts eines zusätzlichen Heiden in diesem Fall? ____.

c) Skizziere die Form dieser Produktionsfunktion in untenstehender Grafik. Bezeichne die Achsen und bezeichne jene Inputmenge, bei der $h = \bar{p}$ ist.

d) Wie viele Heiden werden bekehrt werden, wenn $w < s$ ist? ________________________.

Wie viele Heiden werden bekehrt werden, wenn $w > s$ ist? ________________________.

19.4 ☐ Die Vereinigte Äpfel AG kauft Äpfel unverpackt in großen Mengen und verkauft zwei Produkte, nämlich Äpfel in Kartons verpackt und Apfelsaft in Flaschen. Die Äpfel AG hat drei Arten der Kapazitätsbeschränkungen: Lagerraum, Verpackungsmaschinen, Presskapazität. Ein Karton Äpfel benötigt 6 Einheiten Lagerraum, 2 Einheiten Verpackungsmaschinen und keine Presskapazität. Eine Flasche Apfelsaft beansprucht 3 Einheiten Lagerraum, 2 Einheiten Verpackungsmaschinen und 1 Einheit Presskapazität. Pro Tag stehen insgesamt folgende Kapazitäten zur Verfügung: 1.200 Einheiten Lagerraum, 600 Einheiten Verpackungsmaschinen und 250 Einheiten Presskapazität.

a) Wie viele Kartons Äpfel würden in einem Tag produziert, wenn der Lagerraum die einzige Kapazitätsbeschränkung wäre und die gesamte Kapazität des Lagers zur Apfelproduktion verwendet würde? ____________________. Wie viele Flaschen Apfelsaft könnten täglich erzeugt werden, wenn man nunmehr den gesamten Lagerraum zur Apfelsafterzeugung verwendete und es keine sonstigen Kapazitätsbeschränkungen gäbe? ________________________. Zeichne in der folgenden Grafik eine blaue Linie für die Lagerbeschränkung der Kombinationsmöglichkeiten in der Produktion.

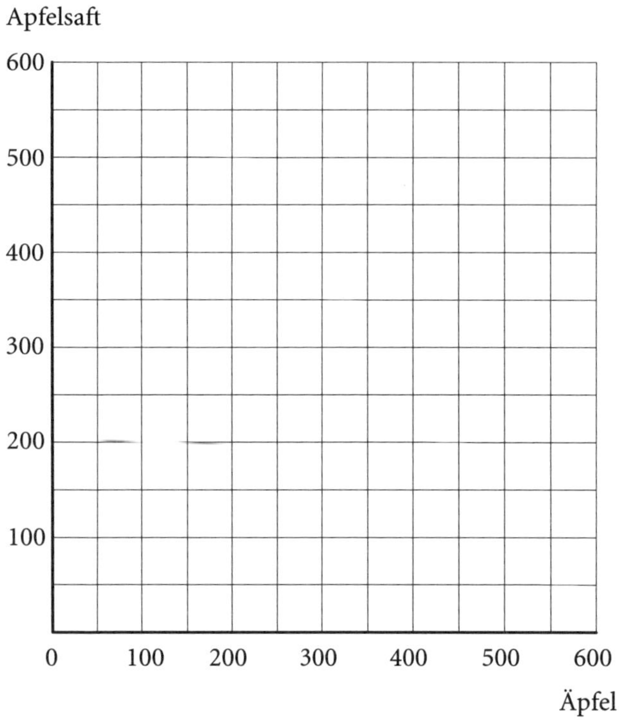

b) In Analogie zur Aufgabe unter a) zeichne eine rote Linie, welche die Outputbeschränkung aufgrund der Verpackungskapazität darstellt. Wie viele Schachteln Äpfel könnten die Vereinigte Äpfel AG erzeugen, wenn sie nur die Verpackungsmaschinen berücksichtigen müsste? ________________. Wie viele Flaschen Apfelsaft? ________________.

c) Schließlich zeichne eine schwarze Linie für die Outputbeschränkung aufgrund der Pressmöglichkeiten. Wie viele Schachteln Äpfel könnten die Vereinigte Äpfel AG erzeugen, wenn sie nur die Presskapazitäten und keine sonstigen Beschränkungen berücksichtigen müsste? ____________. Und wie viele Flaschen Apfelsaft? ______________.

d) Schraffiere nun in der Grafik jene Fläche, welche die täglichen Produktionsmöglichkeiten für Äpfel und Apfelsaft abbildet.

e) Die Vereinigte Äpfel AG kann einen Karton Äpfel um € 5, eine Flasche Apfelsaft um € 2 verkaufen. Zeichne eine schwarze Gerade ein, die jene Kombinationen der Verkäufe von Äpfeln und Apfelsaft angibt, die einen Umsatz von € 1.000 pro Tag ergeben. Im Gewinnmaximum produziert die Unternehmung ______________ Kartons Äpfel und ____________ Flaschen Apfelsaft. Der Gesamtumsatz beträgt _________________.

19.5 ☐ Ein Gewinn maximierendes Unternehmen erzeugt einen Output, y, unter Verwendung eines Inputs, x. Der Preis je Faktoreinheit wird mit w bezeichnet, der Preis des Outputs mit p. Wir beobachten das Verhalten des Unternehmens während drei Perioden und stellen Folgendes fest:

Periode	y	x	w	p
1	1	1	1	1
2	2,5	3	0,5	1
3	4	8	0,25	1

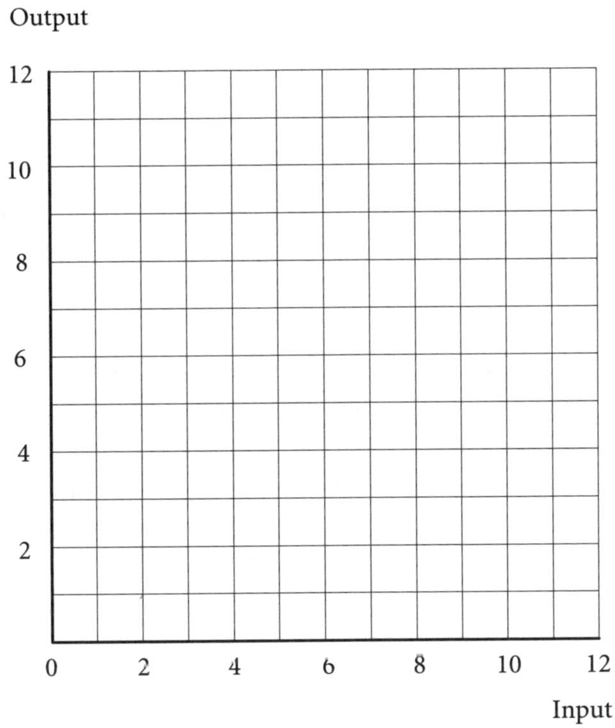

a) Schreiben Sie eine Gleichung für die Gewinne des Unternehmens, π, als eine Funktion des eingesetzten Faktors, x, der erzeugten Outputmenge, y, des Faktorpreises, w, und des Outputpreises, p: ______________________________.

b) Zeichnen Sie in der obenstehenden Grafik je eine Isogewinnlinie für jede der drei Perioden, welche die Kombinationen von Inputs und Outputs darstellen, die in der jeweiligen Periode dieselben Gewinne ergeben wie die tatsächlich gewählte Kombination. Wie lauten die Gleichungen für diese drei Linien? ____________________

____.

Schraffieren Sie – unter Verwendung der Theorie der bekundeten Gewinnerzielung – jenen Bereich in der Grafik, der erreichbare Input-Output-Kombinationen darstellt, soweit das aus der vorhandenen Evidenz ersichtlich ist. Wie würden Sie diesen Bereich in Worten beschreiben? ______________________________

______________________________.

19.6 □ August Auslese kauft Aktiengesellschaften auf. Das heißt, er ist immer auf der Suche nach Unternehmungen, die ihre Gewinne nicht maximieren, erwirbt sie und versucht dann, sie mit höherem Gewinn zu führen. August analysiert die Finanzberichte von zwei Raffinerien, die er zu kaufen gedenkt, die Shill-Öl und die Golf-Öl. Beide Unternehmen kaufen Rohöl und erzeugen Benzin. Während des Analysezeitraums schwankte der Benzinpreis deutlich, während der Ölpreis konstant bei € 10 je Fass lag. Der Einfachheit halber nehmen wir an, dass Rohöl der einzige Input für die Benzinerzeugung ist.

Shill-Öl erzeugte 1 Million Fass Benzin und setzte dazu – bei einem Benzinpreis von € 10 je Fass – 1 Million Fass Rohöl ein. Bei einem Benzinpreis von € 20 pro Fass, erzeugte Shill 3 Millionen Fass Benzin, wozu es 4 Millionen Fass Rohöl verwendete. Als der Benzinpreis schließlich € 40 je Fass betrug, erzeugte Shill aus 10 Millionen Fass Rohöl 5 Millionen Fass Benzin.

Golf-Öl (dessen Vorstand Martin E. Lunch III ist) handelte bei Benzinpreisen von € 10 und € 20 genau wie Shill, bei einem Benzinpreis von € 40 erzeugte es jedoch 3,5 Millionen Fass Benzin und verwendete dazu 8 Millionen Fass Rohöl.

a) Zeichne Shill-Öls Isogewinnlinien und Entscheidungen für die drei verschiedenen Perioden in schwarz. Bezeichne sie mit 10, 20 und 40. Zeichne Golf-Öls Isogewinnlinie und Produktionsentscheidung mit roter Farbe und bezeichne sie mit 40.

b) Wie viel Gewinn hätte die Golf-Öl bei einem Benzinpreis von € 40 erzielen können, wenn sie sich entschieden hätte, dieselbe Menge zu produzieren, die sie bei einem Benzinpreis von € 20 je Fass erzeugte? ______________. Welchen Gewinn erzielte Golf tatsächlich beim Benzinpreis von € 40? ______________.

c) Gibt es Hinweise darauf, dass Shill-Öl seine Gewinne nicht maximiert? Erläutere:

____

____

______________________________.

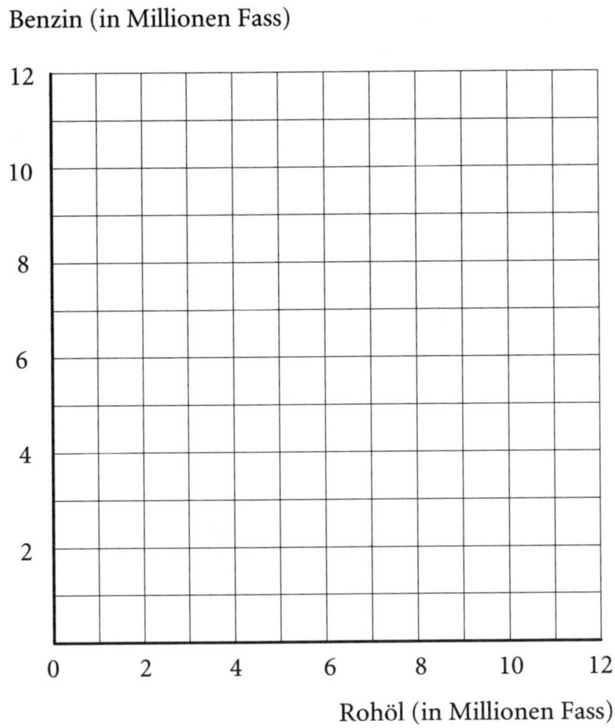

d) Gibt es Hinweise darauf, dass Golf-Öl seine Gewinne nicht maximiert? Erläutere:

____

____

____.

19.7 ☐ Nach sorgfältiger Analyse von Shill-Öl entscheidet August Auslese, dass das Unternehmen wahrscheinlich seine Gewinne maximierte. Er ist weiterhin am Kauf von Shill sehr interessiert. Das von ihr erzeugte Benzin will er als Treibstoff für den Fuhrpark seiner Hühnerfarmen, Kapaun-Transporte, verwenden. Dazu müsste Shill-Öl 5 Millionen Fass Benzin aus 8 Millionen Fass Rohöl erzeugen können. Zeichne diesen Punkt in Deine Grafik ein! Wäre es für Shill-Öl technologisch möglich – unter der Annahme, dass sie immer ihren Gewinn maximiert –, diese Input-Output-Kombination zu erzeugen? Warum oder warum nicht?

____

____

____.

19.8 ☐ Nehmen wir an, dass Unternehmen auf einem Markt mit vollständigem Wettbewerb agieren, dass sie versuchen, die Gewinne zu maximieren, und dass sie nur einen Produktionsfaktor einsetzen. Dann wissen wir, dass für beliebige Änderungen der Input- und Outputpreise, die Input- und Outputentscheidung dem Schwachen Axiom des Gewinn maximierenden Verhaltens, $\Delta p \Delta y - \Delta w \Delta x \geq 0$, genügen müssen.

Welche der folgenden Behauptungen kann durch das schwache Axiom des Gewinn maximierenden Verhaltens (WAPM)* bewiesen werden? Antworte mit ja oder nein und erläutere kurz.

a) Wenn sich der Preis des Inputs nicht ändert, dann impliziert ein Rückgang des Outputpreises, dass das Unternehmen denselben oder weniger Output erzeugt: ____ ____.

b) Wenn der Outputpreis konstant bleibt, dann impliziert ein Rückgang des Inputpreises, dass das Unternehmen dieselbe Menge oder mehr vom Input verwenden wird: ____ ____.

c) Wenn sowohl der Output- als auch der Inputpreis steigen und das Unternehmen weniger Output produziert, dann wird es mehr vom Input verwenden: ____ ____.

19.9 ▣ Der Bauer Hoglund hat herausgefunden, dass er auf seinem Bauernhof 30 Zentner Mais je Hektar ernten kann, ohne dass er Düngemittel verwendet. Wenn er N Kilogramm Düngemittel pro Hektar Land verwendet, dann ist das *Grenzprodukt* des Düngemittels $1 - N/200$ Zentner Mais je Kilogramm Düngemittel.

a) Wie viel Kilogramm Düngemittel soll der Bauer je Hektar verwenden, um seinen Gewinn zu maximieren, wenn der Maispreis € 3 je Zentner und der Düngemittelpreis pro Kilogramm p Euro beträgt, wobei $p < 3$ ist? ____________________________.

b) (Nur für diejenigen, die sich an die elementare Integralrechnung erinnern.) Schreibe eine Funktion an, die den Ertrag pro Hektar als eine Funktion der eingesetzten Düngemittelmenge angibt: ____.

* WAPM = weak axiom of profit maximization.

c) Hoglunds Nachbar, Skoglund, besitzt besseres Land als Hoglund: Für jede eingesetzte Düngemittelmenge erhält er genau doppelt so viel Mais je Hektar wie Hoglund mit derselben Menge an Düngemittel erhalten würde. Wie viel Düngemittel wird Skoglund je Hektar verwenden, wenn der Maispreis € 3 je Zentner und der Düngemittelpreis p Euro pro Kilogramm beträgt? ______________________. (Hinweis: Beginne mit Skoglunds Grenzprodukt des Düngemittels.)

d) Wird Skoglunds Output mehr als das Doppelte von Hoglunds Output, weniger als das Doppelte oder genau das Doppelte sein, wenn beide Gewinnmaximierer sind? Erkläre:

____

____

____.

e) Erkläre, wieso jemand, der Hoglunds und Skoglunds Düngemitteleinsatz und Maiserträge anschaute, die Qualität ihres Landes jedoch nicht beobachten kann, einen falschen Eindruck über die Produktivität des Düngemittels bekäme: ______________________

____

____.

19.10 □ Eine Unternehmung verwendet zwei variable Faktoren und hat die Produktionsfunktion $f(x_1, x_2) = x_1^{1/2} x_2^{1/4}$. Der Preis ihres Outputs ist 4. Faktor 1 erhält einen Lohnsatz von w_1, Faktor 2 einen Lohnsatz von w_2.

a) Schreibe eine Gleichung an, die angibt, dass der Wert des Grenzprodukts des Faktors 1 gleich dem Lohnsatz des Faktors 1 ist ______________________________, und eine Gleichung, die aussagt, dass der Wert des Grenzprodukts des Faktors 2 gleich dem Lohnsatz des Faktors 2 ist ______________________________.
Löse die zwei Gleichungen nach den zwei Unbekannten x_1 und x_2, sodass wir die Gewinn maximierenden Mengen der beiden Faktoren 1 und 2 jeweils als Funktion von w_1 und w_2 erhalten. Das ergibt x_1 = ______________________________ und x_2 = ______________________________. (Hinweis: Man könnte die erste Gleichung nach x_1 als eine Funktion von x_2 und den Faktorpreisen lösen. Setze dann die Antwort in die zweite Gleichung ein und löse diese nach x_2 als eine Funktion der Faktorpreise. Verwende schließlich die Lösung für x_2, um die Lösung für x_1 zu finden.)

b) Wie viele Einheiten des Faktors 1 wird die Unternehmung nachfragen, wenn der Lohnsatz des Faktors 1 gleich 2 und der Lohnsatz des Faktors 2 gleich 1 ist? ____________.

Wie viele Einheiten des Faktors 2 wird sie nachfragen? ____________________________.

Wie viel Output wird sie erzeugen? ____.

Wie viel Gewinn wird sie erzielen? ____.

19.11 □ Eine Unternehmung verwendet zwei variable Faktoren und hat die Produktionsfunktion $f(x_1, x_2) = x_1^{1/2}x_2^{1/2}$. Der Preis ihres Outputs ist 4, der Preis des Faktors 1 ist w_1, der Preis des Faktors 2 ist w_2.

a) Schreibe die beiden Gleichungen an, die angeben, dass für jeden Faktor der Wert des Grenzprodukts gleich seinem Faktorpreis ist: ______________________________

____. Wenn $w_1 = 2w_2$, dann implizieren diese beiden Gleichungen, dass x_1/x_2 = ________________________________.

b) Kann man für diese Produktionsfunktion die zwei Grenzproduktivitätsgleichungen eindeutig nach x_1 und x_2 lösen? ____.

19.12 ▣ Eine Unternehmung verwendet zwei variable Faktoren und hat die Produktionsfunktion $f(x_1, x_2) = \sqrt{(2x_1 + 4x_2)}$. Zeichne in der folgenden Grafik Isoquanten, die einem Output von 3 und einem Output von 4 entsprechen.

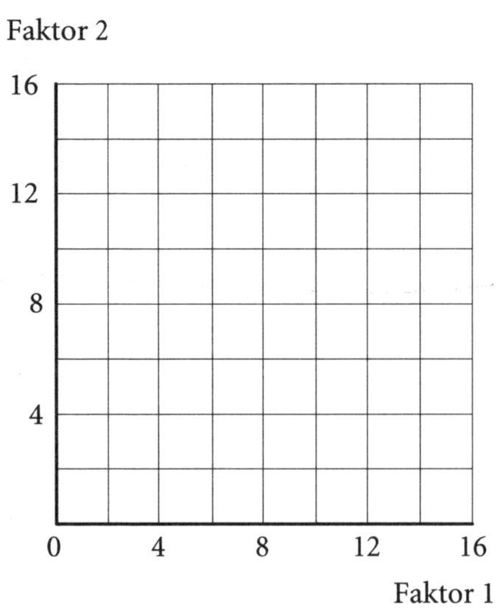

a) Wenn der Preis des erzeugten Produkts gleich 4, der Preis des Faktors 1 gleich 2 und der Preis des Faktors 2 gleich 3 ist, dann ist die Gewinn maximierende Menge des Faktors 1

______________________, die Gewinn maximierende Menge des Faktors 2

_______________ und der Gewinn maximierende Output gleich _______________.

19.13 ☐ Eine Gewinn maximierende Unternehmung erzeugt einen Output, y, und verwendet zu seiner Herstellung einen Input, x. Der Preis des Produktionsfaktors wird mit w bezeichnet, der Preis des Outputs mit p. Sie beobachten das Verhalten der Unternehmung drei Perioden hindurch und halten Folgendes fest:

Periode	y	x	w	p
1	1	1	1	1
2	2,5	3	0,5	1
3	4	8	0,25	1

a) Schreibe eine Gleichung für die Gewinne der Unternehmung, als eine Funktion der Menge des Inputs, x, des produzierten Menge, y, der Kosten des Inputs pro Einheit, w, und des Outputpreises p: ______________________________________.

b) Zeichne in der folgenden Grafik je eine Isogewinnlinie für jede der drei Perioden, welche die Kombinationen von Input und Output zeigen, die denselben Gewinn ergeben wie die tatsächlich gewählte Kombination in der jeweiligen Periode. Wie lauten die Gleichungen für diese drei Geraden? ______________________________________

____.

Schraffiere unter Verwendung der Theorie der bekundeten Gewinnerzielung jenen Bereich in der Grafik, der mögliche Input-Output Kombinationen darstellt, soweit man dies aus den vorhandenen Beobachtungen schließen kann. Wie würden Sie diesen Bereich mit Worten beschreiben? ______________________________________

____

____

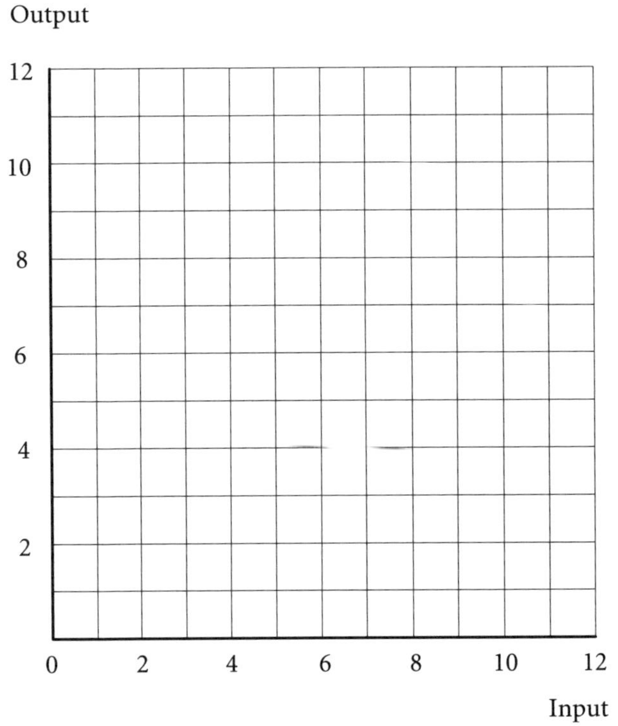
Output
12
10
8
6
4
2
0
2
4
6
8
10
12
Input

20 Kostenminimierung

Einleitung

Im Kapitel über die Konsumentscheidung untersuchten wir einen Konsumenten, der versuchte, seinen Nutzen unter der Nebenbedingung einer konstanten, für Ausgaben zur Verfügung stehenden Geldmenge zu maximieren. In diesem Kapitel wenden wir uns dem Verhalten einer Unternehmung zu, die versucht, eine konstante Outputmenge auf die billigste Art herzustellen. In beiden Theorien suchen wir einen Berührungspunkt zwischen einer Kurve und einer Geraden. In der Theorie des Konsumenten gibt es eine „Indifferenzkurve" und eine „Budgetgerade". In der Theorie des Produzenten gibt es eine „Produktionsisoquante" und eine „Isokostengerade". Wie erinnerlich erhält man auf der Suche nach einem Berührungspunkt nur eine der beiden Gleichungen, die man braucht, um den vom Konsumenten gewählten Punkt zu finden. Die zweite dazu verwendete Gleichung war die Budgetgerade. In der Theorie der Kostenminimierung ergibt die Tangentialbedingung wieder eine Gleichung. Diesmal weiß man aber im Voraus nicht, wie viel der Produzent ausgeben wird; man weiß aber, wie viel Output er erzeugen will, und man muss den billigsten Weg zu dessen Herstellung suchen. Die zweite Gleichung gibt daher an, dass die gewünschte Menge erzeugt wird.

Beispiel

Ein Unternehmen hat die Produktionsfunktion $f(x_1, x_2) = (\sqrt{x_1} + 3\sqrt{x_2})^2$. Der Preis des Faktors 1 ist $w_1 = 1$ und der Preis des Faktors 2 $w_2 = 1$. Wir wollen die billigste Art finden, 16 Einheiten Output zu erzeugen. Dazu suchen wir einen Punkt, bei dem die technische Rate der Substitution gleich $-w_1/w_2$ ist. Wenn man die technische Rate der Substitution berechnet (oder sie in der Aufwärmübung des 18. Kapitels nachschlägt), findet man $TRS(x_1, x_2) = -(1/3)(x_2/x_1)^{1/2}$. Es muss daher gelten, dass $-(1/3)(x_2/x_1)^{1/2} = -w_1/w_2 = -1$ ist. Diese Gleichung kann zu $x_2 = 9x_1$ vereinfacht werden. Wir wissen daher, dass die gewählte Inputkombination irgendwo auf der Geraden $x_2 = 9x_1$ liegen muss. Wir suchen die billigste Art, 16 Outputeinheiten zu erzeugen. Der Punkt, den wir suchen, muss daher auch die Gleichung $(\sqrt{x_1} + 3\sqrt{x_2})^2 = 16$, das heißt $\sqrt{x_1} + 3\sqrt{x_2} = 4$ erfüllen. Da $x_2 = 9x_1$, können wir für x_2 in die vorige Gleichung einsetzen und erhalten $\sqrt{x_1} + 3\sqrt{9x_1} = 4$. Diese Gleichung kann wiederum zu $10\sqrt{x_1} = 4$ vereinfacht werden. Lösung nach x_1 ergibt $x_1 = 16/100$. Es folgt dann $x_2 = 9x_1 = 144/100$.

Die im vorigen Absatz gefundenen Mengen für x_1 und x_2 werden *bedingte Faktornachfragen nach den Faktoren 1 und 2* genannt, da sie von den Faktorpreisen $w_1 = 1$ und

$w_2 = 1$ und dem Output $y = 16$ abhängt. Wir bringen das durch $x_1(1, 1, 16) = 16/100$ und $x_2(1, 1, 16) = 144/100$ zum Ausdruck. Da wir nun die Menge jedes Faktors zur Erzeugung von 16 Outputeinheiten kennen und ebenso den Preis jedes Faktors, können wir die Produktionskosten von 16 Outputeinheiten berechnen. Diese Kosten sind $c(w_1, w_2, 16) = w_1x_1(w_1, w_2, 16) + w_2x_2(w_1, w_2, 16)$. In unserem Fall, da $w_1 = w_2 = 1$, erhalten wir $c(1, 1, 16) = x_1(1, 1, 16) + x_2(1, 1, 16) = 160/100$.

In der Theorie des Konsumenten hatten wir auch Fälle, in denen die Indifferenz„kurven" des Konsumenten Gerade waren, und Fälle, in denen die Indifferenzkurven Knicke aufwiesen. Es zeigte sich, dass die Entscheidung der Konsumenten am Rand oder beim Knick lag. Meist würde ein sorgfältiger Blick auf das Diagramm zeigen, worum es sich handelt. Im Fall der Kosten minimierenden Unternehmungen sind die Geschichten mit Knicken und Randlösungen fast genau dieselben. Sie werden einige Übungen finden, die Ihnen zeigen, wie das funktioniert.

? Aufgaben

20.1 ☐ Nadine verkauft benutzerfreundliche Software. Die Produktionsfunktion ihres Unternehmens lautet: $f(x_1, x_2) = x_1 + 2x_2$, wobei x_1 die Menge an ungelernter Arbeit und x_2 die Menge an gelernter Arbeit ist, die sie beschäftigt.

a) Zeichne in der folgenden Grafik eine Produktionsisoquante, die jene Inputkombinationen zeigt, welche einen Output von 20 Einheiten erzeugen. Zeichne noch eine Isoquante, die Inputkombinationen darstellt, mit denen man 40 Outputeinheiten erzeugen kann.

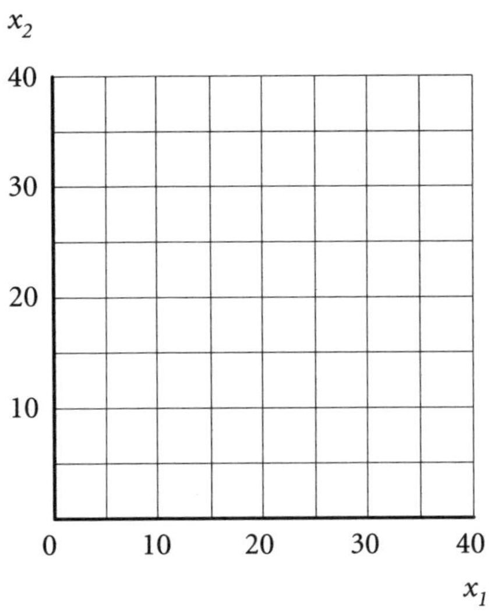

b) Weist diese Produktionsfunktion steigende, fallende oder konstante Skalenerträge auf?

____.

c) Wenn Nadine nur ungelernte Arbeiter einsetzte, wie viele ungelernte Arbeiter würde sie dann brauchen, um y Outputeinheiten zu erzeugen? ____________________.

d) Wenn Nadine nur gelernte Arbeiter einsetzte, wie viele gelernte Arbeiter würde sie dann brauchen, um y Outputeinheiten zu erzeugen? ____________________.

e) Wie kann Nadine 20 Outputeinheiten am billigsten herstellen, wenn sie sich den Faktorpreisen (1, 1) gegenübersieht? x_1 = ____________, x_2 = ____________.

f) Wie kann Nadine 20 Outputeinheiten am billigsten herstellen, wenn sie sich den Faktorpreisen (1, 3) gegenübersieht? x_1 = ____________, x_2 = ____________.

g) Wie hoch werden die Minimalkosten für die Produktion von 20 Outputeinheiten sein, wenn sich Nadine den Faktorpreisen (w_1, w_2) gegenübersieht. ____________.

h) Wie hoch werden die Minimalkosten für die Produktion von y Outputeinheiten sein, wenn sich Nadine den Faktorpreisen (w_1, w_2) gegenübersieht. ____________.

20.2 ☐ Die Hamburger Messingwerke erzeugen fantastische Messingwaren. Wie allgemein bekannt, ist Messing eine Legierung aus Kupfer und Zink in konstantem Verhältnis. Die Produktionsfunktion ist durch $f(x_1, x_2) = \min\{x_1, 2x_2\}$ gegeben, wobei x_1 die verwendete Kupfermenge und x_2 die zur Herstellung verwendete Menge an Zink ist.

a) Zeige eine typische Isoquante für diese Produktionsfunktion in untenstehender Grafik.

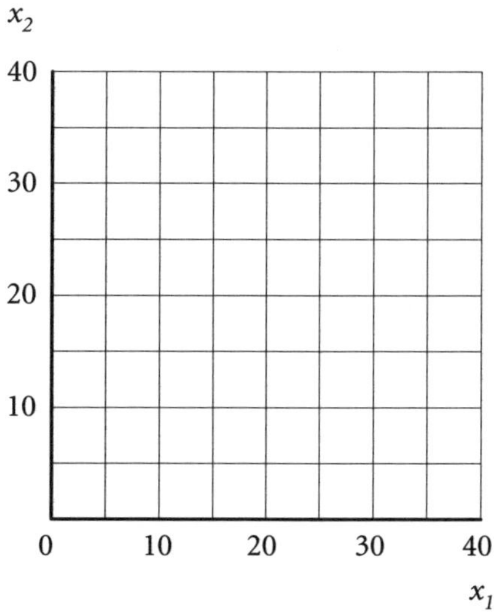

b) Weist diese Produktionsfunktion steigende, fallende oder konstante Skalenerträge auf?

____.

c) Wie viel Kupfer würde das Unternehmen zur Erzeugung von 10 Einheiten Messing brauchen? ____________________. Und wie viel Zink? ____________________.

d) Was ist die billigste Art, 10 Einheiten Messing zu erzeugen, wenn sich das Unternehmen den Faktorpreisen (1, 1) gegenübersieht? Wie viel wird das kosten?

____.

e) Was ist die billigste Art, 10 Einheiten Messing zu erzeugen, wenn sich das Unternehmen den Faktorpreisen (w_1, w_2) gegenübersieht? Wie viel wird das kosten?

____.

f) Wie hoch werden die Minimalkosten der Produktion von y Einheiten Messing sein, wenn sich das Unternehmen den Faktorpreisen (w_1, w_2) gegenübersieht?

____.

* **20.3** ☐ Ein Unternehmen verwendet Arbeit und Maschinen, um einen Output gemäß der Produktionsfunktion $f(L, M) = 4L^{1/2} M^{1/2}$ zu erzeugen, wobei L die Zahl der verwendeten Arbeitseinheiten und M die Zahl der eingesetzten Maschinen ist. Arbeit kostet € 40 je Einheit, die Kosten des Einsatzes einer Maschine sind € 10.

a) Zeichne in der folgenden Grafik zwei Isokostenlinien für dieses Unternehmen, welche jene Kombinationen von Arbeit und Maschinen abbilden, die einmal Gesamtkosten von € 200 und ein andermal Gesamtkosten € 400 verursachen. Wie groß ist die Steigung dieser beiden Isokostengeraden? ______________________________.

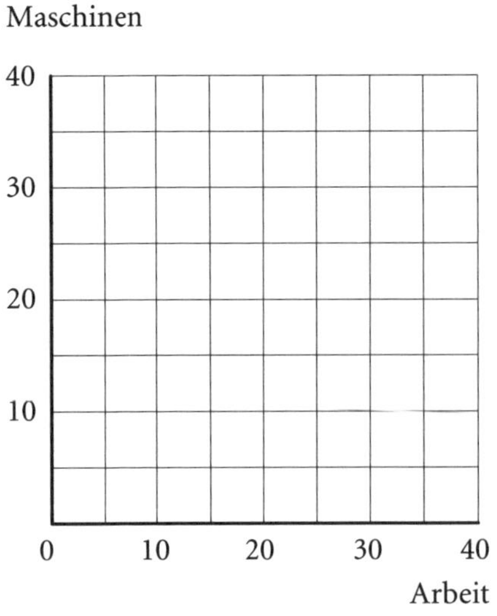

b) Angenommen das Unternehmen möchte seinen Output so billig wie möglich erzeugen. Suche die Anzahl an Maschinen, die es je Arbeiter einsetzen würde: (Hinweis: Das Unternehmen wird dort produzieren, wo die Steigung der Isoquante gleich der Steigung der Isokostengeraden ist.) ____________________.

c) Skizziere in der Grafik die Isoquante, die einem Output von 40 entspricht. Berechne die Anzahl an Arbeitseinheiten __________ und die Anzahl der Maschinen __________, mit denen 40 Einheiten Output bei den gegebenen Faktorpreisen auf die billigste Art erzeugt werden. Berechne die Produktionskosten von 40 Einheiten zu diesen Faktorpreisen: $c(40, 10, 40) =$ ____________________.

d) Wie viele Arbeitseinheiten ____________ und wie viele Maschinen ____________ würde das Unternehmen zur kostengünstigsten Produktion von y Outputeinheiten verwenden? Wie hoch wären diese Kosten? ____________________. (Beachte: Diese Produktion weist konstante Skalenerträge auf.)

20.4 ☐ Earl verkauft Limonade auf einem Wettbewerbsmarkt an einer belebten Berliner Straßenecke. Seine Produktionsfunktion lautet $f(x_1, x_2) = x_1^{1/3}x_2^{1/3}$, wobei der Output in Litern gemessen wird, x_1 die Kilogramm der verwendeten Zitronen und x_2 die zum Auspressen benötigten Arbeitsstunden darstellen.

a) Earl produziert mit (konstanten, abnehmenden, steigenden) ____________________ Skalenerträgen.

b) Wenn w_1 die Kosten eines Kilogramms Zitronen und w_2 der Stundenlohn von Zitronen-Auspressern sind, dann ist für Earl der billigste Weg zur Limonadenherstellung die Verwendung von ____________ Arbeitsstunden pro Kilogramm Zitrone. (Hinweis: Setze die Steigung seiner Isoquante der Steigung seiner Isokostengeraden gleich.)

c) Wenn er y Outputeinheiten auf die kostengünstigste Art erzeugen will, dann wird er $x_1(w_1, w_2, y) =$ ____________ Kilogramm Zitronen und $x_2(w_1, w_2, y) =$ ____________ Maschinenstunden einsetzen. (Hinweis: Verwende die Produktionsfunktion und die Gleichung, die wir im letzten Teil von b) gefunden haben und löse diese nach den Inputmengen.)

d) Earl hat für die Erzeugung von y Outputeinheiten bei den Faktorpreisen w_1 und w_2 insgesamt Produktionskosten in Höhe von $c(w_1, w_2, y) = w_1x_1(w_1, w_2, y) + w_2x_2(w_1, w_2, y) =$ ____________________.

20.5 ☐ Die Preise der Inputs (x_1, x_2, x_3, x_4) sind (4, 1, 3, 2).

a) Wie hoch sind die Minimalkosten für die Erzeugung einer Outputeinheit, wenn die Produktionsfunktion $f(x_1, x_2) = \min\{x_1, x_2\}$ lautet? ______.

b) Wie hoch sind die Minimalkosten für die Erzeugung einer Outputeinheit, wenn die Produktionsfunktion $f(x_3, x_4) = x_3 + x_4$ lautet? ______.

c) Wie hoch sind die Minimalkosten für die Erzeugung einer Outputeinheit, wenn die Produktionsfunktion $f(x_1, x_2, x_3, x_4) = \min\{x_1 + x_2, x_3 + x_4\}$ lautet? ______.

d) Wie hoch sind die Minimalkosten für die Erzeugung einer Outputeinheit, wenn die Produktionsfunktion $f(x_1, x_2, x_3, x_4) = \min\{x_1, x_2\} + \min\{x_3, x_4\}$ lautet? ______.

20.6 ☐ Waldemar Wachstum, ein begeisterter Hobbygärtner, hat entdeckt, dass die Anzahl glücklicher Pflanzen, g, von der Lichtmenge, l, und der Wassermenge, w, abhängt. Er stellte fest, dass Pflanzen zweimal so viel Licht wie Wasser brauchen und dass sowohl mehr als auch weniger die reine Verschwendung ist. Waldemars Produktionsfunktion lautet daher: $g = \min\{l, 2w\}$.

a) Angenommen Waldemar verwendet 1 Lichteinheit; wie groß ist die Mindestmenge an Wasser, die er zur Erzeugung einer glücklichen Pflanze braucht? ______.

b) Wie groß sind die zur Erzeugung von 4 glücklichen Pflanzen benötigten Mindestmengen an Licht und Wasser? ______.

c) Waldemars bedingte Faktornachfrage nach Licht ist $l(w_1, w_2, g) =$ ______ und seine bedingte Faktornachfrage nach Wasser ist $w(w_1, w_2, g) =$ ______.

d) Wenn jede Lichteinheit w_1 und jede Wassereinheit w_2 kostet, dann lautet Waldemars Kostenfunktion $c(w_1, w_2, g) =$ ______.

20.7 ▣ Waldemars Schwester Wilhelmine Wachstum arbeitet in der Verwaltung einer Universität. Sie betreibt eine andere Art des Gartenbaus. Wilhelmine hat herausgefunden, dass glückliche Pflanzen lediglich Düngemittel und gutes Zureden brauchen. (*Warnung*: Zweideutige Bemerkungen darüber, dass das Reden von Universitätsverwaltern und Düngemittel perfekte Substitute seien, sind äußerst geschmacklos!) Wir wollen die Anzahl der eingesetzten Düngemittelpackungen mit d und die Stunden, die sie mit ihren Pflanzen spricht, mit r bezeichnen; die Anzahl der erzeugten glücklichen Pflanzen ist dann genau $g = r + 2d$. Angenommen Düngemittel kostet w_d pro Packung und Reden kostet w_r je Stunde.

a) Wie viele Stunden muss Wilhelmine zur Erzeugung einer glücklichen Pflanze reden, wenn sie kein Düngemittel verwendet? ______________. Wie viele Säcke Düngemittel muss sie zur Erzeugung einer glücklichen Pflanze verwenden, wenn sie mit ihren Pflanzen überhaupt nicht redet? ______________________________.

b) Wäre es für Wilhelmine billiger, Düngemittel zu verwenden oder mit den Pflanzen zu reden, wenn $w_r < w_d/2$ ist? ______________________________.

c) Wilhelmines Kostenfunktion lautet $c(w_d, w_r, g) =$ ______________________________.

d) Ihre bedingte Faktornachfragefunktion nach gutem Zureden lautet $t(w_d, w_r, g) =$ ______________, wenn $w_r < w_d/2$ ist, und ______________, wenn $w_r > w_d/2$ ist.

20.8 ☐ Erinnern Sie sich an August Auslese, der Unternehmungen aufkaufte? Diesmal beschäftigt er sich mit seinen Hühnerfarmen, Ausleses Hühner AG (AHA). Seine Hühner werden mit einer Mischung aus Soja und Mais je nach den Preisen dieser beiden Futtermittel gefüttert. Nach den von den Managern der Hühnerfarm übermittelten Angaben wurden bei Preisen von € 10 pro Zentner Soja und € 10 pro Zentner Mais für jede Geflügelgruppe 150 Zentner Soja und 50 Zentner Mais für jede Hühnergruppe verfüttert. Als der Preis von Soja € 20 je Zentner und der Preis von Mais € 10 pro Zentner betrugen, wurden 300 Zentner Mais und kein Soja verwendet. Bei einem Maispreis von € 20 je Zentner und einem Sojapreis von € 10, wurden pro Geflügelgruppe 250 Zentner Soja und kein Mais verwendet.

a) Stelle diese drei Inputkombinationen und die Isokostengeraden in der untenstehenden Grafik dar.

b) Wie viel gaben Herrn Ausleses Manager pro Geflügelgruppe bei Preisen von (10, 10) aus? ______________. Bei Preisen von (10, 20)? ______________. Bei Preisen von (20, 10)? ______________________________.

c) Gibt es Hinweise darauf, dass seine Manager die Kosten nicht minimierten? Warum ja oder warum nein? ______________________________

____

______________________________.

d) Herr Auslese überlegt, ob es eine Preiskombination von Soja und Mais gäbe, bei der seine Manager 50 Zentner Soja und 150 Zentner Mais pro Geflügelgruppe verwenden würden. Wie viel würde das kosten, wenn die Preise $p_s = 10$ und $p_m = 10$ wären?

________________. Wenn die Preise $p_s = 10$ und $p_m = 20$ wären? ________________.

Wenn die Preise $p_s = 20$ und $p_m = 10$ wären? ______________________________.

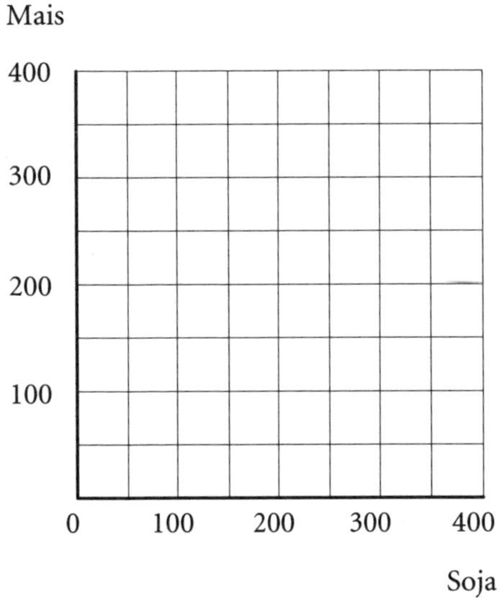

e) Wäre es möglich, je Geflügelgruppe 50 Zentner Soja und 150 Zentner Mais zu verwenden, wenn Herrn Ausleses Manager stets die Kosten minimieren würden?

____

____

____.

20.9 ☐ Ein genealogisches Unternehmen mit dem Namen Wurzeln erzeugt seinen Output nur mit einem Input. Seine Produktionsfunktion lautet $f(x) = \sqrt{x}$.

a) Hat das Unternehmen steigende, konstante oder fallende Skalenerträge? _________

____.

b) Wie viele Inputeinheiten benötigt man zur Herstellung von 10 Outputeinheiten?

__________________. Wie hoch sind die Kosten der 10 Outputeinheiten, wenn der

Input je Einheit w kostet? ____.

c) Wie viele Inputeinheiten benötigt man zur Herstellung von y Outputeinheiten? ____________________. Wie hoch sind die Kosten von y Outputeinheiten, wenn der Input je Einheit w kostet? ____.

d) Wie hoch sind die Durchschnittskosten der Herstellung von y Outputeinheiten, wenn der Input je Einheit w kostet? $AC(w, y) =$ ____.

20.10 ☐ Die Mensa einer Universität bereitet eigenartige Mahlzeiten mit nur einem Input in einem bemerkenswerten Produktionsverfahren zu. Wir dürfen die Zutaten nicht verraten, Küchenfachleute behaupten, „Pilze spielen dabei eine entscheidende Rolle". Die Produktionsfunktion der Mensa lautet $f(x) = x^2$, wobei x die verwendete Inputmenge und $f(x)$ die Anzahl der erzeugten Mahlzeiten darstellen.

a) Hat die Mensa steigende, konstante oder fallende Skalenerträge? ________________.

b) Wie viele Inputeinheiten benötigt man zur Herstellung von 144 Mahlzeiten? ________________________. Wie hoch sind die Kosten der 144 Mahlzeiten, wenn der Input je Einheit w kostet? ____.

c) Wie viele Inputeinheiten benötigt man zur Herstellung von y Mahlzeiten? __________________________. Wie hoch sind die Kosten von y Mahlzeiten, wenn der Input je Einheit w kostet? ____.

d) Wie hoch sind die Durchschnittskosten von y Mahlzeiten, wenn der Input je Einheit w kostet? $AC(w, y) =$ ____.

20.11 ☐ Die Firma Irmas Kunsthandwerk erzeugt Plastikrehe als Gartenschmuck. „Es ist zwar harte Arbeit," sagt Irma, „aber was tut man nicht alles für Geld!" Ihre Produktionsfunktion lautet: $f(x_1, x_2) = (\min\{x_1, 2x_2\})^{1/2}$, wobei x_1 die verwendete Plastikmenge, x_2 die eingesetzte Menge an Arbeit darstellt und $f(x_1, x_2)$ die Zahl der hergestellten Plastikrehe.

a) Zeichne in die untenstehende Grafik eine Isoquante, die Inputkombinationen zur Erzeugung von 4 Plastikrehen darstellt. Zeichne noch eine Isoquante für 5 Plastikrehe.

b) Weist diese Produktionsfunktion steigende, fallende oder konstante Skalenerträge auf? ____.

c) Was ist bei Faktorpreisen von (1, 1) die billigste Faktorkombination zur Erzeugung von 4 Plastikrehen? ________________. Wie hoch sind die Gesamtkosten? ____________.

d) Was ist bei Faktorpreisen von (1, 1) die billigste Faktorkombination zur Erzeugung von 5 Plastikrehen? ________________. Wie hoch sind die Gesamtkosten? ____________.

e) Bei Faktorpreisen von (1, 1) sind die Produktionskosten für y Plastikrehe bei der gegebenen Technologie $c(1, 1, y) =$ ________________________________.

f) Bei Faktorpreisen von (w_1, w_2) sind die Produktionskosten für y Plastikrehe bei der gegebenen Technologie $c(w_1, w_2, y) =$ ________________________________.

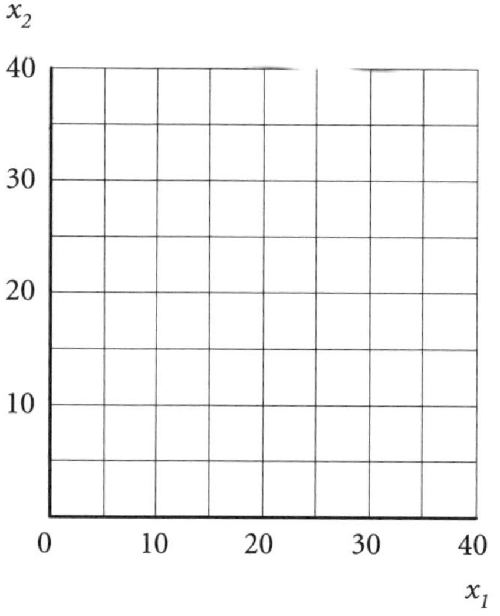

20.12 ☐ Garfield Gartenzwerg erzeugt ebenfalls Plastikrehe als Gartenschmuck. Er hat ein Verfahren zur vollständigen Automation des Produktionsprozesses entwickelt. Garfield verwendet überhaupt keine Arbeit mehr, nur Holz und Plastik. Seine Produktionsfunktion lautet $f(x_1, x_2) = (2x_1 + x_2)^{1/2}$, wobei x_1 die verwendete Plastikmenge, x_2 die eingesetzte Menge an Holz darstellt und $f(x_1, x_2)$ die Zahl der hergestellten Plastikrehe.

a) Zeichne in die untenstehende Grafik eine Isoquante, die Inputkombinationen zur Erzeugung von 4 Plastikrehen darstellt. Zeichne noch eine Isoquante für 6 Plastikrehe.

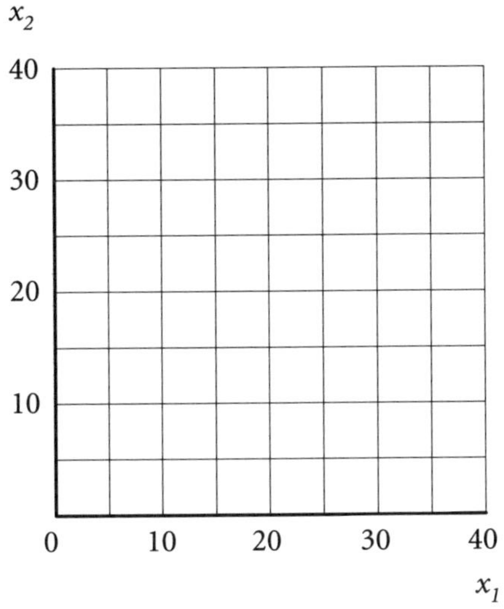

b) Weist diese Produktionsfunktion steigende, fallende oder konstante Skalenerträge auf?

______________________________________.

c) Was ist bei Faktorpreisen von (1, 1) die billigste Faktorkombination zur Erzeugung von 4 Plastikrehen? ________________. Wie hoch sind die Gesamtkosten? ____________.

d) Was ist bei Faktorpreisen von (1, 1) die billigste Faktorkombination zur Erzeugung von 6 Plastikrehen? ________________. Wie hoch sind die Gesamtkosten? ____________.

e) Bei Faktorpreisen von (1, 1) sind die Produktionskosten für y Plastikrehe bei dieser Technologie $c(1, 1, y) =$ ____________________________.

f) Bei Faktorpreisen von (3, 1) sind die Produktionskosten für y Plastikrehe bei dieser Technologie $c(3, 1, y) =$ ____________________________.

20.13 ☐ Nehmen wir an, dass Garfield Gartenzwerg aus der vorigen Aufgabe die kurzfristig verwendete Holzmenge nicht variieren kann, sondern vorgegebene 20 Holzeinheiten einsetzen muss. Die verwendete Plastikmenge kann er hingegen auch kurzfristig variieren.

a) Wie viel Plastik würde Garfield benötigen, um 100 Plastikrehe zu erzeugen? _________.

b) Wie hoch wären Garfields Herstellungskosten, wenn sowohl der Plastik- als auch der Holzpreis je € 1 pro Einheit wären? __________________________.

c) Schreibe Garfields kurzfristige Kostenfunktion bei den gegebenen Faktorpreisen an:

______________________________________.

21 Kostenkurven

Einleitung

Wir setzen die Arbeit mit Kostenfunktionen fort. Die Gesamtkosten können in fixe Kosten, die bei einer Outputänderung unverändert bleiben, und variable Kosten aufgespaltet werden. Um die durchschnittlichen (Gesamt-)Kosten, die durchschnittlichen Fixkosten und die durchschnittlichen variablen Kosten zu erhalten, braucht man nur die jeweiligen Kostenfunktionen durch y, das Outputniveau, zu dividieren. Die Grenzkostenfunktion ist die (erste) Ableitung der Gesamtkostenfunktion nach dem Output – das heißt die Zuwachsrate der Kosten bei einer Outputerhöhung.

Erinnern wir uns, dass die Grenzkostenkurve sowohl die Durchschnittskostenkurve als auch die Kurve der durchschnittlichen variablen Kosten in deren jeweiligem Minimum schneidet. Um daher das Minimum auf der Durchschnittskostenkurve (bzw. der Kurve der durchschnittlichen variablen Kosten) zu finden, setzt man einfach die Grenzkosten gleich den Durchschnittskosten (bzw. den durchschnittlichen variablen Kosten).

Beispiel

Ein Unternehmen hat die Gesamtkostenfunktion $C(y) = 100 + 10y$. Wir wollen die Gleichungen der verschiedenen Kostenkurven ermitteln. Die gesamten Fixkosten sind 100, daher ist die Gleichung der durchschnittlichen Fixkosten $100/y$. Die gesamten variablen Kosten sind $10y$, die durchschnittlichen variablen Kosten sind daher $10y/y = 10$. Die Grenzkosten sind 10 für jedes beliebige y. Die durchschnittlichen Gesamtkosten sind $(100 + 10y)/y = 10 + 10/y$. Beachte, dass für dieses Unternehmen die durchschnittlichen Gesamtkosten bei steigendem Output sinken. Ebenso sind die Grenzkosten für alle y kleiner als die durchschnittlichen Gesamtkosten.

Aufgaben

21.1 ☐ Herr Otto Karr, der Besitzer von Ottos Autos verkauft Autos. Otto kauft Autos für € c je Stück, er hat keine anderen Kosten.

a) Wie hoch sind seine Gesamtkosten, wenn er 10 Autos verkauft? ______________ ______________. Wenn er 20 Autos verkauft? ________________. Schreibe die Gleichung für Ottos Gesamtkosten unter der Annahme an, dass er y Autos verkauft: $TC(y)$ =

____.

b) Wie lautet Ottos Durchschnittskostenfunktion? $AC(y)$ = ____________________.

Für jedes zusätzliche Auto, das er verkauft, steigen seine Kosten um __________.

Schreibe Ottos Grenzkostenfunktion an: $MC(y)$ = ____________________.

c) Zeichne in der folgenden Grafik Ottos Durchschnitts- und Grenzkostenkurven für $c = 20$ ein.

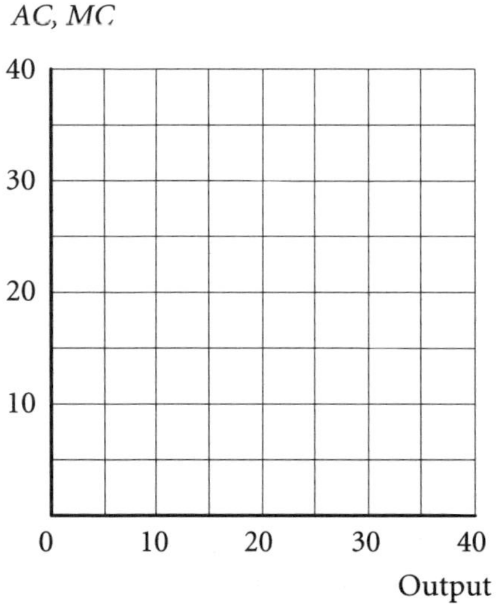

d) Angenommen Otto muss € b pro Jahr für die Produktion von abscheulichen Fernseh-Werbefilmen zahlen. Ottos Gesamtkostenkurve lautet nun $TC(y)$ = __________,

seine Durchschnittskostenkurve ist $AC(y)$ = ____________________

und seine Grenzkostenkurve ist $MC(y)$ = ____________________.

e) Zeichne Ottos Durchschnittskostenkurve für b = € 100 in obige Grafik rot ein.

21.2 ☐ Ottos Bruder, Karl Karr, repariert Autos. In jüngster Zeit hatte Karl wenig zu tun, er entschloss sich daher zu einer Analyse seiner Kostensituation. Es stellte sich heraus, dass die Gesamtkosten für die Reparatur von s Autos $TC(s) = 2s^2 + 10$ sind. Dann wurde Karl jedoch von seiner Kostenanalyse wieder abgelenkt ..... und jetzt sind Sie dran. Vervollständigen Sie bitte:

Karls gesamte variable Kosten: ______________________________.

Gesamte Fixkosten: ______________________________.

Durchschnittliche variable Kosten: ______________________________.

Durchschnittliche Fixkosten: ______________________________.

Grenzkosten: ______________________________.

21.3 ☐ Ein dritter Bruder, Rex Karr, besitzt einen Schrottplatz. Rex kennt nur zwei Arten, um Autos zu zerstören. Erstens kann er eine hydraulische Presse kaufen, die pro Jahr € 200 kostet, er muss dann für jedes zerstörte Auto € 1 aufwenden; zweitens könnte er jedes Jahr eine Schaufel um € 10 kaufen und dann dem letzten der Karr-Brüder, Schippe, € 5 für das Vergraben eines Autos zahlen.

a) Schreibe die Gesamtkostenfunktionen beider Methoden an, wobei y der Output pro Jahr ist: $TC_1(y) =$ ______________ und $TC_2(y) =$ ______________.

b) Die erste Methode hat die Durchschnittskostenfunktion $AC_1(y) =$ ______________ und die Grenzkostenfunktion ist $MC_1(y) =$ ______________, für die zweite Methode sind diese Funktionen $AC_2(y) =$ ______________ und $MC_2(y) =$ ______________.

c) Welche Methode sollte Rex verwenden, wenn er pro Jahr 40 Autos abwrackt? ______________. Und wenn er 50 Autos abwrackt? ______________. Ab welcher Zahl von Autos lohnt es sich für Rex, die hydraulische Presse zu kaufen? ______________.

21.4 ☐ Marie Magnolie möchte ein Blumengeschäft in einem neuen Einkaufszentrum eröffnen. Sie kann zwischen verschiedenen Geschäftsgrößen wählen, nämlich 200, 500 oder 1.000 Quadratmetern. Die monatliche Miete beträgt € 1 pro Quadratmeter. Marie schätzt, dass sie bei F Quadratmetern Fläche und einem Verkauf von y Blumensträußen variable Kosten von $c_v(y) = y^2/F$ pro Monat haben wird.

a) Schreibe ihre Grenzkostenfunktion für eine Geschäftsgröße von 200 m^2 ______________________ und ihre Durchschnittskostenfunktion ______________ an. Bei welcher Outputmenge erreichen ihre Durchschnittskosten ein Minimum? ______________________. Wie hoch sind die Durchschnittskosten bei diesem Outputniveau? ______________________ ______________________.

b) Schreibe ihre Grenzkostenfunktion für eine Geschäftsgröße von 500 m^2 ______________________ und ihre Durchschnittskostenfunktion ______________ an. Bei welcher Outputmenge erreichen ihre Durchschnittskosten ein Minimum? ______________________. Wie hoch sind die Durchschnittskosten bei diesem Outputniveau? ______________________ ______________________.

c) Schreibe ihre Grenzkostenfunktion für eine Geschäftsgröße von 1.000 m^2 ______________________ und ihre Durchschnittskostenfunktion ______________ an. Bei welcher Outputmenge erreichen ihre Durchschnittskosten ein Minimum? ______________________. Wie hoch sind die Durchschnittskosten bei diesem Outputniveau? ______________________ ______________________.

d) Zeichne Maries Durchschnittskosten- und Grenzkostenkurven für 200 m^2 rot ein. Dann zeichne ihre Durchschnittskosten- und Grenzkostenkurven für 500 m^2 blau ein. Schließlich zeichne ihre Durchschnittskosten- und Grenzkostenkurven für 1.000 m^2 schwarz ein. Bezeichne die Durchschnittskostenkurven mit *AC* und die Grenzkostenkurven mit *MC*.

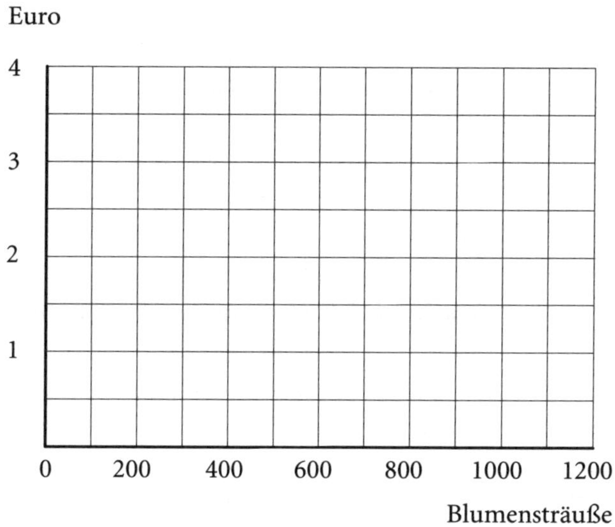

e) Verwende einen gelben Markierungsstift um Maries langfristige Durchschnittskosten- und Grenzkostenkurven zu bezeichnen. Beschrifte sie mit *LRAC* und *LRMC*.

21.5 ☐ Georg Gefühl produziert Comics-Hefte. Als Inputs benötigt er nur alte Witze und Karikaturisten. Seine Produktionsfunktion lautet

$$Q = 0{,}1\,W^{1/2}L^{3/4},$$

wobei Q die Zahl der hergestellten Comics-Hefte, W die Anzahl der benützten alten Witze ist und L die eingesetzten Arbeitsstunden der Karikaturisten.

a) Weist dieser Produktionsprozess steigende, fallende oder konstante Skalenerträge auf?

Erläutere Deine Antwort: ______________________________

____

______________________________.

b) Schreibe einen Ausdruck für das Grenzprodukt der Arbeit der Karikaturisten als eine Funktion von L an, wenn die Zahl der verwendeten Witze 100 ist:

______________________________. Ist das Grenzprodukt der Arbeit bei

zunehmendem Arbeitseinsatz fallend oder steigend? ______________________________.

21.6 ☐ Georg Gefühls reizbarer Manager, Thaddäus Tapper, verkündet, dass alte Witze um € 1 das Stück gekauft werden können und dass der Lohnsatz der Karikaturisten € 2 beträgt.

a) Angenommen dass Georg kurzfristig genau 100 alte Witze besitzt (für die er je € 1 bezahlt hat), dass er jedoch so viele Arbeiter beschäftigen kann, wie er will. Wie viele Arbeiter müsste er beschäftigen, um Q Comics-Hefte zu erzeugen? ______________________________.

b) Schreibe Georgs kurzfristige Gesamtkosten als eine Funktion seines Outputs an: ________________.

c) Seine kurzfristige Grenzkostenfunktion ist ________________.

d) Seine kurzfristige Durchschnittskostenfunktion ist ________________.

* **21.7** ▣ Georg ersucht seinen Bruder, Sir Gerald Gefühl, sich die langfristige Situation anzusehen. Sir Gerald, der den Anhang zum 20. Kapitel des Lehrbuchs sorgfältig durchgearbeitet hat, liefert folgenden Bericht ab:

a) Wenn alle Inputs variabel sind und wenn alte Witze € 1 das Stück und Arbeitsstunden der Karikaturisten € 2 kosten, dann ist die billigste Art der Erzeugung eines Comic-Heftes der Einsatz von ________ Witzen und ________ Arbeitsstunden. (Witzbrüche sind zweifellos zulässig.)

b) Das würde genau ________________ Euro kosten.

c) Für die gegebene Produktionsfunktion und bei den gegebenen Preisen der beiden Inputs ist das kostengünstigste Einsatzverhältnis von Witzen und Arbeit stets dasselbe, unabhängig von der Menge der gedruckten Comics-Hefte. Wenn wir jedoch beide Inputs verdoppeln, dann vervielfacht sich die Zahl der hergestellten Comics-Hefte um ________________.

21.8 ☐ Nehmen wir die folgende Kostenfunktion an: $c(y) = 4y^2 + 16$.

a) Die Durchschnittskostenfunktion lautet ________________.

b) Die Grenzkostenfunktion lautet ________________.

c) Die minimalen Durchschnittskosten werden bei einem Outputniveau von ________ erreicht.

d) Die variable Durchschnittskostenfunktion lautet ________________.

e) Bei welchem Outputniveau sind die variablen Durchschnittskosten gleich den Grenzkosten? ________________.

21.9 ☐ Ein Unternehmen auf einem Markt mit vollständigem Wettbewerb hat folgende Produktionsfunktion: $Y = 2L + 5K$. Wie groß sind die Minimalkosten der Produktion von 10 Outputeinheiten, wenn $w = 2$ € und $r = 3$ € sind? ________________.

22 Das Angebot der Unternehmung

Einleitung

Die kurzfristige Angebotskurve einer Unternehmung auf einem Wettbewerbsmarkt ist jener Teil ihrer kurzfristigen Grenzkostenkurve, der ansteigend ist und oberhalb der variablen Durchschnittskostenkurve liegt. Die langfristige Angebotskurve einer Unternehmung auf einem Wettbewerbsmarkt ist jener Teil ihrer langfristigen Grenzkostenkurve, der ansteigend ist und oberhalb der langfristigen Durchschnittskostenkurve liegt.

Beispiel

Ein Unternehmen hat die langfristige Kostenfunktion $c(y) = 2y^2 + 200$ für $y > 0$ und $c(0) = 0$. Wir wollen seine langfristige Angebotskurve finden. Die Grenzkostenkurve des Unternehmens beim Output y ist $MC(y) = 4y$. Wenn wir Output auf der horizontalen Achse und Euros auf der vertikalen Achse messen, dann ist die langfristige Grenzkostenkurve eine ansteigende Gerade durch den Ursprung mit der Steigung 4. Die langfristige Angebotskurve ist jener Teil dieser Kurve, der oberhalb der langfristigen Durchschnittskostenkurve liegt. Beim Output von y sind die langfristigen Durchschnittskosten dieses Unternehmens $AC(y) = 2y + 200/y$. Das ist eine *U-förmige* Kurve. Wenn sich y dem Wert Null nähert, wird $AC(y)$ sehr groß, da $200/y$ sehr groß wird. Wenn y sehr groß ist, dann wird $AC(y)$ auch sehr groß, weil $2y$ sehr groß ist. Wann ist $AC(y) < MC(y)$? Das gilt immer dann, wenn $2y + 200/y < 4y$ ist. Vereinfachung dieser Gleichung ergibt, dass $AC(y) < MC(y)$, wenn $y > 10$ ist. Daher ist die langfristige Angebotskurve jenes Stück der langfristigen Grenzkostenkurve, für das $y > 10$ ist. Die langfristige Angebotskurve hat somit die Gleichung $p = 4y$ für $y > 10$. Wenn wir die Angebotsmenge als eine Funktion des Preises ausdrücken wollen, lösen wir diese Gleichung einfach nach y als eine Funktion von p. Wir erhalten dann $y = p/4$ für $p > 40$.

Angenommen $p < 40$. Wie viel wird die Unternehmung zum Beispiel bei einem Preis von $p = 20$ anbieten? Wenn die Unternehmung dort produziert, wo der Preis gleich den Grenzkosten ist, dann wird sie bei einem Preis von 20 genau $5 = 20/4$ Outputeinheiten erzeugen. Ihre Durchschnittskosten werden dann $2 \cdot 5 + 200/5 = 50$ sein. Beim Preis von 20 wird also die Unternehmung – wenn sie überhaupt positive Mengen produziert – am besten 5 Einheiten erzeugen. Dann wird sie jedoch Gesamtkosten von $5 \cdot 50 = 250$ und einen Gesamterlös von $5 \cdot 20 = 100$ haben. Sie wird also einen Verlust erzielen. Daher wäre sie besser dran, überhaupt nichts zu produzieren. Somit wird die Unternehmung bei jedem Preis $p < 40$ Null Outputeinheiten herstellen.

Aufgaben

22.1 ☐ Erinnern Sie sich an Ottos Bruder, Karl Karr, der Autos repariert? Er hatte herausgefunden, dass die Gesamtkosten für die Reparatur von s Autos $c(s) = 2s^2 + 100$ sind.

a) Das impliziert, dass Karls Durchschnittskosten gleich ____________________,

seine durchschnittlichen variablen Kosten gleich ____________________

und seine Grenzkosten gleich ____________________ sind. Zeichne diese Kurven sowie Karls Angebotskurve in die folgende Grafik ein.

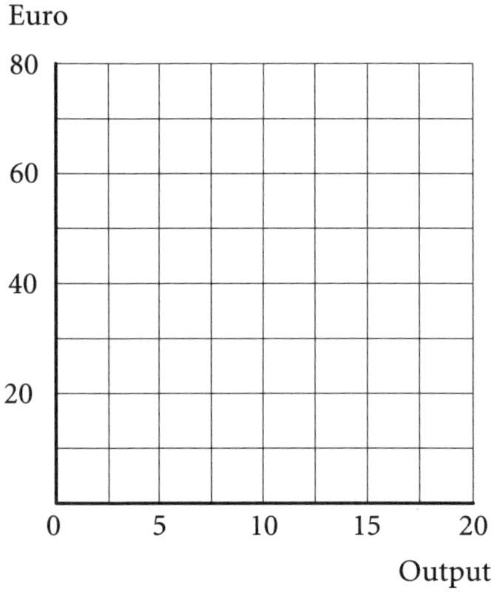

b) Wie viele Autos wird Karl reparieren wollen, wenn der Preis € 20 ist? ____________________. Und wenn der Preis € 40 ist? ____________________.

c) Nehmen wir an, der Preis sei € 40 und Karl ist Gewinnmaximierer. Schraffiere und bezeichne in obiger Grafik folgende Flächen: Gesamtkosten, Gesamterlös, Gesamtgewinn.

* **22.2** ☐ Ein Unternehmen auf einem Wettbewerbsmarkt hat die folgende kurzfristige Kostenfunktion: $c(y) = y^3 - 8y^2 + 30y + 5$.

a) Die Grenzkostenfunktion des Unternehmens ist $MC(y) =$ ____________________.

b) Die variable Durchschnittskostenfunktion ist $AVC(y) =$ ____________________.

(Hinweis: Beachte, dass die Funktion der variablen Kosten gleich $c(y) - c(0)$ ist.)

c) Zeichne und beschrifte in der folgenden Grafik die Kurven der Grenzkostenfunktion und der variablen Durchschnittskostenfunktion.

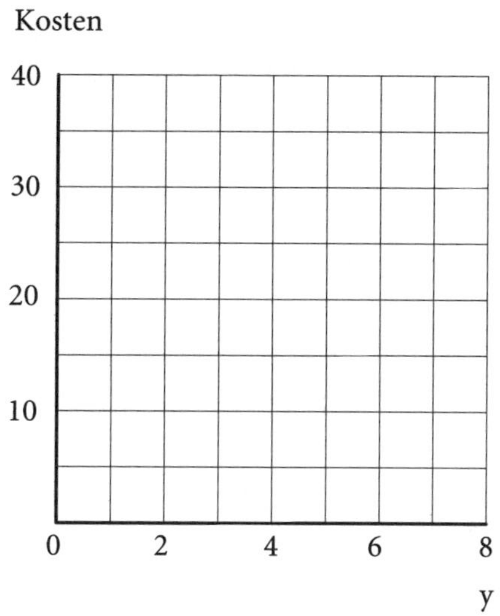

d) Die durchschnittlichen variablen Kosten fallen bei steigendem Output, wenn der Output kleiner als ______________ ist, und sie steigen bei steigendem Output, wenn der Output größer als ______________ ist.

e) Die Grenzkosten sind gleich den durchschnittlichen variablen Kosten bei einem Output von ______________.

f) Das Unternehmen wird Null Output anbieten, wenn der Preis kleiner als ________ ist.

g) Die kleinste positive Outputmenge, die das Unternehmen zu einem beliebigen Preis anbieten wird, ist ______________. Bei welchem Preis würde das Unternehmen genau 6 Outputeinheiten anbieten? ______________.

* **22.3** ☐ Herr McGregor besitzt ein 5 Hektar großes mit Kohl bebautes Stück Land. Er zwingt seine Frau und seinen Sohn, dieses Feld unentgeltlich zu bearbeiten. Nehmen wir vorläufig an, dass das Land zu keinem anderen Zweck als Kohlanbau verwendet werden kann, und dass Frau und Kind keine alternative Beschäftigung finden können. Herr McGregor muss nur für einen einzigen Input zahlen, nämlich Düngemittel. Wenn er x Säcke Düngemittel verwendet, dann erhält eine Kohlmenge von $10\sqrt{x}$. Düngemittel kostet € 1 pro Sack.

a) Wie hoch sind die gesamten Düngemittelkosten für die Produktion von 100 Kohleinheiten? ______________. Wie hoch sind die gesamten Düngemittelkosten zur Produktion von y Kohleinheiten? ______________.

b) Schreibe Herrn McGregors Grenzkosten als eine Funktion von y an, wenn die einzige Möglichkeit zur Variation seines Outputs die eingesetzte Düngemittelmenge ist.

$MC(y) =$ ________________.

c) Wie viele Kohleinheiten wird McGregor erzeugen, wenn der Kohlpreis € 2 je Einheit ist?

________. Wie viele Säcke Düngemittel wird er kaufen? ________. Wie

viel Gewinn wird er erzielen? ________________.

d) Die Preise für Düngemittel und Kohl bleiben unverändert, Herr McGregor erfährt aber, dass er Sommerjobs für Frau und Kind in einer Ausbeuterfirma finden könnte. Die beiden würden während des Sommers gemeinsam € 300 verdienen, die McGregor einsacken könnte, allerdings könnten sie dann nicht im Kohlfeld arbeiten. Ohne ihre Arbeit gäbe es aber keinen Kohl. Wie hoch sind jetzt Herrn McGregors Gesamtkosten für die Produktion von y Kohleinheiten? ________________.

e) Soll er weiterhin Kohl züchten oder sollte er Weib und Kind in die Lohndrückerfirma schicken? ________________.

22.4 ☐ Severinus, der Kräuterhändler, ist für seine Leberkräuter berühmt. Seine Gesamtkostenfunktion lautet $c(y) = y^2 + 10$ für $y > 0$ und $c(0) = 0$. (Das heißt, seine Produktionskosten für Null Outputeinheiten sind Null.)

a) Wie lautet seine Grenzkostenfunktion? ________________.

Seine Durchschnittskostenfunktion? ________________.

b) Bei welcher Menge sind seine Grenzkosten gleich den Durchschnittskosten? ________.

Bei welcher Menge sind seine Durchschnittskosten ein Minimum? ________.

c) Wie hoch muss auf einem Wettbewerbsmarkt der niedrigste Preis sein, zu dem er eine positive Menge im langfristigen Gleichgewicht anbieten wird? ________.

Wie viel würde er zu diesem Preis anbieten? ________________.

22.5 ▣ Stanley Ford erzeugt Berge aus Maulwurfshügeln. Das kostet ihn fast keine Mühe, sodass wir der Einfachheit halber annehmen, dass Maulwurfshügel der einzige Input zur Herstellung von Bergen sind. Angenommen Berge werden bei konstanten Skalenerträgen erzeugt und man braucht zur Produktion eines Bergs 100 Maulwurfshügel. Derzeit beträgt der Preis von Maulwurfshügeln € 20. Vor einigen Jahren erwarb Stan eine „Option", die ihm das Recht gibt, bis zu 2.000 Maulwurfshügel zu einem Preis von je € 10 zu kaufen. Sein Optionsvertrag gestattet ihm ausdrücklich, weniger als 2.000 Maulwurfshügel zu kaufen (sollte er das wünschen), er kann allerdings die Maulwurfshügel, die er im Rahmen dieses Vertrags kauft, nicht wiederverkaufen. Für Genehmigung der Regierung zur Produktion von Bergen aus Maulwurfshügeln muss Stanley € 10.000 für eine Lizenz zum Zerstampfen von Maulwurfshügeln zahlen.

a) Die Grenzkosten der Produktion eines Berges sind ______________________, wenn Stanley weniger als 20 Berge erzeugt. Die Grenzkosten der Produktion eines Berges sind

______________________, wenn er mehr als 20 Berge erzeugt.

b) Skizziere in der untenstehenden Grafik Stanley Fords Grenzkostenkurve blau und seine Durchschnittskostenkurve rot.

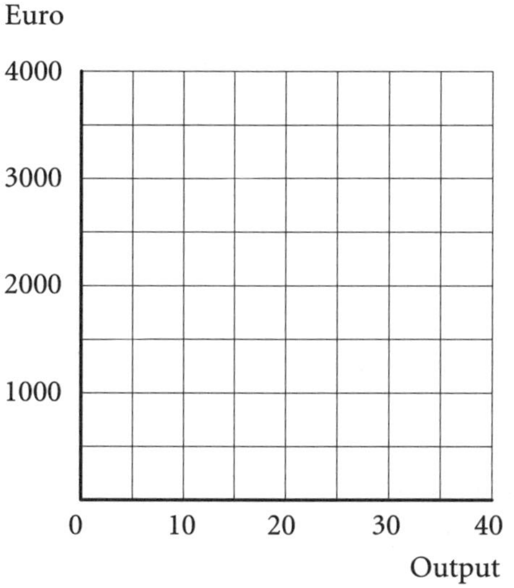

c) Wie viele Berge wird Stanley bei einem Bergpreis von € 1.600 erzeugen? ____________.

d) Die Regierung beabsichtigt eine Erhöhung der Lizenzgebühr für das Zerstampfen von Maulwurfshügeln auf € 11.000. Stanley behauptet, dass er in diesem Fall die Produktion einstellen müsse. Ist Stanleys Behauptung richtig? ______________________. Was wäre die höchste Lizenzgebühr, welche die Regierung verlangen könnte, ohne ihn zum Zusperren zu zwingen? ____.

e) Stanleys Rechtsanwalt, Leopold Locker, entdeckt eine Klausel in Stanleys Optionsvertrag, die es ihm gestattet, die unter dem Kontrakt erworbenen Maulwurfshügel zum Marktpreis wiederzuverkaufen. Zeichne in die obige Grafik mit Bleistift Stanleys neue Grenzkostenkurve ein. Wie viele Berge wird Stanley nun erzeugen, wenn der Bergpreis unverändert auf € 1.600 bleibt? ____.

22.6 ▣ Lady Wellesleigh erzeugt Seidentäschchen aus Schweinsohren. Sie ist die einzige Person auf der ganzen Welt, die das kann. Sie braucht 1 Schweinsohr und 1 Stunde ihrer Arbeit zur Herstellung eines Seidentäschchens. Sie kann beliebig viele Schweinsohren zum Preis von € 1 kaufen. Lady Wellesleigh hat außer ihrer Arbeit keine andere Einkommensquelle. Sie hat eine Cobb-Douglas-Nutzenfunktion $U(c, r) = c^{1/3}r^{2/3}$, wobei c der Geldbetrag ist, den sie täglich für Konsumgüter ausgeben kann, und r die Freizeit, die sie hat. Lady Wellesleigh hat pro Tag 24 Stunden zur Verfügung, die sie entweder der Arbeit oder der Freizeit widmen kann.

a) Lady Wellesleigh kann entweder Seidenhandtaschen erzeugen oder sie kann als Näherin € 5 in einer Textilfabrik verdienen. Wie viele Stunden würde sie in der Textilfabrik arbeiten? ____________________. (Hinweis: Schreibe zur Berechnung dieser Zahl Lady Ws Budgetbeschränkung an und überlege die Herleitung der Nachfragefunktion für jemand, der eine Cobb-Douglas-Nutzenfunktion hat.)

b) Wie viele Stunden würde sie bei einem Lohn von w Euro pro Stunde als Näherin arbeiten? ____________________.

c) Wie viel würde sie pro Handtasche nach Abzug der Kosten für die benötigten Schweinsohren verdienen, wenn der Preis der Seidenhandtaschen p Euro wäre? __________.

d) Wie hoch ist der niedrigste Preis, zu dem sie überhaupt Seidenhandtäschchen herstellen würde, wenn sie € 5 als Näherin verdienen kann? ____________________.

e) Wie lautet die Angebotsfunktion für Seidenhandtaschen? (Hinweis: Der Preis der Seidenhandtaschen bestimmt den „Lohnsatz", den Lady W bei deren Herstellung verdienen kann. Das bestimmt die Zahl der Stunden, die sie arbeiten will, und damit wiederum das Angebot an Seidenhandtaschen.) ____________________.

* **22.7** ☐ Erinnern Sie sich an Earl, der Limonade in Berlin verkauft? Wir begegneten ihm im Kapitel über Kostenminimierung. Seine Produktionsfunktion ist $f(x_1, x_2) = x_1^{1/3}x_2^{1/3}$, wobei x_1 die Kilogramm der verwendeten Zitronen und x_2 die zum Auspressen benötigten Arbeitsstunden darstellen. Wie wir bereits herausgefunden haben, lautet seine Kostenfunktion

$$c(w_1, w_2, y) = 2w_1^{1/2}w_2^{1/2}y^{3/2},$$

wobei y die hergestellte Limonadenmenge (in Litern) ist.

a) Wenn Zitronen € 1 pro Kilogramm kosten, der Lohnsatz € 1 pro Stunde beträgt und der Preis der Limonade p ist, dann lautet Earls Grenzkostenfunktion $MC(y) =$ ____________________ und seine Angebotsfunktion ist $S(p) =$ ____________________. Wenn Zitronen € 4 pro Kilogramm kosten und der Lohnsatz € 9 pro Stunde beträgt, dann lautet seine Angebotsfunktion $S(p)$ = ______________________.

b) Im Allgemeinen hängen Earls Grenzkosten vom Zitronenpreis und vom Lohnsatz ab. Zu Preisen von w_1 für Zitronen und w_2 für Arbeitsstunden sind seine Grenzkosten für die Herstellung von y Einheiten Limonade $MC(w_1, w_2, y)$ = ______________________.
Die von Earl angebotene Menge hängt von den drei Variablen w_1, w_2 und y ab. Als Funktion dieser drei Variablen ist sein Angebot $S(w_1, w_2, p)$ = ______________________.

* **22.8** ☐ Im Kapitel über Kostenminimierung lernten wir Irmas Kunsthandwerk mit der Produktionsfunktion $f(x_1, x_2) = (\min\{x_1, 2x_2\})^{1/2}$ kennen, wobei x_1 die verwendete Plastikmenge und x_2 die eingesetzte Menge an Arbeit darstellen, und $f(x_1, x_2)$ die Zahl der hergestellten Plastikrehe. w_1 sei der Preis einer Plastikeinheit und w_2 der Lohnsatz je Arbeitseinheit.

a) Irmas Kostenfunktion lautet $c(w_1, w_2, y)$ = ______________________.

b) Wenn $w_1 = w_2 = 1$, dann sind Irmas Grenzkosten für die Produktion von y Outputeinheiten $MC(y)$ = ______________________. Die zum Preis p angebotene Menge wäre $S(p)$ = ______________________. Bei den gegebenen Faktorpreisen wären ihre Durchschnittskosten $AC(y)$ = ______________________.

c) Bei einem Wettbewerbspreis von $p = 48$ für Plastikrehe und bei $w_1 = w_2 = 1$ wird Irma ____________ Plastikrehe erzeugen. Wie viel Gewinn wird sie erzielen? ____________.

d) Allgemein ausgedrückt, wird bei Faktorpreisen von w_1 und w_2 ihre Grenzkostenfunktion $MC(w_1, w_2, y)$ = ______________________ lauten. Zu diesen Faktorpreisen und bei einem Outputpreis von p wird sie $S(p)$ = ______________________ anbieten.

22.9 ☐ Hans Glück kann aus Steinen Blut extrahieren. Wenn er x Steine hat, so gewinnt er daraus $f(x) = 2x^{1/3}$ Liter Blut. Steine kosten Hans € w je Stück, Blut kann er um € p pro Liter verkaufen.

a) Wie viele Steine benötigt Hans zur Herstellung von y Liter Blut? ______________________.

b) Was kostet die Gewinnung von y Liter Blut? ______________________.

c) Wie lautet Hans' Angebotsfunktion, wenn Steine € 8 je Stück kosten? ______________________.
Wenn jeder Stein € w kostet? ______________________.

d) Wie lautet die aggregierte Angebotsfunktion bei Steinpreisen von € w, wenn Hans 19 Verwandte hat, die ebenfalls Blut aus Steinen gewinnen können? ________________.

22.10 ▣ Die Raffinesse-Raffinerie wandelt Rohöl in Benzin um. Man benötigt zur Produktion eines Fasses Benzin ein Fass Rohöl. Zusätzlich zum Rohöl entstehen bei der Raffinierung auch noch andere Kosten. Die Erzeugung von y Fässern Benzin kann durch die Kostenfunktion $c(y) = y^2/2 + p_0 y$ beschrieben werden, wobei p_0 der Preis für ein Fass Rohöl ist.

a) Drücke die Grenzkosten der Erzeugung von Benzin als eine Funktion von p_0 und y aus:

____.

b) Angenommen die Raffinerie kann 50 Fässer Rohöl um $ 5 kaufen, sie muss jedoch € 15 für jedes Fass Rohöl zahlen, das sie über 50 hinausgehend kauft. Die Grenzkostenkurve für Benzin wird daher bis zu einer Menge von 50 Fässern Benzin ________________ lauten und danach ________________.

c) Zeichne im untenstehenden Diagramm die Angebotskurve der Raffinesse-Raffinerie blau ein.

d) Angenommen die Raffinesse-Raffinerie sieht sich bei einem Preis von € 30 je Fass einer horizontalen Benzinnachfragekurve gegenüber. Zeichne diese Nachfragekurve rot ein. Wie viel Benzin wird die Raffinerie anbieten? ________________.

e) Nun kann die Raffinesse-Raffinerie die ersten 50 Fässer Rohöl nicht mehr um € 5 kaufen, sondern muss für ihr gesamtes Rohöl € 15 je Fass zahlen. Wie würde sich ihr Output ändern? ________________________________.

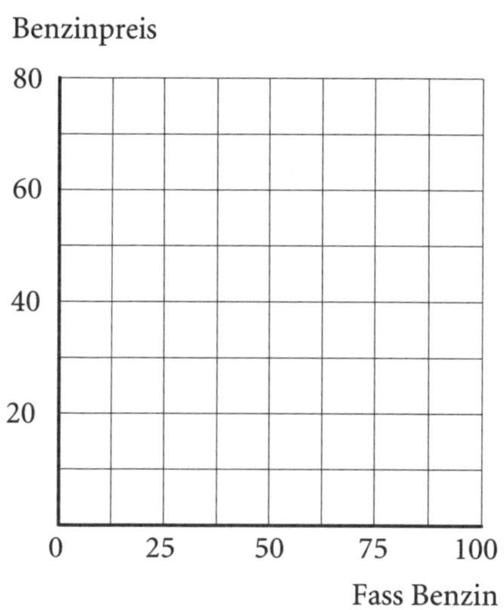

f) Nehmen wir an, dass jetzt ein Bezugsscheinprogramm eingeführt wird, wonach Raffinerien berechtigt sind, für jedes Fass Öl, das sie um € 15 kaufen, ein weiteres Fass um € 5 kaufen können. Wie lautet die Raffinesse-Angebotskurve nunmehr? ____________________. (Angenommen wird dabei, dass auch Bruchteile von Fässern gekauft werden können.) Zeichne diese Angebotskurve in obige Grafik schwarz ein. Wie viel Benzin wird die Raffinesse-Raffinerie bei einer auf dem Niveau von € 30 horizontalen Nachfragekurve anbieten? ________________.

22.11 ■ Angenommen die Produktion eines Zentners Weizen, y, kann durch die Kostenfunktion $c(y) = (y^2/20) + y$ beschrieben werden.

a) Wie viel Weizen wird ein Bauer anbieten, wenn der Weizenpreis € 5 je Zentner beträgt? ____________________.

b) Wie lautet seine Weizenangebotskurve als Funktion des Weizenpreises p? $S(p) =$ ____________________.

c) Die Regierung führt nun ein Programm der Zahlung in Naturalien ein: Wenn sich ein Bauer zur Produktion von y Zentnern Weizen entschließt, erhält er $(40 - y)/2$ Zentner Weizen aus den Vorräten der Regierung. Schreibe eine Gleichung für den Gewinn eines Bauern als Funktion seines Outputs und des Marktpreises für Weizen unter Berücksichtigung der Zahlung in Naturalien an: ____________________.

d) Wie groß wird der Gewinn maximierende Output eines Bauern bei einem Marktpreis von p sein? _____. Zeichne eine Weizenangebotskurve in die untenstehende Grafik ein.

e) Wie viele Zentner Weizen wird er bei einem Preis von € 2 erzeugen? ____________.

Wie viele Zentner wird er aus den Regierungslagern erhalten? ____________.

f) Wie viele Zentner Weizen wird er bei einem Preis von € 5 anbieten? ____________.
Wie viele Zentner wird er aus den Regierungslagern erhalten, wenn er sich dazu entschließt, an dem Programm der Zahlung in Naturalien teilzunehmen? ____________.

g) Schreibe die für jeden beliebigen Weizenpreis zwischen € 2 und € 5 gültige Formel für die Höhe der Zahlung in Naturalien: ____________________.

h) Wie viel Weizen wird ein Bauer in Abhängigkeit vom Preis p am Markt anbieten, wenn er sowohl die eigene Erzeugung als auch die Zahlungen in Naturalien berücksichtigt? ____________________.

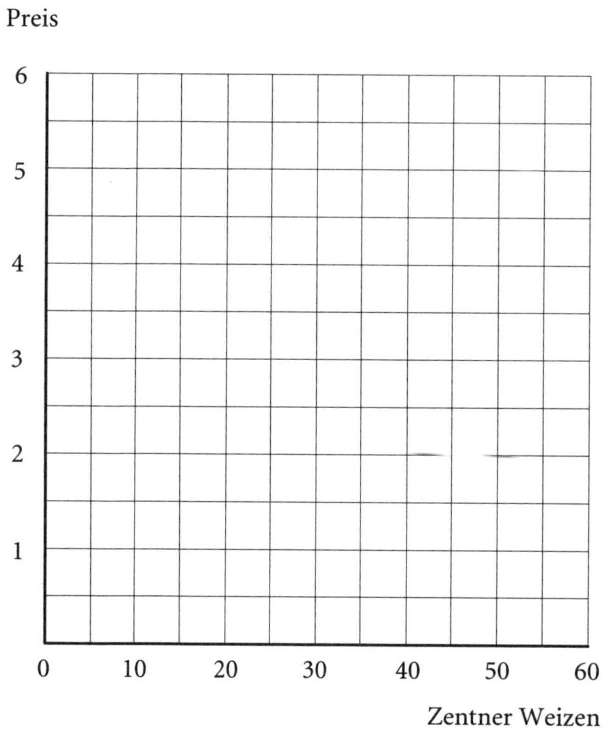

i) Zeichne in die obige Grafik die gesamte Weizenangebotskurve (einschließlich des Weizens aus der Zahlung in Naturalien) rot ein.

23 Das Marktangebot einer Branche

Einleitung

Um die Angebotskurve einer Branche zu ermitteln, addiert man einfach die von den einzelnen Unternehmen kommenden Angebote. Nicht vergessen: Die Mengen werden addiert, nicht die Preise! Die Angebotskurve der Branche wird einen Knick aufweisen, wenn der Marktpreis so niedrig wird, dass irgendein Unternehmen seine angebotene Menge auf null reduziert.

Die Reihe an Aufgaben über die Gartenzwergindustrie soll dazu beitragen, die Unterscheidung zwischen kurz- und langfristig zu vertiefen. Bei ihrer Lösung muss man sorgfältig den Zeitpunkt der Entscheidungen beachten. Vor allem die Tatsache, dass Kapitaleinheiten (Gartenzwergformen) erst ein Jahr nach ihrer Bestellung geliefert werden können.

Die letzten drei Beispiele dieses Kapitels wenden die Analyse von Angebot und Nachfrage auf ökonomische Probleme illegaler Aktivitäten an. Bei diesen Aufgaben werden Sie Ihr Wissen über die Fundierung der Angebotsfunktionen anwenden.

23.0 **Aufwärmübung**. Vorerst einige Übungen zur Ermittlung von Branchen-Angebotsfunktionen aus linearen Angebotsfunktionen von Unternehmungen. Dabei ist der Trick, die Tatsache im Auge zu behalten, dass diese Marktangebotsfunktionen Knickstellen aufweisen können. Wenn zum Beispiel die Angebotsfunktionen der Unternehmungen $s_1(p) = p$ und $s_2(p) = p - 2$ sind, dann ist die Marktangebotsfunktion: $S(p) = p$ für $p \leq 2$, $S(p) = 2p - 2$ für $p > 2$; das heißt, bei Preisen unter € 2 liefert nur die erste Unternehmung einen positiven Output, bei Preisen über € 2 liefern dann beide. Versuchen Sie nun die Marktangebotsfunktionen in den folgenden Fällen zu konstruieren:

a) $s_1(p) = p$, $s_2(p) = 2p$, $s_3(p) = 3p$: ______________________________.

b) $s_1(p) = 2p$, $s_2(p) = p - 1$: ______________________________.

c) 200 Unternehmen haben jeweils die Angebotsfunktion $s_1(p) = 2p - 8$ und 100 Unternehmen haben jeweils die Angebotsfunktion $s_2(p) = p - 3$: ____________________

____.

d) $s_1(p) = 3p - 12$, $s_2(p) = 2p - 8$, $s_3(p) = p - 4$: ______________________________.

Aufgaben

23.1 ▣ Garfield Gartenzwergs Cousin Dwarf erzeugt Gartenzwerge aus Gips. Die Technologie der Gartenzwergbranche sieht folgendermaßen aus. Man braucht eine Zwergenform, Gips und Arbeit. Eine Zwergenform ist eine Betriebsausstattung, die € 1.000 kostet und genau ein Jahr verwendet werden kann. Nach einem Jahr ist die Form völlig abgenützt, sie hat auch keinen Schrottwert mehr. Mit einer Zwergenform kann man pro Jahr 500 Gartenzwerge gießen. Für jeden Gartenzwerg benötigt man dazu noch Gips und Arbeit im Gesamtwert von € 7. Die verwendeten Mengen von Arbeit und Gips sind kurzfristig variabel: Wenn man nur 100 Gartenzwerge im Jahr mit einer Form erzeugen will, braucht man dazu nur € 700 für Gips und Arbeit usw. Die Anzahl der Zwergenformen in der Branche kann kurzfristig nicht verändert werden. Eine neue Gartenzwergform muss jeweils gesondert bei der Gartenzwergformfabrik bestellt werden. Diese Zwergenformfabrik nimmt Aufträge nur einmal im Jahr, und zwar am 1. Jänner entgegen, und es dauert genau 1 Jahr, bis die bestellten Formen dann am nächsten 1. Jänner geliefert werden. Wenn eine Zwergenform einmal in einer Fabrik installiert ist, kann sie nicht mehr ausgebaut werden. Sie an einen anderen Ort zu bringen, würde sie zerstören. Zwergenformen können zu keinem anderen Zweck verwendet werden, als Zwerge zu formen.

Durch viele Jahre hindurch war die Marktnachfrage nach Gartenzwergen $D(p) = 60.000 - 5.000p$, wobei $D(p)$ für die Gesamtzahl der jährlich verkauften Gartenzwerge steht und p der Preis ist. Faktorpreise waren ebenfalls durch viele Jahre hindurch konstant, ebenso blieb die Technologie unverändert. Niemand erwartet in Zukunft Änderungen, die Branche befindet sich im langfristigen Gleichgewicht. Der Zinssatz ist 10 %. Wenn man eine neue Form kauft, so muss man dafür bei Lieferung zahlen. Zur Vereinfachung der Berechnungen wollen wir annehmen, dass alle innerhalb eines Jahres erzeugten Gartenzwerge zu Weihnachten verkauft werden, und dass die Angestellten und Gipslieferanten auch nur zu Weihnachten für ihre Leistungen während des abgelaufenen Jahres bezahlt werden. Ebenfalls zur Vereinfachung nehmen wir an, dass das Datum von Weihnachten ungefähr der 31. Dezember ist.

a) Wie viel Geld könnte man nach einem Jahr von einer Bank bekommen, bei der man € 1.000 einlegt? ______________. Angenommen Sie bekommen die Zwergenform am 1. Jänner und bezahlen sie gleichzeitig; um wie viel müsste der Erlös die Aufwendungen für Gips und Arbeit übersteigen, damit es sich lohnt, die Maschine zu kaufen? (Zur Erinnerung: Am Jahresende wird die Maschine abgenützt und wertlos sein.) ___________.

b) Angenommen Sie haben genau eine neu installierte Zwergenform in Ihrer Fabrik; wie hoch sind Ihre kurzfristigen Grenzkosten der Produktion, wenn Sie bis zu 500 Zwerge erzeugen? ________________________. Wie hoch sind die durchschnittlichen *variablen*

Kosten der Produktion von bis zu 500 Zwergen? ____________________. Wäre es möglich, kurzfristig mehr als 500 Zwerge zu erzeugen? ____________________.

c) Wenn Sie genau eine neue Zwergenform installiert hätten, dann würden Sie 500 Zwerge erzeugen, wenn der Preis höher als ____________ Euro wäre. Sie würden keine Zwerge erzeugen, wenn der Preis unter ____________ Euro läge. Sie würden eine beliebige Anzahl von Zwergen zwischen 0 und 500 erzeugen, wenn der Zwergenpreis ____________ Euro wäre.

d) Wie hoch wäre die Ertragsrate auf Ihre Investition von € 1.000 in die Zwergenform, wenn Sie zu einem Stückpreis von € 10 so viele Zwerge verkaufen könnten, wie Sie wollten? ____________________. Ist das mehr als die Verzinsung, wenn Sie Ihr Geld auf der Bank anlegten? ______________. Wie hoch ist der niedrigste Zwergenpreis, so dass die Investition in eine Zwergenform von € 1.000 einen Ertrag von zumindest 10 % ergibt? ______________. Könnte der langfristige Preis darunter liegen? ______________.

e) Wie viele Zwerge würden zu dem unter d) gefundenen Preis jährlich nachgefragt? ______________. Wie viele Zwergenformen würden jährlich gekauft? ____________. Ist dieser Preis ein langfristiger Gleichgewichtspreis? ____________________.

23.2 ▣ Wir setzen die Analyse der Gartenzwergindustrie fort. Nehmen wir an, die Ausgangssituation sei dieselbe wie in der vorigen Aufgabe. Zur völligen Überraschung aller Beteiligten wurde am 1. Jänner 2011 die Erfindung einer neuen Gipsart bekannt gegeben. Mit diesem Gips kann man die Gartenzwerge mit denselben Formen wie bisher erzeugen, die Kosten für Gips und Arbeit werden allerdings von € 7 auf € 5 pro Zwerg gesenkt. Annahmegemäß ändert das die Nachfrage des Jahres 2011 nicht. Diese Ankündigung kam gerade noch rechtzeitig, so dass jedes Unternehmen seine Bestellungen für Zwergenformen (die dann am 1. Jänner 2012 ausgeliefert werden) noch ändern kann; die Anzahl der im Jahre 2011 zur Verfügung stehenden Formen ist allerdings schon durch die Bestellungen des Vorjahres bestimmt. Der Hersteller der Gartenzwergformen hat sich bereits vor einem Jahr vertraglich verpflichtet, sie zu € 1.000 je Stück zu liefern, er kann somit diesen Preis nicht ändern.

a) Zeichne in die untenstehende Grafik die kurzfristige Angebotskurve der Branche und die Nachfragekurve nach Gartenzwergen für das Jahr 2011 nach der Erfindung der neuen Art von Gips.

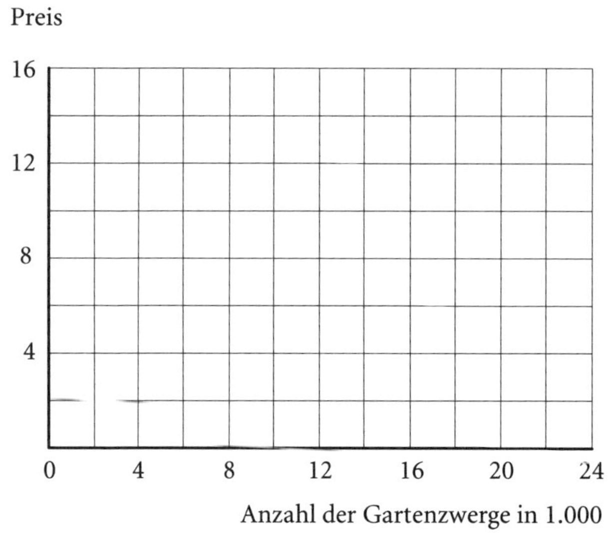

b) Wie groß wird kurzfristig die gesamte Gleichgewichtsproduktion an Gartenzwergen im Jahre 2011 sein ________________ und wie hoch wird der Gleichgewichtspreis der Gartenzwerge sein? __________. (Hinweis: Schauen Sie sich den Schnittpunkt der Angebots- und Nachfragekurven in der soeben gezeichneten Grafik an!) Cousin Dwarf hatte eine Zwergenform gekauft, die am 1. Jänner 2011 geliefert wurde, und für die er vereinbarungsgemäß am gleichen Tag € 1.000 zahlte. Am 1. Jänner 2012 verblieben ihm beim Verkauf der Zwerge – nach Abzug der Zahlungen an die Arbeiter und die Gipslieferanten – Nettoeinnahmen von ______________________ Euro. War die Ertragsrate auf seine Investition in die Zwergenform höher als 10 %? ____________________. Wie hoch war seine Ertragsrate? ____.

c) Dwarfs Nachbar, Schmatz, erzeugt ebenfalls Gartenzwerge, auch er kaufte eine am 1. Jänner 2011 auszuliefernde Zwergenform. An diesem Tag überlegt sich Dwarf, der nach möglichen Geldanlagen sucht, Schmatz' neue Zwergform zu kaufen, um sie in seiner eigenen Fabrik zu installieren. Wenn Schmatz seine Form behält, wird er in einem Jahr Nettoeinnahmen von __________________ Euro erzielen. Würde Schmatz bereit sein, seine Zwergenform um € 1.000 zu verkaufen, wenn für ihn der Zinssatz für Borgen und Leihen 10 % ist? ____________. Wie hoch wäre der niedrigste Preis, zu dem er sie verkaufen würde? ________________________. Wie hoch wäre der höchste

Preis, den Dwarf für Schmatz' neue Form zahlen würde, wenn die beste Alternative für Dwarf eine Geldanlage zu einer Verzinsung von 10 % wäre? ______________________.

d) Wie wird sich Ihrer Meinung nach die Zahl der zur Auslieferung am 1. Jänner 2012 bestellten Zwergformen ändern: Wird sie im Vergleich zur vorangegangenen Bestellung größer, kleiner oder gleich groß sein? ______________________________. Nach einiger Zeit wird die Branche ein neues langfristiges Gleichgewicht erreichen. Wie hoch wird der neue Gleichgewichtspreis für Gartenzwerge sein? ___________________________.

23.3 ▣ In der vorigen Aufgabe untersuchten wir die Auswirkungen einer Kosten sparenden Erfindung. Für die jetzige Aufgabe unterstellen wir, dass es keine solche Erfindung gab, dass jedoch eine Steuer eingeführt wird. Wir nehmen an, dass die Branche am 1. Jänner 2011 gegenüber der vorangehenden Aufgabe unverändert ist (ohne die Erfindung der neuen Art von Gips). An diesem Tag überrascht die Regierung die Gartenzwergindustrie mit der Einführung einer Steuer auf die Produktion von Gartenzwergen. Für jeden erzeugten Gartenzwerg muss der Hersteller eine Steuer von € 1 zahlen. Diese Ankündigung kam gerade noch rechtzeitig, so dass jedes Unternehmen seine Bestellungen für Zwergenformen (die dann am 1. Jänner 2012 ausgeliefert werden) noch ändern kann; die Anzahl der im Jahre 2011 zur Verfügung stehenden Formen ist allerdings schon durch die Bestellungen des Vorjahres festgelegt. Die Hersteller der Gartenzwerge hatten sich bereits vor einem Jahr vertraglich verpflichtet, für jede bestellte Gartenzwergform € 1.000 zu zahlen und sie können aus dieser Verpflichtung nicht mehr aussteigen. Kurzfristig ist daher die Zahl der Zwergformen im Jahre 2011 mit 28 fixiert.

a) Zeichne in die untenstehende Grafik die kurzfristige Angebotskurve der Branche für Gartenzwerge im Jahr 2011 nach Einführung der Steuer ein. In derselben Grafik skizziere die Nachfragekurve nach Gartenzwergen.

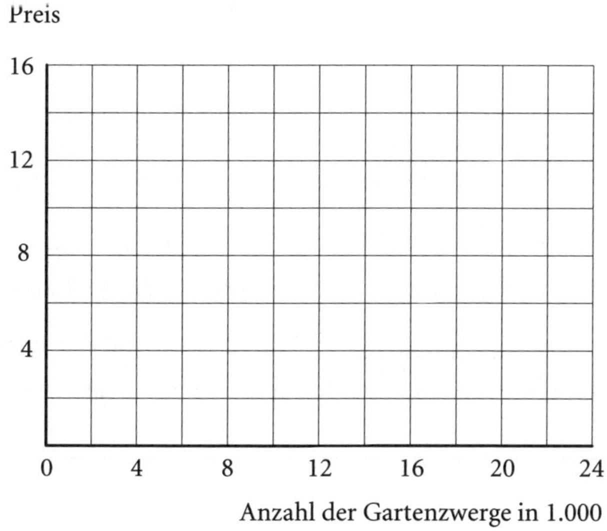

b) Wie hoch ist der kurzfristige Gesamtoutput an Gartenzwergen im Jahr 2011 nach Einführung der Steuer ______________ und wie hoch ist der kurzfristige Gleichgewichtspreis der Gartenzwerge? ________________. (Hinweis: Schauen Sie sich den Schnittpunkt der der soeben gezeichneten Angebots- und Nachfragekurven an!)

c) Wenn man Besitzer einer Zwergenform ist, dann sind die Grenzkosten für die Herstellung eines Gartenzwerges, einschließlich Steuern, gleich ____________. Im Jahre 2011 (würden, würden nicht) ____________________________ alle Zwergenformen bis zur Kapazitätsgrenze ausgelastet.

d) Wie hoch wird der gesamte Output an Gartenzwergen im Jahre 2011 sein? _________________. Wie hoch wird der Preis der Gartenzwerge sein? _______________. Wie hoch wird die Ertragsrate von Garfield Gartenzwergs Cousin Dwarf auf seine Investition in eine Gartenzwergform sein, die er vor einem Jahr zu einem Preis von € 1.000 bestellte und auch gleich bezahlte? ______________________.

e) Wie bekannt hat Dwarfs Nachbar Schmatz ebenso eine Zwergenform bestellt, die am 1. Jänner 2011 auszuliefern ist. Die Kenntnis der neuen Steuer macht eine Investition in die Zwergenform weniger attraktiv als vor der Steuer, aber Dwarf würde sie trotzdem noch kaufen, wenn sie billig genug wäre, so dass er eine Ertragsrate auf seine Investition von 10 % erzielte. Wie viel sollte er für Schmatz' Form höchstens zahlen? ___________.

f) Wie wird sich Ihrer Meinung nach die Zahl der zur Auslieferung am 1. Jänner 2012 bestellten Zwergenformen ändern: Wird sie im Vergleich zur vorangegangenen Bestellung größer, kleiner oder gleich groß sein? ___________________________________.

g) Die Steuer für Gartenzwerge besteht nun schon seit vielen Jahren und niemand erwartet weitere Änderungen, weder bei der Besteuerung noch bei den Angebots- oder Nachfragebedingungen. Nach einiger Zeit erreicht die Branche ein neues langfristiges Gleichgewicht. Wie hoch wird der neue Gleichgewichtspreis für Gartenzwerge sein? _______.

h) Wer würde kurzfristig die Steuerlast zu tragen haben, die Produzenten oder die Konsumenten? ______________________________________. Würde langfristig der Preis der Zwerge um mehr als, weniger als oder den gleichen Betrag wie die Steuer pro Zwerg steigen? ____.

i) Angenommen am frühen Morgen des 1. Jänner 2011 verkündet die Regierung, dass es eine Gartenzwergsteuer von € 1 geben würde, allerdings erst mit Wirksamkeit 1. Jänner 2012. Wären die Gartenzwergproduzenten notwendigerweise schlechter gestellt als ohne die Steuer? Warum oder warum nicht? ______________________________

____

____.

j) Ist es eigentlich vernünftig anzunehmen, dass die Regierung „überraschend" Steuern einführt, ohne dass die Unternehmungen misstrauisch werden, dass es in Zukunft ähnliche „Überraschungen" geben wird. Angenommen dass aufgrund der Einführung einer Steuer im Jänner 2011 die Zwergproduzenten misstrauisch geworden sind, dass es zur Einführung weiterer Steuern in zukünftigen Jahren kommen könnte. Würde das den Gleichgewichtspreis und die Gleichgewichtsmenge beeinflussen? Wie? __________

____

____.

23.4 □ Gegeben sei eine Branche unter vollständiger Konkurrenz mit einer großen Zahl von Unternehmungen, die alle identische Kostenfunktionen $c(y) = y^2 + 1$ für $y > 0$ und $c(0) = 0$ haben. Nehmen wir an, dass ursprünglich die Nachfrage für diese Branche durch $D(p) = 52 - p$ gegeben ist. (Der Output der Unternehmung muss nicht ganzzahlig sein, die Zahl der Unternehmungen hingegen schon.)

a) Wie lautet die Angebotskurve einer einzelnen Unternehmung? $S(p) =$ ____________. Wie lautet die Angebotskurve der Branche, wenn sie aus n Unternehmungen besteht?

____.

b) Wie hoch ist der niedrigste Preis, zu dem das Produkt verkauft werden kann? ______.

c) Wie groß wird die Zahl der Unternehmungen in dieser Branche im Gleichgewicht sein? (Hinweis: Schätzen Sie einmal, wie hoch der Preis in der Branche sein wird, und probieren Sie dann aus, ob diese Schätzung passt.) ______________________________.

d) Wie hoch wird der Gleichgewichtspreis sein? ______________. Wie groß wird der Output jeder einzelnen Unternehmung im Gleichgewicht sein? ________________.

e) Wie hoch wird der Gleichgewichtsoutput der gesamten Branche sein? ____________.

f) Angenommen die Nachfrage verschiebt sich auf $D(p) = 52{,}5 - p$. Wie groß wird jetzt die Zahl der Unternehmungen sein? (Hinweis: Kann ein neues Unternehmen in diesen Markt eintreten und nicht-negative Gewinne erzielen?) ______________.

g) Wie hoch wird der Gleichgewichtspreis sein? __________. Wie groß wird der Output jeder einzelnen Unternehmung im Gleichgewicht sein? __________. Wie groß werden die Gleichgewichtsgewinne jeder einzelnen Unternehmung sein? __________.

h) Angenommen die Nachfrage verschiebt sich jetzt auf $D(p) = 53 - p$. Wie groß wird jetzt die Zahl der Unternehmungen sein? ______________. Wie hoch wird der neue Gleichgewichtspreis sein? ______________.

i) Wie groß wird der Output jeder einzelnen Unternehmung im Gleichgewicht sein? ______________. Wie groß werden die Gleichgewichtsgewinne jeder einzelnen Unternehmung sein? ______________.

23.5 ■ Bis zum Jahr 2000 hatte die Stadt Hamberg einen mehr oder weniger freien Markt für Taxidienste. Jedes ordentliche Unternehmen konnte Taxidienste anbieten, solange die Fahrer und die Taxis gewissen Sicherheitsstandards entsprachen.

Nehmen wir an, die konstant verlaufenden Grenzkosten pro Taxifahrt seien € 5 und das durchschnittliche Taxi hat eine Kapazität von 20 Fahrten pro Tag. Die Nachfragefunktion nach Taxifahrten sei durch $D(p) = 1.200 - 20p$ gegeben, wobei die Nachfrage in Fahrten pro Tag und der Preis in Euro gemessen werden. Annahmegemäß herrscht in dieser Branche vollständige Konkurrenz.

a) Wie hoch ist im Wettbewerbsgleichgewicht der Preis pro Taxifahrt? (Hinweis: Auf einem Konkurrenzmarkt muss im Gleichgewicht der Preis gleich den Grenzkosten sein.) __________. Wie hoch ist im Gleichgewicht die Zahl der Taxifahrten pro Tag? __________. Wie viele Taxis wird es im Gleichgewicht geben? __________.

b) Im Jahre 2000 richtete die Stadtverwaltung von Hamberg eine Lizenzbehörde für Taxis ein und vergab für jedes bestehende Taxi eine Lizenz. Die Behörde kündigte an, dass sie die Tarife so lange ändern würde, bis die Nachfrage nach Taxifahrten gleich dem Angebot an Fahrten wäre, es würden aber zukünftig keine weiteren Lizenzen vergeben. Die Kosten waren auch im Jahre 2005 noch unverändert, die Nachfrage nach Taxifahrten hatte sich jedoch auf $D(p) = 1.220 - 20p$ geändert. Wie hoch ist der Gleichgewichtspreis einer Taxifahrt im Jahre 2005? ______________.

c) Wie hoch ist der Gewinn pro Fahrt im Jahre 2005, wenn man allfällige Kosten für den Erwerb einer Taxilizenz außer Betracht lässt? ____________________. Wie hoch ist der tägliche Gewinn pro Taxilizenz? __________________. Wie hoch ist der Jahresgewinn, wenn das Taxi täglich in Betrieb ist? ____.

d) Wie hoch wäre der Marktpreis einer Taxilizenz, wenn der Zinssatz 10 % beträgt und man außerdem erwartet, dass die Kosten, die Nachfrage und die Anzahl der Lizenzen für immer unverändert bleiben? ____.

e) Angenommen die Lizenzbehörde entscheidet im Jahr 2005, so viele neue Lizenzen zu vergeben, dass der Fahrpreis auf € 5 sinkt. Wie viele Lizenzen würde sie vergeben müssen? ____.

f) Wie viel wäre eine Taxilizenz bei diesem neuen Preis wert, wenn wir annehmen, dass die Nachfrage in Hamberg nicht mehr wächst? ______________________________.

g) Wie viel würde jeder einzelne derzeitige Lizenznehmer zahlen, um zu verhindern, dass neue Lizenzen erteilt werden? ___________________. Wie viel wären alle Taxiunternehmer insgesamt bereit zu zahlen, um zu verhindern, dass jemals neue Lizenzen vergeben werden? _________________________. Der Gesamtbetrag, den die Konsumenten zahlen würden, damit eine zusätzliche Lizenz erteilt wird, wäre (größer als, kleiner als, genau so groß wie) ____ dieser Betrag.

23.6 ■ In dieser Aufgabe wollen wir das Gleichgewicht der landwirtschaftliche Nutzung von Grund und Boden in der Umgebung einer Stadt ermitteln. Stellen wir uns eine Stadt vor, die in der Mitte einer eher gesichtslosen Ebene liegt. Der Weizenpreis im Stadtzentrum beträgt € 10 pro Zentner, die Kosten für die Produktion eines Zentners Weizen betragen lediglich € 5. Der Transport eines Zentners Weizen in das Zentrum der Stadt kostet pro Kilometer 10 Cent.

a) Schreibe die Gleichung für den Gewinn einer Farm pro Zentner Weizen an, den sie zum Markt transportiert, wenn die Farm t Kilometer vom Stadtzentrum entfernt ist: ____.

b) Nehmen wir an, dass man auf einem Hektar Land 1.000 Zentner Weizen ernten kann. Um wie viel wird man einen Hektar Land pachten können, das t Kilometer vom Markt entfernt liegt? ____.

c) Wie weit muss man vom Markt entfernt sein, damit das Land Null wert ist? _________.

23.7 ▣ Sehen wir uns einmal eine Branche mit 3 Unternehmen an. Angenommen die Unternehmen haben folgende Angebotsfunktionen: $S_1(p) = p$, $S_2(p) = p - 5$ und $S_3(p) = 2p$. Zeichne in die untenstehende Grafik die drei Angebotsfunktionen und die Marktangebotsfunktion ein.

a) Wie hoch ist bei der Marktnachfragefunktion $D(p) = 15$ der Marktpreis? __________. Der Output? __________. Wie groß ist bei diesem Preis die erzeugte Menge des Unternehmens 1? __________. Des Unternehmens 2? __________. Des Unternehmens 3? __________.

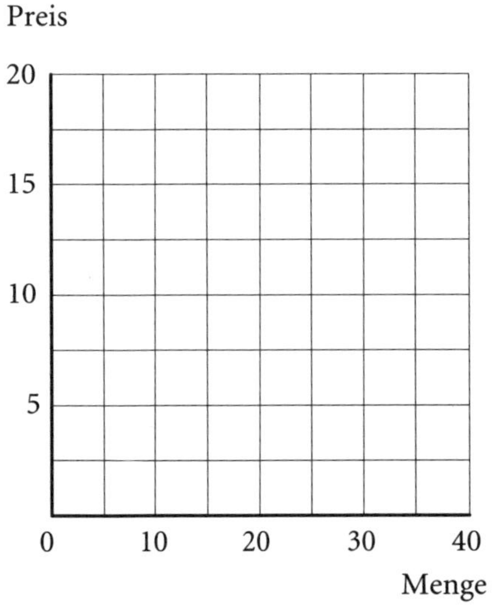

23.8 ☐ Angenommen alle Unternehmungen in einer Branche haben die identische Angebotsfunktion $S_i(p) = p/2$. Zeichne und beschrifte jene vier Marktangebotskurven, die aus jeweils 1, 2, 3 oder 4 Unternehmungen in der Branche resultieren.

a) Wie hoch sind bei einer Nachfragefunktion $D(p) = 3{,}5$ der Gleichgewichtspreis und die Gleichgewichtsmenge, wenn alle Unternehmungen eine Kostenstruktur haben, so dass sie ab einem Preis von unter € 3 Verluste machen würden? Antwort: Preis = __________, Menge = __________. Wie viele Unternehmen gäbe es auf diesem Markt? __________.

b) Wie hoch wären der Gleichgewichtspreis und die Gleichgewichtsmenge, wenn identische Bedingungen herrschten wie im vorangehenden Punkt, mit Ausnahme der Marktnachfragefunktion, die nun $D(p) = 8 - p$ lautete? ______________________________. Wie viele Unternehmungen wären nun am Markt? ______________________________.

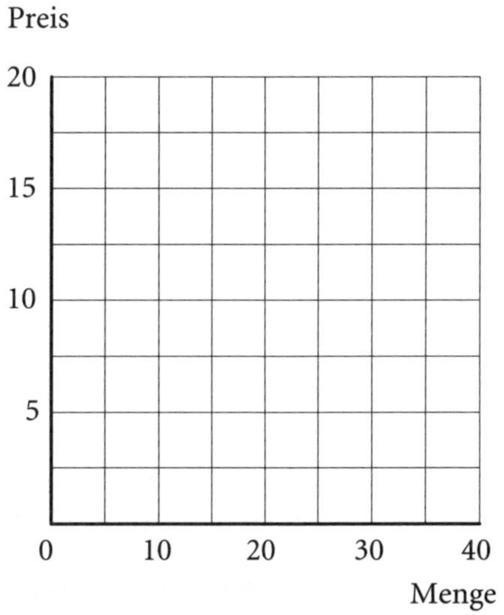

23.9 ☐ Die Versprechenindustrie hat freien Marktzutritt: Jeder kann in diesen Markt eintreten und hat dann dieselbe U-förmige Durchschnittskostenkurve wie alle anderen Unternehmungen dieser Branche.

a) Zeichne mit blau in die folgende Grafik die Durchschnitts- und Grenzkostenkurven einer repräsentativen Unternehmung. Kennzeichne auch das Niveau des Marktpreises im langfristigen Gleichgewicht.

b) Angenommen die Regierung führt eine Steuer t auf jede in der Branche verkaufte Mengeneinheit ein. Zeichne die neue Situation rot in obige Grafik ein. Aufgrund des Modells der vollkommenen Konkurrenz würden wir – nach Anpassung der Branche an die eingeführte Steuer – Folgendes voraussagen: Der Marktpreis würde um ________________ (steigen/fallen) ________________________, es würde in der Branche (mehr/die gleiche Anzahl an/weniger) ____________________________ Unternehmungen geben und das Outputniveau jeder in der Branche verbleibenden Unternehmung würde (steigen, gleich bleiben, fallen) ____________________________________.

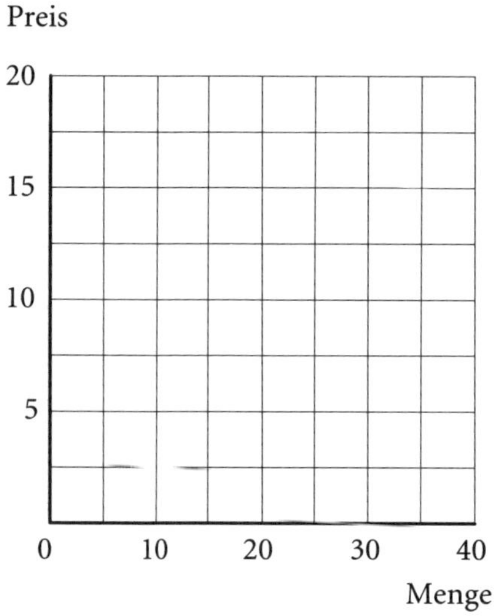

c) Was würde geschehen, wenn der Staat eine Steuer *l* auf jede *Unternehmung* in der Branche einführte. Zeichne die neue Kostensituation in schwarz in die obige Grafik ein. Nach Anpassung der Branche an die eingeführte Steuer würden wir aufgrund des Modells der vollständigen Konkurrenz Folgendes voraussagen: Der Marktpreis würde um ______________ (steigen/fallen) ______________________, es würde in der Branche (mehr/die gleiche Anzahl an/weniger) ______________________________ Unternehmungen geben und das Outputniveau jeder in der Branche verbleibenden Unternehmung würde (steigen/gleich bleiben/fallen) ______________________________.

23.10 ☐ In manchen Staaten muss ein Restaurant, das Alkohol ausschenkt, dafür eine besondere Lizenz besitzen. Nehmen wir an, die Anzahl dieser Lizenzen ist beschränkt, aber sie sind leicht an andere Restaurantbesitzer übertragbar. Angenommen die Bedingungen in dieser Branche entsprechen weitgehend jenen der vollständigen Konkurrenz. Wie hoch sind die durchschnittlichen variablen Kosten in dieser Branche, wenn der jährliche Durchschnittserlös eines Restaurants € 100.000 beträgt und wenn eine Alkohollizenz von einem bestehenden Restaurant gegen eine jährliche Gebühr von € 85.000 geleast werden kann?

____.

23.11 ■ Um wildlebende Kakadus zu schützen, haben die australischen Behörden den Export dieser großen Papageienart gesetzlich verboten. Damit entwickelte sich ein illegaler Kakadu Markt. Die Kosten für das Einfangen eines australischen Kakadus und den Versand nach Europa betragen rund (australische) $ 40 pro Vogel. Die Papageien werden durch Drogen betäubt und dann in Koffern geschmuggelt. Das ist für die Vögel äußerst traumatisch, so dass etwa 50 % aller gefangenen Kakadus während des Transports eingehen. Die Chance, dass ein geschmuggelter Kakadu entdeckt wird, ist etwa 10 %, die dann eingehobene Strafe beträgt

$ 500. Beschlagnahmte Kakadus, die noch leben, werden wieder freigelassen, tote Kakadus werden an Mensen von Universitäten verschenkt.*

a) Die Wahrscheinlichkeit, dass ein geschmuggelter Papagei den Käufer lebend und nicht beschlagnahmt erreicht ist ______________________. Wie hoch ist daher der erwartete Bruttoerlös eines Papageienschmugglers pro verschicktem Papagei, wenn der Preis eines geschmuggelten Papageis gleich p ist? ______________________.

b) Wie hoch sind die erwarteten Kosten, einschließlich der erwarteten Strafen, der Kosten des Einfangens und des Versands, pro Papagei? ______________________.

c) Die Angebotskurve für geschmuggelte Papageien wird eine horizontale Gerade beim Marktpreis von ______________________ sein. (Hinweis: Bei welchem Preis hat der Papageienschmuggler einen Nullgewinn?)

d) Die Nachfragefunktion nach geschmuggelten Papageien pro Jahr in Europa ist $D(p) = 7.200 - 20p$. Wie viele Papageien werden jährlich zum Gleichgewichtspreis in Europa verkauft werden? __________. Wie viele Kakadus müssen in Australien pro Jahr gefangen werden, damit diese Zahl die europäischen Käufer erreicht? ______________.

e) Nehmen wir an, dass die Zollbehörden die lebend beschlagnahmten Kakadus auf dem europäischen Markt verkaufen, anstatt sie freizulassen. Die Gewinne der Kakadu Schmuggler werden durch diese geänderte Politik nicht berührt. Da die Angebotskurve horizontal ist, muss der Gleichgewichtspreis der geschmuggelten Kakadus genauso hoch sein wie der Gleichgewichtspreis bei der Freilassung lebend beschlagnahmter Kakadus. Wie viele lebende Kakadus werden im Gleichgewicht in Europa verkauft werden? ______________________. Wie viele Kakadus werden für immer aus der australischen Wildnis weggeschafft? ______________________.

f) Angenommen der Handel mit Kakadus wird legalisiert. Einfangen und Versand eines Kakadus in einem geräumigen Käfig kostet weiterhin rund $ 40, die Zahl der toten Vögel ist in diesem Fall vernachlässigbar. Wie hoch wäre der Gleichgewichtspreis von Kakadus in Europa? ______________________. Wie viele Kakadus würden nach Europa

---

* Die dieser Aufgabe zugrundeliegende Geschichte beruht auf Tatsachen, mit Ausnahme der Zahlen, die lediglich illustrativen Charakter haben. Es wäre sehr interessant, gute Schätzungen der tatsächlichen Nachfrage- und Kostenfunktionen zu haben.

verschickt? ______________________________. Wie viele Kakadus müssten in Australien für den europäischen Markt gefangen werden? ________________________.

23.12 □ Rhinozeroshörner werden in Japan und China wegen ihrer angeblich aphrodisierenden Eigenschaften ganz besonders geschätzt. Das hat sich für die Nashörner Ostafrikas als besonders verhängnisvoll erwiesen. Obwohl es in den Naturparks von Kenia verboten ist, Nashörner zu töten, wurde ihr Bestand in diesen Parks durch Wilderer fast zur Gänze ausgerottet. Der Preis von Rhinozeroshörnern ist in den letzten Jahren dermaßen gestiegen, dass ein Wilderer durch Tötung eines einzigen Rhinozerosses ein halbes Jahreseinkommen verdienen kann. Derart hohe Erlöse haben es in Ostafrika fast unmöglich gemacht, die Verbote gegen Wildern durchzusetzen.

In Südafrika gibt es ebenfalls große Naturparks mit Rhinozerosbeständen. Tierhüter konnten das Wildern fast zur Gänze verhindern und die südafrikanischen Rhinozerosbestände konnten daher bestens gedeihen. Kürzlich erklärte ein südafrikanischer Tierhüter in einer Sendung der Fernsehserie *Nova*, dass sogar einige Nashörner „geerntet“ werden mussten, um eine Übervölkerung zu vermeiden. „Was geschieht dann mit den Hörnern von Rhinozerossen, die ‚geerntet‘ werden oder eines natürlichen Todes sterben“, fragte der Reporter. Stolz berichtete der Tierhüter, dass wegen der Illegalität des Handels mit Rhinozeroshörnern Südafrika durch den Verkauf der Hörner keinen Beitrag zur internationalen Kriminalität leisten möchte, sondern diese Hörner entweder zerstört oder in – sicheren – Lagerhäusern einlagert.

a) Angenommen alle in Südafrika anfallenden Rhinozeroshörner werden zerstört. Bezeichne die Achsen des untenstehenden Koordinatensystems und zeichne Welt-Angebots- und Nachfragekurven für Rhinozeroshörner blau ein. Kennzeichne den Gleichgewichtspreis und die Gleichgewichtsmenge.

b) Welche der beiden Kurven im Diagramm würde sich in welche Richtung verschieben, wenn Südafrika seine Rhinozeroshörner auf dem Weltmarkt verkaufen würde?

______________________. Zeichne die verschobene(n) Kurve(n) rot in die Grafik ein. Würde durch diese Maßnahme Südafrikas der Verbrauch an Rhinozeroshörnern steigen oder fallen? ______________. Würde der Weltmarktpreis der Rhinozeroshörner steigen oder fallen? ______________. Würde das Wildern von Nashörnern zunehmen oder abnehmen? ______________.

23.13 ▣ Das Angebot von Rhinozeroshörnern ist nicht aufgrund von Bedenken wegen der verruchten Freuden der aphrodisierten Konsumenten verboten, sondern weil diese Verkäufe sich sehr nachteilig auf die Nashörner auswirken. Ebenso liegt der Grund der Beschränkung der Kakaduausfuhr in Australien nicht darin, dass das Halten von Kakadus für unsereinen schlecht wäre. Für Australier ist es sogar legal, Kakadus als Haustiere zu besitzen. Das Motiv der Einschränkung ist einfach der Schutz von Wildtieren vor ihrer Ausrottung.

Bei bestimmten anderen Waren scheint die Gesellschaft kein besonderes Interesse an der Beschränkung des Angebots zu haben, sondern sie will eher deren Konsum einschränken. Ein gutes Beispiel sind illegale Drogen. Der Anbau von Marijuana, zum Beispiel, ist eine einfache Bauerntätigkeit, die für sich genommen nicht schädlicher ist als der Anbau von Mais oder Salat. Die Gesellschaft lehnt in diesem Fall den Konsum von Marijuana ab.

Angenommen Anbau und Versand an die Käufer von Marijuana erfolgt zu konstanten Grenzkosten von € 5 je Dekagramm. Wenn jedoch die Drogenfahnder Marijuana entweder beim Anbau oder bei Händlern finden, beschlagnahmen sie es und bestrafen den Anbieter. Nehmen wir zusätzlich an, dass die Wahrscheinlichkeit einer Beschlagnahmung von Marijuana 0,3 ist und die Strafe, wenn man erwischt wird, € 10 pro Dekagramm beträgt.

a) Wie hoch ist der erwartete Erlös eines Händlers – abzüglich der Strafen –, wenn „auf der Straße“ Marijuana zu einem Preis von p Euro je Dekagramm gehandelt wird?

______________. Wie hoch wäre dann der Gleichgewichtspreis von Marijuana?

______________________________.

b) Nehmen wir an, dass die Nachfragefunktion nach Marijuana durch die Gleichung $Q = A - Bp$ dargestellt werden kann. Wie groß wird der Marijuanaverbrauch im Gleichgewicht sein, wenn das gesamte beschlagnahmte Marijuana vernichtet wird?

______________. Angenommen das beschlagnahmte Marijuana wird nicht vernichtet, sondern am Markt verkauft. Wie hoch wird dann im Gleichgewicht der Marijuanaverbrauch sein? ______________________.

c) Der Marijuanapreis wird (steigen, fallen, gleich bleiben) ______________________.

d) Angenommen die Marijuanaerzeugung weist keine konstanten sondern steigende Grenzkosten auf. Würde der Verbrauch größer sein, wenn das beschlagnahmte Marijuana verkauft würde, anstatt es zu vernichtet? Erläutere: ______________________________

____

____.

24 Monopol

Einleitung

Man findet den Gewinn maximierenden Output eines Monopolisten, indem man jene Menge sucht, bei welcher der Grenzerlös gleich den Grenzkosten ist. Den Preis des Monopolisten findet man dann durch Einsetzen der gefundenen Menge in die Nachfragefunktion. Den Grenzerlös findet man im Allgemeinen durch erste Ableitung der Gesamterlösfunktion nach der Menge. Im Sonderfall einer linearen Nachfragekurve ist es ganz einfach, die Grenzerlöskurve grafisch zu finden. Bei einer linearen inversen Nachfragefunktion $p(y) = a - by$ nimmt die Grenzkostenfunktion immer die Form $MR(y) = a - 2by$ an.

Aufgaben

24.1 ☐ Professor Bong hat soeben ihr erstes Lehrbuch der Punk-Ökonomie veröffentlicht. Es hat den Titel *Aufbruch entlang Deiner Isoquante*. Nach den Ergebnissen der Marktforschung wird die Nachfragekurve nach diesem Buch voraussichtlich $Q = 2.000 - 100P$ sein, wobei P der Preis des Buchs ist. Das Setzen des Buchs, Voraussetzung für den Druck, wird € 1.000 kosten. Zusätzlich entstehen Grenzkosten von € 4 je gedrucktem Buch.

a) Die Gesamterlösfunktion für Professor Bongs Buch ist $R(Q) =$ __________________.

b) Die Gesamtkostenfunktion für Professor Bongs Buch ist $C(Q) =$ __________________.

c) Die Grenzerlösfunktion lautet $MR(Q) =$ __________________ und die Grenzkostenfunktion lautet $MC(Q) =$ __________________. Um ihren Gewinn zu maximieren, sollte Professor Bong $Q^* =$ __________________ Bücher verkaufen.

24.2 ☐ Manfred Morgen verkauft Taubenkuchen im Central Park. Er ist dort der einzige Anbieter dieser Delikatesse. Wegen des im Park reichhaltig vorhandenen Angebots an dem benötigten Rohmaterial sind seine Kosten praktisch Null.

a) Zu Beginn seiner Geschäftstätigkeit war die inverse Nachfragekurve nach Taubenkuchen durch $p(y) = 100 - y$ gegeben, wobei der Preis, p, in Cents gemessen wird, und y die Anzahl der verkauften Kuchen misst. Zeichne diese Kurve in die folgende Grafik schwarz ein. In dieselbe Grafik zeichne die Grenzerlöskurve rot ein.

b) Bei welchem Outputniveau wird Manfred seinen Gewinn maximieren? ____________.

Welchen Preis wird er je Kuchen verlangen? ______________________________.

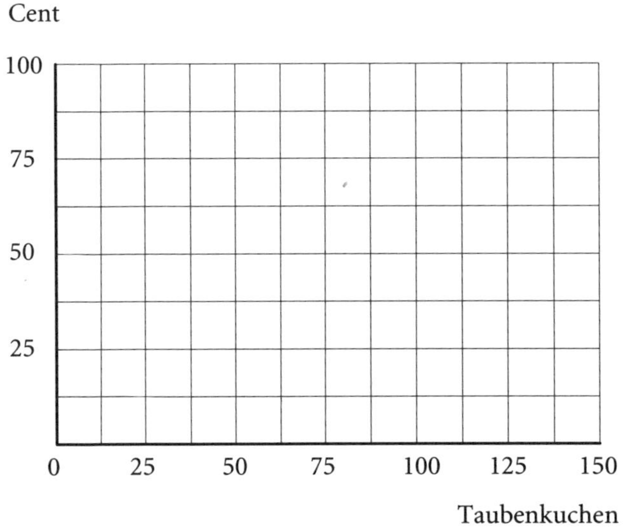

c) Nach einigen Monaten bemerkt Manfred, dass sich die Nachfragekurve verschoben hat, und zwar auf $p(y) = 75 - y/2$. Zeichne diese Nachfragekurve blau in obige Grafik ein, die neue Grenzerlöskurve schwarz.

d) Wie groß ist sein Gewinn maximierender Output zum neuen Preis? ______________.

Wie hoch ist der Gewinn maximierende Preis? ____________________________.

24.3 ☐ Nehmen wir an, dass laut der Nachfragefunktion nach japanischen Autos in der Europäischen Union jährlich $250 - 2P$ Autos (in Tausend) verkauft werden, wobei P der Preis japanischer Autos in € 1.000 ist.

a) Wie viele japanische Autos werden im Gleichgewicht jährlich in der EU verkauft, wenn die Angebotskurve eine Horizontale beim Preis von € 5.000 ist? ____________________ Tausend. Wie viel werden die Europäer insgesamt für japanische Autos ausgeben? ____________________ Milliarden Euros.

b) Nehmen wir an, dass unter dem Druck europäischer Autohersteller ein Zoll auf japanische Autos in der Form eingehoben wird, dass die japanischen Hersteller für jedes nach Europa exportierte Auto € 2.000 an die Europäische Union zahlen müssen. Wie viele japanische Autos werden jetzt in der Europäischen Union verkauft werden?

_________________________ Tausend. Zu welchem Preis werden sie verkauft

werden? _________________________ Tausend.

c) Wie hoch werden die Einnahmen der EU aus diesem Zoll sein? __________ Millionen Euro.

d) Auf der untenstehenden Grafik wird auf der vertikalen Achse jener Preis gemessen, den die europäischen Konsumenten zahlen müssen. Zeichne die Nachfrage- und Angebotskurven vor Einführung des Zolls blau ein. Nach der Einführung des Zolls verschiebt sich die Angebotskurve, die Nachfragekurve bleibt unverändert. Zeichne die neue Angebotskurve rot ein.

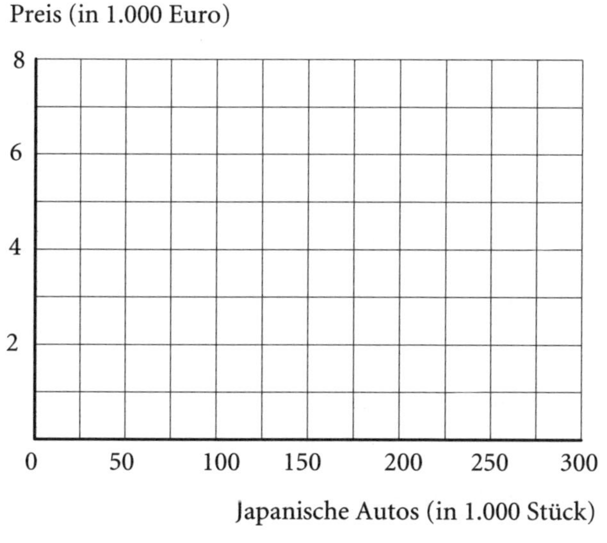

e) Angenommen es gelingt der Europäischen Kommission, anstatt der Einhebung des Zolls die japanische Regierung zur Einführung sog. „freiwilliger Exportbeschränkungen" hinsichtlich ihrer Automobilexporte in die Europäische Union zu überreden. Nehmen wir an, die Japaner stimmen dieser Beschränkung in der Form zu, dass für jedes nach Europa exportierte Auto eine Exportgenehmigung erforderlich ist. Weiterhin sei angenommen, dass die japanische Regierung nur 236.000 Exportgenehmigungen erteilt, die sie an japanische Unternehmungen verkauft. Wie hoch wird der für japanische Autos verlangte Preis in der EU sein, wenn die Japaner die Nachfragefunktion in der EU kennen und außerdem wissen, dass nur insgesamt 236.000 Autos jährlich in Europa verkauft werden

dürfen? _________________________ Tausend Euro.

f) Wie viel wird ein japanisches Unternehmen für eine Exportgenehmigung zahlen wollen?

_________________________ Tausend Euro. (Hinweis: Überlege, wie viel die Herstellung eines Autos kostet und um wie viel es verkauft werden kann, wenn man eine Exportgenehmigung hat.)

g) Wie hoch wird der Gesamterlös der japanischen Regierung aus dem Verkauf der Exportgenehmigungen sein? ______________________ Millionen Euro.

h) Wie viel werden die Europäer für japanische Autos ausgeben? ____________ Milliarden Euro.

i) Warum würden sich die Japaner „freiwillig" Exportbeschränkungen unterwerfen? _____

____

____

____.

24.4 ☐ Ein Monopolist sieht sich der inversen Nachfragekurve $p(y) = 12 - y$ gegenüber, seine Kostenkurve lautet $c(y) = y^2$.

a) Wie hoch wird sein Gewinn maximierendes Outputniveau sein? _______________.

b) Angenommen der Staat besteuert den Monopolisten in der Form, dass er für jede verkaufte Einheit € 2 an den Staat abführen muss. Wie hoch wird sein Output bei dieser Art der Besteuerung sein? ____.

c) Angenommen der Staat hebt nun eine Pauschalsteuer von € 10 auf den Gewinn des Monopolisten ein. Wie hoch wird nun sein Output sein? _______________________.

24.5 ▣ In Gomorra gibt es nur eine Tageszeitung, *Verleumdung Heute*. Die Nachfrage nach dieser Zeitung hängt von ihrem Preis und der Menge der Skandalgeschichten ab. Die Nachfragefunktion lautet $Q = 15S^{1/2}P^{-3}$, wobei Q die Verkaufszahl pro Tag, S die Zahl der Spaltenzentimeter der Skandalgeschichten und P der Preis pro Zeitung ist. In Gomorra sind Skandale kein knappes Gut, man braucht jedoch Ressourcen für das Schreiben, Editieren und Drucken der Skandalgeschichten. Die Reportagekosten für S Einheiten an Skandalgeschichten betragen $10S$ Schekel. Diese Kosten hängen nicht von der Zahl der verkauften Zeitungen ab. Zusätzlich entstehen Kosten für den Druck und die Auslieferung der Zeitungen, und zwar in Höhe von 0,10 Schekel pro Exemplar. Diese Kosten sind wieder unabhängig vom Ausmaß der berichteten Skandale. Somit sind Gesamtkosten für den Druck von Q Exemplaren der Zeitung mit S Spaltenzentimetern an Skandalgeschichten $10S + 0{,}10Q$ Schekel.

a) Berechne die Preiselastizität der Nachfrage für *Verleumdung Heute*: ______________.

Hängt die Preiselastizität vom Umfang der Skandalgeschichten ab? ______________. Ist die Preiselastizität konstant für alle Preise? ________________________.

b) Wie erinnerlich ist $MR = P[1+ (1/\varepsilon)]$. Um den Gewinn zu maximieren, wird *Verleumdung Heute* den Grenzerlös gleich den Grenzkosten setzen. Finde den Gewinn maximierenden Preis, den *Verleumdung Heute* je Zeitung verlangen soll: ______________. Wenn die Zeitung diesen Preis verlangt, ist die Differenz zwischen dem Preis und den Grenzkosten für Druck und Auslieferung jeder Zeitung gleich ________________.

c) Wie viele Exemplare würden von *Verleumdung Heute* verkauft, wenn der Gewinn maximierende Preis verlangt und 100 Spaltenzentimeter an Skandalgeschichten gedruckt würden? (Runde auf die nächste ganze Stelle.) ____________________. Schreibe einen allgemeinen Ausdruck für die Anzahl der verkauften Exemplare als eine Funktion von S an: $Q(S)$ = ____________________________________.

d) Nehmen wir an, die Zeitung verlangt den Gewinn maximierenden Preis; schreibe den Gewinn als eine Funktion von Q und S an: ____________________. Verwende die Lösung für $Q(S)$ aus Abschnitt c) und substituiere sie für Q im obigen Ausdruck; dann erhält man einen Ausdruck für den Gewinn nur als eine Funktion von S:

____.

e) Wie groß wäre die Zahl der Gewinn maximierenden Spaltenzentimeter an Skandalberichten, wenn *Verleumdung Heute* ihren Gewinn maximierenden Preis verlangt?

__________________. Wie viele Exemplare werden verkauft? ________________.

Wie hoch ist der maximale Gewinn der *Verleumdung Heute*? ____________________.

24.6 □ Zeichne in die folgende Grafik die inverse Nachfragekurve $p_1(y) = 200 - y$ schwarz ein.

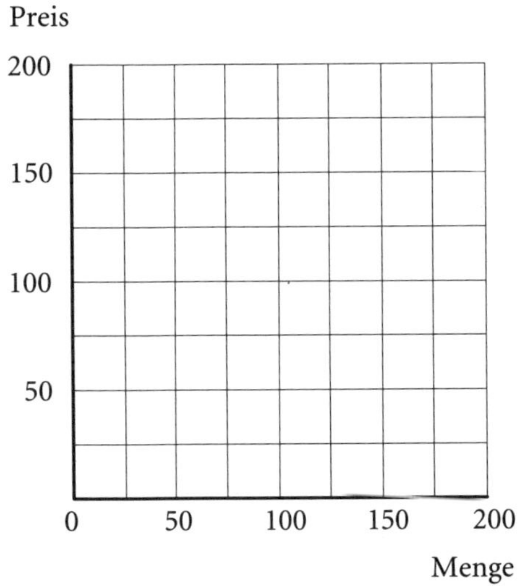

a) Für welchen Punkt auf dieser Kurve wird sich der Monopolist entscheiden, wenn seine Kosten Null sind? ______________________________.

b) Zeichne nun eine weitere Nachfragekurve durch den Gewinn maximierenden Punkt, die flacher als die ursprüngliche Nachfragekurve verläuft. Bezeichne jenen Teil dieser neuen Nachfragekurve, auf dem der Monopolist agieren würde, mit roter Farbe. (Hinweis: Erinnerst Du Dich an das Konzept der bekundeten Präferenzen?)

c) Bei der neuen Nachfragekurve würde der Monopolist gegenüber der alten Nachfrage einen (größeren, kleineren) ______________________ Gewinn erzielen.

25 Monopolverhalten

Einleitung

Die Aufgaben dieses Kapitels beschäftigen sich mit den Möglichkeiten der Preisdiskriminierung durch Monopolistinnen. Zusätzlich finden sich Aufgaben zur Raumdimension der Märkte, wo es gilt, Transportkosten zu berücksichtigen, und wo gezeigt wird, was uns diese räumlichen Modelle im Hinblick auf Wettbewerb bei Produktdifferenzierung in Wirtschaft und in Politik lehren.

Erinnern wir uns: Eine Preis diskriminierende Unternehmung möchte, dass der *Grenzerlös* auf jedem Markt gleich den Grenzkosten der Produktion ist. Da sie ihren gesamten Output in einer Produktionsstätte erzeugt, sind ihre Grenzkosten auf beiden Märkten gleich, sie hängen nämlich nur von ihrer *Gesamt*produktion ab. Der Trick zur Lösung dieser Probleme besteht darin, dass man den Grenzerlös auf jedem Markt als eine Funktion der auf diesem Markt verkauften Menge betrachtet, die Grenzkosten hingegen als eine Funktion der Summe der auf beiden Märkten verkauften Mengen. Wenn die Grenzkosten konstant sind, dann ist die Aufgabe natürlich einfacher, man muss lediglich für jeden Markt jene Mengen finden, für die der jeweilige Grenzerlös gleich den konstanten Grenzkosten ist.

Beispiel

Eine Monopolistin verkauft auf zwei Märkten. Die inverse Nachfragekurve am Markt 1 lautet $p_1 = 200 - q_1$, die inverse Nachfragekurve am Markt 2 ist $p_2 = 300 - q_2$. Die Gesamtkostenfunktion des Unternehmens ist $C(q_1 + q_2) = (q_1 + q_2)^2$. Das Unternehmen kann zwischen den beiden Märkten Preis diskriminieren. Wir wollen die Preise herausfinden, die es auf jedem Markt verlangt. Am Markt 1 ist der Grenzerlös des Unternehmens $200 - 2q_1$, auf Markt 2 ist er $300 - 2q_2$. Die Grenzkosten des Unternehmens sind $2(q_1 + q_2)$. Um seinen Gewinn zu maximieren, setzt das Unternehmen den Grenzerlös auf jedem Markt den Grenzkosten gleich. Wir erhalten somit die zwei Gleichungen, nämlich $200 - 2q_1 = 2(q_1 + q_2)$ und $300 - 2q_2 = 2(q_1 + q_2)$. Lösung dieser beiden Gleichungen nach den zwei Unbekannten q_1 und q_2 ergibt $q_1 = 16{,}67$ und $q_2 = 66{,}67$. Durch Einsetzen dieser beiden Mengen in die jeweilige Nachfragefunktion können wir die auf den beiden Märkten verlangten Preise ermitteln. Der auf Markt 1 verlangte Preis beträgt 183,33, jener auf Markt 2 ist 233,33.

? Aufgaben

25.1 ☐ Ferdinand Schlamm hat soeben ein weiteres widerliches Buch veröffentlicht, *Orgien im Schweinestall*. Sein Verlag, Bourgenold, schätzt die Nachfrage nach diesem Buch in Deutschland mit $Q_1 = 50.000 - 2.000P_1$, wobei P_1 der Preis in Deutschland ist, gemessen in Euros. Die Nachfrage nach Schlamms Werk in Österreich ist $Q_2 = 10.000 - 500P_2$, wobei P_2 der Preis in Österreich ist, ebenfalls gemessen in Euros. Sein Verlag hat die Kostenfunktion $C(Q) = 50.000 + 2Q$, wobei Q die Gesamtzahl der verkauften Exemplare von *Orgien* ist.

a) Wie viele Exemplare sollte Bourgenold verkaufen ________, welchen Preis sollte er zur Maximierung seines Gewinns verlangen ________ und wie hoch wird dann dieser Gewinn sein ________, wenn er in beiden Ländern zum selben Preis verkaufen muss?

b) Nun kann Bourgenold in jedem Land unterschiedliche Preise verlangen, er will noch immer seinen Gewinn maximieren. Wie viele Exemplare sollte er in den Deutschland verkaufen? ________________. Welchen Preis sollte er in den Deutschland verlangen? ________________. Wie viele Exemplare sollte er in Österreich verkaufen? ________________. Welchen Preis sollte er in Österreich verlangen? ____________. Wie hoch wird sein Gesamtgewinn sein? ____________.

25.2 ☐ Ein Monopolist sieht sich einer inversen Nachfragekurve $p(y) = 100 - 2y$ gegenüber, er hat konstante Grenzkosten von 20.

a) Wie hoch ist sein Gewinn maximierendes Outputniveau? ________________.

b) Wie hoch ist sein Gewinn maximierender Preis? ________________.

c) Wie hoch ist der gesellschaftlich optimale Preis dieses Unternehmens? ________.

d) Wie hoch ist das gesellschaftlich optimale Outputniveau dieses Unternehmens? ____.

e) Wie groß ist der Wohlfahrtsverlust aufgrund des Monopolverhaltens dieses Unternehmens? ________________________________.

f) Nehmen wir nun an, dieser Monopolist könnte perfekte Preisdiskriminierung betreiben und jede einzelne Outputeinheit zum höchsten erzielbaren Preis verkaufen. In diesem Fall wäre der Wohlfahrtsverlust ________________________.

* **25.3** ▣ Die Bananen-Computergesellschaft (BCG) verkauft Bananen-Computer auf dem inländischen und auf dem ausländischen Markt. Aufgrund unterschiedlicher Stromsysteme kann ein auf dem einen Markt gekaufter Bananen-Computer auf dem anderen nicht verwendet werden. Die Nachfrage- und Grenzerlöskurven auf den beiden Märkten lauten wie folgt:

$$P_i = 20.000 - 20Q \qquad P_a = 25.000 - 50Q$$

$$MR_i = 20.000 - 40Q \qquad MR_a = 25.000 - 100Q$$

Der Produktionsprozess der BCG weist konstante Skalenerträge auf, man braucht € 1.000.000 zur Herstellung von 100 Computern.

a) Die langfristige Durchschnittskostenkurve der BCG ist $AC(Q)$ = ____________

und ihre langfristige Grenzkostenkurve ist $MC(Q)$ = ____________.

(Hinweis: Ändern sich bei konstanten Skalenerträgen die langfristigen Durchschnittskosten, wenn sich der Output ändert?) Zeichne die Durchschnitts- und Grenzkostenkurven in die Grafik ein.

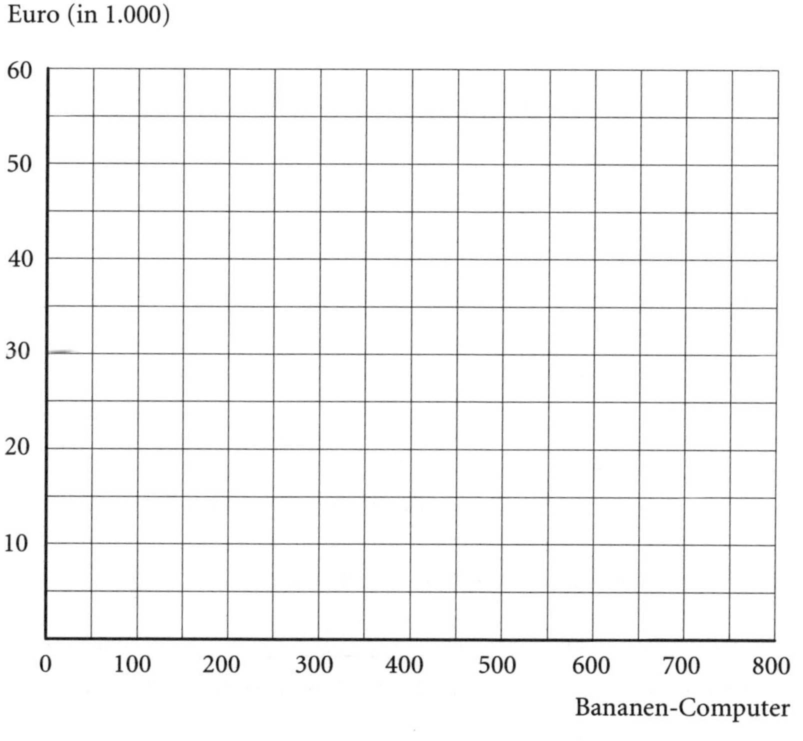

b) Zeichne die Nachfragekurve des inländischen Marktes schwarz und die Grenzkostenkurve auf dem inländischen Markt mit Bleistift ein. Zeichne die Nachfragekurve auf dem ausländischen Markt rot, die Grenzerlöskurve auf dem ausländischen Markt blau ein.

c) Wenn BCG ihre Gewinne maximiert, wird sie _____ Computer auf dem inländischen Markt zu _______ Euro das Stück verkaufen; auf dem ausländischen Markt _________ Computer zu _______ Euro das Stück. Wie hoch ist BCGs Gesamtgewinn? _________.

d) Wie hoch ist bei der Gewinn maximierenden Preis-Mengen-Kombination im Inland die Preiselastizität der Nachfrage? ________________. Im Ausland? ________________. Ist auf dem Markt mit dem höheren Preis die Nachfrage mehr oder weniger elastisch?

____.

e) Angenommen jemand findet eine Möglichkeit, um einen Bananen-Computer, der für den einen Markt gebaut wurde, mittels Kabelveränderung kostenlos so zu modifizieren, dass er nun auch auf dem anderen Markt funktioniert. (Vernachlässige die Transportkosten.) Zeichne auf der folgenden Grafik die neue inverse Nachfragekurve (in blau) und Grenzkostenkurve (in schwarz) ein, mit denen BCG nunmehr konfrontiert ist.

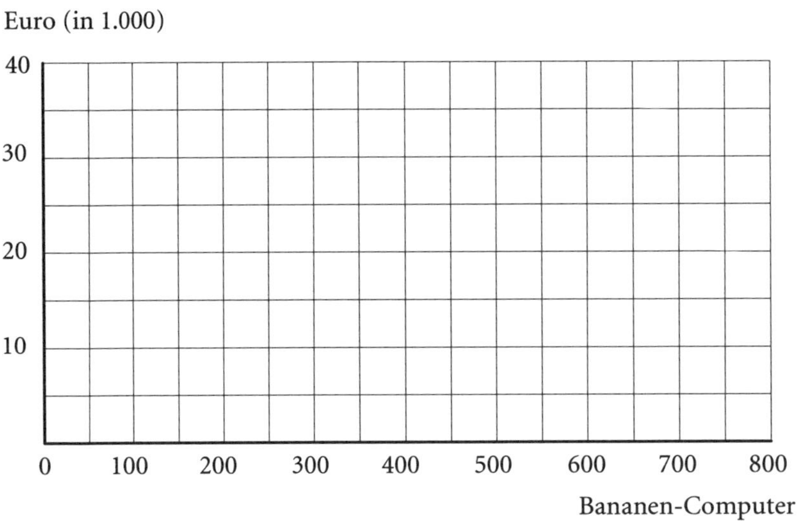

f) Wie viele Computer sollte BCG bei unveränderten Kosten verkaufen? ____________.

Welchen Preis wird das Unternehmen verlangen? ___________________. Wie werden sich nun die Gewinne von BCG verändern, wenn keine Preisdiskriminierung mehr möglich ist? ____.

25.4 ☐ Ein Monopolist hat die Kostenfunktion $c(y) = y^2$ und er sieht sich der Nachfragefunktion $P(y) = 120 - y$ gegenüber.

a) Wie hoch ist sein Gewinn maximierendes Outputniveau? ______________________.

Welchen Preis wird der Monopolist verlangen? ______________________.

b) Wie hoch wäre der Output des Monopolisten, wenn er mit einer Pauschalsteuer von € 100 belegt würde? ______________________.

c) Welchen Höchstpreis sollte man festlegen, um die Summe aus Konsumenten- und Produzentenrente zu maximieren? ______________________.

d) Wie viel Output wird der Monopolist bei diesem Höchstpreis erzeugen? ____________.

e) Angenommen anstelle der Pauschalsteuer wird der Output des Monopolisten mit € 20 je Einheit besteuert. Wie hoch ist nun sein Gewinn maximierendes Outputniveau? ______________________.

25.5 ▣ Das Hypertheater ist das Kino in einer mittelgroßen Universitätsstadt. Dieses Kino zeigt außergewöhnliche Filme und verwöhnt frühzeitig ankommende Kinobesucher mit Orgelmusik und Bugs Bunny Cartoons. An Öffnungstagen müssen die Besitzerinnen einen fixen Betrag pro Abend von € 500 für die Filme, Platzanweiser usw. bezahlen, der unabhängig von der Zahl der Besucher ist. Der Einfachheit halber nehmen wir an, dass an Tagen, an denen keine Vorstellungen stattfinden, die Kosten gleich Null sind. Die abendliche Nachfrage der Studentinnen nach den Filmen des Hypertheaters ist $Q_S = 220 - 40P_S$. Die Nachfrage von nicht-studentischen Kinobesucherinnen ist $Q_N = 140 - 20P_N$ pro Abend.

a) Wenn das Hypertheater von jeder Besucherin einen einheitlichen Preis, P_T, verlangt, dann ist die aggregierte Nachfragefunktion nach Kinokarten zu Preisen zwischen € 0 und € 5,50 $Q_T(P_T)$ = ______________________. In diesem Preisbereich ist daher die inverse Nachfragefunktion $P_T(Q_T)$ = ______________________.

b) Wie groß ist die Gewinn maximierende Anzahl an Karten, wenn das Hypertheater jederfrau denselben Preis verrechnet? ____________. Zu welchem Preis würde diese Anzahl von Karten verkauft werden? ____________. Wie hoch wäre der Gewinn des Hypertheaters? ____________. Wie viele Karten würden an Studentinnen verkauft werden? ____________. Und an Nicht-Studentinnen? ____________.

c) Nehmen wir an, die Studentinnen können von den Nicht-Studentinnen beim Eingang eindeutig durch Vorzeigen ihres Studentinnenausweises unterschieden werden. Studentinnen können ihre Eintrittskarten auch nicht an Nicht-Studentinnen, die ja über keinen Studentinnenausweis verfügen, weiter verkaufen. Unter diesen Voraussetzungen kann das Hypertheater seinen Gewinn erhöhen, wenn es von Studentinnen und von Nicht-Studentinnen verschiedene Eintrittspreise verlangt. Welcher Preis wird von den Studentinnen verlangt werden? __________________. Wie viele Studentinnenkarten werden verkauft werden? __________________. Welcher Preis wird von den Nicht-Studentinnen verlangt werden? __________________. Wie viele Nicht-Studentinnenkarten werden verkauft werden? ________________________. Wie hoch wird der Gewinn des Hypertheaters sein? ____________________________________.

d) Wer mit der Differentialrechnung vertraut ist, wird auch diesen letzten Teil der Aufgabe lösen können. Angenommen das Hypertheater hat eine Kapazität von 150 Personen und der Manager möchte den Gewinn durch unterschiedliche Preise für Studentinnen und Nicht-Studentinnen maximieren. Wie viele Eintrittskarten können bei einer Kapazität von 150 Plätzen maximal an Nicht-Studentinnen verkauft werden, wenn Q_S Karten an Studentinnen verkauft werden? $Q_N =$ __________________. Schreibe eine Formel für den Preis der Karten für *Nicht-Studentinnen* als eine Funktion der an *Studentinnen* verkauften Karten an: (Hinweis: Ermittle zuerst die inverse nicht-studentische Nachfragefunktion.) ________________________________. Schreibe die Formel für den Gewinn des Hypertheaters als eine Funktion der Eintrittskarten für Studentinnen, Q_S: (Hinweis: Substituiere aus den bisherigen Antworten.) ____. Wie viele Karten sollte das Hypertheater an Studentinnen verkaufen, um seinen Gewinn zu maximieren? __________________. Wie hoch ist der Eintrittspreis für Studentinnen? __________________. Wie viele Eintrittskarten werden an Nicht-Studentinnen verkauft? __________________. Wie hoch ist der Eintrittspreis für Nicht-Studentinnen? __________________. Wie hoch ist unter diesen Voraussetzungen der Gewinn des Hypertheaters? __________________.

25.6 ■ Das *Mall Street Journal* überlegt als neue Dienstleistung Lesern Artikel per Email zu senden. Seine Marktforschung zeigte, dass es zwei Typen potenzieller Nutzer dieses Dienstes gibt, mittellose Studenten der Mikroökonomie und hochrangige Geschäftsleute. Wir wollen die Anzahl der Artikel, die ein Nutzer pro Jahr verlangt, mit x bezeichnen. Die Geschäftsleute haben die inverse Nachfragefunktion $P_G(x) = 100 - x$, die Studenten eine inverse Nachfragefunktion von $P_S(x) = 80 - x$. (Preise werden in Cent gemessen.) Die Grenzkosten des *Mall Street Journal* für den Email-Versand der Artikel sind Null. Zeichne die Nachfragefunktionen in die folgende Grafik und bezeichne sie.

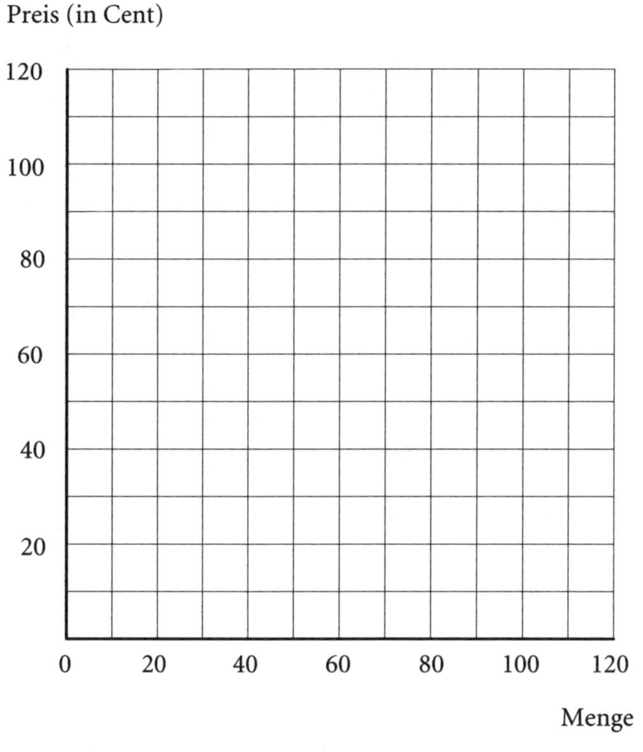

a) Angenommen das *Journal* kann die Nutzer als Geschäftsleute oder Studenten identifizieren. Es entscheidet, den Nutzern eine fixe Anzahl von Artikel pro Jahr um einen fixen Preis anzubieten. Ein Student kann entweder Zugang zu 80 Artikel pro Jahr kaufen oder gar nichts. Wie viel wird ein Student für 80 Artikel maximal zahlen wollen? ________ ____________________________. (Hinweis: Erinnere Dich an den Abschnitt über die Konsumentenrente und die Fläche unter der Nachfragekurve.) Ein Geschäftsmann kann entweder Zugang zu 100 Artikel pro Jahr kaufen oder gar nichts. Wie viel wird ein Geschäftsmann für 100 Artikel maximal zahlen wollen? ____________________________.

b) Angenommen das *Journal* kann nicht feststellen, welche der Nutzer Geschäftsleute und welche Studenten sind. Es kann daher nicht ausschließen, dass Geschäftsleute ein Studentenpaket kaufen, wenn ihnen das besser entspricht. In diesem Fall kann das *Journal* weiterhin zwei Pakete anbieten und die Nutzer selbst aussuchen lassen, welches für sie das günstigere ist. Nehmen wir an, es bietet zwei Pakete an: Eines ermöglicht den Bezug von maximal 80 Artikeln pro Jahr, das andere von maximal 100 Artikeln jährlich. Was ist der höchste Preis, den Studenten für das Abonnement von 80 Artikeln zahlen würden?

____.

c) Welche (Brutto-) Konsumentenrente würden die Geschäftsleute erzielen, wenn sie pro Jahr 80 Artikel lesen? ______________________. (Hinweis: Schau Dir die Fläche unter der Nachfragekurve rechts von einer vertikalen Geraden bei 80 Artikel an.)

d) Wie hoch ist der Maximalpreis, den das *Journal* für 100 Artikel pro Jahr verlangen kann, wenn es möchte, dass Geschäftsleute dieser Variante den Vorzug geben gegenüber einem Kauf von 80 Artikel jährlich zum höchsten Preis, den die Studenten zu zahlen bereit sind? ______________________________________.

e) Angenommen das *Mall Street Journal* bietet im ‚Studentenpaket' nur 60 Artikel an. Wie viel könnte es höchstens verlangen, sodass die Studenten dieses Paket noch immer zu kaufen bereit sind? ________________________________.

f) Welche *Netto*-Konsumentenrente würden die Geschäftsleute erzielen, wenn sie das ‚Studentenpaket' von 60 Artikeln zu diesem Preis kauften? ________________.

g) Welchen Höchstpreis könnte *das Mall Street Journal* für ein 100-Artikel-Paket verlangen und erwarten, dass die Geschäftsleute dieses Paket an Stelle des Studentenpakets kaufen?

____.

h) Wenn die Zahl der Geschäftsleute gleich der Zahl der Studenten ist, wäre der Gewinn des *Mall Street Journal* größer, wenn es ein Studentenpaket mit 80 oder ein Studentenpaket mit 60 Artikeln anbietet? ______________________________.

25.7 ■ Bill Barriere, Chef des Software-Unternehmens MightySoft, denkt über eine neue Marketingstrategie nach, und zwar das Bündeln der meistverkauften Textverarbeitung mit dem Tabellenprogramm und Verkauf dieses Software-Paares zu einem Preis.

Aus Sicht des Unternehmens hat das Bündeln der Software und Verkauf zu einem reduzierten Preis zwei Auswirkungen auf die Umsätze: 1) Erlöse steigen aufgrund der zusätzlichen Verkäufe des Bündels; und 2) Erlöse sinken, weil es weniger Nachfrage nach den einzelnen Komponenten des Bündels gibt.

Ob Bündeln zu einer Gewinnsteigerung führt, hängt davon ab, welcher der beiden Effekte dominiert. Angenommen MightySoft verkauft die Textverarbeitung um € 200 und das Tabellenprogramm um € 250. Eine Markterhebung bei 100 Personen, die eines dieser beiden Produkte während des letzten Jahres gekauft hatten, führte zu folgendem Ergebnis:

1. 20 Personen kaufen beides.
2. 40 Personen kauften nur die Textverarbeitung. Sie wären bereit, maximal weitere € 120 für das Tabellenprogramm auszugeben
3. 40 Personen kauften nur das Tabellenprogramm. Sie wären bereit, maximal weitere € 100 für die Textverarbeitung auszugeben.

Bei der Beantwortung der folgenden Fragen sollen folgende Annahmen gelten:

1. Zukünftige Käufer der Produkte von MightySoft haben dieselben Charakteristika wie die bisherigen.
2. Die Grenzkosten der Produktion zusätzlicher Kopien jedes Software-Paketes sind Null.
3. Die Grenzkosten des Bündelns sind Null.

a) Nehmen wir an, MightySoft bietet die Produkte sowohl getrennt als auch im Bündel an. Um den Preis für das Bündel festzusetzen, stellt Bill Barriere folgende Überlegungen an: Um das Bündel an die Käufer der Textverarbeitung zu verkaufen, müsste der Preis niedriger als ____________________ sein.

b) Um das Bündel an die Nutzer des Tabellenprogramms zu verkaufen, müsste der Preis niedriger als ____________________ sein.

c) Wie hoch wäre MightySofts Gewinn bei 100 Nutzern, wenn es für das Bündel einen Preis von € 320 festlegte? ____.

d) Wie hoch wäre MightySofts Gewinn bei 100 Nutzern, wenn es für das Bündel einen Preis von € 350 festlegte? ____.

e) Welchen Preis sollte MightySoft verlangen, wenn es das Bündel anbietet? __________.

f) Wie hoch wäre der Gewinn ohne Bündelung? ____________________________.

g) Wie hoch wäre der Gewinn mit Bündelung? ______________________________.

h) Was ist Gewinn bringender, Bündeln oder nicht zu Bündeln? ________________.

i) Angenommen MightySoft hat Zweifel an der Zuverlässigkeit der Marktforschung und verlässt sich lieber auf seine Meinung, dass ohne Bündelung t Personen beide Produkte kaufen werden, dass $(100 - t)/2$ Personen nur die Textverarbeitung und $(100 - t)/2$ Personen nur das Tabellenprogramm kaufen werden. Berechne den Gewinn ohne Bündeln:

____.

j) Wie hoch ist der Gewinn mit Bündeln? ________________________________.

k) Für welche Werte von t würde sich Bündeln nicht lohnen? ______________________

____.

l) Bis jetzt hat sich die Analyse nur auf Kunden bezogen, die zumindest eines der Programme zu den ursprünglichen Preisen kaufen würden. Gibt es zusätzliche Nachfrage für das Bündel? Was bedeutet das für unsere Berechnungen über die Gewinnträchtigkeit des Bündelns? ______________________________________

____

____

____.

25.8 ☐ Oberst Tom Barker eröffnet soeben seinen neuesten Vergnügungspark, Elvis Welt. Elvis Welt bietet eine Reihe fantastischer Attraktionen: Man kann den „Blue-Suede-Schuss" hinunterrasen, auf den „Jailhouse Rock" klettern und im „Heartburn Hotel" zu Abend essen. Oberst Tom schätzt, dass täglich etwa 1.000 Personen Elvis World besuchen werden und jede Person $x = 50 - 5p$ Fahrten mit jeder Attraktion machen wird, wobei p der Preis je Fahrt ist. Die Besucher von Elvis World sind einander ziemlich ähnlich, negative Fahrten sind nicht zulässig. Die Grenzkosten jeder Fahrt sind praktisch Null.

a) Wie lautet die inverse Nachfragefunktion nach Fahrten in der Elvis Welt? ____________

____.

b) Wie viele Fahrten wird der typische Besucher pro Tag nachfragen, wenn Oberst Tom den Gewinn maximierenden Preis verlangt? ______________________________.

c) Wie hoch wird der Preis pro Fahrt sein? ______________________________.

d) Wie hoch wird Oberst Toms täglicher Gewinn pro Person sein? ____________________.

e) Wie hoch ist der Pareto-effiziente Preis einer Fahrt? __________________________.

f) Wie viele Fahrten würden beim Pareto-effizienten Preis nachgefragt? ______________.

g) Wie hoch wäre die Konsumentenrente bei diesem Preis und dieser Menge? __________

____.

h) Wenn Oberst Tom einen zweigeteilten Preis anwendete, dann würde er einen Eintrittspreis von ____________ und einen Preis pro Fahrt von ____________ verlangen.

25.9 ▣ Schmalstadt liegt in einem engen Tal zwischen zwei Bergen, das von Norden nach Süden verläuft. Sie ist 36 Kilometer lang und nur etwa einen Häuserblock breit. Innerhalb der Stadt ist die Bevölkerung mit einer Dichte von 100 Einwohnerinnen je Kilometer gleichverteilt. Wegen des felsigen Geländes lebt niemand nördlich oder südlich außerhalb der Stadt. Aufgrund strenger Bauvorschriften hat die Stadt nur drei Bowlinghallen. Eine liegt an der äußersten Nordgrenze der Stadt, die andere an der äußersten Südgrenze und die dritte genau im Stadtzentrum. Fahrtkosten (Zeit und Benzin) betragen € 1 pro Kilometer. Alle Einwohner der Stadt haben identische Präferenzen. Sie gehen gerne einmal in der Woche Bowling, wenn die Kosten dafür, einschließlich Fahrtkosten und Eintrittspreis in der Bowlinghalle, € 15 nicht überschreiten.

a) Nehmen wir eine der Bowlinghallen am Stadtrand. Wie weit wird ein Bürger von Schmalstadt fahren, wenn sie € 10 für einen Bowlingabend verlangt? ____________.

Wie viele Kunden wird diese Bowlinghalle dann pro Woche haben? ____________.

b) Schreibe eine Formel für die Zahl der Kundinnen, die eine Bowlinghalle am Stadtrand pro Woche haben wird, wenn sie p Euro für einen Bowlingabend verlangt:

____________________________________.

c) Schreibe die inverse Nachfragefunktion für diese Bowlinghalle an: ____________

____________________________________.

d) Angenommen die Bowlinghallen am Stadtrand haben Grenzkosten von € 3 je Kunde und sie legen ihren Preis so fest, dass sie ihren Gewinn maximieren. (Nehmen wir vorläufig an, dass diese Bowlinghallen keine Konkurrenz durch die anderen Hallen der Stadt haben.) Wie viele Kunden werden sie haben? ____________. Welchen Preis werden sie verlangen? ____________. Wie weit vom Stadtrand weg wird der am weitesten entfernte Kunde wohnen? ____________.

e) Wenden wir uns nun der Bowlinghalle im Stadtzentrum zu. Wie viele Kunden wird sie haben, wenn sie einen Preis von p Euro für einen Bowlingabend verlangt? ____________.

f) Welchen Preis wird die Bowlinghalle im Stadtzentrum verlangen, wenn auch sie Grenzkosten von € 3 hat und ebenfalls ihren Gewinn maximieren will? ____________.

Wie viele Kunden wird sie pro Woche haben? ________________. Wie weit vom Zentrum weg wird der entfernteste Kunde wohnen? ________________.

g) Angenommen die Stadt hebt ihre Baubeschränkungen hinsichtlich der Ansiedlung der Bowlinghallen auf, vergibt aber weiterhin nur 3 Konzessionen für Bowlinghallen. Die Pachtverträge beider Hallen am Stadtrand laufen gerade aus und sie können sich zu etwa denselben Kosten an jeder beliebigen Stelle der Stadt niederlassen. Die Bowlinghalle im Stadtzentrum bleibt, wo sie derzeit ist. Würde die eine oder die andere Halle am Stadtrand ihre Gewinne verbessern, wenn sie sich näher zur bestehenden Halle im Stadtzentrum ansiedelte? ________________. Wo wäre die Gewinn maximierende Lage für jede dieser beiden Bowlinghallen? ________________

________________.

25.10 ▣ In einem entlegenen Kongressbezirk irgendwo im Westen der U. S. A. stehen Wahlen für einen neuen Abgeordneten an. Alle Wähler haben klare eindimensionale politische Präferenzen, die sauber in einem Links-Rechts-Spektrum angeordnet werden können. Wir können den „politischen Ort" eines Bürgers auf folgende Art definieren: Der Bürger mit den radikalsten linken Ansichten befindet sich beim Nullpunkt, der am radikalsten rechte Bürger liegt beim Punkt 1. Wenn ein Bürger eine politische Meinung vertritt, die um einen Anteil von x rechts innerhalb der Bevölkerung des Kongressbezirks liegt, dann sagen wir, dass er auf Punkt x der Skala liegt. Kongresskandidaten müssen ihre eigene politische Position auf der 0-1, Links-Rechts-Skala öffentlich bekannt geben. Die Wähler stimmen stets für jenen Kandidaten, dessen deklarierte Position ihrer eigenen Meinung am nächsten kommt. (Bei einem Unentschieden hinsichtlich des nächstliegenden Kandidaten, entscheiden die Wähler durch Los.)

a) Zwei Kandidaten bewerben sich um einen Abgeordnetensitz. Das einzige Ziel jedes Kandidaten ist, so viele Stimmen wie nur möglich zu erhalten. Gibt es ein Gleichgewicht, in dem jeder Kandidat seine beste Position für die gegebene Position des anderen Kandidaten auswählt? Wenn ja, beschreibe dieses Gleichgewicht: ________________

____

________________.

* 25.11 ■ Wir setzen das obige Beispiel fort und untersuchen den Fall, dass es den beiden Kandidaten nicht um die Stimmenzahl geht, sondern nur darum, dass sie möglichst viele

Wahlspenden erhalten. Demnach wählt jeder seine ideologische Position derart, dass er – für eine gegebene Position des anderen Kandidaten – den Betrag der Wahlspenden maximiert.*

Wir wollen eine Linksradikale als eine Wählerin definieren, deren politische Ansichten links vom links stehenden Kandidaten liegen, und eine Rechtsradikale als eine Wählerin, deren politische Ansichten rechts vom rechts stehenden Kandidaten liegen, schließlich eine Gemäßigte als eine Wählerin, deren politische Ansichten zwischen den Positionen der beiden Kandidaten liegen. Nehmen wir nun an, dass die Extremistinnen dem ihnen nahestehenden Kandidaten spenden, Gemäßigte spenden nichts. Die Zahl der von einer Extremistin für den jeweils bevorzuge Kandidaten gespendeten Dollars ist proportional zur politischen Distanz zwischen den beiden Kandidaten. Im Besonderen unterstellen wir eine Konstante C, sodass bei einer Positionierung des linken Kandidaten im Punkt x und des rechten Kandidaten im Punkt y die Wahlspenden für den linken Kandidaten insgesamt \$ $C(y - x)$ sein werden, jene für den rechten Kandidaten insgesamt \$ $C(1 - y)(y - x)$.

a) Wenn die Position des Kandidaten des rechten Flügel bei y liegt, dann ist die Spenden maximierende Position des Kandidaten des linken Flügels bei $x =$ ________________.
Wenn die Position des Kandidaten des linken Flügels bei x liegt, dann ist die Spenden maximierende Position des Kandidaten des rechten Flügels bei $y =$ ________________.
(Hinweis: Bilde die erste Ableitung und setze sie gleich Null!)

b) Löse nach dem einzigen Paar an ideologischen Positionen für beide Kandidaten, sodass jeder seine die Wahlspenden maximierende Position für die jeweils gegebene Position des anderen Kandidaten bezieht: ____.

c) Nehmen wir nun an, dass zusätzlich zu den Wahlspenden der Extremistinnen auf der jeweiligen Seite die Kandidaten nun auch Beiträge von jenen Gemäßigten erhalten, die ihnen näher stehen als dem Rivalen. Wir unterstellen auch, dass Gemäßigte ähnlich wie Extremistinnen ihrem bevorzugten Kandidaten spenden und dass ihre Wahlspende proportional zur Differenz zwischen ihrer eigenen ideologischen Entfernung vom weniger erwünschten Kandidaten zur Entfernung zum bevorzugten Kandidaten ist. Zeige, dass in diesem Fall der Maximierung der Wahlspenden die einzig möglichen Positionen für den linken und den rechten Kandidaten bei $x = 1/4$ und $y = 3/4$ liegen: ________________
____
____

* Diese Annahme ist ein wenig extrem. Typischerweise geben die Kandidaten zumindest einen Teil der Wahlspenden für ihre Wahlkampagne aus, was wiederum das Wahlergebnis beeinflusst.

____

____.

26 Faktormärkte

Einleitung

In diesem Kapitel untersuchen wir die Entscheidung des Monopolisten hinsichtlich der Faktornachfrage. Wenn ein Unternehmen in einer Branche ein Monopol hat, so wird es im Vergleich zu einer Situation bei Wettbewerb weniger Output erzeugen. Es wird daher im Allgemeinen weniger Inputs verwenden wollen als ein Unternehmen bei Wettbewerb. Der Wert des Grenzprodukts ist einfach der Wert des zusätzlich erzeugten Outputs, der aus der Beschäftigung einer zusätzlichen Faktoreinheit resultiert. Die einfache Logik von Gewinnmaximierung unter Wettbewerb impliziert, dass ein Unternehmen (bei Wettbewerb) so lange zusätzliche Einheiten eines Faktors beschäftigen wird, bis der **Wert des Grenzprodukts** gleich dem Faktorpreis ist.

Das **Grenzerlösprodukt** ist der zusätzliche Erlös, der sich aus der Beschäftigung einer zusätzlichen Einheit eines Faktors ergibt. Auf einem Wettbewerbsmarkt ist für ein Unternehmen das Grenzerlösprodukt gleich dem Wert des Grenzprodukts, die beiden Größen sind jedoch für einen Monopolisten verschieden. Ein Monopolist muss nämlich noch berücksichtigen, dass eine Erhöhung seines Outputs den Preis senken wird, sodass das Grenzerlösprodukt einer zusätzlichen Faktoreinheit *kleiner* sein wird als der Wert des Grenzprodukts.

Wir untersuchen in diesem Kapitel auch noch das **Monopson**, also einen Markt, der durch einen einzigen Käufer eines Gutes dominiert wird. Das Monopson ist dem Monopol sehr ähnlich: Ein Monopsonist fragt von einem Faktor weniger nach als ein vergleichbares Unternehmen bei Konkurrenz, da der Monopsonist erkennt, dass der Preis, den er für den Faktor zahlen muss, von der von ihm nachgefragten Menge abhängt.

Schließlich sehen wir uns ein interessantes Beispiel eines Faktorangebots an, bei dem ein Monopolist ein Gut erzeugt, das von einem anderen Monopolist verwendet wird.

Beispiel

Angenommen ein Monopolist sieht sich einer Nachfragekurve nach seinem Output in der Form $p(y) = 100 - 2y$ gegenüber. Die Produktionsfunktion lautet einfach $y = 2x$, der Faktor kostet € 4 pro Einheit. Wie viel wird der Monopolist von diesem Produktionsfaktor beschäftigen? Wie viele würden in einer Branche unter Wettbewerb beschäftigt, wenn alle Unternehmen in der Branche dieselbe Produktionsfunktion haben?

Antwort: Der Monopolist wird den Faktor bis zu jenem Punkt beschäftigen, bei dem das Grenzerlösprodukt gleich dem Faktorpreis ist. Der Erlös als eine Funktion des Outputs ist $R(y) = p(y)y = (100 - 2y)y$. Um den Erlös als eine Funktion des Inputs auszudrücken, substituieren wir $y = 2x$ und finden

$$R(x) = (100 - 4x)2x = (200 - 8x)x.$$

Die Funktion des Grenzerlösprodukts wird die Form $MRP_x = 100 - 16x$ haben. Gleichsetzung des Grenzerlösprodukts mit dem Faktorpreis ergibt die Gleichung

$$200 - 16x = 4.$$

Die Lösung dieser Gleichung ergibt $x^* = 12{,}25$.

Wenn in dieser Branche Wettbewerb herrschte, dann würde der Faktor bis zu jenem Punkt beschäftigt, bei dem der Wert des Grenzprodukts gleich 4 wäre. Das ergibt die Gleichung

$$2p = 4,$$

sodass $p^* = 2$ ist. Wie viel Output würde zu diesem Preis nachgefragt werden? Wir setzen p^* in die Nachfragefunktion ein und erhalten die Gleichung $2 = 100 - 2y$, was impliziert, dass $y^* = 49$ ist. Da die Produktionsfunktion $y = 2x$ lautet, können wir nach $x^* = y^*/2 = 24{,}5$ lösen.

? Aufgaben

26.1 ☐ Die Firma Riese hat ein Monopol für die Erzeugung von Sofaschonern. Das Unternehmen hat seine Niederlassung in Pantagruel. Es gibt keine anderen Unternehmen in Pantagruel, die dortige Arbeitsangebotsfunktion lautet $W = 10 + 0{,}1L$, wobei W der tägliche Lohnsatz und L die Anzahl der gearbeiteten Mann-Tage ist. Sofaschoner werden mit der Produktionsfunktion $Q = 10L$ hergestellt, wobei L der tägliche Arbeitseinsatz und Q der tägliche Output ist. Die Nachfrage nach Sofaschonern lautet $P = 41 - (Q/1.000)$, wobei P der Preis der Sofaschoner und Q die täglichen Verkäufe (in Stück) sind.

a) Ermittle den Gewinn maximierenden Output der Firma Riese: (Hinweis: Verwende die Produktionsfunktion, um den für jedes beliebige Outputniveau erforderlichen Arbeitsinput zu finden. Substituiere, sodass die Gesamtkosten des Unternehmens als eine Funktion seines Outputs, und somit auch sein Gewinn als eine Funktion seines Outputs geschrieben werden können. Löse diese Gleichung nach dem Gewinn maximierenden Output.) ____________________.

b) Wie viel Arbeit verwendet das Unternehmen? ____________________. Welchen Lohnsatz zahlt es? ____________________.

c) Wie hoch ist der Preis der Sofaschoner? ______________________. Wie viel Gewinn wird erzielt? ______________________.

26.2 ☐ Die Einwohner von Bad Selten konsumieren Mineralwasser entsprechend der Nachfragefunktion $D(p) = 1.000 - p$. Dabei steht $D(p)$ für die jährliche Nachfrage nach Flaschen von Mineralwasser, wenn der Preis je Flasche p ist.

Der einzige Anbieter von Mineralwasser in Bad Selten, Seltenquelle, kauft Mineralwasser zu c je Flasche von seinem Lieferanten, Perri Air. Perri Air ist der einzige Erzeuger von Mineralwasser in der Gegend und verhält sich daher wie ein Gewinn maximierender Monopolist. Der Einfachheit halber unterstellen wir, dass seine Produktionskosten gleich Null sind.

a) Wie hoch ist der Gleichgewichtspreis, den der Anbieter, Seltenquelle, verlangt? ______.

b) Wie groß ist die von Seltenquelle verkaufte Gleichgewichtsmenge? ______________.

c) Wie hoch ist der vom Erzeuger, Perri Air, verlangte Gleichgewichtspreis? __________.

d) Wie groß ist die von Perri Air verkaufte Gleichgewichtsmenge? ______________.

e) Wie hoch ist der Gewinn der Seltenquelle? ______________________.

f) Wie hoch ist der Gewinn von Perri Air? ______________________.

g) Wie groß ist die Konsumentenrente auf diesem Markt? ______________.

h) Angenommen es wird erwartet, dass diese Marktsituation auf ewig bestehen wird, mit einem erwarteten konstanten Jahreszinssatz von 10 %. Wie groß ist die kleinste mögliche Pauschalzahlung, die Perri Air an die Seltenquelle zahlen müsste, um ihre Vertriebsaktivitäten aufzukaufen? ______________________.

i) Angenommen Perri Air führt diesen Kauf durch. Wie hoch werden der neue Preis und die neue Mineralwassermenge sein? ______________________.

j) Wie hoch ist der Gewinn des neuen fusionierten Unternehmens? ______________.

k) Wie hoch ist jetzt die gesamte Konsumentenrente? __________. Vergleiche diese Rente mit der vorherigen Konsumentenrente: ______________________.

* 26.3 ☐ Das Unternehmen Obere Halbinsel Untergrund Musikkassetten (OHUM) hat ein Monopol für die Aufnahmen der berühmten Rockgruppe Pfannkuchen. Pfannkuchens Musik

wird nur auf digitalen Kassetten angeboten, unbespielte digitale Kassetten kosten c je Stück. Es gibt keine anderen Herstell- oder Vertriebskosten. Die inverse Nachfragefunktion nach der Musik der Pfannkuchen sei $p(x)$, also eine Funktion von x, der Anzahl der verkauften Bänder.

a) Wie lautet die Bedingung erster Ordnung für ein Gewinnmaximum? Wir wollen in Zukunft den Gewinn maximierenden Output mit x^* und den zugehörigen Verkaufspreis mit p^* bezeichnen. (Vorläufig sei angenommen, dass die Kassetten nicht kopiert werden können.) ______________________________.

Jetzt kommt – zu einem günstigen Preis – ein neuer digitaler Kassettenrecorder auf den Markt, mit dem man eine – und nur eine – Kopie einer bespielten digitalen Kassette erstellen kann. Die Kopien sind perfekte Substitute im Konsum gegenüber der Originalkassette, es gibt auch keine Einschränkungen hinsichtlich ihres Verkaufs oder ihrer Verwendung. Für jeden ist jedoch klar erkennbar, dass es sich um eine Kopie handelt, die nicht dazu verwendet werden kann, eine weitere Kopie zu erstellen. Unbespielte Kassetten kosten die Konsumenten ebenfalls c, denselben Betrag, den der Monopolist zu zahlen hat.

b) Angenommen alle Pfannkuchen-Fans nützen die Gelegenheit, um eine einzige Kopie ihrer Kassette zu erstellen und diese dann zu verkaufen. Welche Beziehung besteht zwischen dem Preis einer Originalkassette und dem Preis einer Kopie? Verwende diese Beziehung, um die inverse Nachfragekurve für Originalkassetten herzuleiten, der sich OHUM gegenübersieht: (Hinweis: Beachte, dass nunmehr die Nachfrage nach neuen Bändern zwei Ursachen hat, zum einen den Hörgenuss und zum anderen den Gewinn aus dem Verkauf einer Kopie.) ______________________________

____

____

______________________________.

c) Schreibe die Gewinnfunktion für OHUM aus der Produktion von x Kassetten an: ______________________________.

d) Das Gewinn maximierende Produktionsniveau von OHUM sei x^{**}. Wie sieht dieses Outputniveau im Vergleich zum vorhergehenden aus? ______________________________.

e) Wie hoch ist der Preis einer *Kopie* einer Pfannkuchen-Kassette im Vergleich zu dem im Teil a) ermittelten Preis? ______________________________.

f) Wie hoch wird der Preis einer *neuen* Pfannkuchen-Kassette sein, wenn der Preis der Kopie einer Pfannkuchen-Kassette p^{**} ist? ______________________________.

27 Oligopol

Einleitung

In diesem Kapitel werden Sie Aufgaben lösen, in denen die Unternehmens- und Branchenergebnisse zu ermitteln sind, wenn sich Unternehmungen als Oligopolisten nach Cournot, Stackelberg oder anderen verhalten. Nach Cournot entscheidet jedes Unternehmen zur Maximierung des Gewinns über seinen eigenen Output so, dass es den vom anderen Unternehmen erwarteten Output als gegeben annimmt. Der Preis in der Branche hängt vom gesamten Output ab, z. B. $q_A + q_B$, wobei A und B die Unternehmen sind. Zur Gewinnmaximierung setzt Unternehmen A seinen Grenzerlös (der vom Output des Unternehmens A und vom erwarteten Output des Unternehmens B abhängt, da der erwartete Preis in der Branche eine Funktion der Summe dieser Outputs ist) seinen Grenzkosten gleich. Lösung dieser Gleichung nach dem Output des Unternehmens A als eine Funktion des erwarteten Outputs des Unternehmens B ergibt eine Reaktionsfunktion; analoge Schritte führen zur Reaktionsfunktion des Unternehmens B. Wenn man diese beiden Gleichungen simultan löst, erhält man die Outputs der beiden Unternehmen im Cournot-Gleichgewicht.

Beispiel

In Heidenstein gibt es zwei Bäcker, Adi und Edi. Adis Brot schmeckt genauso wie Edis – niemand kann es unterscheiden. Adi hat konstante Grenzkosten von € 1 pro Laib, Edi hat konstante Grenzkosten von € 2 pro Laib. Beide haben Fixkosten von Null. Die inverse Nachfragekurve nach Brot in Heidenstein ist $p(q) = 6 - 0{,}01q$, wobei q die Gesamtzahl der pro Tag verkauften Brotlaibe ist.

Wir wollen Adis Cournot-Reaktionsfunktion ermitteln. Wenn Edi q_E Laib Brot und Adi q_A Laib Brot bäckt, dann wird der Gesamtoutput $q_A + q_E$ sein, der entsprechende Preis somit $6 - 0{,}01(q_A + q_E)$. Adis gesamte Produktionskosten für q_A Laib Brot sind einfach q_A, sein Gewinn ist daher

$$pq_A - q_A = (6 - 0{,}01q_A - 0{,}01q_E)q_A - q_A =$$

$$= 6q_A - 0{,}01q_A^2 - 0{,}01q_Aq_E - q_A.$$

Wenn Edi q_E Laib Brot bäckt, dann wird Adi sein q_A wählen, sodass er den Ausdruck $6q_A - 0{,}01q_A^2 - 0{,}01q_Aq_E - q_A$ maximiert. Dieser Ausdruck wird dann ein Maximum, wenn $6 - 0{,}02q_A - 0{,}01q_E = 1$. (Man findet dies entweder durch Gleichsetzung von Adis Grenzerlös und Grenzkosten oder direkt, indem man die erste Ableitung des Gewinns nach q_A gleich Null setzt.) Adis Reaktionsfunktion $R_A(q_E)$ gibt seinen bestmöglichen Output an, wenn er weiß, dass Edi die Menge q_E bäckt. Aus der vorigen Gleichung finden wir dann als Lösung $R_A(q_E) = (5 - 0{,}01q_E)/0{,}02 = 250 - 0{,}5q_E$.

Auf dieselbe Art können wir Edis Reaktionsfunktion finden. Wenn Edi weiß, dass Adi q_A backen wird, wird Edis Gewinn $p(q_A + q_E) - 2q_E = (6 - 0{,}01q_A - 0{,}01q_E)q_E - 2q_E = 6q_E - 0{,}01q_Aq_E - 0{,}01q_E^2 - 2q_E$ sein. Edis Gewinn wird ein Maximum sein, wenn er q_E so wählt, dass die Gleichung $6 - 0{,}01q_A - 0{,}02q_E = 2$ erfüllt ist. Edis Reaktionsfunktion ist daher $R_E(q_A) = (4 - 0{,}01q_A)/0{,}02 = 200 - 0{,}5q_A$.

Wir wollen die Cournot-Gleichgewichtsmengen mit q_A^* und q_E^* bezeichnen. Die Bedingungen für ein Cournot-Gleichgewicht sind $q_A^* = R_A(q_E^*)$ und $q_E^* = R_E(q_A^*)$. Lösung dieser beiden Gleichungen nach den zwei Unbekannten ergibt $q_A^* = 200$ und $q_E^* = 100$. Damit können wir auch den Cournot-Gleichgewichtspreis und die Gewinne der beiden Bäcker finden. Der Cournot-Gleichgewichtspreis ist $6 - 0{,}01(200 + 100) =$ € 3. Im Cournot-Gleichgewicht erzielt Adi einen Gewinn von € 2 für jeden seiner 200 Laibe Brot und Edi erzielt einen Gewinn von € 1 für jeden seiner 100 Laibe.

Im Stackelberg-Wettbewerb hängt die Gewinn maximierende Outputentscheidung des Marktfolgers von der Outputmenge ab, die er als Produktion der Marktführerin erwartet. Seine Reaktionsfunktion, $R_{FO}(q_{FÜ})$, wird genau so konstruiert wie bei einem Cournot-Oligopol. Die Marktführerin kennt die Reaktionsfunktion des Marktfolgers und kann als erste über ihren Output, $q_{FÜ}$, entscheiden. Die Führerin weiß somit, dass der Preis für die Branche von der *Summe* aus ihrem eigenen Output und dem Output des Folgers abhängt, das heißt von $q_{FÜ} + R_{FO}(q_{FÜ})$. Da der Preis der Branche allein als eine Funktion von $q_{FÜ}$ ausgedrückt werden kann, gilt dies auch für den Grenzerlös der Marktführerin. Sobald man die Reaktionsfunktion des Marktfolgers hat und sie in die inverse Nachfragefunktion einsetzt, kann man einen Ausdruck anschreiben, der nur mehr eine Funktion von $q_{FÜ}$ ist und besagt, dass für die Führerin der Grenzerlös gleich den Grenzkosten ist. Diesen Ausdruck kann man nach dem Stackelberg-Output der Marktführerin lösen und in die Reaktionsfunktion des Marktfolgers einsetzen, um dessen Stackelberg-Output zu erhalten.

Beispiel

Angenommen einer der beiden Bäcker in Heidenstein spielt die Rolle des Stackelberg-Führers. Vielleicht ist es Edi, der stets eine Stunde früher aufsteht als Adi und daher sein Brot bereits im Ofen hat, bevor Adi überhaupt erst beginnt. Wenn Adi immer erfährt, wie viel Brot Edi im Ofen hat, und wenn Edi immer weiß, dass Adi darüber informiert ist, dann kann sich Edi wie ein Stackelberg-Führer verhalten. Edi weiß, dass Adis Reaktionsfunktion $R_A(q_E) = 250 - 0{,}5q_E$ ist. Edi weiß daher, wenn er q_E Laib Brot bäckt, dann wird die gesamte Brotmenge in Heidenstein $q_E + R_A(q_E) = q_E + 250 - 0{,}5q_E = 250 + 0{,}5q_E$ sein. Da Edis Produktionsentscheidung die Gesamtproduktion und somit den Brotpreis bestimmt, können wir Edis Gewinn einfach als eine Funktion seines eigenen Outputs anschreiben. Edi wird jene Menge wählen, die seinen Gewinn maximiert. Wenn Edi q_E Laib Brot bäckt, dann wird der

Preis $6 - 0{,}01(250 + 0{,}5q_E) = 3{,}5 - 0{,}005q_E$ sein. Edis Gewinn wird demnach $pq_E - 2q_E = (3{,}5 - 0{,}005q_E)q_E - 2q_E = 1{,}5q_E - 0{,}005q_E^2$ sein. Sein Gewinn ist bei $q_E = 150$ ein Maximum. (Man findet das entweder durch Gleichsetzung von Grenzerlös und Grenzkosten oder direkt, indem man die erste Ableitung des Gewinns nach q_E gleich Null setzt und nach q_E löst.) Wenn Edi 150 Laib Brot bäckt, wird Adi $250 - 0{,}5 \cdot 150 = 175$ Laib Brot backen. Der Brotpreis wird $6 - 0{,}01(175 + 150) =$ € 2,75 sein. Edi wird nun für jeden seiner 150 Laibe € 0,75 Gewinn erzielen und Adi € 1,75 für jeden seiner 175 Laib Brot.

? Aufgaben

27.1 ☐ Karl und Simon sind zwei miteinander konkurrierende Kürbisbauern, die ihre Kürbisse auf dem Bauernmarkt in Schilfsdorf verkaufen. Sie sind die einzigen Kürbisanbieter auf diesem Markt, auf dem die Nachfragefunktion nach Kürbissen von $q = 3.200 - 1.600p$ herrscht. Die gesamte auf dem Markt verkaufte Anzahl an Kürbissen ist $q = q_K + 2q_S$, wobei q_K die von Karl verkaufte Zahl und q_S die von Simon verkaufte Zahl an Kürbissen ist. Die Herstellungskosten für Kürbisse sind für jeden Bauern € 0,50 pro Kürbis, unabhängig von der Zahl der produzierten Kürbisse.

a) Die inverse Nachfrage nach Kürbissen auf dem Bauernmarkt ist $p = a - b(q_K + q_S)$, wobei $a =$ ________________ und $b =$ ________________. Die Grenzkosten der Produktion eines Kürbisses sind auf jedem Bauernhof ________________.

b) Jedes Frühjahr überlegt sich jeder Bauer, wie viele Kürbisse er anbauen soll. Beide kennen die Nachfragefunktion und beide wissen, wie viel Kürbisse der andere Bauer im Vorjahr verkauft hat. Beide nehmen an, dass der jeweils andere Bauer heuer genau dieselbe Anzahl von Kürbissen verkaufen wird wie im Vorjahr. Wenn also z. B. Simon letztes Jahr 400 Kürbisse verkaufte, dann ist Karl davon überzeugt, dass Simon heuer ebenfalls wieder 400 Kürbisse verkaufen wird. Wie hoch wird nach Auffassung von Karl der Kürbispreis sein, wenn Simon im Vorjahr 400 Kürbisse verkaufte und Karl heuer 1.200 Kürbisse verkauft? ____________. Etwas allgemeiner ausgedrückt: Wenn Simon im Jahr $t - 1$ insgesamt q_S^{t-1} Kürbisse verkaufte, dann wird im Frühling des Jahres t Karl erwarten, dass bei eigenen (Karls) Kürbisverkäufen im laufenden Jahr von q_K^t, der Preis der Kürbisse heuer ________________________ sein wird.

c) Wenn Simon letztes Jahr 400 Kürbisse verkaufte und wenn Karl heuer q_K^t Kürbisse verkauft, dann glaubt Karl, dass er sich der inversen Nachfragefunktion $p = 2 - 400/1.600 - q_K^t/1.600 = 1{,}75 - q_K^t/1.600$ gegenübersehen wird. Wenn Simon also letztes Jahr 400 Kürbisse verkaufte, dann wird Karls Grenzerlös im heurigen Jahr $1{,}75 - q_K^t/800$ sein. Oder allgemein ausgedrückt: Wenn Simon letztes Jahr q_S^{t-1} Kürbisse verkaufte und wenn Karl heuer q_K^t Kürbisse verkauft, dann glaubt Karl, dass heuer sein Grenzerlös ______________________ sein wird.

d) Karl glaubt, dass Simon die Kürbismenge, die er erzeugt, gegenüber der im Vorjahr verkauften Menge, q_S^{t-1}, nie ändern wird. Daher pflanzt Karl heuer gerade genug Kürbisse, sodass er jene Menge verkaufen kann, die seinen diesjährigen Gewinn maximiert. Dazu wählt er seinen Output heuer so, dass er seinen Grenzerlös den Grenzkosten gleich setzt. Um also seinen heurigen Output zu finden – unter der Voraussetzung, dass Simons Output im letzten Jahr q_S^{t-1} war –, löst Karl die folgende Gleichung: ____.

e) Karls Cournot-Reaktionsfunktion, $R_K^t(q_S^{t-1})$, ist eine Funktion, die aussagt, wie hoch Karls Gewinn maximierender Output im heurigen Jahr als eine Funktion von Simons Output des Vorjahres ist. Ermittle Karls Reaktionsfunktion unter Verwendung der Gleichung im Punkt d): $R_K^t(q_S^{t-1})$ = ______________________.
(Hinweis: Es handelt sich um einen linearen Ausdruck in der Form $a - bq_S^{t-1}$. Man muss die Konstanten a und b finden.)

f) Angenommen Simon trifft seine Entscheidungen auf genau dieselbe Art wie Karl. Beachte, dass die Fragestellung hinsichtlich der von Karl und Simon gespielten Rollen völlig symmetrisch ist. Ohne nähere Berechnung können wir daher Simons Reaktionsfunktion abschätzen: $R_S^t(q_K^{t-1})$ = ______________________.
(Wenn man nicht gerne schätzt, kann man sich das natürlich auch erarbeiten, indem man so verfährt wie bei der Ermittlung von Karls Reaktionsfunktion.)

g) Nehmen wir an, dass im Jahr 1 Karl 200 und Simon 1.000 Kürbisse erzeugen. Wie viel würde Karl im Jahr 2 erzeugen? ____________. Wie viele würde Simon im Jahr 2 erzeugen? __________. Wie viele würde Karl im Jahr 3 erzeugen? __________. Wie viele würde Simon im Jahr 3 erzeugen? ______________. Verwende einen Rechner oder Papier und Bleistift, um einige weitere Glieder dieser Reihe zu errechnen. Gegen welches Outputniveau scheint Karls Output zu konvergieren? ______________________. Und Simons Output? ______________________.

h) Schreibe zwei Gleichungen an, die man simultan lösen könnte, um jene beiden Outputmengen q_S und q_K zu ermitteln, sodass immer dann, wenn Karl q_K und Simon q_S produziert, sie beide in der nächsten Periode jeweils dieselben Mengen produzieren wollen: (Hinweis: Verwende die Reaktionsfunktionen.) ______________________

____.

i) Löse die zwei Gleichungen nach dem Gleichgewichtsoutput jedes Bauern. Im Cournot-Gleichgewicht erzeugt jeder Bauer ______________ Outputeinheiten. Am Markt ist die gesamte Menge ______________. Der Kürbispreis auf diesem Markt ist ______________. Wie viel Gewinn erzielt jeder Bauer? ______________.

27.2 ☐ Angenommen der Kürbismarkt in Schilfsdorf ist gegenüber der vorigen Aufgabe unverändert, mit einer einzigen Ausnahme: Jedes Frühjahr schmilzt der Schnee von Karls Kürbisfeld eine Woche vor Simons Feld. Karl kann daher seine Kürbisse eine Woche früher anbauen als Simon. Da Simon ganz in der Nähe lebt, braucht er sich nur Karls Kürbisfeld anzusehen um herauszufinden, wie viele Kürbisse Karl anbaute und wie viele er im Herbst ernten wird. (Wir nehmen an, Karl wird jeden geernteten Kürbis verkaufen.) Anstatt daher anzunehmen, dass Karl dieselbe Menge an Kürbissen wie im Vorjahr verkaufen wird, weiß Simon, wie viele Kürbisse Karl tatsächlich heuer verkaufen wird. Simon hat diese Information bereits, bevor er entscheidet, wie viel er selber anbauen wird.

a) Wenn Karl heuer q_K^t Kürbisse anbaut, dann weiß Simon, dass heuer sein Gewinn maximierender Output $q_S^t =$ ______________________ sein wird. (Hinweis: Verwende das Ergebnis für die Reaktionsfunktion aus der vorigen Aufgabe.)

b) Wenn Karl seine Kürbisse anbaut, dann ist ihm bekannt, wie Simon seine Entscheidung treffen wird. Karl weiß daher, dass die von Simon in diesem Jahr angebaute Menge durch jene Menge bestimmt sein wird, die Karl erzeugt. Wenn also Karls Output q_K^t ist, dann wird Simon ______________ produzieren und verkaufen; der gesamte Output der zwei Produzenten wird ______________ sein. Daher weiß Karl, dass bei einem eigenen Output von q_K der Marktpreis der Kürbisse ____________ sein wird.

c) Im letzten Teil der Aufgabe fanden wir heraus, dass der diesjährige Marktpreis der Kürbisse von der Zahl der Kürbisse abhängt, die Karl heuer produziert. Schreibe eine Gleichung für Karls Gesamterlös im Jahr t als eine Funktion seines eigenen Outputs, q_K^t, an: ______________________. Schreibe einen Ausdruck für Karls Grenzerlös im Jahr t als eine Funktion von q_K^t an: ______________________.

d) Ermittle den Gewinn maximierenden Output Karls: ______________. Und Simons: ____________. Berechne den Gewinn maximierenden Kürbispreis für den Bauernmarkt von Schilfsdorf. ____________. Wie viel Gewinn erzielt Karl? ____________.

Und wie viel Gewinn erzielt Simon? ____________. Ein Gleichgewicht, wie das hier zur Diskussion gestellte, wird ____________________________ Gleichgewicht genannt.

e) Wenn Karl wollte, so könnte er den Anbau bis zur Zeit von Simons Anbau verschieben, sodass keiner die Pläne des anderen für das laufende Jahr zur Zeit des Anbaus kennt. Wäre das in Karls Interesse? Erkläre: (Hinweis: Wie hoch ist Karls Gewinn im obigen Gleichgewicht? Vergleiche diesen Gewinn mit seinem Gewinn im Cournot-Gleichgewicht.) ____

____

____

____.

27.3 ☐ Angenommen Karl und Simon schließen ein Marktübereinkommen ab. Sie beschließen, ihren Gesamtoutput gemeinsam festzulegen und dann dieselbe Kürbismenge zu erzeugen. Wie viele Kürbisse sollten sie zur Maximierung ihres gemeinsamen Gewinns insgesamt erzeugen? ______________. Wie viel produziert jeder Einzelne? ______________.

Wie viel Gewinn erzielt jeder? ________________________________.

27.4 ☐ Die inverse Marktnachfragekurve nach Bohnenschösslingen lautet $P(Y) = 100 - 2Y$, die Gesamtkostenfunktion jeder einzelnen Unternehmung in der Branche ist durch $TC(y) = 4y$ gegeben.

a) Die Grenzkosten einer Unternehmung dieser Branche sind ________________. Die Preisänderung für eine Outputerhöhung um eine Einheit ist ________________.

b) Wenn in der Bohnenschössling-Branche vollständige Konkurrenz herrschte, wäre der Output in der Branche gleich ______________ und der Preis wäre ______________.

c) Nehmen wir nun an, die Branche bestünde aus zwei Cournot-Unternehmungen. Die Reaktionsfunktion für Unternehmen 1 wäre ______________________. (Zur Erinnerung: Anders als im Beispiel des Lehrbuchs sind die Grenzkosten hier nicht Null.)

Die Reaktionsfunktion für Unternehmen 2 wäre ______________________.

Wenn die Unternehmen im Cournot-Gleichgewicht wären, dann wäre der Output der

Branche ________________, jedes einzelne Unternehmen würde ________________ erzeugen und der Marktpreis in der Branche wäre ________________.

d) Zeichne die beiden Reaktionskurven der Cournot-Situation in die folgende Grafik ein und kennzeichne den Gleichgewichtspunkt.

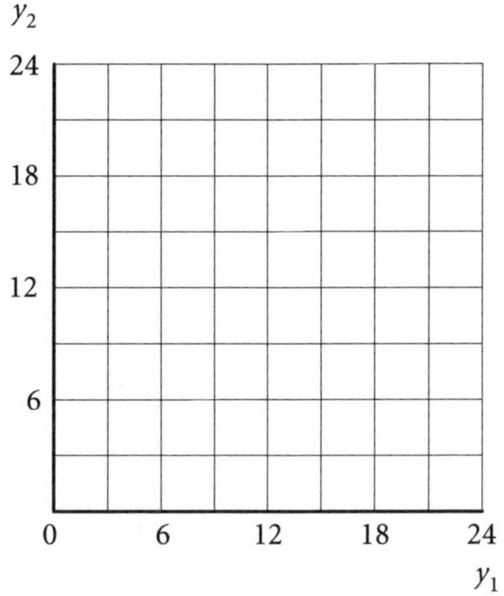

e) Wenn die beiden Unternehmen eine Marktabsprache träfen, dann wäre der Output in der Branche ________________ und der Marktpreis wäre gleich ________________.

f) Angenommen die beiden miteinander kooperierenden Unternehmungen produzieren gleiche Outputmengen. Wie ändert sich der Gewinn eines Unternehmens, wenn es seinen Output um eine Einheit erhöht und dabei annimmt, dass das andere Unternehmen auf die Änderung des Gesamtoutputs der Branche nicht reagiert? ________________

________________.

g) Angenommen ein Unternehmen handelt wie ein Stackelberg-Marktführer, das andere wie ein Stackelberg-Marktfolger. Das Maximierungsproblem für den Marktführer kann man wie folgt anschreiben: ________________.

Lösung dieses Problems ergibt einen Output für den Führer von ________________ und für den Marktfolger von ________________. Damit ergeben sich ein Branchenoutput von ______________________________ und ein Marktpreis von

______________________.

27.5 ☐ Trinkel ist der Alleinbesitzer einer Mineralquelle, aus der kostenlos jede beliebige Menge Mineralwasser sprudelt. Die Abfüllung in Flaschen kostet Trinkel 2 Euro pro Kiste. Die inverse Nachfragekurve nach seinem Mineralwasser ist $p = 20 - 0{,}2q$, wobei p der Preis pro Kiste und q die Anzahl an verkauften Kisten ist.

a) Schreibe die Gleichung für den Gewinn als eine Funktion von q an, also

$\Pi(q) =$ ______________________________________. Ermittle Trinkels Gewinn

maximierende Menge $q =$ ______________________________________.

b) Welchen Preis erzielt Trinkel pro Flasche, wenn er die Gewinn maximierende Menge

erzeugt? ________________. Wie hoch ist sein Gewinn? ________________.

c) Nun entdeckt Trinkels Nachbar, Gurgel, eine Mineralquelle, die Wasser völlig gleicher Qualität abgibt; Extraktion und Abfüllung kosten Gurgel jedoch 6 Euro pro Kiste. Die Gesamtnachfrage bleibt unverändert. Angenommen Trinkel und Gurgel sind beide der Meinung, dass die Menge, die der andere produziert, von der eigenen unabhängig ist.

Wie hoch ist Gurgels Output im Cournot-Gleichgewicht? ____________________.

Wie hoch ist der Preis im Cournot-Gleichgewicht? ________________________.

27.6 ▣ Albatros-Airlines (AA) hat ein Monopol auf den Flugverkehr zwischen Peoria und Dubuque. Wenn Albatros täglich einen Flug in jede Richtung durchführt, dann ist die Nachfrage nach Flügen (hin und zurück) $q = 160 - 2p$, wobei q die Anzahl der Passagiere pro Tag ist. (Wir nehmen an, dass niemand einfache Flüge bucht.) Es gibt fixe „Overhead" Kosten pro Tag in Höhe von € 2.000 für einen Flug hin und zurück, unabhängig von der Zahl der Passagiere. Zusätzlich entstehen Grenzkosten von € 10 pro Reisendem. Wenn ein Flug durchgeführt wird, entstehen somit tägliche Kosten von $2.000 + 10q$.

a) Skizziere in der folgenden Grafik die Grenzerlöskurve (*MR*) und die Durchschnitts- (*AC*) und Grenzkostenkurven (*MC*); bezeichne die einzelnen Kurven.

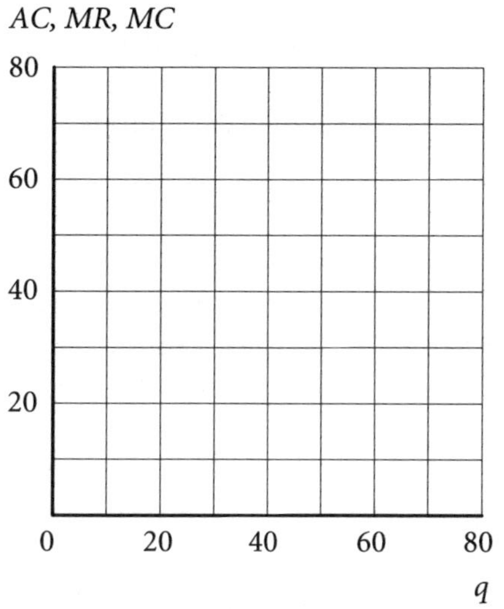

b) Berechne die Gewinn maximierenden Preise und Mengen sowie den täglichen Gesamtgewinn der Fluglinie: $p =$ __________, $q =$ __________, $\Pi =$ __________.

c) Wie viel würde jemand bei einem Zinssatz von 10 % für die Übernahme des Monopols der Albatros Airlines auf der Route Dubuque – Peoria zahlen? (Dabei wird angenommen, dass die Nachfrage und die Kostenbedingungen für alle Zeiten unverändert bleiben.) __________.

d) Angenommen ein anderes Unternehmen mit denselben Kosten wie Albatros kommt auf den Markt und die Branche wird dadurch ein Cournot Oligopol. Würde das neu eintretende Unternehmen einen Gewinn erzielen? __________.

e) Nehmen wir an, die Kunde über das pulsierende Nachtleben in Peoria und Dubuque dringt in die internationale Gesellschaft durch, worauf sich die Bevölkerungszahl in beiden Orten verdoppelt. Als Konsequenz davon verdoppelt sich die Nachfrage nach Flügen zwischen den beiden Orten zu $q = 320 - 4p$. Angenommen die ursprünglich verwendeten Flugzeuge hatten ein Fassungsvermögen von 80 Passagieren. Wenn AA weiterhin mit diesem Fluggerät fliegen muss und wenn kein Konkurrent auftritt, dann sollten die AA zur Gewinnmaximierung einen Preis von $p =$ __________ verlangen; ihr Gewinn wäre dann $\Pi =$ __________.

f) Angenommen die fixen Kosten pro Flugzeug sind unabhängig von der Zahl der Flugzeuge konstant. Welchen Preis würden die Albatros Airlines verlangen, wenn sie ein zweites Flugzeug zu denselben Kosten und mit derselben Kapazität anschafften? __________.

Wie viele Flugkarten würden sie verkaufen? ____________. Wie hoch wäre der Gewinn von AA? _________. Würden AA sich entscheiden, zur Verhinderung des Eintritts eines Konkurrenten ein weiteres Flugzeug anzuschaffen? ____________.

g) Angenommen AA würde bei einem Flugzeug bleiben und ein anderes Unternehmen würde mit einem eigenen Flugzeug in den Markt eintreten. Wie hoch wären der Preis, die Menge und der Gewinn, wenn das zweite Unternehmen dieselben Kosten wie das erste hätte und beide Unternehmen sich wie Cournot-Oligopolisten verhielten? $p =$ ____________, $q =$ ____________, $\Pi =$ ____________.

27.7 ☐ Alex und Anna sind die einzigen Känguruhverkäufer in Sidney. Anna entscheidet sich für die Anzahl von Känguruhs, q_1, aufgrund ihrer Erwartungen über die Zahl der von Alex verkauften Känguruhs. Alex weiß, wie Anna reagieren wird und entscheidet sich für die Anzahl von Känguruhs, q_2, die er verkaufen wird, unter Berücksichtigung dieser Information. Die inverse Nachfragefunktion nach Känguruhs lautet $P(q_1 + q_2) = 2.000 - 2(q_1 + q_2)$. Zucht und Verkauf eines Känguruhs kosten australische $ 400.

a) Alex und Anna sind Stackelberg-Konkurrenten. ____________ ist der Marktführer, ____________ ist der Marktfolger.

b) Wie hoch wird Annas Grenzerlös sein, wenn sie q_1 Känguruhs verkauft und gleichzeitig erwartet, dass Alex q_2 Känguruhs verkaufen wird? ____________.

c) Wie lautet Annas Reaktionsfunktion, $R(q_2)$? ____________.

d) Wie viele Känguruhs werden insgesamt verkauft werden, wenn Alex q_2 Känguruhs verkauft? ____________. Wie hoch wird der Marktpreis als Funktion von lediglich q_2 sein? ____________.

e) Wie hoch ist Alex' Grenzerlös als Funktion von q_2? ____________.

Wie viele Känguruhs wird Alex verkaufen? ____________.

Wie viele Känguruhs wird Anna verkaufen? ____________.

Wie hoch wird der Marktpreis sein? ____________.

27.8 ☐ Stellen wir uns eine Branche mit folgender Struktur vor: Es gibt 50 Unternehmen, die sich als Konkurrenten verhalten und identische Kostenfunktionen, $c(y) = y^2/2$, haben. Es gibt auch einen Monopolist, dessen Grenzkosten Null sind. Die Marktnachfragekurve nach dem Produkt ist durch

$$D(p) = 1.000 - 50p$$

gegeben.

a) Wie lautet die Angebotsfunktion eines der konkurrierenden Unternehmen? ________________. Das Gesamtangebot des Wettbewerbsteils der Branche beim Preis p lautet $S(p) =$ ________________.

b) Wenn der Monopolist den Preis p verlangt, wird er die Menge $D_m(p) =$ ________________ verkaufen können.

c) Die Gewinn maximierende Outputmenge des Monopolisten ist $y_m =$ __________.

Wie hoch ist der Gewinn maximierende Preis des Monopolisten? __________.

d) Wie viel wird der Wettbewerbsteil der Branche bei diesem Preis erzeugen? ________.

Wie viel wird auf diesem Markt insgesamt verkauft werden? __________.

27.9 ☐ Stellen wir uns einen Markt mit einem großen Unternehmen und vielen kleinen Unternehmungen vor. Die Angebotsfunktion der kleinen Unternehmungen insgesamt lautet:

$$S(p) = 100 + p.$$

Die Nachfragekurve nach dem Erzeugnis lautet:

$$D(p) = 200 - p.$$

Die Kostenfunktion des großen Unternehmens lautet:

$$c(y) = 25y.$$

a) Nehmen wir an, das große Unternehmen kann nichts produzieren. Wie hoch wird der Gleichgewichtspreis sein? __________. Und die Gleichgewichtsmenge? __________.

b) Nehmen wir nun an, dass das große Unternehmen versucht, seine Marktmacht auszuüben, und daher den Gewinn maximierenden Preis auf dem Markt festsetzt. Wir nehmen zusätzlich an, dass die Kunden immer zuerst zu den Konkurrenzunternehmungen kommen, dort so viel kaufen, so viel sie bekommen können, und erst dann zum Monopolisten gehen. In dieser Situation wird der Gleichgewichtspreis __________ sein.

Die vom großen Unternehmen angebotene Menge wird __________ sein, die von den Konkurrenzunternehmungen angebotene Menge wird insgesamt ______________ sein.

c) Wie hoch wird der Gewinn des großen Unternehmens sein? ______________________.

d) Nehmen wir schließlich an, dass es dem großen Unternehmen gelingt, die Konkurrenzunternehmungen vom Markt zu verdrängen, sodass es sich dann als echter Monopolist verhalten kann. Wie hoch wird nun der Gleichgewichtspreis sein? ____________. Die Gleichgewichtsmenge? ___________. Der Gewinn des Monopolisten? ____________.

* **27.10** ■ Als es in den entlegenen Gebieten des amerikanischen Mittelwestens noch keine Eisenbahnen gab, waren gusseiserne Küchenherde sehr gefragt; die Menschen lebten jedoch in großen Entfernungen voneinander, die Straßen waren schlecht, dementsprechend teuer war der Transport der schweren Herde. Man konnte die Herde z. B. mit Schiffen über Flüsse nach Bouncing Springs, Miss., transportieren. Ben Kinmore war der einzige Händler in Bouncing Springs. Er konnte zu einem Preis von $ 20 – einschließlich der Fracht zu seinem Geschäft – so viele Herde kaufen, wie er wollte. Die einzigen Kunden von Ben waren Bauern, die alle entlang einer Straße lebten, die in west-östlicher Richtung verlief. Kein Bauer wohnte in Bouncing Springs, entlang der Straße gab es in jeder Richtung in Abständen von einer Meile je eine Farm. Die Transportkosten eines Herdes waren 1 $ je Meile. Entlang der ganzen Straße gab es keinen weiteren Händler. Jeder Bauer hatte für einen gusseisernen Küchenherd einen Vorbehaltspreis von $ 120. Das heißt, jeder war bereit, für den Besitz eines Herdes bis zu $ 120 zu zahlen. Niemand brauchte mehr als einen Herd. Ben Kinmore verlangte für seine Herde einen Basispreis von $ p, zuzüglich der Frachtkosten. Wenn z. B. der Basispreis $ 40 war und die Farm 45 Meilen westlich von Bouncing Springs lag, dann wären die Gesamtkosten eines Küchenherds $ 40 plus $ 45 für die Fracht, insgesamt also $ 85. Aus dem Vorbehaltspreis von $ 120 können wir schließen, dass jeder Bauer, der in einer Entfernung von bis zu 80 Meilen von Bouncing Springs lebte, bereit war, die $ 40 zuzüglich der Frachtkosten für einen Herd zu zahlen. Zu einem Basispreis von $ 40 konnte Ben daher insgesamt 160 Küchenherde verkaufen, 80 an die westlich und 80 an die östlich von ihm lebenden Bauern.

a) Wie viele Herde kann Ben verkaufen, wenn er einen Basispreis von $ p, mit $p < 120$, und für Fracht $ 1 pro Meile verlangt? ______________________ (Nicht vergessen, die Verkäufe in beide Richtungen, Osten und Westen, zu berücksichtigen!) Wenn wir annehmen, dass Ben keine anderen Kosten als den Einkauf und die Fracht hat, dann wird er je Herd einen Gewinn von $p - 20$ erzielen. Schreibe Bens Gesamtgewinn als eine Funktion des Basispreises, $ p, an: ________________________________.

b) Bens Gewinn maximierender Basispreis ist ____________________. (Hinweis: Soeben haben Sie den Gewinn als eine Funktion des Preises angeschrieben; differenziere diese

Gewinnfunktion nach p.) Der entfernteste Kunde würde ________________ Meilen von Ben wohnen. Ben würde ____________________________ Herde verkaufen und einen Gesamtgewinn von ________________________ erzielen.

c) Anstatt eines einheitlichen Basispreises und der Verrechnung von Transportkosten bietet Ben nun die Lieferung frei Haus an. Er legt einen Preis von \$ p fest und offeriert Lieferung frei Haus für jeden Kunden, der innerhalb von $p - 20$ Meilen wohnt. (Er würde an niemand liefern, der weiter weg wohnt, da seine Kosten pro Herd – Einkauf und Zustellung – dann höher als \$ p wären.) Wie hoch sollte er in diesem Fall seinen Preis festsetzen? ____________. Wie viele Küchenherde würde Ben verkaufen? ____________. Wie hoch wäre sein Gesamtumsatz? ______________. Wie hoch wären seine Gesamtkosten für Einkauf und Vertrieb? ______________. (Hinweis: Wie groß ist die durchschnittliche Entfernung, über die er einen Herd zustellen muss?) Wie viel Gewinn würde er erzielen? ______________________. Können Sie erklären, warum Ben beim System, bei dem er die Frachtkosten selbst trägt, einen höheren Gewinn erzielt, im Vergleich zu dem System, bei dem die Bauern die Zustellkosten zahlen? ____________________

____

____.

* 27.11 ■ Vielleicht hast Du Dich gefragt, was Ben Kinmore, der ruhig und gelassen in den Wäldern lebt und dort seine Monopolgewinne einstreift, in einem Kapitel über Oligopol verloren hat. Nun ja, gerade bevor Ben mit dem Verkauf der Küchenherde beginnen konnte, baute eine Eisenbahngesellschaft leider eine Bahnlinie nach Deep Furrow, nur 40 Meilen westlich von Bouncing Springs. Der Händler in Deep Furrow, Huey Sunshine, erhält seine Herde per Bahn ebenfalls um \$ 20 das Stück. Huey und Ben bleiben die einzigen Händler in der Umgebung. Wir wollen uns in der Analyse auf ihre Konkurrenz um die zwischen ihnen wohnenden Kunden konzentrieren. Damit können wir uns begnügen, weil Ben für die Herde, die er nach Osten versendet, andere Basispreise verlangen kann, als für jene, die er nach Westen liefert. Dasselbe gilt für Huey.

Angenommen Ben legt einen Basispreis von p_B für jene Herde fest, die er nach Westen liefert, und schlägt für die Zustellung \$ 1 je Meile auf. Ebenso legt Huey einen Basispreis von p_H für jene Herde fest, die er nach Osten liefert, und schlägt für die Zustellung ebenfalls je Meile \$ 1 auf. Die Bauern, die zwischen Ben und Huey wohnen, werden von jenem Lieferanten kaufen, der am billigsten ist (solange der Preis einschließlich Zustellung \$ 120 nicht überschreitet).

Wenn Bens Basispreis p_B und Hueys Basispreis p_H beträgt, dann würde ein potentieller Kunde, der x Meilen westlich von Ben wohnt, insgesamt $p_B + x$ für einen von Ben gelieferten Herd zahlen müssen, ein von Huey gelieferter Herd würde $p_H + (40 - x)$ kosten.

a) Angenommen Bens Basispreis beträgt p_B und Hueys Basispreis beträgt p_H; schreibe eine Gleichung an, die man nach der Entfernung x^* lösen kann, über die sich Bens Markt westlich von Bouncing Springs ausdehnt: ________________. Wenn Bens Basispreis p_B und Hueys Basispreis p_H beträgt, dann würde Ben ____________ Herde und Huey ____________ Herde verkaufen.

b) Wie erinnerlich erzielt Ben pro verkauftem Küchenherd einen Gewinn von $p_B - 20$; sein Gewinn kann als eine Funktion von p_B und p_H angeschrieben werden: ________________________________.

c) Welcher Preis, p_B, würde Bens Gewinn maximieren, wenn er der Meinung ist, dass – unabhängig von seinem eigenen Preis – Hueys Preis stets p_H bleiben wird? ____________. (Hinweis: Setze die Ableitung von Bens Gewinn nach seinem Preis gleich Null.) Welcher Preis, p_H, würde Hueys Gewinn maximieren, wenn er der Meinung ist, dass – unabhängig von seinem eigenen Preis – Bens Preis stets p_B bleiben wird? ________________. (Hinweis: Nütze die Symmetrie des Problems und die Antwort zur vorigen Frage.)

d) Kannst Du einen Basispreis für Ben und einen Basispreis für Huey finden, sodass jeder der beiden Preise ein Gewinnmaximum darstellt – gegeben jeweils die Handlungen des Konkurrenten? (Hinweis: Suche jene Preise p_B und p_H, welche die beiden letzten Gleichungen simultan lösen.) ________________. Wie viele Küchenherde verkauft Ben an die westlich von ihm wohnenden Bauern? ____________. Wie hoch ist der dabei erzielte Gewinn? ________________.

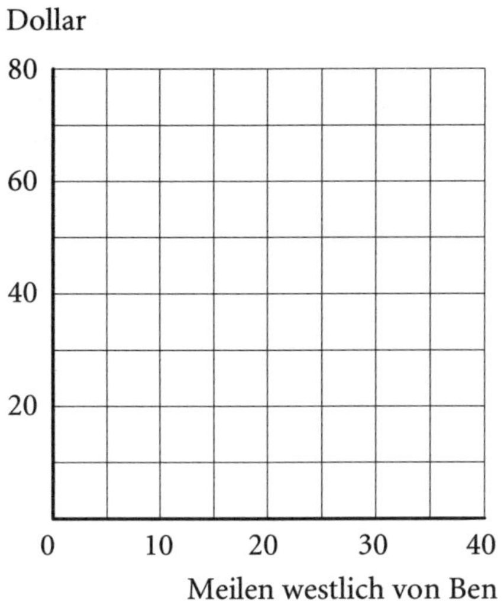

e) Angenommen Ben und Huey entschließen sich, um die zwischen ihnen wohnenden Kunden durch Preisdiskriminierung zu konkurrieren. Angenommen Ben bietet an, einen Herd an einen Kunden, der *x* Meilen westlich von ihm wohnt, zu einem Preis zu liefern, der das Maximum von Bens eigenen Gesamtkosten (einschließlich Zustellung) und dem Gesamtpreis, den derselbe Bauer an Huey zu zahlen hätte, minus 1 Penny. Ebenso biete Huey an, einen Herd an einen Kunden, der *x* Meilen westlich von ihm wohnt, zu einem Preis zu liefern, der das Maximum von Hueys eigenen Gesamtkosten (einschließlich Zustellung) und dem Gesamtpreis, den derselbe Bauer an Ben zu zahlen hätte, minus 1 Penny. Wenn z. B. ein Bauer 10 Meilen westlich von Ben wohnt, betragen Bens Gesamtkosten \$ 30 (\$ 20 für den Herd plus \$ 10 für die Zustellung). Hueys Gesamtkosten für die Lieferung zum selben Bauern betragen \$ 50 (\$ 20 für den Herd plus \$ 30 für die Zustellung). Ben wird das Maximum von seinen eigenen Kosten, das sind \$ 30, und Hueys Kosten minus 1 Penny, das sind \$ 49,99, verlangen. Das Maximum dieser beiden Zahlen ist ________________. Huey wird das Maximum seiner eigenen Kosten, das sind \$ 50, und Bens Kosten minus 1 Penny, das sind \$ 29,99, verlangen. Huey wird daher ______________ für die Lieferung an diesen Bauern verlangen. Dieser Bauer wird von ____________ kaufen, dessen Preis für ihn um 1 Penny niedriger ist. Wenn die beiden Kaufleute so eine Preispolitik verfolgen, dann werden alle Bauern, die von Ben nicht weiter entfernt als ____________ Meilen wohnen, bei Ben kaufen, und alle Bauern, die von Huey nicht weiter entfernt als ________________ Meilen wohnen, werden bei Huey kaufen. Ein Bauer, der *x* Meilen westlich von Ben wohnt und bei Ben einkauft, muss für den Kauf eines Herdes einschließlich Zustellung, ________________________ zahlen.

Ein Bauer, der x Meilen östlich von Huey wohnt und bei Huey einkauft, muss für den Kauf eines Herdes, einschließlich Zustellung, ______________________ zahlen.
Zeichne in obiger Grafik mit blauer Farbe Bens Gesamtkosten der Lieferung eines Herdes an einen Bauern ein, der x Meilen westlich von ihm wohnt. Mit roter Farbe zeichne Hueys Gesamtkosten einer Herdlieferung an einen Bauern ein, der x Meilen westlich von Ben wohnt. Verwende einen Bleistift, um den niedrigsten Preis einzuzeichnen, den ein Bauer als eine Funktion seiner westlichen Entfernung von Ben zu zahlen hätte.

f) Welche Bauern erhalten bei der soeben dargestellten Preispolitik die Küchenherde am billigsten, jene, die am nächsten bei den Kaufleuten wohnen, oder jene, die etwa in der Mitte zwischen beiden wohnen? ______________________________________.
Schraffiere in obiger Grafik jene Fläche, die den Gewinn eines jeden Händler darstellt.
Wie viel Gewinn erzielt jeder Händler? ______________________________________.
Gibt es eine Möglichkeit, bei der einer der beiden Händler seinen Gewinn durch eine Änderung der Preise, die er einigen Bauern verrechnet, erhöhen kann, wenn beide diese Art der Preispolitik verfolgen? ______________________________________.

28 Spieltheorie

Einleitung

In dieser Einführung geben wir zwei Beispiele für Zwei-Personen-Spiele. Das erste Spiel hat ein Gleichgewicht bei dominanten Strategien. Das zweite ist ein Nullsummen-Spiel, das ein Nash-Gleichgewicht in reinen Strategien hat, das kein Gleichgewicht bei dominanter Strategie ist.

Beispiel

Albert und Anita wohnen zusammen. Jeder von ihnen bevorzugt eine saubere Wohnung gegenüber einer schmutzigen, aber keiner putzt gerne. Wenn beide die Wohnung reinigen, dann beträgt der Nutzen für beide je 5. Wenn einer putzt und der andere nicht, dann hat derjenige, der die Wohnung reinigt, einen Nutzen von 2, die andere Person hat eine Nutzen von 6. Wenn keiner die Wohnung säubert, herrscht Unordnung und jeder hat einen Nutzen von 3. Die Auszahlungsmatrix für „Reinige" und „Reinige nicht" lautet folgendermaßen:

Saubere Wohnung – Schmutzige Wohnung

		Anita	
		Reinige	Reinige nicht
Albert	Reinige	5, 5	2, 6
	Reinige nicht	6, 2	3, 3

Unabhängig davon, ob sich Anita entschließt zu reinigen oder nicht zu reinigen, ist Albert in diesem Spiel besser dran, wenn er nicht reinigt, als wenn er reinigt. „Reinige nicht" ist daher für Albert eine dominante Strategie. Die analoge Argumentation ergibt, dass Anita unabhängig von Alberts Entscheidung besser dran ist, wenn sie die Strategie „Reinige nicht" wählt. Daher ist das Ergebnis, bei dem beide die Strategie „Reinige nicht" wählen, ein Gleichgewicht bei dominanten Strategien. Das gilt, obwohl beide besser gestellt wären, wenn beide sich für die Reinigung der Wohnung entschieden hätten.

Beispiel

Dieses „Spiel" handelt im Südpazifik im Jahre 1943. Admiral Imamura muss japanische Truppen von der Hafenstadt Rabaul in Neu Britannien quer durch die Bismarcksee nach Neu

Guinea transportieren. Die japanische Flotte könnte entweder nördlich von Neu Britannien segeln, wo es wahrscheinlich nebelig ist, oder südlich von Neu Britannien, wo wahrscheinlich klares Wetter herrscht. Der U. S. Admiral Kenney würde gerne die Truppentransporter bombardieren. Kenney muss sich entscheiden, ob er seine Aufklärungsflugzeuge entlang der nördlichen oder der südlichen Route konzentrieren soll. Wenn er den Konvoi einmal entdeckt hat, kann er ihn bis zu seiner Ankunft in Neu Guinea bombardieren. Kenneys Stab hat Schätzungen der zum Bombardement zur Verfügung stehenden Tage für jede mögliche Situation erarbeitet. Die entsprechende Auszahlungsmatrix für Kenney und Imamura ist in der folgenden Tabelle wiedergegeben. Das „Spiel" ist einfach als „Nullsummen-Spiel" modelliert, sodass für jedes mögliche Ergebnis die Auszahlung für Imamura einfach der negative Wert von Kenneys Auszahlung ist.

Die Schlacht in der Bismarcksee

		Imamura	
		Norden	Süden
Kenney	Norden	2, –2	2, –2
	Süden	1, –1	3, –3

Dieses „Spiel" hat kein Gleichgewicht bei dominanten Strategien, da Kenney keine dominante Strategie hat. Seine beste Möglichkeit hängt von der Entscheidung Imamuras ab. Das einzige Nash-Gleichgewicht dieses „Spiels" liegt dann vor, wenn Imamura die nördliche Route wählt und Kenney seine Suche auf diese nördliche Route konzentriert. Um das zu überprüfen, gehen wir folgendermaßen vor: Wenn Imamura die nördliche Route wählt, dann hat Kenney zwei Tage zum Bombardement, wenn er seine Suche auf den Norden konzentriert, und nur einen Tag, wenn er seine Suche auf den Süden konzentriert. Wenn sich Kenney seinerseits auf den Norden konzentriert, dann ist Imamura zwischen der nördlichen und der südlichen Route indifferent, da seine Flotte in jedem Fall voraussichtlich zwei Tage lang bombardiert wird. Wenn sich daher beide für „Norden" entscheiden, besteht für keinen ein Anreiz, anders zu handeln. Man kann leicht überprüfen, dass bei jeder anderen Entscheidungskombination, einer der beiden Admirale seine Entscheidung ändern würde. Tatsächlich entschied sich Imamura für die nördliche Route und Kenney konzentrierte seine Suche auf den Norden. Nach einer Suche von ungefähr einem Tag fanden die Amerikaner die japanische Flotte und fügten ihr schweren Schaden zu.*

* Dieses Beispiel wird in Luce und Raiffas Buch *Games and Decisions*, John Wiley 1957 oder Dover 1989, behandelt. Wir empfehlen dieses Buch jedem, der mehr über Spieltheorie wissen möchte.

Aufgaben

28.1 ☐ Durch diese Aufgabe sollen sie das Lesen einer Auszahlungsmatrix üben, und überprüfen, dass sie das Konzept einer dominanten Strategie verstehen. Nehmen wir die folgende Auszahlungsmatrix:

Eine Auszahlungsmatrix

		Spieler B	
		Links	Rechts
Spieler A	Oben	a, b	c, d
	Unten	e, f	g, h

a) Wenn (oben, links) ein Gleichgewicht bei dominanten Strategien ist, dann können wir sagen, dass a > ______, b > ______, ______ > g und ______ > h.

b) Welche der obigen Ungleichheiten muss erfüllt sein, wenn (oben, links) ein Nash-Gleichgewicht ist? ______.

c) Wenn (oben, links) ein Gleichgewicht bei dominanten Strategien ist, muss es dann ein Nash-Gleichgewicht sein? Warum? ______

______.

28.2 ☐ Um zu verstehen, wie sich Personen in Spielsituationen verhalten, führen Ökonomen und andere Sozialwissenschaftler häufig Experimente durch, in denen Personen um Geld spielen. Eines dieser Spiele ist unter dem Titel *Freiwillige öffentliche Güter* bekannt. In diesem Spiel werden Situationen abgebildet, bei denen Individuen Handlungen setzen können, die ihnen selbst Kosten verursachen, jedoch der gesamten Gemeinde Nutzen stiften.

Bei dieser Aufgabe handelt es sich um eine Zwei-Spieler-Version des Spiels *Freiwillige öffentliche Güter*. Zwei Spieler werden in verschiedenen Räumen platziert. Jeder Spieler erhält € 10 und kann dieses Geld auf zwei Arten verwenden: Er kann es entweder *behalten*, oder er kann zu einen „öffentlichen Fond“ *beitragen*. Geld, das in den Fond fließt, wird mit 1,6 multipliziert und kommt dann zu gleichen Teilen beiden Spieler zugute. Wenn beide ihr Geld beitragen, dann erhält jeder € 20 · 1,6/2 = € 16. Wenn nur einer beiträgt und der andere nicht, erhält jeder € 10 · 1,6/2 = € 8, sodass der Beitragende am Ende des Spiels € 8 hat, der Nicht-Beitragende hat € 18 – seine ursprünglichen € 10 plus die € 8 aus dem öffentlichen Fond. Wenn keiner beiträgt haben beide am Ende ihre ursprünglichen € 10. Die Auszahlungsmatrix für dieses Spiel lautet wie folgt:

Freiwillige öffentliche Güter

		Spieler B	
		Beitragen	Behalten
Spieler A	Beitragen	€ 16, € 16	€ 8, € 18
	Behalten	€ 18, € 8	€ 10, € 10

a) Wie hoch ist Ihre Auszahlung, wenn Sie und der andere Spieler ihr Geld behalten? _______________. Wie hoch ist Ihre Auszahlung, wenn Sie beitragen und der andere Spieler sein Geld behält? ____.

b) Wie hoch ist Ihre Auszahlung, wenn Sie Ihr Geld behalten und der andere Spieler beiträgt? _______________. Wie hoch ist Ihre Auszahlung, wenn Sie und der andere Spieler beitragen? ____.

c) Hat dieses Spiel ein Gleichgewicht bei dominanter Strategie? _______________. Wenn ja, wie lautet es? ____.

28.3 ▣ Sehen wir uns eine verallgemeinerte Version des Spiels ‚Freiwillige öffentliche Güter' an, das in der vorigen Aufgabe beschrieben wurde. Nun hat das Spiel N Spieler, von denen jeder entweder € 10 oder nichts zum öffentlichen Fond beitragen kann. Alles Geld, das zum Fond beigetragen wurde, wird mit einer Zahl $B > 1$ multipliziert und dann gleichmäßig unter allen Spielern aufgeteilt (einschließlich jenen, die nicht beitragen). Wenn alle N Spieler zum Fond beitragen, wird der unter den N Spielern zu verteilende Betrag € $10BN$ sein und jeder Spieler wird € $10BN/N$ = € $10B$ aus dem öffentlichen Fond erhalten.

a) Welche der folgenden Ergebnisse führen zu einer höheren Auszahlung für jeden Spieler, wenn $B > 1$ ist: (a) Alle Spieler tragen ihre € 10 bei, oder (b) alle Spieler behalten ihre € 10? ____.

b) Angenommen es tragen genau K andere Spieler bei. Wenn Sie Ihre € 10 behalten, werden Sie am Ende diese € 10 plus Ihren Anteil aus dem öffentlichen Fond haben, zu dem die anderen beigetragen haben. Wie hoch ist in diesem Fall Ihre Auszahlung? ____________________. Wie groß wird die Zahl der Beitragenden sein, wenn Sie auch Ihre € 10 beitragen? _________________________. Wie hoch wird jetzt Ihre Auszahlung sein? ____.

c) Wie lautet das Gleichgewicht bei dominanter Strategie, wenn in diesem Spiel $B = 3$ und $N = 5$ sind? ______________________. Erklären Sie Ihre Antwort: __________

____

____

____

____.

d) Welche Beziehung muss im Allgemeinen zwischen B und N gelten, damit „Behalten" zur dominanten Strategie wird? ______________________________________

____

____.

e) Es kann manchmal vorkommen, dass eine Handlung, welche die *absolute* Auszahlung für einen Spieler maximiert, nicht seine *relative* Auszahlung maximiert. Nehmen wir das oben beschriebene Spiel ‚Freiwillige öffentliche Güter' mit $B = 6$ und $N = 5$. Angenommen vier der fünf Spieler in der Gruppe tragen ihre € 10 bei, während der fünfte seine € 10 behält. Wie hoch ist die Auszahlung für jeden der vier Beitragenden? __________.

Wie hoch ist die Auszahlung für den Spieler, der seine € 10 behält? _____________.

Wer hat in dieser Gruppe die höchste Auszahlung? ____________________. Wie hoch wäre die Auszahlung an den fünften Spieler, wenn er – anstatt seine € 10 zu behalten – ebenfalls beiträgt, sodass alle fünf Spieler beitragen? ____________________.
Was sollte der fünfte Spieler machen, um seine *absolute* Auszahlung zu maximieren, wenn die anderen vier Spieler beitragen? ____________________. Was sollte er machen, um seine Auszahlung *relativ* zu den anderen Spielern zu maximieren? _____

____.

f) Wie lautet das Gleichgewicht bei dominanter Strategie für dieses Spiel, wenn $B = 6$ und $N = 5$ sind? ______________________. Erklären Sie Ihre Antwort: __________

____

____

____

____.

28.4 ▣ Das Hirschjagd-Spiel beruht auf einer Erzählung von Jean Jacques Rousseau in seinem Buch *Abhandlung über den Ursprung und die Grundlagen der Ungleichheit unter den Menschen* (1754; deutsch: Ditzingen: Reclam 1998). Die Erzählung lautet in etwa so: „Zwei Jäger ziehen aus, um einen Hirsch zu erlegen. Einer muss den Hirsch durch den Wald treiben, der andere platziert sich an einer Stelle, an welcher der Hirsch vorbeikommen muss. Wenn beide ihre Aufgabe zuverlässig erfüllen, werden sie den Hirsch mit Sicherheit erlegen und jeder hält den gleichen Teil des großen Tiers. Im Verlauf der Jagd hat jeder Jäger die Möglichkeit, aus der Hirschjagd auszusteigen und Hasen zu jagen. Wenn ein Jäger auf Hasenjagd geht, kann er sicher sein, einen Hasen zu erlegen, der Hirsch wird aber mit Sicherheit entkommen. Jeder Jäger bevorzugt den halben Hirsch gegenüber einem Hasen."

Die unten stehende Matrix zeigt die Auszahlungen eines Hirschjagd-Spiels. Wenn beide Jäger auf Hirschjagd gehen, erhält jeder eine Auszahlung von 4. Wenn beide Hasen jagen, erhält jeder 3. Wenn einer auf Hirschjagd, der andere auf Hasenjagd geht, erhält der Hirschjäger 0, der Hasenjäger erhält 3.

Das Hirschjagd-Spiel

		Jäger B	
		Jage Hirsch	Jage Hase
Jäger A	Jage Hirsch	4, 4	0, 3
	Jage Hase	3, 0	3, 3

a) Was wäre Deine beste Handlung, wenn Du sicher sein kannst, dass der andere Jäger den Hirsch jagt? ______________________________________.

b) Was wäre Deine beste Handlung, wenn Du sicher sein kannst, dass der andere Jäger einen Hasen jagt? ______________________________________.

c) Hat einer der Jäger eine dominante Strategie in diesem Spiel? __________. Wenn ja, wie lautet sie? Wenn nein, erkläre warum nicht: ____________________

____

____.

d) Dieses Spiel hat zwei Nash-Gleichgewichte bei reinen Strategien. Wie lauten sie? _____

____.

e) Ist ein Nash-Gleichgewicht für beide Jäger besser als das andere? ________. Wenn ja,

welches ist das bessere Gleichgewicht? ______________________________.

f) Ein Jäger will seine erwartete Auszahlung maximieren; was sollte dieser Jäger tun, wenn er glaubt, dass der andere Jäger mit einer Wahrscheinlichkeit von 1/2 den Hirsch jagen

wird und mit einer Wahrscheinlichkeit von 1/2 Hasen jagen wird? ______________

____.

28.5 ▣ Evangeline und Gabriel lernten einander bei einem Fest für neu eintretende Studenten kennen. Sie möchten einander unbedingt wiedersehen, leider vergaßen sie bei ihrer ersten Begegnung, Namen oder Telefonnummern auszutauschen. Beide haben zwei mögliche Strategien, die da lauten: „Gehe zum Fest!“ oder „Bleibe daheim und lerne!“ Sie werden einander sicher begegnen, wenn sie zum Fest gehen, sicherlich nicht, wenn sie zuhause bleiben. Sich wiederzusehen, kommt einer Auszahlung von 1.000 gleich; sich nicht zu treffen, bedeutet für beide Null. Die Auszahlungen werden durch die folgende Matrix beschrieben:

Begegnungen der zweiten Art

		Gabriel	
		Gehe zum Fest	Bleibe daheim
Evangeline	Gehe zum Fest	1.000, 1.000	0, 0
	Bleibe daheim	0, 0	0, 0

a) Eine Strategie wird als schwach dominante Strategie für einen Spieler bezeichnet, wenn die Auszahlung aus dem Einsatz dieser Strategie *zumindest so hoch* ist, wie die Auszahlung bei irgendeiner anderen Strategie. Gibt es bei diesem Spiel ein Ergebnis, bei dem

beide Spieler schwach dominante Strategien anwenden? ____________________

____.

b) Suche alle Nash-Gleichgewichte dieses Spiels bei reinen Strategien: ______________

____.

c) Scheinen unter den gefundenen Nash-Gleichgewichten einige ‚vernünftiger‘ zu sein als

andere? Warum oder warum nicht? ______________________________

____

____.

d) Wir wollen das Spiel nun ein wenig abändern. Evangeline und Gabriel suchen einander weiterhin verzweifelt. Es gibt jetzt jedoch zwei Feste, zu denen sie gehen könnten. Es gibt ein kleines Fest, bei dem sie sich ganz sicher treffen würden, wenn sie beide hingingen; dann gibt es ein riesiges Fest, auf dem sie sich möglicherweise nie treffen. Wenn sie beide zum kleinen Fest gehen, ist die erwartete Auszahlung für beide je 1.000. Da die Chance, sich auf dem riesigen Fest zu treffen, nur 50/50 ist, ist die erwartete Auszahlung für beide je 500. Wenn sie zu unterschiedlichen Festen gehen, ist die Auszahlung für beide Null. Die Auszahlungsmatrix für dieses Spiel ist:

Weitere Begegnungen

		Gabriel	
		Kleines Fest	Großes Fest
Evangeline	Kleines Fest	1.000, 1.000	0, 0
	Großes Fest	0, 0	500, 500

e) Hat dieses Spiel ein Gleichgewicht bei dominanten Strategien? __________. Wie lauten die beiden Nash-Gleichgewichte bei reinen Strategien? ________________________

____.

f) Eines der beiden Nash-Gleichgewichte ist gegenüber dem anderen Pareto-superior. Angenommen jede Person meint, dass es eine geringe Chance gibt, dass die andere Person zum kleinen Fest geht. Wäre das genug, um sie beide zu überzeugen, dass sie das kleine Fest besuchen? __________. Könnten Sie sich einen Grund vorstellen, warum das Pareto-superiore Gleichgewicht zustande kommen könnte, wenn beide die Auszahlungsmatrix verstehen, wenn beide wissen, dass die (der) andere sie versteht, und wenn jeder weiß, dass die oder der andere die Auszahlungsmatrix versteht? ______________________

____

____.

28.6 ▣ Die Einführung zu diesem Kapitel des *Trainingsbuchs* erzählte die traurige Geschichte von Anita und Albert und ihrer schmutzigen Wohnung. Die Auszahlungsmatrix für ihre Beziehung lautete folgendermaßen:

Alltagsleben von Anita und Albert

		Anita: Reinige	Anita: Reinige nicht
Albert	Reinige	5, 5	2, 6
	Reinige nicht	6, 2	3, 3

Angenommen wir fügen diesem Spiel eine zweite Stufe hinzu, in der Anita und Albert die Möglichkeit haben, einander zu bestrafen. Letzten Endes sind Anita und Albert sicherlich in der Lage zu erkennen, ob die/der Andere zum Wohnungsputz beigetragen hat. Wenn sie erkannt haben, was die/der Andere (nicht) getan hat, hat jeder die Option, einen Streit vom Zaun zu brechen. So ein Streit schadet beiden, unabhängig davon, wer ihn angefangen hat. Wir nehmen daher an, dass ein Streit die Auszahlung für jeden um 2 verringert. (Beispiel: Wenn Anita putzt und Albert nicht und wenn dann Anita deswegen einen Streit anzettelt, wird Alberts Auszahlung 6 – 2 = 4 sein, Anitas Auszahlung wird 2 – 2 = 0 sein.)

a) Angenommen am Abend bemerkt Anita, dass Albert die Wohnung nicht gereinigt hat und sie glaubt, dass er keinen Streit beginnen wird. Welche Strategie wird ihr für diesen Tag eine höhere Auszahlung ergeben, Streiten oder Nicht-Streiten? ________________

____.

b) Sowohl Anita als auch Albert nehmen an, dass die/der Andere ihre/seine Handlungen so wählt, dass sie/er ihre/seine gesamte Auszahlung des Tages maximieren wird. Glaubt eine/r von Beiden, dass die/der Andere zu streiten beginnt? ____________. Angenommen jede/r will ihre/seine eigene Auszahlung – gegeben die Handlung des/der Anderen – maximieren: Was für eine Aktivität würden Sie von jedem in der ersten Stufe erwarten, Reinigen oder Nicht Reinigen? ____.

c) Nehmen wir an, dass Anita und Albert von Emotionen getrieben sind, die sie nicht kontrollieren können. Keine/r kann die Wut unterdrücken, wenn die/der Andere nicht geputzt hat. Und wenn auch nur eine/r von Beiden zornig ist, werden sie streiten und die Auszahlung ist für jede/n um 2 reduziert. Wenn es daher mit Gewissheit zum Streit kommt, wenn eine/r von Beiden die Wohnung nicht reinigt, sieht die Auszahlungsmatrix für Anita und Albert nun wie folgt aus:

Rachsüchtige Anita und zorniger Albert

		Anita: Reinige	Anita: Reinige nicht
Albert	Reinige	5, 5	0, 4
	Reinige nicht	4, 0	1, 1

d) Ist es besser zu reinigen oder nicht zu reinigen, wenn der/die andere Spieler/in reinigt? ______________________. Ist es besser zu reinigen oder nicht zu reinigen, wenn der/die andere Spieler/in nicht reinigt? ______________________. Erkläre: ______________
____
____
____
____.

e) Hat dieses Spiel eine dominante Strategie? ____________. Erkläre: ______________
____
____.

f) Dieses Spiel hat zwei Nash-Gleichgewichte. Wie lauten sie? ____________________
____.

g) Erkläre, wieso sowohl Albert als auch Anita besser dran wären, wenn sie leicht reizbar sind, als wenn sie nach rationalen Überlegungen zornig würden; jedoch könnte es auch sein, dass dann beide schlechter gestellt wären: ______________________________
____
____.

h) Angenommen es ist sowohl Anita als auch Albert bewusst, dass Albert zornig wird und einen Streit vom Zaun bricht, wenn Anita nicht putzt. Anita ist jedoch besonnener und beginnt keinen Streit. Was ist nun das Gleichgewichts-Ergebnis? __________________
____
____.

28.7 ▣ Maynards Cross ist ein In-Lokal, das sich auf Carpaccio, Beef Tartare und andere ungekochte Substanzen spezialisiert. Die meisten Leute gehen zu Maynards, um ähnliche Leute wie sie selbst zu sehen und von jenen gesehen zu werden, die zu Maynards kommen. Ein harter Kern von 10 Kunden pro Abend kommt jedoch wegen des Carpaccios zu Maynards, die anderen Menschen kümmern sie nicht. Die Zahl der zusätzlichen Leute, die bei

Maynards auftauchen, hängt davon ab, wie viele andere Gäste sie dort erwarten. Wenn die Leute erwarten, dass Maynard an einem Abend X andere Gäste hat, dann wird die Zahl der tatsächlich zu Maynards kommenden Gäste $Y = 10 + 0{,}8X$ sein. Im Gleichgewicht muss gelten, dass die Zahl der Leute, die tatsächlich in das Restaurant kommen, gleich jener Zahl ist, die man erwartet hat.

a) Wie lauten die beiden simultanen Gleichungen, die man lösen muss, um die gleichgewichtige Anzahl der Gäste zu finden? ____________________

____________________.

b) Wie hoch ist der abendliche Besuch im Gleichgewicht? ____________________.

c) Zeichne in die folgende Grafik die Geraden der beiden Gleichungen des Teils a). Kennzeichne das gleichgewichtige Besucherniveau.

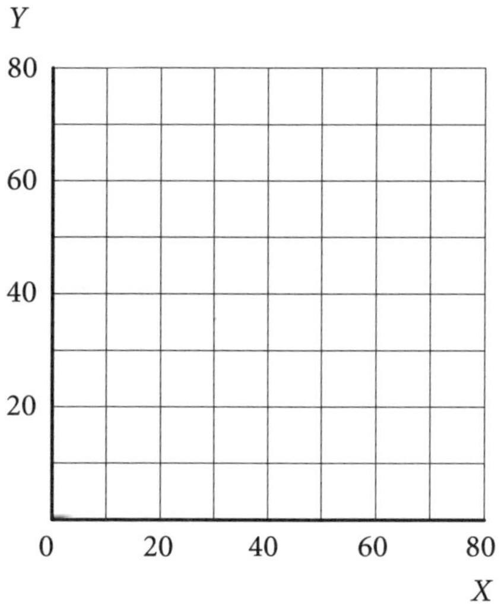

d) Angenommen ein zusätzlicher Carpaccio-Liebhaber übersiedelt in dieses Viertel. Wie die anderen 10 isst er allabendlich bei Maynards, unabhängig von der Zahl der sonstigen Gäste. Schreibe die neuen Gleichungen an, welche den Besuch bei Maynards bestimmen, und löse sie nach der neuen Gleichgewichtszahl der Gäste: ____________________

____________________.

e) Zeichne die veränderte Linie mit einer anderen Farbe ein. Wie viele zusätzliche Gäste – außer ihm selbst – hat der neue Stammkunde ins Lokal gebracht? ____________________.

f) Angenommen jeder bildet seine Erwartungen über den heutigen Besuch aufgrund des Besuchs am gestrigen Abend, der ja allgemein bekannt ist. Dann ist $X_t = Y_{t-1}$, wobei X_t

der erwartete Besuch am Tag t ist und Y_{t-1} der tatsächliche Besuch am Tag $t - 1$. An jedem beliebigen Tag t gilt $Y_t = 10 + 0{,}8X_t$. Angenommen der Besuch am Eröffnungstag von Maynards sei 20. Wie viele Leute werden am zweiten Abend kommen? __________

____.

g) Wie viele Leute werden am dritten Abend kommen? ____________________.

h) Die Besucherzahl wird sich einem Grenzwert nähern. Welchem? ________________.

28.8 ☐ Yogis Bar und Grill wird von Einzelgängern bevorzugt, denen Menschenmassen zuwider sind. Wenn Yogis Stammkunden erwarten, dass an einem bestimmten Abend X Gäste bei Yogis sein werden, dann wird die zu Yogi kommenden Anzahl von Gästen die größere der beiden Zahlen $120 - 2X$ oder 0 sein. Das heißt $Y = \max\{120 - 2X, 0\}$.

a) Ermittle Yogis Besucherzahl im Gleichgewicht. Zeichne das Gleichgewicht in das folgende Diagramm.

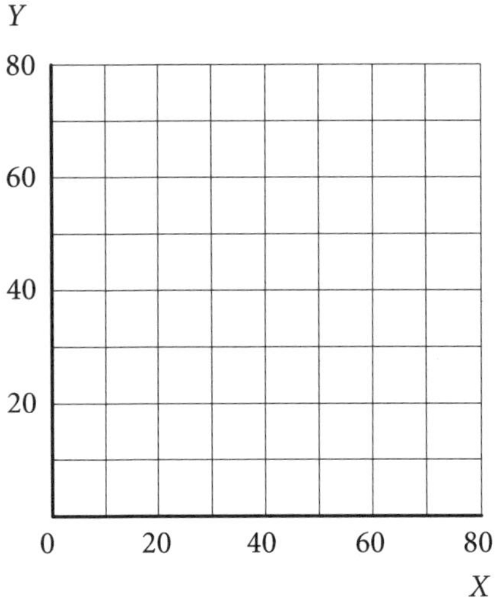

b) Angenommen die Leute erwarten, dass die Anzahl der Gäste an einem beliebigen Abend genau so groß sein wird, wie der Besuch am Vorabend. Am Eröffnungstag kommen 50 Gäste zu Yogis. Wie viele werden am zweiten Tag kommen? ____________. Am dritten Tag? __________. Am vierten Tag? __________. Am fünften Tag? ____________.

Am neunundneunzigsten Tag? ____________. Am hundertsten Tag? ____________.

c) Was kann an diesem Modell nicht stimmen, wenn zumindest einige von Yogis Gästen ein Gedächtnis haben, das mehr als ein oder zwei Tage zurückreicht? ______________

____

____

____

____.

29 Anwendungen der Spieltheorie

Einleitung

Wie wir gesehen haben, haben einige Zwei-Personen-Spiele kein „Nash-Gleichgewicht bei reinen Strategien". Wenn wir jedoch auch „Nash-Gleichgewichte bei gemischten Strategien" mit einbeziehen, wird nahezu jede Art von Zwei-Personen-Spiel, die wir untersuchen werden, ein Nash-Gleichgewicht aufweisen.

Der Schlüssel zur Lösung solcher Gleichgewichtsaufgaben liegt darin, dass ein Spieler, der zwischen zwei Strategien indifferent ist, bereit sein wird, nach dem Zufallsprinzip zwischen beiden zu wählen. Diese Beobachtung führt im Allgemeinen zu einer Gleichung, die das Gleichgewicht bestimmt.

Beispiel

Beim Baseball wirft ein Werfer (‚pitcher') einen Ball gegen einen Schläger (‚batter'), der versucht, diesen zu treffen. In unserer vereinfachten Variante des Spiels kann der Werfer hoch oder niedrig werfen, der Schläger hoch oder niedrig schwingen. Der Ball hat eine derart hohe Geschwindigkeit, dass sich der Schläger vor der Auslösung des Wurfs festlegen muss, ob er hoch oder niedrig schwingen wird.

Nehmen wir an, dass der Schläger den Ball verfehlt, wenn der Werfer hoch wirft und der Schläger niedrig schwingt bzw. wenn der Werfer niedrig wirft und der Schläger hoch schwingt – und somit der Werfer gewinnt.

Wenn der Werfer hoch wirft und der Schläger hoch schwingt, dann trifft der Schläger immer. Wirft der Werfer niedrig und schwingt der Schläger niedrig, so trifft der Schläger den Ball nur zu 50 Prozent.

Diese Geschichte führt zu folgender Auszahlungsmatrix, nach welcher der Schläger eine Auszahlung von 1 erhält, wenn er den Ball trifft, und der Werfer 0. Wenn der Schläger den Ball verfehlt, erhält der Werfer eine Auszahlung von 1, der Schläger eine von 0.

Vereinfachtes Baseball

		Schläger	
		Schwinge niedrig	Schwinge hoch
Werfer	Wirf hoch	1, 0	0, 1
	Wirf niedrig	0,5, 0,5	1, 0

Dieses Spiel hat kein Nash-Gleichgewicht in reinen Strategien. Es gibt keine Kombination von Handlungen unter Sicherheit, so dass jeder in Bezug auf die Handlungen des Anderen eine beste Antwort hat. Der Schläger möchte immer dorthin schwingen, wo der Werfer hin wirft, der Werfer möchte allerdings stets in die andere Höhe werfen. Wir können jedoch ein Gleichgewichtspaar bei gemischten Strategien finden.

In einem Gleichgewicht bei gemischten Strategien wählt jeder Spieler seine Strategie zufällig aus. Der Schläger wird sich nur dann für eine Zufallsstrategie entscheiden, wenn die erwarteten Auszahlungen für hohes Schwingen gleich groß sind wie die erwarteten Auszahlungen bei niedrigem Schwingen.

Die Auszahlungen von hohem oder niedrigem Schwingen hängen von den Aktionen des Werfers ab. Angenommen die Wahrscheinlichkeit, dass der Werfer hoch wirft, ist π_W und dementsprechend $1 - \pi_W$ die Wahrscheinlichkeit, dass er niedrig wirft. Der Schläger erkennt, dass er beim hohen Schwung eine Auszahlung von 0 erhält, wenn der Werfer niedrig wirft und eine Auszahlung von 1, wenn der Werfer hoch wirft. Die erwartete Auszahlung an den Schläger ist somit π_W.

Wenn der Schläger niedrig schwingt, kann er nur punkten, wenn der Werfer niedrig wirft, was mit einer Wahrscheinlichkeit von $1 - \pi_W$ geschieht. Selbst dann trifft der Schläger nur jedes zweite Mal. Die erwartete Auszahlung eines niedrigen Schwingens beträgt für den Schläger $0{,}5(1 - \pi_W)$.

Gleichheit ist für die beiden Auszahlungen dann gegeben, wenn $\pi_W = 0{,}5(1 - \pi_W)$. Lösung dieser Gleichung ergibt $\pi_W = 1/3$. In einem Gleichgewicht bei gemischter Strategie muss das die Wahrscheinlichkeit sein, mit welcher der Werfer hoch wirft.

Als nächstes suchen wir die Wahrscheinlichkeit, mit welcher der Schläger in einem Gleichgewicht bei gemischter Strategie niedrig schwingt. Im Gleichgewicht muss die Wahrscheinlichkeit des Schlägers, niedrig zu schwingen, also π_S, so hoch sein, dass der Werfer bei niedrigem und hohem Wurf dieselbe Auszahlung erhält. Die erwartete Auszahlung für den Werfer ist die Wahrscheinlichkeit, dass der Schläger *nicht* punktet.

Wenn der Werfer hoch wirft, wird der Schläger nicht treffen, wenn er niedrig schwingt, wird allerdings treffen, wenn er hoch schwingt; die erwartete Auszahlung für einen hohen Wurf des Werfers ist somit π_S.

Wenn der Werfer niedrig wirft, dann wird der Schläger mit einer Wahrscheinlichkeit von $(1 - \pi_S)$ hoch schwingen, was für den Werfer eine Auszahlung von 1 ergibt. Wirft der Werfer hingegen niedrig, dann wird der Schläger mit einer Wahrscheinlichkeit von π_S niedrig schwingen und in der Hälfte der Fälle treffen, was für den Werfer eine Auszahlung von $0{,}5\pi_S$ ergibt. Daher ist die erwartete Auszahlung eines niedrigen Wurfs für den Werfer $(1 - \pi_S) + 0{,}5\pi_S$. Gleichsetzung der Auszahlungen für den Werfer für hohe und niedrige Würfe führt zu $\pi_S = 1 - 0{,}5\pi_S$. Lösung dieser Gleichung ergibt als Gleichgewicht bei gemischter Strategie $\pi_S = 2/3$.

Zusammenfassend: Der Werfer sollte in zwei Drittel der Fälle niedrig werfen, der Schläger in zwei Drittel der Fälle niedrig schwingen

Aufgaben

* **29.1** ■ Zwei Software Unternehmungen bieten konkurrierende Produkte an. Diese Produkte sind Substitute, so dass die Zahl der Einheiten, die jede Unternehmung verkauft, eine fallende Funktion seines eigenen Preises und eine steigende Funktion des Preises des anderen Produkts ist. Es seien p_1 der Preis und x_1 die verkaufte Menge von Produkt 1, p_2 und x_2 der Preis und die verkaufte Menge des Produkts 2. Es gilt $x_1 = 1.000(90 - \frac{1}{2}p_1 + \frac{1}{4}p_2)$ und $x_2 = 1.000(90 - \frac{1}{2}p_2 + \frac{1}{4}p_1)$. Jede Unternehmung hat fixe Kosten für die Entwicklung und Programmierung der Software, die Kosten des Verkaufs einer zusätzlichen Einheit sind hingegen Null. Jede Unternehmung wird daher ihren Gewinn dann maximieren, wenn sie einen Preis festsetzt, der ihren Umsatz maximiert.

a) Schreibe einen Ausdruck für den Gesamtumsatz von Unternehmung 1 als eine Funktion seines Preises, p_1, und des Preises der anderen Unternehmung, p_2 an: ________________

____.

b) Die *Funktion der besten Antwort* für Unternehmung 1, $BR_1(\cdot)$, ist so definiert, dass $BR_1(p_2)$ jener Preis für Produkt 1 ist, der den Gewinn der Unternehmung 1 für einen gegebenen Preis des Produkts 2 maximiert. Für die ermittelte Erlösfunktionen erhält man als Funktion der besten Antwort für Unternehmung 1 $BR_1(p_2)$ = ____________________. (Hinweis: Leite die Erlösfunktion nach p_1 ab und löse nach dem Umsatz maximierenden Preis p_1, gegeben p_2.)

c) Finde nach derselben Vorgangsweise die Funktion der besten Antwort für die Unternehmung 2 $BR_2(p_1)$ = ____________________________________.

d) Im Nash-Gleichgewicht sind die Preise somit p_1 = __________ und p_2 = __________.

e) Angenommen Unternehmung 1 legt ihren Preis zuerst fest. Unternehmung 2 kennt den Preis der Unternehmung 1 und weiß, dass Unternehmung 1 diesen Preis nicht ändern wird. Welchen Preis wird Unternehmung 2 zur Maximierung des eigenen Umsatzes für den gegebenen Preis p_1 festsetzen? __________________. Welchen Preis wird Unternehmung 1 wählen, wenn sie weiß, wie Unternehmung 2 auf ihre Entscheidung reagieren wird? ____________________. Welchen Preis wird Unternehmung 2 für diesen gegebenen Preis der Unternehmung 1 festlegen? ________________________.

29.2 ▣ Und nun ein Beispiel für den im Lehrbuch besprochenen „Kampf der Geschlechter“. Zwei Menschen, wir wollen sie Michelle und Roger nennen, haben trotz der Freude am Zusammensein sehr unterschiedliche Vorstellungen über Unterhaltung. Roger bevorzugt Damen-Schlammringen, während Michelle lieber italienische Opernaufführungen besucht. Sie planen ihre Aktivitäten für den kommenden Samstagabend. Jede(r) von ihnen hat zwei Möglichkeiten, nämlich entweder zum Ringkampf oder in die Oper zu gehen. Roger wäre sehr glücklich, wenn sie gemeinsam zum Schlammringen gingen. Seine zweite Wahl wäre, gemeinsam in die Oper zu gehen. Michelle würde bevorzugen, wenn sie gemeinsam in die Oper gingen. Ihre zweite Wahl wäre, gemeinsam zum Schlammringen zu gehen. Sie stimmen darin überein, dass das schlimmste Ergebnis wäre, wenn sie sich nicht darauf einigen könnten, wo sie hingehen. In diesem Fall blieben sie beide daheim und schmollten.

Der Kampf der Geschlechter

		Michelle	
		Ringen	Oper
Roger	Ringen	2, 1	0, 0
	Oper	0, 0	1, 2

a) Ist die Summe der Auszahlungen an Michelle und Roger über alle Ergebnisse konstant? ________________. Hat dieses Spiel ein Gleichgewicht bei dominanten Strategien? ____.

b) Suche für dieses Spiel zwei Nash-Gleichgewichte in reinen Strategien: ____________ ____.

c) Suche ein Nash-Gleichgewicht in gemischten Strategien: ____________________ ____ ____.

29.3 ▣ Hier ein Beispiel für das Spiel „Feigling“ (= „chicken“). Zwei Teenager rasen in zwei hochgezüchteten Autos aufeinander zu. Der erste, der ausweicht, ist der „Feigling“. Das Beste, das einem widerfahren kann, ist, dass der andere ausweicht und Du nicht. Dann bist Du der Held, der andere ist der Feigling. Wenn beide ausweichen, dann seid ihr beide Feiglinge. Wenn keiner ausweicht, dann landen beide – mit Glück – im Krankenhaus. Die Auszahlungsmatrix für ein Spiel dieser Art lautet:

Feigling

		Leroy	
		Ausweichen	Nicht Ausweichen
Joe Bob	Ausweichen	1, 1	1, 2
	Nicht Ausweichen	2, 1	0, 0

a) Hat dieses Spiel eine dominante Strategie? ______________. Wie lauten die zwei Nash-Gleichgewichte bei reinen Strategien? ______________
______________.

b) Suche für dieses Spiel ein Nash-Gleichgewicht bei gemischten Strategien: ______________
______________.

29.4 ☐ Ich schlage folgendes Spiel vor: Ich werfe eine Münze; während sie in der Luft ist, sagst Du entweder Kopf oder Adler. Wenn die Ansage korrekt ist, kannst Du die Münze behalten. Angenommen Du weißt, dass die Münze immer auf Kopf landet. Was ist Deine beste Strategie? ______________.

a) Angenommen die Münze ist unausgewogen und landet zu 80 % auf Kopf und zu 20 % auf Adler. Was ist nun Deine beste Strategie? ______________
______________.

b) Und wie lautet Deine beste Strategie, wenn die Münze zu 50 % auf Kopf und zu 50 % auf Adler landet? ______________.

c) Angenommen ich darf die Art der Münze (d. h. die Wahrscheinlichkeit, mit der die Münze auf Kopf landet), die ich werfe, aussuchen und Du kennst meine Wahl. Welche Art der Münze sollte ich wählen, um meine Verluste zu minimieren? ______________.

d) Wie lautet für dieses Spiel das Nash-Gleichgewicht bei gemischten Strategien? (Vielleicht hilft der Hinweis, dass in diesem Spiel sehr viel Symmetrie vorliegt.) ______________
______________.

29.5 ☐ Edgar und Marion spielen gerne „Verstecken". Es ist zwar ein einfaches Spiel, aber es macht immer wieder Spaß. Das Spiel geht folgendermaßen: Marion versteckt sich oben oder unten. Edgar darf entweder oben oder unten suchen, aber nicht an beiden Orten. Wenn er Marion findet, kriegt er eine Portion Eis und Marion nicht. Wenn er Marion nicht findet, erhält sie das Eis und Edgar kriegt nichts. Fülle die folgende Auszahlungsmatrix aus:

Verstecken

		Marion	
		Oben	Unten
Edgar	Oben		
	Unten		

a) Ist das ein Nullsummen-Spiel? ______________. Wie lauten die Nash-Gleichgewichte bei reinen Strategien? ____.

b) Suche für dieses Spiel ein Nash-Gleichgewicht bei gemischten Strategien: __________ ____.

c) Nach Jahren des Spielens dachten sich Edgar und Marion zur Belebung eine neue Variante aus. Wenn Edgar Marion jetzt oben findet, erhält er zwei Portionen Eis, findet er sie jedoch unten, erhält er eine Portion. Wenn Edgar Marion findet, erhält sie kein Eis, findet er sie nicht, so erhält sie eine Portion. Erstelle die Auszahlungsmatrix.

Verstecken für Fortgeschrittene

		Marion	
		Oben	Unten
Edgar	Oben		
	Unten		

d) Gibt es Nash-Gleichgewichte bei reinen Strategien? ________. Was für Gleichgewicht bei gemischten Strategien gibt es? ______________________________________.
Wie oft (gemessen als Anteil) wird Edgar Marion finden, wenn beide Gleichgewichtsstrategien verwenden? ______________________________________.

29.6 ☐ Vielleicht haben Sie sich schon gefragt, was der Satz „Den Sanftmütigen wird die Erde zuteilwerden" wohl bedeuten könnte. Im Folgenden geben wir in Anknüpfung an die Diskussion im Lehrbuch ein Beispiel dafür. In einem berühmten Experiment sperrten zwei Psychologen* zwei Schweine – ein kleines und ein großes – in einen Stall, in dem am einen Ende ein Hebel, am anderen ein Trog waren. Wenn man den Hebel drückt, füllt sich der Trog am anderen Ende mit einer Futterration. Wenn das kleine Schwein den Hebel drückt, dann frisst das große Schwein alles und hält das kleine vom Futtertrog weg. Wenn das große

* Baldwin und Meese (1979), "Social Behavior in Pigs Studied by Means of Operant Conditioning", *Animal Behavior*.

Schwein den Hebel drückt, bleibt dem kleinen Schwein Zeit, um einen Teil des Futters zu fressen, bevor das große Schwein zum Trog laufen und das kleine verdrängen kann.

Wir wollen diese Situation als ein Spiel darstellen, bei dem jedes Schwein zwei Möglichkeiten hat. Eine Strategie lautet „Drücke den Hebel!", die andere „Warte beim Trog!". Wenn beide Schweine beim Trog warten, kriegt keines Futter. Wenn beide den Hebel drücken, kriegt das große Schwein das gesamte Futter und das kleine kriegt einen Stoß in die Rippen. Wenn das kleine Schwein den Hebel drückt und das große Schwein beim Trog wartet, kriegt wieder das große Schwein alles und das kleine schaut enttäuscht zu. Wenn das große Schwein den Hebel drückt und das kleine beim Futtertrog wartet, kann das kleine circa 2/3 des Futters fressen, bevor es vom großen weggestoßen werden kann. Die Auszahlungsmatrix sieht wie folgt aus. (Diese Zahlen sind zwar erfunden, ihre relativen Größen stimmen mit der Auszahlungsmatrix des Baldwin-Meese-Experiments überein.)

a) Gibt es für das kleine Schwein eine dominante Strategie? ____________________.

Gibt es für das große Schwein eine dominante Strategie? ____________________.

Großes Schwein – kleines Schwein

		Großes Schwein	
		Drücken	Warten
Kleines	Drücken	–1, 9	–1, 10
Schwein	Warten	6, 4	0, 0

b) Ermittle das Nash-Gleichgewicht dieses Spiels. Hat das Spiel mehr als ein Nash-Gleichgewicht? ____________________________________.

(Übrigens: Obwohl Baldwin und Meese dieses Experiment nicht als ein Spiel interpretierten, entspricht das von ihnen beobachtete Ergebnis dem durch das Nash-Gleichgewicht vorhergesagten Resultat!)

c) Welches Schwein erhält im Nash-Gleichgewicht mehr Futter? ____________________.

29.7 ▣ Kehren wir nochmals zum Fußball-Beispiel aus dem Lehrbuch zurück. Wir wollen die Auszahlungsmatrix etwas verallgemeinern; angenommen sie sieht wie folgt aus:

Der Elfmeter

		Elfmeterschütze schießt	
		nach links	nach rechts
Tormann	nach links	1, 0	0, 1
springt	nach rechts	$1-p, p$	1, 0

Die Wahrscheinlichkeit, dass der Schütze ein Tor erzielen wird, wenn er nach links schießt und der Tormann nach rechts springt, ist p. Wir wollen herausfinden, wie sich die Gleichgewichtswahrscheinlichkeiten ändern, wenn sich p ändert.

a) Wenn der Tormann mit einer Wahrscheinlichkeit von π_T nach links springt, dann ist für den Elfmeterschützen bei einem Schuss nach rechts die Wahrscheinlichkeit, ein Tor zu erzielen ______.

b) Wenn der Tormann mit einer Wahrscheinlichkeit von π_T nach links springt, dann ist für den Elfmeterschützen bei einem Schuss nach links die Wahrscheinlichkeit, ein Tor zu erzielen ______.

c) Suche die Wahrscheinlichkeit π_T, bei der die Wahrscheinlichkeit, ein Tor zu erzielen, bei einem Schuss nach links und nach rechts gleich groß ist: (Die Antwort wird eine Funktion von p sein.) ______.

d) Wenn der Schütze mit einer Wahrscheinlichkeit von π_S nach links schießt, und wenn der Tormann nach links springt, dann ist die Wahrscheinlichkeit, dass der Schütze *kein* Tor erzielt ______.

e) Wenn der Schütze mit einer Wahrscheinlichkeit von π_S nach links schießt, und wenn der Tormann nach rechts springt, dann ist die Wahrscheinlichkeit, dass der Schütze *kein* Tor erzielt ______.

f) Suche die Wahrscheinlichkeit π_S, bei der die Auszahlung eines Sprungs nach links und nach rechts für den Tormann gleich groß ist: ______.

g) Der Parameter p gibt an, wie gut der Schütze ist, den Ball in die unverteidigte linke Ecke des Tors zu schießen. Wird mit steigendem p die gleichgewichtige Wahrscheinlichkeit, dass der Elfmeterschütze nach links schießt, steigen oder fallen? ______. Erkläre, warum das so ist, und zwar auf eine Art, die sogar ein Sportkommentator im Fernsehen verstehen könnte: ______

______

______.

29.8 ▣ Diese Aufgabe ist eine Illustration des im Lehrbuch beschriebenen Falke und Taube-Spiels. Es wurde erstmals von einem Biologen, John Maynard Smith, konzipiert, um die Anwendbarkeit der Spieltheorie in der Evolutionstheorie aufzuzeigen. Männliche Tiere bestimmter Arten haben häufig Konflikte mit anderen Männchen im Bezug auf die Möglichkeit einer Paarung mit Weibchen. Wenn ein Männchen auf eine Konfliktsituation zusteuert, hat es zwei alternative Strategien. Ein männliches Tier kann sich wie ein „Falke" verhalten und mit dem anderen Männchen kämpfen, bis es entweder gewinnt oder schwer verletzt ist. Oder es kann sich wie eine „Taube" verhalten, Tapferkeit mimen, sich aber sofort zurückziehen, wenn sein Gegner zu kämpfen beginnt. Wenn sich ein Tier als Falke gebärdet und auf ein anderes Männchen trifft, das sich ebenfalls als Falke verhält, werden beide im Kampf schwer verletzt. Wenn es Falke spielt und auf ein Männchen trifft, das sich wie eine Taube verhält, dann kann sich der „Falke" mit dem Weibchen paaren und die „Taube" zieht sich in zölibatäre Betrachtungen zurück. Wenn eine Taube auf eine andere Taube trifft, stolzieren beide eine Zeit lang herum, keiner verjagt jedoch den anderen. Entweder wählt das Weibchen dann eines der beiden Männchen aus oder zieht sich gelangweilt zurück. Die erwarteten Auszahlungen an beide Männchen werden in der folgenden Tabelle dargestellt:

Das Falken-Tauben-Spiel

		Tier B	
		Falke	Taube
Tier A	Falke	– 5, –5	10, 0
	Taube	0, 10	4, 4

a) Auf seinen Streifzügen durch den Wald, wird ein Männchen in viele Konfliktsituationen dieser Art gelangen. Angenommen es kann nicht vorhersehen, ob ein anderes Tier, auf das es trifft, sich wie ein Falke oder eine Taube verhalten wird. Das Ergebnis der Strategie, für die man sich entscheidet, hängt von den Anteilen der Falken und Tauben in der Gesamtpopulation ab. Nehmen wir z. B. an, es gibt nur einen Falken, alle anderen Männchen im Wald handeln wie Tauben. Der Falke würde die Erfahrung machen, dass sich sein Rivale immer zurückzieht; daher erfreute es sich bei jeder Begegnung einer Auszahlung von ________________. Wenn sich ein männliches Tier wie eine Taube verhielte und alle anderen Männchen auch, dann hätte es eine bei jeder Begegnung eine Auszahlung von ________________.

b) Erkläre, warum es kein Gleichgewicht geben kann, bei dem sich alle Männchen wie Tauben verhalten, wenn stets eher Gewinn trächtigere Strategien ausgewählt werden als weniger Gewinn trächtige: ________________

________________.

c) Wenn alle anderen Männchen wie Falken handelten, dann könnte ein Männchen, das ebenfalls eine solche Strategie verfolgte, sicher sein, einem anderen Falken zu begegnen; seine Auszahlung wäre dann ________________. Wenn hingegen dieses Männchen eine Taubenstrategie verfolgte, dann würde es wiederum sicher sein, einem Falken zu begegnen; seine Auszahlung wäre dann ______________________.

d) Erkläre, warum es kein Gleichgewicht geben kann, in dem sich alle Tiere wie Falken verhalten: ____

____.

e) Da es kein Gleichgewicht geben kann, wenn alle dieselbe Strategie wählen, suchen wir ein Gleichgewicht, in welchem ein bestimmter Teil der Männchen eine Falkenstrategie, der Rest die Taubenstrategie verfolgt. Angenommen es gibt eine große Anzahl von Männchen und der Anteil, der sich für die Falkenstrategie entscheidet, ist p. Für jeden Spieler ist dann der Anteil der Begegnungen mit anderen Falken ungefähr p, der Anteil der Begegnungen, bei denen er auf eine Taube trifft, ungefähr $(1 - p)$. Somit trifft ein Falke auf einen andern Falken mit einer Wahrscheinlichkeit von p und erhält eine Auszahlung von –5 und mit einer Wahrscheinlichkeit von $(1 - p)$ trifft er auf eine Taube und erhält eine Auszahlung von 10. Daher ist die Auszahlung an einen Falken, bei einem Falkenanteil an der Population von p, $p \cdot (-5) + (1 - p) \cdot 10 = 10 - 15p$. Ähnliche Berechnungen für Tauben ergeben – bei einem unveränderten Anteil p von Falken in der Population – eine durchschnittliche Auszahlung an eine Taube von ______________.

f) Schreibe eine Gleichung an, die bei einem Populationsanteil der Falken von p angibt, dass die Auszahlung an Falken genau so groß ist wie die Auszahlung an Tauben:

____.

g) Löse diese Gleichung nach p, jenem Anteil, bei dem die Auszahlung an Falken genau so groß ist wie die Auszahlung an Tauben. Das erfordert, dass p = ______________.

h) Zeichne in die folgende Grafik in blau die durchschnittliche Auszahlung für die Strategie „Taube", wenn der Anteil der Falken an der männlichen Population gleich p ist. Zeichne mit roter Farbe die durchschnittliche Auszahlung für die Strategie „Falke", wenn der Anteil der Falken an der männlichen Population gleich p ist. Bezeichne das Gleichgewichtsverhältnis im Diagramm mit E.

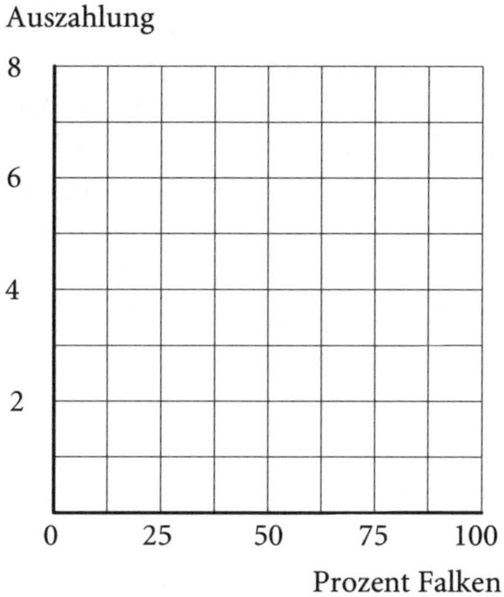

i) Welche Strategie ist zu bevorzugen, wenn der Anteil der Falken geringfügig größer als *E* ist? ______________________. Welche Strategie ist zu bevorzugen, wenn der Anteil der Falken ein wenig kleiner als *E* ist? ______________________.
Wenn die Gewinn trächtigere Strategie in künftigen Situationen häufiger verwendet wird und wenn die Strategieanteile aus dem Gleichgewicht sind, werden dann die auftretenden Änderungen eher zum Gleichgewicht zurückführen oder weiter weg vom Gleichgewicht? ______________________________________.

29.9 ■ Ökonomische Konzepte und Gleichgewichtsanalysen haben viele faszinierende Anwendungen in der Biologie. Populärwissenschaftliche Diskussionen des natürlichen Ausleseprozesses und biologischer Zweckmäßigkeit setzen häufig stillschweigend voraus, dass die Auslese der Eigenschaften von Lebewesen stets zum Vorteil der Art stattfindet. Neuere Überlegungen in der Biologie betonen, dass Individuen – oder besser Gene – die Ausleseeinheit sind. Ein mutierendes Gen, das dazu führt, dass sich ein Lebewesen zwar zum Vorteil der Art, aber zum Nachteil der Einzelwesen mit diesem Gen verhält, wird rasch ausgemerzt werden, unabhängig davon, wie vorteilhaft das Verhalten für die Art ist.

Eine gute Illustration stellt ein Aufsatz von H. J. Brockmann, A. Grafen und R. Dawkins im *Journal of Theoretical Biology*, 1979, mit dem Titel „Evolutionarily Stable Nesting Strategy in a Digger Wasp“ dar. Sie behaupten, dass natürliche Selektion zu Verhaltensstrategien führt, welche für ein Lebewesen die erwartete Reproduktionsrate im Laufe seines Lebens maximiert. Nach den Autoren ist „Zeit die Währung, welche ein Tier ausgibt“.

Weibchen der Wespenart *Sphex ichneumoneus* nisten in Erdlöchern. Einige dieser Wespen graben ihre eigenen Erdlöcher. Dann schwärmen sie wieder aus, um Laubheuschrecken zu jagen. Sie lagern diese in ihrem Erdloch ein, um damit die ausgeschlüpften Jungen zu ernähren. Wenn sie einige Heuschrecken angehäuft hat, legt diese Wespe ein einziges Ei in das Erdloch, verschließt die Nahrungskammer und beginnt den Vorgang aufs Neue. Das Graben von Erdlöchern und die Jagd auf Laubheuschschrecken sind jedoch zeitraubend. Eine alternative Strategie besteht für das Wespenweibchen darin, sich in jemandes anderen Erdloch einzuschleichen, während diese andere Wespe auf Heuschreckenjagd ist. Das geschieht häufig in Kolonien von Grabenwespen. Eine Wespe besetzt ein Erdloch, das von einer anderen Wespe ausgegraben wurde und teilweise mit Heuschrecken bevorratet ist. Der Eindringling wird beginnen, ebenfalls Laubheuschrecken zu fangen und sie dem Vorrat hinzufügen. Wenn sich die Graberin des Lochs und der Eindringling treffen, kämpfen sie gegeneinander. Die Verliererin verlässt das Loch und kehrt nie zurück. Die Gewinnerin legt ihr Ei im Nest ab.

Da immer einige Wespen ihre eigenen Löcher graben und einige in von anderen begonnene Löcher eindringen, erscheint es wahrscheinlich, dass wir ein biologisches Gleichgewicht beobachten, in dem jede Strategie eine gleich gute Möglichkeit für die Verwendung der Zeit zur Produktion des Nachwuchses darstellt. Wäre eine Strategie wirkungsvoller als die andere, dann würden wir erwarten, dass sich ein Gen entwickelt hätte, das die Wespen dazu veranlassen würde, sich in der effizienteren Art zu verhalten, und zwar zu Lasten der Gene, die zu einem Verhalten auf die weniger effiziente Art führen.

Angenommen es dauere im Durchschnitt 5 Tage, bis eine Wespe ihr eigenes Erdloch gegraben und mit Laubheuschrecken bevorratet hat. Nehmen wir an, dass diese Nistperiode für Eindringlinge nur 4 Tage dauert. Zusätzlich wollen wir annehmen, dass beim Kampf in der Hälfte der Fälle der Eindringling, in der anderen Hälfte der Fälle die Graberin des Erdlochs gewinnt. Es sei G die Anzahl der Wespen, die ihr eigenes Erdloch graben, und E die Anzahl der Wespen, die in fremde Erdlöcher eindringen. Der Anteil der selbst grabenden Wespen, in deren Erdlöcher Eindringlinge geraten, wird ungefähr $(5/4)(E/G)$ sein. (Vorläufig nehmen wir an, dass $(5/4)(E/G) < 1$ ist.) Die Hälfte der Graberinnen wird den Kampf gewinnen und ihre Löcher behalten. Daher ist der Anteil der selbst grabenden Wespen, die ihre Erdlöcher verlieren, gleich $(1/2)(5/4)(E/G) = (5/8)(E/G)$. Schließlich sei angenommen, dass alle Wespen, in deren Löcher nicht eingedrungen wird, diese erfolgreich bevorraten und auch ihre Eier ablegen.

a) Daher ist der Anteil der selbst grabenden Wespen, die ihre Erdlöcher nicht verlieren, einfach ____________________. Im Laufe von 40 Tagen würde daher eine Wespe, die jedes Mal ihr eigenes Erdloch gräbt, 8 Nistperioden haben. Die erwartete Zahl ihrer Erfolge wäre daher ____.

b) In 40 Tagen würde eine stets eindringende Wespe Zeit für 10 Eindringversuche haben. Annahmegemäß ist sie im Durchschnitt bei jedem zweiten Versuch erfolgreich, ihre erwartete Erfolgszahl wäre daher _______________. Schreibe eine Gleichung an, welche die Bedingung angibt, dass Wespen, die immer ihr eigenes Loch graben, genauso erfolgreich sind wie Wespen, die stets in die Erdlöcher anderer eindringen: ______________

____.

c) Die soeben angeschriebene Gleichung sollte den Ausdruck (*E*/*G*) enthalten. Berechne den numerischen Wert von (*E*/*G*), der die erwarteten Erfolgszahlen von Eindringlingen und Graberinnen gleichsetzt. Die Antwort ist ______________________________.

d) Wir haben jedoch ein Problem: das gefundene Gleichgewicht scheint nicht stabil zu sein. Zeichne in das folgende Koordinatensystem mit blauer Farbe die erwartete Zahl an Erfolgen in einer 40-Tage-Periode für Wespen, die stets ihre eigenen Löcher graben, und zwar als eine Funktion von (*E*/*G*). Zeichne mit schwarz die erwartete Zahl an Erfolgen in einer 40-Tage-Periode für Wespen, die in die Löcher anderer eindringen. Beachte, dass diese Zahl von den Werten für (*E*/*G*) unabhängig ist. Wir erkennen den Schnittpunkt der beiden Linien als ein Gleichgewicht und kennzeichnen ihn. Welche der beiden Linien knapp rechts vom Gleichgewicht, wo E/G ein wenig größer ist als der Gleichgewichtswert, liegt höher: die blaue oder die schwarze? ____________________. Welche Strategie wäre bei diesem Wert von (*E*/*G*) für eine einzelne Wespe wirkungsvoller? ______________________________. Nehmen wir an, dass immer dann, wenn sich eine Strategie effizienter als die andere herausstellt, die Zahl der Wespen ansteigt, die sich diese wirkungsvollere Strategie zu eigen machen. Würde das Verhältnis von Eindringlingen zu Graberinnen wieder zum Gleichgewicht zurückkehren oder sich immer weiter weg bewegen, wenn nach einer Situation des Gleichgewichts die Wespenpopulation nur ein wenig nach rechts verschoben wäre? ____________________.

e) Die Autoren erkannten diese wahrscheinliche Instabilität und suchten nach möglichen Modelländerungen, die zur Stabilität führen würden. Sie beobachteten, dass eine eindringende Wespe bei der Bevorratung mit Laubheuschrecken mithilft. Das könnte der Erbauerin Zeit sparen. Wenn die Erbauerinnen der Löcher ihre Kämpfe oft genug gewinnen und außerdem genügend Mithilfe durch die Eindringlinge bei den Laubheuschrecken erhalten, könnte es sehr wohl sein, dass die erwartete Zahl der Eier, die eine Nestbauerin legen kann, eher eine steigende als eine fallende Funktion der Zahl der Eindringlinge ist. Zeige im folgenden Koordinatensystem ein Gleichgewicht, in dem das Graben des eigenen Erdlochs eine wirkungsvolle Strategie bei steigendem (E/G) ist und bei welchem die Auszahlung für die Eindringlinge für alle Werte von (E/G) konstant ist.

Ist das ein stabiles Gleichgewicht? ______________________________.

29.10 ▣ Das Restaurant „Zum Eisernen Huhn" liegt an einer stark befahrenen Autobahn. Die meisten Gäste sind auf der Durchreise und kehren nie mehr zum „Eisernen Huhn" zurück. Für einige LKW-Fahrer liegt das „Eiserne Huhn" jedoch auf ihrer regulären Route, sie sind daher Stammgäste. Sybille, die kurzsichtige Kellnerin im „Eisernen Huhn", kann Stammgäste von der Laufkundschaft nicht unterscheiden. Sie kann einem Gast entweder guten oder schlechten Service bieten. Sybille weiß, dass sie für schlechten Service von jedem Gast nur ein geringes Trinkgeld erhält. Wenn sie einem LKW-Fahrer guten Service bietet, wird er ihr ein großzügiges Trinkgeld geben, in der (vergeblichen) Hoffnung, dass sie ihn beim nächsten Mal wieder erkennen wird; wenn sie hingegen einem nicht wiederkehrenden Kunden guten Service bietet, wird dieser ihr dennoch nur ein geringes Trinkgeld geben. Angenommen Sybilles Mehrkosten von gutem Service im Vergleich zu schlechtem betragen € 1. Das Trinkgeld der unzufriedenen Gäste (beider Art) beträgt im Durchschnitt € 0,50 pro Gast. Ein LKW-Fahrer, der gut bedient wurde und auch wiederkehren wird, gibt im Durchschnitt € 2 Trinkgeld. Sybille ist der Meinung, dass x der Anteil der wiederkehrenden LKW-Fahrer an der Gesamtheit ihrer Gäste ist. Wir würden erwarten, dass Sybille guten Service

bietet, wenn x größer als ____________ ist, und schlechten Service, wenn x kleiner ist.

29.11 ■ Mona verreist für zwei Tage und benötigt während dieser Zeit ihr Auto nicht. Lisa besucht Verwandte und ist daran interessiert, Monas Auto zu mieten. Für Lisa ist es € 50 pro Tag wert, ein Auto zur Verfügung zu haben. Mona schätzt, dass für sie die Gesamtkosten der Überlassung ihres Autos an Lisa € 20 betragen, unabhängig von der Dauer der Benützung durch Lisa. Am Vorabend dieser beiden Tage kann Mona eine Nachricht an Lisa senden und anbieten, ihr das Auto für zwei Tage zu einem bestimmten Preis zu vermieten. Lisa kann entweder das Angebot akzeptieren, oder sie kann das Angebot ablehnen und ein Gegenangebot machen. Das einzige Problem besteht darin, dass die Erstellung und Akzeptanz des Gegenangebots einen ganzen Tag dauert.

Sehen wir uns die Rubinstein-Verhandlungslösung für dieses Problem an. Wir arbeiten von hinten nach vorne. Wenn Lisa das ursprüngliche Angebot ablehnt, dann kann das Auto nur für einen Tag gemietet werden und es verbleibt keine Zeit für Mona, ein Gegenangebot zu erstellen. Wenn also Lisa das ursprüngliche Angebot ablehnt, kann sie Mona etwas mehr als € 20 als Abgeltung für den letzten Tag anbieten, was Mona akzeptieren wird. In diesem Fall wird Lisa einen Gewinn von etwas weniger als € 50 – € 20 = € 30 erzielen. Mona ist diese Situation voll bewusst. Daher ist für Mona klar, dass Lisa ihr ursprüngliches Angebot ablehnen wird, wenn Lisas Gewinn nicht ein wenig höher ist als ______________. Mona weiß auch, dass für Lisa die Miete des Autos für zwei Tage ________________ wert ist. Daher ist der höchste Preis für die zweitägige Automiete, den Lisa akzeptieren wird, etwas kleiner als ________________. Da Monas Gesamtkosten der Autovermietung € 20 sind, würde sie einen Gewinn von etwas weniger als ________________ erzielen, Lisa würde einen Gewinn von etwas mehr als ______________ machen.

a) Angenommen die Geschichte gilt unverändert mit dem einzigen Unterschied, dass Mona für drei Tage verreist. Wiederum bewertet Lisa die Verfügbarkeit eines Autos mit € 50 pro Tag, die Gesamtkosten der Überlassung des Autos an Lisa betragen für Mona € 20, unabhängig von der Dauer der Nutzung. Diesmal nehmen wir an, dass Lisa das erste Angebot legt. Mona kann entweder akzeptieren oder ablehnen und ein Gegenangebot erstellen. Lisa kann ihrerseits entweder Monas Gegenangebot annehmen oder ablehnen und ein neues Gegenangebot erstellen. Jedes Mal, wenn ein Angebot abgelehnt und ein neues gelegt wird, vergeht ein Tag, so dass ein Tag weniger für die Automiete bleibt. Am Vorabend des ersten dieser drei Tage überlegt sich Lisa Folgendes: „Wenn Mona mein heutiges Angebot ablehnt, dann verbleiben nur zwei Tage und Mona wird an der Reihe sein, ein Angebot zu machen. Wenn das geschieht, wird Mona einen Gewinn von etwas weniger als ________________ erzielen. (Hinweis: Wir fanden oben die Antwort für diesen Zwei-Tages-Fall.) Da Monas Gesamtkosten € 20 sind, wird sie einen Gewinn von

€ 50 erzielen, wenn ich ihr einen Preis von ______________ für die Drei-Tages-Miete vorschlage." Da eine Automiete von drei Tagen Lisa € 150 wert ist, würde Lisa einen Gewinn von ________________ erzielen und Mona einen Gewinn von € 50.

b) Angenommen die Geschichte bleibt unverändert mit dem einzigen Unterschied, dass Mona nun für vier Tage verreist und dass Mona das erste Angebot macht. Mona weiß, dass bei Ablehnung dieses Angebots durch Lisa nur mehr drei Tage verbleiben und dass Lisa ein Angebot legen wird und einen Gewinn von __________ erzielen wird. (Siehe die vorige Antwort.) Die Verfügbarkeit eines Autos für vier Tage bewertet Lisa mit € 200, der höchste für Lisa akzeptable Preis ist daher etwas weniger als _________________. In diesem Fall erzielt Mona einen Gewinn von etwas weniger als ______________ und Lisa hat einen Gewinn von etwas mehr als ________________.

30 Verhaltensorientierte Ökonomie

Einleitung

In diesem Abschnitt präsentieren wir einige Aufgaben, die zum Nachdenken über rationale und nicht so rationale Entscheidungen anregen sollen. Wir werden einem hyperbolischen und einem exponentiellen Zauderer begegnen. Erinnern Sie diese Menschen an irgendjemand, den Sie kennen? Sie werden Jake kennenlernen, dem bewusst ist, dass er ein Problem der Selbstkontrolle hinsichtlich des Biertrinkens hat. Für diejenigen, denen Jakes Problem fremd ist: Haben Sie es schon einmal vermieden, eine Schachtel Schokoladekekse vor sich aufzustellen, im Wissen darum, was geschehen wird, wenn Sie davon zu essen beginnen? Hatten Sie jemals Schwierigkeiten sich zu entscheiden, weil es zu viele Möglichkeiten gab? Wie würden Sie reagieren, wenn Stefanie Stur Sie unter Druck setzt? Was meinen Sie, wie rational sich andere Menschen vermutlich verhalten, mit denen Sie es zu tun haben?

Aufgaben

* **30.1** ■ Es ist früher Montagmorgen und Theo Trödler muss ein Referat schreiben. Theos Lehrer akzeptiert keine verspätet abgegebenen Referate, es ist also für Theo wichtig termingerecht abzugeben. Das Referat ist am Donnerstagmorgen fällig, Theo hat also drei Tage Zeit, um daran zu arbeiten. Er weiß, dass er insgesamt 12 Stunden für die Recherche und die Abfassung des Referats benötigt. Theo verabscheut es, Referate zu schreiben, gerne schiebt er unangenehme Arbeiten so lange wie möglich auf. Ihm ist aber auch bewusst, dass es weniger schmerzhaft ist, die Arbeit auf die drei Tage zu verteilen, anstatt alles am letzten Tag zu erledigen. Für jeden beliebigen Tag t sei x_t die Anzahl der Stunden, die er am Tag t am Referat arbeitet; x_{t+1} und x_{t+2} sind dann die für das Referat morgen und übermorgen aufgewendeten Stunden. Am Anfang von Tag t können Theos Präferenzen für die Zeit der Arbeit am Referat durch die Nutzenfunktion

$$U(x_t, x_{t+1}, x_{t+2}) = -x_t^2 - 1/2x_{t+1}^2 - 1/3x_{t+2}^2$$

beschrieben werden.

a) Angenommen Theo macht am Montagmorgen einen Plan und entscheidet sich für die Nutzen maximierenden x_{Mo}, x_{Di} und x_{Mi} entsprechend seiner Nutzenfunktion

$$U(x_{Mo}, x_{Di}, x_{Mi}) = -x_{Mo}^2 - 1/2x_{Di}^2 - 1/3x_{Mi}^2$$

unter der Nebenbedingung, dass er insgesamt 12 Stunden am Referat arbeitet. Die Nebenbedingung lautet also $x_{Mo} + x_{Di} + x_{Mi} = 12$. Wie viele Stunden plant er am Montag zu arbeiten? x_{Mo} = ______________. Am Dienstag? x_{Di} = ______________.

Am Mittwoch? x_{Mi} = ______________. (Hinweis: Wenn er seinen Nutzen unter der Nebenbedingung maximiert, muss sein marginales Arbeitsleid an jedem Tag gleich groß sein. Schreibe zwei Gleichungen an: eine Gleichung, die sein marginales Arbeitsleid vom Dienstag dem vom Montag gleichsetzt, und eine, die sein marginales Arbeitsleid vom Mittwoch dem vom Montag gleichsetzt. Verwende die beiden Gleichungen gemeinsam mit der Budgetbeschränkung $x_{Mo} + x_{Di} + x_{Mi} = 12$, und löse sie nach x_{Mo}, x_{Di} und x_{Mi}.)

b) Am Montag arbeitet Theo 2 Stunden an seinem Referat. Als Theo am Dienstagmorgen aufsteht, ist ihm bewusst, dass er noch 10 Stunden Arbeit vor sich hat. Bevor er sich an die Arbeit macht, zieht er seine Nutzenfunktion zu Rate. Da es nun Dienstag ist, lautet seine Nutzenfunktion

$$U(x_{Di}, x_{Mi}, x_{Do)} = -x_{Di}^2 - 1/2x_{Mi}^2 - 1/3x_{Do}^2,$$

wobei x_{Di}, x_{Mi} und x_{Do} die Arbeitsstunden am Dienstag, Mittwoch und Donnerstag sind. Natürlich nützt ihm die Arbeit am Donnerstag nicht mehr. Daher ist der am wenigsten schmerzhafte Weg zur Fertigstellung seines Referats, x_{Di} und x_{Mi} so zu wählen, dass

$$U(x_{Di}, x_{Mi}, 0) = -x_{Di}^2 - 1/2x_{Mi}^2$$

unter der Nebenbedingung $x_{Di} + x_{Mi} = 10$ maximiert wird. Dazu setzt er sein marginales Arbeitsleid vom Dienstag jenem vom Mittwoch gleich. Das ergibt die Gleichung ______________. Verwende diese Gleichung und die Budgetgleichung $x_{Di} + x_{Mi} = 10$, um die Arbeitsstunden am Dienstag ______________ und am Mittwoch ______________ zu bestimmen. Wie viel wollte Theo nach seinem ursprünglichen Plan am Dienstag ______________ und am Mittwoch ______________ arbeiten? Hat Theo Zeitkonsistente Präferenzen? ______________.

c) Angenommen am Montagmorgen erkennt Theo, dass er voraussichtlich am Dienstag seinen Plan zur Maximierung der Montag-Präferenzen nicht ausgeführt haben wird, er wird daher die verbleibenden Aufgaben so verteilen, dass er

$$U(x_{Di}, x_{Mi}, 0) = -x_{Di}^2 - 1/2x_{Mi}^2$$

unter der Nebenbedingung $x_{Di} + x_{Mi} = 12 - x_{Mo}$ maximieren wird. Er berücksichtigt das nun bei der Neuberechnung seines Arbeitsplans für Montag und überlegt sich Folgendes: Am Dienstag wird er x_{Di} und x_{Mi} so wählen, dass sein marginales Arbeitsleid am Dienstag dem von Montag gleich ist. Dazu wird er sich für x_{Mi}/x_{Di} = ____________________ entscheiden. Theo verwendet diese Gleichung zusammen mit seiner Budgetbeschränkung $x_{Di} + x_{Mi} = 12 - x_{Mo}$, um sie nach den Arbeitsstunden für Dienstag und Mittwoch zu lösen, wenn er am Montag x_{Mo} arbeitet. Wenn er am Montag x_{Mo} Stunden arbeitet, dann wird er am Dienstag $x_{Di} = 1/3(12 - x_{Mo})$ und am Mittwoch $x_{Mi} = 2/3(12 - x_{Mo})$ Stunden arbeiten. Damit weiß Theo für jedes beliebige x_{Mo} wie viel er am Dienstag und Mittwoch arbeiten wird. Daher kann er am Montag seinen Nutzen als die folgende Funktion von x_{Mo} berechnen:

$$U_{Mo}(x_{Mo}) = -x_{Mo}^2 - 1/2x_{Di}x_{Mo}^2 - 1/3x_{Mi}x_{Mo}^2.$$

Setze die erste Ableitung nach x_{Mo} gleich Null und finde, dass Theo seinen Nutzen maximiert, wenn er am Montag ______________ Stunden arbeitet.

d) Impliziert Theos Drei-Perioden Nutzenfunktion exponentielles oder hyperbolisches Diskontieren? ____________________________________. Wenn exponentiell, wie groß ist der Diskontsatz δ? Wenn hyperbolisch, wie groß ist der Parameter k? _____________.

* **30.2** ■ Am Montagmorgen sieht sich Frieda Fleißig derselben Aufgabe gegenüber wie Theo Trödler. Auch sie benötigt 12 Stunden zu Fertigstellung des Referats. Ihre Zeitpräferenzen zum Zeitpunkt t sind durch

$$U(x_t, x_{t+1}, x_{t+2}) = -x_t^2 - 1/2x_{t+1}^2 - 1/4x_{t+2}^2$$

gegeben.

a) Repräsentiert Friedas Drei Perioden Nutzenfunktion exponentielles oder hyperbolisches Diskontieren? ____________________________________. Wenn exponentiell, wie groß ist der Diskontsatz δ? Wenn hyperbolisch, wie groß ist der Parameter k? _______________.

b) Am Montagmorgen plant Frieda die Fertigstellung des Referats unter Maximierung ihrer Nutzenfunktion

$$U(x_{Mo}, x_{Di}, x_{Mi}) = -x_{Mo}^2 - 1/2x_{Di}^2 - 1/4x_{Mi}^2$$

unter der Nebenbedingung $x_{Mo} + x_{Di} + x_{Mi} = 12$. Wie viele Stunden plant Frieda am Montag zu arbeiten? ____________. Am Dienstag? ____________. Am Mittwoch? __________.

c) Frieda arbeitet am Montag 12/7 Stunden am Referat und entspricht damit voll ihrem Plan. Am Dienstagmorgen lautet ihre Nutzenfunktion

$$U(x_{Di}, x_{Mi}, x_{Do}) = -x_{Di}^2 - 1/2x_{Mi}^2 - 1/4x_{Do}^2.$$

Da Arbeit am Donnerstag nichts zur Fertigstellung des Referats vor der Abgabefrist beiträgt, wird sie $x_{Do} = 0$ setzen und

$$-x_{Di}^2 - 1/2\, x_{Mi}^2$$

unter der Nebenbedingung $x_{Di} + x_{Mi} = 12 - (12/7)$ maximieren. Wie viel wird sie am Dienstag arbeiten? ______________. Und am Mittwoch? ______________. Stimmen diese Stunden mit dem Plan vom Montag überein? __________________. Hat Frieda Zeit-konsistente Präferenzen? ____.

30.3 ■ Jake besucht gerne Partys und trinkt gerne Bier. Wenn er zu viel Bier trinkt, fühlt er sich am nächsten Tag schlecht und er kommt auch mit seiner Arbeit nicht weiter. Wenn er zu Hause ganz nüchtern über die Tage nach dem Trinken nachdenkt, sind seine Präferenzen für Biertrinken auf einer Party durch die Nutzenfunktion $U_0(x) = 10x - x^2$ gegeben. Am Samstag ist Jake wieder auf einer Party eingeladen und er weiß auch, dass es Freibier geben wird. Seine Alternative zum Besuch der Party ist ein ruhiger Abend mit einem abstinenten Freund. Der ruhige Abend mit seinem Freund gibt ihm einen Nutzen von 20.

a) Wie viele Gläser Bier wird er trinken, wenn er zur Party geht und die Nutzen maximierende Menge konsumiert? __________. Wie groß wird sein Nutzen sein? __________. Ist das mehr oder weniger im Vergleich zum ruhigen Abend zuhause? ______________.

b) Jake merkt, dass Bier eine eigenartige Wirkung auf ihn hat. Es verändert seine Nutzenfunktion. Je mehr Bier er trinkt, umso durstiger wird er und er vergisst auch die Nachwirkungen am nächsten Tag. Für jede beliebige Anzahl an Glas Bier, t, wird seine Nutzenfunktion – nachdem er t Glas getrunken hat – für die *Gesamtzahl* von x Glas Bier zu $U_t(x) = (10 + t)x - x^2$. Wenn er, zum Beispiel, 5 Bier getrunken hat, wird seine Nutzenfunktion für die Gesamtzahl an Bier $15x - x^2$ und sein Grenznutzen für zusätzliche Gläser Bier wird _______________. Da dieser Grenznutzen für 5 Glas Bier positiv ist, wird er mehr Bier trinken. Wie viel Bier muss er trinken, damit der Grenznutzen von zusätzlichem Bier Null wird? ______________. Bevor Jake auf die Party geht, weiß er, dass er mehr Bier trinken wird, als für sein nüchternes Ich optimal ist, dass er dennoch so viel Bier trinken wird, bis ihm seine durch den Bierkonsum veränderten Präferenzen zum Aufhören veranlassen. Wie viel Nutzen würde er durch den Besuch der Party entsprechend seinen nüchternen Präferenzen erzielen? __________________. Wäre er besser dran, daheim einen ruhigen Abend zu verbringen? ____________________.

30.4 ▣ Eine seltene aber tödliche Krankheit befällt 1 Person von 100.000. Forscher haben einen aussagekräftigen Test für diese Krankheit entwickelt. Jede von dieser Krankheit betroffene Person wird als positiv getestet. Neunundneunzig Prozent der Gesunden werden negativ getestet, ein Prozent wird jedoch als positiv getestet. Dagobert Dilemma wird während einer Routineuntersuchung auch auf diese Krankheit getestet; der Test ist positiv. Dagobert ist entsetzt.

a) Dagobert erfährt von einem möglichen chirurgischen Eingriff. Seine Versicherung übernimmt die Kosten der Operation. Wenn Dagobert die Krankheit hätte, würde die Operation sie garantiert eliminieren; wenn er sie nicht hätte, besteht eine Wahrscheinlichkeit von 1/200, dass er die Operation nicht überlebt. Glauben Sie – vor genauen Berechnungen –, dass die Operation seine allgemeine Überlebenswahrscheinlichkeit erhöht?

____.

b) Um die Wahrscheinlichkeit herauszufinden, ob Dagobert tatsächlich erkrankt ist – gegeben den positiven Test –, überlegen wir uns Folgendes: Die Krankheit befällt 1 Person unter 100.000, daher erwarten wir bei einer Bevölkerung von 1.000.000, dass etwa

_______ Personen erkrankt sind. Angenommen die Gesamtheit der Bevölkerung wird getestet. Unter der Voraussetzung, dass ein Prozent der nicht Erkrankten als positiv getestet wird, erwarten wir, dass ungefähr __________ Personen positiv getestet werden.

Daher ist von den positiv getesteten Personen ein Anteil von ____________ tatsächlich erkrankt. Wie groß ist somit die Wahrscheinlichkeit, dass der positiv getestete Dagobert tatsächlich erkrankt ist? ____________. Würde Dagobert durch die Operation seine Überlebenswahrscheinlichkeit verbessern? Erkläre: ______________________

____

____.

c) Angenommen es wäre eine Person von 10.000 anstatt der 100.000 von der Krankheit betroffen. Wie hoch wäre dann die Wahrscheinlichkeit des positiv getesteten Dagobert, von der Krankheit befallen zu sein? ____________________. Würde er jetzt durch die Operation seine Überlebenswahrscheinlichkeit verbessern? ____________________.

30.5 ■ Einige Ökonomen fanden experimentelle Beweise, dass es systematische Unterschiede zwischen dem Betrag gibt, den Menschen zu zahlen bereit wären, um einen Gegenstand zu erwerben, und jenem Betrag, den man ihnen zahlen müsste, um sich von diesem Gegenstand zu trennen, würden sie ihn besitzen. Das wurde als „Ausstattungseffekt" bezeichnet. Professor Daniel McFadden von der University of California entwickelte ein Experiment mit Studierenden, um diesen Ausstattungseffekt zu testen. Er teilte eine große Zahl von Studierenden nach dem Zufallsprinzip in zwei gleich große Gruppen. Eine Gruppe erhielt Bleistifte, in die der Name der Klasse eingraviert war. Dann organisierte McFadden einen Bleistiftmarkt. Die Studierenden, die einen Bleistift hatten, sollten den niedrigsten Preis aufschreiben, zu dem sie bereit wären, ihren Bleistift zu verkaufen. Studierende, die keinen Bleistift hatten, sollten den höchsten Preis aufschreiben, den sie bereit wären, für einen Bleistift zu zahlen. Die Studierenden wussten, dass der Professor eine „Angebotskurve" durch Anordnung der Angebote von niedrig zu hoch und eine „Nachfragekurve" aus einer Anordnung der Nachfragen von hoch zu niedrig konstruieren wird. Der Gleichgewichtspreis liegt dann dort, wo sich Angebots- und Nachfragekurven schneiden. Käufer, die zumindest den Gleichgewichtspreis geboten hatten, würden einen Bleistift zum Gleichgewichtspreis erhalten, und Verkäufer, die bereit waren zum Gleichgewichtspreis oder darunter zu verkaufen, würden für ihre Bleistifte den Gleichgewichtspreis erhalten. Bei diesen Regeln ist es im Interesse der Studierenden, ihre wahre Bewertung offen zu legen.

a) McFadden hielt fest, dass man wegen der Zufallsauswahl der Studierenden, die Bleistifte erhielten, erwarten könnte, dass die Zahlungsbereitschaft für einen Bleistift für beide Gruppen – mit oder ohne Bleistifte – ähnlich sein sollte. Wenn es keinen Ausstattungseffekt gibt, sollte der niedrigste Preis, zu dem die Besitzerin eines Bleistifts zu verkaufen bereit ist, gleich dem höchsten Preis sein, den sie für einen Bleistift zahlen würde. Da die Präferenzen in beiden Gruppen ungefähr gleich sind, würden wir erwarten, dass im Gleichgewicht nach Kauf und Verkauf der Bleistifte die Anzahl der Bleistifte, die nun jene haben, die vorher keine hatten, in etwa gleich der Anzahl jener sein wird, die Bleistifte erhalten hatten. Wenn das stimmt, wie hoch wäre der Anteil der Nicht-Besitzer von Bleistiften, die Bleistifte kaufen? ______________. Welcher Anteil der Bleistift-Besitzer würde Bleistifte verkaufen? ________________. Wie hoch ist der Anteil an der Gesamtzahl der verteilten Bleistifte, die gehandelt würden? ________________.

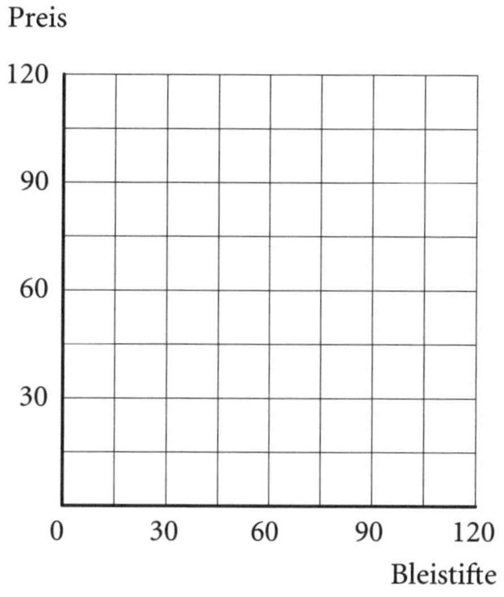

b) In Professor McFaddens Klasse stellte sich heraus, dass die Anzahl der gehandelten Bleistifte viel kleiner war, als man ohne einen Ausstattungseffekt erwarten würde. Anhand eines Beispiels kann man zeigen, wie ein Ausstattungseffekt den Unterschied erklären könnte. Nehmen wir eine Klasse von 200 Studierenden, die nach dem Zufallsprinzip in zwei Gruppen von je 100 geteilt wird. Vor der Verteilung der Bleistifte ist die Verteilung der Zahlungsbereitschaft der Studierenden innerhalb jeder Gruppe gleich. So ist für jeden beliebigen Preis P (gemessen in Cent) zwischen 0 und 100 in jeder Gruppe die Zahl der Studierenden, die bereit sind, für einen Bleistift P oder mehr zu bezahlen $100 - P$. Nehmen wir an, dass es keinen Ausstattungseffekt gibt. Die Nachfragekurve jener ohne Bleistifte ist durch die Gleichung $D(P) =$ ________________________ gegeben. Zeichne in die obige Grafik diese Nachfragekurve schwarz ein. Die Bleistiftbesitzer haben 100 Bleistifte. Wenn sie dieselben Präferenzen wie die Nichtbesitzer von Bleistiften haben, dann werden sie $D(P)$ Bleistifte zum Preis P für sich selbst behalten wollen. Daher ist die Zahl, die sie anbieten werden gleich $S(P) = 100 - D(P)$. Wenn wir die für $D(P)$ erhaltene Gleichung einsetzen, vereinfach sich das zu $S(P) =$ ____________. Zeichnen Sie die Angebotskurve in den obigen Raster blau ein. Angebot ist gleich der Nachfrage bei einem Preis von ____, die Anzahl der gehandelten Bleistifte ist ____.

c) Nehmen wir nun an, dass es einen Ausstattungseffekt gibt, der wie folgt funktioniert: Bleistiftbesitzer haben sich an ihre Bleistifte gewöhnt. Der niedrigste Preis, den eine Bleistiftbesitzerin für ihren Bleistift akzeptiert, ist das Dreifache des Betrags, den sie vor Erhalt des Bleistifts zu zahlen bereit war. Zeige mit roter Farbe die Angebotskurve für Bleistifte, wenn es so einen Ausstattungseffekt gibt. Wie lautet die Gleichung dieser roten Angebotskurve? $S(P) =$ ________________. Angenommen die Nachfragekurve der

Nichtbesitzer von Bleistiften ändert sich nicht; wie hoch ist der Gleichgewichtspreis für Bleistifte? ________. Wie groß ist die Zahl der gehandelten Bleistifte? ________.

30.6 ■ Mark Eting arbeitet bei Marmeladen Max und bereitet soeben eine Präsentation für Supermärkte vor, um die Vielfalt des Angebots der Unternehmung vorzustellen. Marks frühere Präsentation wurde von seiner Chefin, Bianca Regina, kritisiert, die meinte „Marmeladen links, Marmeladen rechts, aber niemals Marmeladen direkt vor mir!" Mark steht daher unter großem Erfolgszwang. Er zieht einen teuren ökonomischen Berater bei, der herausgefunden hatte, dass bei einem Angebot von x Sorten Marmelade die Wahrscheinlichkeit, dass ein Vorbeigehender stehen bleiben und sich die Präsentation ansehen wird, $\max\{x/20, 1\}$ beträgt. Überdies ist die Wahrscheinlichkeit, dass jemand, der stehen bleibt und schaut, auch kauft, durch $\max\{1 - (x/20), 0\}$ gegeben ist.

a) Wie viele Personen werden im Durchschnitt stehen bleiben und schauen, wenn x Sorten Marmelade ausgestellt werden und 1.000 Personen vorbei kommen? ________.

b) Wie viele der vorbei kommenden Personen werden Marmelade kaufen, wenn x Sorten Marmelade präsentiert werden? ________________.

c) Stelle in der folgenden Grafik die Verkäufe als eine Funktion von x dar.

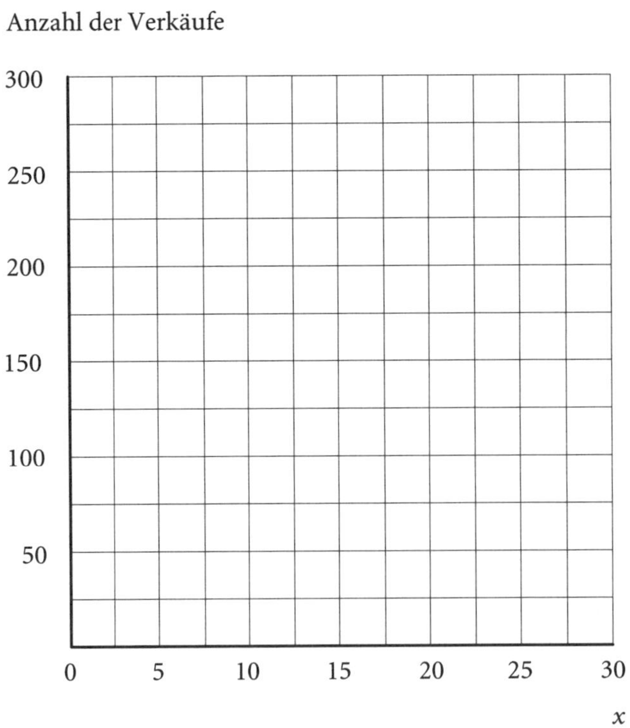

d) Welchen Wert von x sollte Mark wählen, um den Umsatz zu maximieren? ________.

e) Wie viele Gläser Marmelade wird er verkaufen? ________________.

30.7 ■ Zacharias Zitrone muss die Stadt rasch verlassen, er kann sein Auto nicht mitnehmen. Da er keine Zeit hat, einen anderen Käufer zu suchen, muss er ihn entweder an seine Nachbarin, Stefanie Stur, verkaufen oder verschrotten. Zacharias und Stefanie wissen, dass für Stefanie das Auto € 500 wert ist. Es bleibt keine Zeit für Verhandlungen. Stefanie muss ein Anbot für das Auto machen und Zacharias wird es ihr entweder um diesen Preis verkaufen oder er wird es verschrotten. Stefanie hat kein Verständnis für Zacharias und sein Dilemma, aber sie weiß, dass Zacharias emotional reagieren kann. Sie fürchtet daher, dass bei einem zu niedrigen Anbot Zacharias zornig werden könnte und das Auto verschrottet. Sie schätzt, dass die Wahrscheinlichkeit, dass Zacharias ihr sein Auto verkauft, gleich $x/500$ für alle $x \leq$ € 500 ist. Stefanie erkennt auch, dass sie bei einen Kauf des Autos für € x einen Gewinn gleich € $500 - x$ erzielt, der aber gleich Null ist, wenn Zacharias das Auto verschrottet.

a) Schreibe einen Ausdruck für Stefanies erwarteten Gewinn als eine Funktion von x: ______________________. Welchen Preis sollte sie Zacharias bieten, um ihren erwarteten Gewinn zu maximieren? ______________________.

b) Angenommen Stefanie glaubt, dass ihr Zacharias das Auto sicherlich verkauft, wenn sie mehr als € 300 bietet, und dass die Wahrscheinlichkeit, dass er ihr das Auto verkauft gleich $x/300$ für $x \leq 300$ ist.

c) Schreibe einen Ausdruck für Stefanies erwarteten Gewinn als eine Funktion von x. ______________________. Welchen Preis sollte sie bieten, um ihren erwarteten Gewinn zu maximieren? ______________________.

d) Angenommen Stefanie glaubt, dass ihr Zacharias das Auto sicherlich verkauft, wenn sie mehr als € 200 bietet, und dass die Wahrscheinlichkeit, dass er ihr das Auto verkauft gleich $x/200$ für $x \leq 200$ ist. Welchen Preis sollte sie bieten, um ihren erwarteten Gewinn zu maximieren? ______________________.

30.8 ▣ Eine Gruppe von Menschen wird zu folgendem Spiel eingeladen: Jede Person in der Gruppe wählt eine Zahl zwischen 0 und 100. Es gibt eine beträchtliche Belohnung für jene Antwort, die 2/3 der durchschnittlichen Antwort aller anderen Mitglieder der Gruppe am nächsten kommt.

a) Sam Smart denkt, dass alle anderen Spieler wirklich dumm sind. Er glaubt, dass sie eine Zahl zwischen 0 und 100 zufällig auswählen mit einem Mittelwert von 50. Sam wird seine Gewinnchance maximieren, wenn er eine Zahl nahe bei ____________ wählt.

b) Schöntraud Schritt erkennt, dass der Durchschnitt nicht größer als 100 sein kann, die Hälfte des Durchschnitts kann daher nicht größer als 50 sein. Sie denkt, dass die anderen Leute in der Gruppe ungefähr so schlau sind wie Sam Smart. Da diese Personen Zahlen in der Nähe von ________________ wählen werden, entscheidet sich Schöntraud für eine Zahl nahe bei ________________.

c) Teresa Tritt denkt, dass niemand so dumm sein kann wie Sam Smart, sondern dass jeder so denken wird wie Schöntraud Schritt. Teresa erkennt, dass sie – wenn jeder wie Schöntraud handelt – nicht dasselbe wie Schöntraud tun sollte, sondern stattdessen eine Zahl nahe bei ________________ wählen sollte.

d) Rachel Rational stellt fest, dass Sam, Schöntraud und Teresa glauben, dass sie schlauer als alle anderen sind. Sie fragt sich: „Welche Zahl würde ich wählen, wenn ich denke, dass jeder dieselben Überlegungen wie ich anstellt?" Für welchen Wert von X gilt, dass $X = 2X/3$? ________________.

e) Dieses Spiel wird „Schönheitskonkurrenz" genannt. Es wurde in zahlreichen ökonomischen Laborexperimenten gespielt. Und es wurde auch von tausenden Menschen gespielt, die ihre Einträge brieflich unterbreiteten, und zwar in drei verschiedenen Wettbewerben, die von Wirtschaftszeitschriften in Großbritannien und Spanien und vom *Spektrum der Wissenschaft*, der deutschen Ausgaben des *Scientific American*, durchgeführt wurden. Die Leser waren aufgefordert, eine Zahl zwischen 0 und 100 anzugeben, wobei der Preis an die Zahl geht, die 2/3 des Durchschnitts am nächsten kommt. In Laborexperimenten wurde das Spiel auch von Studentengruppen gespielt, unter anderen am California Institute of Technology (Cal Tech) und der University of California at Los Angeles (UCLA), von Studenten in Deutschland und Singapur, Mittelschülern, vom Universitätsrat von Cal Tech und von Portfolio-Managern. In all diesen Experimenten antwortete typischerweise nur ein ganz kleiner Teil der Teilnehmer mit Zahlen von 50 oder mehr. In Grafiken der Häufigkeiten der Antworten gibt es Spitzen bei 33,3, 22,2 und eine bescheidene Spitze bei 0. Der Mittelwert der von den Lesern vom *Spektrum der Wissenschaft* gewählten Zahlen war 22,08. Zwischen den verschiedenen Laborgruppen schwankten die Mittelwerte deutlich zwischen einem Minimum von 21,9 und einem Maximum von 46,1. Welche Gruppe hat wohl die niedrigste Zahl gewählt? ________________.
(Um mehr über dieses Spiel zu erfahren, den Ursprung seines Namens, wie gut die einzelnen Gruppen abschnitten, konsultiere den Aufsatz „Progress in Behavioral Game Theory", im *Journal of Economic Perspectives*, Herbst 1997, von Professor Colin Camerer vom Cal Tech.)

31 Tausch

Einleitung

Das *Edgeworth-Diagramm* hat einen ganz besonderen Reiz. Eine erstaunliche Menge an Information lässt sich aufgrund von ein paar Linien, Punkten und Kurven erkennen. Tatsächlich reicht ein Edgeworth-Diagramm aus, um so ungefähr alles Bemerkenswerte über zwei Tauschende und zwei Güter auszusagen. Selbst Ökonominnen wissen aber sehr wohl, dass es in der Realität mehr als zwei Personen und mehr als zwei Güter gibt. Es stellt sich jedoch heraus, dass sich die Erkenntnisse, die man aus diesem Modell gewinnen kann, leicht auf den Fall von vielen Personen und vielen Güter erweitern lassen. Daher ist zur Einführung des Tauschgleichgewichts das Edgeworth-Diagramm genau das richtige Instrument. Wir beginnen mit einem Beispiel über zwei Gärtner, die miteinander tauschen. Sie werden aus diesem Beispiel den größten Nutzen ziehen, wenn Sie im Zuge der Lektüre das Diagramm ausfüllen.

Beispiel

Alice und Byron konsumieren zwei Güter, Kamelien und Dahlien. Alice hat 16 Kamelien und 4 Dahlien, Byron hat 8 Kamelien und 8 Dahlien. Sie konsumieren keine anderen Güter und sie tauschen nur miteinander. Um die möglichen Allokationen der Blumen zu beschreiben, zeichnen wir zuerst ein Rechteck, dessen Länge die Gesamtzahl der Kamelien abbildet und dessen Breite die Gesamtzahl der Dahlien darstellt, die sie beide, Alice und Byron, zusammen haben. Die Länge des Rechtecks ist somit 16 + 8 = 24, die Breite ist 4 + 8 = 12.

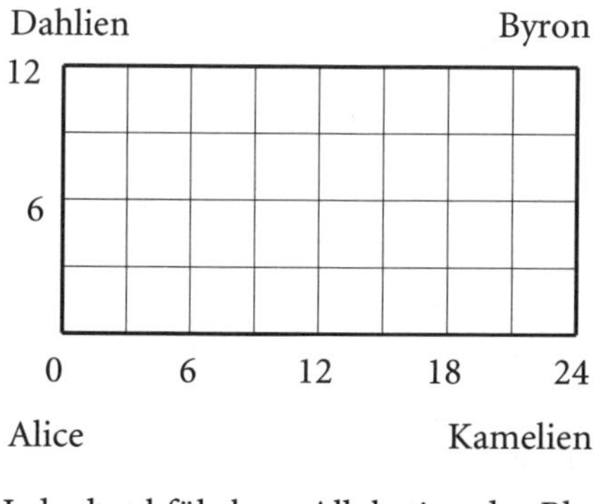

Jede durchführbare Allokation der Blumen zwischen Alice und Byron wird durch einen einzigen Punkt im Diagramm vollständig beschrieben. Nehmen wir zum Beispiel die Allokation, bei der Alice das Bündel (15, 9) erhält und Byron das Bündel (9, 3). Diese Allokation wird durch den Punkt $A = (15, 9)$ im Edgeworth-Diagramm dargestellt, den Sie einzeichnen sollten. Die Entfernung 15 von A zum linken Rand des Rechtecks ist die Zahl der Kamelien für Alice, die Entfernung 9 von A zum unteren Rand des Diagramms ist die Zahl der Dahlien für Alice. Dieser Punkt bestimmt auch Byrons Konsum an Kamelien und Dahlien. Die Entfernung 9 von A zum rechten Rand des Diagramms ist die von Byron konsumierte Gesamtzahl an Kamelien und die Entfernung von A zum oberen Rand des Diagramms ist die von Byron konsumierte Zahl an Dahlien. Da die Länge das gesamte Angebot an Kamelien und die Breite das Gesamtangebot an Dahlien darstellen, können wir durch diese Konventionen sicher sein, dass jeder Punkt im Rechteck eine durchführbare Allokation des gesamten Angebots an Kamelien und Dahlien darstellt.

Es ist zweckmäßig, die ursprüngliche Allokation im Edgeworth-Diagramm zu kennzeichnen. In unserem Fall ist die ursprüngliche Allokation durch den Punkt $E = (16, 4)$ repräsentiert. Nehmen wir nun an, dass Alices Nutzenfunktion durch $U(k, d) = k + 2d$ und Byrons Nutzenfunktion durch $U(k, d) = kd$ gegeben sind. Alices Indifferenzkurven werden Geraden mit der Steigung $-1/2$ sein. So wird zum Beispiel die Indifferenzkurve, die durch den Punkt ihrer ursprünglichen Ausstattung geht, eine Gerade sein, die vom Punkt (24, 0) zum Punkt (0, 12) verläuft. Da Byron eine Cobb-Douglas Nutzenfunktion hat, werden seine Indifferenzkurven rechteckige Hyperbeln sein; da aber die Mengen für Byron von der oberen rechten Ecke des Diagramms aus gemessen werden, werden diese Indifferenzkurven umgedreht sein, so wie in den Edgeworth-Diagrammen in Ihrem Lehrbuch.

Die *Pareto-Menge* oder *Kontraktkurve* ist die Menge all jener Punkte, in denen Alices Indifferenzkurven Byrons Indifferenzkurven berühren. Ein Tangentialpunkt ist immer dann gegeben, wenn die Steigungen gleich sind. Die Steigung von Alices Indifferenzkurve ist in jedem Punkt $-1/2$. Die Steigung von Byrons Indifferenzkurve hängt von seinem Konsum der beiden Güter ab. Wenn Byron das Bündel (k_B, d_B) konsumiert, dann ist die Steigung seiner Indifferenzkurve die Grenzrate der Substitution, also $-d_B/k_B$. Daher werden sich Alices und Byrons Indifferenzkurven immer dann berühren, wenn $-d_B/k_B = -1/2$ ist. In unserem Beispiel ist die Pareto-Menge ganz einfach die Diagonale des Edgeworth-Diagramms.

Bei einigen Aufgaben ist das Wettbewerbsgleichgewicht gefragt. In einer Zwei-Güter-Wirtschaft empfiehlt sich häufig folgende Vorgangsweise zur Berechnung der gleichgewichtigen Preise und Mengen:

- Da die Nachfrage nach jedem Gut nur vom Verhältnis des Preises des Gutes 2 zum Gut 1 abhängt, ist es sinnvoll, den Preis des Gutes 1 einfach 1 zu setzen, und p_2 als den Preis des Gutes 2 anzunehmen.
- Dann berechnet man die Nachfrage jeder Konsumentin nach Gut 2 als eine Funktion von p_2, wobei der Preis des Gutes 1 auf 1 verbleibt.
- Schreibe eine Gleichung an, in der die gesamte von allen Konsumentinnen nachgefragte Menge der Summe der Anfangsausstattungen mit Gut 2 aller Marktteilnehmerinnen gleich gesetzt wird.

- Löse diese Gleichung nach jenem Wert von p_2, bei dem die Nachfrage nach Gut 2 gleich dem Angebot an Gut 2 ist. (Wenn das Angebot an Gut 2 gleich der Nachfrage nach Gut 2 ist, dann muss auch gelten, dass das Angebot an Gut 1 gleich der Nachfrage nach Gut 1 ist.)
- Setze diesen Preis in die Nachfragefunktionen ein und bestimme die Mengen.

Beispiel

Rolands Nutzenfunktion lautet $U(x_1, x_2) = x_1 x_2$, Maggies Nutzenfunktion lautet $U(x_1, x_2) = \min\{x_1, x_2)$. Rolands Anfangsausstattung beträgt 0 Einheiten des Gutes 1 und 10 Einheiten des Gutes 2. Maggies Anfangsausstattung beträgt 20 Einheiten des Gutes 1 und 5 Einheiten des Gutes 2. Wir wollen ein Wettbewerbsgleichgewicht für Maggie und Roland suchen.

Setze $p_1 = 1$ und suche Maggies und Rolands Nachfragefunktionen für Gut 2 als eine Funktion von p_2. Unter Verwendung der im 6. Kapitel erlernten Techniken finden wir Rolands Nachfragefunktion nach Gut 2 als $m/2p_2$, wobei m für sein Einkommen steht. Da Rolands Anfangsausstattung aus 0 Einheiten des Gutes 1 und 10 Einheiten des Gutes 2 besteht, ist sein Einkommen $10p_2$. Somit ist Rolands Nachfrage nach Gut $10p_2/2p_2 = 5$. Da für Maggie die beiden Güter 1 und 2 perfekte Komplemente sind, wird sie sich für einen Konsum entscheiden, bei dem $x_1 = x_2$. Diese Tatsache gemeinsam mit ihrer Budgetbeschränkung impliziert, dass Maggies Nachfragefunktion für Gut 2 $m/(1 + p_2)$ ist. Da ihre Ausstattung aus 20 Einheiten des Gutes 1 und 5 Einheiten des Gutes 2 besteht, ist ihr Einkommen $20 + 5p_2$. Daher ist Maggies Nachfrage nach Gut 2 beim Preis p_2 gleich $(20 + 5p_2)/(1 + p_2)$. Rolands und Maggies Nachfrage nach Gut 2 sind daher insgesamt $5 + (20 + 5p_2)/(1 + p_2)$. Das Gesamtangebot an Gut 2 ist Rolands Ausstattung von 10 Einheiten und Maggies von 5 Einheiten, was zusammen 15 Einheiten ergibt. Die Nachfrage ist daher gleich dem Angebot, wenn

$$5 + ((20 + 5p_2)/(1 + p_2)) = 15$$

Lösung dieser Gleichung ergibt einen Gleichgewichtspreis $p_2 = 2$. Bei diesem Gleichgewichtspreis wird Roland 5 Einheiten und Maggie 10 Einheiten von Gut 2 nachfragen.

Aufgaben

31.1 ☐ Zacharias Zapp und Philipp Philister konsumieren Wein und Bücher. Zacharias besitzt eine ursprüngliche Ausstattung von 60 Büchern und 10 Flaschen Wein, Philipp hat eine Anfangsausstattung von 20 Büchern und 30 Flaschen Wein. Sie besitzen sonst nichts und tauschen auch nur untereinander. Für Zacharias sind eine Flasche Wein und ein Buch vollkommene Substitute. Seine Nutzenfunktion ist $U(b, w) = b + w$, wobei b die Anzahl der konsumierten Bücher und w die Zahl der konsumierten Flaschen Wein sind. Philipps Präferenzen sind etwas subtiler und konvex. Er hat eine Cobb-Douglas Nutzenfunktion $U(b, w) = bw$. In dem untenstehenden Edgeworth-Diagramm wird Zacharias' Konsum von der linken unteren, Philipps Konsum von der rechten oberen Ecke gemessen.

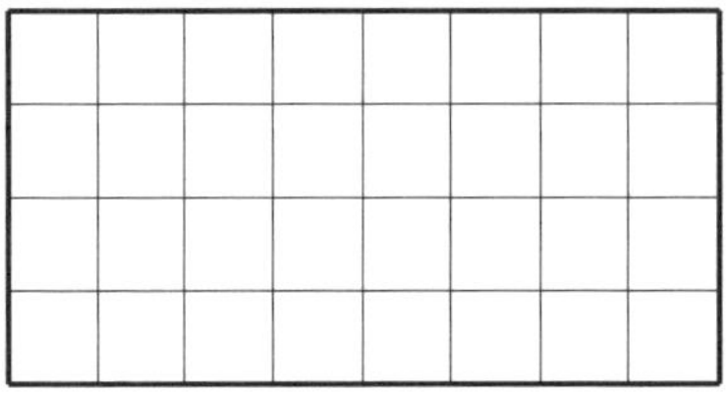

a) Kennzeichne in diesem Diagramm die Anfangsausstattung mit *E*. Zeichne Zacharias Zapps Indifferenzkurve durch seine Anfangsausstattung rot ein. Zeichne Philipp Philisters Indifferenzkurve durch seine Anfangsausstattung blau ein. (Zur Erinnerung: Philips Mengen werden von der oberen rechten Ecke aus gemessen, seine Indifferenzkurven sind daher „gestürzt".)

b) In jedem Pareto-Optimum, in dem beide etwas von beiden Gütern konsumieren, müssen ihre Grenzraten der Substitution gleich sein. Zacharias' Grenzrate der Substitution (MRS) ist, unabhängig von seinem Konsum, stets ______________________. Wenn Philipp das Bündel (b_P, w_P)konsumiert, ist seine MRS gleich ____________________. Daher erfüllt jede Pareto-optimale Allokation, bei der Beide positive Mengen von beiden Gütern konsumieren, die Gleichung ____________________________________. Zeichne in obiges Diagramm den geometrischen Ort der Pareto-optimalen Allokationen schwarz ein.

c) In einem Konkurrenzgleichgewicht wird Zacharias sowohl Bücher als auch Wein konsumieren. Dafür ist es aber notwendig, dass das Verhältnis des Weinpreises zum Buchpreis gleich ______________ ist. Wenn wir Bücher zum *Numéraire* erklären, dann wissen wir, dass der Weinpreis im Konkurrenzgleichgewicht ________________ sein muss.

d) Wie hoch ist zu den eben gefundenen Gleichgewichtspreisen der Wert von Philipps Anfangsausstattung? ____________________. Zu diesen Preisen wird sich Philipp für den Konsum von ____________ Büchern und ____________ Flaschen Wein entscheiden. Wenn Zacharias all die Bücher und all den Wein konsumiert, den Philipp nicht konsumiert, dann wird er ___________ Bücher und _________ Flaschen Wein konsumieren.

e) Zu den oben gefundenen Gleichgewichtspreisen ist Zacharias' Einkommen _________. Daher werden zu diesen Preisen die Kosten des Gesamtkonsums all jener Bücher und all jenes Weins, die Philipp nicht konsumiert, für Zacharias (gleich hoch wie, größer als, kleiner als) ______________________________ sein Einkommen sein. Kann sich Zacharias zu diesen Preisen ein Bündel leisten, das er gegenüber dem Bündel (55, 15) bevorzugt? ______________________________.

f) Angenommen eine Wirtschaft besteht aus 1.000 Menschen wie Zacharias und 1.000 Menschen wie Philipp. Jeder Zacharias-Typ hat dieselbe Ausstattung und denselben Geschmack wie Zacharias. Jeder Philipp-Typ hat dieselbe Ausstattung und denselben Geschmack wie Philipp. Würden die oben für Zacharias und Philipp gefundenen Gleichgewichtspreise noch immer Gleichgewichtspreise bei Wettbewerb darstellen? ______________________________. Wäre sowohl für Wein als auch für Bücher das Angebot gleich der Nachfrage, wenn alle Zacharias-Typen und alle Philipp-Typen sich genauso verhielten wie Zacharias und Philipp? ______________________________.

31.2 ☐ Sehen wir uns eine kleine Tauschökonomie mit zwei Konsumentinnen, Astrid und Birgit, an, die zwei Güter, Hering und Käse, konsumieren. Astrids Anfangsausstattung besteht aus 4 Mengeneinheiten Hering und 1 Mengeneinheit Käse, Birgit hat keinen Hering, sondern nur 7 Mengeneinheiten Käse. Astrids Nutzenfunktion lautet $U(H_A, K_A) = H_A K_A$. Birgit ist eine etwas inflexiblere Persönlichkeit. Ihre Nutzenfunktion lautet $U(H_B, K_B) = \min\{H_B, K_B\}$. ($H_A$ und K_A sind die Hering- und Käsemengen für Astrid, H_B und K_B die Hering- und Käsemengen für Birgit.)

a) Zeichne ein Edgeworth-Diagramm, das die Anfangsallokation zeigt; skizziere ein paar Indifferenzkurven. Astrids Konsum wird von links unten, Birgits Konsum von rechts oben gemessen. Zeichne in das Edgeworth-Diagramm für jede Person zwei verschiedene Indifferenzkurven, jene für Astrid blau und jene für Birgit rot.

b) Zeichne den geometrischen Ort aller Pareto-optimalen Allokationen schwarz ein. (Hinweis: Da Birgit etwas „geknickt“ ist, wird die Differentialrechnung wenig nützen. Beachte jedoch, dass es wegen der Inflexibilität des Verhältnisses, in welchem Birgit die beiden Güter nachfragt, ineffizient wäre, ihr eine beliebige positive Menge von einem Gut zu geben, wenn sie weniger als diese Menge vom anderen Gut hätte. Sagt das nicht schon etwas darüber aus, wo die Pareto-effizienten Allokationen liegen müssen?)

____

____.

c) Wir nehmen nun Käse als Numéraire an (mit einem Preis von 1), p sei der Preis von Hering. Schreibe einen Ausdruck für die Heringmenge an, die Birgit zu diesen Preisen nachfragen wird: ________________________. (Hinweis: Da Birgit ursprünglich 7 Einheiten Käse und keinen Hering besitzt und da Käse als Numéraire gewählt wurde, ist der Wert ihrer ursprünglichen Ausstattung gleich 7. Für wie viele Einheiten Hering wird sie sich entscheiden, um ihren Nutzen unter Beachtung der Budgetbeschränkung zu maximieren?)

d) Wie groß ist bei einem Käsepreis von 1 und einem Heringpreis von p der Wert von Astrids ursprünglicher Ausstattung? ________________________. Wie viel Hering wird Astrid zum Preis p nachfragen? ________________________.

31.3 ☐ Dekan Foster Z. Interface und Professor J. Fetid Nightsoil tauschen miteinander Binsenweisheiten und Gemeinplätze aus. Wenn Dekan Interface G_I Gemeinplätze und B_I Binsenweisheiten konsumiert, dann lautet seine Nutzenfunktion

$$U_I(B_I, G_I) = B_I + 2\sqrt{G_I}.$$

Wenn Professor Nightsoil G_N Gemeinplätze und B_N Binsenweisheiten konsumiert, dann lautet seine Nutzenfunktion

$$U_N(B_N, G_N) = B_N + 4\sqrt{G_N}.$$

Dekan Interfaces Anfangsausstattung besteht aus 8 Binsenweisheiten und 12 Gemeinplätzen, Professor Nightsoils Anfangsausstattung sind 8 Binsenweisheiten und 4 Gemeinplätze.

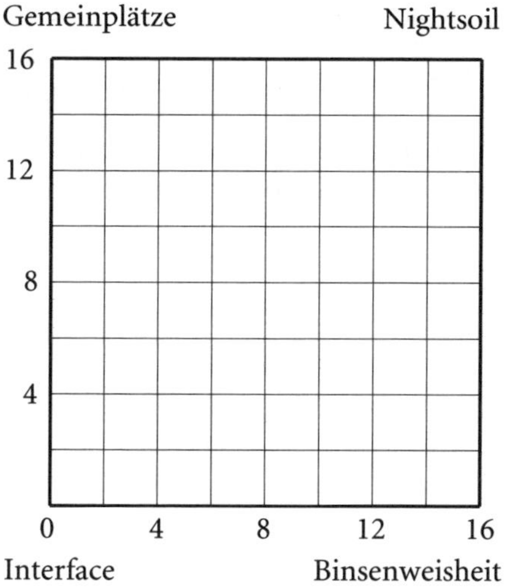

a) Wenn Dekan Interface G_I Gemeinplätze und B_I Binsenweisheiten konsumiert, dann ist seine Grenzrate der Substitution ____________________. Wenn Professor Nightsoil G_N Gemeinplätze und B_N Binsenweisheiten konsumiert, dann ist seine Grenzrate der Substitution ____________________.

b) Auf der Kontraktkurve ist Dekan Interfaces Grenzrate der Substitution gleich jener von Professor Nightsoil. Schreibe die Gleichung dafür an: ____________________. Diese Gleichung ist besonders einfach, da die Grenzrate der Substitution jeder Person nur vom Konsum an Gemeinplätzen und nicht vom Konsum an Binsenweisheiten abhängt.

c) Aus dieser Gleichung erkennen wir, dass für alle Punkte auf der Kontraktkurve $G_I/G_N =$ ____________________. Das ergibt eine Gleichung in den zwei Unbekannten G_I und G_N.

d) Wir wissen aber auch, dass entlang der Kontraktkurve $G_I + G_N =$ ____________________ gelten muss, da der Gesamtkonsum an Gemeinplätzen gleich der Gesamtausstattung mit Gemeinplätzen sein muss.

e) Wenn wir diese zwei Gleichungen in zwei Unbekannten lösen, so zeigt sich, dass entlang der Kontraktkurve G_I und G_N konstant und gleich ____________________ und ____________________ sind.

f) Bezeichne die Anfangsausstattung im Edgeworth-Diagramm mit dem Buchstaben *E*. Dekan Interface hat schwarze Indifferenzkurven, Professor Nightsoil rote; zeichne einige dieser Indifferenzkurven in das Edgeworth-Diagramm. Schließlich zeichne den geometrischen Ort aller Pareto-optimalen Punkte blau ein. Die Kontraktkurve ist eine (vertikale, horizontale, diagonale) ______________________ Gerade im Edgeworth-Diagramm.

g) Suche die gleichgewichtigen Konkurrenzpreise und -mengen. Man kennt die Preise eines Konkurrenzgleichgewichts, weil man die Grenzraten der Substitution in jedem Pareto-Optimum kennt: ____.

31.4 □ Eine kleine Tauschökonomie besteht nur aus zwei Konsumenten, Ken und Barbie, und zwei Gütern, Quiche und Wein. Kens Anfangsausstattung besteht aus 3 Mengeneinheiten Quiche und 2 Mengeneinheiten Wein, Barbies Anfangsausstattung besteht aus 1 Einheit Quiche und 6 Einheiten Wein. Ken und Barbie haben identische Nutzenfunktionen. Wir schreiben Kens Nutzenfunktion als $U(Q_K, W_K) = Q_K W_K$ und Barbies Nutzenfunktion als $U(Q_B, W_B) = Q_B W_B$, wobei Q_K und W_K Kens Quiche- und Weinkonsum, Q_B und W_B Barbies Quiche- und Weinkonsum sind.

a) Stelle die beschriebene Situation in einem Edgeworth-Diagramm dar; trage dabei Quiche auf der horizontalen, Wein auf der vertikalen Achse auf. Kens Güter werden von der linken unteren Ecke aus, Barbies Güter von der rechten oberen Ecke des Rechtecks gemessen. (Achte darauf, dass die Länge des Rechtecks dem Gesamtangebot an Quiche, die Breite dem Gesamtangebot an Wein entspricht.) Suche die ursprüngliche Allokation und bezeichne sie mit *W*. Kennzeichne auf den Seiten des Rechtecks die Anfangsausstattungen mit Quiche- und Wein eines jeden Konsumenten.

b) Zeichne mit blauer Farbe Kens Indifferenzkurve für ein Nutzenniveau von 6. Zeichne mit roter Farbe Barbies Indifferenzkurve für ein Nutzenniveau von 6.

c) Bei jeder Pareto-optimalen Allokation, bei der beide etwas von beiden Gütern konsumieren, muss Kens Grenzrate der Substitution zwischen Quiche und Wein gleich derjenigen von Barbie sein. Schreibe die Gleichung für diese Bedingung mittels des Konsums eines jeden Guts von jeder Person: ____.

d) Zeichne in die Grafik den geometrischen Ort aller Pareto-effizienten Punkte ein. (Hinweis: Wie muss das Konsumverhältnis lauten, wenn zwei Personen die beiden Güter jeweils im gleichen Verhältnis konsumieren müssen und wenn sie gemeinsam zweimal so viel Wein wie Quiche konsumieren müssen?)

e) Bei jeder Pareto-optimalen Allokation dieses Beispiels, wenn beide Personen beide Güter konsumieren, wird die Steigung von Kens Indifferenzkurve ________________ sein. Da wir wissen, dass jedes Konkurrenzgleichgewicht Pareto-effizient sein muss, wissen wir auch, dass im Konkurrenzgleichgewicht $p_Q/p_W =$ ________________.

f) Welches Bündel konsumiert Ken im Konkurrenzgleichgewicht? ________________.

Und Barbie? ________________. (Hinweis: Die Gleichgewichtspreise bei Wettbewerb ermittelten wir im vorigen Punkt, zusätzlich kennen wir Kens Anfangsausstattung. Im Gleichgewicht wird daher Kens Einkommen der Wert dieser Ausstattung zu Gleichgewichtspreisen sein. Wenn wir Einkommen und Preise kennen, dann können wir Kens Nachfrage im Konkurrenzgleichgewicht errechnen. Wenn wir Kens Konsum gefunden haben und außerdem wissen, dass der Gesamtkonsum von Ken und Barbie gleich der Summe ihrer Ausstattungen ist, sollte es leicht sein, Barbies Konsum zu berechnen.)

g) Zeichne im Edgeworth-Diagramm für Ken und Barbie die Allokation im Konkurrenzgleichgewicht ein und ebenso Kens Budgetgerade (schwarz).

31.5 ☐ Georg Gerades Nutzenfunktion lautet $U(a, b) = a + 2b$, wobei a sein Apfelkonsum und b sein Birnenkonsum ist. Kim Knicks Nutzenfunktion lautet $U(a, b) = \min\{a, 2b\}$. Kim hat ursprünglich 12 Äpfel und keine Birnen, Georg hat 12 Birnen und keine Äpfel. Im folgenden Edgeworth-Diagramm werden Kims Güter von der rechten oberen Ecke aus, Georgs Güter von der linken unteren Ecke aus gemessen. Bezeichne den ursprünglichen Ausstattungspunkt mit dem Buchstaben E. Zeichne zwei von Kims Indifferenzkurven rot und zwei von Georgs Indifferenzkurven blau ein. Zeichne eine schwarze Linie durch alle Pareto-optimalen Allokationen.

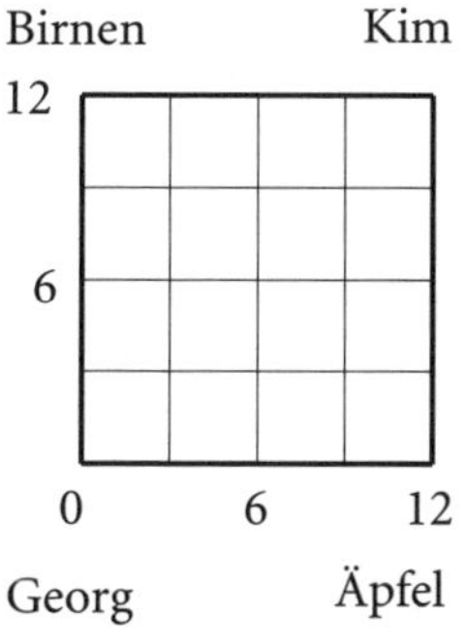

a) Im Wettbewerbsgleichgewicht dieser Wirtschaft muss das Verhältnis des Apfelpreises zum Birnenpreis ______________________ sein.

b) Wir wollen mit a_G Georgs Apfelkonsum und mit b_G seinen Birnenkonsum bezeichnen. Im Konkurrenzgleichgewicht muss Georgs Konsum die Budgetbeschränkung a_G + ________ b_G = ______________ erfüllen. Damit haben wir eine Gleichung in zwei Unbekannten. Um eine zweite Gleichung zu finden, sehen wir uns Kims Konsum an. Im Konkurrenzgleichgewicht ist der Gesamtkonsum an Äpfeln gleich dem Gesamtangebot an Äpfeln, ebenso ist der Gesamtkonsum an Birnen gleich dem Gesamtangebot an Birnen. Kim wird daher $12 - a_G$ Äpfel und ______________ $- b_G$ Birnen konsumieren. Im Konkurrenzgleichgewicht wird Kim auf einem ihrer „Knickpunkte" konsumieren. Die Knicke liegen dort, wo Kim ______________ Äpfel pro konsumierter Birne nachfragt. Wir wissen daher, dass $(12 - a_G)/(12 - b_G)$ = ______________________.

c) Man kann jetzt die beiden in b) gefundenen Gleichungen nach den von Kim und Georg im Konkurrenzgleichgewicht konsumierten Äpfeln und Birnen lösen. Georg wird ______________ Apfeleinheiten und ______________ Birneneinheiten konsumieren. Kim wird ______________ Apfeleinheiten und 3 Birneneinheiten konsumieren.

31.6 ☐ Nehmen wir eine reine Tauschökonomie mit zwei Konsumenten und zwei Gütern an. Für eine beliebige Pareto-effiziente Allokation wissen wir, dass beide Konsumenten beide Güter konsumieren und dass die Grenzrate der Substitution zwischen den zwei Gütern für Konsument *A* gleich –2 ist. Wie hoch ist die Grenzrate der Substitution des Konsumenten *B* zwischen diesen beiden Gütern? ______________________________.

31.7 ☐ Charlotte liebt Äpfel, sie verabscheut jedoch Birnen. Ihre Nutzenfunktion lautet $U(a, b) = a - (1/4)b^2$, wobei *a* für die Zahl der konsumierten Äpfel und *b* für die Zahl der konsumierten Birnen steht. Simon mag sowohl Äpfel als auch Birnen. Seine Nutzenfunktion lautet $U(a, b) = a + 2\sqrt{b}$. Charlotte hat in ihrer Anfangsausstattung keine Äpfel und 8 Birnen, Simons Anfangsausstattung besteht aus 16 Äpfeln und 8 Birnen.

a) Bezeichne im folgenden Diagramm die Anfangsausstattung mit *E*. Zeichne Charlottes Indifferenzkurve durch diesen Punkt rot ein, jene von Simon durch diesen Punkt blau.

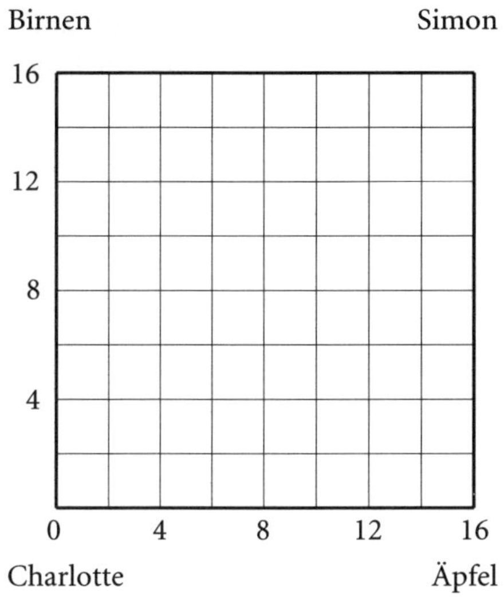

b) Wie viele Birnen wird Charlotte im Pareto-Optimum konsumieren, wenn sie selbst Birnen verabscheut, Simon hingegen Birnen gerne isst? ______________________________.
Zeichne in obiger Grafik den geometrischen Ort aller Pareto-optimalen Allokationen von Äpfeln und Birnen zwischen Charlotte und Simon schwarz ein.

c) Wir wissen, dass die Allokation eines Konkurrenzgleichgewichts Pareto-optimal sein muss und dass der Gesamtkonsum jedes Gutes gleich dem Gesamtangebot sein muss; daher wissen wir, dass im Konkurrenzgleichgewicht Simon __________________ Birnen konsumieren muss. Wenn Simon diese Birnenmenge konsumiert, dann wird sein Grenznutzen für Birnen _____________ sein, sein Grenznutzen der Äpfel wird __________ sein. Wenn Äpfel der *Numéraire* sind, dann wird der einzig mögliche Preis, bei dem er genau 16 Birnen konsumieren wird, ______________ sein. Im Konkurrenzgleichgewicht der Charlotte-Simon-Ökonomie wird Simon ____________ Birnen und ______________ Äpfel konsumieren, Charlotte wird __________ Birnen und ____________ Äpfel konsumieren.

31.8 □ Matt und Jeff können 8 Tassen Milch und 8 Tassen Fruchtsaft untereinander aufteilen. Beide haben dieselbe Nutzenfunktion $u(m, f) = \max\{m, f\}$, wobei m die Milchmenge und f die Fruchtsaftmenge ist, die jeder konsumiert. Das heißt, für beide ist lediglich die größere Flüssigkeitsmenge ausschlaggebend, hinsichtlich der jeweils kleineren Flüssigkeitsmenge sind beide indifferent.

a) Skizziere ein Edgeworth-Diagramm für Matt und Jeff. Zeichne für jeden ein paar Indifferenzkurven blau ein. Zeichne den geometrischen Ort aller Pareto-optimalen Allokationen rot ein. (Hinweis: Suche Ecklösungen.)

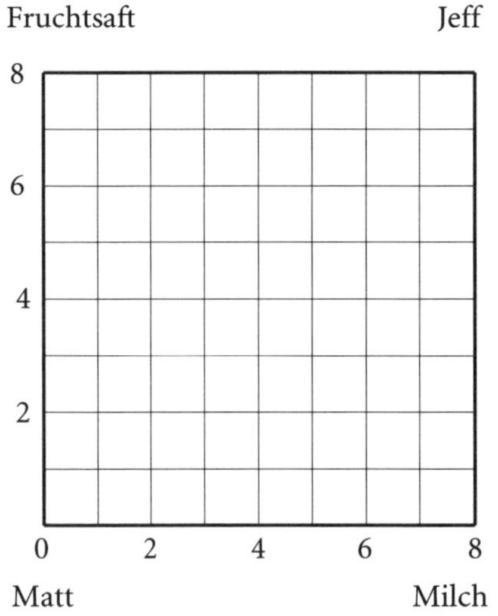

31.9 ▣ Erinnerst Du Dich an Tom Twit aus dem 3. Kapitel? Er ist immer dann am glücklichsten, wenn er täglich genau 8 Kekse und 4 Glas Milch kriegt; seine Indifferenzkurven sind konzentrische Kreise mit dem Mittelpunkt (8, 4). Toms Mutter, Frau Twit, hat ausgeprägte Ansichten über Ernährung. Sie ist der Meinung, dass zu viel von irgendeinem Nahrungsmittel genauso schlecht ist wie zu wenig. Auch ist sie der Ansicht, dass die perfekte Ernährung für Tom aus 7 Glas Milch und 2 Keksen pro Tag besteht. Nach ihrer Auffassung ist die Ernährung umso gesünder, je kleiner die Summe der Absolutwerte der Differenzen zwischen den tatsächlich konsumierten Mengen und den idealen Mengen an Nahrungsmitteln ist. Wenn z. B. Tom 6 Kekse isst und 6 Glas Milch trinkt, dann glaubt Frau Twit, dass er um 4 Kekse zu viel und um 1 Glas Milch zu wenig hat, die Summe der Absolutwerte der Abweichungen von den Idealmengen ist daher 5. Zeichne in das folgende Diagramm den geometrischen Ort aller jener Punkte blau ein, von denen Frau Twit meint, dass sie genauso gut seien wie (6, 6). Mit roter Farbe zeichne alle jene Kombinationen ein, die sie für genau so gut wie (8, 4) hält. Zeichne in dieselbe Grafik mit roter Farbe eine „Indifferenzkurve" ein, die den geometrischen Ort aller jener Kombinationen darstellt, die Tom genauso gern mag wie 7 Kekse und 8 Glas Milch.

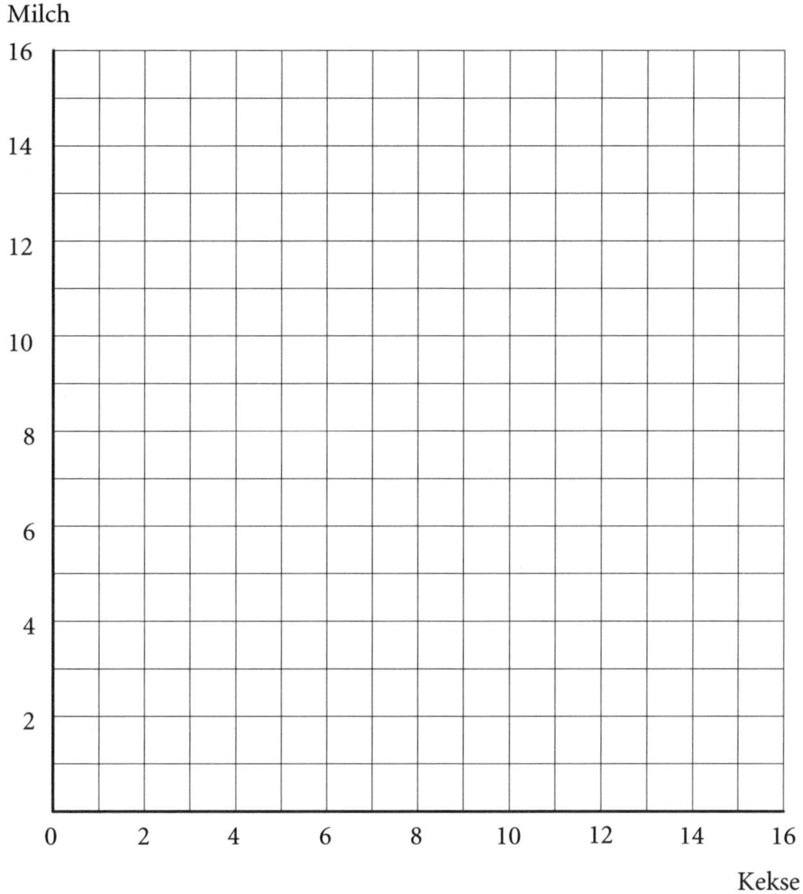

a) Schraffiere in der Grafik jene Fläche aus Kombinationen von Keksen und Milch, bei der Tom und seine Mutter übereinstimmen, dass sie besser sind als 7 Kekse und 8 Glas Milch. „Besser“ bedeutet für Toms Mutter gesünder, für Tom bedeutet „besser“, dass ihm die jeweilige Kombination besser schmeckt.

b) Skizziere den geometrischen Ort aller für Tom „Pareto-optimalen“ Bündel von Keksen und Milch (schwarz). Unter den gegebenen Umständen ist ein Bündel Pareto-optimal, wenn irgendein beliebiges Bündel, das Tom bevorzugt, ein Bündel ist, von dem Frau Twit meint, dass es für ihn schlechter sei. Der soeben gezeichnete geometrische Ort aller Pareto-optimalen Bündel besteht aus zwei Abschnitten. Sie verlaufen vom Punkt (8, 4) zum

Punkt ________________ und von diesem Punkt zu Punkt ________________.

31.10 ■ Diese Aufgabe kombiniert die Gleichgewichtsanalyse mit dem im Kapitel über intertemporale Entscheidung (10. Kapitel) Gelernten. Wir untersuchen Sparen und den Lebenszyklus auf einem imaginären Planeten, auf dem das Leben kurz und einfach ist. In Lehrveranstaltungen über Makroökonomie für Fortgeschrittene würden wir kompliziertere Versionen dieses Modells analysieren, in denen dann mehr erdbezogene Wirklichkeit eingebaut wäre. Uns gibt dieses einfache Modell eine ganz gute Vorstellung darüber, wie die Analyse ablaufen sollte.

Auf dem Planet Drongo gibt es nur ein Gut, Kuchen, und zwei Zeitperioden. Es gibt zwei Arten von Lebewesen, „Alt" und „Jung". Alte Lebewesen haben ein Einkommen von I Kucheneinheiten in Periode 1 und kein Einkommen in Periode 2. Junge Lebewesen haben kein Einkommen in Periode 1 und ein Einkommen von I^* Kucheneinheiten in Periode 2. Es gibt N_1 alte Lebewesen und N_2 junge Lebewesen. Für alle Lebewesen sind die Konsumbündel (c_1, c_2) von Interesse, wobei mit c_1 der Kuchen in Periode 1 und mit c_2 der Kuchen in Periode 2 bezeichnet wird. Alle Lebewesen, Alt und Jung, haben identische Nutzenfunktionen für Kuchen in den zwei Perioden, und zwar $U(c_1, c_2) = c_1^a c_2^{1-a}$, wobei $0 \leq a \leq 1$.

a) Wir wählen den Kuchen der laufenden Periode als *Numéraire* (d. h. wir setzen seinen Preis gleich 1); schreibe den Ausdruck für den Gegenwartswert des Konsumbündels (c_1, c_2) an: ________________. Schreibe den Gegenwartswert des Einkommens für Alte ________________ und für Junge ________________ an. Die Budgetgerade für jedes Lebewesen ist durch die Bedingung gegeben, dass der Gegenwartswert des Konsumbündels gleich dem Gegenwartswert des Einkommens ist. Schreibe diese Budgetgleichung für Alte ________________ und für Junge ________________ an.

b) Schreibe für einen Zinssatz von r die Formeln für die Kuchennachfrage eines Alten in Periode 1 ________________ und in Periode 2 ________________ an. Schreibe auch die Formeln für die Kuchennachfrage der Jungen in Periode 1 ________________ und in Periode 2 ________________ an. (Hinweis: Wenn die Budgetgerade $p_1 c_1 + p_2 c_2 = W$ ist mit der oben angegebenen Nutzenfunktion, dann ist die Nachfragefunktion eines Lebewesens nach Gut 1 gleich $c_1 = aW/p$ und die Nachfragefunktion nach Gut 2 ist gleich $c_2 = (1 - a)W/p$.) Wie viel Kuchen würde ein junges Lebewesen in Periode 1 nachfragen, wenn der Zinssatz Null wäre? ________________. Für welchen Wert von a würde es bei einem Zinssatz von Null in jeder Periode dieselbe Menge nachfragen? ________________. Wie hoch müsste der Zinssatz für $a = 0{,}55$ sein, damit junge Lebewesen in jeder Periode dieselbe Menge konsumieren würden? ________________.

c) Das Gesamtangebot an Kuchen in Periode 1 ist gleich dem gesamten Kucheneinkommen der alten Lebewesen, da Junge in dieser Periode nichts verdienen. Es gibt N_1 alte Lebewesen und jedes von ihnen verdient I Kucheneinheiten, sodass es insgesamt N_1I Kucheneinheiten gibt. Dementsprechend ist das gesamte Kuchenangebot in Periode 2 gleich dem Gesamteinkommen der Jungen, nämlich ______________________.

d) Beim Gleichgewichtszinssatz muss die Gesamtnachfrage aller Lebewesen nach Kuchen in Periode 1 gleich dem Angebot an Kuchen in Periode 1 sein, ebenso muss die Gesamtnachfrage in Periode 2 gleich dem Angebot sein. Bei einem Zinssatz von r ist die Nachfrage nach Kuchen jedes alten Lebewesens in Periode 1 gleich ________________ und die Nachfrage nach Kuchen jedes jungen Lebewesens in Periode 1 ist gleich ________________. Da es N_1 alte Lebewesen und N_2 junge Lebewesen gibt, ist bei einem Zinssatz von r die Gesamtnachfrage nach Kuchen in Periode 1 ____.

e) Schreibe unter Verwendung der Ergebnisse des letzten Abschnitts eine Gleichung an, welche die Nachfrage nach Kuchen in Periode 1 dem Angebot gleichsetzt: ______________________________. Schreibe eine allgemeine Formel für den Gleichgewichtswert von r für gegebene Werte von N_1, N_2, I und I^* an: ______________________________. Löse diese Gleichung für den Spezialfall, in dem $N_1 = N_2$, $I = I^*$ und $a = 11/21$ sind: ______________________.

f) Zeige für den Spezialfall des vorangehenden Abschnitts, dass bei dem Zinssatz, bei dem Angebot und Nachfrage nach Kuchen in Periode 1 gleich sind, auch Nachfrage und Angebot in Periode 2 gleich sein werden: (Das ist eine Illustration für das Gesetz von Walras.) ____

____

____.

32 Produktion

Einleitung

In diesem Abschnitt untersuchen wir die Menge an Produktionsmöglichkeiten für eine Wirtschaft insgesamt. Besonderes Augenmerk wenden wir dem Prinzip des komparativen Vorteils zu. Dieses Prinzip besagt einfach, dass sich aufgrund von Effizienzüberlegungen jeder entsprechend seinen *relativen*, anstatt seinen absoluten Fähigkeiten auf verschiedene Tätigkeiten spezialisieren sollte.

Beispiel

Stellen wir uns der Einfachheit halber eine Insel mit nur zwei Bewohnern vor, die beide Bauern sind. Sie haben keine Verbindung zur Außenwelt. Bauer A besitzt 100 Hektar Land und erntet darauf Weizen und Heu. Für jeden Hektar, auf dem er Weizen anbaut, erntet er 50 Zentner Weizen. Jeder Hektar Wiese liefert ihm 2 Tonnen Heu. Bauer B hat ebenfalls 100 Hektar Land, das jedoch nicht so ergiebig ist. Jeder Hektar ergibt entweder 20 Zentner Weizen oder 1 Tonne Heu. Beachte, dass das Land des Bauern A zwar *sowohl* für Weizen *als auch* für Heu produktiver ist, dass jedoch das Land des Bauern B einen *komparativen* Vorteil bei der Heuerzeugung hat. Das erkennt man daran, dass das Verhältnis von Tonnen Heu zu Zentnern Weizen pro Hektar für den Bauern A 2/50 = 0,04, für den Bauern B 1/20 = 0,05 ist. Andererseits hat Bauer A einen komparativen Vorteil bei der Weizenerzeugung, da das Verhältnis von Zentnern Weizen zu Tonnen Heu pro Hektar für den Bauern A 50/2 = 25, für den Bauern B hingegen 20/1 = 20 ist. Ein effizienter Weg, die Produktion aufzuteilen, ist die „Spezialisierung" von Bauer A auf Weizen und die „Spezialisierung" von Bauer B auf Heu. Wenn Bauer A sein gesamtes Land zur Weizenproduktion und Bauer B sein gesamtes Land zur Heuproduktion verwendet, dann wird die gesamte Weizenproduktion 5.000 Zentner, die gesamte Heuproduktion 100 Tonnen sein. Angenommen sie entscheiden, 4.000 Zentner Weizen zu erzeugen, dann können sie gemeinsam die größtmögliche Heumenge erzeugen, wenn Bauer A 80 Hektar seines Landes zur Weizenproduktion und 20 Hektar zur Heuerzeugung verwendet, Bauer B hingegen sein gesamtes Land der Heuerzeugung widmet. Wenn wir nun annehmen, dass sie entscheiden, 6.000 Zentner Weizen zu erzeugen, dann können sie gemeinsam die größtmögliche Heumenge erzeugen, wenn Bauer A sein gesamtes Land mit Weizen bebaut und Bauer B je 50 Hektar zur Weizen- und Heuproduktion verwendet.

Aufgaben

32.1 ☐ Tip und Spot wurden endlich an der Universität akzeptiert. Tip kann Seminararbeiten mit einem Tempo von 10 Seiten pro Stunde schreiben und 3 Aufgaben aus einem Arbeitsbuch pro Stunde lösen. Spot schreibt 3 Seiten Seminararbeiten pro Stunde und löst pro Stunde 2 Aufgaben aus einem Arbeitsbuch. Wer von beiden hat einen komparativen Vorteil beim Lösen von Aufgaben aus einem Arbeitsbuch? ______________________.

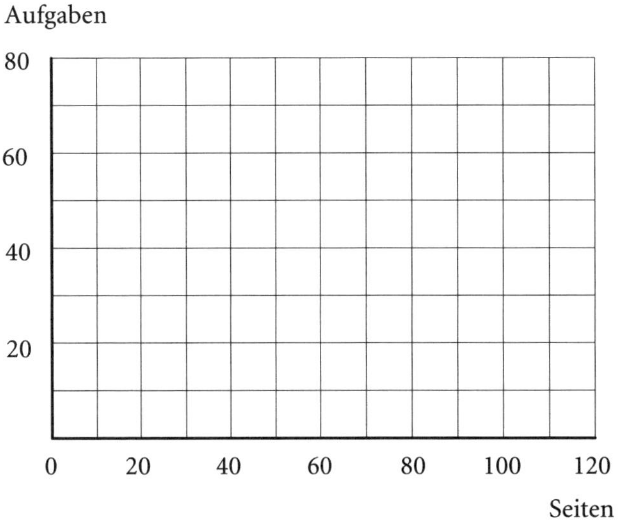

a) Tip und Spot studieren je 6 Stunden pro Tag. Sie beschließen, zusammenzuarbeiten und eine Kombination von Seminararbeiten und Arbeitsbuchaufgaben zu produzieren, die auf ihrer gemeinsamen Transformationskurve liegt. Zeichne in die obige Grafik ihre Transformationskurve ein. Wenn sie weniger als 60 Seiten Seminararbeiten produzieren, dann wird ______________ alle Seminararbeiten schreiben. Wenn sie mehr als __________ Seiten Seminararbeiten produzieren, dann wird sich ______________ weiterhin auf Seminararbeiten spezialisieren und ______________ wird auch ein paar Seiten Seminararbeiten schreiben.

32.2 ☐ Robinson Crusoe hat sich entschieden, genau 8 Stunden pro Tag auf Nahrungsmittelsuche zu verwenden. Er kann diese Zeit entweder zum Sammeln von Kokosnüssen oder zum Fischfang verwenden. Er kann pro Stunde 1 Fisch fangen, in derselben Zeit kann er 2 Kokosnüsse sammeln. Zeichne in die untenstehende Grafik Robinsons Transformationskurve zwischen Fisch und Kokosnüssen pro Tag. Schreibe eine Gleichung für den Abschnitt, der Robinsons Transformationskurve ist: ______________________________.

a) Robinsons Nutzenfunktion lautet $U(F, K) = FK$, wobei F seinen täglichen Fischkonsum und K seinen tägliche Kokosnusskonsum darstellen. Zeichne die Indifferenzkurven, die Robinson einen Nutzen von 4 und 8 geben, in die folgende Grafik ein. Wie viel Fisch wird Robinson pro Tag fangen? ____________. Wie viele Kokosnüsse wird er pro Tag sammeln? ____________. (Hinweis: Robinson wird sich für ein Bündel entscheiden, das seinen Nutzen maximiert, unter der Nebenbedingung, dass es auch auf seiner Transformationskurve liegt. Für seine Technologie sieht die Transformationskurve wie eine Budgetgerade aus.)

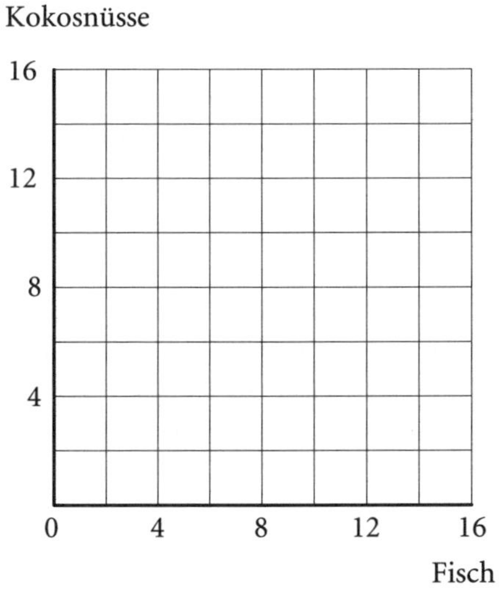

b) Angenommen Robinson lebt nicht mehr auf seiner isolierten Insel im Pazifik, sondern ist in den Ruhestand getreten und wohnt neben einem Lebensmittelgeschäft, in dem er Fisch und Kokosnüsse kaufen kann. Wie viel müssten Kokosnüsse bei einem Fischpreis von € 1 kosten, damit er zweimal so viele Kokosnüsse wie Fisch konsumierte? ______. Angenommen eine Planungsbehörde möchte, dass Robinson täglich 4 Fische und 8 Kokosnüsse konsumiert. Sie könnte das dadurch erreichen, dass sie den Preis eines Fisches mit € 1 festlegt, den Preis der Kokosnüsse mit ____________ Euro und Robinson ein tägliches Einkommen von ____________ Euro gibt.

c) Wieder daheim auf seiner Insel hat Robinson wenig zu tun, er gibt daher vor, eine Unternehmung bei Wettbewerb zu betreiben, die Fisch und Kokosnüsse erzeugt. Er fragt sich: „Wie hoch müssten die Preise sein, damit ich genau das mache, was ich ohnehin tue? Angenommen Fisch ist der *Numéraire* und hat einen Preis von € 1. Unterstellen wir, dass ich Zugang zu einem Arbeitsmarkt bei freiem Wettbewerb habe, auf dem ich zu einem gegebenen Lohnsatz so viele Arbeiter beschäftigen kann, wie ich will. Die Technologie weist konstante Skalenerträge auf. In einer Arbeitsstunde werden entweder 2 Kokosnüsse oder 1 Fisch erzeugt. Zu Lohnsätzen über __________ Euro würde ich überhaupt keinen Fisch erzeugen, denn die Produktion eines Fisches würde mich mehr als € 1 kosten. Zu Löhnen unter __________ Euro würde ich eine unendlich große Zahl an Fischen erzeugen, denn ich würde bei jedem Fisch Gewinn erzielen. Daher ist der einzig mögliche Lohnsatz, bei dem ich eine endliche positive Menge an Fisch erzeugen würde, gleich __________ Euro pro Stunde. Wie hoch müsste der Preis der Kokosnüsse sein, damit ich eine positive Zahl an Kokosnüssen herstellte? Zu dem soeben gefundenen Lohnsatz sind die Produktionskosten einer Kokosnuss gleich __________ Euro. Zu diesem und nur zu diesem Preis wäre ich bereit, eine positive endliche Zahl an Kokosnüssen zu erzeugen."

32.3 □ Wir setzen die Geschichte mit Robinson Crusoe aus der vorigen Aufgabe fort. Eines Tages, als Robinson gerade am Strand spazieren ging, sah er ein Kanu im Wasser. Im Kanu saß ein Einwohner einer nahegelegenen Insel. Dieser erzählte Robinson, dass seine Insel von 100 Personen bewohnt sei, die sich alle von Fisch und Kokosnüssen ernährten. Er erzählte weiter, dass man auf seiner Insel 2 Stunden benötigt, um einen Fisch zu fangen, hingegen 1 Stunde, um eine Kokosnuss zu suchen. Schließlich erwähnte er, dass auf seiner Insel Wettbewerb herrschte, und dass Fisch der *Numéraire* sei. Der Preis der Kokosnüsse auf der Nachbarinsel muss dementsprechend __________ Euro sein. Der Bewohner der anderen Insel bietet Robinson einen Tauschhandel an. „Ich tausche entweder Fisch gegen Kokosnüsse oder Kokosnüsse gegen Fisch zu einem Kurs von __________ Kokosnüssen für jeden Fisch," sagt er. „Du musst mir jedoch 1 Fisch als Bezahlung für meine Dienste als Ruderer und Händler zwischen den Inseln geben." Würde Robinson durch einen Tausch gewinnen? __________.Wenn ja, würde er Fisch kaufen und Kokosnüsse verkaufen oder umgekehrt?

____

____.

a) Einige Tage später sieht Robinson noch ein Kanu auf der anderen Seite seiner Insel im Wasser. In diesem Kanu saß der Einwohner wieder einer anderen Insel. Dieser berichtet, dass man auf seiner Insel nur alle 4 Stunden einen Fisch fangen kann und dass es 1 Stunde dauert, um eine Kokosnuss zu suchen. Auch auf dieser Insel herrscht Wettbewerb. Der Bewohner bietet Robinson an, zum selben Kurs mit ihm zu tauschen, der auf seiner Insel gilt, aber er verlangt von Robinson 2 Fische für seine Ruder- und Händlerdienste zwischen den Inseln. Wenn Robinson auf den Handel einginge, dann würde er nur mehr __________________ produzieren und seine _________________________ von der anderen Insel erhalten. Zeichne in die folgende Grafik Robinsons Transformationskurve ohne Tausch schwarz ein; zeige mit blauer Farbe die Bündel, die er sich leisten kann, wenn er sich auf den Tauschhandel einlässt und sich dementsprechend spezialisiert. Vergiss nicht, 2 Fische als Bezahlung für den Händler abzuziehen.

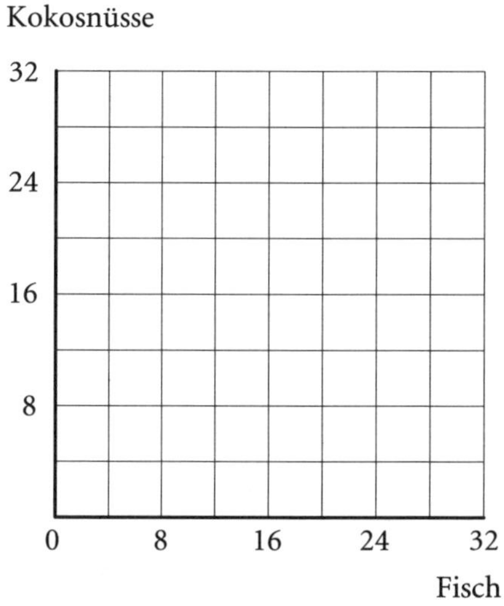

b) Schreibe die Gleichung für Crusoes „Budgetgerade" an, wenn er sich entsprechend spezialisiert und mit dem zweiten Händler Geschäfte macht. Welches Bündel wird er in diesem Fall konsumieren? ________________________________. Wird er dieses Bündel gegenüber jenem ohne Tausch bevorzugen? _______________________________.

32.4 ☐ Auf der Insel Veritas ist es von Gesetzes wegen verboten, mit der Außenwelt Handel zu treiben. Lediglich zwei Güter werden auf dieser Insel konsumiert, Milch und Weizen. Auf der Nordseite der Insel gibt es 40 Bauernhöfe. Jeder dieser Bauernhöfe kann beliebige Kombinationen nicht-negativer Mengen an Milch und Weizen produzieren, welche der Gleichung $m = 60 - 6w$ genügen. Auf der Südseite der Insel befinden sich 60 Bauernhöfe. Jeder dieser Bauernhöfe kann beliebige Kombinationen nicht-negativer Mengen an Milch und Weizen produzieren, welche der Gleichung $m = 40 - 2w$ genügen. Die Wirtschaft befindet sich im Konkurrenzgleichgewicht, 1 Einheit Weizen wird gegen 4 Einheiten Milch getauscht.

a) Zeichne in die untenstehende Grafik die Transformationskurve eines typischen Bauern von der *Nordseite* der Insel schwarz ein. Wird sich dieser Bauer bei den gegebenen Gleichgewichtspreisen auf Milch spezialisieren, auf Weizen spezialisieren oder beide Güter herstellen? __________________________________. Zeichne mit blauer Farbe das

Budget ein, dem er sich in seiner Rolle als Konsument gegenübersieht, wenn er die optimale Produktionsentscheidung trifft.

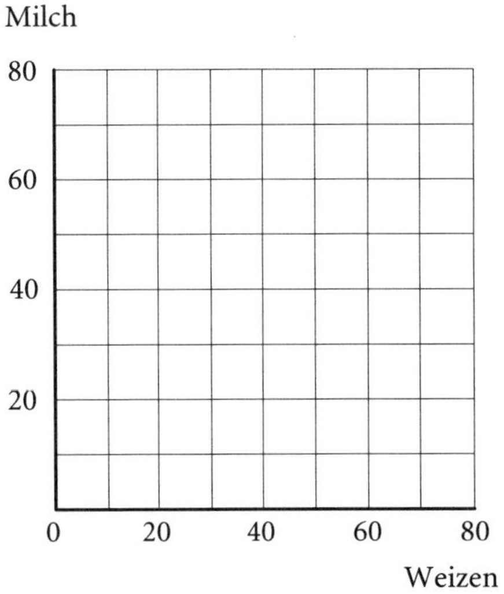

b) Zeichne in die untenstehende Grafik die Transformationskurve eines typischen Bauern von der *Südseite* der Insel schwarz ein. Wird sich dieser Bauer bei den gegebenen Gleichgewichtspreisen auf Milch spezialisieren, auf Weizen spezialisieren oder beide Güter herstellen? __________________________________. Zeichne mit blauer Farbe das Budget ein, dem er sich in seiner Rolle als Konsument gegenübersieht, wenn er die optimale Produktionsentscheidung trifft.

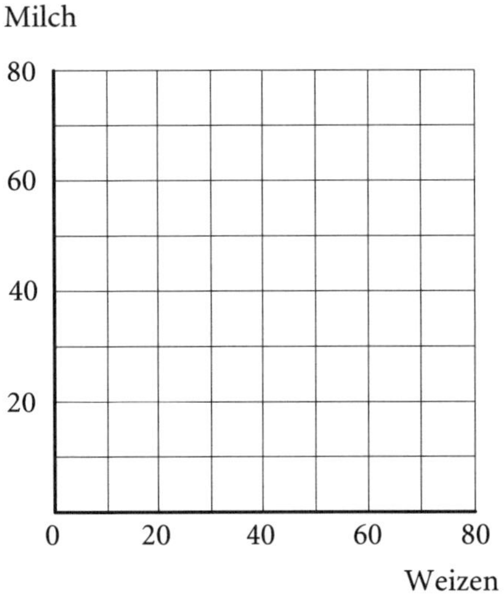

c) Angenommen die friedlichen Wikingerhändler entdecken Veritas und bieten folgenden Handel an: Sie tauschen entweder Weizen gegen Milch oder Milch gegen Weizen zu einem Kurs von 1 Weizeneinheit gegen 3 Milcheinheiten. Wenn die Insel Veritas Freihandel mit den Wikingern gestattet, so wird damit auf der Insel dieses neue Preisverhältnis vorherrschen. Werden bei diesem Preisverhältnis die südlichen und/oder die nördlichen Bauern ihren Output ändern? ______________________.

d) Zeichne in die erste der beiden Grafiken das Budget der nördlichen Bauern bei Freihandel rot ein, wenn sie die korrekte Produktionsentscheidung treffen. Zeichne in die zweite der beiden Grafiken das Budget der südlichen Bauern bei Freihandel rot ein, wenn sie die korrekte Produktionsentscheidung treffen.

e) Der Ältestenrat von Veritas tritt zusammen, um über Annahme oder Ablehnung des Angebots der Wikinger zu entscheiden. Die Ältesten aus dem Norden erhalten 40 Stimmen, jene aus dem Süden 60 Stimmen. Wie werden die Ältesten aus dem Norden unter der Annahme stimmen, dass jeder im Eigeninteresse seines Bereichs der Insel handelt? ______________. Und wie die Ältesten aus dem Süden? ______________. Wieso kann man die letzten beiden Fragen eindeutig beantworten, ohne die Konsumpräferenzen der Bauern zu kennen? ______________________.

f) Angenommen die Wikinger hätten statt ihres Angebots, im Verhältnis von 1 Weizeneinheit zu 3 Milcheinheiten zu tauschen, angeboten, im Verhältnis von 1 zu 1 zu tauschen. Hätte irgendein Bauer seinen Output geändert? ______________________. Skizziere mit Bleistift die Budgetgeraden für die zwei Typen von Bauern, wenn sie jeweils die korrekte Produktionsentscheidung treffen. Wie werden die Ältesten aus dem Norden jetzt stimmen? ______________. Und wie die Ältesten aus dem Süden? ______________. Erkläre, warum man bei der Antwort zu einer der beiden Fragen den Vorbehalt „das hängt davon ab" anbringen muss: ______________________ ______________________.

32.5 □ Erinnern wir uns an unsere Freunde, die Mungos, aus dem 2. Kapitel. Sie haben dieses eigenartige System von zwei Währungen, das aus blauem Geld und rotem Geld besteht. Ursprünglich hatte alles zwei Preise, einen Preis in bwe (= blaue Währungseinheit) und einen Preis in rwe (= rote Währungseinheit). In blauen Währungseinheiten kosten Ambrosia und Kaugummi pro Einheit je 1 bwe. In roten Währungseinheiten kostet Ambrosia 2 rwe je Einheit, Kaugummi 4 rwe je Einheit.

a) Harald hat ein blaues Einkommen von 9 bwe und ein rotes Einkommen von 24 rwe. Zeichne seine Budgetmenge in die folgende Grafik ein, wenn es (!) für jeden Kauf in *bei-*

den Währungseinheiten zahlen muss. (Hinweis: Diese Frage wurde bereits vor ein paar Monaten beantwortet.)

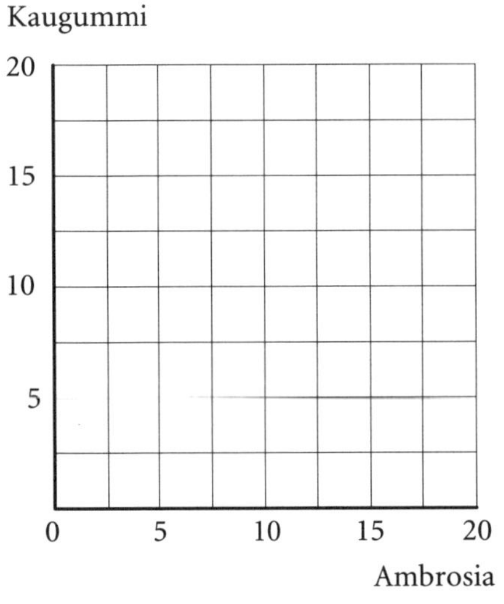

b) Die Freiwahl-Partei betreibt eine Wahlkampagne mit der Forderung, dass es Mungos gestattet sein sollte, Güter *entweder* zum blauen Preis *oder* zum roten Preis zu kaufen, und zwar nach ihrer Wahl. Wir werden nun versuchen, Haralds neue Budgetmenge zu konstruieren, falls diese Reform eingeführt würde. Wie viel Kaugummi könnte Harald konsumieren, wenn es sein gesamtes rotes und blaues Geld für Kaugummi ausgäbe?

______________________________.

c) Wie viel Ambrosia könnte Harald konsumieren, wenn es sein gesamtes rotes und sein gesamtes blaues Geld für Ambrosia ausgäbe? ______________________________.

d) Welche Währung würde Harald verwenden, um ein wenig Ambrosia zu kaufen, wenn es sein gesamtes Geld beider Farben für Kaugummi ausgäbe? ______________________________.

e) Wie viel Ambrosia könnte es kaufen, bevor sein Geld dieser Farbe erschöpft wäre?

______________________________.

f) Wie groß wäre die Steigung seiner Budgetgeraden, bevor sein Geld dieser Farbe erschöpft wäre? ______________________________.

g) Welche Währung würde Harald verwenden, um ein wenig Kaugummi zu kaufen, wenn es sein gesamtes Geld beider Farben für Ambrosia ausgäbe? ______________________________.

h) Wie viel Kaugummi könnte es kaufen, bevor sein Geld dieser Farbe erschöpft wäre?

____.

i) Wie groß wäre die Steigung seiner Budgetgeraden, bevor sein Geld dieser Farbe erschöpft wäre? ________________________________.

j) Verwende die Antworten zu den vorangehenden Fragen, um in die obige Grafik Haralds Budgetmenge für den Fall einzuzeichnen, dass es Kaugummi und Ambrosia mit jeder der beiden Währungen kaufen könnte.

33 Wohlfahrt

Einleitung

Wir sehen uns nun die verschiedenen Möglichkeiten an, soziale Präferenzen zu bestimmen. Dabei überprüfen Sie, welche Axiome von Arrow zur Aggregation individueller Präferenzen durch diese Wohlfahrtsfunktionen erfüllt sind. Sie werden auch versuchen, optimale Allokationen für gegebene soziale Wohlfahrtsfunktionen zu finden. Die Methode zur Lösung dieser letzten Frage entspricht jener zum Auffinden des optimalen Konsumbündels eines Konsumenten bei gegebenen Präferenzen unter Berücksichtigung einer Budgetbeschränkung. Zwei Hinweise: Beachte, dass bei einer Pareto-optimalen Allokation innerhalb eines Edgeworth-Diagramms die Grenzraten der Substitution der Konsumenten gleich sein müssen. Ebenso bevorzugt bei einer „fairen Allokation" kein Konsument das Bündel eines anderen Konsumenten gegenüber seinem eigenen.

Beispiel

Eine Sozialplanerin hat sich entschieden, das Einkommen zwischen 2 Personen so zu verteilen, dass $(\sqrt{Y_1} + \sqrt{Y_2})$ maximiert wird, wobei Y_i jenes Einkommen bezeichnet, das Person i erhält. Angenommen die Planerin hat eine fix vorgegebene Geldmenge zu verteilen, und sie kann jede Einkommensverteilung durchsetzen, sodass $Y_1 + Y_2 = W$ ist, wobei W ein beliebiger vorgegebener Geldbetrag ist. Diese Planerin hat gewöhnliche konvexe Indifferenzkurven zwischen Y_1 und Y_2 und eine „Budgetbeschränkung", bei welcher der „Preis" des Einkommens jeder Person gleich 1 ist. Die Planerin setzt daher ihre Grenzrate der Substitution zwischen den Einkommen der beiden Personen dem relativen Preis gleich, welcher 1 ist. Wenn man diese Aufgabe löst, zeigt sich, dass sie $Y_1 = Y_2 = W/2$ festsetzt. Angenommen es ist für die Planerin „teurer", Geld an Person 1 zu geben als an Person 2. (Vielleicht ist Person 1 vergesslich und verliert ihr Geld, oder Person 1 wird häufiger bestohlen.) Nehmen wir zum Beispiel an, das Budget der Planerin lautet $2Y_1 + Y_2 = W$. Dann maximiert die Planerin $(\sqrt{Y_1} + \sqrt{Y_2})$ unter der Nebenbedingung $2Y_1 + Y_2 = W$. Setzt man ihre Grenzrate der Substitution (= MRS) dem Preisverhältnis gleich, dann findet man $(\sqrt{Y_1}/\sqrt{Y_2}) = 2$. Daher ist $Y_2 = 4Y_1$. Die Planerin bestimmt daher $Y_1 = W/5$ und $Y_2 = 4W/5$.

Aufgaben

33.1 ■ Eine mögliche Methode zur Bestimmung einer sozialen Präferenzordnung ist die *Borda-Zahl*, auch unter der Bezeichnung Abstimmung nach der Rangordnung bekannt. Jeder Wähler wird aufgefordert, alle Alternativen zu reihen. Wenn es 10 Alternativen gibt, ordnet man der ersten Wahl die Zahl 1 zu, der zweiten Wahl die Zahl 2 usw. Die Punkte aller Wähler werden für jede Alternative addiert. Das Gesamtergebnis einer Alternative wird Borda-Zahl genannt. Für zwei beliebige Alternativen, x und y, ist x dann „gesellschaftlich mindestens so gut wie“ y, wenn die Borda-Zahl von x kleiner als oder gleich groß ist wie die Borda-Zahl von y. Angenommen man kann aus einer endlichen Zahl von Alternativen wählen und jedes Individuum hat vollständige, reflexive und transitive Präferenzen. Nehmen wir vorläufig auch an, dass Individuen niemals zwischen zwei verschiedenen Alternativen indifferent sind, sondern immer die eine der anderen vorziehen.

a) Ist die auf diese Weise definierte soziale Präferenzordnung vollständig? ____________.

Reflexiv? ________________________. Transitiv? ________________________.

b) Wenn jedermann/jedefrau x gegenüber y bevorzugt, wird dann die Borda-Zahl x gegenüber y als bevorzugt reihen? Erläutere Deine Antwort: ________________________

____

____.

c) Angenommen, es gibt zwei Wähler und drei Kandidaten, x, y und z. Angenommen Wähler 1 reiht die Kandidaten wie folgt: x an erster Stelle, z an zweiter und y an dritter. Angenommen Wähler 2 reiht die Kandidaten wie folgt: y an erster Stelle, x an zweiter und z an dritter. Wie groß ist die Borda-Zahl für x? ____________. Für y? ____________. Für z? __________________. Nehmen wir nun an, dass plötzlich ruchbar wird, dass Kandidat z einmal einen kleinen Hund an den Ohren gezogen hat. Wähler 1, der selbst eher große Ohren hat, findet das abstoßend und ändert seine Reihung wie folgt: x an erster, y an zweiter und z an dritter Stelle. Wähler 2, der seine eigenen Kinder an den Ohren zieht, ist positiv beeindruckt und ändert seine Reihung zu: y an erster, z an zweiter und x an dritter Stelle. Wie lautet nun die Borda-Zahl für x? ________________________.

Für y? ________________________. Für z? ________________________.

d) Hat die durch die Borda-Zahl definierte soziale Präferenzordnung die Eigenschaft, dass die sozialen Präferenzen zwischen x und y nur davon abhängen, wie die Leute x gegenüber y reihen, und nicht auch davon, wie sie die anderen Alternativen reihen? Erkläre:

____

____

____.

33.2 ■ Angenommen die Nutzenmöglichkeitengrenze für zwei Individuen ist durch $U_A + 2U_B = 200$ gegeben. Zeichne auf der folgenden Grafik die Nutzengrenze.

a) Um auf der soeben dargestellten Nutzenmöglichkeitengrenze eine soziale „Wohlfahrtsfunktion à la Nietzsche", nämlich $W(U_A, U_B) = \max\{U_A, U_B\}$, zu maximieren, würde man

U_A gleich ________________ und U_B gleich ________________ setzen.

b) Wenn wir statt dessen ein Rawls'sches Kriterium, $W(U_A, U_B) = \min\{U_A, U_B\}$, verwenden, dann würde diese soziale Wohlfahrtsfunktion entlang der gegebenen Nutzenmöglichkeitengrenze dort maximiert, wo U_A gleich __________ und U_B gleich __________ sind.

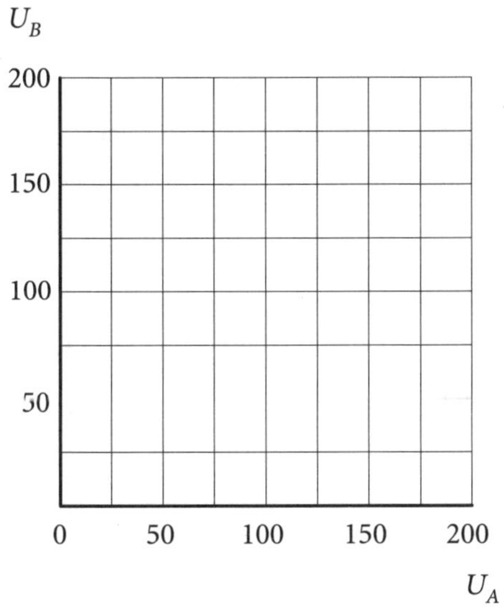

c) Angenommen die soziale Wohlfahrtsfunktion ist durch $W(U_A, U_B) = U_A^{1/2} U_B^{1/2}$ gegeben. In diesem Fall, wiederum bei obiger Nutzenmöglichkeitengrenze, wäre die soziale Wohlfahrt ein Maximum, wenn U_A gleich ____________ und U_B gleich ____________ sind. (Hinweis: Sie sollten sich an die Ähnlichkeit zwischen diesem Maximierungsproblem und dem Maximierungsproblem einer Konsumentin mit einer Cobb-Douglas Nutzenfunktion erinnern.)

d) Stelle die drei sozialen Wohlfahrtsmaxima in obiger Grafik dar. Zeichne eine schwarze Isowohlfahrtslinie à la Nietzsche durch das Nietzsche-Maximum. Zeichne eine rote

Rawls-Isowohlfahrtslinie durch das Rawls'sche Maximum. Zeichne eine blaue Cobb-Douglas-Isowohlfahrtslinie durch das Cobb-Douglas-Maximum.

33.3 ■ Eine Mutter hat zwei Kinder, die A und B heißen und die sie beide gleich gern hat. Sie hat insgesamt € 1.000, die sie ihnen geben möchte.

a) Die Nutzenfunktion der Mutter lautet $U(a, b) = \sqrt{a} + \sqrt{b}$, wobei a der Geldbetrag ist, den sie A gibt, und b der Geldbetrag ist, den sie B gibt. Wie wird sie ihr Geld aufteilen?

____.

b) Angenommen ihre Nutzenfunktion lautet $U(a, b) = -(1/a) - (1/b)$. Wie wird sie ihr Geld aufteilen? ______________________________.

c) Angenommen ihre Nutzenfunktion lautet $U(a, b) = \log a + \log b$. Wie wird sie ihr Geld aufteilen? ______________________________.

d) Angenommen ihre Nutzenfunktion lautet $U(a, b) = \min\{a, b\}$. Wie wird sie ihr Geld aufteilen? ______________________________.

e) Angenommen ihre Nutzenfunktion lautet $U(a, b) = \max\{a, b\}$. Wie wird sie ihr Geld aufteilen? ____________________. (Hinweis: In allen Fällen ist erkennbar, dass das Problem der Mutter die Maximierung von $U(a, b)$ unter der Beschränkung $a + b = 1.000$ ist. Das ähnelt den bereits behandelten Problemen der Konsumenten sehr. Die Mutter wird daher die Grenzrate der Substitution zwischen a und b gleich 1 setzen, da es gleich viel kostet, jedem Kind Geld zu geben.)

f) Angenommen ihre Nutzenfunktion lautet $U(a, b) = a^2 + b^2$. Wie wird sie ihr Geld aufteilen? ____________________. Erkläre, warum sie in diesem Fall ihre Grenzrate der Substitution nicht gleich 1 setzt: ____________________

____

____.

33.4 ■ Nehmen wir nun im vorigen Problem an, dass A im Einkauf viel effizienter ist als B, sodass A für jeden Euro, den sie ausgibt, zweimal so viele Güter erhält wie B. Die Menge an Konsumgütern, die A erhält sei a, die Menge, die B erhält sei b. Wir messen die Konsumgüter so, dass eine Einheit Konsumgüter für A € 1, für B hingegen € 2 kostet. Die Budgetbeschränkung der Mutter lautet daher $a + 2b = 1.000$.

a) Welches Kind wird mehr Geld erhalten, wenn die Nutzenfunktion der Mutter $U(a, b) = a + b$ lautet? ________. Welches Kind wird mehr Güter konsumieren? ______.

b) Welches Kind wird mehr Geld erhalten, wenn die Nutzenfunktion der Mutter $U(a, b) = a \cdot b$ lautet? _______. Welches Kind wird mehr Güter konsumieren? _______.

c) Welches Kind wird mehr Geld erhalten, wenn die Nutzenfunktion der Mutter $U(a, b) = -(1/a) - (1/b)$ lautet? _______. Welches Kind wird mehr Güter konsumieren? _______.

d) Welches Kind wird mehr Geld erhalten, wenn die Nutzenfunktion der Mutter $U(a, b) = \max\{a, b\}$ lautet? ______. Welches Kind wird mehr Güter konsumieren? ____.

e) Welches Kind wird mehr Geld erhalten, wenn die Nutzenfunktion der Mutter $U(a, b) = \min\{a, b\}$ lautet? ______. Welches Kind wird mehr Güter konsumieren? ____.

* **33.5** ▣ Norbert und Ralf haben eine durch die folgende Gleichung gegebene Nutzenmöglichkeitengrenze: $U_R + U_N^2 = 100$, wobei R und N für Ralf und Norbert stehen.

a) Wie groß ist der höchstmögliche Nutzen für Ralf, wenn wir Norberts Nutzen gleich Null setzen? ____________________________. Wie groß ist der höchstmögliche Nutzen für Norbert, wenn wir Ralfs Nutzen gleich Null setzen? ____________________________.

b) Zeichne in die folgende Grafik die Nutzenmöglichkeitengrenze ein.

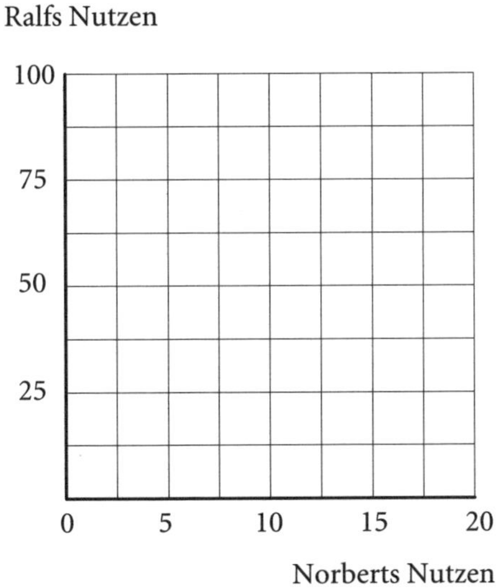

c) Finde die Gleichung für die Steigung dieser Nutzenmöglichkeitengrenze: ______________
____.

d) Sowohl Ralf als auch Norbert sind der Meinung, dass die ideale Allokation durch Maximierung einer geeigneten sozialen Wohlfahrtsfunktion gegeben ist. Ralf meint, dass

$U_R = 75$ und $U_N = 5$ die beste Wohlfahrtsverteilung sei, und stellt die Maximierungslösung einer sozialen Wohlfahrtsfunktion dar, die aus den gewogenen Nutzen der Individuen besteht und seine Beobachtung bestätigt. Wie lautet Ralfs soziale Wohlfahrtsfunktion? (Hinweis: Wie lautet die Steigung von Ralfs sozialer Wohlfahrtsfunktion?)

____.

e) Norbert glaubt andererseits, dass $U_R = 19$ und $U_N = 9$ die beste Wohlfahrtsverteilung sei.

Welche soziale Wohlfahrtsfunktion unterstellt Norbert? ________________________.

33.6 ■ Rüdiger und Gerfried haben identische Nutzenfunktionen, $U(x, y) = x^2 + y^2$. Insgesamt können sie 10 Einheiten von x und 10 Einheiten von y untereinander aufteilen. Rüdiger hat blaue Indifferenzkurven, Gerfried rote.

a) Zeichne ein Edgeworth-Diagramm mit einigen ihrer Indifferenzkurven und kennzeichne Pareto-optimale Allokationen schwarz. (Hinweis: Beachte, dass die Indifferenzkurven nicht konvex sind.)

b) Wie lauten in diesem Fall faire Allokationen? ______________________________.

33.7 ■ Paul und David konsumieren Äpfel und Orangen. Pauls Nutzenfunktion lautet $U_P(A_P, O_P) = 2A_P + O_P$ und Davids Nutzenfunktion lautet $U_D(A_D, O_D) = A_D + 2O_D$, wobei A_P und A_D der Apfelkonsum von Paul und David und O_P und O_D der Orangenkonsum von Paul und David sind. Insgesamt gibt es 12 Äpfel und 12 Orangen zwischen Paul und David aufzuteilen. Paul hat blaue, David rote Indifferenzkurven. Zeichne ein Edgeworth-Diagramm, das einige Indifferenzkurven enthält. Markiere die Pareto-optimalen Allokationen.

a) Schreibe eine Ungleichung an, die aussagt, dass Paul sein eigenes Güterbündel genau so mag wie Davids, und schreibe eine weitere Ungleichung an, die aussagt, dass David sein eigenes Güterbündel genau so mag wie Pauls: ______________________

____.

b) Verwende die Tatsache, dass $A_P + A_D = 12$ und $O_P + O_D = 12$ durchführbare Allokationen sind, um A_D und O_D aus der ersten Ungleichung zu eliminieren. Schreibe die sich ergebende Ungleichung an, die nur mehr die Variablen A_P und O_P enthält. Schraffiere nun im Edgeworth-Diagramm in blau alle jene Allokationen, bei denen Paul seine eigene Allokation gegenüber jener von David bevorzugt. ______________________.

c) Verwende eine ähnliche Vorgangsweise wie im vorigen Punkt, um jene Allokationen zu finden, bei denen David sein eigenes Bündel gegenüber jenem von Paul bevorzugt. Beschreibe diese Punkte mit einer Ungleichung und schraffiere sie im Diagramm rot:

____.

d) Kennzeichne im Edgeworth-Diagramm die fairen Allokationen.

33.8 ■ Romeo liebt Julia und Julia liebt Romeo. Außer Liebe konsumieren sie nur noch ein einziges Gut, nämlich Spaghetti. Romeo isst Spaghetti sehr gerne, aber er möchte auch, dass Julia glücklich ist, und er weiß, dass Spaghetti sie glücklich machen. Julia isst Spaghetti sehr gerne, aber sie möchte auch, dass Romeo glücklich ist, und sie weiß, dass Spaghetti ihn glücklich machen. Romeos Nutzenfunktion lautet $U_R(S_R, S_J) = S_R^a S_J^{1-a}$ und Julias Nutzenfunktion lautet $U_J(S_J, S_R) = S_J^a S_R^{1-a}$, wobei S_R und S_J Romeos und Julias Spaghettikonsum sind. Insgesamt gilt es, 24 Spaghettieinheiten zwischen Romeo und Julia aufzuteilen.

a) Angenommen $a = 2/3$. Wie viel Spaghetti würde Romeo sich selbst geben, wenn er die Spaghetti genau nach seinem Willen aufteilen könnte? ___________. Wie viel würde er Julia geben? _________________. (Hinweis: Beachte, dass dieses Problem formal dem Entscheidungsproblem eines Konsumenten mit einer Cobb-Douglas Nutzenfunktion entspricht, der sich zwischen zwei Gütern bei gegebener Budgetbeschränkung entscheiden muss. Wie lautet die Budgetbeschränkung?)

b) Wie viel Spaghetti würde Julia sich selbst geben, wenn sie die Spaghetti genau nach ihrem Willen aufteilen könnte? _________. Wie viel würde sie Romeo geben? _______.

c) Welche Allokationen sind Pareto-optimal? (Hinweis: Eine Allokation wird nicht Pareto-optimal sein, wenn der Nutzen beider Personen durch ein Geschenk von einer an die andere Person steigt.) ____

____.

d) Als wir zwei Güter zwischen zwei Personen aufzuteilen hatten, zeichneten wir ein Edgeworth-Diagramm, das Indifferenzkurven enthielt. Wenn wir nur ein Gut zwischen zwei Personen verteilen müssen, brauchen wir nur eine „Edgeworth-Gerade" und statt Indifferenzkurven werden wir lediglich Indifferenzpunkte haben. Sehen wir uns die unten gezeichnete Edgeworth-Gerade an. Der Abstand von links nach rechts soll Spaghetti für Romeo, die Entfernung von rechts nach links Spaghetti für Julia messen.

____

e) Bezeichne auf der oben gezeichneten Linie Romeos Lieblingspunkt und Julias Lieblingspunkt.

f) Angenommen $a = 1/3$. Wie viel Spaghetti würde Romeo sich selbst geben, wenn er die Spaghetti aufteilen könnte? _______. Wie viel Spaghetti würde Julia sich selbst geben, wenn sie die Spaghetti aufteilen könnte? ___________. Beschrifte die untenstehende „Edgeworth-Gerade" und zeige die Lieblingspunkte beider sowie den geometrischen Ort Pareto-optimaler Punkte.

____

g) Worüber sind Romeo und Julia bei den Pareto-optimalen Allokationen verschiedener Meinung, wenn $a = 1/3$ ist? ____

____

____

____.

33.9 ■ Hatfield und McCoy hassen einander, aber beide lieben Whisky. Da sie es nicht ausstehen können, wenn der andere glücklich ist, möchte jeder, dass der andere weniger Whisky hat. Hatfields Nutzenfunktion lautet $U_H(W_H, W_M) = W_H - W_M^2$ und McCoys Nutzenfunktion lautet $U_M(W_M, W_H) = W_M - W_H^2$, wobei W_M für McCoys täglichen Whiskykonsum und W_H für Hatfields täglichen Whiskykonsum (beides in Litern gemessen) stehen. Täglich gilt es, 4 Liter Whisky aufzuteilen.

a) Wie würde McCoy den Whisky verteilen, wenn er den gesamten Whisky aufteilen könnte? ______________________________. Wie würde Hatfield den Whisky verteilen? ______________________________.

b) Wie hoch wäre der Nutzen eines jeden, wenn jeder 2 Liter Whisky erhielte? ______________________________. Wie hoch wäre der Nutzen eines jeden, wenn ein Bär 2 Liter ihres Whiskys verschüttete und sie die verbleibenden 2 Liter gleichmäßig untereinander aufteilten? ______________________________. Wenn es möglich ist, Whisky wegzuschütten, ist es dann Pareto-optimal, wenn jeder von ihnen 2 Liter Whisky konsumiert? ______________________________.

c) Wie viel Whisky sollten sie wegschütten, wenn diese Möglichkeit besteht und wenn beide dieselbe Whiskymenge konsumieren müssen? ______________________________

____.

34 Externe Effekte

Einleitung

Wenn es externe Effekte gibt, dann ist das Ergebnis individueller Handlungen typischerweise nicht Pareto-effizient. In den folgenden Übungen untersuchen wir die Konsequenzen alternativer Mechanismen und institutioneller Einrichtungen, um externe Effekte in den Griff zu kriegen.

Beispiel

Eine große Fabrik leitet ihre Abwässer in einen nahegelegenen See ein. Der See wird auch von 1.000 Menschen als Erholungsgebiet genutzt. Wir wollen die Menge des in den See gepumpten Abwassers mit X bezeichnen. Die Anzahl der Stunden, die Person i im See schwimmt oder sonstigen Wassersport betreibt, sei Y_i, mit C_i bezeichnen wir die Ausgaben der Person i für Konsumgüter (in Euro). Wenn das Unternehmen X Einheiten Abwasser in den See einleitet, wird sein Gewinn $1.200X - 100X^2$ sein. Die Konsumenten haben identische Nutzenfunktionen, $U(Y_i, C_i, X) = C_i + 9Y_i - Y_i^2 - XY_i$, und identische Einkommen. Wir nehmen an, dass für die Einleitung der Abwässer in den See keine Gebühren eingehoben werden und dass die Konsumenten für die Benützung des Sees ebenfalls nichts zu zahlen haben. Konsumenten und Fabrikbesitzer treffen ihre Entscheidungen unabhängig voneinander. Die Fabrik maximiert ihren Gewinn, wenn sie die Menge $X = 6$ festlegt. (Setze die erste Ableitung der Gewinnfunktion nach X gleich Null.) Wenn $X = 6$ ist, dann maximiert jeder Konsument seinen Nutzen, indem er sich für $Y_i = 1{,}5$ entscheidet. (Setze die erste Ableitung der Nutzenfunktion nach Y_i gleich Null.) Aufgrund der Nutzenfunktion stellen wir fest, dass jede Person – wenn sie 1,5 Stunden pro Tag auf dem See zubringt – bereit wäre, € 1,50 für eine Reduktion der Verschmutzung um 1 Einheit zu zahlen. Da es 1.000 Personen gibt, ist der Gesamtbetrag, den alle für die Reduzierung der Verschmutzung um 1 Einheit zahlen würden, € 1.500. Wenn die Abwassermenge von 6 auf 5 Einheiten verringert wird, dann sinkt der Gewinn der Fabrik von € 3.600 auf € 3.500. Offensichtlich könnten es sich die Konsumenten leisten, die Fabrik zur Reduktion ihrer Verschmutzung um 1 Einheit zu veranlassen.

Aufgaben

* 34.1 ■ Das malerische Städtchen Horsehead, Massachusetts, liegt in einer Bucht, in der ein köstliches Krustentier vorkommt, *homarus americanus*, auch als Hummer bekannt. Die Stadtverwaltung von Horsehead erteilt Lizenzen für den Hummerfang und versucht herauszufinden, wie viele Lizenzen sie vergeben soll. Die ökonomischen Zusammenhänge sehen wie folgt aus:

1. Die Kosten des monatlichen Betriebs eines Hummerbootes betragen \$ 2.000.
2. Wenn in der Horsehead Bucht x Boote unterwegs sind, dann wird der monatliche Gesamterlös aus dem Hummerfang $f(x) = \$\ 1.000(10x - x^2)$ sein.

a) Zeichne in die untenstehende Grafik die Kurven des Durchschnittsprodukts, $AP(x) = f(x)/x$, und des Grenzprodukts, $MP(x) = df(x)/dx =$ __________________________, ein. Zeichne auch die Betriebskosten eines Bootes ein.

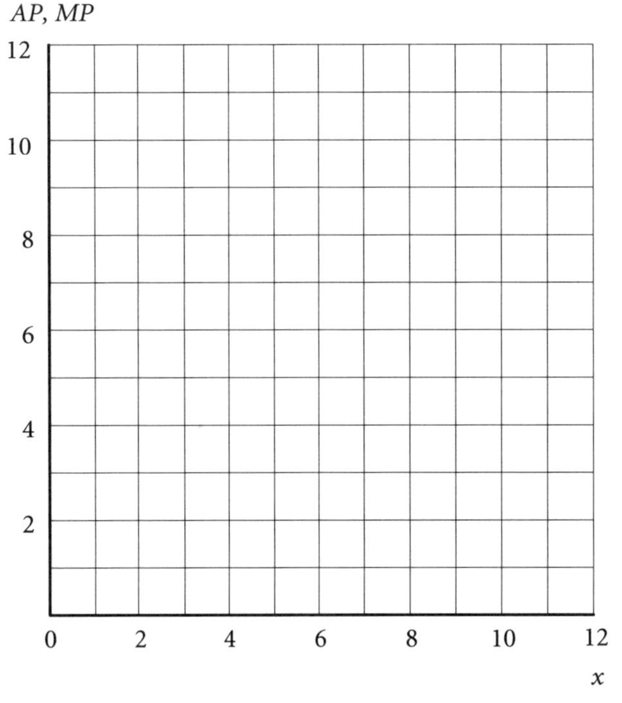

b) Wie viele Boote werden in Horsehead, Mass., auf Hummerfang gehen, wenn die Lizenzen gratis vergeben werden? (Hinweis: Wie viele Boote müssen unterwegs sein, damit der Gewinn Null wird?) ____.

c) Bei wie vielen Booten ist der Gesamtgewinn ein Maximum? ____.

d) Wie viel sollte die Stadtverwaltung für eine Hummerfanglizenz verlangen, wenn sie die Zahl der Zahl Boote so beschränken will, dass der Gesamtgewinn ein Maximum ist? (Hinweis: Bei einer Lizenzgebühr von F Tausend Dollar pro Monat wären die Grenzkosten des Bootsbetriebs $(2 + F)$ Tausend Dollar pro Monat.) ___________________________.

34.2 ■ Angenommen eine Imkerei liegt neben einer Apfelplantage und beide handeln wie Unternehmen bei Wettbewerb. Wir wollen die erzeugte Apfelmenge mit A bezeichnen, die produzierte Menge an Honig mit H. Die Kostenfunktionen der beiden Unternehmen lauten: $c_H(H) = H^2/100$ und $c_A(A) = A^2/100 - H$. Der Honigpreis beträgt € 2, jener von Äpfeln € 3.

a) Wenn beide Unternehmen voneinander unabhängig handeln, wird die erzeugte Gleichgewichtsmenge an Honig ______________ sein und die erzeugte Gleichgewichtsmenge an Äpfeln wird ______________ sein.

b) Angenommen das Honig- und das Apfelunternehmen schließen sich zusammen. Wie groß wäre der Gewinn maximierende Honigoutput des neuen Unternehmens? __________. Und wie hoch wäre der Gewinn maximierende Apfeloutput? ________.

c) Wie groß ist der sozial effiziente Honigoutput? ________________. Wie hoch müsste – bei Selbstständigkeit der beiden Unternehmen – die Subvention des Honigoutputs sein, damit die sozial effiziente Menge angeboten wird? ____________________________.

* 34.3 ■ In El Carburetor, Kalifornien, einer Stadt mit 1.001 Einwohnern, kann man kaum etwas anderes unternehmen, als mit dem Auto herum zu kurven. In dieser Stadt sind alle gleich: Obwohl jede gerne mit dem Auto umherfährt, beschweren sich alle Bürgerinnen gleichzeitig über die Staus, den Lärm und die Verschmutzung, welche durch den Verkehr verursacht werden. Die Nutzenfunktion einer typischen Stadtbewohnerin lautet $U(m, d, h) = m + 16d - d^2 - (6h/1.000)$, wobei m der tägliche Konsum der Bürgerin an Big Macs ist, d die Zahl der Stunden, die sie selber mit dem Auto fährt, und h die Zahl der Stunden (gemessen in Personenstunden pro Tag), die alle anderen Mitbürgerinnen von El Carburetor mit dem Auto fahren. Big Macs kosten \$ 1 je Stück. Jede Einwohnerin von El Carburetor hat ein tägliches Einkommen von \$ 40. Der Einfachheit halber unterstellen wir, dass Autofahren nichts kostet.

a) Wie viele Stunden wird eine Person pro Tag fahren, wenn sie meint, dass die von ihr gefahrenen Stunden die von den anderen Personen gefahrene Zeit nicht beeinflusst? ______________. (Hinweis: Für welchen Wert von d ist $U(m, d, h)$ ein Maximum?)

b) Wie viel werden alle anderen Personen insgesamt fahren, d. h. wie groß ist h, wenn jede ihr bestes d wählt? ____.

c) Wie groß wird der Nutzen jeder Einwohnerin sein? ____________________.

d) Angenommen jede fährt 6 Stunden pro Tag; wie hoch wird das Nutzenniveau einer typischen Bürgerin von El Carburetor sein? ______________________________.

e) Nehmen wir an, dass die Bürgerinnen entscheiden, ein Gesetz über die Beschränkung des täglichen Autofahrens zu erlassen. Wie viel sollte jeder Einwohnerin erlaubt werden zu fahren, damit der Nutzen einer typischen Bürgerin maximiert wird? (Hinweis: Formuliere die Nutzenfunktion um, indem Du 1.000d für h einsetzt und dann in Bezug auf d maximierst.) ______________________________.

f) Dasselbe könnte durch eine Besteuerung des Autofahrens erzielt werden. Wie hoch müsste die Steuer pro Stunde Autofahren sein? (Hinweis: Dieser „Preis" müsste der Grenzrate der Substitution eines Individuums zwischen Autofahren und Big Macs gleich sein, wenn es gerade die „richtige" Zeit Auto fährt.) ______________.

34.4 ■ Tom und Jerry teilen ein Zimmer im Studentenheim. Sie verbringen wöchentlich insgesamt 80 Stunden gemeinsam in diesem Raum. Tom hört gern laute Musik, sogar wenn er schläft. Seine Nutzenfunktion ist durch $U_T(K_T, M) = K_T + M$ gegeben, wobei K_T die Zahl der pro Woche konsumierten Kekse ist und M die Wochenstunden an lauter Musik im gemeinsamen Zimmer sind. Jerry verabscheut jede Art von Musik. Seine Nutzenfunktion lautet $U_J(K_J, M) = K_J - M^2/12$. Jede Woche erhalten Tom und Jerry *je* zwei Dutzend Kekse von zuhause. Sie haben keine andere Möglichkeit, Kekse zu bekommen. Wir können diese Situation mit Hilfe einer Grafik beschreiben, die wie ein Edgeworth-Diagramm aussieht. Auf der horizontalen Achse des Diagramms werden die Kekse, auf der vertikalen die Stunden an Musik aufgetragen. Da Kekse private Güter sind, muss die Zahl der Kekse, die Tom konsumiert pro Woche, plus der Zahl der Kekse, die Jerry wöchentlich konsumiert, gleich 48 sein. Musik ist in ihrem Zimmer hingegen ein öffentliches Gut. Beide müssen dieselbe Anzahl an Musikstunden konsumieren, ob sie es wollen oder nicht. Die Höhe eines Punktes im Diagramm gibt an, wie viele Stunden in ihrem Zimmer Musik gespielt wird. Die Entfernung eines Punktes vom linken Rand des Diagramms sind „Kekse für Tom", die Entfernung dieses Punktes vom rechten Rand „Kekse für Jerry".

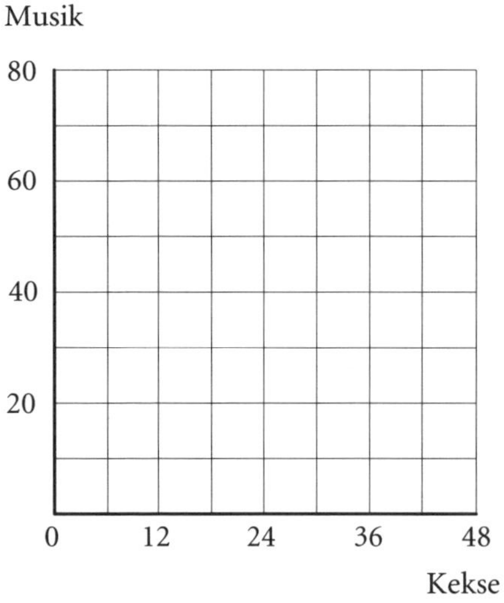

a) Nehmen wir an, dass nach der Hausordnung des Studentenheims die Zustimmung des Zimmergenossen eingeholt werden muss, wenn man Musik hören will. Die *Anfangsausstattung* beschreibt in diesem Fall die Situation, in der Tom und Jerry noch keinerlei „Geschäfte“ abgewickelt haben. Es würde keine Musik geben und jeder von ihnen würde 2 Dutzend Kekse wöchentlich verzehren. Bezeichne diesen Punkt in der Grafik mit *A*. Zeichne für Tom eine rote Indifferenzkurve ein, die durch diesen Punkt verläuft, eine blaue für Jerry durch diesen Punkt. (Hinweis: Wenn man die Indifferenzkurve für Jerry zeichnet, muss man zwei Dinge beachten: (1) Er verabscheut Musik, daher bevorzugt er niedrigere Punkte auf der Grafik gegenüber höheren. (2) Jerrys Kekskonsum wird von rechts nach links gemessen, er bevorzugt daher Punkte, die weiter links auf der Grafik liegen gegenüber weiter rechts liegenden Punkten.) Schraffiere jene Punkte blau, die Situationen darstellen, in denen beide Zimmergenossen besser dran wären als im Punkt *A*.

b) Nun nehmen wir als Alternative an, dass im Studentenheim das Motto gilt „Rock-n-roll tut der Seele wohl“. Man braucht also keine Zustimmung des Zimmergenossen, um Musik zu hören. Dann sieht die *Anfangsausstattung* so aus, dass Tom während der gesamten 80 Stunden, die sie gemeinsam im Zimmer verbringen, Musik spielt und dass beide je 2 Dutzend Kekse konsumieren. Kennzeichne diesen Punkt in obiger Grafik mit *B*. Zeichne wiederum eine rote Indifferenzkurve für Tom und eine blaue Indifferenzkurve für Jerry durch diesen Punkt. Können – bei der gegebenen Ausstattung – *sowohl* Tom *als auch* Jerry besser gestellt werden als im Punkt *B*? ______________________.

* 34.5 ☐ Eine Boutique und ein Juwelierladen sind Nachbarn in einem kleinen Einkaufszentrum. Die Anzahl jener Besucher des Einkaufszentrums, die in einem der beiden Geschäfte einkaufen wollen, hängt von den täglichen Werbeausgaben des jeweiligen Geschäfts ab. Jedes Geschäft zieht aber auch einige Kunden an (wörtlich!), die zum Einkauf ins Nachbargeschäft kommen. Wenn die Boutique x_B Euro und der Juwelier x_J Euro für Werbung ausgibt, dann wird der tägliche Gewinn der Boutique $\Pi_B(x_B, x_J) = (60 + x_J)x_B - 2x_B^2$ sein und der tägliche Gewinn des Juweliers wird $\Pi_J(x_B, x_J) = (105 + x_B)x_J - 2x_J^2$ sein. (In jedem Fall wird dieser Gewinn so ermittelt, dass *alle* Kosten – einschließlich der Werbekosten – bereits abgezogen sind.)

a) Wenn jeder Geschäftsinhaber der Auffassung ist, dass die Werbeausgaben des anderen Geschäfts von seiner eigenen Entscheidung über die Höhe der Werbeausgaben unabhängig sind, dann können wir die gleichgewichtigen Werbeausgaben eines jeden Geschäfts durch Lösen von zwei Gleichungen nach den zwei Unbekannten finden. Eine der beiden Gleichungen besagt, dass die Ableitung der Gewinnfunktion der Boutique nach ihren eigenen Werbeausgaben gleich Null sein muss. Die zweite Gleichung verlangt, dass die Ableitung der Gewinnfunktion des Juweliers nach seinen eigenen Werbeausgaben ebenfalls Null ist. Diese beiden Gleichungen werden als ______________________

______________________ angeschrieben. Die Gleichgewichtsausgaben für Werbung sind ____________________ und ____________________. Der Gewinn der Boutique ist

________________________, der Gewinn des Juweliers ist ______________________.

b) Der zusätzliche Gewinn, den der Juwelier von einem zusätzlichen Euro Werbeausgaben der Boutique erzielt, wäre ungefähr gleich der ersten Ableitung der Gewinnfunktion des Juweliers nach den Werbeausgaben der Boutique. Wenn die Werbeausgaben der beiden Geschäfte im soeben berechneten Gleichgewicht sind, dann wird ein zusätzlicher Euro an Werbeausgaben durch die Boutique dem Juwelier einen zusätzlichen Gewinn von ungefähr ______________________ bringen und ein zusätzlicher Euro an Werbeausgaben durch den Juwelier würde für die Boutique einen zusätzlichen Gewinn von ungefähr ______________________ ergeben.

c) Nehmen wir an, die Besitzerin der Boutique kennt die Gewinnfunktionen beider Geschäfte. Sie überlegt sich Folgendes: Angenommen ich kann die Höhe meiner Werbeausgaben entscheiden, bevor der Juwelier sich entscheidet, was er machen soll. Wenn ich ihm sage, was ich tun werde, wird er sein Verhalten entsprechend anpassen müssen. Ich kann seine Reaktionsfunktion auf meine Wahl von x_B berechnen, indem ich die Ableitung seiner Gewinnfunktion nach seinen eigenen Werbeausgaben gleich Null setze und nach seinen Werbeausgaben als eine Funktion meiner eigenen Werbeausgaben löse.

Wenn ich das mache, dann ergibt das ein $x_J =$ ______________________. Wenn ich diesen Wert für x_J in meine Gewinnfunktion einsetze und dann x_B so wähle, dass ich meinen eigenen Gewinn maximiere, erhalte ich $x_B =$ ____________________________; der Juwelier wird $x_J =$ __________________________________ wählen. In diesem Fall wird mein Gewinn $\Pi_B =$ ____________________ und sein Gewinn $\Pi_J =$ ____________________ sein.

d) Angenommen die Boutique und der Juwelierladen haben unveränderte Gewinnfunktionen, sie sind jedoch im Besitz einer einzigen Unternehmerin, welche die Höhe der Werbeausgaben so festsetzt, dass die Summe der Gewinne beider Geschäfte maximiert wird.

Die Unternehmerin würde sich für $x_B =$ _______________ und $x_J =$ _________________ entscheiden. Kann man eine Aussage treffen, ob jetzt der Gesamtgewinn größer als, kleiner als oder gleich groß wie die Summe der Gewinne bei voneinander unabhängigen Entscheidungen wäre, ohne die Gewinne tatsächlich zu berechnen? _______________.

Wie hoch wäre der Gesamtgewinn jetzt? ______________________________________.

34.6 ■ Die Villenbewohner am Ärgernissee sind ein widerlicher Haufen. Alle 100 wohnen rund um den See. Jeder von ihnen hat zwei Nachbarn, einen links und einen rechts. Es gibt nur ein Gut, das alle auf ihrem Rasen vor den Augen ihrer beiden Nachbarn konsumieren. Jeder Villenbesitzer mag das Gut sehr, aber er neidet den Konsum dieses Gutes seinem Nachbarn zur Linken. Eigenartigerweise kümmert sich niemand darum, was der Nachbar zur Rechten konsumiert. Jeder Konsument hat die Nutzenfunktion $U(c, l) = c - l^2$, wobei c sein eigener Konsum und l der Konsum seines linken Nachbars ist. Angenommen jeder Konsument besitzt und konsumiert 1 Einheit des Konsumgutes.

a) Berechne sein Nutzenniveau: ______________________.

b) Angenommen jeder Konsument verbraucht nur 3/4 einer Einheit. Sind alle Individuen dadurch besser oder schlechter gestellt? ______________________.

c) Wie groß ist der bestmögliche Konsum, wenn alle dieselbe Menge konsumieren müssen? ______________________.

d) Angenommen alle Villenbewohner rund um den See konsumieren 1 Einheit; können beliebige zwei Personen sich selbst dadurch besser stellen, dass sie entweder den Konsum umverteilen oder einen Teil des Gutes wegwerfen? ______________________.

e) Wie würde das bei einer Gruppe von drei Personen aussehen? ______________________.

f) Wie groß ist die kleinste Gruppe, die so kooperieren könnte, dass allen Mitgliedern der Gruppe die Kooperation nützt? ______________________.

* 34.7 □ Josef und Tina sind Partner, sowohl im geschäftlichen als auch im privaten Leben. Wie das leider in dieser unvollkommenen Welt häufig der Fall ist, hat jeder eine kleine Angewohnheit, die den anderen stört. Josefs Gewohnheit werden wir Aktivität X nennen, Tinas Gewohnheit Aktivität Y. Den Umfang der Aktivität X, den Josef ausübt, wollen wir mit x bezeichnen, das Ausmaß der von Tina betriebenen Aktivität Y bezeichnen wir mit y. Aufgrund einer Reihe von geschäftlichen Rückschlägen können Josef und Tina jährlich nur mehr € 1.000.000 ausgeben. Josefs Nutzenfunktion lautet $U_J = c_J + 500\ln x - 10y$, wobei c_J die Ausgaben Josefs für alle Güter mit Ausnahme seiner kleinen Gewohnheit X sind, x für den jährlichen Umfang seiner Aktivität X und y für das jährliche Ausmaß der von Tina betriebenen Aktivität Y stehen. Tinas Nutzenfunktion lautet $U_T = c_T + 500\ln y - 10x$, wobei c_T die Ausgaben Tinas für alle Güter mit Ausnahme ihrer kleinen Gewohnheit Y sind. Aktivität X kostet € 20 je Einheit, Aktivität Y € 100 je Einheit.

a) Angenommen Josef und Tina haben ein Anrecht auf jeweils die Hälfte des gemeinsamen Einkommens. Zusätzlich sei angenommen, dass sie untereinander keine Geschäfte darüber machen, wie viel jeder von Aktivität X bzw. Y konsumieren wird. Wie viel Aktivität X wird Josef konsumieren? ______________________. Wie viel Aktivität Y wird Tina konsumieren? ____.

b) Da Josef und Tina quasilineare Nutzenfunktionen haben, wird ihre Nutzenmöglichkeitsgrenze einen geraden Streckenabschnitt aufweisen. Dieses Segment kann durch Maximierung der Summe ihrer Nutzen gefunden werden.

$$U = U_J(c_J, x, y) + U_T(c_T, x, y) = c_J + 500\ln x - 10y + c_T + 500\ln y - 10x =$$

$$= c_J + c_T + 500\ln x - 10x + 500\ln y - 10y.$$

Aus der Budgetbeschränkung der Familie wissen wir aber auch, dass $c_J + c_T = 1.000.000 - 20x - 100y$. Wir können daher schreiben

$$U = 1.000.000 - 20x - 100y + 500\ln x - 10x + 500\ln y - 10y =$$

$$= 1.000.000 + 500\ln x + 500\ln y - 30x - 110y.$$

Wir suchen nun jenes x und y, welche $U = U_J(c_J, x, y) + U_T(c_T, x, y)$ maximieren. Wir setzen die partiellen ersten Ableitungen nach x und y gleich Null und finden ein Maximum bei $x =$ ____________ und $y =$ ____________. Wenn man diese Zahlen in die Gleichung $U = U_J(c_J, x, y) + U_T(c_T, x, y) = 1.000.000 + 500\ln x + 500\ln y - 30x - 110y$ einsetzt, erhält man $U_J + U_T =$ ______________________ als Gleichung für die Nutzenmöglichkeitsgrenze. (Zur Lösung benötigt man einen Taschenrechner oder zumindest Logarithmentafeln.) Entlang dieser Grenze sind die Gesamtausgaben für Josefs und Tinas lästige Angewohnheiten X und Y gleich ____________________. Der Rest der € 1.000.000 wird für c_J und c_T ausgegeben. Jede Aufteilung dieser Ausgaben entspricht einem anderen Punkt auf der Nutzenmöglichkeitsgrenze. Die auf diese Weise konstruierte Steigung der Nutzenmöglichkeitsgrenze ist ____________________.

34.8 □ Ein großes Areal an Bauland liegt unmittelbar neben einem Flughafen. Ein Bauunternehmer würde das Land gerne verbauen, aber der Lärm des Flugplatzes reduziert den Wert des Baulandes. Je mehr Flugzeuge starten und landen, umso geringer wird der Gewinn des Bauunternehmers sein. Wir wollen mit X die Zahl der täglichen An- und Abflüge bezeichnen, mit Y die Zahl der Häuser, die gebaut werden sollen. Der Gesamtgewinn des Flughafens ist $48X - X^2$, der Gesamtgewinn des Bauunternehmers ist $60Y - Y^2 - XY$. Wie werden sich verschiedene Annahmen über institutionelle Regelungen und Verhandlungen zwischen Flughafen und Bauunternehmer auf die Gewinne des Flughafens und des Bauunternehmers auswirken?

a) „Freie Entscheidung ohne Verhandlungen“: Angenommen es gibt keine Verhandlungen zwischen dem Flughafen und dem Bauunternehmer, jeder kann den für ihn optimalen Umfang seiner Aktivität wählen. Unabhängig von der Anzahl der gebauten Häuser ist für den Flughafen die Gewinn maximierende Zahl der täglichen Flüge ________. Für diese gegebene Zahl von Flügen ist die Gewinn maximierende Anzahl an Häusern ________. Der Gewinn des Flughafens wird ____________ und der Gewinn des Bauunternehmers wird ____________ sein. Die Summe der Gewinne ist daher ____________.

b) „Strenges Flugverbot“: Angenommen eine Verordnung der Behörde verbietet wegen des negativen externen Effekts auf den Bauunternehmer jeglichen Flugverkehr. Der Bauunternehmer wird ___________ Häuser bauen und einen Gewinn von ____________ erzielen.

c) „Ein Paradies für Rechtsanwälte“: Angenommen es würde ein Gesetz verabschiedet, das den Flughafen für jeden Schaden haftbar macht, den er dem Bauunternehmer bzw. dem Wert seines Baulandes zufügt. Da der Gewinn des Bauunternehmers $60Y - Y^2 - XY$ ist, würde er bei einem Flugverbot einen Gewinn von $60Y - Y^2$ erzielen; der ihm zu ersetzende Schaden wäre daher XY. Wenn daher X Flugbewegungen stattfinden und der Bauunternehmer Y Häuser baut, wird der Gewinn des Flughafens nach Abzug des zu vergütenden Schadens gleich $48X - X^2 - XY$ sein. Der Gewinn des Bauunternehmers wird $60Y - Y^2 - XY + XY = 60Y - Y^2$ sein. Um seinen Gewinn zu maximieren, wird der Bauunternehmer ___________ Häuser bauen, unabhängig von der Anzahl der Flüge. Der Flughafen wird seinerseits – ebenfalls als Gewinnmaximierer, nach Abzug der zu leistenden Schadensvergütung – insgesamt ___________ Flüge durchführen. Der Gewinn des Bauunternehmers wird ____________ und der Gewinn des Flughafens wird ___________ sein. Die Summe der Gewinne wird daher ____________ sein.

* 34.9 ▣ Wir setzen die vorige Aufgabe mit dem Flughafen und dem Bauunternehmer fort.

a) „Der Unternehmenszusammenschluss“: Angenommen der Bauunternehmer kauft den Flughafen. Wie lautet die Gewinnfunktion für das gemeinsame Unternehmen? ____.

Um den Gesamtgewinn zu maximieren, sollte es ____________ Häuser bauen und ___________ Flugbewegungen erlauben. Der Gesamtgewinn ist dann _________.

Erkläre, warum alle in der vorangehenden Aufgabe vorgeschlagenen institutionellen Regelungen zu keinen effizienten Ergebnissen führen und daher niedrigere gemeinsame Gewinne erzielen: ____

____

____

____

____

____.

b) „Verhandlungen“: Angenommen der Flughafen und der Bauunternehmer bleiben unabhängige Unternehmungen. Gehen wir von der ursprünglichen Situation „Freie Entscheidung“ aus. Der Bauunternehmer erklärt sich bereit, den Flughafen für den durch Reduktion der Zahl der täglichen Flüge entgangenen Gewinn zu entschädigen; könnte der Bauunternehmer dadurch seinen Nettogewinn erhöhen? ____________________. Der Bauunternehmer entscheidet sich, den Flughafen zu ‚bestechen‘, um die Zahl der täglichen Flüge zu reduzieren und entschädigt ihn für den aus der Verringerung der Zahl der Flüge entgangenen Gewinn. Für wie viele tägliche Flüge sollte der Bauunternehmer den Flughafen entschädigen, wenn er (der Bauunternehmer) seinen Nettogewinn maximieren will? ____.

34.10 ▣ Jeden Morgen müssen 6.000 Pendler von Ostdorf nach Westdorf fahren. Sie versuchen, die Zeit des Pendelns zu minimieren. Es gibt dafür zwei Möglichkeiten. Entweder kann man direkt von Ost- nach Westdorf durch das Zentrum von Mittendorf fahren. Oder man nimmt die Ring-Autobahn, die um die drei Dorfs rundherum führt. Auf der Ring-Autobahn gibt es keinen Stau, man benötigt jedoch 45 Minuten, um von Ost- nach Westdorf zu gelangen. Der Weg durch Mittendorf ist viel kürzer und man würde – ohne Stau – nur 20 Minuten für die Fahrt von Ost- nach Westdorf benötigen. Tatsächlich braucht man $(20 + N/100)$ Minuten auf dieser Strecke, wobei N die Zahl der Pendler ist, welche diese direkte Straße benutzen.

a) Nehmen wir an, auf beiden Straßen wird keine Maut eingehoben; wie viele Pendler werden im Gleichgewicht die Straße durch Mitteldorf wählen? ____________________. Wie viele Personenminuten werden die Pendler täglich für ihre Fahrt von Ost- nach Westdorf auf der Straße verbringen? ______________________________.

b) Angenommen ein Sozialplaner kontrolliert die Zufahrt zur Straße durch Mittendorf und legt die Zahl der Personen auf dieser Route so fest, dass die Gesamtzahl der täglichen

Personenminuten für das Pendeln von Ost- nach Westdorf minimiert wird. Schreibe eine Funktion für die gesamten täglichen Personenminuten für das Pendeln von Ost- nach Westdorf als eine Funktion von N, der Anzahl der Pendler, die durch die Mittendorfstraße fahren dürfen: ______________________________.
Wie viele Pendler würde der Sozialplaner täglich durch Mittendorf fahren lassen? __________. Wie lange würden in diesem Fall die Pendler via Mittendorf für ihre Fahrt zur Arbeit brauchen? __________. Wie hoch wäre die tägliche Gesamtzahl an Personenminuten aller Pendler für ihre Fahrt von Ost- nach Westdorf? __________.

c) Angenommen die Pendler bewerten jede ersparte Minute mit € w; ebenso hebt nun die Straßenbehörde eine Maut für die Benützung der Straße durch Mittendorf ein und teilt den Erlös daraus gleichmäßig unter allen 6.000 Pendlern auf. Wie hoch sollte die Maut festgelegt werden, wenn es das Ziel der Behörde ist, die gesamte Pendelzeit aller Pendler zu minimieren? __________. Wie hoch wird der Erlös aus der Maut sein? __________.
Zeige, dass mit dieser Politik jeder Pendler besser gestellt ist als vorher und bewerte den Gewinn in Euros: ______________________________

____

____

____

____

______________________________.

34.11 ■ Angenommen die örtliche Verkehrsbehörde weist den Plan zur Einführung einer Maut zurück und entscheidet, die Straße durch Mittendorf derart auszubauen, dass ihre Kapazität verdoppelt wird. Mit dieser höheren Kapazität reduziert sich die Pendelzeit von Ost- nach Westdorf durch Mittendorf auf $(20 + N/200)$ Minuten, wobei N die Zahl der Pendler ist, welche diese direkte Straße benutzen. Wie viele Pendler werden nun – mit der erweiterten Kapazität und ohne Maut – die Schnellstraße durch Mittendorf benützen? __________. Wie lange werden die Pendler durch Mittendorf brauchen? __________. Wie viele Personenminuten an Pendelzeit werden durch die Erweiterung der Kapazität der Straße durch Mittendorf eingespart? ____________________. Glauben Sie, dass die Leute diese Kapazitätserweiterung als eine gute Verwendung ihrer Steuergelder ansehen? ____________________________.

35 Informationstechnologie

Einleitung

Wir alle erkennen, dass die Informationstechnologie Produktion und Konsum revolutioniert hat. Manche sind der Auffassung, dass wir eine „neue Wirtschaftswissenschaft" brauchen, um die Neue Ökonomie zu verstehen. Wir glauben das nicht. Das bisher erlernte ökonomische Instrumentarium bietet uns bedeutende Erkenntnismöglichkeiten über die Ökonomie der Informationstechnologie; das versuchen wir mit den folgenden Beispielen zu illustrieren.

Aufgaben

* 35.1 ■ Bill Barriere, der Präsident der MightySoft Software will gerade eine neues Computerbetriebssystem, genannt Doors, einführen. Da es umso leichter ist, Dateien zwischen Personen auszutauschen, die dasselbe Betriebssystem haben, ist der Preis, den die Leute dafür zahlen wollen, Doors auf ihrem Computer installiert zu haben, umso höher, je höher sie den Marktanteil von Doors einschätzen.

Der *wahrgenommene Marktanteil* von Doors ist der Anteil all jener Computerbesitzer, von denen die Öffentlichkeit *glaubt*, dass sie Doors verwenden. Wenn der Preis von Doors p ist, dann ist der *tatsächliche Marktanteil* jener Anteil der Computerbesitzer, die bereit sind, zumindest € p für die Installation von Doors auf ihrem Computer zu zahlen. Marktforschung hat gezeigt, dass bei einem wahrgenommenen Marktanteil von Doors von s und einem Preis von € p, der tatsächliche Marktanteil x sein wird, wobei x mit dem Preis p und dem wahrgenommenen Marktanteil s über folgende Formel zusammenhängt:

$$p = 256s(1 - x) \qquad (1)$$

Kurzfristig kann MigthySoft den wahrgenommenen Marktanteil von Doors durch Publizität, Werbung und die Verteilung von Getränken und Geschenken an freundliche Journalisten, sowie durch auffälliges Herschenken von Gratisexemplaren des Betriebssystems beeinflussen. Langfristig kommt jedoch die Wahrheit ans Tageslicht und der wahrgenommene Marktanteil von Doors, s, muss seinem tatsächlichen Marktanteil, x, entsprechen.

a) Wenn der wahrgenommene Marktanteil s ist, dann ist die Nachfrage nach Doors durch Gleichung (1) gegeben. Zeichne in die unten stehende Grafik eine Nachfragekurve als Beziehung zwischen dem Preis und dem tatsächlichen Marktanteil für einen wahrgenommenen Marktanteil von Doors von $s = 1/2$. Beschrifte diese Kurve mit $s = 1/2$.

b) Kennzeichne auf dieser soeben gezeichneten Nachfragekurve jenen Punkt, bei dem der tatsächliche Marktanteil von Doors 1/2 ist, mit einem roten Punkt. (Das ist der Punkt auf der Nachfragekurve direkt oberhalb $x = 1/2$.) Wie hoch ist der Preis, zu dem die Hälfte der Computerbesitzer tatsächlich Doors kaufen wollen, unter der Voraussetzung dass alle glauben, dass die Hälfte aller Computerbesitzer Doors kaufen wollen? ____________.

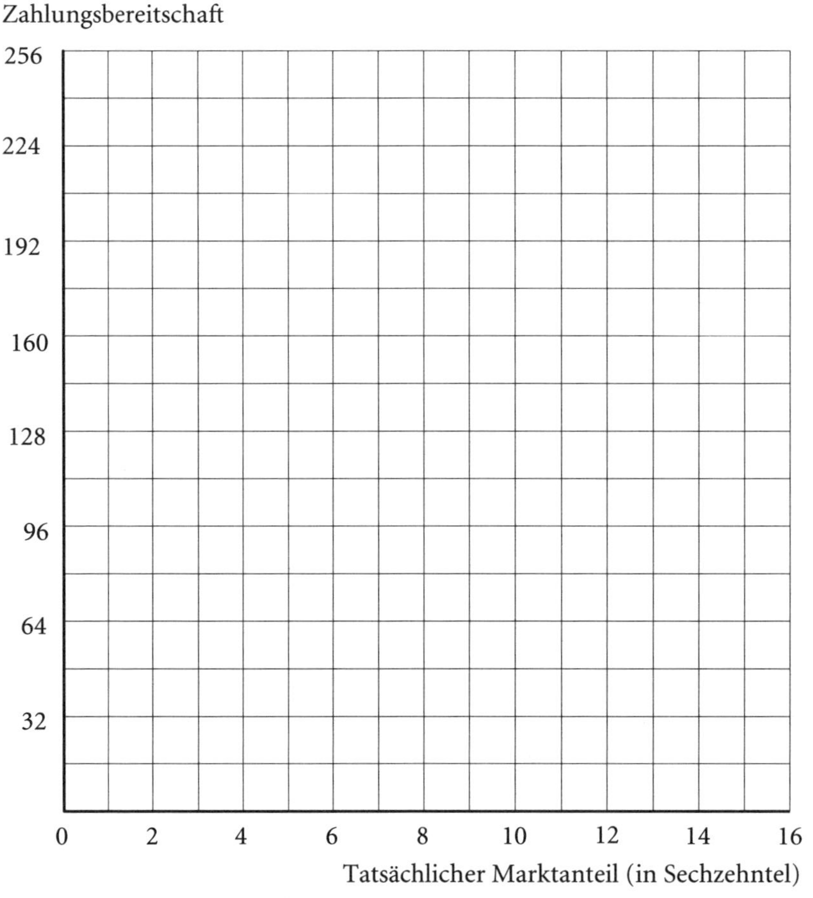

c) Zeichne in dieselbe Grafik Nachfragekurven für folgende Werte des wahrgenommenen Marktanteils: $s = 1/8, 1/4, 3/4, 7/8, 1$.

d) Kennzeichne auf der Nachfragekurve für einen wahrgenommenen Marktanteil von $s = 1/4$ jenen Punkt, bei dem der tatsächliche Marktanteil von Doors 1/4 ist, mit einem roten Punkt. Bei welchem Preis ist bei einem wahrgenommenen Marktanteil von 1/4 der tatsächliche Marktanteil von Doors 1/4? ______________________________.

e) Führe die in d) gestellte Aufgabe auch für die Nachfragekurven durch, die den wahrgenommenen Marktanteilen $s = 1/8, 3/4, 7/8$ und 1 entsprechen.

f) Nun wollen wir die langfristige Nachfragekurve für Doors einzeichnen, für die gilt, dass die von den Computerbesitzern wahrgenommenen Marktanteile s den tatsächlichen Marktanteilen x entsprechen. Das heißt $s = x$, sodass die Nachfragekurve durch $p = 256x(1 - x)$ gegeben ist. Zeichne in obige Grafik einige Punkte für diese Kurve und skizziere ihren ungefähren Verlauf. (Hinweis: Beachte, dass diese Kurve durch alle bereits eingezeichneten roten Punkte gehen muss!)

g) Angenommen MightySoft legt für Doors einen Preis von € 48 fest und beharrt auch auf diesem Preis. Es gibt drei verschiedene wahrgenommene Marktanteile, bei denen der Anteil der Konsumenten, die Doors tatsächlich für € 48 kaufen wollen, dem wahrgenommenen Marktanteil entspricht. Einer davon ist Null. Was sind die beiden anderen Möglichkeiten? ______________________________.

h) Nehmen wir nun an, dass MigthySoft mittels Werbung und Einflussnahme auf die Medien den wahrgenommenen Marktanteil vorübergehend auf jeden beliebigen Wert zwischen 0 und 1 festlegen kann. Wenn der wahrgenommene Marktanteil von Doors x ist und wenn MightySoft einen Preis $p = 256x(1 - x)$ verlangt, dann wird der tatsächliche Marktanteil ebenfalls x sein, sodass die früheren Wahrnehmungen verstärkt und beibehalten werden. Welchen wahrgenommenen Marktanteil x sollte MightySoft auf diese Art festlegen, um seinen Gewinn zu maximieren und welchen Preis sollte es verlangen, um diesen Marktanteil aufrecht zu halten? (Hinweis: Der Erlös ist $px = 256x^2(1 - x)$.) Verwende die Differentialrechnung und gib die Berechnungen an: ______________

____

____

____.

35.2 ◘ Angenommen die Nachfrage nach Doors ist unverändert wie in der vorangehenden Aufgabe; des Weiteren nehmen wir nun an, dass der wahrgenommene Marktanteil in jeder Periode gleich dem tatsächlichen Marktanteil der Vorperiode ist. Wenn wir mit x_t den tatsächlichen Marktanteil in Periode t bezeichnen, dann gilt die Gleichung $p = 256x_{t-1}(1 - x_t)$. Umformung der Gleichung ergibt $x_t = 1 - (p/256x_{t-1})$ für $(p/256x_{t-1}) \leq 1$. Wenn $(p/256x_{t-1}) \leq 0$, dann wird $x_t = 0$. Wenn wir für jede beliebige Periode den tatsächlichen Marktanteil kennen, dann können wir mit Hilfe dieser Formel den Marktanteil der nächsten Periode errechnen. Nehmen wir an, MightySoft legt den Preis für Doors mit $p = € 32$ fest und ändert ihn nie. (Bei der Beantwortung der folgenden Fragen erweist sich ein Taschenrechner als hilfreich.)

a) Wenn der tatsächliche Marktanteil in der ersten Periode 1/2 ist, dann ist der tatsächliche Marktanteil in der zweiten Periode _____ und in der dritten Periode _____. Schreibe die Marktanteile für einige weitere Perioden an: ______________________________.

Nähern sie sich einem Grenzwert an? Wenn ja, welchem? ______________________.

b) Wenn bei einem konstant gehaltenen Preis von p der Marktanteil von Doors gegen eine Konstante x_0 konvergiert, dann muss gelten, dass $x_0 = 1 - (p/256x_0)$. Löse diese Gleichung nach x_0 für p = € 32. Wie kann man die Tatsache interpretieren, dass es zwei Lösungen gibt? ____

____

____.

35.3 ▣ Eine Gruppe von 13 Konsumentinnen überlegt, ob sie sich an ein neues Computernetzwerk anschließen sollen. Konsumentin 1 hat eine *Anfangsbewertung* von € 1, Konsumentin 2 hat eine *Anfangsbewertung* von € 2, Konsumentin 3 hat eine *Anfangsbewertung* von € 3 und so weiter bis zur Konsumentin 13. Die Zahlungsbereitschaft jeder Konsumentin hängt von der Gesamtzahl der am Netzwerk angeschlossenen Personen ab, und zwar in der Form, dass die Zahlungsbereitschaft jeder Konsumentin i für den Anschluss an das Netzwerk gleich *i mal* der Gesamtzahl der angeschlossenen Personen ist. Das heißt, wenn 5 Personen angeschlossen sind, dann ist die Zahlungsbereitschaft der Konsumentin 1 gleich € 5, die Zahlungsbereitschaft der Konsumentin 2 ist gleich € 10 usw.

a) Wie groß ist der maximale Preis, bei dem sich 9 Personen an das Netzwerk anschließen, sodass jede entweder einen Gewinn oder zumindest ein Ergebnis von Null erzielt?

____.

b) Angenommen in der Branche, die das Netzwerk anbietet, herrscht vollständiger Wettbewerb und die Kosten für den Anschluss einer Konsumentin betragen € 45. Weiter sei angenommen, dass die Konsumentinnen sehr konservativ sind: Keine wird sich zum Anschluss entschließen, wenn ihre Bewertung als Käuferin bei Vertragsunterzeichnung nicht mindestens so groß ist wie die Kosten des Anschlusses. Wie viele Personen werden bei einem Preis von € 45 einen Vertrag zum Anschluss abschließen?

____.

c) Nun sei angenommen, dass der Staat „Pioniernutzerinnen“ des Systems subventioniert. Die beiden ersten Nutzerinnen dürfen sich für € 10 anschließen. Nachdem diese beiden angeschlossen sind, werden die beiden nächsten für € 25 angeschlossen. Danach müssen alle, die sich anschließen wollen, die vollen Kosten von € 45 zahlen. Die Konsumentinnen bleiben so konservativ wie im vorigen Absatz. Wie viele Konsumentinnen werden sich bei diesem Subventionsschema insgesamt anschließen? ______________________.

35.4 ■ Professor Schaumschlag hat ein neues äußerst vereinfachendes Lehrbuch geschrieben, *Mikroökonomik für Verwirrte*, das im Neufundland-Verlag erscheinen wird. Die 1. Auflage wird zwei Jahre hindurch am Markt sein, danach wird sie durch eine neue Auflage ersetzt. Der Neufundland-Verlag hat bereits alle fixen Investitionen für das Buch getätigt und muss für jedes verkaufte Exemplar konstante Grenzkosten von € c zahlen.

Wir wollen den Preis für jedes im ersten Jahr nach der Veröffentlichung verkaufte Exemplar mit p_1 bezeichnen und mit p_2 den Preis für im zweiten Jahr verkaufte neue Exemplar. Sowohl dem Verlag als auch den Studenten ist bewusst, dass es ein Jahr nach der Veröffentlichung einen aktiven Markt für gebrauchte Exemplare der *Mikroökonomik für Verwirrte* geben wird, und dass alle gebrauchten Exemplare der 1. Auflage zwei Jahre nach der Veröffentlichung einen Wiederverkaufswert von Null haben werden. Am Ende des ersten Jahres nach der Veröffentlichung können die Studenten ihre gebrauchten Lehrbücher um 40 % des Preises des zweiten Jahres, p_2, an die Buchhandlungen verkaufen.

Die Nettokosten für den Kauf des Buchs im ersten Jahr und des Verkaufs nach Verwendung für das Studium am Ende dieses Jahres sind $p_1 - 0{,}4p_2$. Die Zahl der im ersten Jahr der Veröffentlichung nachgefragten Exemplare ist durch die Nachfragefunktion $q_1 = D_1(p_1 - 0{,}4p_2)$ gegeben.

Einige Studenten, die das Buch im ersten Jahr der Veröffentlichung verwenden, werden es als Nachschlagewerk behalten wollen, einige werden es so beschädigen, dass es nicht wieder verkauft werden kann. Die Kosten des Behaltens oder der Beschädigung des eigenen Exemplars ist ihr Wiederverkaufswert $0{,}4p_2$. Die Zahl der Bücher, die entweder beschädigt oder behalten werden, ist durch eine „Behalte"-Nachfragefunktion $D^b(0{,}4p_2)$ gegeben. Daraus folgt, dass die Zahl der am Ende des ersten Jahres verfügbaren gebrauchten Exemplare durch $D_1(p_1 - 0{,}4p_2) - D^b(0{,}4p_2)$ gegeben ist.

Die Studenten, die *Mikroökonomik für Verwirrte* im zweiten Jahr der Veröffentlichung kaufen, werden ihre Gebrauchtexemplare nicht wieder verkaufen können, da dann eine neue Auflage vorliegen wird. Sie können jedoch entweder ein neues oder ein gebrauchtes Buch kaufen. Zur Vereinfachung der Berechnungen wollen wir unterstellen, dass die Studenten zwischen neuen und gebrauchten Büchern indifferent sind, und dass gebrauchte Exemplare in der Buchhandlung dasselbe kosten wie neue Bücher. (Die Ergebnisse blieben unverändert, wenn Studenten neue Bücher den gebrauchten vorziehen, die Buchhandlung die Preise für die gebrauchten Bücher jedoch so festlegte, dass die Studenten zwischen neuen und alten indifferent wären.) Die Gesamtzahl, neu und gebraucht, der im zweiten Jahr der Veröffentlichung nachgefragten Bücher ist durch $q_2 = D_2(p_2)$ gegeben.

a) Schreibe einen Ausdruck für die Zahl der neuen Exemplare, welche der Neufundland-Verlag im zweiten Jahr nach der Veröffentlichung verkaufen kann, wenn er im ersten Jahr p_1 und im zweiten Jahr p_2 verlangt: ______________________.

b) Schreibe einen Ausdruck für die Gesamtzahl der Exemplare von *Mikroökonomik für Verwirrte*, welche der Neufundland-Verlag in beiden Jahren zu Preisen von p_1 und p_2 verkaufen kann: ______________________________.

c) Würde die Gesamtzahl der in beiden Jahren verkauften Exemplare steigen, fallen oder konstant bleiben, wenn p_1 erhöht würde und p_2 unverändert bliebe? ______________

______________________________.

d) Schreibe einen Ausdruck für den Gesamterlös, den der Neufundland-Verlag in den beiden Jahren erzielen wird, wenn er im ersten Jahr p_1 und im zweiten Jahr p_2 verlangt:

____

______________________________.

e) Um den Gesamtgewinn während der beiden Jahre zu maximieren, muss der Neufundland-Verlag die Differenz zwischen seinem Gesamterlös und seinen variablen Kosten maximieren. Zeige, dass diese Differenz wie folgt angeschrieben werden kann:

$$(p_1 - p_2)D_1(p_1 - 0{,}4p_2) + (p_2 - c)[D_2(p_2) + D^b(0{,}4p_2)].$$

____

______________________________.

f) Angenommen der Neufundland-Verlag findet, dass er für die 1. Auflage in beiden Jahren, in denen sie verkauft wird, denselben Preis verlangen muss. Das heißt $p = p_1 = p_2$. Schreibe einen Ausdruck für den Netto-Erlös (abzüglich der variablen Kosten) des Neufundland-Verlags in diesen beiden Jahren als eine Funktion von p: ______________

______________________________.

* 35.5 ■ Angenommen der in der vorigen Aufgabe behandelte Neufundland-Verlag hat konstante Grenzkosten c = € 10 für jedes verkaufte Exemplar von *Mikroökonomik für Verwirrte* und sieht sich folgenden Nachfragefunktionen gegenüber:

$$D_1(p_1 - 0{,}4p_2) = 100(90 - p_1 + 0{,}4p_2)$$

$$D_2(p_2) = 100(90 - p_2).$$

Die Zahl der Bücher, die als Nachschlagewerk behalten oder im ersten Jahr beschädigt werden ist

$$D^b(0{,}4p_2) = 100(90 - 0{,}8p_2).$$

(Diese Formulierung entspricht der Annahme, dass die Zahlungsbereitschaft für das Behalten eines Buchs nur halb so groß ist, wie die Zahlungsbereitschaft für ein Buch zur Verwendung in einer Lehrveranstaltung.) Wir nehmen an, dass der Neufundland-Verlag entschlossen ist, in beiden Jahren denselben Preis zu verlangen, das heißt $p_1 = p_2 = p$.

a) Zeige dass die Gesamtzahl an neu verkauften Büchern in zwei Jahren gleich

$$18.000 - 180p$$

ist, wenn der Neufundland-Verlag im ersten und zweiten Jahr denselben Preis p für *Mikroökonomik für Verwirrte* verlangt: ______________________________

____.

b) Schreibe einen Ausdruck für den Gesamterlös des Neufundland-Verlags abzüglich der variablen Kosten als eine Funktion von p für die beiden ersten Jahre: ____________

____.

c) Finde jenen Preis p, der den Gesamtgewinn abzüglich der variablen Kosten in den beiden ersten Jahren maximiert: ____________. Bei diesem Preis sind die Nettokosten der Studierenden bei Kauf und Wiederverkauf des Lehrbuchs ____________. Die Gesamtzahl der im ersten Jahr verkauften Bücher wird ____________ sein. Die Gesamtzahl der als gebraucht wieder verkauften Exemplare wird ____________ sein. Die Gesamtzahl der im zweiten Jahr von den Studierenden gekauften Bücher wird ____________ sein. (Zur Erinnerung: Die Studierenden im zweiten Jahr wissen, dass sie ihr Buch nicht wieder verkaufen können, sie müssen daher den vollen Preis p zahlen.) Die Gesamtzahl der im zweiten Jahr von den Studierenden neu gekauften Bücher wird ____________ sein.

Der Gesamterlös abzüglich der variablen Kosten über beide Jahre wird ____________ betragen.

* 35.6 ■ Der Neufundland-Verlag überlegt, ob es Gewinn bringender ist, eine neue Auflage von *Mikroökonomik für Verwirrte* bereits nach einem Jahr auf den Markt zu bringen. Wenn er eine neue Auflage nach einem Jahr herausbringt, zerstört er damit den Markt für gebrauchte Bücher und im zweiten Jahr werden nur neue Bücher gekauft. In diesem Fall wird die Zahl der nachgefragten neuen Bücher in jedem der beiden Jahre durch $100(90 - p)$ gegeben sein. Die variablen Kosten jedes verkauften Exemplars bleiben unverändert € 10.

a) Schreibe einen Ausdruck für die Gesamtzahl der während der beiden Jahre jährlich verkauften Exemplare, wenn der Preis in jedem Jahr p ist: ______________________.
Ebenso schreibe einen Ausdruck für den Gesamterlös abzüglich der variablen Kosten als ein Funktion von p an: ______________________.

b) Wie hoch ist der Preis, der den Gesamterlös abzüglich der variablen Kosten maximiert?
______________________.

c) Die Gesamtzahl der im ersten Jahr verkauften Bücher wäre ______________, die Gesamtzahl der im zweiten Jahr verkauften Bücher wäre ______________.

d) Wenn der Neufundland-Verlag bereits nach einem Jahr eine neue Auflage auf den Markt bringt, wird sein Gesamterlös abzüglich der variablen Kosten ______________ sein.

e) Wäre es für den Neufundland-Verlag Gewinn bringender, eine neue Auflage bereits nach einem Jahr herauszubringen als nach zwei Jahren? ______________________.
Was wäre für die Studierenden günstiger? (Hinweis: Die Antwort ist nicht für alle Studierenden gleich!) ______________________
____
______________________.

* 35.7 ■ Angenommen der Neufundland-Verlag veröffentlicht eine neue Auflage erst nach zwei Jahren, und die Nachfrage und Kosten sind unverändert wie in den vorangehenden Aufgaben. Wir nehmen nun an, dass der Verlag zwei verschiedene Preise, p_1 und p_2, in den beiden Perioden festlegt.

a) Schreibe einen Ausdruck für die Gesamtzahl der zu den Preisen p_1 und p_2 verkauften Exemplare und zeige, dass diese Menge nur von p_2, nicht jedoch von p_1 abhängt:
____
______________________.

b) Zeige, dass zu Preisen von p_1 und p_2 die Differenz zwischen Erlösen und variablen Kosten gleich

$$100(90p_1 + 108p_2 + 1{,}4p_1p_2 - p_1^2 - 2{,}2p_2^2 - 1.800)$$

ist: ______________________

____.

c) Berechne jene Preise p_1 und p_2, welche die Differenz zwischen dem Erlös und den variablen Kosten und damit den Gewinn maximieren: ______________________________

____.

d) Der Neufundland-Verlag verlangt nun die Gewinn maximierenden Preise p_1 und p_2; vergleiche die Kosten des Kaufs von *Mikroökonomik für Verwirrte* für einen Studenten, der das Buch im ersten Jahr kauft und es dann wieder verkauft, mit denjenigen eines Studenten, der es im zweiten Jahr kauft und dann entsorgt: ______________________

____.

35.8 ■ Die Firma Intoot im Silicon Valley produziert Software zur Ausstellung von Schecks. Das Programm, Fasten, kostet \$ 50 und schließt auch einen Satz Schecks ein. Die Herstellung der Nachfüllungen an Schecks kostet \$ 20, Intoot verkauft sie zu Selbstkosten. Angenommen ein Kunde kauft Fasten um \$ 50 in Periode 1 und gibt in jeder folgenden Periode \$ 20 für Schecks aus. Der Einfachheit halber nehmen wir an, dass das Programm in alle Ewigkeit verwendet wird.

a) Wie hoch ist der Gegenwartswert der Zahlungen eines Kunden bei einem Zinssatz $r = 0{,}10$ pro Periode? (Hinweis: Ein Zahlungsstrom von Zahlungen, x, der in der nächsten Periode beginnt, hat einen Gegenwartswert von x/r.) Die Gesamtkosten für die Verwendung von Fasten sind ______________________________.

b) Intoots Konkurrenzunternehmung erzeugt ein gleich effizientes Produkt genannt Scheckschreib. Scheckschreib kann alles, was Fasten kann und vice versa, mit der einzigen Ausnahme, dass Fasten nur die Nachfüllungen an Schecks, die von Fasten erzeugt werden und keine anderen verwenden kann. Scheckschreib kostet auch \$ 50 und die Scheck-Nachfüllungen kosten ebenfalls \$ 20. Ein Fasten-Kunde kann zum Programm Scheckschreib einfach wechseln, indem er das Programm Scheckschreib erwirbt. Das bedeutet, dass seine Kosten des Wechselns ______________________ sind.

c) Intoot erwägt, den Preis der Schecks auf \$ 30 je Periode zu erhöhen. Werden die Kunden von Intoot zum Programm Scheckschreib wechseln? Erläutere: __________________

____

____.

d) Intoot erwägt, den Preis der Schecks auf $ 22 je Periode zu erhöhen. Werden die Kunden von Intoot zum Programm Scheckschreib wechseln? Erläutere: ____________________

____

____.

e) Bei welchem Preis werden die Nutzer von Fasten indifferent zwischen Verbleib und Wechseln sein? (Hinweis: Dieser Preis sei *x*; vergleiche den Gegenwartswert des Verbleibs beim Programm Fasten mit dem Gegenwartswert eines Wechsels zum Programm Scheckschreib.) ____.

f) Wie hoch wird der Gewinn je Kunde und Periode sein, wenn Intoot jenen maximalen Preis verlangt, bei dem seine Kunden nicht wechseln? ____________________. Wie hoch ist der Gegenwartswert des Gewinns je Kunde bei diesem Preis? ____________________. Vergleiche diesen Betrag mit den Kosten des Wechsels für einen Kunden: ____.

g) Angenommen die Kosten des Wechsels erfordern auch einige Stunden an Datenkonversion, die den Kunden $ 100 kostet. Die Gesamtkosten des Wechsels zum neuen Programm einschließlich Datenkonversion sind ______________________________.

h) Wie hoch ist nun unter Berücksichtigung der Kosten der Datenkonversion der maximale Preis der Schecks, den Intoot verlangen kann? ____________________. Wie hoch ist der Gegenwartswert des Gewinns bei diesem Preis? ______________. Vergleiche diesen Betrag mit den gesamten Kosten des Wechsels für eine Kunden: ______________

____.

i) Angenommen jemand schreibt ein Computerprogramm, das die Kosten für die Datenkonversion eliminiert und stellt dieses Programm unentgeltlich zur Verfügung. Zusätzlich sei angenommen, dass Intoot für seine Scheck-Nachfüllungen weiterhin $ 25 verlangt. Ein neuer Kunde überlegt den Kauf von Fasten zum Preis von $ 50 mit einem Preis für die Nachfüllungen von $ 25 je Periode oder den Kauf von Scheckschreib zum gleichen Preis von $ 50 mit einem Preis für die Nachfüllungen von $ 20 je Periode. Welches Programm wird der Kunde kaufen, wenn die Funktionalität der Software identisch ist?

____.

j) Intoot beschließt einen Kupon zu verteilen, der einen Preisnachlass von \$ 50 gegenüber dem regulären Verkaufspreis bietet. Welchen Preis sollte es dann für Fasten festlegen, damit die Konsumenten zwischen dem Kauf von Fasten und Scheckschreib indifferent sind? ______________________________.

k) Angenommen die Kunden sind sehr kurzsichtig und achten allein auf die Kosten der Software unter Vernachlässigung der Kosten der Scheck-Nachfüllungen. Welches Programm würden sie kaufen, wenn Intoot diesen Kupon anbietet? ______________.
Wie könnten die Hersteller von Scheckschreib auf das Angebot der Firma Intoot reagieren? ______________________________

______________________________.

* 35.9 ■ Die Firma Sonne Mikrosysteme hat soeben eine neue Sprache, Guava, entwickelt, die auf einem besonderen Chip, Guavachip, läuft. Der Chip kann nur für Guava verwendet werden und Guava läuft nur auf diesem Guavachip. Die Firma Sonne schätzt, dass beim Verkauf des Chips zum Preis p_c und der Sprache zum Preis p_g die Nachfrage nach dem Chip-Sprach-System

$$x = 120 - (p_c + p_g)$$

sein wird.

a) Die Firma Sonne errichtet zwei unabhängige Konzernunternehmungen, eine zur Produktion des Chips und eine zur Herstellung der Sprache. Jede Unternehmung wird den Preis ihres Produktes Gewinn maximierend festsetzen, und zwar unter der Annahme, dass eine Änderung im eigenen Preis die Preisentscheidung der anderen Konzernunternehmung nicht beeinflussen wird. Angenommen die Grenzkosten sind für jede Unternehmung vernachlässigbar. Wenn der Preis der Sprache mit p_g festgelegt wird, dann ist die Gewinnfunktion der Chip-Unternehmung (bei Vernachlässigung der Fixkosten)

______________________________.

b) Differenziere diese Gewinnfunktion nach p_c und setze das Ergebnis gleich Null, um den optimalen Preis p_c als eine Funktion von p_g zu ermitteln: ______________________________

______________________________.

c) Sehen wir uns nun die Preisentscheidung der Sprach-Unternehmung an. Der optimale Preis p_g als eine Funktion von p_c ist ______________________________.

d) Lösung dieser zwei Gleichungen in zwei Unbekannten ergibt $p_c =$ ______________

und $p_g =$ ______________, sodass $p_c + p_g =$ ______________.

e) Die Firma Sonne Mikrosysteme stellt fest, dass zwei unabhängige Konzernunternehmungen mühsam sind und errichtet Guava Computing, die ein gebündeltes System verkaufen, das aus dem Chip und der Sprache besteht. Der Preis des Bündels sei p. Die Gewinnfunktion von Guava Computing lautet dann ________________.

f) Differenziere diese Gewinnfunktion nach p und setze den sich ergebenden Ausdruck gleich Null zur Bestimmung des Preises $p =$ ________________.

g) Vergleiche den von der integrierten Unternehmung verlangten Preis mit der Summe der Preise der getrennten Konzernunternehmen. Welcher ist niedriger? ________________. Was ist günstiger für die Konsumentinnen? ________________. Welcher führt zu höheren Gewinnen? ________________.

35.10 ■ Der Süd-Belgien-Verlag produziert die Zeitschriften *Nanoökonomie*, die eine treue Anhängerschaft unter Mikroökonomen hat, sowie *Gigaökonomie*, eine Zeitschrift für große Makroökonomen. Er bietet den Universitäten eine Lizenz für die elektronische Version jeder Zeitschrift um € 1.000 pro Jahr und Zeitschrift an. Alle 200 Spitzenuniversitäten abonnieren beide Zeitschriften, jede zahlt also jährlich € 2.000 an den Süd-Belgien-Verlag. Nach bekundeter Präferenz ist die Zahlungsbereitschaft jeder Universität mindestens € 1.000 für jede Zeitschrift.

a) Als Versuch, die Kosten zu senken, beschließen die Universitäten paarweise derart zu agieren, dass jeweils eine die Zeitschrift, *Nanoökonomie* die andere die Zeitschrift *Gigaökonomie* bestellt. Sie kommen überein, die Zeitschriften über Fernleihe zu teilen. Da die Exemplare elektronisch vorliegen, verursacht das keine zusätzlichen Kosten. Wie viele Abonnements wird der Süd-Belgien-Verlag bei diesem Schema verkaufen? ________________.

b) Um dem Erlösabfluss entgegen zu wirken, erhöht der Süd-Belgien-Verlag den Preis für jede Zeitschrift. Wie hoch kann der Verlag diesen Preis ansetzen, wenn sich die Präferenzen der Bibliotheken und ihre Budgets nicht verändert haben? ________________
____
________________.

c) Vergleichen Sie Bibliotheksausgaben und Erlös des Verlags unter diesem Schema mit dem vorangehenden: ________________.

d) Wie würde sich Ihre Antwort ändern, wenn die Fernleihe Kosten verursachte? ________

____

____.

* **35.11** ■ Henriette Huhn publiziert *Großstadthuhn*, eine Zeitschrift, die sich der Hühnerhaltung im städtischen Umfeld widmet. Sie hat umfangreiche Erhebungen hinsichtlich potenzieller Leserinnen und potenzieller Inserenten durchgeführt. Die Inserenten sind bereit, für eine Einschaltung im *Großstadthuhn* Zahlungen zu leisten, die proportional der Zahl der Abonnentinnen sind. Henriette schätzt, dass sie bei einem Inseratenpreis von P_I Cents je Abonnentin $Q_I = 80 - P_I$ Inserenten gewinnen könnte. Angenommen die Kosten für Druck und Vertrieb der Inserate sind vernachlässigbar. Die Zahl der Abonnentinnen von *Großstadthuhn* ist durch die Nachfragefunktion $Q_A = 4.000 - P_A$ gegeben, mit P_A dem Preis eines Abonnements gemessen in Cents. Die Kosten des Drucks, der Manipulation und des Vertriebs eines Exemplars von *Großstadthuhn* betragen 400 Cents pro Abonnentin.

a) Schreibe einen Ausdruck für den Gesamterlös des *Großstadthuhns* aus den Inseraten als eine Funktion der Variablen Q_I und Q_A an: (Beachte, dass der Gesamterlös gleich dem Erlös pro Leserin *mal* der Anzahl der Leserinnen ist.) ____________________.
Löse diese Gleichung nach der Zahl der Inserate und dem Preis je Abonnement, die den Inseratenerlös maximieren: ____________________________.
Hängt diese Antwort von der Zahl der verkauften Abonnements ab? __________.
Wie viel zusätzlichen Inseratenerlös würde Henriette erzielen, wenn sie eine zusätzliche Abonnentin hätte? ____.

b) Schreibe einen Ausdruck für den Nettoerlös (in Cents) des *Großstadthuhns* aus den Abonnements (Abonnementerlös minus Kosten des Drucks, der Manipulation und des Vertriebs) als eine Funktion von Q_A an: ______________________________.
Wie viele Abonnements würde Henriette zu welchem Preis verkaufen, wenn sie Q_A so festsetzt, dass sie ihren Abonnementerlös maximiert? ________________________.

c) Schreibe einen Ausdruck für Henriettes Gesamtgewinn aus Inseraten und Abonnements als eine Funktion der beiden Variablen Q_I und Q_A an: ____. Welche Mengen Q_I und Q_A sollte sie festlegen, um ihren Gewinn zu maximieren? ______________________________________.

* **35.12** ■ Mark Matchmaker ist stolzer Besitzer eines Tanzlokals in Lonely Pine, Wisconsin. Einmal wöchentlich gibt er einen Tanzabend. Sein Tanzlokal ist eine der wenigen Möglichkei-

ten weit und breit, wo weibliche und männliche Singles einander treffen können. Mark verlangt als Eintritt P_w von Besucherinnen und P_m von Besuchern. Bei jedem beliebigen Preis kommen umso mehr Individuen, je mehr BesucherInnen des anderen Geschlechts sie erwarten. Mark hat herausgefunden, wenn Männer erwarten, dass Q_w Frauen kommen werden, bei einem Eintrittspreis für Männer von P_m

$$Q_m = 40 - P_m + 3/4Q_w$$

Männer zum Tanz kommen werden. Wenn er von den Frauen einen Eintrittspreis von P_w verlangt und wenn sie erwarten, dass Q_m Männer anwesend sein werden, dann wird die Zahl der Besucherinnen gleich

$$Q_w = 40 - P_w + 1/4Q_m$$

sein.

a) Forme die beiden Nachfragegleichungen zu „indirekten Nachfragefunktionen" um, in denen Preise als Funktion der Mengen ausgedrückt werden. Wir erhalten dann

$P_m =$ ______________________ und $P_w =$ ______________________.

b) Mark legt die Preise so fest, dass er seinen Gesamterlös $P_mQ_m + P_wQ_w$ maximiert. Unter Verwendung der obigen Antwort kann man Marks Erlös einfach als eine Funktion der beiden Variablen Q_m und Q_w anschreiben: ______________________

____.

c) Mark verlangt Erlös maximierende Eintrittspreise. Wir können nach diesen Eintrittspreisen lösen, indem wir zuerst die Werte für Q_m und Q_w finden, die den Erlös maximieren, und diese Mengen in die Nachfragefunktionen einsetzen, um jene Preise zu finden, bei denen diese Mengen nachgefragt werden. Sie haben einen Ausdruck für den Erlös als eine Funktion von Q_m und Q_w gefunden. Setzen Sie die partiellen Ableitungen dieses Ausdrucks nach Q_m und Q_w gleich Null und lösen Sie die beiden Gleichungen nach den zwei Variablen Q_m und Q_w. Mark wird seinen Erlös maximieren, wenn die Zahl der männlichen Besucher gleich __________ ist und die Zahl der Besucherinnen gleich __________ ist. Er wird daher seinen Gewinn maximieren, wenn er von den Männern einen Eintrittspreis von __________ und von den Frauen einen Eintrittspreis von __________ verlangt.

36 Öffentliche Güter

Einleitung

In allen bisherigen Kapiteln haben wir uns nur mit egoistischen Konsumenten beschäftigt, die private Güter konsumieren. Private Güter haben die Eigenschaft, dass der Konsum einer Einheit eines privaten Gutes durch eine Person nicht gleichzeitig von einer anderen Person konsumiert werden kann. Das heißt: Wenn Du ein Stück Sachertorte isst, dann kann ich nicht dasselbe Stück Sachertorte essen. (Natürlich können wir beide gleichzeitig zwei verschiedene Stücke Sachertorte essen.) Bei öffentlichen Gütern ist das anders. Sie können gemeinsam konsumiert werden. Du und ich wir können uns beide gleichzeitig am Anblick eines schönen Gartens erfreuen oder einem Feuerwerk zuschauen. Die Bedingungen für eine effiziente Allokation unterscheiden sich für öffentliche Güter deutlich von denen für private Güter. Bei privaten Gütern wie Sachertorte und Äpfel bedeutet Effizienz, dass – falls wir beide Sachertorte und Äpfel mögen – unsere beiden Grenzraten der Substitution zwischen beiden Gütern gleich sein müssen. Das schließt nicht aus, dass wir bei unterschiedlichen Präferenzen im Allgemeinen verschiedene Mengen dieser beiden Güter konsumieren werden.

Wenn wir beide in derselben Stadt wohnen, dann wird bei einem Feuerwerk beiden von uns dieselbe Dauer an Feuerwerk zur Verfügung stehen. In diesem Fall bedeutet Effizienz nicht, dass meine Grenzrate der Substitution zwischen Sachertorte und Feuerwerk gleich Deiner Grenzrate der Substitution ist. Effiziente Allokation ist in diesem Fall vielmehr dann gegeben, wenn die *Summe* der Beträge, welche die Zuschauer für eine marginale Erhöhung der Dauer des Feuerwerks zu zahlen bereit wären, gleich den Grenzkosten des Feuerwerks ist. Das bedeutet, dass die Summe der Absolutwerte der Grenzraten der Substitution der Zuschauer zwischen Feuerwerk und privaten Gütern gleich sein muss den Grenzkosten des öffentlichen Guts, ausgedrückt in privaten Gütern.

Beispiel

Eine verschlafene Stadt im Mittelwesten der U.S.A. hat 5.000 Einwohner, die alle nur an ihrem privaten Konsum und an der Qualität ihrer Straßen interessiert sind. Die Nutzenfunktion von Person *i* ist $U(X_i, G) = X_i + A_iG - B_iG^2$, wobei X_i die einer Person für private Güter zur Verfügung stehende Geldmenge und G jene Geldmenge ist, welche die Stadtverwaltung für die Instandhaltung der Straßen ausgibt. Um den Pareto-optimalen Geldbetrag zu finden, den diese Stadt für die Instandhaltung der Straßen ausgeben soll, müssen wir die Summe der Absolutwerte der Grenzraten der Substitution zwischen öffentlichen und privaten Gütern den relativen Preisen öffentlicher und privater Güter gleichsetzen. In unserem Beispiel messen wir beide Güter in Dollarwerten, das Preisverhältnis ist daher gleich 1. Der Absolutwert der Grenzrate der Substitution zwischen öffentlichen und privaten Gütern der Person i ist gleich dem Verhältnis des Grenznutzens des öffentlichen Gutes zum Grenznutzen der privaten Güter. Der Grenznutzen der privaten Güter ist gleich 1, der Grenznutzen des öffentlichen Gutes von Person i ist gleich $A_i - B_iG$. Daher ist der Absolutwert von Person i's Grenzrate der Substitution gleich $A_i - B_iG$ und die Summe der Absolutwerte der Grenzraten der Substitution ist gleich $\Sigma_i(A_i - B_iG) = \Sigma_iA_i - (\Sigma_iB_i)G$. Die Bedingung für eine Pareto-effiziente Allokation lautet daher $\Sigma_iA_i - (\Sigma_iB_i)G = 1$. Wenn wir diese Bedingung nach G lösen, finden wir $G = (\Sigma_iA_i - 1)/\, \Sigma_iB_i$.

Aufgaben

36.1 ☐ Bisam, Ontario, hat 1.000 Einwohner. Die Einwohner von Bisam konsumieren nur ein privates Gut, Labatts Bier. Es gibt auch ein öffentliches Gut, den Eislaufplatz. Obwohl sich die Bewohner von Bisam in vielerlei Hinsicht unterscheiden mögen, so haben sie doch alle dieselbe Nutzenfunktion, nämlich $U(X_i, G) = X_i - 100/G$, wobei X_i für die Zahl der Flaschen Labatts steht, die Einwohner i konsumiert, und G die Größe des Eislaufplatzes in Quadratmetern angibt. Labatts Bier kostet kan. \$ 1 pro Flasche, die Kosten des Eislaufplatzes betragen je Quadratmeter kan. \$ 10; jeder Bewohner von Bisam hat ein jährliches Einkommen von kan. \$ 1.000.

a) Schreibe einen Ausdruck für den Absolutwert der Grenzrate der Substitution zwischen Eislaufplatz und Labatts Bier für einen Einwohner von Bisam an: ____________________ ______________________________. Wie hoch sind die Grenzkosten eines zusätzlichen Quadratmeters Eislauffläche (gemessen in Labatts Bier)? ____________________.

b) Da die Stadt 1.000 Einwohner hat, die alle dieselbe Grenzrate der Substitution haben, sollte es möglich sein, eine Gleichung anzuschreiben, welche die Bedingung angibt, dass die Summe der Absolutwerte der Grenzraten der Substitution gleich den Grenzkosten ist.

   Schreibe diese Gleichung an und löse sie nach der Pareto-effizienten Menge G: ________ ____.

c) Angenommen jedermann zahlt den gleichen Anteil an den Kosten des Eislaufplatzes. Die von der Stadt zu tragenden Gesamtkosten des Eislaufplatzes betragen \$ $10G$. Daher wird jeder einzelne Bürger von Bisam für den Eislaufplatz eine Steuer von \$ $10G/1.000$ = \$ $G/100$ zu zahlen haben. Jedes Jahr stimmen die Bürger von Bisam darüber ab, wie groß ihr Eislaufplatz sein soll. Ihnen ist dabei bewusst, dass sie ihren Teil für den Eislaufplatz zahlen müssen. Jeder Einwohner erkennt daher, dass er sich bei einer Größe des Eislaufplatzes von G nur noch ____________________ Flaschen Labatts Bier wird leisten können.

d) Wir können daher die Budgetbeschränkung eines Wählers als $X_i + G/100 = 1.000$ anschreiben. Um sich zu entscheiden, für was für eine Größe des Eislaufplatzes ein Wähler stimmen soll, sucht er jene Kombination von X_i und G, die seinen Nutzen unter Berücksichtigung seiner Budgetbeschränkung maximiert, und stimmt dann für diese Größe G.

Wie groß ist G in unserem Beispiel? ______________________________________.

e) Wenn die Stadt einen Eislaufplatz entsprechend der verlangten Größe der Wähler zur Verfügung stellt, wird dieser dann größer als, kleiner als, oder gleich groß wie die Pareto-optimale Größe des Eislaufplatzes sein? ______________________________________.

f) Angenommen die Ontario Kulturkommission entscheidet, die kanadische Kultur durch Subventionierung von Eislaufplätzen zu fördern. Die Regierung der Provinz wird 50 % der Kosten der Eislaufplätze in allen Städten übernehmen. Die Kosten der Subvention werden von allen Einwohnern der Provinz zu gleichen Teilen getragen. Es gibt in Ontario Hunderte Städtchen wie Bisam; daraus folgt, dass zur Abdeckung der Ausgaben für die Subventionierung die an die Provinz gezahlten Steuern erhöht werden müssen. Da es aber Hunderte von Städtchen gibt, von denen diese Steuer eingehoben wird, kann die Wirkung einer Erhöhung der Ausgaben in Bisam auf die an die Provinz zu zahlenden Steuern mit Sicherheit vernachlässigt werden. Wie groß wäre nun ungefähr die Größe des Eislaufplatzes, für welche die Bürger von Bisam stimmen würden? ____________.
(Hinweis: Schreibe die Budgetbeschränkung eines Bürgers neu an und berücksichtige dabei, dass die lokalen Steuern jetzt nur mehr die Hälfte der früheren Steuern sind und die Kosten der Vergroßerung des Eislaufplatzes nur mehr die Hälfte von früher sein werden. Dann löse wiederum nach der Nutzen maximierenden Kombination.)

g) Führt diese Subvention zu ökonomischer Effizienz? ______________________.

36.2 ☐ Zehn Leute gehen in ein exklusives Restaurant gemeinsam Abendessen und beschließen, die gesamte Rechnung untereinander gleichmäßig aufzuteilen.

a) Wie hoch sind für jeden die zusätzlichen Kosten der Bestellung einer Vorspeise, die € 20 kostet? ____.

b) Erkläre, warum diese Vereinbarung ein ineffizientes System darstellen könnte: _______

____

____.

36.3 ☐ Kuhdorf in Oberbayern hat 1.000 Einwohner. Jährlich gibt es einen Kirchtag mit einem Feuerwerk. Die Einwohner in Kuhdorf haben nur zwei Interessen – Milch zu trinken und das Feuerwerk anzuschauen. Eine Einheit Feuerwerk kostet 1 Liter Milch. Die Leute im Kuhdorf sind einander ziemlich ähnlich, sie haben völlig identische Nutzenfunktionen $U(x_i, g) = x_i + \sqrt{g}/20$, wobei x_i für die von Person i pro Jahr konsumierten Liter Milch steht und g die einmal im Jahr verpulverten Feuerwerkseinheiten bezeichnet. (Von Gesetzes wegen ist das private Veranstalten von Feuerwerken verboten.)

a) Finde den Absolutwert der Grenzrate der Substitution zwischen Feuerwerk und Milch

für jeden Einwohner: ______________________________.

b) Ermittle die Pareto-optimale Feuerwerksmenge in Kuhdorf: ______________.

36.4 ☐ Pepi und Rudi sind zwei bescheidene Studenten der Volkswirtschaftslehre, die sich eine Studentenwohnung teilen. Auf einem Flohmarkt entdecken sie ein 25 Jahre altes Sofa, das ganz toll in ihr Wohnzimmer passen würde.

Pepis Nutzenfunktion ist durch $u_P(S, G_P) = (1 + S)G_P$ und Rudis Nutzenfunktion ist durch $u_R(S, G_R) = (2 + S)G_R$ gegeben. In diesen Formeln stehen G_P und G_R für die Geldbeträge, die Pepi und Rudi für andere Güter ausgeben können; $S = 1$, wenn sie das Sofa kaufen, und $S = 0$, wenn sie das Sofa nicht kaufen. Pepi kann W_P € ausgeben und Rudi W_R €.

a) Wie groß ist Pepis Vorbehaltspreis für das Sofa? ______________.

b) Wie groß ist Rudis Vorbehaltspreis für das Sofa? ______________.

c) Wenn Pepi insgesamt W_P = € 100 und Rudi insgesamt W_R = € 75 ausgeben kann, könnten sie das Sofa kaufen und eine Pareto-Verbesserung ihrer Situation erzielen, so lange das

Sofa nicht mehr als ______________ Euro kostet.

36.5 ☐ Bonnie und Clyde sind Partner. Wann immer sie arbeiten, müssen sie zusammenarbeiten. Ihre einzige Einkommensquelle ist diese Zusammenarbeit. Ihr jährlicher Gesamtgewinn ist $50H$, wobei H ihre Arbeitsstunden pro Jahr sind. Da sie zusammenarbeiten müssen, müssen beide dieselbe Anzahl von Stunden arbeiten, daher ist die Variable „Arbeitsstunden" ein öffentliches „Ungut" (als Gegensatz zu Gut) für die Gemeinschaft, die aus Bonnie und Clyde besteht. Bonnies Nutzenfunktion lautet $U_B(K_B, H) = K_B - 0{,}02H^2$, Clydes Nutzenfunktion ist $U_C(K_C, H) = K_C - 0{,}005H^2$, wobei K_B und K_C für die jährlichen Konsumausgaben Bonnies bzw. Clydes stehen.

a) Wie lautet das Verhältnis von Bonnies Grenznutzen der Arbeitsstunden zum Grenznutzen der privaten Güter, wenn beide H Stunden arbeiten? ______________.
Wie lautet das Verhältnis von Clydes Grenznutzen der Arbeitsstunden zum Grenznutzen

der privaten Güter? ______________________________.

b) Wenn Bonnie und Clyde H Stunden arbeiten, dann wird der gesamte Geldbetrag, der nötig wäre, beide dafür zu kompensieren, dass sie eine zusätzliche Stunde arbeiten müssen, gleich der Summe der notwendigen Entschädigung an Bonnie plus der notwendigen Entschädigung an Clyde. Dieser Betrag ist ungefähr gleich der Summe der Absolutwerte ihrer Grenzraten der Substitution zwischen Arbeit und Geld. Schreibe den Ausdruck dafür als eine Funktion von H an: ______________________. Wie viel zusätzliches Geld werden sie verdienen, wenn sie eine zusätzliche Stunde arbeiten?

______________________.

c) Schreibe die Gleichung an, die man zur Ermittlung der Pareto-optimalen Arbeitsstunden für Bonnie und Clyde benötigt: ______________________.

Finde das Pareto-optimale H: ______________________.

(Hinweis: Beachte, dass dieses Modell formal einem Modell mit einem öffentlichen Gut, H, und einem privaten Gut, Einkommen, gleicht.)

36.6 □ Lucia und Martin teilen eine Wohnung. Einen Teil ihres Einkommens geben sie für private Güter, wie Ernährung und Bekleidung, aus, die sie getrennt konsumieren, einen anderen Teil ihres Einkommen verwenden sie für öffentliche Güter, wie Kühlschrank, Heizung und Miete, die beide gemeinsam nutzen. Lucias Nutzenfunktion lautet $2X_L + G$ und Martins Nutzenfunktion ist $X_M G$, wobei X_L und X_M Lucias und Martins Ausgaben für private Güter und G die Ausgaben für öffentliche Güter sind. Lucia und Martin können pro Jahr insgesamt € 8.000 für private und öffentliche Güter ausgeben.

a) Wie hoch ist der Absolutwert von Lucias Grenzrate der Substitution zwischen öffentlichen und privaten Gütern? ______________________. Wie hoch ist der Absolutwert von Martins Grenzrate der Substitution zwischen öffentlichen und privaten Gütern? ______________________.

b) Schreibe die Gleichung für die Bedingung der Pareto-optimalen Bereitstellung des öffentlichen Gutes an: ______________________.

c) Angenommen Lucia und Martin geben je € 2.000 für ihre privaten Güter aus und verwenden die verbleibenden € 4.000 für öffentliche Güter. Ist das ein Pareto-optimales Ergebnis? ______________________.

d) Gib ein Beispiel eines weiteren Pareto-optimalen Ergebnisses, bei dem Martin für mehr als € 2.000 und Lucia für weniger als € 2.000 private Güter erhält: ______________________

______________________.

e) Gib ein Beispiel eines anderen Pareto-optimalen Ergebnisses, bei dem Lucia für mehr als € 2.000 private Güter erhält: ______________________.

f) Beschreibe die Menge Pareto-optimaler Allokationen: ______________________
______________________.

g) Die Pareto-Optima, bei denen Lucia besser gestellt und Martin schlechter, werden (mehr, weniger, gleich viel) ______________ öffentliche Güter enthalten, als (wie) jene Pareto-Optima, bei denen sie gleich behandelt werden.

36.7 ☐ Diese Aufgabe spielt zwar an einem Phantasieort, sie behandelt aber eine äußerst praktische Fragestellung, welche die Bewohner dieser Erde betrifft. „Wann können wir in einer Demokratie erwarten, dass eine Mehrheit der Bürger dafür ist, dass der Staat private Güter öffentlich bereitstellt?" In dieser Aufgabe werden auch Effizienzfragen bei der öffentlichen Bereitstellung privater Güter behandelt. Wir überlassen es Ihnen, ob sie in modernen westlichen Volkswirtschaften einige wichtige Beispiele für öffentlich angebotene private Güter finden.

Auf dem Planet Jumpo gibt es zwei Güter, Aerobics und Brot. Aller Bewohner des Planeten haben Cobb-Douglas-Nutzenfunktionen $U_i(A_i, B_i) = A_i^{1/2}B_i^{1/2}$, wobei A_i Person i's Konsum an Aerobic Stunden und B_i Person i's Brotkonsum ist. Obwohl alle dieselben Präferenzen haben, gibt es zwei unterschiedliche Einkommensgruppen, die Reichen und die Armen. Jedes reiche Wesen hat ein Einkommen von 100 Fondas (die Währungseinheit auf Jumpo), jedes arme Wesen hat ein Einkommen von 50 Fondas. Es gibt 2 Millionen arme und 1 Million reiche Wesen. Brot wird auf die übliche Art verkauft, Aerobic Stunden werden jedoch vom Staat angeboten, obwohl es sich um private Güter handelt. Jedes Wesen auf Jumpo erhält vom Staat dieselbe Anzahl an Aerobic Stunden. Brot kostet einen Fonda pro Laib. Aerobics kostet den Staat 2 Fondas pro Stunde. Die Kosten dieser vom Staat zur Verfügung gestellten Aerobic Stunden sind durch Steuern gedeckt, die von allen Bewohnern Jumpos eingehoben werden. Die Regierung hat außer Aerobic Stunden keine Staatsausgaben, sie hebt auch nicht mehr oder weniger Steuern ein, als für deren Bezahlung nötig ist. Jumpo ist eine Demokratie, die Zahl der anzubietenden Aerobic Stunden wird durch Mehrheitsabstimmung festgelegt.

a) Angenommen die Kosten der vom Staat bereit gestellten Aerobic Stunden werden so finanziert, dass jedes Wesen auf Jumpo dieselbe Steuer zahlt. Da auf Planeten wie Jumpo jedes Wesen genau einen Kopf hat, wird eine derartige Steuer als „Kopfsteuer" bezeichnet. Wie hoch werden die Staatsausgaben sein, wenn jeder Bewohner Jumpos 20 Aerobic Stunden erhält? ______________. Wie viel Steuern muss jede Bewohnerin zahlen? ______________. Wie viel verbleibt einem reichen Wesen nach Besteuerung für Brot, wenn alle 20 Aerobic Stunden erhalten? ______________________. Wie viel verbleibt einem armen Wesen nach Besteuerung für Brot? ______________________.

b) Allgemeiner ausgedrückt: Wenn jedes Wesen dieselben Steuern zahlt und wenn jedem Wesen x Stunden Aerobics zur Verfügung gestellt werden, dann werden die Gesamtkosten für den Staat ____________________ mal x sein und die Steuern, die ein Wesen zu zahlen hat, werden ____________________ mal x betragen.

c) Da Aerobic Stunden öffentlich bereit gestellt werden, und zwar für jedes Wesen dieselbe Menge, wobei auch niemand zusätzliche Stunden aus einer anderen Quelle erhalten kann, stellt sich für jedes Wesen ein Entscheidungsproblem, das formal jenem eines Konsumenten i gleich ist, der versucht, eine Cobb-Douglas-Nutzenfunktion unter der Budgetbeschränkung $2A + B = I$ zu maximieren, wobei I für das Einkommen steht. Erkläre, warum das gilt: ____

____

____.

d) Angenommen Aerobic Stunden werden durch eine Kopfsteuer finanziert und alle Stunden werden jedem Wesen vom Staat im gleichen Umfang zur Verfügung gestellt. Wie viele Stunden hätten die Reichen gerne? ______________. Wie viele Stunden hätten die Armen gerne? ________________. (Hinweis: In beiden Fällen muss man nur die Cobb-Douglas-Nachfragefunktion für das entsprechende Budget lösen.)

e) Wie viele Aerobic Stunden wird es geben, wenn sie durch Mehrheitsabstimmung festgelegt werden? __________________. Wie viel Brot werden die Reichen erhalten? __________________. Wie viel Brot werden die Armen erhalten? ________________.

f) Angenommen die Aerobic Stunden werden „privatisiert“, d. h. es werden keine Stunden öffentlich angeboten und auch keine Steuern eingehoben. Jedes Wesen kann so viele Stunden und so viel Brot kaufen, wie es will. Der Brotpreis beträgt nach wie vor 1 Fonda, Aerobics kostet 2 Fonda je Stunde. Wie viele Aerobic Stunden werden die Reichen konsumieren? ___________. Wie viele Aerobic Stunden werden die Armen nachfragen? __________________. Wie viel Brot werden die Reichen erhalten? ________________. Wie viel Brot werden die Armen erhalten? ______________________________.

g) Angenommen Aerobic Stunden werden wieder öffentlich bereitgestellt, sie werden jedoch durch eine proportionale Einkommensteuer finanziert. Der Steuersatz wird so festgesetzt, dass die Steuereinnahmen gerade ausreichen, die Aerobic Stunden zu finanzieren. Wenn jedem Wesen auf Jumpo A Aerobic Stunden angeboten werden, dann werden die Reichen $3A$ Fondas an Steuern, die Armen $1{,}5A$ an Steuern zu zahlen haben. Zeige, dass für eine beliebige Zahl A an Aerobic Stunden für jedes Wesen bei diesem Steuersystem die gesamten Steuereinnahmen gleich den Gesamtkosten von A Aerobic Stunden sein werden: ____

____

____.

h) Welche Budgetbeschränkung eines reichen Wesens wäre bei diesem System einer proportionalen Einkommenssteuer für die Entscheidung über die Zahl der Aerobic Stunden relevant? __________________________. Wie lautet die entsprechende Budgetbeschränkung eines armen Wesens? __________________________. Wie viele Aerobic Stunden würde sich ein Reiches bei diesen Steuersätzen wünschen? __________. Wie viele Aerobic Stunden würde sich ein Armes wünschen? __________. Welches Ausmaß an Aerobic Stunden pro Kopf würde durch eine Mehrheitsabstimmung festgelegt werden? ________________. Wie viel Brot werden die Reichen erhalten? ________________. Wie viel Brot werden die Armen erhalten? ________________.

i) Berechne den Nutzen eines reichen Wesens bei einer Kopfsteuer: ________________. Bei Privatisierung: ____________________. Bei einer proportionalen Einkommensteuer: ____________________. (Hinweis: Finde in jedem Fall den Konsum an Brot und an Aerobic Stunden, die ein reiches Wesen erhält, und setze diese Zahlen in die Nutzenfunktion ein.) Nun berechne den Nutzen eines armen Wesens bei einer Kopfsteuer: ____________________. Bei Privatisierung: ____________________. Bei einer proportionalen Einkommensteuer: ____________________. (Es genügt die jeweiligen Nutzen als Quadratwurzel auszudrücken.)

j) Ist Privatisierung dem System der Kopfsteuer Pareto-überlegen? ________________. Ist eine proportionale Einkommensteuer dem System der Kopfsteuer Pareto-überlegen?

_______________. Ist Privatisierung dem System einer proportionalen Einkommenssteuer Pareto-überlegen? _______________. Erläutere die beiden letzten Antworten:

____

____

____.

* **36.8** ■ Drei Freundinnen, Anna, Berta und Christa, planen eine Party. Sie stimmen allerdings im Hinblick auf die Zahl der einzuladenden Gäste nicht überein. Alle Drei haben eine Nutzenfunktion $m_i + u_i(x)$, wobei m_i die Euros sind, die Person i ausgeben kann, und x ist die Zahl der zur Party eingeladenen Gäste. Angenommen für jedes i gilt

$$u_i = a_i x - 1/2x^2.$$

Jede kennt auch die funktionale Form der Nutzenfunktion der beiden anderen, jede kennt auch ihren eigenes a_i, keine kennt jedoch die Parameterwerte der beiden anderen. Angenommen die Werte für a_i sind 20 für Anna, 40 für Berta und 60 für Christa.

a) Wie viele Gäste sollten eingeladen werden, um die Summe der Nutzen der drei Personen zu maximieren? ______________________________.

b) Angenommen die drei Freundinnen entscheiden sich für die Anwendung des VCG-Mechanismus zur Bestimmung der Anzahl der Gäste. Wie viele Gäste werden eingeladen, wenn jede ihre beste Strategie spielt? __________________________.

c) Wenn die Menge des angebotenen öffentlichen Gutes gleich x ist, dann würde entsprechend dem VCG-Mechanismus Anna eine Zusatzzahlung in Höhe der Summe von Bertas und Christas Nutzen für x erhalten. Wenn Berta und Christa ihre besten Strategien spielen (und sich nicht verabreden) und wenn die Menge des angebotenen öffentlichen Gutes gleich x ist, wird diese Zusatzzahlung _____________ betragen. Wenn alle ihre beste Strategie spielen, dann wird diese Zusatzzahlung (in Euro) __________ betragen.

d) Des Weiteren verlangt der VCG-Mechanismus, dass neben dem Empfang von Zusatzzahlungen jede Person einen Betrag in Höhe der maximal möglichen Summe der Nutzen der beiden anderen Personen zahlen muss. Wenn Berta und Christa ihre besten Strategien spielen, ist dieser Betrag ____________. Anna muss somit netto die Differenz zwischen diesem Betrag und der Zusatzzahlung, die sie erhält, zahlen. Wenn jede ihre beste Strategie spielt, wie hoch ist der Betrag, den Anna zahlen muss? ________________.

e) Wie viel muss Berta netto zahlen, wenn jede ihre beste Strategie spielt? ______________.

Und wie viel muss dann Christa zahlen? ______________.

f) Angenommen diese Party wird nicht nur von diesen drei Personen organisiert, sondern von einem Studentenheim mit 21 Bewohnern. Alle Bewohner haben dieselbe Nutzenfunktion wie Anna, Berta und Christa. Sieben von Ihnen haben ein $a_i = 20$, sieben weitere ein $a_i = 40$ und die restlichen sieben ein $a_i = 60$. Wie viele Gäste sollten zur Maximierung der Nutzensumme der Bewohner eingeladen werden? ______________.
Wie viele Gäste sollten zur Maximierung der Nutzensumme der Bewohner eingeladen werden, wenn es nur sechs Personen mit einem $a_i = 20$ gäbe, und weiterhin sieben mit $a_i = 40$ und sieben mit $a_i = 60$? ______________.

g) Wenn in diesem VCG-Spiel alle ihre beste Strategie spielen und wenn alle Zusatzzahlungen und Steuern beglichen sind, wie viel werden dann netto alle Personen mit $a_i = 20$ zahlen müssen? ______________. Wie viel werden netto alle Personen mit $a_i = 40$ zahlen müssen? ______________. Wie viel werden netto alle Personen mit $a_i = 60$ zahlen müssen? ______________.

* **36.9** ■ Die Hauseigentümer 1, 2 und 3 wohnen am Ende einer ziemlich verfallenen Straße. Die Instandsetzung der Straße würde € C kosten. Für Hauseigentümer 1 ist die Instandsetzung € 3.000 wert, für Hauseigentümer 2 € 5.000 und für Hauseigentümer 3 € 8.000. Jeder Hauseigentümer behauptet, die Reparatur bedeute ihm nur wenig, denn jeder möchte, dass der andere die Kosten trägt. Die Stadtverwaltung ist der Auffassung, dass der Gesamtwert für die Hauseigentümer größer als € C ist, sie beschließt daher von den drei Hauseigentümern zu verlangen, dass sie einen VCG-Mechanismus anwenden, um herauszufinden, ob die Straße repariert werden soll. Da die Verwaltung keine Ahnung von den individuellen Bewertungen für die Instandsetzung hat, wird sie die Kosten gleichmäßig auf die drei Hauseigentümer aufteilen. Jeder Hauseigentümer muss seine Bewertung für die Instandsetzung der Straße offenlegen. Wenn die Summe der mitgeteilten Bewertungen größer als C ist, wird die Straße repariert und jeder Hauseigentümer muss € $C/3$ sowie die nach dem VCG-Mechanismus berechnete zusätzliche Steuer zahlen.

a) Angenommen C = € 13.500, so dass jeder Hauseigentümer € 4.500 als seinen Kostenanteil zu zahlen hat. Wenn die Hauseigentümer ihre wahren Bewertungen angeben, wird die Summe der offengelegten Bewertungen ______________ sein. Da diese Summe größer als € C ist, wird die Straße repariert. Um die VCG-Steuer des Hausbesitzers 3 zu berechnen, überlegen wir Folgendes: Wenn die Straße repariert wird, werden die Hauseigentümer 1 und 2 insgesamt _______________ zahlen müssen, während die Summe ihrer Bewertungen für die Instandsetzung gleich _________________ ist, somit ist die Nettoveränderung ihres Nutzens gleich _________________. Da die Antwort von Hauseigentümerin 3 die Entscheidung über die Instandsetzung der Straße ändert, würde ihr eine VCG-Steuer von_________________ zusätzlich zu ihrem Kostenanteil von € 4.500 vorgeschrieben. Wie hoch wäre die VCG-Steuer von Hauseigentümer 1? _______________. Und die VCG-Steuer von Hauseigentümer 2? _________________. Wäre Hauseigentümerin 3 besser oder schlechter gestellt, wenn die Straße nicht repariert würde? ______________________. Wäre bei Anwendung der VCG-Steuer die Nutzensumme der drei Hauseigentümer höher oder niedriger, verglichen mit der Situation, dass die Straße nicht repariert würde? ____.

b) Nehmen wir nun an, die Kosten sind C = € 18.000, jeder Hauseigentümer hätte somit einen Anteil von € 6.000 zu zahlen. Wenn die Hauseigentümer ihre wahren Bewertungen offen legen, ist die Summe der bekannt gegebenen Bewertungen _______________. Da diese Summer kleiner ist als € C, wird die Stadtverwaltung die Straße nicht reparieren lassen. Wir wollen nun die VCG-Steuer für den Hauseigentümer 1 berechnen. Wenn die Straße repariert wird, müssen die Hauseigentümer 2 und 3 insgesamt _____________________ bezahlen und die Summe der Bewertungen aus der Instandsetzung der Straße beträgt für die Hauseigentümer 2 und 3 ____________________, ihr Nettogewinn aus dem Projekt ist somit _________________. Da die Bewertung der Hauseigentümerin 3 das Ergebnis, ob die Straße repariert wird oder nicht, ändert, würde ihr eine VCG-Steuer von ______________________ vorgeschrieben.

c) Angenommen es lebten am Ende der Straße statt der 3 Hauseigentümer insgesamt 30 Hauseigentümer, davon 10 vom Typ 1, welche die Instandsetzung mit € 3.000 bewerten, 10 vom Typ 2 mit einer Bewertung von € 5.000 und 10 vom Typ 3 mit einer Bewertung von € 8.000. Annahmegemäß kostet die Instandsetzung der Straße € 135.000, jeder Hauseigentümer hätte im diesem Fall einen Beitrag von € 135.000/30 = € 4.500 zu leisten. Wenn der VCG-Mechanismus verwendet wird und jede Person ihre wahre Bewertung offenlegt, dann wird die Straße repariert, da die Summe der bekannt gegebenen Bewertungen € 160.000 sein wird. Um die VCG-Steuer für einen Typ 3 Hauseigentümer zu berechnen, halten wir fest, dass die Summe der Bewertungen des Projekts für alle Hauseigentümer ____________________ ist. Wenn das Projekt durchgeführt wird, dann ist der Gesamtbetrag, den die anderen Hauseigentümer bezahlen müssen, gleich ____________________. Würde ein Typ 3 Hauseigentümer eine positive VCG-Steuer bezahlen müssen? ____________________. Und wie sieht das für die Typ 1 und Typ 2 Hauseigentümer aus? ____

____.

* 36.10 ■ (Für diese Aufgabe schlagen wir die Verwendung eines Taschenrechners vor.) Ein Bauunternehmer möchte einen Vergnügungspark inmitten der einst belebten Innenstadt von Achsbruch errichten. Um diesen Vergnügungspark errichten zu können, muss er das gesamte Bauland eines 10 Hektar großen Gebiets erwerben. Wenn er nicht die gesamte Fläche erhält, kann er den Park nicht errichten. Niemand außer ihm selbst kennt die genaue Zahlungsbereitschaft des Bauunternehmers. Alle Personen außer ihm selbst glauben, dass die Wahrscheinlichkeit seiner Zahlungsbereitschaft von mindestens € p durch $G(p) = e^{-p/k}$ gegeben ist, mit $k = 200.000$.

a) Nehmen wir an, das gesamte Bauland ist im Besitz einer einzigen Person. Dieser Besitzer bewertet es in seiner derzeitigen Verwendung mit € 50.000. Er muss dem Bauunternehmer ein einmaliges Angebot legen, das dieser unverändert akzeptieren oder ablehnen kann. Der Besitzer des Baulandes möchte ein Angebot p legen, das aus dem Verkauf seinen erwarteten Gewinn maximiert, der durch $(p - € 50.000)G(p)$ gegeben ist. Zu welchem Preis sollte der Besitzer das Bauland anbieten? ______________. Wie groß ist bei diesem Preis die Wahrscheinlichkeit, dass es der Bauunternehmer kaufen wird? ______________. Wie hoch ist der erwartete Gewinn des Landbesitzers? ______________.

b) Nun nehmen wir an, dass das Bauland aus 10 verschiedenen Parzellen besteht, die im Besitz von 10 verschiedenen Personen sind. Es sei v_i die Bewertung des Besitzers i für seine Parzelle für den Fall, dass er sie behält. Alle Besitzer haben unterschiedliche Bewertungen v_i, die nur sie selbst kennen. Angenommen $v = \Sigma_i v_i = € 50.000$. Wir nehmen an, dass jeder Besitzer i für seine Parzelle einen Preis von p_i festlegt. Mit p wollen wir die Summe der individuellen Angebotspreise bezeichnen, das heißt $p = \Sigma_i p_i$. Wenn der Bauunternehmer bereit ist, mindestens p für die gesamten 10 Hektar Bauland zu zahlen, dann kauft er es und bezahlt jedem Besitzer i den Preis p_i. Im Gleichgewicht legt jeder Besitzer ein Angebot, das seinen erwarteten Gewinn maximiert, gegeben die von den anderen Besitzer gemachten Angebote. Das heißt, er wählt p_i, so dass er

$$(p_i - v_i)G(p) = (p_i - v_i)e^{-\Sigma p_j/k}$$

maximiert, mit k = € 200.000. Welchen Preis wird Besitzer i verlangen? ____________.

Wie hoch ist die Summe der von allen 10 Besitzern verlangten Preise? ____________. Wie groß ist die Wahrscheinlichkeit, dass der Bauunternehmer das Bauland kaufen wird? ________________. Wie groß ist die Summe der erwarteten Gewinne aller 10 Landbesitzer? ____.

c) Die 10 Landbesitzer erkennen, dass sie durch irgendeine Form der Koordination ihrer Angebote einen viel größeren erwarteten Gesamtgewinn erzielen würden. Sie entscheiden sich, zur Koordination den VCG-Mechanismus heranzuziehen. In diesem Zusammenhang funktioniert der VCG-Mechanismus folgendermaßen: Jedes Individuum gibt einen Betrag r_i an, der seine Bewertung seiner Parzelle darstellt. Das gesamte Bauland wird dem Bauunternehmer zu einem Preis p angeboten, der den Gesamtgewinn aller Landbesitzer maximiert, wenn jeder Besitzer seine tatsächliche Bewertung angibt, d. h. $r_i = v_i$. Wenn der Bauunternehmer das Land kauft, erhält jeder Besitzer einer Parzelle den gleichen Anteil am Gesamtpreis p. Zusätzlich zu diesem Anteil aus dem Verkauf zahlt jeder Landbesitzer eine „Steuer", die von seiner Antwort r_i und den Antworten der anderen Besitzer in folgender Form abhängt: Person i erhält einen Betrag gleich der Summe der erwarteten Gewinne der anderen 9 Besitzer, muss jedoch seinerseits einen Betrag zahlen, der gleich der Summe der maximal erwarteten Gewinne ist, welche die anderen Besitzer erhalten würden, wäre der Preis so gewählt, dass dadurch der erwartete Gesamtgewinn der anderen Besitzer maximiert würde. Bei diesem Mechanismus ist die beste Strategie jedes Landbesitzers, seine wahre Bewertung $r_i = v_i$ offen zu legen. Zu welchem Preis würde das Bauland dem Bauunternehmer angeboten, wenn jeder diese beste Strategie verwendete? ________________. Wie groß ist die Wahrscheinlichkeit, dass der Bauunternehmer das Bauland erwerben wird? ______________________.

d) Angenommen Person i hat einen Vorbehaltspreis von v_i = € 5.900. Berechnen wir die „Steuer", die sich nach dem VCG-Mechanismus für Person i ergeben würde, wenn jede Person $r_i = v_i$ angibt. Wenn das Bauland dem Bauunternehmer zum Preis p angeboten wird, dann wird der erwartete Gewinn aller andere Landbesitzer außer Person i gleich

$$((9/10)p - v_{\sim i})e^{-p/200.000}$$

sein, wobei $v_{\sim i} = \Sigma_{j \neq i} v_j$ = ____________________ die Summe der Vorbehaltspreise aller Personen außer i ist. Wir haben bereits herausgefunden, dass das Bauland zu einem Preis von ________________ angeboten wird, wenn jeder optimal entsprechend dem VCG-Mechanismus antwortet. Die erwarteten Gewinne aller Personen mit Ausnahme von i

werden daher ______________ sein. Der Preis, der die Summe der erwarteten Gewinne aller Landbesitzer außer i maximiert, ist ________________. Zu diesem Preis wäre der erwartete Gesamtgewinn dieser Landbesitzer ______________. Die Nettosteuer, die Person i zahlt, ist die Differenz zwischen diesem Betrag und dem tatsächlichen erwarteten Gewinn der anderen Besitzer. Diese Differenz ist ______________________.

e) Jetzt wollen wir den erwarteten Gesamtgewinn des Individuums mit v_i = € 5.900 beim VCG-Mechanismus berechnen. Unabhängig davon ob es einen Verkauf gibt oder nicht, zahlt Person i die im vorangehenden Abschnitt berechnete „Steuer". Mit einer Wahrscheinlichkeit von ____________ wird das Bauland zu einem Preis von __________ verkauft und jeder Besitzer einer Parzelle erhält 1/10 dieses Verkaufspreises, also ___________, was einen Gewinn von ______________ über seinen Vorbehaltspreis darstellt. Der erwartete Gewinn von Person i ist somit ________________________.

f) Wie hoch ist der Nettobetrag der Steuer, die ein Individuum j beim VCG-Mechanismus zahlen muss, wenn es ein v_j = € 5.000 hat? ____________________. (Hinweis: Da gibt's eine ganz einfache Antwort.)

37 Asymmetrische Information

Einleitung

Die ökonomische Analyse von Information und Anreizsystemen ist ein relativ junger Zweig der Mikroökonomie, in welchem es derzeit spannende Entwicklungen gibt. Im Folgenden wollen wir eine Auswahl dieser Fragestellungen bieten und die Art darstellen, in der Ökonomen an sie herangehen.

Aufgaben

37.1 ☐ Es gibt zwei Typen an Erzeugern von elektrischen Bleistiftspitzern. Produzenten von „hoher Qualität" erzeugen sehr gute Bleistiftspitzer, welche die Konsumenten mit € 14 bewerten. Produzenten von „niedriger Qualität" erzeugen weniger gute Bleistiftspitzer, welche die Konsumenten mit € 8 bewerten. Im Zeitpunkt des Kaufes können die Konsumenten zwischen dem Erzeugnis hoher Qualität und jenem niedriger Qualität nicht unterscheiden; sie können auch den Hersteller nicht identifizieren. Sehr wohl können sie die Qualität des Produkts nach dem Kauf feststellen. Die Konsumenten sind risikoneutral; wenn die Wahrscheinlichkeit, ein Produkt hoher Qualität zu erhalten, gleich q ist und daher die Wahrscheinlichkeit, ein Erzeugnis niedriger Qualität zu erwischen, gleich $(1 - q)$ ist, dann haben sie die Erwartung $14q + 8(1 - q)$. Jeder Produzent kann die Bleistiftspitzer zu konstanten Stückkosten von € 11,50 herstellen. Alle Hersteller verhalten sich als Konkurrenten.

a) Angenommen es ist gesetzlich verboten, elektrische Bleistiftspitzer niedriger Qualität auf den Markt zu bringen, sodass nur solche mit hoher Qualität angeboten werden. Wie hoch wird der Gleichgewichtspreis sein? ______________________________.

b) Angenommen es gäbe keine Anbieter hoher Qualität. Wie viele Bleistiftspitzer niedriger Qualität würden im Gleichgewicht voraussichtlich verkauft werden? ______________

____

____.

c) Könnte es ein Gleichgewicht geben, bei dem gleiche (positive) Mengen beider Arten von Bleistiftspitzern auf dem Markt wären? ______________________________

____

____.

d) Ändern wir nun unsere Annahmen über die Technologie. Angenommen jeder Produzent kann *entscheiden*, ob er einen Bleistiftspitzer hoher oder niedriger Qualität erzeugt. Die konstanten Stückkosten für ersteren wären € 11,50, für letzteren € 11; was würden wir im Gleichgewicht erwarten?

____

____

____

____.

e) Nehmen wir weiterhin an, jeder Produzent kann sich wie in d) entscheiden. Würde es etwas nützen, wenn der Staat die Produktion von Bleistiftspitzern niedriger Qualität verbieten würde? ____________________________________

____

____

____.

37.2 ☐ In Brunsbüttel gibt es genau zwei Arten von Arbeitern. Der eine Typus hat ein (konstantes) Grenzprodukt, das € 10 wert ist, das (konstante) Grenzprodukt des anderen ist € 15 wert. Es gibt genau gleich viele Arbeiter von jedem Typus. Ein Unternehmen kann den Unterschied zwischen beiden Arten von Arbeitern nicht direkt feststellen. Selbst nach Einstellung kann es ihre Arbeit nicht so genau überwachen, um herauszufinden, welcher Arbeiter zu welchem Typus gehört.

a) Wenn auf dem Arbeitsmarkt Wettbewerb herrscht, dann werden die Arbeiter nach dem durchschnittlichen Wert ihres Grenzprodukts entlohnt; das ist __________________.

b) Angenommen die Universität von Brunsbüttel bietet einen Abendkurs in Mikroökonomie an, der von Professor M. de Sade abgehalten wird. Die Arbeiter mit hoher Produktivität meinen, dass der Besuch dieses Kurses genauso schlecht ist, wie eine Lohnkürzung von € 3, die Arbeiter niedriger Produktivität halten den Kursbesuch für genau so schlecht wie eine Lohnkürzung von € 6. Das Unternehmen kann feststellen, ob ein Individuum den Mikroökonomiekurs belegt oder nicht. Nehmen wir an, dass alle Arbeiter mit hoher Produktivität den Kurs besuchen, alle Arbeiter mit niedriger Produktivität nicht. Der

Wettbewerbslohn für Personen, die den Mikroökonomiekurs besuchen, wird ________________ sein, für Personen, die den Mikroökonomiekurs nicht besuchen, wird der Wettbewerbslohn ________________ sein.

c) Wenn es ein Unterscheidungsgleichgewicht gäbe, bei dem die Arbeiter mit hoher Produktivität den Mikroökonomiekurs besuchen, die Arbeiter mit niedriger Produktivität hingegen nicht, dann wäre der Nettonutzen aus dem Besuch des Mikroökonomiekurses ____________ für die Arbeiter mit hoher Produktivität und ____________ für die Arbeiter mit niedriger Produktivität. Daher wird es (ein, kein) ________________ derartiges Unterscheidungsgleichgewicht geben.

d) Angenommen Professor de Sade wird nach Berlin berufen, um den eigensinnigen Abgeordneten Vorlesungen über die Ökonomie der traditionellen Familie zu halten. Sein Ersatz ist Professor Milton Friedfertig, der sich rühmt, die Volkswirtschaftslehre „so leicht wie die Politikwissenschaft und so unterhaltsam wie Fernsehserien" zu gestalten. Professor Friedfertigs Behauptungen sind zwar etwas übertrieben, aber den Studenten ist er lieber als de Sade. Die Arbeiter mit hoher Produktivität meinen, dass der Besuch dieses Kurses genauso schlecht ist wie eine Lohnkürzung von € 1, die Arbeiter niedriger Produktivität halten den Kursbesuch für genau so schlecht wie eine Lohnkürzung von € 4. Wenn alle Arbeiter mit hoher Produktivität den Kurs besuchen, alle Arbeiter mit niedriger Produktivität nicht, dann wird der Wettbewerbslohn für Personen, die den Mikroökonomiekurs besuchen, ____________ sein, für Personen, die den Mikroökonomiekurs nicht besuchen, wird der Wettbewerbslohn ________________ sein.

e) Wenn es ein Unterscheidungsgleichgewicht gäbe, bei dem die Arbeiter mit hoher Produktivität den Mikroökonomiekurs besuchen, die Arbeiter mit niedriger Produktivität hingegen nicht, dann wäre der Nettonutzen aus dem Besuch des Mikroökonomiekurses von Professor Friedfertig ________________ für die Arbeiter mit hoher Produktivität und ________________ für die Arbeiter mit niedriger Produktivität. Daher wird es (ein, kein) ____________________ derartiges Unterscheidungsgleichgewicht geben.

37.3 ▣ In Tummersbach gibt es zwei Arten von Arbeitern, nämlich Tolpatsche, deren Arbeit pro Monat € 1.000 wert ist, und Tüchtige, deren Arbeit pro Monat € 2.500 wert ist. Tummersbach hat genau zweimal so viele Tolpatsche wie Tüchtige. Tolpatsche sehen genauso aus wie Tüchtige und sind obendrein abgefeimte Lügner. Wenn man sie danach fragt, werden sie behaupten, Tüchtige zu sein. Tüchtige sagen immer die Wahrheit. Kontrolle der Ergebnisse der Arbeit ist teuer und lohnt daher nicht. Früher gab es also keinerlei Möglichkeit, zwischen den beiden Arten von Arbeitern zu unterscheiden, jeder erhielt daher denselben Lohn. Wie hoch war dieser Lohn, wenn auf den Arbeitsmärkten Wettbewerb herrschte? ______________________________.

a) Ein Professor, der sich gerne reden hört, bietet den Arbeitern eines kleinen Unternehmens einmal im Monat unentgeltlich Vorträge über Makroökonomie und Körperpflege an. Diese Vorlesungen haben keinerlei Auswirkung auf die Produktivität, sowohl die Tolpatsche als auch die Tüchtigen fanden sie aber unerträglich langweilig. Für einen Tollpatsch bedeutet eine Stunde Vorlesung so viel wie den Verlust von € 100. Für einen Tüchtigen bedeutet eine Stunde Vorlesung so viel wie den Verlust von € 50. Angenommen das Unternehmen bietet jedem Beschäftigten eine Lohnerhöhung von monatlich € 55 an, allerdings unter der Auflage des Besuchs der Vorlesungen. Welche Wirkung hätte das auf die Arbeitskräfte des Unternehmens? ______________________________. Wie würde sich das auf die durchschnittliche Produktivität der gesamten Belegschaft des Unternehmens auswirken? ______________________________.

b) Andere Unternehmen bemerkten, dass diejenigen, welche die Vorlesungen des Professors besuchten, produktiver waren als jene, welche die Vorlesungen nicht besuchten. Sie versuchten daher, sie von ihrem bisherigen Arbeitgeber abzuwerben. Da alle, die sich bereit erklärt hatten, die ursprüngliche Vorlesungsreihe zu besuchen, Tüchtige waren, wurden ihre Löhne auf ______________________________ hoch lizitiert.

c) Nach Feststellung der „Wirkung seiner Vorlesungen auf die Arbeitsproduktivität" entschloss sich der Professor, seine Aktivitäten auszuweiten. Er fand einen riesigen Hörsaal in Tummersbach, wo er für alle Arbeiter der Stadt lesen konnte, die ihm zuhören wollten. Wer würde diese Vorlesungen besuchen, wenn die Unternehmer glauben, dass sich die Produktivität der Arbeiter wegen des Besuchs der Vorlesungen des Professors steigerte – die Produktivität im ersten kleinen Unternehmen hatte sich ja erhöht –, und dementsprechende Anreize zum Besuch der Vorlesungen anbieten? ______________________________. Wie hoch wären die Lohnaufschläge, die von den Unternehmern den Teilnehmern an den Vorlesungen bezahlt würden, nachdem sie dieses Ergebnis beobachtet hatten? ______________________________.

d) Der Professor war von den Ergebnissen seiner großen Vorlesung enttäuscht und kam zum Entschluss, dass seine Schüler „mehr lernen" würden, wenn er monatlich mehr Vorlesungen hielte. Er beschloss daher, eine Vorlesungsreihe von 20 Stunden pro Monat anzubieten. Gäbe es jetzt ein Gleichgewicht, in welchem alle Tüchtigen seine Vorlesungen besuchten, alle Tolpatsche hingegen nicht, und in dem alle Teilnehmer an den Vorlesungen entsprechend ihrer tatsächlichen Produktivität entlohnt würden? ______________

____

____

____

____.

e) Wie groß wäre die kleinste Stundenzahl, die der Professor vortragen könnte, sodass ein Unterscheidungsgleichgewicht erhalten bliebe? ____________________.

37.4 ▣ Old MacDonald erntet Heu. Er beschäftigt einen Mitarbeiter, Hans. Wenn Hans x Stunden arbeitet, erntet er x Heuballen. Jeder Heuballen erzielt einen Preis von € 1. Hans' Arbeit für x Stunden kostet $c(x) = x^2/10$.

a) Wie groß ist die effiziente Menge an Heuballen? ____________________.

b) Wie viel müsste MacDonald Hans bezahlen, damit er diese effiziente Menge erntet, wenn Hans anderswo höchstens Null verdienen könnte? ____________________.

c) Wie hoch ist MacDonalds Nettogewinn? ____________________.

d) Angenommen Hans würde für das Verteilen von Flugblättern, eine Tätigkeit, die absolut keine Anstrengung erfordert, € 1 erhalten. Wie viel müsste MacDonald Hans bezahlen, damit er die effiziente Menge Heuballen erntet? ____________________.

e) Angenommen es gibt nun wieder keine Gelegenheit zum Verteilen von Flugblättern. MacDonald beschließt jedoch, sein Grasland an Hans gegen eine einmalige Zahlung zu verpachten. Um wie viel würde er es verpachten? ____________________.

37.5 ☐ In Wulfsborg gibt es 200 Leute, die ihre gebrauchten Autos verkaufen wollen. Jeder weiß, dass davon 100 ‚Lemons'* und die anderen 100 gut sind. Das Problem liegt darin, dass außer den ursprünglichen Besitzern niemand weiß, in welche Kategorie welches Auto fällt. Besitzer von ‚Lemons' sind froh, ihre Autos um € 200 loszuwerden, Besitzer guter Gebrauchtwagen sind bereit, sie für jeden Preis ab € 1.500 zu verkaufen, sie würden sie aber weiterhin behalten, wenn sie diesen Preis nicht erzielten. Es gibt eine große Zahl von Käufern, die bereit wären, für einen guten Gebrauchtwagen € 2.500 zu zahlen, für eine ‚Lemon' hinge-

---

* „Lemon" ist im Amerikanischen die Bezeichnung für einen schlechten Gebrauchtwagen.

gen lediglich € 300 zahlen würden. Sollten diese Käufer über die Qualität des Autos keine Gewissheit haben, so wären sie bereit, entsprechend ihrem Wissen den Erwartungswert des Autos zu zahlen.

a) Wie viel wären die Käufer bereit zu zahlen, wenn alle 200 Gebrauchtwagen in Wulfsborg zu verkaufen wären? ______________. Wären die Besitzer guter Gebrauchtwagen bereit, zu diesem Preis zu verkaufen? ________________. Gäbe es ein Gleichgewicht, in dem alle Gebrauchtwagen verkauft würden? _______________________. Beschreibe das Gleichgewicht, das sich in Wulfsborg herausbildet: __________________________

____

____.

b) Angenommen statt je 100 Autos jeder Qualität stehen 120 gute Autos und 80 ‚Lemons' zum Verkauf an und alle sind darüber informiert. Wie viel würden die Käufer nun für einen Gebrauchtwagen zahlen? ___________. Wären die Besitzer guter Gebrauchtwagen bereit, zu diesem Preis zu verkaufen? ___________. Gäbe es ein Gleichgewicht, in dem alle Gebrauchtwagen verkauft würden? ________________. Gäbe es ein Gleichgewicht, in dem nur ‚Lemons' verkauft würden? ______________. Beschreibe das mögliche Gleichgewicht oder die möglichen Gleichgewichte, die sich in Wulfsborg herausbilden würden: ____

____

____.

37.6 ▣ Jedes Jahr verkaufen 1.000 Einwohner von Stattgurt ihre gebrauchten Autos und kaufen sich neue. Die ursprünglichen Besitzer der alten Autos haben keine Parkmöglichkeit für ein zweites Auto, daher müssen sie die alten verkaufen. Diese Gebrauchtwagen unterscheiden sich in ihrer Qualität beträchtlich. Die derzeitigen Besitzer wissen ganz genau, was an ihren Autos gut und schlecht ist, potenzielle Käufer können sie jedoch aufgrund ihres Aussehens nicht voneinander unterscheiden. Obwohl die Bewohner Stattgurts in jeder anderen Hinsicht ganz beispielgebende Bürger sind, haben die Besitzer von Gebrauchtwagen bedauernswerter Weise überhaupt keine Hemmungen über ihre alten Kisten zu lügen. Jedes Auto hat einen Wert, W, den ein vollständig über die Qualität des Autos informierter Käufer zu zahlen bereit wäre. Es gibt eine sehr große Zahl von potentiellen Käufern, die alle bereit wären W € für ein Auto mit einem Wert von W € zu zahlen.

Die Verteilung der Qualität der Gebrauchtwagen auf diesem Markt ist sehr einfach zu beschreiben. In jedem beliebigen Jahr ist für jedes beliebige W zwischen 0 und € 2.000 die Zahl der zum Verkauf stehenden Autos, die weniger als W € wert sind, gleich $W/2$. Alle potenziellen Gebrauchtwagenkäufer sind risikoneutral. Das bedeutet, wenn sie den Wert eines Wagens nicht mit Sicherheit kennen, bewerten sie ihn mit seinem Erwartungswert, gegeben ihren Informationsstand.

Schraubes Werkstätte kann jeden Gebrauchtwagen testen und seinen wahren Wert W herausfinden. Diese Werkstätte ist für absolute Genauigkeit und Zuverlässigkeit ihrer Begutachtungen bekannt. Allerdings kostet eine exakte Begutachtung € 200. Leute mit fürchterlichen Autos werden wohl keine € 200 dafür zahlen, um diese Tatsache von Schraubes Werkstätte überall verkünden zu lassen. Leute mit sehr guten Autos hingegen werden gerne bereit sein, der Werkstätte € 200 für die Beurteilung zu zahlen, um dann ihre Autos zum wahren Wert verkaufen zu können.

Wir wollen versuchen herauszuarbeiten, wie sich ein Gleichgewicht herausbildet, welche Autos begutachtet werden und um wie viel die nicht begutachteten Autos verkauft werden.

a) Wie hoch wäre der Marktpreis gebrauchter Autos in Stattgurt, wenn niemand sein Auto begutachten ließe? ____________________. Wie hoch wäre der Gesamterlös, den alle Besitzer gebrauchter Autos aus dem Verkauf erzielten? ____________________.

b) Wie hoch wäre der Marktpreis der nicht begutachteten Autos, wenn alle Autos, die mehr als X € wert sind, begutachtet würden, alle die weniger als X € wert sind, hingegen ohne Begutachtung verkauft würden? (Hinweis: Wie hoch ist der Erwartungswert eines zufällig aus der Menge der Autos, die weniger als X € wert sind, ausgewählten Wagens?)

____.

c) Angenommen alle Autos, die mehr als X € wert sind, werden begutachtet, alle anderen hingegen nicht. Wie viel Geld würde Dir nach dem Verkauf Deines Autos, das X € wert ist, übrig bleiben, wenn Du es begutachten ließest und dann um seinen wahren Wert verkauftest? ____________________. Wie viel Geld würdest Du kriegen, wenn Du Dein Auto ohne Begutachtung verkauftest? ____________________.

d) Im Gleichgewicht wird es ein Auto marginaler Qualität in dem Sinn geben, dass alle Autos besser als dieses eine begutachtet, alle Autos schlechter als dieses nicht begutachtet und ohne Beurteilung verkauft werden. Der Besitzer dieses Autos wird gerade zwischen nicht begutachtetem Verkauf und begutachtetem Verkauf indifferent sein. Wie hoch wird der Wert dieses marginalen Autos sein? ____________________.

e) Wie viele nicht begutachtete Autos werden im Gleichgewicht verkauft werden und wie hoch wird ihr Preis sein? ____.

f) Wie hoch wird im Gleichgewicht der Nettoerlös aller Besitzer von Gebrauchtwagen insgesamt sein, nachdem Schraubes Werkstätte für ihre Begutachtungen entlohnt wurde?

____.

37.7 ■ In Schlagloch, Neu-Brandenburg, wollen 1.000 Leute ihre gebrauchten Autos verkaufen. Diese Gebrauchtwagen unterscheiden sich in ihrer Qualität beträchtlich. Die der-zeitigen Besitzerinnen wissen ganz genau, was ihre Autos wert sind. Alle Gebrauchtautos sehen für die potenziellen Käuferinnen gleich aus – bis sie sie gekauft haben, dann wissen sie erst, woran sie sind. Für jedes beliebige X zwischen 0 und 2.000 ist die Anzahl der zum Verkauf stehenden Autos, die weniger als X wert sind, gleich $X/2$. Wenn ein Wagen die Qualität X aufweist, dann ist seine ursprüngliche Besitzerin bereit, ihn für jeden Preis größer als X zu verkaufen. Wenn eine Käuferin weiß, dass ein Auto die Qualität X hat, ist sie bereit, $X + 500$ dafür zu bezahlen. Wenn die Käuferinnen den Wert eines Wagens nicht mit Sicherheit beurteilen können, sind sie bereit, seinen Erwartungswert zu zahlen, gegeben ihr Wissen über die Verteilung der Qualitäten auf dem Markt.

a) Angenommen alle Gebrauchtwagen Schlaglochs stehen zum Verkauf bereit, und alle wissen das. Um welchen Preis würden sie verkauft? ____________. Wären alle bereit, ihre Gebrauchtwagen zu diesem Preis zu verkaufen? ________________. Welche Gebrauchtwagen würden zu diesem Preis auf den Markt kommen? ________________.

b) X^* sei eine beliebige Zahl zwischen 0 und 2.000. Nehmen wir an, dass alle Autos mit einer Qualität unter X^* verkauft werden, während die derzeitigen Besitzer aller Autos mit einer Qualität über X^* diese behalten. Wie viel würden die Käuferinnen unter diesen Umständen für einen Gebrauchtwagen zahlen wollen? ________________. Welche Gebrauchtwagen würden zu diesem Preis verkauft? ________________________.

c) Schreibe die Gleichung für den „Gleichgewichtswert“ von X^* an. Bei diesem Gleichgewichtswert ist der Preis, den die Käuferinnen zu zahlen bereit sind, gerade hoch genug, so dass alle Autos mit einer Qualität unter X^* auf den Markt kommen: ____________ ________________________________. Löse diese Gleichung nach dem Gleichgewichtswert von X^*: ____.

Testaufgaben

Dieser Teil des Buchs enthält kurze Multiple-Choice-Fragen, die auf den Aufgaben des *Trainingsbuchs* zu jedem Kapitel beruhen. Typischerweise sind diese Fragen leichte Variationen der im *Trainingsbuch* gestellten Aufgaben; nach der Bearbeitung und dem Verstehen dieser Aufgaben sollten die entsprechenden Multiple-Choice-Fragen eher leicht fallen.

Wenn Lehrende das *Trainingsbuch* in ihrer Lehrveranstaltung eingeführt haben, können sie auch die zum Lehrbuch angebotene Testdatei verwenden. Diese Testdatei enthält Variationen zu den folgenden Testaufgaben. Die Fragen in der Testdatei folgen derselben internen Logik, sie unterscheiden sich vor allem durch andere numerische Werte. Sie können auch als zusätzliche Aufgaben für kurze Tests während der Lehrveranstaltungen herangezogen werden.

In unserem eigenen Unterricht empfehlen wir den Studentinnen, alle Testaufgaben dieses *Trainingsbuchs* für jedes Kapitel entweder allein oder in Gruppen durchzuarbeiten. Während des Semesters führen wir jede zweite Woche Kurztests mit den Alternativen aus der Testdatei durch. Daher haben jene Studentinnen, die ihre Hausaufgaben gemacht haben, keinerlei Schwierigkeiten gute Resultate zu erzielen.

Test 2
Die Budgetbeschränkung

2.1 Angenommen man hätte in Aufgabe 2.1* ein Einkommen von € 12, Gut 1 kostet € 2 pro Einheit und Gut 2 kostet € 6 pro Einheit; die Gleichung der Budgetgeraden lautet dann

a) $x_1/2 + x_2/6 = 12$.

b) $(x_1 + x_2)/8 = 12$.

c) $x_1 + 3x_2 = 6$.

d) $3x_1 + 7x_2 = 13$.

e) $8(x_1 + x_2) = 12$.

2.2 Wenn man sich in Aufgabe 2.3 gerade entweder 6 Einheiten von x und 14 Einheiten von y oder 10 Einheiten von x und 6 Einheiten von y leisten könnte und man sein gesamtes Einkommen für y ausgäbe, wie viele Einheiten von y könnte man dann kaufen?

a) 26.

b) 18.

c) 34.

d) 16.

e) Keine der obigen Antworten ist richtig.

2.3 In der Aufgabe 2.4 konsumierte Murphy bei einem Preis für x von 2 und einem Preis für y von 4 insgesamt 100 Einheiten x und 50 Einheiten y. Um wie viel müsste Murphys Einkommen erhöht werden, wenn die Preise von x und y auf 5 bzw. 8 steigen, damit er sich sein ursprüngliches Bündel leisten könnte?

a) 700.

b) 500.

c) 350.

d) 1.050.

e) Keine der obigen Antworten ist richtig.

2.4 In Aufgabe 2.7 muss Edmund für jede Punk-Rock-Videokassette (V) € 6 zahlen. Wenn Edmund pro Sack Müll (M), den er akzeptiert, € 48 erhält und wenn ihm seine Verwandten eine Unterstützung von € 384 übersenden, dann lautet seine Budgetgerade:

a) $6V = 48M$.

b) $6V + 48M = 384$.

c) $6V - 48M = 384$.

---

* Die Hinweise beziehen sich auf die Trainingsaufgaben im ersten Teil dieses Buches.

d) $6V = 384 - M$.

e) Keine der obigen Antworten ist richtig.

2.5 Angenommen Martha aus Aufgabe 2.10 würde gleich viel Zeit brauchen, um entweder 40 Seiten Volkswirtschaftslehre und 30 Seiten Soziologie oder 30 Seiten Volkswirtschaftslehre und 50 Seiten Soziologie zu lesen. Welche der folgenden Gleichungen beschreibt dann die Kombinationen an Seiten Volkswirtschaftslehre, V, und Soziologie, S, die sie in jener Zeit lesen könnte, in der sie 40 Seiten Volkswirtschaftslehre und 30 Seiten Soziologie liest?

a) $V + S = 70$.

b) $(V/2) + S = 50$.

c) $2V + S = 110$.

d) $V + S = 80$.

e) Alle obigen Antworten sind richtig.

2.6 In Aufgabe 2.11 werden die Anzeigen im langweiligen Wirtschaftsmagazin von 300 Rechtsanwältinnen und 1.000 MBAs gelesen. Die Anzeigen in der Konsumentenzeitschrift werden von 250 Rechtsanwältinnen und 300 MBAs gelesen. Wenn Harry € 3.000 für Werbung ausgeben könnte und wenn die Anzeigen im Wirtschaftsmagazin € 600, jene in der Konsumentenzeitschrift € 300 kosteten, dann wäre die Zahl an MBAs und Rechtsanwältinnen, die er mit seinem Werbebudget erreichen könnte, durch die ganzen Zahlen auf einer Geraden zwischen den folgenden Punkten gegeben:

a) (2.500, 3.000) und (1.500, 5.000).

b) (3.000, 3.500) und (1.500, 6.000).

c) (0, 3.000) und (1.500, 0).

d) (3.000, 0) und (0, 6.000).

e) (2.000, 0) und (0, 5.000).

2.7 In der in Aufgabe 2.12 vorgestellten Mungo-Volkswirtschaft taucht ein drittes Mungo mit dem Namen Isaak auf. Isaak hat ein rotes Einkommen von 40 und ein blaues Einkommen von 10. (Zur Erinnerung: Die blauen Preise sind je 1 bwe (blaue Währungseinheit) für jede Einheit Ambrosia und jede Einheit Kaugummi; die roten Preise sind 2 rwe (rote Währungseinheit) für jede Einheit Ambrosia und 6 rwe für jede Einheit Kaugummi. Für alles, was man kauft, muss man zweimal zahlen, einmal in roter und einmal in blauer Währung.) Wenn Isaak sein gesamtes blaues Einkommen, jedoch nicht sein gesamtes rotes Einkommen ausgibt, dann muss Folgendes gelten: Es (Isaak) konsumiert

a) mindestens 5 Einheiten Kaugummi.

b) mindestens 5 Einheiten Ambrosia.

c) doppelt so viel Kaugummi wie Ambrosia.

d) mindestens 15 Einheiten Kaugummi.

e) die gleichen Mengen an Kaugummi und Ambrosia.

Test 3
Präferenzen

3.1 In Aufgabe 3.1 haben Karlis Indifferenzkurven die Form x_B = Konstante/x_A, wobei größere Konstanten bevorzugten Indifferenzkurven entsprechen. Karli bevorzugt daher das Bündel (7, 15) strikt gegenüber dem folgenden Bündel:

a) (15, 7).

b) (8, 14).

c) (11, 11).

d) gegenüber allen drei Bündeln.

e) gegenüber keinem der drei Bündel.

3.2 In Aufgabe 3.2 haben Ambrosius' Indifferenzkurven die Form x_2 = Konstante – $4x_1^{1/2}$, wobei größere Konstante bevorzugten Indifferenzkurven entsprechen. Wie lautet die Steigung von Ambrosius' Indifferenzkurve beim Konsumbündel (1, 6), wenn wir Gut 1 auf der horizontalen und Gut 2 auf der vertikalen Achse auftragen?

a) –1/6.

b) -6/1.

c) –2.

d) –7.

e) –1.

3.3 In Aufgabe 3.8 besucht Leni Lerner eine Lehrveranstaltung bei Professor Gutherz, für den nur die beste Punktezahl zählt, und eine andere bei Professor Streng, der nur die schlechteste Punktezahl für die Bewertung heranzieht. In einer ihrer Lehrveranstaltungen hat sie 50 Punkte auf die erste und 30 Punkte auf die zweite Prüfung. Wenn wir auf der horizontalen Achse die erste Prüfung und auf der vertikalen Achse die zweite Prüfung auftragen, dann hat ihre Indifferenzkurve im Punkt (50, 30) eine Steigung von Null. Daher muss gelten, dass

a) es sich dabei um eine Lehrveranstaltung bei Professor Gutherz handeln könnte, es könnte auf keinen Fall eine bei Professor Streng sein.

b) es sich dabei um eine Lehrveranstaltung bei Professor Streng handeln könnte, es könnte auf keinen Fall eine bei Professor Gutherz sein.

c) es sich dabei weder um eine Lehrveranstaltung bei Professor Gutherz noch bei Professor Streng handeln könnte.

d) es sich dabei sowohl um eine Lehrveranstaltung bei Professor Gutherz als auch bei Professor Streng handeln könnte.

3.4 Wenn wir in Aufgabe 3.9 Gerti Granolas Indifferenzkurven in einer Graphik mit Avocados auf der horizontalen und Grapefruits auf der vertikalen Achse darstellen, so ist immer dann, wenn sie mehr Grapefruits als Avocados hat, die Steigung ihrer Indifferenzkurve −2, immer dann, wenn sie mehr Avocados als Grapefruits hat, ist die Steigung ihrer Indifferenzkurve −1/2. Gerti wäre indifferent zwischen dem Bündel mit 24 Avocados und 36 Grapefruits und einem anderen Bündel mit 34 Avocados und

a) 28 Grapefruits.

b) 32 Grapefruits.

c) 22 Grapefruits.

d) 25 Grapefruits.

e) 26,5 Grapefruits.

3.5 In der Aufgabe 3.12 misst Tom Twits Mutter die Abweichung eines beliebigen Bündels von ihrem Lieblingsbündel für Tom als die Summe der Absolutwerte der Differenzen. Ihr Lieblingsbündel für Tom ist (2, 7) – d. h. 2 Kekse (k) und 7 Glas Milch (m). Die Indifferenzkurve von Toms Mutter durch den Punkt $(k, m) = (3, 6)$ verläuft auch durch

a) den Punkt (4, 5).

b) die Punkte (2, 5), (4, 7) und (3, 8).

c) den Punkt (2, 7).

d) die Punkte (3, 7), (2, 6) und (2, 8).

e) Keine der obigen Antworten ist richtig.

3.6 In Aufgabe 3.1 haben Karlis Indifferenzkurven die Form x_B = Konstante/x_A, wobei größere Konstanten bevorzugten Indifferenzkurven entsprechen. Karli bevorzugt daher das Bündel (9, 19) strikt gegenüber dem folgenden Bündel:

a) (19, 9).

b) (10, 18).

c) (15, 17).

d) Mehr als eine dieser Antworten ist richtig.

e) Keine der obigen Antworten ist richtig.

Test 4 Nutzen

4.1 In Aufgabe 4.1 hat Karli die Nutzenfunktion $U(x_A, x_B) = x_A x_B$. Seine Indifferenzkurve, die durch 10 Äpfel und 30 Bananen verläuft, wird auch durch den Punkt verlaufen, in dem er 2 Äpfel und

a) 25 Bananen konsumiert.

b) 50 Bananen konsumiert.

c) 152 Bananen konsumiert.

d) 158 Bananen konsumiert.

e) 150 Bananen konsumiert.

4.2 In Aufgabe 4.1 hat Karli die Nutzenfunktion $U(x_A, x_B) = x_A x_B$, wobei x_A und x_B die Anzahl der konsumierten Äpfel und Bananen sind. Wenn Karli derzeit 20 Äpfel und 100 Bananen konsumiert und wenn wir Äpfel auf der horizontalen und Bananen auf der vertikalen Achse messen, dann ist bei seinem derzeitigen Konsum die Steigung der Indifferenzkurve gleich

a) −20.

b) −5.

c) −10.

d) −1/5.

e) −1/10.

4.3 In Aufgabe 4.2 hatte Ambrosius die Nutzenfunktion $U(x_1, x_2) = 4x_1^{1/2} + x_2$. Wenn Ambrosius ursprünglich 81 Einheiten Nüsse und 14 Einheiten Beeren konsumierte, wie groß wäre die maximale Zahl an Beeren, die er bereit wäre, für zusätzliche 40 Einheiten Nüsse aufzugeben?

a) 11.

b) 25.

c) 8.

d) 4.

e) 2.

4.4 Joe Bob aus Aufgabe 4.12 hat einen Cousin Jonas, der die Güter 1 und 2 konsumiert. Jonas ist der Auffassung, dass 2 Einheiten des Gutes 1 immer ein perfektes Substitut für 3 Einheiten des Gutes 2 sind. Welche der folgenden Nutzenfunktionen ist die einzige, die Jonas' Präferenzen *nicht* abbildet?

a) $U(x_1, x_2) = 3x_1 + 2x_2 + 1.000$.

b) $U(x_1, x_2) = 9x_1^2 + 12x_1x_2 + 4x_2^2$.

c) $U(x_1, x_2) = \min\{3x_1, 2x_2\}$.

d) $U(x_1, x_2) = 30x_1 + 20x_2 - 10.000$.

e) Mehr als eine der obigen Nutzenfunktionen bildet Jonas' Präferenzen nicht ab.

4.5 In Aufgabe 4.7 hat Manfred Mazzola die Nutzenfunktion $U(x_1, x_2) = \min\{x_1 + 2x_2, 2x_1 + x_2\}$. Er kann € 40 für Cornflakes und Pommes frites ausgeben. Wenn der Preis von Cornflakes € 5 je Einheit und der Preis von Pommes frites ebenfalls € 5 je Einheit ist, dann wird Manfred

a) sein ganzes Geld auf jeden Fall für Cornflakes ausgeben.

b) sein ganzes Geld auf jeden Fall für Pommes frites ausgeben.

c) mindestens so viele Cornflakes wie Pommes frites konsumieren, aber zumindest etwas von beiden.

d) mindestens so viele Pommes frites wie Cornflakes konsumieren, aber zumindest etwas von beiden.

e) die gleichen Mengen an Cornflakes und Pommes frites konsumieren.

4.6 Richard Rupps Schwester Priscilla hat die Nutzenfunktion $U(x, y) = \min\{2x + y, 3y\}$. Wenn wir auf der horizontalen Achse x und auf der vertikalen Achse y auftragen, dann bestehen ihre Nutzenfunktionen aus einem

a) vertikalen Streckenabschnitt und einem horizontalen Streckenabschnitt, die sich in einem Knick entlang der Strecke $y = 2x$ treffen.

b) vertikalen Streckenabschnitt und einem horizontalen Streckenabschnitt, die sich in einem Knick entlang der Strecke $x = 2y$ treffen.

c) horizontalen Streckenabschnitt und einem negativ geneigten Streckenabschnitt, die sich in einem Knick entlang der Strecke $x = y$ treffen.

d) positiv geneigten Streckenabschnitt und einem negativ geneigten Streckenabschnitt, die sich in einem Knick entlang der Strecke $x = y$ treffen.

e) horizontalen Streckenabschnitt und einem positiv geneigten Streckenabschnitt, die sich in einem Knick entlang der Strecke $x = 2y$ treffen.

Test 5
Die Entscheidung

5.1 In Aufgabe 5.1 hat Karli die Nutzenfunktion $U(x_A, x_B) = x_A x_B$, der Apfelpreis ist 1, der Bananenpreis ist 2. Wie viele Bananen würde Karli konsumieren, wenn sein Einkommen 240 wäre und er das Nutzen maximierende Bündel unter der gegebenen Budgetbeschränkung wählt?

a) 60.

b) 30.

c) 120.

d) 12.

e) 180.

5.2 Wie viele Äpfel wären im besten Bündel enthalten, das sich Karli aus Aufgabe 5.1 leisten könnte, wenn sein Einkommen 40, der Bananenpreis 6 und der Apfelpreis 5 wären?

a) 8.

b) 15.

c) 10.

d) 11.

e) 4.

5.3 In Aufgabe 5.2 lautet Klaras Nutzenfunktion $U(X, Y) = (X + 2)(Y + 1)$. Wie viele Einheiten des Gutes Y konsumiert sie, wenn die Grenzrate der Substitution –2 ist und Klara 10 Einheiten des Gutes X konsumiert?

a) 2.

b) 24.

c) 12.

d) 23.

e) 5.

5.4 In Aufgabe 5.3 lautet Ambrosius' Nutzenfunktion $U(x_1, x_2) = 4x_1^{1/2} + x_2$. Wie viel Nusseinheiten wird Ambrosius wählen, wenn der Nusspreis 1, der Beerenpreis 4 und sein Einkommen 72 sind?

a) 2.

b) 64.

c) 128.

d) 67.

e) 32.

5.5 Ambrosius' Nutzenfunktion ist $U(x_1, x_2) = 4x_1^{1/2} + x_2$. Wie viele Beereneinheiten wird Ambrosius wählen, wenn der Nusspreis 1, der Beerenpreis 4 und sein Einkommen 100 sind?

a) 65.

b) 9.

c) 18.

d) 8.

e) 12.

5.6 In Aufgabe 5.6 ist Helmars Nutzenfunktion $U(x, y) = \min\{x, y^2\}$. Wie hoch muss Helmars Einkommen sein, wenn der Preis von x gleich 15, der Preis von y gleich 10 ist, und sich Helmar für einen Konsum von 7 Einheiten y entscheidet?

a) 1.610.

b) 175.

c) 905.

d) 805.

e) Die vorhandene Information reicht zur Berechnung nicht aus.

Test 6
Nachfrage

6.1 (Siehe Aufgabe 6.1) Wenn Karlis Nutzenfunktion $U(x_A, x_B) = x_A^4 x_B$ wäre, und wenn Äpfel 90 Cents und Bananen 10 Cents je Stück kosteten, würde im Berührungspunkt von Karlis Budgetgeraden und einer seiner Indifferenzkurven folgende Gleichung erfüllt sein:

a) $4x_B = 9x_A$.

b) $x_B = x_A$.

c) $x_A = 4x_B$.

d) $x_B = 4x_A$.

e) $90x_A + 10x_B = m$.

6.2 (Siehe Aufgabe 6.1) Wenn Karlis Nutzenfunktion $U(x_A, x_B) = x_A^4 x_B$ ist, und wenn der Apfelpreis p_A wäre, der Bananenpreis p_B und Karlis Einkommen m wären, dann wäre Karlis Nachfrage nach Äpfeln

a) $m/(2p_A)$.

b) $0{,}25p_A m$.

c) $m/(p_A + p_B)$.

d) $0{,}8m/p_A$.

e) $1{,}25p_B m/p_A$.

6.3 (Siehe Aufgabe 6.3) Ambrosius' Bruder Bartholomäus hat die Nutzenfunktion $U(x_1, x_2) = 24x_1^{1/2} + x_2$. Sein Einkommen ist 51, der Preis des Gutes 1 (Nüsse) ist 4 und der Preis des Gutes 2 (Beeren) ist 1. Wie viele Nusseinheiten wird Bartholomäus nachfragen?

a) 19.

b) 5.

c) 7.

d) 9.

e) 16.

6.4 Ambrosius' Bruder Clemens hat die Nutzenfunktion $U(x_1, x_2) = 8x_1^{1/2} + x_2$. Sein Einkommen ist 23, der Preis des Gutes 1 (Nüsse) ist 2 und der Preis des Gutes 2 (Beeren) ist 1. Wie viele Beereneinheiten wird Clemens nachfragen?

a) 15.

b) 4.

c) 30.

d) 10.

e) Es gibt nicht genügend Information, um antworten zu können.

6.5 Wie erinnerlich bestand Miss Muffet in Aufgabe 6.6 darauf, immer 2 Einheiten Molke (M) je Einheit Topfen (T) zu konsumieren. Wenn der Preis von Topfen 3 und der Preis von Molke 6 ist, dann ist – bei einem Einkommen von m – Miss Muffets Nachfrage nach Topfen

a) $m/3$.

b) $6m/3$.

c) $3T + 6M = m$.

d) $3m$.

e) $m/15$.

6.6 Erinnern wir uns, dass in Aufgabe 6.8 Kaspars Nutzenfunktion gleich $3x + y$ war, wobei x für seinen Kakaokonsum und y für seinen Käsekonsum stehen. Wie viele Einheiten Kakao wird Kaspar konsumieren, wenn die Gesamtkosten von x Kakaoeinheiten x^2 sind, wenn der Käsepreis 8 ist und sein Einkommen € 174 beträgt?

a) 9.

b) 12.

c) 23.

d) 11.

e) 24.

6.7 In Aufgabe 6.13 waren x Peitschen und y Lederjacken. Wenn Kinkos Nutzenfunktion $U(x, y) = \min\{7x, 3x + 12y\}$ ist, der Preis von Peitschen € 20 und der Preis von Lederjacken € 60 ist, dann wäre Kinkos Nachfrage

a) 6mal so viele Peitschen wie Lederjacken.

b) 5mal so viele Lederjacken wie Peitschen.

c) 3mal so viele Peitschen wie Lederjacken.

d) 4mal so viele Lederjacken wie Peitschen.

e) nur Lederjacken.

Test 7
Bekundete Präferenzen

7.1 Wenn wir in Aufgabe 7.1 als einzige Information über Gundi wüssten, dass sie bei Preisen von (6, 3) das Bündel (6, 6) wählt und bei Preisen (5, 5) das Bündel (10, 0), könnten wir daraus folgern, dass

a) das Bündel (6, 6) dem Bündel (10, 0) als bevorzugt bekundet ist, dass es jedoch keinen Hinweis darauf gibt, dass sie das WARP (= Weak Axiom of Revealed Preference = Schwaches Axiom der Bekundeten Präferenzen) verletzt.

b) keines der beiden Bündel gegenüber dem anderen als bevorzugt bekundet ist.

c) Gundi das WARP verletzt.

d) das Bündel (10, 0) dem Bündel (6, 6) als bevorzugt bekundet ist, und dass Gundi das WARP verletzt.

e) das Bündel (10, 0) dem Bündel (6, 6) als bevorzugt bekundet ist, und dass es keinen Hinweis darauf gibt, dass sie das WARP verletzt.

7.2 In Aufgabe 7.3 lebt Pierres Freund Henri in einer Stadt, in der er 3 Francs für ein Glas Wein und 6 Francs für ein Baguette zahlt. Henri konsumiert 6 Glas Wein und 4 Baguettes pro Tag. Zur Erinnerung: Hans hat ein Einkommen von € 15 pro Tag, zahlt € 0,50 für einen Laib Brot und € 2 für ein Glas Wein. Wenn Hans denselben Geschmack wie Henri hat und wenn beide nur um ihren Wein- und Brotkonsum besorgt sind, dann können wir Folgendes schließen:

a) Nichts darüber, wer von beiden besser gestellt ist.

b) Henri ist besser gestellt als Hans.

c) Hans ist besser gestellt als Henri.

d) Beide verletzen das WARP.

e) Hans und Henri sind gleich gut dran.

7.3 Wenden wir uns noch einmal dem Fall Ronald aus Aufgabe 7.4 zu. Preise und Konsum seien im Basisjahr so wie im Fall D: $p_1 = 3$, $p_2 = 1$, $x_1 = 5$, $x_2 = 15$. Wie hoch ist der Laspeyres Preisindex der laufenden Preise relativ zu den Preisen des Basisjahres, wenn derzeit der Preis des Gutes 1 gleich 1, der Preis des Gutes 2 gleich 3, und der laufende Konsum der Güter 1 und 2 gleich 25 bzw. 10 ist? (Wähle die der korrekten Antwort am nächsten kommende Alternative.)

a) 1,67.

b) 1,83.

c) 1.

d) 0,75.

e) 2,50.

7.4 Auf dem Planeten Homogeno konsumiert jeder Konsument, der jemals gelebt hat, nur zwei Güter x und y mit der Nutzenfunktion $U(x, y) = xy$. Die Währungseinheit auf Homogeno ist 1 Fragil. Im Jahre 1910 war auf diesem Planeten der Preis des Gutes x gleich 1 Fragil, der Preis des Gutes y war 2 Fragil; das Einkommen betrug 120 Fragil pro Kopf. Im Jahre 2010 war der Preis des Gutes x gleich 5 Fragil, der Preis des Gutes y war ebenfalls 5 Fragil. Der Laspeyres Index des Preisniveaus im Jahre 2010 relativ zum Preisniveau des Jahres 1910 ist

a) 3,75.

b) 5.

c) 3,33.

d) 6,25.

e) aus der vorhandenen Information nicht bestimmbar.

7.5 Auf dem Planeten Hyperion hat jede Konsumentin, die je gelebt hat, die Nutzenfunktion $U(x, y) = \min\{x, 2y\}$. Die Währungseinheit auf Hyperion ist 1 Minim. Im Jahre 1960 war auf diesem Planeten der Preis des Gutes x gleich 1 Minim, der Preis des Gutes y war 2 Minim. Im Jahre 2010 war der Preis des Gutes x gleich 10 Minim, der Preis des Gutes y war 4 Minim. Der Paasche Index des Preisniveaus im Jahre 2010 relativ zum Preisniveau des Jahres 1960 ist

a) 6.

b) 4,67.

c) 2,5.

d) 3,5.

e) aus der vorhandenen Information nicht bestimmbar.

Test 8
Die Slutsky Gleichung

8.1 In Aufgabe 8.1 ist Karlis Nutzenfunktion $x_A x_B$. Der Apfelpreis betrug € 1, der Bananenpreis € 2, sein Einkommen pro Tag war € 40. Wenn der Apfelpreis auf € 1,25 steigt und der Bananenpreis auf € 1,25 fällt, dann braucht Karli, um sich gerade sein altes Konsumbündel leisten zu können, ein tägliches Einkommen von

a) € 37,50.

b) € 76.

c) € 18,75.

d) € 56,25.

e) € 150.

8.2 In Aufgabe 8.1 ist Karlis Nutzenfunktion $x_A x_B$. Der Apfelpreis betrug € 1, der Bananenpreis € 2, sein Einkommen war € 40. Wenn der Apfelpreis auf € 8 steigt und der Bananenpreis konstant bleibt, dann wird sich aufgrund des Substitutionseffekts Karlis Apfelkonsum reduzieren, und zwar um

a) 17,5 Äpfel.

b) 7 Äpfel.

c) 8,75 Äpfel.

d) 13,75 Äpfel.

e) Keine der obigen Alternativen ist richtig.

8.3 Neville aus Aufgabe 8.2 hat einen Freund namens Colin. Colin hat dieselbe Nachfrage nach Burgunder wie Neville, nämlich $q = 0{,}02m - 2p$, wobei m für das Einkommen und p für den Preis von Burgunder stehen. Colins Einkommen ist 6.000 und er musste früher für eine Flasche Burgunder 30 zahlen. Nun steigt der Preis des Burgunders auf 40. Der Substitutionseffekt dieser Preisänderung ist

a) eine Verringerung seiner Nachfrage um 20.

b) eine Erhöhung seiner Nachfrage um 20.

c) eine Verringerung seiner Nachfrage um 8.

d) eine Verringerung seiner Nachfrage um 32.

e) eine Verringerung seiner Nachfrage um 18.

8.4 Die Güter 1 und 2 sind perfekte Komplemente und ein Konsument konsumiert sie immer im Verhältnis von 2 Einheiten des Gutes 2 pro Einheit des Gutes 1. Wenn ein Konsument ein Einkommen von 120 hat und wenn sich der Preis des Gutes 2 von 3 auf 4 erhöht, während der Preis des Gutes 1 unverändert bei 1 bleibt, dann hat das zur Folge, dass der Einkommenseffekt der Preisänderung

a) 4mal so stark ist wie der Substitutionseffekt.

b) die Nachfrage nach Gut 1 nicht verändert.

c) die gesamte Nachfrageänderung bewirkt.

d) genau 2mal so stark ist wie der Substitutionseffekt.

e) 3mal so stark ist wie der Substitutionseffekt.

8.5 Angenommen Agatha aus Aufgabe 8.10 könnte auf ihrer Reise € 570 für Fahrkarten ausgeben. Sie muss insgesamt eine Strecke von 1.500 Meilen zurücklegen. Der Preis für Fahrkarten 1. Klasse sei € 0,50 pro Meile, der Preis für Fahrkarten 2. Klasse € 0,30 je Meile. Wie viele Meilen wird sie 2. Klasse reisen?

a) 900.

b) 1.050.

c) 450.

d) 1.000.

e) 300.

8.6 In Aufgabe 8.4 ist Magdalena der Auffassung, dass Rittersporn und Stockrosen perfekte Substitute sind, und zwar im Verhältnis von 1 zu 1. Wenn Rittersporn bisher € 5 und Stockrosen € 6 je Einheit kosteten, und wenn nun der Preis des Rittersporns auf € 9 je Einheit steigt, dann wird

a) der Einkommenseffekt der Änderung der Nachfrage nach Rittersporn größer sein als der Substitutionseffekt.

b) sich die Nachfrage nach Stockrosen nicht ändern.

c) der Substitutionseffekt die gesamte Änderung der Nachfrage nach Rittersporn bewirken.

d) 1/4 der Änderung der Nachfrage auf den Einkommenseffekt zurückzuführen sein.

e) 3/4 der Änderung der Nachfrage auf den Einkommenseffekt zurückzuführen sein.

Test 9
Kaufen und Verkaufen

9.1 Wenn in Aufgabe 9.1 Adele Apfel 9 Quitten und 10 Kumquats besäße und wenn der Preis der Kumquats gleich 3 mal dem Preis der Quitten ist, wie viele Kumquats könnte sie sich dann leisten, wenn sie ihr gesamtes Geld für Kumquats verbrauchte?

a) 26.

b) 19.

c) 10.

d) 13.

e) 10.

9.2 Angenommen Mario aus Aufgabe 9.2 konsumiert Auberginen und Tomaten im Verhältnis von 1 Kilogramm Auberginen pro Kilogramm Tomaten. Der Ertrag aus seinem Garten ist 30 Kilogramm Auberginen und 10 Kilogramm Tomaten. Anfänglich beträgt der Preis jedes Gemüses € 10 pro Kilogramm, dann steigt jedoch der Auberginenpreis auf € 30, während der Tomatenpreis unverändert bleibt. Nach der Preisänderung würde Mario

a) seinen Auberginenkonsum um 5 Kilogramm erhöhen.

b) seinen Auberginenkonsum um mindestens 5 Kilogramm verringern.

c) seinen Auberginenkonsum um 7 Kilogramm erhöhen.

d) seinen Auberginenkonsum um 7 Kilogramm verringern.

e) seinen Tomatenkonsum um mindestens 1 Kilogramm verringern.

9.3 Angenommen Georg J aus der Aufgabe 9.9 b) erhält eine wöchentliche Pauschalzahlung von € 50. Georg J hat eine Ausstattung von 80 Stunden pro Woche, sein Stundenlohn ist € 5. Angenommen die ersten € 200 an wöchentlichem Arbeitseinkommen werden nicht besteuert, alles darüber hinausgehende Arbeitseinkommen wird mit 40 Prozent besteuert.

a) Georg Js Budgetgerade hat einen Knick bei einer Freizeit von 50 Stunden.

b) Georg Js Budgetgerade hat einen Knick bei einem Einkommen von € 250, seine Freizeit ist 40 Stunden.

c) Die Steigung von Georg Js Budgetgerade ist einheitlich –3.

d) Georg Js Budgetgerade hat keine Knicks in allen jenen Streckenabschnitten, für welche das Arbeitsangebot positiv ist.

e) Georg Js Budgetgerade hat einen horizontalen Streckenabschnitt.

9.4 Dudley aus der Aufgabe 9.15 hat eine Nutzenfunktion $U(C, R) = C - (12 - R)^2$, wobei C Konsum pro Tag und R Freizeit bedeuten. Er kann täglich 16 Stunden auf Arbeit und Freizeit aufteilen. Wie viele Stunden Freizeit wird Dudley pro Tag konsumieren, wenn er ein tägliches Nicht-Arbeitseinkommen von € 40 und einen Stundenlohn von € 6 hat?

a) 6.

b) 7.

c) 8.

d) 10.

e) 9.

9.5 Herr Zahnrad aus der Aufgabe 9.7 kann 18 Stunden zwischen Arbeit und Freizeit aufteilen. Seine Nutzenfunktion lautet $U(C, R) = CR$, wobei C für seine täglichen Konsumausgaben in Euro und R für seine tägliche Freizeit (in Stunden) stehen. Wenn er € 16 Nicht-Arbeitseinkommen und einen Stundenlohn von € 13 hat, dann kann man seine Budgetgleichung, die alle seine Kombinationen von Konsum und Freizeit angibt, anschreiben als

a) $13R + C = 16$.

b) $13R + C = 250$.

c) $R + C/13 = 328$.

d) $C = 250 + 13R$.

e) $C = 298 + 13R$.

9.6 Herr Zahnrad aus der Aufgabe 9.7 kann 18 Stunden zwischen Arbeit und Freizeit aufteilen. Seine Nutzenfunktion lautet $U(C, R) = CR$, wobei C für seine täglichen Konsumausgaben in Euro und R für seine tägliche Freizeit (in Stunden) stehen. Wenn er € 42 Nicht-Arbeitseinkommen und einen Stundenlohn von € 13 hat, dann wird er eine Kombination von Arbeit und Freizeit wählen, bei der sein täglicher Konsum gleich

a) € 276 sein wird.

b) € 128 sein wird.

c) € 159 sein wird.

d) € 138 sein wird.

e) € 207 sein wird.

Test 10
Intertemporäre Entscheidung

10.1 Wenn Peregrinus aus Aufgabe 10.1 (1.000, 1.155) konsumiert und (800, 1.365) verdient und wenn der Zinssatz 0,05 ist, dann ist der Gegenwartswert seiner Ausstattung

a) 2.165.

b) 2.100.

c) 2.155.

d) 4.305.

e) 5.105.

10.2 Angenommen Molly aus Aufgabe 10.2 hat in Periode 1 ein Einkommen von € 400 und von € 550 in Periode 2. Ihre Nutzenfunktion sei $c_1^a c_2^{1-a}$, wobei $a = 0{,}4$; der Zinssatz sei 0,1. Wenn sich ihr Einkommen in Periode 1 verdoppelte und ihr Einkommen in Periode 2 unverändert bliebe, dann würde Mollys Konsum in Periode 1

a) sich verdoppeln.

b) um € 160 steigen.

c) um € 80 steigen.

d) gleich bleiben.

e) um € 400 steigen.

10.3 Herr A. B. Cäsar aus der Aufgabe 10.8 hat eine Nutzenfunktion c_1c_2, wobei c_1 sein Konsum in Periode 1 und c_2 sein Konsum in Periode 2 ist. In Periode 2 bezieht er kein Einkommen. Wenn er in Periode 1 ein Einkommen von € 30.000 hätte und der Zinssatz von 10 % auf 12 % steigt, dann

a) würde sein Sparen um 2 % steigen, sein Konsum in Periode 2 würde ebenfalls steigen.

b) würde sich sein Sparen nicht ändern, aber sein Konsum in Periode 2 würde um € 300 steigen.

c) würde sein Konsum in beiden Perioden steigen.

d) würde sein Konsum in beiden Perioden sinken.

e) würde sein Konsum in Periode 1 um 12 % sinken und sein Konsum in Periode 2 würde auch sinken.

10.4 Gernot Gewohnheit aus Aufgabe 10.9 hat die Nutzenfunktion $U(c_1, c_2) = \min\{c_1, c_2\}$. Wie viel würde Gernot in der Periode 1 für Brot ausgeben, wenn er in Periode 1 ein Einkommen von € 1.025 und in Periode 2 ein Einkommen von € 410 hätte und wenn der Zinssatz 0,05 wäre?

a) € 1.087,50.

b) € 241,67.

c) € 362,50.

d) € 1.450.

e) € 725.

10.5 Wie viel werden in der Bergdorfaufgabe 10.10 die Dorfbewohner im nächsten Jahr konsumieren, wenn sie heuer 1.000 Zentner Getreide konsumieren, die heurige Ernte 3.000

Zentner beträgt und die Ernte im nächsten Jahr 1.100 Zentner sein wird, und wenn die Ratten 50 % des über ein Jahr gelagerten Getreides fressen?

a) 2.100.

b) 1.000.

c) 4.100.

d) 3.150.

e) 1.200.

10.6 Frau Geduldig hat die Nutzenfunktion $U(c_1, c_2) = c_1^{1/2} + 0{,}83c_2^{1/2}$, wobei c_1 ihr Konsum in Periode 1 und c_2 ihr Konsum in Periode 2 ist. Ihr Einkommen in Periode 1 ist zweimal so groß wie ihr Einkommen in Periode 2. Bei welchem Zinssatz wird sie in Periode 1 denselben Betrag für Konsum ausgeben wie in Periode 2?

a) 0,4.

b) 0,1.

c) 0,2.

d) 0.

e) 0,3.

Test 11 Märkte für Vermögenswerte

11.1 Arthur aus der Aufgabe 11.6 hat eine weitere Weinsorte, Wein D, entdeckt. Weinkenner sind bereit, bei sofortigem Verbrauch € 40 dafür zu zahlen. Für jedes Jahr, das der Wein reift, sind Weinkenner bereit, weitere € 10 zu zahlen. Der Zinssatz ist 10 %. Wie viel wäre Arthur bereit, für diesen Wein zu zahlen, wenn er ihn als eine Finanzinvestition kauft? (Wähle die der Antwort am nächsten kommende Alternative.)

a) € 56.

b) € 40.

c) € 100.

d) € 440.

e) € 61.

11.2 Kaltenberger aus Aufgabe 11.10 hat eine Nachbarn, Fröstel, der dieselben Möglichkeiten der Wärmedämmung seines Hauses hat wie Kaltenberger. Fröstel besitzt allerdings ein größeres Haus. Seine jährlichen Heizkosten betragen € 1.000 pro Jahr. Plan A vermindert seine jährlichen Heizkosten um 15 %, Plan B um 20 % und Plan C würde dazu führen, dass er überhaupt kein Heizöl mehr benötigt. Wärmedämmung nach Plan A würde Fröstel € 1.000

kosten, Plan B würde € 1.900 und Plan C € 11.000 kosten. Welcher Plan ist der beste, wenn der Zinssatz 10 % beträgt und das Haus und die Wärmedämmung ewig halten?

a) Plan A.

b) Plan B.

c) Plan C.

d) Plan A und Plan B sind gleich gut.

e) Am besten nutzt er keinen der Pläne.

11.3 Im nächsten Jahr wird erwartet, dass der Preis einer Antiquität um 2 % steigen wird. Der Zinssatz ist 6 %. Sie erwägen, heuer eine Antiquität zu kaufen und sie nächstes Jahr zu verkaufen. Die Freude, eine Antiquität ein Jahr lang zu besitzen, wäre Ihnen € 200 wert. Wie viel wären Sie bereit, für diese Antiquität zu zahlen? (Siehe Aufgabe 11.5.)

a) € 3.333,33.

b) € 4.200.

c) € 200.

d) € 5.000.

e) € 2.000.

11.4 Ein Wertpapier hat einen Nennwert von € 9.000 und einen Ertrag am Ende jedes Jahres von € 900 während der nächsten 46 Jahre. Am Ende der Verzinsungsperiode, also in 46 Jahren, wird das Unternehmen, welches das Wertpapier begeben hat, „diese Schuldverschreibung zum Nennwert einlösen". Das heißt, das Unternehmen kauft das Wertpapier um den Betrag des Nennwerts vom jeweiligen Besitzer zurück. Wie viel würde ein rationaler Investor für dieses Wertpapier heute zahlen, wenn der Zinssatz derzeit 10 % beträgt und man erwartet, dass er auch weiterhin 10 % bleiben wird?

a) € 9.000.

b) € 50.400.

c) € 41.400.

d) Mehr als jeden der obigen Beträge.

e) Weniger als jeden der obigen Beträge.

11.5 Die Summe der unendlichen geometrischen Reihe 1, 0,86, $0{,}86^2$, $0{,}86^3$, ... kommt folgendem Wert am nächsten:

a) unendlich.

b) 1,86.

c) 7,14.

d) 0,54.

e) 116,28.

11.6 Wie viel wird bei einem Zinssatz von 11 % – derzeit und in alle Ewigkeit – eine rationaler Investor für einen Vermögenswert zu zahlen bereit sein, der in einem Jahr einen Ertrag von € 5.550, in zwei Jahren € 1.232 und ab dann keinen Ertrag mehr abwirft?

a) € 6.000.

b) € 5.000.

c) € 54.545,45.

d) € 72.000.

e) € 7.000.

Test 12 Unsicherheit

12.1 In Aufgabe 12.9 hat Billy eine von-Neumann-Morgenstern Nutzenfunktion $U(c) = c^{1/2}$. Wenn Billy sich in dieser Saison nicht verletzt, dann erhält er ein Einkommen von 25 Millionen Dollar. Wenn er sich jedoch verletzt, wird sein Einkommen nur $ 10.000 sein. Die Wahrscheinlichkeit einer Verletzung ist 0,1, dementsprechend ist die Wahrscheinlichkeit, dass er sich nicht verletzt, 0,9. Sein erwarteter Nutzen ist

a) 4.510.

b) zwischen 24 und 25 Millionen Dollar.

c) 100.000.

d) 9.020.

e) 18.040.

12.2 (Siehe Aufgabe 12.2.) Willys einzige Einkommensquelle ist seine Schokoladefabrik. Er hat die Nutzenfunktion $pc_Ü^{1/2} + (1 - p)c_{KÜ}^{1/2}$, wobei p die Wahrscheinlichkeit einer Überschwemmung ist, $(1 - p)$ somit die Wahrscheinlichkeit, dass es keine Überschwemmung gibt; $c_Ü$ und $c_{KÜ}$ ist sein jeweiliges Einkommen (aus dem Verkauf seiner Fabrik) im Fall einer bzw. keiner Überschwemmung. Die Wahrscheinlichkeit einer Überschwemmung ist $p = 1/15$. Der Wert von Willys Fabrik beträgt € 600.000, wenn es keine Überschwemmung gibt, und 0 im Falle der Überschwemmung. Willy kann eine Versicherung zu folgenden Bedingungen abschließen: Für eine Versicherungssumme von x Euro muss er – unabhängig davon, ob es eine Überschwemmung gibt oder nicht – eine Prämie von $3x/17$ Euro zahlen; im Falle der Überschwemmung erhält er die Versicherungssumme von x Euro ausbezahlt. Willy sollte

a) keine Versicherung abschließen, da die Kosten je Euro Versicherungssumme die Wahrscheinlichkeit einer Überschwemmung übersteigen.

b) sich ausreichend versichern, sodass sein Einkommen im Falle einer Überschwemmung nach Auszahlung der Versicherungssumme 1/9 dessen sein sollte, was es ohne Überschwemmung wäre.

c) sich ausreichend versichern, sodass sein Einkommen im Falle einer Überschwemmung nach Auszahlung der Versicherungssumme dasselbe sein sollte, was es ohne Überschwemmung wäre.

d) sich ausreichend versichern, sodass sein Einkommen im Falle einer Überschwemmung nach Auszahlung der Versicherungssumme 1/4 dessen sein sollte, was es ohne Überschwemmung wäre.

e) sich ausreichend versichern, sodass sein Einkommen im Falle einer Überschwemmung nach Auszahlung der Versicherungssumme 1/7 dessen sein sollte, was es ohne Überschwemmung wäre.

12.3 Sara Kink maximiert ihren erwarteten Nutzen und sie hat die Nutzenfunktion $pu(c_1) + (1 - p)u(c_2)$, wobei für alle $x < 4.000$ der Nutzen $u(x) = 2x$ ist und für alle $x \geq 4.000$ der Nutzen $u(x) = 4.000 + x$ ist. (Hinweis: Stelle $u(x)$ grafisch dar.)

a) Sara ist für Einkommen unter 4.000 risikoscheu, für Einkommen über 4.000 risikofreudig.

b) Sara ist für Einkommen unter 4.000 risikoneutral, für Einkommen über 4.000 risikoscheu.

c) Sara wird bereit sein, jede Wette zu akzeptieren, die eine positive erwartete Nettoauszahlung hat, wenn es dabei keine Möglichkeit gibt, dass ihr Einkommen 4.000 übersteigt.

d) Sara wird nie eine Wette eingehen, bei der ihr Einkommen unter 8.000 fallen könnte.

e) Keine der obigen Antworten ist richtig.

12.4 (Siehe Aufgabe 12.11.) Martins Funktion des erwarteten Nutzens lautet $pc_1^{1/2} + (1 - p)c_2^{1/2}$, wobei p die Wahrscheinlichkeit eines Konsums von c_1 ist und $(1 - p)$ die Wahrscheinlichkeit, dass er c_2 konsumiert. Es bietet sich für ihn folgende Gelegenheit: Martin kann zwischen einer sicheren Zahlung von Z Euro oder einer Lotterie wählen, bei der er € 2.500 mit einer Wahrscheinlichkeit von 0,4 oder € 900 mit einer Wahrscheinlichkeit von 0,6 erhält. Martin wird die sichere Zahlung wählen, wenn

a) $Z > 1.444$ ist, und die Lotterie, wenn $Z < 1.444$ ist.

b) $Z > 1.972$ ist, und die Lotterie, wenn $Z < 1.972$ ist.

c) $Z > 900$ ist, und die Lotterie, wenn $Z < 900$ ist.

d) $Z > 1.172$ ist, und die Lotterie, wenn $Z < 1.172$ ist.

e) $Z > 1.540$ ist, und die Lotterie, wenn $Z < 1.540$ ist.

12.5 Clemens besitzt € 4.800 und überlegt, bei einem Boxkampf zwischen Sullivan und Flanagan zu wetten. Er kann um € 6 Wettscheine kaufen, mit denen er bei einem Sieg von Sullivan € 10 erhält. In einem anderen Wettbüro werden ihm Wettscheine um € 4 angeboten, die ihm bei einem Sieg von Flanagan € 10 zahlen. Clemens glaubt, dass die Wahrscheinlichkeit eines

Siegs für jeden Boxer 1/2 ist. Clemens ist risikoscheu, er versucht den Erwartungswert des natürlichen Logarithmus seines Vermögens zu maximieren. Welche der folgenden Strategien würde seinen erwarteten Nutzen maximieren?

a) Spiele überhaupt nicht.

b) Kaufe 400 Sullivan-Wettscheine und 600 Flanagan-Wettscheine.

c) Kaufe genauso viele Sullivan-Wettscheine wie Flanagan-Wettscheine.

d) Kaufe 200 Sullivan-Wettscheine und 300 Flanagan-Wettscheine.

e) Kaufe 200 Sullivan-Wettscheine und 600 Flanagan-Wettscheine.

Test 13 Riskante Vermögenswerte

13.1 Nehmen wir an, dass Frau Lynch aus Aufgabe 13.1 ihr Portfolio aus einem risikofreien Aktivum mit einer sicheren Ertragsrate von 15 % und einem riskanten Vermögenswert, der eine erwartete Ertragsrate von 30 % mit einer Standardabweichung von 5 hat, zusammensetzen kann. Wenn sie sich für ein Portfolio mit einer erwarteten Ertragsrate von 18,75 % entscheidet, dann hat sie eine Standardabweichung des Ertrags auf dieses Portfolio von

a) 0,63.

b) 4,25.

c) 1,25.

d) 2,5.

e) Keine der obigen Antworten ist korrekt.

13.2 Nehmen wir an, dass Herr Schmid aus Aufgabe 13.2 sein Portfolio zwischen zwei Vermögenswerten aufteilen muss: Eines bietet eine erwartete Ertragsrate von 15 % mit einer Standardabweichung von Null, das andere eine erwartete Ertragsrate von 30 % mit einer Standardabweichung von 5. Er kann die erwartete Ertragsrate und die Standardabweichung seines Portfolios variieren, indem er die Anteile der beiden Aktiva ändert. Wenn wir eine „Budgetgerade" zeichnen (wobei wir auf der vertikalen Achse den erwarteten Ertrag und auf der horizontalen Achse die Standardabweichung messen), welche Schmids mögliche Kombinationen darstellt, dann ist die Steigung dieser „Budgetgeraden" gleich

a) 3.

b) –3.

c) 1,5.

d) –1,5.

e) 4,5.

Test 14
Konsumentenrente

14.1 Herr Plus in Aufgabe 14.1 hat die Nachfragefunktion nach Met $D(p) = 100 - p$. Wie hoch ist Herrn Plus' Konsumentenrente, wenn der Metpreis 75 ist?

a) 312,50.

b) 25.

c) 625.

d) 156,25.

e) 6.000.

14.2 Frau Quasimodo aus Aufgabe 14.3 hat ebenfalls die Nutzenfunktion $U(x, m) = 100x - (x^2/2) + m$, wobei x ihr Ohrstöpselkonsum ist und m das Geld, das sie für andere Dinge ausgeben kann. Wenn sie insgesamt 10.000 € für Ohrstöpsel und andere Dinge ausgeben kann und wenn der Ohrstöpselpreis von € 50 auf 95 € steigt, dann wird ihre Konsumentenrente um

a) 1.237,50 € fallen.

b) 3.237,50 € fallen.

c) 225 € fallen.

d) 618,75 € steigen.

e) 2.475 € steigen.

14.3 Berenice aus Aufgabe 14.5 hat die Nutzenfunktion $U(x, m) = \min\{x, m\}$, wobei x für die Paare an Ohrringen steht, die sie pro Woche kauft, und m für das wöchentliche Einkommen in Euro, das sie für andere Dinge ausgeben kann. (Es ist auch möglich, „Bruchteile" von Paaren an Ohrringen zu erwerben.) Sie hat ursprünglich ein wöchentliches Einkommen von € 13 und Ohrringe kosteten € 2 das Paar; wenn nun der Ohrringpreis auf € 4 steigt, dann wäre die kompensatorische Variation dieser Preisänderung – gemessen in Euros pro Woche – ungefähr gleich

a) € 5,20.

b) € 8,67.

c) € 18,33.

d) € 17,33.

e) € 16,33.

14.4 Nun hat Berenice (mit der Nutzenfunktion $U(x, y) = \min\{x, m\}$, wobei x für die Paare an Ohrringen steht, die sie pro Woche kauft, und m für das wöchentliche Einkommen in Euro, das sie für andere Dinge ausgeben kann) ein Einkommen von € 16 und zahlt für Ohrringe pro Paar € 1; wenn jetzt der Ohrringpreis auf € 8 steigt, dann ist die äquivalente Variation dieser Preisänderung ungefähr gleich

a) € 12,44.

b) € 56.

c) € 112.

d) € 6,22.

e) € 34,22.

14.5 Lolitas Nutzenfunktion in Aufgabe 14.7 lautet $U(x, y) = x - (x^2/2) + y$, wobei x ihr Kraftfutterkonsum und y ihr Heukonsum ist. Angenommen der Kraftfutterpreis ist € 0,40, der Heupreis € 1, und Lolita hat ein Einkommen von € 4; wenn sie aus den Kombinationen von Kraftfutter und Heu, die sie sich leisten kann, jene wählt, die ihren Nutzen maximiert, dann hat sie einen Nutzen von

a) 4,18.

b) 3,60.

c) 0,18.

d) 6,18.

e) 2,18.

Test 15
Marktnachfrage

15.1 In Tankstop, Süd Dakota, ist die Benzinnachfrage jedes Buick-Besitzers gleich $20 - 5p$ für $p \leq 4$ und 0 für $p > 4$. Die Benzinnachfrage jedes Dodge-Besitzers ist durch $15 - 3p$ für $p \leq 5$ und 0 für $p > 5$ gegeben. In Tankstop, Süd Dakota, gibt es 100 Buick-Besitzer und 50 Dodge-Besitzer. Wie groß ist bei einem Preis von $ 4 je Gallone die Gesamtnachfrage nach Benzin in Tankstop?

a) 300 Gallonen.

b) 75 Gallonen.

c) 225 Gallonen.

d) 150 Gallonen.

e) Keine der obigen Antworten ist korrekt.

15.2 In der Aufgabe 15.5 ist die Nachfragefunktion nach Zeugs durch $D(p) = (p + 1)^{-2}$. Wenn der Preis von Zeugs 10 ist, dann ist die Preiselastizität der Nachfrage gleich

a) –7,27.

b) –3,64.

c) −5,45.

d) −0,91.

e) −1,82.

15.3 In Aufgabe 15.6 sind die einzigen Mengen, die Barbie kaufen kann, 1 Einheit oder Null Einheiten. Nehmen wir an, dass für x_1 gleich Null oder 1 und für alle positiven Werte von x_2 Barbies Präferenzen durch die Nutzenfunktion $(x_1 + 4)(x_2 + 2)$ dargestellt werden können. Wenn Barbies Einkommen $ 28 ist, dann ist ihr Vorbehaltspreis für Gut 1 gleich

a) $ 12.

b) $ 1,50.

c) $ 6.

d) $ 2.

e) $ 0,40.

15.4 In derselben Football-Liga wie jene der Universität der Aufgabe 15.9 gibt es eine weitere Universität, bei der die Nachfrage nach Eintrittskarten für jedes Spiel durch die Funktion 80.000 – 12.000p gegeben ist, wobei p der Preis pro Karte ist. Wie hoch ist er Umsatz maximierende Preis, den diese Universität für eine Eintrittskarte verlangen sollte, wenn die Kapazität des Stadions 50.000 beträgt?

a) 3,33.

b) 2,50.

c) 6,67.

d) 1,67.

e) 10.

15.5 In Aufgabe 15.9 ist die Nachfrage nach Eintrittskarten durch 200.000 – 10.000p gegeben, wobei p der Preis pro Karte ist. Wenn der Eintrittspreis 4 ist, dann ist die Preiselastizität der Nachfrage nach Eintrittskarten gleich

a) −0,50.

b) −0,38.

c) −0,75.

d) −0,13.

e) −0,25.

Test 16 Gleichgewicht

16.1 Diese Testaufgabe ist leichter, wenn man bereits Aufgabe 16.3 bearbeitet hat. Die inverse Nachfragefunktion nach Grapefruits ist durch die Gleichung $p = 296 - 7q$ gegeben, wobei q die Anzahl der verkauften Einheiten ist. Die inverse Angebotsfunktion lautet $p = 17 + 2q$. Die Anbieter müssen nun für jede verkaufte Einheit eine Steuer von 27 zahlen. Durch die Einhebung der Steuer fällt die Menge der verkauften Grapefruits auf

a) 31 Einheiten.

b) 17,5 Einheiten.

c) 26 Einheiten.

d) 28 Einheiten.

e) 29,5 Einheiten.

16.2 In einer fernab gelegenen dichtbesiedelten Stadt stellen die Behörden fest, dass die Mieten zu hoch seien. Die langfristige Angebotsfunktion für eine Zweizimmerwohnung ist durch $q = 18 + 2p$ gegeben, die langfristige Nachfragefunktion durch $q = 114 - 4p$, wobei die p die wöchentliche Miete in Kronen ist. Die Behörden erklären es für illegal, eine Wohnung für mehr als 10 Kronen pro Woche zu vermieten. Um eine Verknappung der Wohnungen zu vermeiden, erklären sich die Behörden bereit, die Vermieter ausreichend zu subventionieren, sodass das Angebot gleich der Nachfrage sei. Wie hoch müsste die wöchentliche Subvention je Wohnung sein, damit die beim Höchstpreis bestehende Überschussnachfrage eliminiert wird?

a) 9 Kronen.

b) 15 Kronen.

c) 18 Kronen.

d) 36 Kronen.

e) 27 Kronen.

16.3 Angenommen König Kanuta aus Aufgabe 16.11 verlangt, dass alle seine Untertanen für jede Kokosnuss, die sie konsumieren, 4 Kokosnüsse an ihn abliefern. Der König wirft alle Kokosnüsse, die er erhält, auf einen Haufen und verbrennt sie. Die Angebotsfunktion von Kokosnüssen lautet $S(p_s) = 100p_s$, wobei p_s der Preis ist, den die Anbieter erhalten. Die Nachfrage nach Kokosnüssen von König Kanutas Untertanen ist $D(p_d) = 8.320 - 100p_d$, wobei p_d der Preis ist, den die Konsumenten zahlen müssen. Im Gleichgewicht ist dann der Preis, den die Anbieter erhalten, gleich

a) 16.

b) 24.

c) 41,60.

d) 208.

e) Keine der obigen Antworten ist korrekt.

16.4 In Aufgabe 16.6 ist die Nachfragefunktion nach Horribles gleich 200 – $4P_H$ – $2P_L$ und die Nachfragefunktion nach LaMerdes ist gleich 200 – $3P_L$ – P_H, wobei P_H und P_L die Preise der Horribles bzw. der LaMerdes sind. Wenn das Weltangebot an Horribles 100 und das Weltangebot an LaMerdes 90 ist, dann ist der Gleichgewichtspreis für Horribles gleich

a) 8.

b) 25.

c) 42.

d) 34.

e) 16.

Test 17 Auktionen

17.1 (Siehe Aufgabe 17.1.) Ein antiker Schrank wird im Wege einer Englischen Auktion versteigert. Es gibt vier Bieterinnen: Natalie, Heidi, Linda und Eva. Die Bieterinnen kennen einander nicht und es gibt auch keine Absprachen unter ihnen. Natalie bewertet den Schrank mit € 1.200, Heidi bewertet ihn mit € 950, Linda mit € 1.700 und Eva bewertet ihn mit € 700. Wenn jede Bieterin rational in ihrem Eigeninteresse bietet, dann wird der Schrank an

a) Linda um etwa € 1.700 verkauft werden.

b) Natalie um etwa € 1.200 verkauft werden.

c) entweder Linda oder Natalie um etwa € 1.200 verkauft werden. Welche der beiden Käuferinnen ihn erhält, wird durch Los entschieden.

d) Linda um etwas mehr als € 1.200 verkauft werden.

e) entweder Linda oder Natalie um etwa € 950 verkauft werden. Welche der beiden Käuferinnen ihn erhält, wird durch Los entschieden.

17.2 (Siehe Aufgaben 17.2 – 17.5.) Ein Autohändler beschließt, einen Oldtimer im Wege einer Englischen Auktion mit einem Vorbehaltspreis von € 900 zu versteigern. Es gibt zwei Bieter. Der Händler vermutet, dass es nur drei mögliche Zahlungsbereitschaften der beiden Bieter gibt, nämlich € 6.300, € 2.700 und € 900. Für jeden Bieter beträgt die Wahrscheinlichkeit für jeden dieser Werte 1/3, und die Wahrscheinlichkeiten der beiden Bieter sind unabhängig von der Bewertung durch den anderen Bieter. Unter der Annahme, dass sich die beiden Bieter nicht absprechen und rational verhalten, ist der erwartete Erlös des Autohändlers

a) € 4.500.

b) € 3.300.

c) € 2.700.

d) € 2.100.

e) € 6.300.

17.3 (Siehe Aufgaben 17.2 – 17.5.) Die Lokalbank AG hat eine Hypothek gekündigt und versteigert das jetzt in ihrem Besitz befindliche Haus. Es gibt drei Bieterinnen, Johanna, Sabine und Elfriede. Die Lokalbank hat kennt die Zahlungsbereitschaften der drei Bieterinnen nicht, glaubt jedoch auf Grund früherer Erfahrungen, dass jede von ihnen mit einer Wahrscheinlichkeit von jeweils 1/3 das Haus mit € 700.000, € 500.000 bzw. € 200.000 bewertet. Nach Auffassung der Lokalbank sind diese Wahrscheinlichkeiten zwischen den Bieterinnen unabhängig. Wie hoch wird der erwartete Erlös der Lokalbank sein, wenn sie das Haus im Wege einer Auktion mit versiegelten Geboten an die Meistbieterin zum zweithöchsten Gebot verkauft (Vickrey-Auktion)? (Wählen Sie die am nächsten kommende Alternative.)

a) € 500.000.

b) € 474.074.

c) € 466.667.

d) € 666.667.

e) € 266.667.

17.4 (Siehe Aufgaben 17.2 – 17.5.) Ein Händler beschließt, ein Ölgemälde im Wege einer Englischen Auktion mit einem Vorbehaltspreis von knapp unter € 81.000 zu versteigern. Wenn er diesen Vorbehaltspreis nicht erzielt, verbrennt er das Gemälde. Es gibt zwei Bieter. Der Händler vermutet, dass es nur drei mögliche Zahlungsbereitschaften der beiden Bieter gibt, nämlich € 90.000, € 81.000 und € 45.000. Für jeden Bieter beträgt die Wahrscheinlichkeit für jeden dieser Werte 1/3, und die Wahrscheinlichkeiten der beiden Bieter sind unabhängig von der Bewertung durch den anderen Bieter. Unter der Annahme, dass sich die beiden Bieter untereinander nicht absprechen und rational verhalten, ist der erwartete Erlös des Händlers aus dem Verkauf des Bildes etwas weniger als

a) € 73.000.

b) € 81.000.

c) € 45.000.

d) € 63.000.

e) € 72.000.

17.5 (Siehe Aufgabe 17.8.) Robertas Auktionshaus in Radkappel, Obersachsen, hält jeden Mittwoch eine Auktion für Gebrauchtwagen mit versiegelten Geboten ab. Jedes Auto wird an die Meistbieterin zum zweithöchsten Gebot verkauft. Durchschnittlich sind 2/3 der versteigerten Autos schlechte, 1/3 sind gute Gebrauchtautos. Ein guter Gebrauchtwagen ist für jede Käuferin € 1.500 wert, ein schlechter hat hingegen nur einen Wert von € 150. Die meisten Käuferinnen können die Autos nur zufällig auswählen. Die einzige Ausnahme ist Karla Kurbelwelle: Sie kann manchmal ein schlechtes Auto am Geschmack des Motoröls am Ölmessstab erkennen. Ein gutes Auto kann sie mit diesem Test immer erkennen, die Hälfte der schlechten wird jedoch in diesem Test nicht erkannt. Karla nimmt an jeder Auktion teil, sie schleckt jeden Ölmessstab ab und bietet ihren Erwartungswert für jedes Auto entsprechend dem Ergebnis ihres Tests. Karla wird wie folgt bieten:

a) € 825 für jene Autos, die ihren Test bestehen, und € 150 für jene Autos, die ihren Test nicht bestehen. Gewöhnliche Bieterinnen erhalten nur schlechte Autos.

b) € 750 für jene Autos, die ihren Test bestehen, und € 500 für jene Autos, die ihren Test nicht bestehen. Gewöhnliche Bieterinnen erhalten nur schlechte Autos.

c) € 500 für jene Autos, die ihren Test bestehen, und € 150 für jene Autos, die ihren Test nicht bestehen. Gewöhnliche Bieterinnen erhalten nur in 1/6 der Fälle gute Autos.

d) € 600 für jene Autos, die ihren Test bestehen, und € 250 für jene Autos, die ihren Test nicht bestehen. Gewöhnliche Bieterinnen erhalten nur in 1/6 der Fälle gute Autos.

e) € 300 für jene Autos, die ihren Test bestehen, und € 150 für jene Autos, die ihren Test nicht bestehen. Gewöhnliche Bieterinnen erhalten nur in 1/12 der Fälle gute Autos.

Test 18
Technologie

18.1 Dieser Test ist leichter, wenn man bereits Aufgabe 18.1 bearbeitet hat. Ein Unternehmen hat die Produktionsfunktion $f(x_1, x_2) = x_1^{0,9}x_2^{0,3}$. Die Isoquante für einen Output von $40^{3/10}$ hat die Gleichung

a) $x_2 = 40x_1^{-3}$.

b) $x_2 = 40x_1^{3,33}$.

c) $x_1/x_2 = 3$.

d) $x_2 = 40x_1^{-0,3}$.

e) $x_1 = 0,3x_2^{-0,7}$.

18.2 Ein Unternehmen hat die Produktionsfunktion $f(x, y) = x^{0,7}y^{-0,3}$. Dieses Unternehmen hat

a) abnehmende Skalenerträge und ein fallendes Grenzprodukt für Faktor x.

b) zunehmende Skalenerträge und ein fallendes Grenzprodukt für Faktor x.

c) abnehmende Skalenerträge und ein steigendes Grenzprodukt für Faktor x.

d) konstante Skalenerträge.

e) Keine der obigen Antworten ist korrekt.

18.3 Ein Unternehmen setzt 3 Produktionsfaktoren ein. Seine Produktionsfunktion lautet $f(x, y, z) = \min\{x^5/y, y^4, (z^6 - x^6)/y^2\}$. Wenn jede Inputmenge mit 6 multipliziert wird, dann ist der Multiplikator des Outputs gleich

a) 7.776.

b) 1.296.

c) 216.

d) 0.

e) Die Antwort hängt von den Ausgangswerten für x, y und z ab.

18.4 Ein Unternehmen hat die Produktionsfunktion $f(x, y) = 1{,}2(x^{0,1} + y^{0,1})$ für alle $x > 0$ und $y > 0$. Wenn beide Inputmengen positiv sind, dann hat das Unternehmen

a) steigende Skalenerträge.

b) fallende Skalenerträge.

c) konstante Skalenerträge.

d) steigende Skalenerträge, wenn $x + y > 1$, ansonsten fallende Skalenerträge.

e) steigende Skalenerträge, wenn der Output kleiner als 1 ist, und fallende Skalenerträge, wenn der Output größer als 1 ist.

Test 19 Gewinnmaximierung

19.1 In Aufgabe 19.1 ist die Produktionsfunktion durch $F(L) = 6L^{2/3}$ gegeben. Angenommen die Kosten je Arbeitseinheit sind 8, der Outputpreis sei ebenfalls 8; wie viele Arbeitseinheiten wird das Unternehmen beschäftigen?

a) 128.

b) 64.

c) 32.

d) 192.

e) Keine der obigen Antworten ist korrekt.

19.2 In Aufgabe 19.2 ist die Produktionsfunktion durch $f(x) = 4x^{1/2}$ gegeben. Wie hoch wird der Gewinn einer Gewinn maximierenden Unternehmung sein, wenn der Preis des erzeugten Gutes pro Stück 70 ist und die Kosten des Inputs 35 je Einheit sind?

a) 560.

b) 278.

c) 1.124.

d) 545.

e) 283.

19.3 In Aufgabe 19.11 ist die Produktionsfunktion durch $f(x_1, x_2) = x_1^{1/2}x_2^{1/2}$ gegeben. Angenommen der Preis des Faktors 1 ist 8 und der Preis des Faktors 2 ist 16; in welchem Verhältnis sollte das Unternehmen die Faktoren 1 und 2 einsetzen, wenn es den Gewinn maximieren will?

a) $x_1 = x_2$.

b) $x_1 = 0{,}5x_2$.

c) $x_1 = 2x_2$.

d) Das kann man ohne Kenntnis des Outputpreises nicht sagen.

e) $x_1 = 16x_2$.

19.4 Wenn in Aufgabe 19.9 der Bauer Hoglund *N* Kilogramm Düngemittel per Hektar verwendet, dann ist das Grenzprodukt des Düngemittels 1 – (*N*/200) Zentner Mais. Wie viel Kilogramm Düngemittel sollte Bauer Hoglund je Hektar zur Gewinnmaximierung verwenden, wenn der Maispreis € 4 je Zentner und der Düngemittelpreis € 1,20 je Kilogramm beträgt?

a) 140.

b) 280.

c) 74.

d) 288.

e) 200.

Test 20 Kostenminimierung

20.1 Angenommen Nadine aus Aufgabe 20.1 hat die Produktionsfunktion $3x_1 + x_2$. Wie viel wird es sie kosten, 50 Outputeinheiten herzustellen, wenn die Preise der Inputs 9 (Faktor 1) bzw. 4 (Faktor 2) sind?

a) 1.550.

b) 150.

c) 200.

d) 875.

e) 175.

20.2 Angenommen in Aufgabe 20.2 wird ein neues Metall entwickelt, das Kupfer und Zink in konstantem Verhältnis legiert, und zwar erfordert eine Einheit Output 3 Einheiten Kupfer und 3 Einheiten Zink für jede Einheit der Legierung. Wie hoch sind die durchschnittlichen Stückkosten bei einer Produktion von 4.000 Einheiten der Legierung, wenn der Kupferpreis und der Zinkpreis jeweils 2 sind und keine anderen Inputs erforderlich sind?

a) 6,33.

b) 666,67.

c) 0,67.

d) 12.

e) 6.333,33.

20.3 Die Produktionsfunktion in Aufgabe 20.3 lautet $f(L, M) = 4L^{1/2}M^{1/2}$, wobei L die Zahl der verwendeten Arbeitseinheiten, M die Zahl der eingesetzten Maschinen ist. Wenn die Arbeitskosten je Arbeitseinheit € 25 sind und die Kosten der Maschinen € 64 je Maschineneinheit sind, dann sind die Gesamtkosten der Herstellung von 6 Outputeinheiten

a) € 120.

b) € 267.

c) € 150.

d) € 240.

e) Keine der obigen Antworten ist korrekt.

20.4 Angenommen die Unternehmung aus Aufgabe 20.3, welche die Produktionsfunktion $f(L, M) = 4L^{1/2}M^{1/2}$ hat, muss 25 Maschinen verwenden. Wenn die Arbeitskosten je Einheit 8 und die Kosten je Maschineneinheit 7 sind, dann sind die kurzfristigen Gesamtkosten einer Produktion von 200 Outputeinheiten

a) 1.500.

b) 1.400.

c) 1.600.

d) 1.950.

e) 975.

20.5 Garfields Produktionsfunktion von Plastikrehen in Aufgabe 20.12 lautet $f(x_1, x_2) = (2x_1 + x_2)^{1/2}$, wobei x_1 die Plastikmenge und x_2 die verwendete Holzmenge darstellt. Wenn Plastik je Einheit € 2 und Holz je Einheit € 4 kostet, dann sind die Herstellungskosten von

8 Plastikrehen

a) € 64.

b) € 70.

c) € 256.

d) € 8.

e) € 32.

20.6 Zwei Unternehmungen, die Apparatebau AG (ABAG) und die Gerätebau AG (GBAG), erzeugen beide Baugeräte-Apparate mit derselben Produktionsfunktion $y = K^{1/2}L^{1/2}$, wobei K der Kapitaleinsatz und L der Arbeitseinsatz ist. Jede Unternehmung kann Arbeit zum Preis von € 1 je Einheit und Kapital zum Preis von € 1 je Einheit beschäftigen. ABAG erzeugt 10 Apparate pro Woche mittels einer Inputkombination, welche die Kosten minimiert. GBAG erzeugt ebenfalls 10 Apparate pro Woche, aber ihr etwas übergeschnappter Generaldirektor verlangt, dass zweimal so viel Arbeit verwendet wird wie in der ABAG. Um wie viel höher sind unter diesen Voraussetzungen – gleicher Output, doppelt so viel Arbeitseinsatz – die Gesamtkosten der GBAG im Vergleich zu den Gesamtkosten der ABAG?

a) € 10 pro Woche.

b) € 20 pro Woche.

c) € 15 pro Woche.

d) € 5 pro Woche.

e) € 2 pro Woche.

Test 21 Kostenkurven

21.1 Wenn in Aufgabe 21.2 Karl Karrs Gesamtkosten gleich $4s^2 + 75s + 60$ wären, dann wären bei einer Reparatur von 15 Autos seine durchschnittlichen variablen Kosten gleich

a) 135.

b) 139.

c) 195.

d) 270.

e) 97,50.

21.2 In Aufgabe 21.3 konnte Rex Karr entweder eine Schaufel um € 10 kaufen, die 1 Jahr lang hält, und dann seinem Bruder Schippe für jedes Auto, das dieser vergräbt, € 5 zahlen, oder er konnte eine billige hydraulische Presse erwerben, deren Gebrauch für 1 Jahr € 200 kostet und die Autos um € 1 das Stück verschrottet. Wenn er nun als weitere Möglichkeit eine hydraulische Presse von besserer Qualität um € 300 je Jahr erwerben könnte und wenn er damit Autos zu Kosten von € 0,80 das Stück verschrotten könnte, würde sich für ihn der Erwerb dieser besseren und teureren Presse lohnen, wenn er beabsichtigte,

a) mindestens 500 Autos pro Jahr zu verschrotten.

b) höchstens 250 Autos pro Jahr zu verschrotten.

c) mindestens 510 Autos pro Jahr zu verschrotten.

d) höchstens 500 Autos pro Jahr zu verschrotten.

e) mindestens 250 Autos pro Jahr zu verschrotten.

21.3 Marie Magnolie aus Aufgabe 21.4 hat variable Kosten von y^2/F, wobei y die Zahl der pro Monat verkauften Blumensträuße ist und F die Fläche ihres Geschäftes in Quadratmetern. Wie viele Blumensträuße sollte sie zum gängigen Preis von € 3 in ihrem Geschäft kurzfristig pro Monat verkaufen, wenn sie einen Mietvertrag für 1.600 Quadratmeter unterschrieben hat und sie kurzfristig aus diesem Mietvertrag nicht aussteigen, also ihr Geschäft weder erweitern noch verkleinern kann?

a) 1.600.

b) 800.

c) 2.400.

d) 3.600.

e) 2.640.

21.4 (Siehe Aufgaben 21.5 - 21.7.) Georg Gefühls Produktionsfunktion lautet $0{,}1\,W^{1/2}L^{3/4}$, wobei W die Zahl der verwendeten alten Witze ist und L die Anzahl der Arbeitsstunden der Karikaturisten ist. Georg hat 900 alte Witze auf Lager, für die er je € 6 zahlte. Wenn der Lohnsatz der Karikaturisten € 5 pro Stunde beträgt, dann sind die gesamten Produktionskosten für 24 Comics-Hefte

a) € 5.480.

b) € 2.740.

c) € 8.220.

d) € 5.504.

e) € 1.370.

21.5 Georg Gefühls Produktionsfunktion ist noch immer $0{,}1\,W^{1/2}L^{3/4}$. Angenommen Georg kann nun sowohl den Einsatz alter Witze als auch die Arbeit der Karikaturisten variieren. Wenn alte Witze € 2 das Stück und die Arbeitsstunde eines Karikaturisten € 18 kosten, dann ist es am kostengünstigsten, zur Produktion von Comics-Heften Witze und Arbeit in folgendem Verhältnis zu verwenden: $W/L =$

a) 9.

b) 12.

c) 3.

d) 2/3.

e) 6.

Test 22
Das Angebot der Unternehmung

22.1 (Siehe Aufgabe 22.1.) Angenommen Karl Karrs langfristige Gesamtkosten für das Reparieren von s Autos pro Woche wären gleich $c(s) = 3s^2 + 192$. Wie viele Autos wird er als Gewinnmaximierer langfristig wöchentlich reparieren, wenn er für jede Autoreparatur 36 erhält?

a) 6.

b) 0.

c) 12.

d) 9.

e) 18.

22.2 Angenommen Irmas Produktionsfunktion in Aufgabe 22.8 hätte die Form $f(x_1, x_2) = (\min\{x_1, 2x_2\})^{1/2}$. Wenn der Preis des Faktors 1, $w_1 = 6$, und der Preis des Faktor 2, $w_2 = 4$, ist, dann lautet ihre Angebotsfunktion

a) $S(p) = p/16$.

b) $S(p) = p\max\{w_1, 2w_2\}^2$.

c) $S(p) = p\min\{w_1, 2w_2\}^2$.

d) $S(p) = 8p$.

e) $S(p) = \min\{6p, 8p\}$.

22.3 Eine Unternehmung hat die langfristige Kostenfunktion $C(q) = 2q^2 + 8$. Langfristig wird sie eine positive Outputmenge anbieten, so lange der Preis größer ist als

a) 16.

b) 24.

c) 4.

d) 8.

e) 13.

Test 23
Das Marktangebot einer Branche

23.1 Wenn in Aufgabe 23.1 die Kosten für Gips und Arbeit € 9 je Gartenzwerg wären und alles andere gegenüber der Aufgabe 23.1 unverändert ist, wie hoch ist dann der niedrigste Preis für Gartenzwerge, zu dem es langfristig ein positives Angebot gäbe? (Wir erinnern uns: Damit es langfristig ein positives Angebot gibt, müssen die Produzenten ihr Geld zurückbekommen plus einen Ertrag von 10 % auf ihre Investition in die Zwergenform.)

a) € 9.

b) € 18.

c) € 11,20.

d) € 9,90.

e) € 10,80.

23.2 Angenommen die Gartenzwergindustrie war unter den in Aufgabe 23.1 beschriebenen Umständen im langfristigen Gleichgewicht. Ebenso sei (wie in Aufgabe 23.2) angenommen, dass zu jedermanns Überraschung – nachdem es also schon zu spät war, Zwergenformen abzubestellen – am 1. Jänner 2011 festgestellt wird, dass sich die Kosten für Gips und Arbeit pro Zwerg auf € 8 verändert hatten. Wie entwickelt sich der Gleichgewichtspreis der Zwerge, unter der Annahme, dass sich die Nachfragekurve nicht ändert?

a) Er steigt um € 1.

b) Er fällt um € 1.

c) Er bleibt konstant.

d) Er steigt um € 8.

e) Er fällt um € 4.

23.3 (Hinweis: Zur Lösung dieser Testfrage ist es hilfreich, die Nachfragekurve und die kurzfristige Angebotskurve zu skizzieren.) Angenommen die Gartenzwergindustrie war, wie in Aufgabe 23.1 beschrieben, im langfristigen Gleichgewicht; am 1. Jänner 2011 führt der Staat eine Steuer von € 10 für jeden verkauften Gartenzwerg ein, die vom Verkäufer bezahlt werden muss; die Kosten für Gips und Arbeit bleiben unverändert auf € 7 je Gartenzwerg. Da die im Jahr 2011 verwendeten Gartenzwergformen vor der Ankündigung der Steuer bereits bestellt waren, konnten die Produzenten von diesen Verträgen nicht mehr zurücktreten. Der (kurzfristige) Gleichgewichtspreis der Gartenzwerge im Jahre 2011 ist dann

a) € 17.

b) € 9,20.

c) € 7.

d) € 10.

e) € 27.

23.4 (Siehe Aufgabe 23.11.) Angenommen die Kosten des Einfangens eines Kakadus und seines anschließenden Transports nach Europa betragen € 40 je Vogel. Kakadus werden betäubt und in Koffern nach Europa geschmuggelt. Die Hälfte der geschmuggelten Kakadus verendet während des Transports. Jeder geschmuggelte Kakadu wird mit einer Wahrscheinlichkeit von 10 % entdeckt, was zur Bestrafung des Schmugglers führt. Wenn die für jeden geschmuggelten Kakadu festgesetzte Strafe auf € 900 erhöht wird, dann ist der Gleichgewichtspreis für Kakadus in Europa gleich

a) € 288,89.

b) € 130.

c) € 85.

d) € 67.

e) € 200.

23.5 Ohne Staatsintervention hat der Marijuana-Anbau in Aufgabe 23.13 konstante Grenzkosten von € 5 je Dekagramm (einschließlich der Auslieferung an die Käufer). Wenn die Wahrscheinlichkeit, dass eine Ladung Marijuana abgefangen wird, gleich 0,2 ist und die Strafe eines erwischten Transporteurs gleich € 20 pro Dekagramm ist, dann ist der Gleichgewichtspreis von Marijuana pro Dekagramm gleich

a) € 11,25.
b) € 9.
c) € 25.
d) € 4.
e) € 6.

23.6 In Aufgabe 23.8 ist die Angebotskurve jedes Unternehmens $S_i(p) = p/2$. Wie hoch sind die variablen Kosten eines Unternehmens bei einem Output von 3 Einheiten?

a) € 18.
b) € 7.
c) € 13,50.
d) € 9.
e) Die Information reicht nicht aus, um die variablen Kosten zu bestimmen.

Test 24
Monopol

24.1 Wenn in Aufgabe 24.1 die Nachfrage nach Professor Bongs Buch durch die Funktion Q = 3.000 – 100p gegeben ist, die Kosten des Satzes € 10.000 betragen und die Grenzkosten des Drucks jedes Buchs € 4 sind, würde er seinen Gewinn maximieren, wenn er

a) es setzen lassen würde und 1.300 Exemplare verkaufte.
b) es setzen lassen würde und 1.500 Exemplare verkaufte.
c) es nicht setzen lassen würde und kein Exemplar verkaufte.
d) es setzen lassen würde und 2.600 Exemplare verkaufte.
e) es setzen lassen würde und 650 Exemplare verkaufte.

24.2 Welches Outputniveau wird Manfreds Gewinn maximieren, wenn in Aufgabe 24.2 die Nachfrage nach Taubenkuchen durch $p(y) = 70 - y/2$ gegeben ist?

a) 74.
b) 14.
c) 140.
d) 210.

e) Keine der obigen Antworten ist korrekt.

24.3 Ein Gewinn maximierender Monopolist sieht sich folgender inversen Nachfragekurve gegenüber: $p(y) = 70 - y$; seine Gesamtkosten sind $c(y) = 5y$, wobei Preise und Kosten in Euro gemessen werden. Bisher musste er keine Steuern zahlen. Nun wird eine Steuer von € 8 pro Outputeinheit eingehoben. Nach Einführung der Steuer wird der Monopolist

a) seinen Preis um € 8 erhöhen.

b) seinen Preis um € 12 erhöhen.

c) seinen Preis um € 4 erhöhen.

d) seinen Preis nicht ändern.

e) Keine der obigen Antworten ist korrekt.

24.4 Eine Unternehmung hat ein neues Getränk mit dem Namen Schluck kreiert. Es schmeckt nicht besonders gut, aber es weckt in den Leuten das Verlangen nach den Witzen und der Musik von Karl Moik. Es gibt sogar Leute, die bereit sind, für diese Wirkung etwas zu zahlen, die Nachfrage nach Schluck ist durch $q = 14 - p$ gegeben. Schluck kann zu Grenzkosten von Null einfach durch Auflösung altmodischer Lehrbücher der Makroökonomie in Badewasser hergestellt werden. Vor der Herstellung von Schluck entstehen jedoch fixe Kosten von 54. Da die Unternehmung als Erfinder ein Patent auf Schluck besitzt, kann sie in dieser völlig neuen Branche als Monopolist auftreten.

a) Die Unternehmung wird 7 Einheiten Schluck erzeugen.

b) Eine Pareto-Verbesserung könnte durch eine staatliche Subvention der Unternehmung in Höhe von 59 erreicht werden, wenn sie dann Schluck zu einem Preis von Null anbietet.

c) Unter dem Gesichtspunkt gesellschaftlicher Effizienz sollte Schluck überhaupt nicht produziert werden.

d) Die Unternehmung wird 14 Einheiten Schluck erzeugen.

e) Keine der obigen Antworten ist korrekt.

Test 25
Monopolverhalten

25.1 (Siehe dazu Aufgabe 25.1.) Wenn die Nachfrage in den Deutschland durch die Funktion $Q_1 = 23.400 - 900P_1$ gegeben ist, wobei P_1 der in Deutschland verlangte Preis ist, und wenn die Nachfrage in Österreich durch $Q_2 = 2.800 - 200P_2$ gegeben ist, wobei P_2 der in Österreich verlangte Preis ist, dann ist die Differenz zwischen dem in Österreich und dem in Deutschland verlangten Preisen gleich

a) 6.

b) 12.

c) 0.

d) 14.

e) 18.

25.2 (Siehe Aufgabe 25.2.) Ein Monopolist sieht sich der Nachfragekurve $p(y) = 100 - 2y$ gegenüber; er hat konstante Grenzkosten von 16 und fixe Kosten von Null. Wenn der Monopolist in der Lage ist, perfekte Preisdiskriminierung auszuüben, dann erzielt er einen Gesamtgewinn von

a) 1.764.

b) 21.

c) 882.

d) 2.646.

e) 441.

25.3 Eine Preis diskriminierende Monopolistin verkauft auf zwei Märkten, wobei Güter, die auf einem Markt verkauft werden, nie auf dem anderen Markt verkauft werden. Auf dem ersten Markt verlangt sie 4, auf dem zweiten 8. Bei diesen Preisen ist die Preiselastizität auf dem ersten Markt −1,5, auf dem zweiten Markt ist sie −0,1. Welche der folgenden Handlungen wird den Gewinn der Monopolistin auf jeden Fall erhöhen?

a) Senke p_2.

b) Erhöhe p_2.

c) Erhöhe p_1 und senke p_2.

d) Erhöhe p_1 und p_2.

e) Erhöhe p_2 und senke p_1.

25.4 Die Nachfrage nach Professor Bs neues Buch ist durch die Funktion $Q = 2.000 - 100p$ gegeben. Wenn die Kosten des Satzes 8.000 betragen und die Grenzkosten für den Druck jedes Exemplars 4 sind (es gibt keine anderen Kosten), dann würde er seinen Gewinn maximieren, wenn er das Buch (Hinweis: Ermittle die Anzahl an Exemplaren, die er verkaufen sollte, um seinen Gewinn zu maximieren. Vergleiche dieses Ergebnis mit der Situation, in der er das Buch nicht setzen lässt und daher auch nichts verkauft.)

a) setzen lässt und 800 Exemplare verkauft.

b) setzen lässt und 1.000 Exemplare verkauft.

c) nicht setzen lässt und nichts verkauft.

d) setzen lässt und 1.600 Exemplare verkauft.

e) setzen lässt und 400 Exemplare verkauft.

Test 26
Faktormärkte

26.1 Angenommen die Nachfrage nach Mineralwasser in Aufgabe 26.2 sei durch die Funktion $p = 30 - 12q$ gegeben, wobei p der durch die Konsumenten bezahlte Preis je gekaufter Flasche, q, ist. Mineralwasser wird an die Konsumenten durch eine monopolistische Vertriebsunternehmung verkauft, die von einem monopolistischen Produzenten kauft, der Mineralwasser zu Kosten von Null herstellen kann. Der Produzent verrechnet der Vertriebsunternehmung einen Preis von c je Flasche, sodass dieser Preis c den Gesamterlös des Produzenten maximiert. Die Vertriebsunternehmung versucht bei den gegebenen Grenzkosten von c ihre verkaufte Menge so festzulegen, dass sie ihren Gewinn maximiert. Das führt zu einem Preis für die Konsumenten von

a) 15.
b) 22,50.
c) 2,50.
d) 1,25.
e) 7,50.

26.2 Angenommen die Arbeitsangebotskurve für eine große Universität in einer kleinen Stadt ist durch $w = 60 + 0{,}08L$ gegeben, wobei L die Anzahl der Arbeitseinheiten pro Woche ist und w den wöchentlichen Lohnsatz je Arbeitseinheit darstellt. Wenn die Universität derzeit 1.000 Arbeitseinheiten je Woche beschäftigt, dann sind die Grenzkosten einer zusätzlichen Arbeitseinheit

a) gleich dem Lohnsatz.
b) zweimal so hoch wie der Lohnsatz.
c) gleich dem Lohnsatz plus 160.
d) gleich dem Lohnsatz plus 80.
e) gleich dem Lohnsatz plus 240.

26.3 Das Restaurant Rabelais hat ein Monopol in Fressstadt. Die Produktionsfunktion lautet $Q = 40L$, wobei L die eingesetzte Arbeitsmenge und Q die Zahl der produzierten Menus ist. Um L Arbeitseinheiten zu beschäftigen, muss das Restaurant einen Lohnsatz von $40 + 0{,}1L$ zahlen. Die Nachfragekurve nach Menus im Rabelais ist durch $P = 30{,}75 - (Q/1.000)$ gegeben. Der Gewinn maximierende Output für das Restaurant Rabelais ist

a) 14.000 Menus.
b) 28.000 Menus.
c) 3.500 Menus.
d) 3.000 Menus.
e) 1.750 Menus.

Test 27
Oligopol

27.1 Nehmen wir an, dass die Duopolisten Karl und Simon in der Aufgabe 27.1 sich einer Kürbisnachfragefunktion $Q = 13.200 - 800P$ gegenübersehen, wobei Q die gesamte Kürbismenge darstellt, die auf den Markt kommt, und P der Kürbispreis ist. Zusätzlich sei angenommen, dass jeder Bauer konstante Grenzkosten von € 0,5 für jeden erzeugten Kürbis hat. Wenn Karl glaubt, dass Simon heuer Q_S Kürbisse produzieren wird, dann sagt uns Karls Reaktionsfunktion, wie viele Kürbisse er zur Maximierung seines Gewinns anbauen sollte. Karls Reaktionsfunktion $R_K(Q_S) =$

a) $6.400 - Q_S/2$.

b) $13.200 - 800Q_S$.

c) $13.200 - 1.600Q_S$.

d) $3.200 - Q_S/2$.

e) $9.600 - Q_S$.

27.2 Wenn in Aufgabe 27.4 die inverse Nachfragekurve nach Bohnenschößlingen durch $P(Y) = 290 - 4Y$ gegeben wäre und die Gesamtkosten für die Produktion von Y Einheiten für jedes Unternehmen gleich $TC(Y) = 50Y$ wären, und wenn die Branche aus zwei Cournot-Duopolisten bestünde, dann wäre im Gleichgewicht der Output jedes Unternehmens gleich

a) 30 Einheiten.

b) 15 Einheiten.

c) 10 Einheiten.

d) 20 Einheiten.

e) 18,13 Einheiten.

27.3 Nehmen wir an, dass Trinkel und Gurgel aus Aufgabe 27.5 ins Weingeschäft in einem kleinen Land einsteigen, in dem es recht schwierig ist Wein anzubauen. Die Nachfrage nach Wein ist durch $P = € 360 - 0{,}2Q$ gegeben, wobei P der Preis in Euro und Q die verkaufte Gesamtmenge sind. Die Weinbranche besteht nur aus den beiden Cournot-Duopolisten Trinkel und Gurgel. Importe sind verboten. Trinkel hat konstante Grenzkosten von € 15 und Gurgel hat konstante Grenzkosten von € 75. Wie hoch ist Trinkels Output im Gleichgewicht?

a) 675.

b) 1.350.

c) 337,50.

d) 1.012,50.

e) 2.025.

27.4 Angenommen die Flugstrecke Peoria – Dubuque in Aufgabe 27.6 wird von zwei Cournot-Duopolisten bedient; die tägliche Nachfrage nach Flugkarten ist $Q = 200 - 2P$ (daher ist $P = 100 - Q/2$). Die Gesamtkosten für einen Flug auf dieser Strecke betragen $700 + 40Q$, wobei Q für die Anzahl der Passagiere steht. Jeder Flug hat eine Kapazität von 80 Passagieren. Im Cournot-Gleichgewicht wird jeder Duopolist einen Flug pro Tag durchführen; dabei erzielt er einen täglichen Gewinn von

a) 100.

b) 350.

c) 200.

d) 500.

e) 2.400.

27.5 Angenommen die inverse Marktnachfrage nach Bohnenschößlingen in Aufgabe 27.4 ist durch $P = 880 - 2Q$ gegeben, wobei P der Preis und Q der Gesamtoutput der Branche ist. Nehmen wir an, die Branche besteht aus zwei Unternehmen, einem Stackelberg-Führer und einem Stackelberg-Folger. Jedes Unternehmen hat konstante Grenzkosten von € 80. Im Gleichgewicht ist dann der Gesamtoutput beider Unternehmen gleich

a) 200.

b) 100.

c) 300.

d) 400.

e) 50.

27.6 In der Keimindustrie gibt es zwei Unternehmungen. Die Nachfragekurve nach Keimen ist durch $p = 2.100 - 3q$ gegeben. Jede Unternehmung hat eine Fabrik mit der Kostenfunktion $C(q_i) - q_i^2$, wobei q_i der Output der Unternehmung i ist. Die beiden Unternehmungen bilden ein Kartell und einigen sich, den Gesamtgewinn der Branche zu gleichen Teilen untereinander aufzuteilen. Bei dieser Kartellabsprache werden sie den gemeinsamen Gewinn maximieren, wenn

a) und nur wenn jedes Unternehmen in seiner Fabrik 150 Einheiten erzeugt.

b) sie insgesamt 300 Einheiten erzeugen, wobei es irrelevant ist, welches Unternehmen sie erzeugt.

c) und nur wenn sie insgesamt 350 Einheiten erzeugen.

d) sie insgesamt 233,33 Einheiten erzeugen, wobei es irrelevant ist, welches Unternehmen sie erzeugt.

e) sie eine der beiden Fabriken schließen, die andere als Monopolist produziert, und sie den Gewinn teilen.

Test 28 Spieltheorie

28.1 (Siehe Aufgabe 28.1.) Alice und Betsy spielen ein Spiel, in dem jeder eine von zwei Strategien spielen kann, „Verlassen“ oder „Bleiben“. Wenn beide die Strategie „Verlassen“ spielen, erhält jeder eine Auszahlung von € 100. Wenn beide „Bleiben“ spielen, erhält jeder eine Auszahlung von € 200. Wenn einer „Bleiben“ spielt und der andere spielt „Verlassen“, dann erhält derjenige, der „Bleiben“ spielt eine Auszahlung von € C und der andere, der „Verlassen“ spielt, erhält eine Auszahlung von € D. Wann ist das Ergebnis ein Nash-Gleichgewicht, wenn beide „Verlassen“ spielen?

a) Niemals, da € 200 > € 100.

b) Wenn $100 > C$ und $D > 200$, aber nicht wenn $200 > D$.

c) Wenn $D > C$ und $C > 100$.

d) Immer wenn $D < 200$.

e) Immer wenn $100 > C$.

28.2 (Siehe Aufgabe 28.2.) Eine kleine Gemeinde besteht aus 10 Personen, von denen jeder ein Vermögen von € 1.000 besitzt. Jede Person hat zu entscheiden, ob sie € 100 oder Null zur Unterstützung einer Unterhaltungsveranstaltung für die Gemeinde beiträgt. Der in Geld ausgedrückte Nutzen, den eine Person von dieser öffentlichen Unterhaltung hat, ist 0,8mal der gesamte Betrag, der von den Individuen der Gemeinde beigetragen wird.

a) Dieses Spiel hat ein Nash-Gleichgewicht, in dem 5 Personen € 100 zur öffentlichen Unterhaltung beitragen und 5 Personen nichts beitragen.

b) Dieses Spiel hat kein Nash-Gleichgewicht in reinen Strategien, es hat jedoch ein Nash-Gleichgewicht bei gemischten Strategien.

c) Dieses Spiel hat zwei Nash-Gleichgewichte, eines bei dem alle € 100 beitragen und eines, bei dem niemand beträgt.

d) Dieses Spiel hat ein Gleichgewicht bei dominanter Strategie, bei dem alle Bürger € 100 zur öffentlichen Unterhaltung beitragen.

e) Dieses Spiel hat ein Gleichgewicht bei dominanter Strategie, bei dem keiner etwas zur öffentlichen Unterhaltung beiträgt.

28.3 (Siehe Aufgabe 28.2.) Eine kleine Gemeinde besteht aus 10 Personen, von denen jeder ein Vermögen von € 1.000 besitzt. Jede Person hat zu entscheiden, ob sie € 100 oder Null zur Unterstützung einer Unterhaltungsveranstaltung für die Gemeinde beiträgt. Der in Geld ausgedrückte Nutzen, den eine Person von dieser öffentlichen Unterhaltung hat, ist b-mal der gesamte Betrag, der von den Individuen der Gemeinde beigetragen wird.

a) Wenn $10b > 1$, dann sind alle besser gestellt, wenn alle zum Fonds für öffentliche Unterhaltung beitragen, als wenn keiner beiträgt; wenn jedoch $10b < 1$, dann ist jeder besser gestellt, wenn niemand beiträgt, als wenn alle beitragen.

b) Jeder ist schlechter gestellt, wenn alle beitragen, als wenn niemand beiträgt, im Falle dass $b > 1$; wenn jedoch $b < 1$, dann sind alle besser gestellt, wenn niemand beiträgt.

c) Wenn $10b > 1$, dann gibt es ein Gleichgewicht bei dominanter Strategie, in dem alle beitragen.

d) Wenn $10b > 1$, dann gibt es ein Gleichgewicht bei dominanter Strategie, in dem niemand zur öffentlichen Unterhaltung beiträgt.

e) Damit es ein Gleichgewicht bei dominanter Strategie gibt, in dem alle beitragen, muss $b > 10$ sein.

28.4 (Siehe Aufgabe 28.4, die Hirschjagd.) Zwei Partner eröffnen ein Unternehmen. Jeder hat zwei mögliche Strategien. Arbeite Vollzeit im Unternehmen oder arbeite im Geheimen anderswo und nur einen Teil der Zeit im Unternehmen. Gewinne aus dem Unternehmen werden zwischen den Partner zu gleichen Teilen aufgeteilt, unabhängig davon, ob sie Vollzeit oder Teilzeit für das Unternehmen arbeiten. Wenn ein Partner einer zweiten Beschäftigung nachgeht, verdient er € 50.000 plus seinen Gewinnanteil am Unternehmen. Wenn er Vollzeit im Unternehmen arbeitet, besteht sein Einkommen nur aus dem Gewinnanteil am Unternehmen. Wenn beide Partner Vollzeit für das Unternehmen arbeiten, wird der Gesamtgewinn € 200.000 sein. Wenn einer Vollzeit für das Unternehmen arbeitet, der andere einer zweiten Arbeit nachgeht, wird der Unternehmensgewinn € 80.000 sein. Wenn beide Partner einen zweiten Job haben, wird der Gesamtgewinn des Unternehmens nur € 20.000 sein.

a) Dieses Spiel hat zwei Nash-Gleichgewichte, eines in dem jeder Partner ein Einkommen von € 100.000 hat und ein anderes, in dem jeder Partner ein Einkommen von € 60.000 hat.

b) Im einzigen Nash-Gleichgewicht dieses Spiels verdient ein Partner € 90.000, der andere € 50.000.

c) Im einzigen Nash-Gleichgewicht dieses Spiels verdienen beide Partner je € 100.000.

d) Im einzigen Nash-Gleichgewicht dieses Spiels verdienen beide Partner je € 60.000.

e) Dieses Spiel hat kein Gleichgewicht bei reinen Strategien, hat jedoch eines bei gemischten Strategien.

28.5 (Siehe die Maynards Cross-Aufgabe 28.7.) Wenn X die Zahl der Personen ist, die diese Woche in den Club kommen, dann ist die Zahl der Personen, die nächste Woche kommen werden, gleich $27 + 0{,}7X$. Wie groß ist die langfristige Besucherzahl in diesem Club?

a) 27.

b) 38,57.

c) 54.

d) 90.

e) 63.

Test 29
Anwendungen der Spieltheorie

29.1 (Siehe Aufgabe 29.2.) Arthur und Berta werden von ihrem Chef aufgefordert, über die Unternehmenspolitik abzustimmen. Jeder darf für eine von drei Möglichkeiten, *A*, *B* und *C* stimmen. Arthur bevorzugt *A*, *B* kommt an zweiter und *C* an dritter Stelle. Berta bevorzugt *B*, *A* kommt an zweiter und *C* an dritter Stelle. In Geld ausgedrückt bewertet Arthur *C* mit 0, Ergebnis *B* mit 1 und *A* mit 3 Einheiten. Für Berta ist *C* ebenfalls 0 wert, *B* bewertet sie mit 3 Einheiten und Ergebnis *A* hat einen Wert von 1 Einheit. Ihr Chef bevorzugt *C*, wenn jedoch Arthur und Berta beide für eines der anderen Ergebnisse stimmen, so wird er dieses Ergebnis akzeptieren. Wenn Arthur und Berta für verschiedene Ergebnisse stimmen, wird sich der Chef für *C* entscheiden. Arthur und Berta sind darüber informiert. Sie dürfen nicht miteinander kommunizieren. Beide entscheiden sich für eine gemischte Strategie, die ihr Stimmverhalten zwischen *A* und *B* randomisiert. Wie lautet das Gleichgewicht bei gemischten Strategien für Arthur und Berta in diesem Spiel?

a) Arthur und Berta stimmen beide für *A* und für *B* jeweils mit einer Wahrscheinlichkeit von 1/2.

b) Arthur stimmt mit einer Wahrscheinlichkeit von 2/3 für *A* und mit einer Wahrscheinlichkeit von 1/3 für *B*. Berta stimmt mit einer Wahrscheinlichkeit von 1/3 für *A* und mit einer Wahrscheinlichkeit von 2/3 für *B*.

c) Arthur stimmt mit einer Wahrscheinlichkeit von 3/4 für *A* und mit einer Wahrscheinlichkeit von 1/4 für *B*. Berta stimmt mit einer Wahrscheinlichkeit von 1/4 für *A* und mit einer Wahrscheinlichkeit von 3/4 für *B*.

d) Arthur stimmt mit einer Wahrscheinlichkeit von 4/5 für *A* und mit einer Wahrscheinlichkeit von 1/5 für *B*. Berta stimmt mit einer Wahrscheinlichkeit von 1/5 für *A* und mit einer Wahrscheinlichkeit von 4/5 für *B*.

e) Arthur stimmt für *A* und Berta stimmt für *B*.

29.2 (Siehe Aufgabe 29.3.) Zwei Spieler spielen „Feigling". Es gibt zwei mögliche Strategien: Ausweichen oder geradeaus Weiterfahren. Ein Spieler, der ausweicht, wird „Feigling" genannt und erhält Null, unabhängig davon, was der andere Spieler macht. Ein Spieler, der sich für geradeaus Weiterfahren entscheidet, erhält 32, wenn der andere ausweicht oder –48, wenn der andere ebenfalls geradeaus weiterfährt. Dieses Spiel hat zwei Gleichgewichte in reinen Strategien und

a) ein Gleichgewicht bei gemischter Strategie, in dem jeder Spieler mit einer Wahrscheinlichkeit von 0,6 ausweicht und mit einer Wahrscheinlichkeit von 0,4 geradeaus weiterfährt.

b) zwei gemischte Strategien, bei welchen die Spieler zwischen Ausweichen und Weiterfahren alternieren.

c) ein Gleichgewicht bei gemischter Strategie, in dem ein Spieler mit einer Wahrscheinlichkeit von 0,6, der andere mit einer Wahrscheinlichkeit von 0,4 ausweicht.

d) ein Gleichgewicht bei gemischter Strategie, in dem jeder Spieler mit einer Wahrscheinlichkeit von 0,3 ausweicht und mit einer Wahrscheinlichkeit von 0,7 geradeaus weiterfährt.

e) keine gemischten Strategien.

29.3 (Siehe Aufgabe 29.6.) Das große Schwein und das kleine Schwein haben zwei mögliche Strategien, drücke den Hebel oder warte beim Trog. Wenn sich beide Schweine für das Warten beim Trog entscheiden, erhalten beide 4. Wenn beide Schweine den Hebel drücken, dann erhalten beide 5. Wenn das kleine Schwein den Hebel drückt und das große Schwein beim Trog wartet, dann erhält das große Schwein 10, das kleine hingegen 0. Wenn schließlich das große Schwein den Hebel drückt und das kleine Schwein beim Trog wartet, dann erhält das große Schwein 4, das kleine Schwein 2. Im Nash-Gleichgewicht

a) wird das kleine Schwein 2 und das große Schwein 4 erhalten.

b) wird das kleine Schwein 5 und das große Schwein 5 erhalten.

c) werden beide Schweine beim Trog warten.

d) wird das kleine Schwein Null erhalten.

e) müssen beide Schweine gemischte Strategien verwenden.

29.4 (Siehe Aufgabe 29.7.) Der alte Football-Trainer von Michigan kennt nur zwei Strategien: Gehe mit dem Ball links von der Verteidigungslinie vorbei oder gehe mit dem Ball auf der rechten Seite der Linie vorbei. Die gegnerische Verteidigung kann sich entweder auf die rechte oder auf die linke Seite von Michigan konzentrieren. Wenn sich der Gegner auf die falsche Seite konzentriert, dann gewinnt Michigan mit Sicherheit mindestens 5 Yards. Wenn sich die Verteidigung auf die linke Seite konzentriert und Michigan links vorbeigehen will, dann werden sie gestoppt werden, also einen Raumgewinn von Null haben. Wenn der Gegner die rechte Seite verteidigt und Michigan versucht, rechts vorbei zu kommen, dann würde Michigan noch immer mindestens 5 Yards mit einer Wahrscheinlichkeit von 0,4 gewinnen. Es ist der letzte Versuch in diesem Spiel und Michigan braucht 5 Yards, um zu gewinnen. Beide Mannschaften entscheiden sich für Nash-Gleichgewichts-Strategien. Im Nash-Gleichgewicht würde Michigan

a) ganz sicher rechts vorbeigehen.

b) mit einer Wahrscheinlichkeit von 0,63 rechts vorbeigehen.

c) mit einer Wahrscheinlichkeit von 0,77 rechts vorbeigehen.

d) mit gleicher Wahrscheinlichkeit auf der einen oder anderen Seite vorbeigehen.

e) mit einer Wahrscheinlichkeit von 0,6 rechts vorbeigehen.

29.5 Angenommen in dem in Aufgabe 29.8 behandelten Falken-Tauben-Problem ist die Auszahlung für jeden Spieler −4, wenn sich beide wie Falken verhalten. Wenn sich beide wie Tauben verhalten, ist die Auszahlung für jeden Spieler gleich 1. Wenn einer Falke und der andere Taube wählt, dann erhält der „Falke“ eine Auszahlung von 3, der Spieler der „Taube“ erhält Null. Im Gleichgewicht würden wir erwarten, dass sowohl Falken als auch Tauben gleich gut wegkommen. Dies ist dann der Fall, wenn folgender Anteil der gesamten Population „Falke“ spielt:

a) 0,33.

b) 0,17.

c) 0,08.

d) 0,67.

e) 1.

Test 30
Verhaltensorientierte Ökonomie

30.1 Erinnern Sie sich an Theo Trödler aus Aufgabe 30.1? Angenommen er benötigt für die Fertigstellung des Referats 9 Stunden, seine Präferenzen für dessen Anfertigung während der kommenden drei Tage sind durch die Nutzenfunktion

$$U(x_t, x_{t+1}, x_{t+2}) = -x_t^2 - 1/3x_{t+1}^2 - 1/5x_{t+2}^2$$

gegeben, wobei x_t, x_{t+1} und x_{t+2} die Stunden sind, die er für das Schreiben des Referats in den Perioden t, $t+1$ und $t+2$ aufwendet. Wie viel Zeit würde Theo am Montag, Dienstag und Mittwoch jeweils mit dem Schreiben des Referats verbringen, wenn er sich vorweg selbst verpflichten könnte, seine Zeit so aufzuteilen, dass er seine Nutzenfunktion maximiert?

a) 0,5 Stunden am Montag, 2,5 Stunden am Dienstag, 6 Stunden am Mittwoch.

b) 1 Stunde am Montag, 3 Stunden am Dienstag, 5 Stunden am Mittwoch.

c) 3 Stunden am Montag, 3 Stunden am Dienstag, 3 Stunden am Mittwoch.

d) 2 Stunden am Montag, 4 Stunden am Dienstag, 5 Stunden am Mittwoch.

e) 2 Stunden am Montag, 3 Stunden am Dienstag, 4 Stunden am Mittwoch.

30.2 Es ist Dienstag und Theo aus der vorigen Aufgabe trifft eine neue Entscheidung über die Verwendung seiner Zeit. Er hat noch immer die Nutzenfunktion aus dem Test 30.1, die Periode t ist jetzt allerdings der Dienstag. Welchen Teil der verbleibenden Arbeitsstunden wird er am Dienstag, welchen Teil am Mittwoch erledigen?

a) 3/8 am Dienstag, 5/8 am Mittwoch.

b) 2/5 am Dienstag, 3/5 am Mittwoch.

c) 1/3 am Dienstag, 2/3 am Mittwoch.

d) 1/4 am Dienstag, 3/4 am Mittwoch.

30.3 Wolfi Wille ist ein Leckermäulchen, aber er möchte auch schlank bleiben. Er wohnt bei seiner Mutter, die köstliche Schokokekse bäckt. Wolfi isst Schokokekse für sein Leben gern, es ist ihm aber bewusst, dass er dick wird, wenn er zu viele davon isst. Seine Präferenzen hinsichtlich des Kekskonsums stellen einen Kompromiss zwischen seinem Genuss des Essens und der Tatsache dar, dass ein Zuviel davon ihn dicklich macht. Er isst Kekse nur nach dem Abendessen. Wenn er einige Stunden lang keine Kekse konsumiert hat, können seine Präferenzen durch die Nutzenfunktion $U(X) = 8X - 2X^2$ dargestellt werden, wobei X für die zu essenden Schokokekse steht. Wenn Wolfi dann die Kekse isst, stellt er fest, dass sein Verlangen danach immer stärker wird, je mehr er davon konsumiert. Wenn er bereits Y Kekse gegessen hat, dann sind seine Präferenzen für den Konsum von insgesamt X Schokokeksen durch die Nutzenfunktion $U(X, Y) = (8 + 3Y)X - 2X^2$ gegeben. Wolfi hat soeben sein Abendessen beendet und noch keine Kekse gegessen. Er erbittet von seiner Mutter genau die Menge Kekse, die er jetzt bevorzugt; wie viele Kekse sind das?

a) 2 Kekse.
b) 3 Kekse.
c) 4 Kekse.
d) 8 Kekse.
e) 16 Kekse.

30.4 Wir setzen die Aufgabe mit dem Kekse essenden Wolfi Wille fort. Nehmen wir nun an, dass seine Mutter die Dose mit Keksen nach dem Abendessen auf den Tisch stellt und ihm erlaubt, so viel zu essen, wie er will. Würde Wolfi mehr als 6 Kekse essen, bevor er aufhört? Bevor Wolfi zu essen beginnt, fragt ihn seine Mutter, was er bevorzugt: Soll sie ihm die genaue Anzahl von Keksen geben, die er jetzt möchte, oder soll sie die Keksdose vor ihm auf den Tisch stellen, so dass er sich so viele nehmen kann, wie er will.

a) Er würde weniger als 6 Kekse essen, wenn die Keksdose vor ihm steht, und er bevorzugt die Keksdose auf dem Tisch gegenüber der Zuteilung von 1 Keks.
b) Er würde mehr als 6 Kekse essen, wenn die Keksdose vor ihm steht, und er bevorzugt die Keksdose auf dem Tisch gegenüber der Zuteilung von 1 Keks.
c) Er würde mehr als 6 Kekse essen, wenn die Keksdose vor ihm steht, aber er bevorzugt die Zuteilung von 1 Keks.
d) Er würde weniger als 6 Kekse essen, wenn die Keksdose vor ihm steht, aber er bevorzugt die Zuteilung von 1 Keks.

30.5 Zu Beginn einer beliebigen Periode t sind Arnolds Präferenzen für den Konsum über die nächsten drei Perioden durch die Nutzenfunktion

$$U(x_t, x_{t+1}, x_{t+2}) = x_1^2 + 1/2x_2 + 1/3x_3$$

gegeben, wobei x_t der Konsum in Periode t ist, x_{t+1} für den Konsum in Periode $t + 1$ und x_{t+2} für den Konsum in Periode $t + 2$ steht. Am Anfang der Periode t hat Arnold € 1.000 und er weiß auch, dass er am Anfang der Periode 2 ein Geschenk von € 1.000 erhalten wird. Zu Beginn der Periode 1 kann er ein bindendes Abkommen schließen, in dem er diese € 1.000 der

Periode 2 in ein Projekt investiert, aus dem er in Periode 3 € 1.800 erhalten wird. Er hat keine anderen Möglichkeiten zu borgen oder zu verleihen. Wenn Arnold das Abkommen unterzeichnet, wird sein Konsum im Zeitverlauf (x_1, x_2, x_3) = (€ 1.000, 0, € 1.800) sein. Unterzeichnet er das Abkommen nicht, wird sein Konsum (x_1, x_2, x_3) = (€ 1.000, € 1.000, 0) sein. Wird er das Abkommen in Periode 1 unterzeichnen? Wird er in Periode 2 bedauern, dass er das Abkommen unterzeichnet hat?

a) Ja und ja.

b) Nein und ja.

c) Nein und nein.

d) Ja und nein.

Test 31
Tausch

31.1 Eine Wirtschaft besteht aus zwei Personen, Karli und Doris. Es gibt zwei Güter, Äpfel und Birnen. Karli hat eine Anfangsausstattung von 3 Äpfeln und 12 Birnen. Doris hat eine Anfangsausstattung von 6 Äpfeln und 6 Birnen. Karlis Nutzenfunktion lautet $U(A_K, B_K) = A_K B_K$, wobei A_K sein Apfel- und B_K sein Birnenkonsum ist. Doris' Nutzenfunktion lautet $U(A_D, B_D) = A_D B_D$, wobei A_D ihr Apfel- und B_D ihr Birnenkonsum ist. Bei jeder Pareto-optimalen Allokation konsumiert

a) Karli dieselbe Zahl an Äpfeln wie Doris.

b) Karli 9 Äpfel für jeweils 18 konsumierte Birnen.

c) Doris dieselbe Zahl an Äpfeln und Birnen.

d) Karli mehr Birnen pro Apfel als Doris.

e) Karli Äpfel und Birnen im Verhältnis von 6 Äpfeln für jeweils 6 konsumierte Birnen.

31.2 In Aufgabe 31.4 lautete Kens Nutzenfunktion $U(Q_K, W_K) = Q_K W_K$, wobei Q_K sein Quiche- und W_K sein Weinkonsum sind. Barbies Nutzenfunktion lautete $U(Q_B, W_B) = Q_B W_B$. Wenn Kens Anfangsausstattung 3 Einheiten Quiche und 10 Einheiten Wein und Barbies Anfangsausstattung 6 Einheiten Quiche und 10 Einheiten Wein sind, und wenn bei einer beliebigen Pareto-optimalen Allokation beide etwas von beiden Gütern konsumieren, dann

a) würde Ken 3 Einheiten Quiche pro jeweils 10 Einheiten Wein konsumieren.

b) würde Barbie zweimal so viel Quiche konsumieren wie Ken.

c) würde Ken 9 Einheiten Quiche konsumieren pro jeweils 20 Einheiten konsumiertem Wein.

d) würde Barbie 6 Einheiten Quiche konsumieren pro jeweils 10 Einheiten konsumiertem Wein.

e) Keine der obigen Antworten ist korrekt.

31.3 Nehmen wir an, dass in Aufgabe 31.1 Zacharias die Nutzenfunktion $U(b, w) = 6b + 24w$ und Philipp die Nutzenfunktion $U(b, w) = bw$ haben, wobei b und w für Bücher bzw. Wein stehen. Wenn wir ein Edgeworth-Diagramm mit Büchern auf der horizontalen Achse und Wein auf der vertikalen Achse konstruieren, und wenn wir Zacharias' Konsum von der linken unteren Ecke aus messen, dann besteht die Kontraktkurve aus einer

a) Geraden, die von der rechten oberen Ecke zur linken unteren Ecke des Diagramms verläuft.

b) Kurve, die steiler wird, wenn man sich von links nach rechts bewegt.

c) Geraden mit der Steigung von 1/4, die durch die linke untere Ecke des Diagramms verläuft.

d) Geraden mit der Steigung von 1/4, die durch die rechte obere Ecke des Diagramms verläuft.

e) Kurve, die flacher wird, wenn man sich von links nach rechts bewegt.

31.4 In Aufgabe 31.2 lautete Astrids Nutzenfunktion $U(H_A, K_A) = H_A K_A$, Birgits Nutzenfunktion war $\min\{H_B, K_B\}$. Astrids Anfangsausstattung ist kein Käse und 4 Einheiten Hering, Birgits Anfangsausstattung besteht aus 6 Einheiten Käse und keinem Hering. Wenn p der Preis im Gleichgewicht eines Konkurrenzmarktes ist und Käse der *Numéraire* ist, muss auf dem Heringmarkt das Angebot gleich der Nachfrage sein. Das impliziert, dass

a) $6/(p + 1) + 2 = 4$.

b) $6/4 = p$.

c) $4/6 = p$.

d) $6/p + 4/2p = 4$.

e) $\min\{4, 6\} = p$.

31.5 Nehmen wir an, dass in Aufgabe 31.8 Matt die Nutzenfunktion $U(m, f) = \max\{3m, f\}$ und Jeff die Nutzenfunktion $U(m, f) = 2m + f$ haben. Matt ist ursprünglich mit 4 Einheiten Milch und 2 Einheiten Fruchtsaft ausgestattet, Jeff mit 4 Einheiten Milch und 6 Einheiten Fruchtsaft. Wenn wir ein Edgeworth-Diagramm mit Milch auf der horizontalen Achse und Fruchtsaft auf der vertikalen Achse konstruieren, und wenn wir Matts Güter von der linken unteren Ecke des Diagramms aus messen, dann beinhaltet die Menge von Pareto-optimalen Allokationen

a) den linken Rand des Edgeworth-Diagramms, aber keine anderen .

b) den unteren Rand des Edgeworth-Diagramms, aber keine anderen .

c) den linken Rand und den unteren Rand des Edgeworth-Diagramms.

d) den rechten Rand des Edgeworth-Diagramms, aber keine anderen Ränder.

e) den rechten Rand und den oberen Rand des Edgeworth-Diagramms.

31.6 In Aufgabe 31.3 ist Professor Nightsoils Nutzenfunktion $U_N(B_N, G_N) = B_N + 4G_N^{1/2}$ und Dekan Interfaces Nutzenfunktion ist $U_I(B_I, G_I) = B_I + 2G_I^{1/2}$. Wenn Nightsoils Anfangsausstattung aus 7 Binsenweisheiten und 15 Gemeinplätzen und Interfaces Anfangsausstattung aus 7 Binsenweisheiten und 25 Gemeinplätzen besteht, dann muss für beliebige Pareto-optimale Allokationen, bei denen beide positive Mengen beider „Güter" konsumieren, gelten, dass

a) Nightsoil Binsenweisheiten und Gemeinplätze im selben Verhältnis wie Interface konsumiert.

b) Interface 8 Gemeinplätze konsumiert.

c) Interface 7 Binsenwahrheiten konsumiert.

d) Interface 3 Binsenwahrheiten konsumiert.

e) Interface 5 Gemeinplätze konsumiert.

Test 32 Produktion

32.1 Angenommen in Aufgabe 32.1 kann Tip pro Stunde entweder 5 Seiten Seminararbeiten schreiben oder 20 Aufgaben aus einem Arbeitsbuch lösen, während Spot 2 Seiten Seminararbeiten schreiben oder 6 Aufgaben aus einem Arbeitsbuch lösen kann. Sie beschließen, dass jeder 7 Stunden arbeitet und dass sie ihren Output untereinander gleichmäßig aufteilen. Wenn sie so viele Seiten Seminararbeiten schreiben wie nur möglich, unter der Annahme dass sie 30 Aufgaben aus dem Arbeitsbuch lösen, dann

a) wird Spot seine ganze Zeit dazu verwenden, Seminararbeiten zu schreiben, und Tip wird seine Zeit für beide Tätigkeiten verwenden.

b) wird Tip seine ganze Zeit dazu verwenden, Seminararbeiten zu schreiben, und Spot wird seine Zeit für beide Tätigkeiten verwenden.

c) werden beide Studenten beide Tätigkeiten ausüben.

d) wird Spot nur Seminararbeiten schreiben und Tip nur Aufgaben aus dem Arbeitsbuch lösen.

e) wird Tip nur Seminararbeiten schreiben und Spot nur Aufgaben aus dem Arbeitsbuch lösen.

32.2 Anton und Bernhard sind die einzigen Arbeiter in einer kleinen Fabrik, die Nullen und Nichtigkeiten herstellt. Anton kann pro Stunde 3 Nullen oder 15 Nichtigkeiten herstellen. Bernhard kann pro Stunde 2 Nullen oder 6 Nichtigkeiten herstellen. Unter der Annahme, dass keiner die eine Aufgabe abstoßender als die andere findet,

a) hat Anton einen komparativen Vorteil bei der Herstellung von Nullen, Bernhard hat einen komparativen Vorteil bei der Erzeugung von Nichtigkeiten.

b) hat Bernhard einen komparativen Vorteil bei der Herstellung von Nullen, Anton hat einen komparativen Vorteil bei der Erzeugung von Nichtigkeiten.

c) hat Anton einen komparativen Vorteil sowohl bei der Herstellung von Nullen als auch bei der Erzeugung von Nichtigkeiten.

d) hat Bernhard einen komparativen Vorteil sowohl bei der Herstellung von Nullen als auch bei der Erzeugung von Nichtigkeiten.

e) haben beide einen komparativen Vorteil bei der Erzeugung von Nichtigkeiten.

32.3 (Siehe Aufgabe 32.5.) Jeder Konsument hat ein Einkommen in rotem und ein Einkommen in blauem Geld und jedes Gut hat einen roten und einen blauen Preis. Man kann ein Gut entweder mit blauem Geld zum blauen Preis oder mit rotem Geld zum roten Preis kaufen. Harald kann 10 rote und 18 blaue Geldeinheiten ausgeben. Der rote Preis von Ambrosia ist 1, der blaue Preis von Ambrosia ist 2. Der rote Preis von Kaugummi ist 1, sein blauer Preis ist ebenfalls 1. Wenn wir Ambrosia auf der horizontalen Achse und Kaugummi auf der vertikalen Achse auftragen, dann ist Haralds Budgetmenge begrenzt durch

a) zwei Geradenabschnitte, von denen einer von (0, 28) bis (10, 18) verläuft, der andere von (10, 18) bis (19, 0).

b) zwei Geradenabschnitte, von denen einer von (0, 28) bis (9, 10) verläuft, der andere von (9, 10) bis (19, 0).

c) zwei Geradenabschnitte, von denen einer von (0, 27) bis (10, 18) verläuft, der andere von (10, 18) bis (20, 0).

d) durch einen vertikalen und einen horizontalen Geradenabschnitt, die sich bei (10, 18) schneiden.

e) durch einen vertikalen und einen horizontalen Geradenabschnitt, die sich bei (9, 10) schneiden.

32.4 (Siehe Aufgabe 32.2.) Robinson Crusoe hat täglich genau 12 Stunden für Fischfang und für das Sammeln von Kokosnüssen zur Verfügung. Pro Stunde kann er entweder 4 Fische fangen oder 16 Kokosnüsse einsammeln. Seine Nutzenfunktion lautet $U(F, K) = FK$, wobei F sein Fischkonsum und K sein Kokosnusskonsum ist. Wenn er seine Zeit in der bestmöglichen Weise auf Fischfang und Kokosnusssammeln aufteilt, dann wird sein Konsum genau gleich jenem sein, als ob er Fisch und Kokosnuss auf einem Wettbewerbsmarkt kaufte, auf dem der Kokosnusspreis 1 ist, und sein Einkommen

a) 192 und der Fischpreis 4 sind.

b) 48 und der Fischpreis 4 sind.

c) 240 und der Fischpreis 4 sind.

d) 192 und der Fischpreis 0,25 sind.

e) 120 und der Fischpreis 0,25 sind.

32.5 Auf einer Insel gibt es nur zwei Güter, Weizen und Milch. Die einzige knappe Ressource ist Land: es gibt insgesamt 1.000 Hektar Land. Auf einem Hektar Land kann man entweder 16

Einheiten Milch oder 37 Einheiten Weizen erzeugen. Einige Bürger besitzen viel Land, andere nur ganz wenig. Alle Bewohner der Insel haben dieselbe Nutzenfunktion $U(M, W) = MW$. Bei jeder Pareto-optimalen Allokation

a) ist die Zahl der hergestellten Milcheinheiten gleich der Zahl der produzierten Weizeneinheiten.

b) ist die gesamte Milchproduktion 8.000.

c) konsumieren alle Bürger dasselbe Konsumbündel.

d) ist die Grenzrate der Substitution zwischen Milch und Weizen für jeden Konsumenten gleich –1.

e) Keine der obigen Antworten ist für *jede* Pareto-optimale Allokation korrekt.

Test 33
Wohlfahrt

33.1 Eine Borda-Zahl wird dazu herangezogen, die Wahl zwischen 3 Kandidatinnen, x, y und z, zu entscheiden, wobei für die Reihung an erster Stelle 1 Punkt, an zweiter Stelle 2 Punkte und an dritter Stelle 3 Punkte vergeben werden. Es gibt 25 Wählerinnen. 7 Wählerinnen setzen die Kandidatin x an die erste, y an die zweite und z an die dritte Stelle;

4 Wählerinnen setzen die Kandidatin x an die erste, z an die zweite und y an die dritte Stelle;

6 Wählerinnen setzen die Kandidatin z an die erste, y an die zweite und x an die dritte Stelle;

8 Wählerinnen setzen die Kandidatin y an die erste, z an die zweite und x an die dritte Stelle. Welche Kandidatin gewinnt?

a) Kandidatin x.

b) Kandidatin y.

c) Kandidatin z.

d) Es gibt ein Unentschieden zwischen den Kandidatinnen x und y, mit z an dritter Stelle.

e) Es gibt ein Unentschieden zwischen den Kandidatinnen y und z, mit x an dritter Stelle.

33.2 Zwei Geschwister wohnen in Städten mit unterschiedlichen Lebenshaltungskosten. Die Lebenshaltungskosten in Stadt B sind dreimal so hoch wie jene in Stadt A. Das Kind in Stadt A hat ein Einkommen von € 3.000, jenes in Stadt B hat ein Einkommen von € 9.000. Die Eltern wollen ihren beiden Kindern insgesamt € 4.000 geben. Die Nutzenfunktion der Eltern lautet $U(C_A, C_B) = C_A C_B$, wobei C_A und C_B der Konsum der Kinder ist, die in den Städten A bzw. B leben. Sie werden

a) jedem Kind € 2.000 geben, obwohl sich das Kind in Stadt B damit weniger Güter kaufen kann.

b) dem Kind in Stadt B dreimal so viel geben wie dem Kind in Stadt A.

c) dem Kind in Stadt *A* dreimal so viel geben wie dem Kind in Stadt *B*.

d) dem Kind in Stadt *B* eineinhalbmal so viel geben wie dem Kind in Stadt *A*.

e) dem Kind in Stadt *A* eineinhalbmal so viel geben wie dem Kind in Stadt *B*.

33.3 Paul und David aus Aufgabe 33.7 haben die Nutzenfunktionen $U_P = 5A_P + O_P$ und $U_D = A_D + 5O_D$, wobei A_P und O_P Pauls Apfel- und Orangenkonsum und A_D und O_D Davids Apfel- und Orangenkonsum darstellen. Das zwischen ihnen aufzuteilende Gesamtangebot besteht aus 8 Äpfeln und 8 Orangen. „Faire" Allokationen sind alle jene Allokationen, welche die folgenden Bedingungen erfüllen:

a) $A_D = A_P$ und $O_D = O_P$.

b) $10A_P + 2O_P$ ist mindestens 48 und $2A_D + 10O_D$ ist mindestens 48.

c) $5A_P + O_P$ ist mindestens 48 und $2A_D + 5O_D$ ist mindestens 48.

d) $A_P + O_P$ ist mindestens 8 und $A_D + O_D$ ist mindestens 8.

e) $5A_P + O_P$ ist mindestens $A_D + 5O_D$ und $A_D + 5O_D$ ist mindestens $5A_P + O_P$.

33.4 Angenommen Romeo in Aufgabe 33.8 hat die Nutzenfunktion $U_R = S_R^8 S_J^4$, Julias Nutzenfunktion lautet $U_J = S_R^4 S_J^8$, wobei S_R Romeos Spaghettikonsum und S_J Julias Spaghettikonsum sind. Sie können 96 Einheiten Spaghetti untereinander aufteilen.

a) Romeo würde Julia gerne Spaghetti geben, wenn er mehr als 48 Einheiten hätte.

b) Julia würde Romeo gerne Spaghetti geben, wenn sie mehr als 62 Einheiten hätte.

c) Romeo und Julia würden über die Aufteilung der Spaghetti immer einer Meinung sein.

d) Romeo würde Julia gerne Spaghetti geben, wenn er mehr als 60 Einheiten hätte.

e) Julia würde Romeo gerne Spaghetti geben, wenn sie mehr als 64 Einheiten hätte.

33.5 Hatfield und McCoy aus Aufgabe 33.8 hassen einander aus tiefster Seele. Beide konsumieren Whisky. Hatfields Nutzenfunktion lautet $U_H = W_H - W_M^{2/8}$ und McCoys Nutzenfunktion lautet $U_M = W_M - W_H^{2/8}$, wobei W_H für Hatfields täglichen Whiskykonsum und W_M für McCoys täglichen Whiskykonsum (beides in Litern gemessen) steht. Der Sheriff hat insgesamt 28 Liter konfiszierten Whisky, den er an die beiden verteilen könnte. Aus irgendeinem unersichtlichen Grund möchte er, dass beide so glücklich wie möglich sind, und er möchte sie gleich behandeln. Der Sheriff sollte jedem

a) 14 Liter geben.

b) 4 Liter geben und 20 Liter in den Bach leeren.

c) 2 Liter geben und 24 Liter in den Bach leeren.

d) 8 Liter geben und den Rest in den Bach leeren.

e) 1 Liter geben und den Rest in den Bach leeren.

Test 34
Externe Effekte

34.1 (Siehe Aufgabe 34.1.) Angenommen in Horsehead, Mass., betragen die Betriebskosten eines Hummerfangbootes pro Monat \$ 3.000. Wenn X Hummerfangboote in der Bucht unterwegs sind, dann ist der monatliche Gesamterlös aus dem Hummerfang \$ $1.000(23X - X^2)$. Wenn es keine Zugangsbeschränkungen gibt und zusätzliche Boote so lange in die Bucht kommen, bis durch einen neu Hinzukommenden keine Gewinne mehr erzielt werden können, dann werden insgesamt X_1 weitere Boote hinzukommen. Wenn die Zahl der Boote, die in der Bucht operieren, so reguliert ist, dass der Gesamtgewinn maximiert wird, dann werden in der Bucht insgesamt X_2 Boote sein.

a) $X_1 = 20$ und $X_2 = 20$.

b) $X_1 = 10$ und $X_2 = 8$.

c) $X_1 = 20$ und $X_2 = 10$.

d) $X_1 = 24$ und $X_2 = 14$.

e) Keine der obigen Antworten ist korrekt.

34.2 (Siehe Aufgabe 34.2.) Ein Bienenhaus befindet sich unmittelbar neben einem Obstgarten. Von den Bienen wird Honig erzeugt, im Obstgarten wachsen Äpfel. Die Kostenfunktion des Imkers lautet $C_H(H, A) = H^2/100 - A$ und die Kostenfunktion der Apfelplantage lautet $C_A(H, A) = A^2/100$, wobei H und A die erzeugten Honig- bzw. Apfeleinheiten darstellen. Der Preis von Honig beträgt 8, der Preis von Äpfeln 7 je Einheit. Wir wollen mit A_1 jenen Apfeloutput bezeichnen, der sich ergibt, wenn beide Unternehmen unabhängig voneinander produzieren, und mit A_2 den Apfeloutput, wenn beide Unternehmungen von einem gemeinsamen Eigentümer betrieben werden. Daraus folgt, dass

a) $A_1 = 175$ und $A_2 = 350$.

b) $A_1 = A_2 = 350$.

c) $A_1 = 200$ und $A_2 = 350$.

d) $A_1 = 350$ und $A_2 = 400$.

e) $A_1 = 400$ und $A_2 = 350$.

34.3 Martins Nutzenfunktion lautet $U(c, a, h) = 2c + 5a - a^2 - 2h_0$, wobei a die Stunden sind, die er mit Autofahren zubringt, h_0 die *durchschnittlichen* Stunden pro Tag sind, welche die anderen Leute in seinem Wohnort herumfahren, und c jenes Einkommen ist, das ihm für den Konsum anderer Güter – außer Benzin und Autoreparaturen – verbleibt. Benzin und Autoreparaturen kosten € 0,50 je gefahrener Stunde. Alle Bewohner in Martins Wohnort haben dieselben Präferenzen. Wenn jeder Einwohner glaubt, dass sein eigenes Autofahren das Ausmaß des Herumfahrens der anderen Bewohner nicht beeinflusst, dann wird er täglich D_1

Stunden fahren. Wenn sie alle dieselbe Zeit mit dem Auto fahren, dann würde am besten jeder D_2 Stunden pro Tag fahren, wobei

a) $D_1 = 2$ und $D_2 = 1$.

b) $D_1 = D_2 = 2$.

c) $D_1 = 4$ und $D_2 = 2$.

d) $D_1 = 5$ und $D_2 = 0$.

e) $D_1 = 24$ und $D_2 = 0$.

34.4 (Siehe Aufgaben 34.8 und 34.9.) Ein Flughafen liegt unmittelbar neben Bauland. Ein Bauunternehmer würde das Land gerne verbauen, aber der Lärm des Flugplatzes reduziert den Wert des Baulandes. Wir wollen mit X die Zahl der täglichen An- und Abflüge bezeichnen, mit Y die Zahl der Häuser des Wohnprojekts. Der Gewinn des Flughafens ist $22X - X^2$, der Gewinn des Bauunternehmers ist $32Y - Y^2 - XY$. H_1 sei die Zahl der Häuser, die gebaut würde, wenn eine einzige Gewinn maximierende Unternehmung sowohl das Bauunternehmen als auch den Flughafen besitzen würde. H_2 sei die Zahl der Häuser, die gebaut würde, wenn der Flughafen und die Bauunternehmung unabhängig voneinander betrieben würden, und der Flughafen dem Bauunternehmer den gesamten „Schaden" am Gewinn des Bauunternehmers durch den Flugverkehr, XY, abgelten müsste. Es wird dann gelten:

a) $H_1 = H_2 = 14$.

b) $H_1 = 14$ und $H_2 = 16$.

c) $H_1 = 16$ und $H_2 = 14$.

d) $H_1 = 16$ und $H_2 = 15$.

e) $H_1 = 15$ und $H_2 = 19$.

34.5 (Siehe Aufgabe 34.5.) Eine Boutique und ein Juwelier sind Nachbarn in einem Einkaufszentrum. Wenn die Boutique B Euro für Werbung und der Juwelier J Euro für Werbung ausgibt, dann wird der Gewinn der Boutique $(48 + J)B - 2B^2$ sein, der Gewinn des Juweliers wird $(42 + B)J - 2J^2$ sein. Die Boutique kann sich hinsichtlich ihrer Werbeausgaben als erste festlegen, wobei sie weiß, dass der Juwelier herausfinden wird, wie viel sie für Werbung ausgegeben hat, bevor er die Höhe seiner Werbeausgaben festlegt. Die Werbeausgaben der Boutique sind daher

a) € 16,71.

b) € 46.

c) € 69.

d) € 11,50.

e) € 34,50.

Test 35 Informationstechnologie

35.1 (Siehe Aufgabe 35.1.) Wie hoch wird langfristig der maximale Preis sein, zu dem das Computerbetriebssystem Doors einen Marktanteil von 3/4 halten kann, wenn die Nachfragefunktion nach Doors mit wahrgenommenen Marktanteil, s, und dem tatsächlichen Marktanteil, x, in folgender Form zusammenhängt: $p = 512s(1 - x)$?

a) € 156.

b) € 64.

c) € 96.

d) € 128.

e) € 256.

35.2 Elf Konsumenten versuchen zu entscheiden, ob sie sich an ein neues Kommunikationsnetzwerk anschließen sollen. Konsument 1 ist ein Typ 1-Konsument, Konsument 2 ein Typ 2-Konsument, Konsument 3 ein Typ 3-Konsument usw. Wenn k die Zahl der an das Netzwerk angeschlossenen Konsumenten ist (einschließlich der eigenen Person), dann ist die Zahlungsbereitschaft eines Konsumenten vom Typ n für die Zugehörigkeit zu diesem Netz gleich k mal n. Wie groß ist der höchste Preis, zu dem sich 7 Konsumenten dem Netzwerk anschließen könnten und entweder einen positiven Gewinn (oder zumindest einen solchen von Null) erzielen?

a) € 40.

b) € 33.

c) € 25.

d) € 40.

e) € 35.

35.3 (Siehe Aufgabe 35.4.) Professor Schaumschlags neues benutzerfreundliches Lehrbuch ist soeben erschienen. Das Buch wird zwei Jahre in Verwendung sein, dann wird es durch eine neue Auflage ersetzt. Der Verlag verlangt im ersten Jahr p_1, im zweiten Jahr p_2. Nach dem ersten Jahr kaufen die Buchhandlungen gebrauchte Lehrbücher zum halben Preis, $p_2/2$, auf und verkaufen sie an die Studentinnen zum Preis von p_2. (Studentinnen sind zwischen neuen und gebrauchten Büchern indifferent.) Dementsprechend kostet die Benutzung eines Buchs für eine Studentin während des ersten Jahres $p_1 - (p_2/2)$. Im ersten Jahr der Veröffentlichung ist die Zahl der Studentinnen, die bereit sind, v Euro für die Nutzung eines Exemplars während eines Jahres zu bezahlen, durch $60.000 - 1.000v$ gegeben. Die Zahl jener Studentinnen, welche die Lehrveranstaltung im ersten Jahr besuchen und bereit sind, w Euro für das Behalten des Buchs als Nachschlagwerk zu bezahlen anstatt es zu verkaufen, ist durch $60.000 - 5.000w$ gegeben. Die Zahl der Personen, welche die Lehrveranstaltung im zweiten

Jahr besuchen und bereit sind, mindestens p Euro für ein Exemplar des Buchs zu zahlen, ist durch $50.000 - 1.000p$ gegeben. Wenn der Verlag im ersten Jahr den Preis mit p_1 festsetzt und mit $p_2 \leq p_1$ im zweiten Jahr, dann wird die Gesamtzahl der während beider Jahre vom Verlag verkauften Exemplare des Buchs gegeben sein durch

a) $120.000 - 1.000p_1 - 1.000p_2$.

b) $120.000 - 1.000(p_1 - p_2/2)$.

c) $120.000 - 3.000p_2$.

d) $110.000 - 1.000(p_1 + p_2/2)$.

e) $110.000 - 1.500p_2$.

Test 36
Öffentliche Güter

36.1 (Siehe Aufgabe 36.1.) Nördlich von Bisam, Ontario, liegt das Städtchen Messing mit 500 Einwohnern. Ähnlich wie Bisam hat auch Messing nur ein öffentliches Gut, nämlich den Eislaufplatz, und ein einziges privates Gut, Labatts Bier. Jede(r) hat die Nutzenfunktion $U_i(X_i,, Y) = X_i - 64/Y$, wobei X_i die Zahl der von Person i konsumierten Flaschen Bier ist und Y für die Größe des Eislaufplatzes in Quadratmetern steht. Bier kostet kan. $ 1 pro Flasche. Der Eislaufplatz kostet die Stadt kan. $ 5 je Quadratmeter. Jede(r) hat ein Einkommen von mindestens kan. $ 5.000. Wie groß ist die Pareto-optimale Fläche des städtischen Eislaufplatzes?

a) 80 Quadratmeter.

b) 200 Quadratmeter.

c) 100 Quadratmeter.

d) 165 Quadratmeter.

e) Keine der obigen Antworten ist korrekt.

36.2 Erinnern Sie sich an Pepi und Rudi aus Aufgabe 36.4? Sie überlegen den Kauf eines Sofas. Pepis Nutzenfunktion lautet $U_P(S, M_P) = (1 + S)M_P$ und Rudis Nutzenfunktion ist $U_R(S, M_R) = (4 + S)M_R$, wobei $S = 0$ ist, wenn sie das Sofa nicht kaufen, und $S = 1$ ist, wenn sie das Sofa kaufen; M_P und M_R sind Pepis bzw. Rudis Geldbeträge, die sie für ihren jeweiligen privaten Konsum ausgeben können. Pepi hat insgesamt € 800 zur Verfügung, Rudi insgesamt € 2.000, die sie jeweils für das Sofa und andere Güter ausgeben können. Der maximale Betrag, den sie für das Sofa zahlen könnten, sodass sie beide mit Sofa besser gestellt sind als ohne Sofa, ist

a) € 1.200.

b) € 500.

c) € 450.

d) € 800.

e) € 1.600.

36.3 Wenden wir uns Bonnie und Clyde aus Aufgabe 36.5 zu. Angenommen ihr Gewinn ist $48H$, wobei H die Stunden sind, die sie pro Jahr arbeiten. Ihre Nutzenfunktionen lauten $U_B(C_B, H) = C_B - 0{,}01H^2$ bzw. $U_C(C_C, H) = C_C - 0{,}01H^2$, wobei C_B und C_C für den jeweiligen Konsum an Privatgütern stehen. Wenn sie eine Pareto-optimale Entscheidung hinsichtlich der Arbeitsstunden und der Einkommensverteilung treffen, dann werden sie jährlich

a) 1.300 Stunden arbeiten.

b) 1.800 Stunden arbeiten.

c) 1.200 Stunden arbeiten.

d) 550 Stunden arbeiten.

e) 650 Stunden arbeiten.

36.4 Wie erinnerlich waren die Nutzenfunktionen von Lucia und Martin in Aufgabe 36.6 durch $2X_L + G$ bzw. X_MG gegeben, wobei G ihre Ausgaben für öffentliche Güter sind, die sie in ihrer Wohnung gemeinsam nützen, und X_L bzw. X_M Lucias bzw. Martins privaten Konsum darstellen. Insgesamt können sie € 32.000 für private und öffentliche Güter ausgeben. Sie einigen sich auf ein Pareto-optimales Ausgabenschema, bei dem Lucias privater Konsum € 8.000 beträgt. Wie viel geben sie für öffentliche Güter aus?

a) € 8.000.

b) € 16.000.

c) € 8.050.

d) € 4.000.

e) Die Information reicht zur Beantwortung nicht aus.

Test 37
Asymmetrische Information

37.1 Nehmen wir wie in Aufgabe 37.2 an, dass alle Arbeiter mit niedriger Produktivität ein Grenzprodukt im Wert von € 10 und alle Arbeiter mit hoher Produktivität ein Grenzprodukt im Wert von € 16 haben. Von jedem Typus Arbeiter gibt es gleich viele in der Gemeinde. Die örtliche Zweigstelle der Volkshochschule bietet einen Kurs in Mikroökonomie an. Für die Arbeiter mit hoher Produktivität bedeutet der Besuch dieses Kurses genau so viel wie eine Lohnkürzung von 4, Arbeiter mit niedriger Produktivität setzen den Besuch des Kurses einer Lohnkürzung von 7 gleich.

a) Es gibt ein Unterscheidungsgleichgewicht, in dem die Arbeiter mit hoher Produktivität den Kurs besuchen und zum Satz von € 16 entlohnt werden, während die Arbeiter mit niedriger Produktivität den Kurs nicht besuchen und mit € 10 entlohnt werden.

b) Es gibt kein Unterscheidungsgleichgewicht und kein Vereinigungsgleichgewicht.

c) Es gibt kein Unterscheidungsgleichgewicht, aber es gibt ein Vereinigungsgleichgewicht, in dem jeder zum Satz von € 13 entlohnt wird.

d) Es gibt ein Unterscheidungsgleichgewicht, in dem die Arbeiter mit hoher Produktivität den Kurs besuchen und zum Satz von € 20 entlohnt werden, während die Arbeiter mit niedriger Produktivität den Kurs nicht besuchen und mit € 10 entlohnt werden.

e) Es gibt ein Unterscheidungsgleichgewicht, in dem die Arbeiter mit hoher Produktivität den Kurs besuchen und mit € 16 entlohnt werden, während die Arbeiter mit niedriger Produktivität mit € 13 entlohnt werden.

37.2 (Siehe Aufgabe 37.3.) In Tummersbach gibt es Tolpatsche, die eine Produktivität von € 1.000 haben, und Tüchtige, deren Produktivität € 5.000 pro Monat ist. Man kann Tolpatsche von Tüchtigen weder visuell noch durch Fragen unterscheiden, und es ist zu teuer, die individuelle Produktivität festzustellen. Tüchtige haben jedoch mehr Geduld als Tolpatsche. Eine Stunde (= H) lang einer langweiligen Vorlesung zuzuhören, ist für einen Tolpatsch genauso schlimm wie € 200 zu verlieren, für einen Tüchtigen jedoch nur so schlimm wie der Verlust von € 100. Es wird ein Unterscheidungsgleichgewicht geben, in dem jeder, der einen Kurs besucht, € 5.000 pro Monat erhält, jeder der keinen Kurs besucht, erhält nur € 1.000 monatlich, wenn

a) $20 < H < 40$ ist.

b) $20 < H < 80$ ist.

c) H positiv ist.

d) und nur wenn H gegen unendlich strebt.

e) $H < 35$ und $H > 17{,}5$ ist.

37.3 In Wulfsborg stehen 200 Gebrauchtwagen zum Verkauf bereit. Die eine Hälfte sind gute Autos, die andere Hälfte besteht aus ‚Lemons'. Die Besitzer der ‚Lemons' sind bereit, sie um € 300 zu verkaufen. Besitzer guter Gebrauchtwagen sind bereit, diese für € 1.100 oder mehr zu verkaufen, bei Preisen unter € 1.100 behalten sie ihre Autos. Es gibt eine große Zahl von potenziellen Käufern, die bereit sind, für eine ‚Lemon' € 400 und für einen guten Wagen € 2.100 zu zahlen. Die Käufer können gute und schlechte Gebrauchtwagen nicht unterscheiden, die ursprünglichen Besitzer wissen aber sehr wohl, in welche Kategorie ihr Wagen fällt.

a) Es wird ein Gleichgewicht geben, in dem alle Gebrauchtwagen um € 1.250 verkauft werden.

b) Es gibt nur ein Gleichgewicht, in dem alle Gebrauchtwagen auf dem Markt ‚Lemons' sind, die zum Preis von € 400 verkauft werden.

c) Es gibt ein Gleichgewicht, in dem alle ‚Lemons' zum Preis von € 300 verkauft werden, alle guten Gebrauchtwagen zum Preis von € 1.100.

d) Es wird ein Gleichgewicht geben, in dem alle Gebrauchtwagen um € 700 verkauft werden.

e) Es gibt ein Gleichgewicht, in dem alle ‚Lemons' zum Preis von € 400 verkauft werden, alle guten Gebrauchtwagen zum Preis von € 2.100.

37.4 Angenommen die Qualitätsverteilung der in Stattgurt auf dem Markt befindlichen 1.000 Gebrauchtwagen sieht so aus, dass die Zahl der Autos, die weniger als V wert sind, gleich $V/2$ ist. Die ursprünglichen Besitzer müssen ihre gebrauchten Autos verkaufen. Sie wissen auch, was ihre Autos wert sind, Käufer können die Qualität eines Autos allerdings erst nach dessen Kauf feststellen. Ein derzeitiger Autobesitzer kann sein Auto entweder zu einem Schätzmeister bringen und diesem für seine (genaue und glaubwürdige) Schätzung des Autos € 100 zahlen oder sie können das Auto direkt und ohne Schätzung verkaufen. Im Gleichgewicht werden die Besitzer von Autos diese nur schätzen lassen, wenn sie mindestens

a) € 100 wert sind.

b) € 500 wert sind.

c) € 300 wert sind.

d) € 200 wert sind.

e) € 400 wert sind.

Lösungen

1 Der Markt

1.2 a) 18.

1.2 a) 18.

1.2 a) 18.

1.2 a) 18.

1.2 a) 25.

1.2 a) 25.

1.2 a) 25.

1.2 a) 25.

1.2 a) 15.

1.2 a) 15.

1.2 a) 15.

1.2 a) 15.

1.2 a) 18.

1.2 a) 15.

1.2 a) 18.

1.2 a) 18.

1.2 b) 18.

1.2 b) Ja.

1.4 a) E, der nur € 10 für eine Wohnung zahlen will, würde sie an F untervermieten, der bereit ist, € 18 zu zahlen.

1.4 b) € 18.

1.4 c) A, B, C, D, F.

1.4 d) Es besteht kein Unterschied.

2 Die Budgetbeschränkung

2.4 a) $100 \cdot (3 - 2) =$ € 100.

2.6 a) $2K + 4F + 6M = 360$.

2.6 b) 2 Kronen.

2.6 c) 3 Kronen.

2.6 d) 180 Kronen.

2.6 e) $K + 2F + 3M = 180$.

2.6 e) Nein.

2.8 a) $15X - P - 2U = 50$.

2.10 a) 150 Seiten.

2.10 b) 50 Seiten.

2.12 b) Die blaue Budgetgerade liegt zur Gänze außerhalb der roten Budgetgeraden; um daher beiden Budgets zu genügen, muss man strikt innerhalb der roten Budgetgeraden bleiben.

3 Präferenzen

3.2 b) Ja.

3.2 c) –2/3.

3.2 d) –1.

3.2 e) –2/3.

3.2 e) –1.

3.2 f) Ja.

3.2 g) Ja.

3.4 a) 2.

3.4 c) Ja.

3.4 d) Nein.

3.4 e) Nein.

3.4 f) Geradenabschnitte mit der Steigung –2,5.

3.6 a) Ja.

3.8 a) (20, 70).

3.8 c) Nein.

3.8 d) (60, 50).

3.8 e) Ja.

3.10 a) 15 – 5 = € 10.

3.10 b) 15 – (5 – 2) = € 12.

3.14 a) Goldköpfchen.

3.14 b) Raupen.

3.14 c) Raupen gegen Goldköpfchen, dann den Gewinner gegen Honig.

3.14 d) Nein.

4 Nutzen

4.0 2.

4.0 3.

4.0 $-2/3$.

4.0 4.

4.0 6.

4.0 $-2/3$.

4.0 a.

4.0 b.

4.0 $-a/b$.

4.0 $1/\sqrt{x_1}$.

4.0 1.

4.0 $-1/\sqrt{x_1}$.

4.0 $1/x_1$.

4.0 1.

4.0 $-1/x_1$.

4.0 $v'(x_1)$.

4.0 1.

4.0 $-v'(x_1)$.

4.0 x_2.

4.0 x_1.

4.0 $-x_2/x_1$.

4.0 $ax_1^{a-1}x_2^b$.

4.0 $bx_1^a x_2^{b-1}$.

4.0 $-ax_2/bx_1$.

4.0	$x_2 + 1$.
4.0	$x_1 + 2$.
4.0	$-(x_2 + 1)/(x_1 + 2)$.
4.0	$x_2 + \mathrm{b}$.
4.0	$x_1 + a$.
4.0	$-(x_2 + b)/(x_1 + a)$.
4.0	ax_1^{a-1}.
4.0	ax_2^{a-1}.
4.0	$-(x_1/x_2)^{a-1}$.
4.2 a)	14.
4.2 b)	Nein.
4.2 c)	–2/3.
4.2 c)	–2/3.
4.2 d)	$-2/\sqrt{x_1}$.
4.2 d)	x_2.
4.4 b)	10.
4.4 b)	10.
4.4 c)	Nein.
4.6 a)	$u(X, Y) = X + 2Y$.
4.6 a)	$u(X, Y) = X + Y$.
4.6 c)	Ja.
4.6 c)	Ja.
4.6 c)	Nein.
4.6 d)	Ein Beispiel: Shirley bevorzugt (0, 2) gegenüber (3, 0); Lorraine bevorzugt (3, 0) gegenüber (0, 2).
4.8 a)	(10, 10). Setze in die beiden Argumente (Summanden) der Nutzenfunktion ein, sodass $U = 10$.
4.8 a)	Mehr Frauen.
4.8 a)	Mehr Frauen.
4.8 b)	Schlechter. Vergleiche den Nutzen von (10, 9) mit dem Nutzen von (10, 14).
4.8 c)	22. Verwende die Nutzenfunktion.
4.8 c)	13. Siehe oben.
4.8 d)	V.
4.10 c)	Ja.

4.10 c) Ja.

4.10 d) Es gibt keinen Unterschied.

4.10 e) Ihre Nutzenfunktionen unterscheiden sich nur durch eine monotone Transformation.

4.12 a) −1.

4.12 b) −1.

4.12 c) Ja.

4.12 c) Es gilt einfach $u(x_1, x_2) = [v(x_1, x_2)]^2$.

4.14 a) $(x + y)(x + 4y)/100$.

4.14 b) 20.

4.14 c) Größer als.

4.14 c) Ja.

5 Die Entscheidung

5.2 a) $[36/(X+2)] - 1$.

5.2 b) Ja.

5.2 c) $-(Y + 1)/(X+2)$.

5.2 d) $(Y + 1)/(X+2) = 1$.

5.2 e) $X + Y = 11$.

5.2 f) 5.

5.2 f) 6.

5.4 b) $x_1 = x_2$.

5.4 c) $10x_1 + 20x_2 = 1.200$.

5.4 d) (40, 40).

5.4 e) 400.

5.4 e) 800.

5.6 a) 4.

5.6 b) 4.

5.6 c) 4.

5.6 f) $x = y^2$.

5.6 g) (4, 2).

5.6 h) 1.150.

5.8 a) Zur Berechnung siehe Aufgabe 3.10. Z. B. 20 − 10 = € 10; 20 − (10 − 1) = € 11.

5.10 a) $C + X = 70.000$.

5.10 b) (30.000, 40.000).

5.10 c) (30.000, 30.000).

5.10 d) $0{,}5C + X = 60.000$.

5.10 e) 20.000.

5.10 e) 50.000.

5.10 f) –0,5.

5.10 f) –1.

5.12 a) (80, 8).

5.14 a) 4 Einheiten Cornflakes und 4 Einheiten Pommes frites.

5.14 b) 6 Einheiten Cornflakes und keine Pommes frites.

5.14 c) Immer wenn $p_2 > 2p_1$.

5.14 c) Immer wenn $p_1 > 2p_2$.

5.14 d) Bei jedem Einkommen wird Manfred $x_1 = x_2$ konsumieren, wenn $½ < p_1/p_2 < 2$.

6 Nachfrage

6.2 a) $-2x_2/3x_1$.

6.2 b) 2/3.

6.2 b) 2/5.

6.2 c) $a/(a + b)$.

6.4 a) $1/k = p_k/p_b$.

6.4 b) $k(p_b, p_k, m) = p_b/p_k$.

6.4 c) p_b.

6.4 d) $b = (m/p_b) - 1$.

6.4 e) $b = 0$.

6.4 e) $k = m/p_k$.

6.4 f) Ja.

6.6 a) 8 Einheiten.

6.6 a) 16 Einheiten.

6.6 b) $m/(p_m + (p_t/2))$.

6.8 b) $2x/2 = 3/1$.

6.8 b) 3.

6.8 b) 3,5.

6.10 a) Ein Substitut: eine Erhöhung des Bierpreises erhöht die Nachfrage nach Torten.

6.10 b) $q_t = 120 - 30p_t$.

6.10 c) $p_t = 4 - q_t/30$.

6.10 c) € 3.

6.10 d) $p_t = 5 - q_t/30$.

6.12 a) Ja, da das Minimum an Punkten zählt.

6.12 a) $M/(P_1 + P_2)$.

6.12 a) P_1S; siehe die erste Antwort zu dieser Aufgabe.

6.12 a) P_2S; siehe die erste Antwort zu dieser Aufgabe.

6.12 b) $1/(A(P_1 + P_2))$.

6.12 b) $1/(A(P_1 + P_2))^2$.

6.12 c) 1/36.000.

6.12 d) 1/2.

6.12 d) Kleiner als die Hälfte.

7 Bekundete Präferenzen

7.2 a) € 30.

7.2 b) Ja.

7.2 b) −1/2.

7.2 c) 45 Pfund.

7.2 d) € 45.

7.2 e) Nein.

7.4 b) Ja.

7.6 a) 30.

7.6 a) 33.

7.6 a) 32.

7.6 a) 17.

7.6 a) 16.

7.6 b) Nein.

7.6 b) D.

7.6 b) I.

7.6 b) I.

7.6 b) D.

7.6 b) I.

7.6 c) Ja.

7.8 b) McAfee.

7.8 c) Falkland Inseln.

7.10 a) 49,0.

7.10 a) 68,3.

7.10 a) 63,1.

7.10 a) 91,1.

7.10 b) Ja.

7.10 c) 1,39.

7.10 d) 1,44.

7.10 e) 1,29.

7.10 f) 1,39.

7.10 g) 0,69.

7.12 a) Genau 2.

7.12 a) Genau 2.

7.12 b) Ja.

7.12 b) Ja, um 50 %. Die Budgetgerade jeder Konsumentin verschiebt sich um 50 % nach außen. Bei homothetischen Präferenzen steigt der Konsum aller Güter im selben Verhältnis.

8 Die Slutsky Gleichung

8.2 a) 90.

8.2 b) 8.400 Pfund.

8.2 b) 88 Flaschen.

8.2 c) 70 Flaschen.

8.2 d) 20.

8.2 d) Verringerte.

8.2 d) 2.

8.2 d) Verringerte.

8.2 d) 18 Flaschen.

8.4 a) Ja.

8.4 a) Zur Gänze auf den Einkommenseffekt.

8.4 d)	€ 120.
8.4 e)	Zur Gänze auf den Substitutionseffekt.
8.6	80.
8.6	100.
8.6 a)	920.
8.6 a)	92.
8.6 b)	80.
8.6 b)	92.
8.6 b)	92.
8.6 b)	100.
8.8 a)	Schlechter.
8.8 a)	Besser.
8.8 b)	Er ist im Mai besser gestellt als im Februar.
8.8 c)	Nein.
8.10 b)	$0{,}2m_1 + 0{,}1m_2 = 200$, $m_1 + m_2 = 1.500$.
8.10 c)	1.000.
8.10 d)	666,66.
8.10 d)	Nein.
8.10 d)	Ja.

9 Kaufen und Verkaufen

9.2 a)	€ 200.
9.2 b)	20.
9.2 b)	20.
9.2 c)	€ 300.
9.2 c)	15.
9.2 c)	15.
9.2 d)	10.
9.2 d)	10.
9.2 e)	0.
9.2 e)	−10.
9.2 e)	+5.
9.2 e)	−5.

9.4 Nein: wenn p_1 fällt, dann kann sie sich mit dem neuen Budget noch immer ihr altes Bündel leisten. Sie könnte sich zu den alten Preisen Bündel mit einer geringeren Menge von Gut 1 als ihre Ausstattung leisten, aufgrund des WARP wird sie dies nicht wählen.

9.6 c) Die gleiche Menge.

9.8 a) 50.

9.8 a) € 300.

9.8 a) € 5.

9.8 c) € 150.

9.8 d) 30.

9.8 d) 20.

9.10 b) Kürzer.

9.10 c) Länger.

9.10 c) Mehr.

9.10 c) Kürzere.

9.10 c) Ausstattungs-Einkommenseffekt.

9.10 c) Der Substitutions- und der Ausstattungs-Einkommenseffekt heben einander auf, sodass die Arbeitswoche ungefähr gleich lang bleibt.

9.10 d) 39.

9.10 d) 20.

9.10 d) Untertreibt.

9.10 d) Mehr.

9.12 a) 40.

9.12 b) 40.

9.12 b) 160.

9.12 c) $c + 4r = 320$.

9.12 c) $c + 6r = 400$.

9.12 d) 40.

9.12 d) € 160.

9.12 e) Ja.

9.12 e) (200, 33,3).

9.12 e) 46,6.

9.12 f) Mac.

10 Intertemporäre Entscheidung

10.2 a) $c_1 + c_2/(1 + r) = m_1 + m_2/(1 + r)$.

10.2 b) 1.

10.2 b) $1/(1 + r)$.

10.2 b) $m_1 + m_2/(1 + r)$.

10.2 c) $0{,}2m_1 + 0{,}2m_2/(1 + r)$.

10.2 c) $0{,}8(1 + r)m_1 + 0{,}8m_2$.

10.2 d) Senken.

10.2 d) Steigen.

10.2 d) Steigen.

10.4 a) Falsch: durch den Substitutionseffekt konsumiert er in der ersten Periode weniger und spart mehr. Für einen Sparer wirkt der Einkommenseffekt in die entgegengesetzte Richtung, jeder der beiden Effekte könnte dominieren.

10.4 b) Richtig: sowohl der Einkommens- als auch der Substitutionseffekt führen zu einem höheren Konsum in der zweiten Periode.

10.6 a) 5,7.

10.6 a) 5,5.

10.6 a) –21,57.

10.6 a) 109,4.

10.6 a) 0,5.

10.6 a) 3,33.

10.6 a) 3,0.

10.6 a) 4,4.

10.6 a) 5,6.

10.6 a) 7,6.

10.6 b) 710,8 %.

10.6 b) 7,1 %.

10.6 c) 6 %.

10.6 c) 5,79 %.

10.6 c) –87,3 %.

10.6 c) –21,57 %.

10.6 c) 677,2 %.

10.6 c) 710,8 %.

10.8 a) Gleich bleiben: seine Nachfrage nach c_1 ist $0{,}5(m_1 + m_2/(1 + r))$ und $m_2 = 0$.

10.8 b) Mehr: Er spart denselben Betrag, aber durch den höheren Zinssatz erhält er in der zweiten Periode mehr zurück.

10.8 c) Weniger.

10.10 a) Die ‚Budgetgerade' verläuft vom Punkt (1.000, 150) zum Punkt (0, 900).

10.10 b) 600 Zentner. Die ‚Budgetgerade' lautet $c_2 = 900 - 3/4c_1$ und die Bedingung für ein Nutzenmaximum ist $c_2/c_1 = 3/4$; diese beiden Gleichungen in den zwei Unbekannten c_1 und c_2 sind zu lösen.

10.10 b) $400 \cdot 0{,}25 = 100$ Zentner.

10.10 b) $400 \cdot 0{,}75 + 150 = 450$ Zentner.

10.10 c) 568 Zentner. Die ‚Budgetgerade' lautet $c_2 = 1.250 - 1{,}1c_1$ und die Bedingung für ein Nutzenmaximum ist $c_2/c_1 = 1{,}1$; diese beiden Gleichungen in den zwei Unbekannten c_1 und c_2 sind zu lösen.

10.10 c) 624 Zentner.

10.12 a) Ja. Bei der gegebenen Nutzenfunktion ist der Nutzen von *A* größer als jener von *E*.

10.12 c) Nein.

10.12 c) Ja.

10.12 c) Nein.

11 Märkte für Vermögenswerte

11.0 a) $1 + r$.

11.0 a) $1 + r$.

11.0 b) 1.

11.0 b) $1/(1 + r)$.

11.0 c) $X/(1 + r)$.

11.0 c) $X/(1 + r)$.

11.0 d) $-X/(1 + r)$.

11.0 e) $X/(1 + r)^2$.

11.0 f) $X_t/(1 + r)^t$.

11.0 g) $X_1/(1 + r) + X_2/(1 + r)^2 + X_{10}/(1 + r)^{10}$.

11.0 h) X/r.

11.0 h) X/r.

11.0 i) $\Sigma_{i=1}^{\infty} X/(1 + r)^i$.

11.0 i) Geometrische.

11.0 i) X/r.

11.0 j) € 909.

11.0 j) € 10.000.

11.0 k) $-550/1{,}1 + 1.210/1{,}1^2 = 500$

11.2 a) Der Gegenwartswert von jährlich € 50.000 für 20 Jahre ist weniger als € 1.000.000, da der Gegenwartswert eines zukünftigen Euro weniger als € 1 ist.

11.2 b) € 10.

11.2 c) € 500.000.

11.2 d) 500.000.

11.2 e) € 75.000.

11.2 f) $8{,}5 \cdot 50.000 =$ € 425.000.

11.4 75

11.4 a) 75 Jahre.

11.4 b) 100 Jahre.

11.6 a) € 200. Da er den Wein nächstes Jahr um € 220 verkaufen kann, entspricht das genau dem Ertrag der alternativen Anlage von 10 %.

11.6 b) € 200. Siehe a) und: ab dem 2. Jahr ist der Ertrag geringer als 10 %.

11.6 c) 6 Jahre.

11.6 d) € 500 je Kiste.

11.6 e) € $500/1{,}1^6$, rund € 282.

11.8 a) $p_t - 5$.

11.8 b) $p_{t+1} - 5$.

11.8 c) $(p_{t+1} - 5)/(1 + r)^{t+1}$.

11.8 c) $(p_t - 5)/(1 + r)^t$.

11.8 d) Die Gegenwartswerte müssen gleich sein.

11.8 d) $[(p_{t+1} - 5)/(1 + r)^{t+1}] = [(p_t - 5)/(1 + r)^t]$.

11.8 e) $p_{t+1} = (1 + r)p_t - 5r$.

11.8 f) Die prozentuelle Preissteigerung ist kleiner.

11.10 a) € 450.

11.10 a) € 600.

11.10 a) € 3.000.

11.10 b) $450 - 300 = 150$.

11.10 b) $600 - 500 = 100$.

11.10 b) 3.000 – 7.500 = – 4.500.

11.10 c) A.

11.10 d) B.

11.10 e) B.

11.10 e) C.

11.10 f) € 900.

11.10 f) € 1.200.

11.10 f) € 6.000.

11.10 f) B.

11.10 f) C.

11.12 a) Einige würden sagen, dass Volkswirtschaftslehre – ähnlich wie Buchhaltung oder Leichenbestattungswissenschaft – derart langweilig ist, dass die Bezahlung hoch sein muss, damit sich überhaupt jemand dafür interessiert. Andere würden meinen, dass die Fähigkeiten, um Nationalökonomie gut zu beherrschen, rar sind und am Markt dementsprechend hoch bewertet werden. Vielleicht sind unter den Absolventen der Psychologie oder von Englisch überproportional viele Personen, die nur einer Teilzeitarbeit nachgehen. Zweifellos gibt es noch weitere brauchbare Erklärungen.

11.12 b) $ 596.000.

11.12 b) $ 630.000.

12 Unsicherheit

12.2 a) (50.000, 500.000).

12.2 b) $50.000 + 0{,}9x$.

12.2 b) $500.000 - 0{,}1x$.

12.2 c) 0,1.

12.2 c) 455.000.

12.2 d) –9.

12.2 d) $c_{K\ddot{U}}/c_{\ddot{U}} = 1$.

12.2 e) (455.000, 455.000).

12.2 e) € 450.000.

12.2 e) € 45.000.

12.4 a) 70,71.

12.4 a) 100.

12.4 b) 122,5.

12.4 b) 100.

12.4 b) (Ja).

12.4 c) $100 = (1/2)\sqrt{x}$.

12.4 c) 40.000.

12.4 d) 40.000.

12.4 e) 40.000.

12.4 f) 6.715,73.

12.6 c) −1.

12.6 e) 1.

12.8 a) $u = (1/2)\ln c_s + (1/2)\ln c_r$.

12.8 b) Morgens Nutzenfunktion ist einfach der natürliche Logarithmus von Sams Nutzenfunktion, die Antwort ist daher ja.

12.8 c) 20.

12.8 c) 20.

12.8 c) Er konsumiert dasselbe wie Sam.

12.10 a) (200 − 50) + (2 · 50) = € 250.

12.10 a) 200 − 50 = € 150.

12.10 c) € 250.

12.10 c) € 200.

12.12 a) € 498.

12.12 b) € 248.004.

12.12 c) € 248.400.

12.12 d) € 248.400.

12.12 d) $\sqrt{248.800}$.

13 Riskante Vermögenswerte

13.2 a) $r_x = 30x + 10(1 - x)$.

13.2 b) $\sigma_x = 10x$.

13.2 c) Durch Einsetzen von b) in a) erhält man $r_x = 3\sigma_x + 10 - \sigma_x = 2\sigma_x + 10$.

13.2 d) Man erhält eine Gerade vom Punkt (0, 10) mit einer Steigung von 2. Beachte: Durch die unterschiedliche Skalierung von Abszisse und Ordinate ist das eine 45°-Gerade!

13.2 e) 20. Ein Weg: $2\sigma_x + 10 = 30 - 2\sigma_x$; die gefundene Standardabweichung kann man in die ‚Budgetgerade' einsetzen um den Ertrag zu finden, der dann auf der aus der Nutzenfunktion folgenden Indifferenzkurve liegt (siehe: perfekte Komplemente).

13.2 e) 5.

13.2 g) Unter Verwendung der Antwort zu Teil a) suchen wir jenes x, das die Gleichung $20 = r_x = 30x + 10(1 - x)$ löst; die Antwort ist $x = 0{,}5$.

13.4 a) 10 %. Ertrag: 500 + 500 = 1.000 €, Investition: 5.000 + 5.000 = 10.000 €.

13.4 a) 10 %. 100 € bezogen auf die Gesamtinvestition.

13.4 b) 10 %. Siehe a).

13.4 b) 0 %. Völlig gegenläufige Standardabweichung zur ersten Weide, die beiden Standardabweichungen heben einander auf.

13.4 c) Er sollte die zweite Weide kaufen, da sie denselben erwarteten Ertrag, jedoch ein kleineres Risiko hat.

14 Konsumentenrente

14.2 a) A, B, C, D.

14.2 b) 20.

14.2 b) 5.

14.2 c) 50.

14.2 d) 130.

14.2 e) 0.

14.2 f) 4.

14.4 a) 20. Tangente der Indifferenzkurve durch A mit der Budgetgeraden zu den Preisen (1, 1); sie würde 10 Gurken und 10 Einheiten der anderen Güter kaufen.

14.4 b) 30. Siehe a).

14.4 c) 30. Tangente zur steileren Budgetgeraden; sie kauft 7,5 Gurken und 15 Einheiten der anderen Güter.

14.4 d) 40. Siehe c).

14.4 e) Kleiner.

14.6 a) $1/(x + 1) = p_x$.

14.6 b) Quasilineare.

14.6 b) $x = (1/p_x) - 1$.

14.6 b) $y = m - 1 + p$.

14.6 c) 3.

14.6 c) 9,25.

14.6 c) 10,64.

14.6 d) € 10,64.

14.6 e) 1.

14.6 e) 9,5.

14.6 e) 10,19.

14.6 f) € 10,19.

14.6 g) –0,45.

14.6 g) € 0,25.

14.8 a) € 200. Die tatsächlichen Gesamtausgaben (10 · 10) plus die (Netto-)Konsumentenrente (ein Dreieck mit Basis 10 und Höhe 20, d. h. (10 · 20)/2.)

14.8 a) € 100. Siehe oben.

14.8 b) Zu Preisen von € 10 ist die Konsumentenrente € 100. Zu Preisen von € 14 fragt er 8 B.-Burger nach, die Nettokonsumentenrente ist demnach (1/2)(16 · 8) = 64. Die Änderung der Konsumentenrente ist daher –36 €.

14.10 a) Siehe die Nutzenfunktion: Der Nutzen einer Stunde Läuten entspricht 3 Euro. Sie verliert 5 Stunden, daher 5 · 3 = 15 ffrs.

14.10 b) 10 Stunden. Das Maximum (bevor sie zu leiden beginnt), da sie nur 2 Euro pro Stunde zahlen muss, 1 Stunde jedoch den Nutzen von 3 Euros stiftet.

14.10 b) 20 ffrs. Siehe a).

14.10 c) 0 Stunden. Siehe b).

14.10 c) 30 ffrs.

15 Marktnachfrage

15.0 a) $-p/60 - p$.

15.0 b) $-bp/(a - bp)$.

15.0 c) –2.

15.0 d) $-b$.

15.0 e) $-2p/(p + 3)$.

15.0 f) $-bp/(p + a)$.

15.2 a) $p(q) = 5 - q/2$, wenn $q < 10$ ist.

15.2 b) $p(q) = 10.000/q^2$.

15.2 (c) $p(q) = (10 - \ln q)/4$.

15.2 d) $p(q) = \sqrt{(20/q)}$.

15.4 a) −2.

15.4 a) −3.

15.4 a) −4.

15.4 b) 1.

15.4 b) 1.

15.4 b) 1.

15.4 c) $-p$.

15.4 c) 1.

15.6 a) $(m - p_1 + 1)2 = m + 1$.

15.6 a) $p = (m + 1)/2$.

15.6 a) $ 1.

15.8 a) $P = 5$.

15.8 b) $Q = 5$.

15.10 a) 9.900.

15.10 b) $ 250.000.

15.10 b) $ 250.000.

15.10 c) 150.000 Sitzplätze.

16 Gleichgewicht

16.2 a) € 15.

16.2 a) 25.

16.2 b) € 20.

16.2 b) 30.

16.2 b) € 10.

16.2 c) € 10.

16.2 d) € 25.

16.4 a) € 20.

16.4 a) 100.

16.4 b) € 21.

16.4 b) € 19.

16.4 b) 95.

16.4 c) $5 = 2 \cdot 5/2$.

16.6 a) Die Gleichungen lauten: $200 - 4P_H - 2P_L = 100$ und $200 - 3P_L - P_H = 150$.

16.6 b) 20.

16.6 b) 10.

16.6 d) € 23.

16.6 d) € 9.

16.8 a) Sie müsste ungefähr 2 % jährlich betragen.

16.8 b) 400.

16.8 b) 400.

16.8 c) 2.

16.8 c) 1,5 %.

16.8 d) Wenn sich die Nachfrage nicht verändert, müsste er sich verdoppeln.

16.8 e) Da die Nachfrageelastizität –1 ist, würde der Gesamterlös gleich bleiben.

16.8 f) Sie würden wieder ihr altes Niveau erreichen.

16.10 a) 3.

16.10 a) 9 Cent.

16.10 b) 3,5.

16.10 b) 9,5 Cent.

16.10 b) 7,5 Cent.

16.10 c) –16,66 %.

16.10 c) –8,33 %.

16.12 a) $ 2. Löse die Gleichgewichtsbedingung: Angebot = Nachfrage.

16.12 a) $ 3. Siehe oben.

16.12 b) $ 1,90.

16.12 b) $ 2,90.

16.12 c) $ 3.

16.12 c) $ 3.

16.12 c) $ 15 Millionen. (150 Millionen Gallonen mal 10 Cent.)

16.12 c) Es gibt keinen Effekt.

16.12 c) Benzinanbieter gewinnen und der Staat verliert $ 15 Millionen pro Tag.

16.12 d) $Q = 120 - 15P^* + 120 - 15(P^* + \$\,0{,}10)$.

16.12 d) $ 2,95.

16.12 d) $P^* = \$\,3{,}05$.

16.12 d) $ 2,95.

16.12 d) Steigert den Konsum um 0,75 Millionen in Staaten, welche die Steuer aufheben und verringert den Konsum um 0,75 Millionen in jenen Staaten, die das nicht machen.

16.12 e) Gewinnen durch die Preisreduktion um 5 Cent.

16.12 e) Verlieren durch die Preissteigerung um 5 Cent.

16.12 e) Gewinnen durch die Erlöserhöhung um 5 Cent pro Gallone.

16.12 e) Verlieren \$ 15 Millionen pro Tag an Einnahmen.

16.12 e) Sie verlieren \$ 75.000 pro Tag wegen des Verbrauchsrückgangs um 0,75 Millionen Gallonen pro Tag.

16.14 a) 1.

16.14 a) 1 Puff.

16.14 a) 1 Puff.

16.14 a) 3.000 Einheiten.

16.14 a) 3.000 Einheiten.

16.14 b) $z = 1/2$.

16.14 b) 7/4 Puffs.

16.14 b) 7/4 Puffs.

16.14 b) 2.250 Einheiten.

16.14 b) $2.250 \cdot 1/2 = 1.125$

16.14 c) 2.250.

16.14 c) 7/4 Puffs.

17 Auktionen

17.2 a) $1/2 \cdot 1/2 = 1/4$.

17.2 a) $1/2 \cdot 1/2 = 1/4$.

17.2 a) 1/2.

17.2 b) $1/2 + 1/4 = 3/4$.

17.2 b) 1/4.

17.2 b) $(3/4) \cdot$ € 6.000 + $(1/4) \cdot$ € 1.000 = € 4.750.

17.2 c) € 4.500.

17.2 d) € 6.000.

17.2 d) € 6.000.

17.2 d) Professioneller Baggerfahrer bietet € 6.000, Hobby-Baggerfahrer bietet € 4.500.

17.2 d) Der professionelle Baggerfahrer.

17.2 d) € 4.500.

17.2 d) € 4.500.

17.2 d) € 4.500.

17.2 d) (1/4) · € 6.000 + (3/4) · € 4.500 = € 4.875.

17.2 e) Methode 3.

17.4 a) 5.375.

17.4 a) C.

17.4 a) € 3.000 + (C/2).

17.4 b) C < € 4.750. (5.375 – 3.000) · 2

17.4 c) Keine.

17.4 d) C > € 4.750.

17.6 a) 700/1.000 = 7/10.

17.6 a) 800 – 700 = € 100.

17.6 a) 100 · (7/10) = € 70.

17.6 b) 6/10. Siehe a).

17.6 b) 800 – 600 = € 200.

17.6 b) 200 · (6/10) = € 120.

17.6 c) x/1.000.

17.6 c) € 800 – x.

17.6 c) € (800 – x)(x/1.000).

17.6 c) x = 400. Leite die obige Formel nach x ab und setze sie gleich Null.

17.6 d) € (V – x)(x/1.000).

17.6 d) x = V/2. Siehe c).

17.8 a) Common.

17.8 b) 450.

17.8 b) 2/3 · 450 = 300.

17.8 b) 450 + 300 = 750.

17.8 b) 450/750 = 3/5.

17.8 c) 3/5. Siehe oben.

17.8 d) 0.

17.8 e) 3/5 · € 10.000 + 2/5 · € 1.000 = € 6.400.

17.8 e) € 1.000.

17.8 f) (10.000 + 1.000)/2 = € 5.500.

17.8 g) Nein: 6.400 > 5.500.

17.8 h) € 1.000.

17.8 h) Geld verlieren.

17.8 i) € 1.000.

17.8 j) Konstantin wird all die guten Autos bekommen und dafür € 1.000 bezahlen.

17.8 k) 6.400 – 1.000 = € 5.400.

17.10 a) H Euro.

17.10 a) N Euro.

17.10 b) H Euro.

17.10 b) N Euro.

17.10 c) 1/2.

17.10 c) 1/2.

17.10 c) $(H + N)/2$ Euro.

17.10 d) 1/8.

17.10 d) $(H - \mathrm{N})/8$.

17.10 e) $(3(H - N)/8) + (H + N)/2 = (7/8)H + (1/8)N$.

17.12 a) $(H - N)$ Euro.

17.12 a) 0.

17.12 b) $(H - N)$ Euro.

17.12 b) 0.

17.12 b) 0.

17.12 b) N Euro.

17.12 b) $(H - \mathrm{N})$ Euro.

17.12 c) $(H - N)$.

17.12 d) $7(H - N)/8$.

17.14 a) Anatol.

17.14 a) Christoph.

17.14 a) Bernhard.

17.14 a) Niemand.

17.14 a) Christoph.

17.14 a) Christoph lädt Clara ein.

17.14 a) Anatol.

17.14 a) Bernhard.

17.14 a) Christoph.

17.14 b) Bernhard.

17.14 b) Anatol.

17.14 b) Christoph.

17.14 c) Das auffordernde.

17.14 d) Anatol wird Berta einladen.

17.14 d) Berta wird sich für Anatol entscheiden und Bernhard abweisen; Bernhard wird Andrea einladen.

17.14 d) Andrea wird mit Bernhard zum Ball gehen, Berta mit Anatol und Clara mit Christoph.

17.14 d) Ja.

18 Technologie

18.0 1.

18.0 2.

18.0 −1/2.

18.0 a.

18.0 b.

18.0 $-a/b$.

18.0 $50x_2$.

18.0 $50x_1$.

18.0 $-x_2/x_1$.

18.0 $(1/4)x_1^{-3/4}x_2^{3/4}$.

18.0 $(3/4)x_1^{1/4}x_2^{-1/4}$.

18.0 $-x_2/3x_1$.

18.0 $Cax_1^{a-1}x_2^{\mathrm{b}}$.

18.0 $Cbx_1^{a}x_2^{b-1}$.

18.0 $-ax_2/bx_1$.

18.0 $x_2 + 1$.

18.0 $x_1 + 2$.

18.0 $-(x_2 + 1)/(x_1 + 2)$.

18.0 $x_2 + b$.

18.0 $x_1 + a$.

18.0 $-(x_2 + b)/(x_1 + a)$.

18.0 a.

18.0 $b/2\sqrt{x_2}$.

18.0 $-2a\sqrt{x_2}/b$.

18.0 ax_1^{a-1}.

18.0 ax_2^{a-1}.

18.0 $-(x_1/x_2)^{a-1}$.

18.0 $bax_1^{a-1}(x_1^a + x_2^a)^{b-1}$.

18.0 $bax_2^{a-1}(x_1^a + x_2^a)^{b-1}$.

18.0 $-(x_1/x_2)^{a-1}$.

18.0 K.

18.0 K.

18.0 K.

18.0 F.

18.0 F.

18.0 F.

18.0 S.

18.0 K.

18.0 S.

18.0 K.

18.0 F.

18.0 F.

18.0 F.

18.0 K.

18.0 F.

18.0 F.

18.0 F.

18.0 F.

18.0 K.

18.0 F.

18.0 F.

18.2 a) 1.

18.2 a) Bleibt konstant.

18.2 a) 0.

18.2 a) Bleibt konstant.

18.2 a) Unendlich.

18.2 a) Konstante.

18.2 b) 0.

18.2 b) 0.

18.2 b) Steigen.

18.4 a) Fallende.

18.4 a) Konstant.

18.6 a) $2A + 4B = 160$.

18.6 b) $4A + 2B = 180$.

18.6 d) $2A + 4B = 160$ und $4A + 2B = 180$.

18.6 e) 45 Einheiten.

18.6 e) Arbeiter.

18.6 e) 70.

18.8 Für jedes $t > 1$ ist $f(tx_1, tx_2, tx_3) = A(tx_1)^a(tx_2)^b(tx_3)^c = t^{a+b+c}f(x_1, x_2, x_3) > tf(x_1, x_2, x_3)$.

18.10 a) $ab < 1$.

18.10 a) $ab = 1$.

18.10 a) $ab > 1$.

19 Gewinnmaximierung

19.2 a) $\pi = 400\sqrt{x} - 50x$.

19.2 b) 16.

19.2 b) 16.

19.2 b) € 800.

19.2 c) 16.

19.2 c) 16.

19.2 c) € 640.

19.2 d) $\pi = 0{,}5 \cdot (400\sqrt{x} - 50x)$.

19.2 d) 16.

19.2 d) € 400.

19.4 a) 200.

19.4 a) 400.

19.4 b) 300.

19.4 b) 300.

19.4 c) Unendlich.

19.4 c) 250.

19.4 e) 200.

19.4 e) 0.

19.4 e) € 1.000.

19.6 b) $ 80 Millionen.

19.6 b) $ 60 Millionen.

19.6 c) Nein; die Daten genügen dem WAPM.

19.6 d) Ja; beim Preis von $ 40 hätte Golf mehr verdienen können, wenn sie sich so verhalten hätte wie beim Preis von $ 20.

19.8 a) Ja; wenn sich der Preis des Inputs nicht ändert, $\Delta w = 0$, dann ist nach dem WAPM $\Delta p \Delta y \geq 0$.

19.8 b) Ja; wenn sich der Preis des Outputs nicht ändert, $\Delta p = 0$, dann ist nach dem WAPM $-\Delta w \Delta x \geq 0$.

19.8 c) Nein; die Vorzeichen lauten $(+)(-) - (+)(+) \geq 0$, was nicht möglich ist.

19.10 a) $2x_1^{-1/2}x_2^{1/4} = w_1$.

19.10 a) $x_1^{1/2}x_2^{-3/4} = w_2$.

19.10 a) $8/w_1^3 w_2$.

19.10 a) $4/w_1^2 w_2^2$.

19.10 b) 1.

19.10 b) 1.

19.10 b) 1.

19.10 b) 1.

19.12 a) 0, da x_2 1,5 mal so viel kostet wie x_1, aber um mehr ergiebiger ist.

19.12 a) 16/9. Ignoriere x_1, setze den Gewinn als eine Funktion von x_2 an und maximiere.

19.12 a) 8/3.

20 Kostenminimierung

20.2 b) Konstante.

20.2 c) 10 Einheiten.

20.2 c) 5 Einheiten.

20.2 d) Es kann *nur* 10 Outputeinheiten mittels des Bündels (10, 5) erzeugen, daher ist das auch die billigste Art; die Kosten werden € 15 sein.

20.2 e) $c(w_1, w_2, 10) = 10w_1 + 5w_2$.

20.2 f) $(w_1 + (w_2/2))y$.

20.4 a) Abnehmenden.

20.4 b) w_1/w_2.

20.4 c) $w_2^{1/2}y^{3/2}/w_1^{1/2}$.

20.4 c) $w_1^{1/2}y^{3/2}/w_2^{1/2}$.

20.4 d) $2w_1^{1/2}w_2^{1/2}y^{3/2}$.

20.6 a) 1/2 Einheit Wasser.

20.6 b) (4, 2).

20.6 c) g.

20.6 c) $g/2$.

20.6 d) $(w_1 + (w_2/2))g$.

20.8 b) € 2.000.

20.8 b) € 2.500.

20.8 b) € 3.000.

20.8 c) Es gibt keine Hinweise darauf, da die Daten dem WACM genügen.

20.8 d) € 2.000.

20.8 d) € 3.500.

20.8 d) € 2.500.

20.8 e) Nein; zu Preisen von (20, 10) kostet dieses Bündel weniger als das zu diesen Preisen tatsächlich verwendete Bündel. Wenn man damit so viel erzeugen könnte wie das tatsächlich verwendete Bündel, dann wäre letzteres nicht gewählt worden.

20.10 a) Steigende.

20.10 b) 12.

20.10 b) $12w$.

20.10 c) $\sqrt{y}$.

20.10 c) $w\sqrt{y}$.

20.10 d) $w/\sqrt{y}$.

20.12 b) Fallende.

20.12 c) (8, 0).

20.12 c) € 8.

20.12 d) (18, 0).

20.12 d) € 18.

20.12 e) $y^2/2$.

20.12 f) y^2.

21 Kostenkurven

21.2	$2s^2$.
21.2	10.
21.2	$2s$.
21.2	$10/s$.
21.2	$2s + 10/s$.
21.2	$4s$.
21.4 a)	$MC = y/100$.
21.4 a)	$AC = (200/y) + (y/200)$.
21.4 a)	200.
21.4 a)	€ 2.
21.4 b)	$MC = y/250$.
21.4 b)	$AC = (500/y) + (y/500)$.
21.4 b)	500.
21.4 b)	€ 2.
21.4 c)	$MC = y/500$.
21.4 c)	$AC = (1.000/y) + (y/1.000)$.
21.4 c)	1.000.
21.4 c)	€ 2.
21.6 a)	$Q^{4/3}$.
21.6 b)	$2Q^{4/3} + 100$.
21.6 c)	$8Q^{1/3}/3$.
21.6 d)	$2Q^{1/3} + 100/Q$.
21.8 a)	$AC = 4y + (16/y)$.
21.8 b)	$MC = 8y$.
21.8 c)	$y = 2$.
21.8 d)	$AVC = 4y$.
21.8 e)	Bei $y = 0$.

22 Das Angebot der Unternehmung

22.2 a)	$3y^2 - 16y + 30$.

22.2 b) $y^2 - 8y + 30$.

22.2 d) 4.

22.2 d) 4.

22.2 e) 4.

22.2 f) 14.

22.2 g) 4.

22.2 g) 42.

22.4 a) $2y$.

22.4 a) $y + 10/y$.

22.4 b) $\sqrt{10}$.

22.4 b) $\sqrt{10}$.

22.4 c) $2\sqrt{10}$.

22.4 c) $\sqrt{10}$.

22.6 a) 8 Stunden.

22.6 b) 8 Stunden.

22.6 c) $p - 1$.

22.6 d) € 6.

22.6 e) $S(p) = 8$ für $p > 6$, ansonsten 0.

22.8 a) $(w_1 + (w_2/2))y^2$.

22.8 b) $3y$.

22.8 b) $p/3$.

22.8 b) $3y/2$.

22.8 c) 16.

22.8 c) 384.

22.8 d) $(2w_1 + w_2)y$.

22.8 d) $p/(2w_1 + w_2)$.

22.10 a) $y + p_0$.

22.10 b) $y + 5$.

22.10 b) $y + 15$.

22.10 d) 25 Fass.

22.10 e) Sie würde auf 15 Fass zurückgehen.

22.10 f) $S(p) = p - 10$.

22.10 f) 20 Fass.

23 Das Marktangebot einer Branche

23.0 a) $S(p) = 6p$.

23.0 b) $S(p) = 2p$ für $p \leq 1$, $S(p) = 3p - 1$ für $p > 1$.

23.0 c) $S(p) = 0$ für $p < 3$, $S(p) = 100p - 300$ für $3 \leq p \leq 4$, $S(p) = 500p - 1.900$ für $p > 4$.

23.0 d) $S(p) = 6p - 24$ für $p > 4$.

23.2 a) $28 \cdot 500 = 14.000$.

23.2 a) € 9,20. Zeichne die (inverse) Nachfragekurve und die (vertikale) Angebotskurve oder löse die Gleichung ‚Angebot ist gleich Nachfrage' algebraisch.

23.2 a) 2.100.

23.2 a) Ja.

23.2 a) 110 %.

23.2 b) 2.100.

23.2 b) Nein.

23.2 b) € 1.909.

23.2 b) € 1.909.

23.2 c) Größer.

23.2 c) € 7,20.

23.4 a) $p/2$.

23.4 a) $Y = np/2$.

23.4 b) $p^* = 2$.

23.4 c) Wir schätzen den Preis auf $p^* = 2$. Das ergibt $D(p) = 52 - 2 = n2/2$, somit ist $n^* = 50$.

23.4 d) $p^* = 2$.

23.4 d) $y^* = 1$.

23.4 e) $Y^* = 50$.

23.4 f) Wenn ein neues Unternehmen auf den Markt kommt, hätten wir 51 Unternehmen. Die Gleichgewichtsbedingung Angebot ist gleich Nachfrage lautet $52{,}5 - p = 51p/2$. Wenn wir das nach p^* lösen, erhalten wir $p^* = 105/53 < 2$. Ein zusätzliches Unternehmen würde einen Verlust erleiden. Im Gleichgewicht hätten wir somit 50 Unternehmen.

23.4 g) Löse $52{,}5 - p = 50p/2$; man erhält $p^* = 2{,}02$.

23.4 g) $y^* = 1{,}01$.

23.4 g) Ungefähr 0,02.

23.4 h) 51.

23.4 h) 2.

23.4 i) $y = 1$.

23.4 i) Null.

23.6 a) Der Gewinn pro Zentner = $5 - 0{,}1t$.

23.6 b) Pacht = $5.000 - 100t$.

23.6 c) 50 Meilen: $5 - 0{,}1t = 0$.

23.8 a) € 3,50.

23.8 a) 3,5.

23.8 a) 2.

23.8 b) € 3,20; 4,8.

23.8 b) 3.

23.10 € 15.000.

23.12 b) Die Angebotskurve, nach rechts.

23.12 b) Steigen.

23.12 b) Fallen.

23.12 b) Abnehmen.

24 Monopol

24.2 b) 50.

24.2 b) 50 Cent.

24.2 d) 75.

24.2 d) 37,5 Cent.

24.4 a) 3.

24.4 b) 2,5.

24.4 c) 3.

24.6 a) $y = 100$, $p_1 = 100$.

24.6 c) Größeren.

25 Monopolverhalten

25.2 a) 20.

25.2 b) € 60.

25.2 c) € 20.

25.2 d) 40.

25.2 e) 400.

25.2 f) 0.

25.4 a) 30.

25.4 a) € 90.

25.4 b) 30.

25.4 c) € 80.

25.4 d) 40.

25.4 e) 25.

25.6 a) € 32, was der Fläche unter der studentischen Nachfragekurve entspricht.

25.6 a) € 50, die Fläche unter der Nachfragekurve eines Geschäftsmannes.

25.6 b) € 32.

25.6 c) € 48.

25.6 d) Löse die Gleichung $50 - p = 48 - 32$; $p =$ € 34.

25.6 e) € 30.

25.6 f) € 12.

25.6 g) € 38.

25.6 h) 60.

25.8 a) $p(x) = 1 - x/50$.

25.8 b) 25.

25.8 c) € 0,50.

25.8 d) € 12,50.

25.8 e) Null.

25.8 f) 50.

25.8 g) 25.

25.8 h) € 25.

25.8 h) 0.

25.10 a) Das einzige Gleichgewicht ist jenes, bei dem beide Kandidaten dieselbe Position beziehen, und diese liegt beim Punkt 1/2.

26 Faktormärkte

26.2 a) $p^* = (1.000 + c)/2$.

26.2 b) $D(p^*) = (1.000 - c)/2$.

26.2 c) $c^* = 500$.

26.2 d) $D(c^*) = 500$.

26.2 e) $\pi_k = (500 - 250)(750 - 500) = 250^2$.

26.2 f) $\pi_p = 500 \cdot 250$.

26.2 g) $KR_1 = 250^2/2$.

26.2 h) $10 \cdot 250^2$.

26.2 i) $p^* = 500$ und $D(p^*) = 500$.

26.2 j) $\pi_p = 500^2$.

26.2 k) $KR_2 = 500^2/2 > KR_1$.

27 Oligopol

27.2 a) $1.200 - q_K^t/2$.

27.2 b) $1.200 - q_K^t/2$.

27.2 b) $1.200 + q_K^t/2$.

27.2 b) $1,25 - q_K^t/3.200$.

27.2 c) $1,25q_K^t - (q_K^t)^2/3.200$.

27.2 c) $1,25 - q_K^t/1.600$.

27.2d) 1.200.

27.2 d) 600.

27.2 d) € 7/8.

27.2 d) € 450.

27.2 d) € 225.

27.2 d) Stackelberg-.

27.2 e) Nein; Karls Gewinn im Stackelberg-Gleichgewicht ist höher als im Cournot-Gleichgewicht. Wenn also jener Output, von dem keiner den diesjährigen Output des anderen bis nach der Anbauzeit kennt, ein Cournot-Gleichgewicht ist, dann wird Karl sehr wohl wollen, dass Simon seinen Output kennt.

27.4 a) € 4.

27.4 a) € –2.

27.4 b) 48.

27.4 b) € 4.

27.4 c) $y_1 = 24 - y_2/2$.

27.4 c) $y_2 = 24 - y_1/2$.

27.4 c) 32.

27.4 c) 16.

27.4 c) € 36.

27.4 e) 24.

27.4 e) € 52.

27.4 f) Der Gewinn würde um € 22 steigen.

27.4 g) $\max[100 - 2(y_1 + 24 - y_1/2)]y_1 - 4y_1$.

27.4 g) 24.

27.4 g) 12.

27.4 g) 36.

27.4 g) € 28.

27.6 b) € 45.

27.6 b) 70. Finde aus der Nachfragefunktion die inverse Nachfragefunktion $p = f(q)$, dann den Gesamterlös und schließlich den Grenzerlös. Setze diesen den Grenzkosten gleich und löse nach q.

27.6 b) € 450.

27.6 c) Rund 1,6 Millionen Euro.

27.6 d) Nein; sein täglicher Verlust wäre rund € 900.

27.6 e) € 60.

27.6 e) € 2.000.

27.6 f) € 45.

27.6 f) 140.

27.6 f) € 900.

27.6 f) Nein.

27.6 g) € 40.

27.6 g) 80.

27.6 g) € 400.

27.8 a) $y = p$.

27.8 a) $50p$.

27.8 b) $1.000 - 100p$.

27.8 c) 500.

27.8 c) $p = 5$.

27.8 d) $50 \cdot 5 = 250$.

27.8 d) $y_m + y_w = 750$.

27.10 a) $2(120 - p)$.

27.10 a) $2(120 - p)(p - 20) = 2(140p - p^2 - 2.400)$.

27.10 b) $ 70.

27.10 b) 50.

27.10 b) 100.

27.10 b) $ 5.000.

27.10 c) $ 120.

27.10 c) 200.

27.10 c) $ 24.000.

27.10 c) $ 14.000.

27.10 c) $ 10.000.

27.10 c) Wenn Ben die Fracht bezahlt, dann kann er die Preise zwischen den näher wohnenden und den weiter weg wohnenden Bauern diskriminieren. Er verlangt von den näher wohnenden Bauern – abzüglich der Transportkosten – einen höheren Preis und einen niedrigeren Nettopreis von den weiter weg wohnenden Bauern, die abzüglich der Frachtkosten nur weniger zahlen wollen.

28 Spieltheorie

28.2 a) € 10.

28.2 a) € 8.

28.2 b) € 18.

28.2 b) € 16.

28.2 c) Ja.

28.2 c) Beide behalten.

28.4 a) Hirsch jagen.

28.4 b) Hasen jagen.

28.4 c) Nein.

28.4 c) Die beste Handlung, die man wählen sollte, hängt davon ab, was der andere Spieler macht.

28.4 d) Beide Jäger jagen den Hirsch. Beide Jäger jagen Hasen.

28.4 e) Ja.

28.4 e) Beide Jäger jagen den Hirsch.

28.4 f) Hasen jagen.

28.6 a) Nicht-Streiten.

28.6 b) Nein.

28.6 b) Nicht Reinigen.

28.6 d) Reinigen.

28.6 d) Nicht Reinigen.

28.6 d) Wenn ein Spieler nicht reinigt, wird der andere wütend werden, unabhängig davon, ob sie/er gereinigt hat oder nicht. Da es also auf jeden Fall Streit geben wird, ist der zweite Spieler besser gestellt, wenn sie/er nicht reinigt.

28.6 e) Nein.

28.6 e) Die beste Antwort hängt davon ab, was die/der Andere macht.

28.6 f) Beide reinigen die Wohnung und beide reinigen die Wohnung nicht.

28.6 g) Wenn beide leicht reizbar sind, dann gibt es zwei Gleichgewichtssituationen, wovon eine für beide besser ist und eine für beide schlechter als das Gleichgewicht, bei denen keiner wütend wird und keine die Wohnung reinigt.

28.6 h) Albert reinigt nicht und Anita reinigt. Keiner beginnt einen Streit.

28.8 b) 20.

28.8 b) 80.

28.8 b) 0.

28.8 b) 120.

28.8 b) 0.

28.8 b) 120.

28.8 b) 0.

28.8 c) Sie würden erkennen, dass der Besuch am gestrigen Abend ein schlechter Indikator für die Vorhersage des Besuchs am heutigen Abend ist. Wenn der Besuch an ungeraden Wochentagen niedrig, an geraden Wochentagen hoch ist, wäre es schlau, an ungeraden Wochentagen zu kommen.

29 Anwendungen der Spieltheorie

29.2 a) Nein.

29.2 a) Nein.

29.2 b) Beide gehen in die Oper. Beide gehen zum Ringen.

29.2 c) Michelle entscheidet sich mit einer Wahrscheinlichkeit von 2/3 für die Oper und mit 1/3 für das Ringen. Roger entscheidet sich für die Oper mit einer Wahrscheinlichkeit von 1/3 und für Ringen mit einer Wahrscheinlichkeit von 2/3.

29.4 Immer Kopf ansagen.

29.4 a) Immer Kopf ansagen.

29.4 b) Es spielt keine Rolle: Man kann immer Kopf ansagen, immer Adler ansagen oder die Ansagen zufällig streuen.

29.4 c) Eine faire Münze.

29.4 d) Ich entscheide mich für eine faire Münze und Du wählst Deine Ansagen Kopf oder Adler zufällig aus, mit einer Wahrscheinlichkeit von jeweils 50 %.

29.6 a) Ja, warten.

29.6 a) Nein.

29.6 b) Nein, es gibt nur ein einzigen Nash Gleichgewicht: Das kleine Schwein wartet und das große drückt den Hebel.

29.6 c) Das kleine Schwein.

29.8 a) 10.

29.8 a) 4.

29.8 b) Wenn man weiß, dass man auf eine Taube trifft, ist es lohnend, sich wie ein Falke zu verhalten.

29.8 c) –5

29.8 c) 0.

29.8 d) Wenn sich alle wie Falken verhalten, lohnt es sich, Taube zu spielen.

29.8 e) $p \cdot 0 + (1 - p) \cdot 4$.

29.8 f) $4 - 4p = 10 - 15p$.

29.8 g) 6/11.

29.8 i) Taube.

29.8 i) Falke.

29.8 i) Eher zum Gleichgewicht zurück.

29.10 2/3.

30 Verhaltensorientierte Ökonomie

30.2 a) Exponentiell.

30.2 a) $\delta = 1/2$.

30.2 b) 12/7 = 1,71.

30.2 b) $12 \cdot (2/7) = 3{,}43$.

30.2 b) $12 \cdot (4/7) = 6{,}86$.

30.2 c) $12 \cdot (2/7) = 3{,}43$.

30.2 c) $12 \cdot (4/7) = 6{,}86$.

30.2 c) Ja.

30.2 c) Ja.

30.4 a) Gib Deine eigene Antwort.

30.4 b) 1.000.000/100.000 = 10.

30.4 b) 10.000.

30.4 b) 10/10.000 = 1/1.000.

30.4 b) 1/1.000.

30.4 b) Nein: Wenn er sich der Operation unterzieht, stirbt er mit der Wahrscheinlichkeit von 1/200. Lässt er sich nicht operieren, stirbt er mit einer Wahrscheinlichkeit von 1/1.000.

30.4 c) 1/100.

30.4 c) Ja.

30.6 a) $50x$ wenn $x \leq 20$, 1.000 wenn $x > 20$.

30.6 b) $(1 - (x/20))50x = 50x - (5x^2/2)$.

30.6 d) $x = 10$.

30.6 e) $50 \cdot 10 - 5 \cdot (100/2) = 250$ Gläser.

30.8 a) $33{,}3 = 50 \cdot (2/3)$.

30.8 b) 33,3.

30.8 b) $22{,}2 = 33{,}3 \cdot (2/3)$.

30.8 c) $14{,}8 = 22{,}2 \cdot (2/3)$.

30.8 d) $X = 0$.

30.8 e) Die Studentengruppe aus dem Cal Tech.

31 Tausch

31.2 b) Pareto-effiziente Allokationen liegen auf der Geraden mit der Steigung 1, die in Birgits Ecke des Diagramms beginnt.

31.2 c) $7/(p + 1)$.

31.2 d) $1 + 4p$.

31.2 d) $2 + (1/2p)$.

31.4 c) $W_B/Q_B = W_K/Q_K$.

31.4 e) -2.

31.4 e) 2.

31.4 f) 2 Einheiten Quiche, 4 Einheiten Wein.

31.4 f) 2 Einheiten Quiche, 4 Einheiten Wein.

31.6 –2.

31.10 a) $c_1 + c_2/(1 + r)$.

31.10 a) I.

31.10 a) $I^*/(1 + r)$.

31.10 a) $c_1 + c_2/(1 + r) = I$.

31.10 a) $c_1 + c_2/(1 + r) = I^*/(1 + r)$.

31.10 b) $c_1 = aI$.

31.10 b) $c_2 = (1 - a)\mathrm{I}(1 + r)$.

31.10 b) $c_1 = aI^*/(1 + r)$.

31.10 b) $c_2 = (1 - a)I^*$.

31.10 b) aI^*.

31.10 b) $a = 1/2$.

31.10 b) 0,22.

31.10 c) N_2I^*.

31.10 d) aI.

31.10 d) $aI^*/(1 + r)$.

31.10 d) $N_1aI + N_2aI^*/(1 + r)$.

31.10 e) $N_1\mathrm{a}I + N_2aI^*/(1 + r) = N_1I$.

31.10 e) $r = [(N_2aI^*/N_1I(1 - a)] - 1$.

31.10 e) $r – 10$ %.

31.10 f) In Periode 2 ist das Angebot gleich der Nachfrage, wenn $N_1(1 - a)I(1 + r) + N_2(1 - a)I^* = N_2I^*$. Wenn $N_1 = N_2$ und $I = I^*$, dann ist $(1 - a)(1 + r) + (1 - a) = 1$. Wenn $a = 11/21$, dann ist $r = 10$ %.

32 Produktion

32.2 $F + K/2 = 8$.

32.2 a) 4.

32.2 a) 8.

32.2 b) € 0,50.

32.2 b) € 0,50.

32.2 b) 8.

32.2 c) 1.

32.2 c) 1.

32.2 c) 1.

32.2 c) € 0,50.

32.4 a) Auf Milch spezialisieren.

32.4 b) Auf Weizen spezialisieren.

32.4 c) Nein.

32.4 e) Dafür.

32.4 e) Dagegen.

32.4 e) Die Änderung vergrößert die Budgetmenge für die nördlichen Bauern und verringert sic für dic südlichcn.

32.4 f) Ja; die südlichen Bauern würden sich nun auf Milch spezialisieren.

32.4 f) Dafür.

32.4 f) Das hängt von ihren Konsumpräferenzen ab.

32.4 f) Die zwei alternativen Budgetgeraden für die südlichen Bauern liegen nicht strikt ineinander.

33 Wohlfahrt

33.2 a) 200.

33.2 a) 0.

33.2 b) 66,66.

33.2 b) 66,66.

33.2 c) 100. Maximiere die Cobb-Douglas Wohlfahrtsfunktion unter der Nebenbedingung der Nutzenmöglichkeitengrenze.

33.2 c) 50.

33.4 a) A.

33.4 a) A.

33.4 b) Sie erhalten beide denselben Geldbetrag.

33.4 b) A konsumiert mehr.

33.4 c) B erhält mehr Geld.

33.4 c) Sie konsumieren beide dieselben Mengen.

33.4 d) A.

33.4 d) A.

33.4 e) B.

33.4 e) Sie konsumieren beide dieselben Mengen.

33.6 b) Siehe das Diagramm.

33.8 a) 16. Die Exponenten haben das Verhältnis 2:1, ebenso wird Romeo die Spaghetti verteilen.

33.8 a) 8.

33.8 b) 16. Siehe a).

33.8 b) 8.

33.8 c) Pareto-optimal sind alle jene Allokationen, bei denen jede Person mindestens 8 Einheiten Spaghetti erhält.

33.8 f) 8. Siehe a).

33.8 f) 8.

33.8 g) Romeo möchte Julia Spaghetti geben, aber Julia nimmt sie nicht an. Julia möchte Romeo Spaghetti geben, aber Romeo nimmt sie nicht an. Beide mögen gerne Spaghetti für sich selber, aber jeder (jede) bevorzugt, sie der (dem) anderen zu geben.

34 Externe Effekte

34.2 a) 100. Setze die Gewinnfunktion an und leite sie nach H ab.

34.2 a) 150. Setze die Gewinnfunktion an und leite sie nach A ab.

34.2 b) 150. Wir erhalten $2H + 3A - H^2/100 - A^2/100 + H$ als die Gewinnfunktion des neuen Unternehmens; durch partielle Ableitung nach A bzw. H findet man die Gewinn maximierenden Mengen (auch für den nächsten Punkt).

34.2 b) 150.

34.2 c) 150.

34.2 c) € 1 pro Einheit: Bei einem Gesamtpreis von $2 + 1 = 3$ € würden im Gewinnmaximum 150 Einheiten Honig produziert.

34.4 b) Ja.

34.6 a) $1 - 1^2 = 0$.

34.6 b) Besser gestellt: $3/4 - (3/4)^2 > 0$.

34.6 c) 1/2. Setze $c = l$ und maximiere die Nutzenfunktion.

34.6 d) Nein.

34.6 e) Nein.

34.6 f) 100. Also alle BewohnerInnen.

34.8 a) 24.

34.8 a) 18.

34.8 a) 576.

34.8 a) 324.

34.8 a) 900.

34.8 b) 30.

34.8 b) 900.

34.8 c) 30.

34.8 c) 9.

34.8 c) 900.

34.8 c) 81.

34.8 c) 981.

34.10 a) 2.500. 20 + N/100 =45.

34.10 a) $45 \cdot 6.000 = 270.000$.

34.10 b) $N(20 + (N/100)) + (6.000 - N)45$.

34.10 b) 1.250.

34.10 b) 32,5 Minuten.

34.10 b) $1.250 \cdot 32{,}5 + 4.750 \cdot 45 = 254.375$.

34.10 c) € 12,5*w*.

34.10 c) € 15,625*w*.

34.10 c) Vor Einführung der Maut benötigten die Pendler 45 Minuten für die Fahrt zur Arbeit. Mit der Maut benötigen die Pendler, welche über die Ring-Autobahn fahren weiterhin 45 Minuten, jene Pendler, die durch Mittendorf fahren, sind indifferent zwischen der Fahrt über die Autobahn (ohne Maut) und der Entrichtung der Maut für die Fahrt über die Mittendorfstraße. Daher wäre niemand schlechter gestellt, selbst wenn die Mauteinnahmen verschwendet würden. Tatsächlich erhält jedoch jeder Pendler etwa € 2,6*w* als täglichen Anteil an den Mauteinnahmen, sodass alle besser gestellt sind.

35 Informationstechnologie

35.2 a) 0,75.

35.2 a) 0,833.

35.2 a) 0,8529; 0,8534.

35.2 a) 0,853553.

35.2 b) Diese Gleichung impliziert $x^2 - x + 1/8 = 0$, mit den zwei Lösungen $x = 0{,}85355$ und $x = 0{,}14645$. Beides stellen gleichgewichtige Marktanteile bei einem Preis von € 32 dar.

35.4 a) $D_2(p_2) - D_1(p_1 - 0{,}4p_2) + D^b(0{,}4p_2)$.

35.4 b) $D_1(p_1 - 0{,}4p_2) + D_2(p_2) - D_1(p_1 - 0{,}4p_2) + D^b(0{,}4p_2) = D_2(p_2) + D^b(0{,}4p_2)$.

35.4 c) Konstant bleiben.

35.4(d) $p_1D_1(p_1 - 0{,}4p_2) + p_2(D_2(p_2) - D_1(p_1 - 0{,}4p_2) + D^b(0{,}4p_2)) =$
$(p_1 - p_2)D_1(p_1 - 0{,}4p_2) + p_2(D_2(p_2) + D^b(0{,}4p_2))$.

35.4 e) Die variablen Kosten sind $c(D_2(p_2) + D^b(0{,}4p_2))$. Subtrahiere das vom vorigen Ergebnis!

35.4 f) $(p - c)D_2(p) + D^b(0{,}4\,p)$.

35.6 a) $200(90 - p)$.

35.6 a) $200(p - 10)(90 - p)$.

35.6 b) € 50. Maximiere den unmittelbar oben stehenden Ausdruck.

35.6 c) 4.000.

35.6 c) 4.000.

35.6 d) € 320.000.

35.6 e) Nach zwei Jahren.

35.6 e) Nach zwei Jahren ist für jene Studenten besser, welche die Lehrveranstaltung im ersten Jahr der Veröffentlichung besuchen und das Buch weiterverkaufen. Nach einem Jahr wäre es für die anderen Studenten günstiger.

35.8 a) 50 + 20/0,1 = $ 250.

35.8 b) $ 50.

35.8 c) Ja, denn der Gegenwartswert der Weiterverwendung von Fasten beträgt $ 300, während die Kosten des Wechselns zu Scheckschreib $ 250 sind.

35.8 d) Nein, denn der Gegenwartswert der Weiterverwendung von Fasten beträgt $ 220, während die Kosten des Wechselns zu Scheckschreib $ 250 sind.

35.8 e) Löse die Gleichung $x/0{,}1 = 250$, mit dem Ergebnis $x = 25$.

35.8 f) $ 5.

35.8 f) $PV = 5/0{,}1 = 50$.

35.8 f) Beide sind gleich hoch.

35.8 g) $ 150.

35.8 h) Löse die Gleichung $x/0{,}1 = 250 + 100$, mit dem Ergebnis $x = 35$.

35.8 h) $ 150.

35.8 h) Beide sind gleich hoch.

35.8 i) Scheckschreib.

35.8 j) Löse die Gleichung $50 + 25/0{,}1 - d = 50 + 20/0{,}1 = \$\ 250$, das heißt der Preisnachlass sollte \$ 50 sein.

35.8 k) Fasten.

35.8 k) Sie sollten ebenfalls einen Kupon im Wert von \$ 50 ausgeben und den Preis der Schecks auf \$ 35 erhöhen.

35.10 a) $200 \cdot (1/2) = 100$.

35.10 b) Sie können den Preis auf € 2.000 erhöhen, da die Bibliotheken bereits signalisiert haben, dass sie so viel für das Zeitschriftenpaar zu zahlen bereit sind.

35.10 c) Sie bleiben gleich.

35.10 d) Unter der Annahme, dass weiterhin beide Zeitschriften abonniert werden, sind die Bibliotheken schlechter gestellt, da sie nun auch die Transaktionskosten für die Fernleihe zu tragen hätten.

35.12 a) $40 - Q_m + (3/4)Q_w$.

35.12 a) $40 - Q_m + (1/4)Q_w$.

35.12 b) $P_mQ_m + P_wQ_w = (40 - Q_m + (3/4)Q_w)Q_m + (40 - Q_w + (1/4)Q_m)Q_w =$

$= 40(Q_m + Q_w) - Q_m^2 - Q_w^2 + Q_mQ_w$

35.12 c) 40.

35.12 c) 40.

35.12 c) \$ 30.

35.12 c) \$ 40.

36 Öffentliche Güter

36.2 a) € 2.

36.2 b) Da jede Person weniger als die vollen Kosten des Abendessens zahlt, werden alle eine Tendenz zum Schlemmen haben.

36.4 a) Lösung der Gleichung $W_P = 2(W_P - p_P)$ ergibt $p_P = W_P/2$.

36.4 b) Lösung der Gleichung $2W_R = 3(W_R - p_R)$ ergibt $p_R = W_R/3$.

36.4 c) € 75.

36.6 a) 1/2.

36.6 a) X_M/G.

36.6 b) $1/2 + X_M/G = 1$.

36.6 c) Ja.

36.6 d) Ein Beispiel: Martin erhält € 2.500, Lucia € 500 und $G =$ € 5.000.

36.6 e) Lucia erhält € 5.000, Martin € 1.000 und G = € 2.000.

36.6 f) Alle Allokationen, welche die Gleichungen $X_M/G = 1/2$ und $X_L + X_M + G$ = € 8.000 erfüllen.

36.6 g) Weniger.

36.8 a) 40 Gäste.

36.8 b) 40 Gäste.

36.8 c) $100x - x^2$.

36.8 c) € 2.400.

36.8 d) € 2.500.

36.8 d) € 100.

36.8 e) € 0.

36.8 e) € 100.

36.8 f) 40 Gäste.

36.8 f) 41 Gäste.

36.8 g) € 10.

36.8 g) € 0.

36.8 g) € 10.

36.10 a) € 250.000. Substituiere für $G(p)$ und maximiere.

36.10 a) $e^{-1,25} = 0,287$, wobei $e^{-(250.00/200.000)}$.

36.10 a) € 200.000 · 0,287 = € 57.301.

36.10 b) $v_i + k = v_i +$ € 200.000.

36.10 b) € 2.050.000 = $\Sigma_i v_i + 10k$

36.10 b) $e^{-10,25} = 0,000035$, wobei $e^{-(2050.000/200.000)}$.

36.10 b) € 70,715

36.10 c) € 250.000.

36.10 c) $e^{-1,25} = 0,287$.

36.10 d) € 44.100.

36.10 d) € 250.000.

36.10 d) (€ 225.000 – € 44.100)$e^{-1,25}$ = € 51.829.

36.10 d) € 245.556.

36.10 d) € 59.014.

36.10 d) € 14.

36.10 e) 0,287.

36.10 e) € 250.000.

36.10 e) € 25.000.

36.10 e) € 25.000 – € 5.900 = € 19.100.

36.10 e) € 0,287 · 19.100 – 14 = € 5.467,7.

36.10 f) € 0.

37 Asymmetrische Information

37.2 a) € 12,50.

37.2 b) € 15.

37.2 b) € 10.

37.2 c) € 2.

37.2 c) –1 Euro.

37.2 c) Ein.

37.2 d) € 15.

37.2 d) € 10.

37.2 e) € 4.

37.2 e) € 1.

37.2 e) Kein.

+37.4 a) 5.

37.4 b) $5^2/10 = 2{,}50$.

37.4 c) 5 – 2,50 = 2,50.

37.4 d) $ 3,50.

37.4 e) $ 2,50.

37.6 a) Jedes Auto würde um € 1.000 verkauft werden, der Gesamterlös wäre dann € 1.000.000.

37.6 b) $X/2$ Euro.

37.6 c) $(X - 200)$ Euro.

37.6 c) $X/2$ Euro.

37.6 d) Lösung von $X/2 = X - 200$ ergibt X = € 400.

37.6 e) Die schlechtesten 200 Autos werden nicht bewertet und um je € 200 verkauft werden.

37.6 f) 1.000.000 – 800 · 200 = € 840.000.

Lösungen zu den Multiple-Choice-Fragen

2 Budgetbeschränkung

2.1 C

2.2 A

2.3 B

2.4 C

2.5 C

2.6 A

2.7 B

3 Präferenzen

3.1 E

3.2 C

3.3 B

3.4 D

3.5 B

3.6 E

4 Nutzen

4.1 E

4.2 B

4.3 C

4.4 C

4.5 E

4.6 C

5 Die Entscheidung

5.1 A

5.2 E

5.3 D

5.4 B

5.5 B

5.6 D

6 Nachfrage

6.1 A

6.2 D

6.3 D

6.4 A

6.5 E

6.6 B

6.7 C

7 Bekundete Präferenzen

7.1 B

7.2 C

7.3 A

7.4 A

7.5 A

8 Die Slutsky Gleichung

8.1 A

8.2 C

8.3 C

8.4 C

8.5 A

8.6 C

9 Kaufen und Verkaufen

9.1 D

9.2 A

9.3 B

9.4 E

9.5 B

9.6 D

10 Intertemporäre Entscheidung

10.1 B

10.2 B

10.3 B

10.4 E

10.5 A

10.6 C

11 Märkte für Vermögenswerte

11.1 A

11.2 A

11.3 D

11.4 A

11.5 C

11.6 A

12 Unsicherheit

12.1 A

12.2 B

12.3 C

12.4 A

12.5 B

13 Riskante Vermögenswerte

13.1 C

13.2 A

14 Konsumentenrente

14.1 A

14.2 A

14.3 B

14.4 A

14.5 A

15 Marktnachfrage

15.1 D

15.2 E

15.3 C

15.4 A

15.5 E

16 Gleichgewicht

16.1 D

16.2 C

16.3 A

16.4 A

17 Auktionen

17.1 D

17.2 D

17.3 B

17.4 A

17.5 A

18 Technologie

18.1 A

18.2 A

18.3 B

18.4 B

19 Gewinnmaximierung

19.1 B

19.2 A

19.3 C

19.4 A

20 Kostenminimierung

20.1 B

20.2 D

20.3 A

20.4 E

20.5 A

20.6 D

21 Kostenkurven

21.1 A

21.2 A

21.3 C

21.4 A

21.5 E

22 Das Angebot der Unternehmung

22.1 B

22.2 A

22.3 D

23 Marktangebot einer Branche

23.1 C

23.2 C

23.3 A

23.4 A

23.5 A

23.6 D

24 Monopol

24.1 A

24.2 E

24.3 C

24.4 B

25 Monopolverhalten

25.1 A

25.2 A

25.3 B

25.4 A

26 Faktormärkte

26.1 B

26.2 D

26.3 A

27 Oligopol

27.1 A

27.2 D

27.3 A

27.4 A

27.5 C

27.6 A

28 Spieltheorie

28.1 E

28.2 E

28.3 A

28.4 A

28.5 D

29 Anwendungen der Spieltheorie

29.1 C

29.2 A

29.3 C

29.4 B

29.5 A

30 Verhaltensorientierte Ökonomie

30.1 B

30.2 E

30.3 A

30.4 C

30.5 D

31 Tausch

31.1 B

31.2 C

31.3 D

31.4 A

31.5 B

31.6 B

32 Produktion

32.1 A

32.2 B

32.3 A

32.4 A

32.5 B

33 Wohlfahrt

31.1 A

31.2 B

31.3 B

31.4 E

31.5 A

34 Externe Effekte

34.1 C

34.2 D

34.3 A

34.4 B

34.5 A

35 Informationstechnologie

35.1 C

35.2 E

35.3 E

36 Öffentliche Güter

36.1 A

36.2 D

36.3 C

36.4 B

37 Information

37.1 A

37.2 A

37.3 A

37.4 D